한국세무사회 주관 국가공인자격시험 대비

케이렙 **KcLep**에 의한

POINT 2025
전산회계 2급

이 성 노 지음

머리말

　기업의 회계처리와 세무업무가 전산화되면서 회계 담당자들은 이론적으로 회계와 세무업무를 익히는 것만이 아니라 전산업무도 숙지하는 것이 필수가 된지 오래되었다. 모든 분야의 전산화가 회계분야에도 지대한 변화를 가져오고 그 변화에 따라 한국세무사회의 국가공인 전산세무회계 자격시험이 도입되었다.

　전산세무회계 검정시험은 회계와 세무에 대한 이론만으로 되는 것도 아니고 컴퓨터를 아는 것만으로도 될 수 없다. 전산세무회계 검정시험을 준비하는 것은 회계와 세무에 관한 이론을 숙지하고 그 이론을 바탕으로 전산실무를 익혀야 된다. 따라서 본서는 이론은 기본이론정리와 평가문제를 통하여 충분한 학습을 할 수 있게 하고, 실무는 다음과 같은 단계의 학습으로 반복 정리하여 실무시험의 적응력을 최대한 높이려 하였다.

　전산세무회계 자격시험이 KcLep[케이 렙]으로 변화하는 것에 발맞춰 본서도 새로운 내용으로 채우기 위하여 노력하였다. 새로운 내용의 반영으로 빡빡한 일정에도 불구하고 본서가 출간되기까지 지원을 아끼지 않으신 경영과회계 대표님과 편집실에 감사를 드린다.

저자　이성노

차례

기본이론정리 •• 13

각 분야별로 정리·요약하여 이론시험 대비

제1장 | 회계의 기초 ························ 15
- 제1절 | 회계의 기본 원리 ························ 15
- 제2절 | 기업의 재무상태와 재무상태표 ························ 19
- 제3절 | 기업의 경영성과와 손익계산서 ························ 28
- 제4절 | 거 래 ························ 37
- 제5절 | 계 정 ························ 45
- 제6절 | 분개와 전기 ························ 50
- 제7절 | 회계의 순환과정과 결산 ························ 59

제2장 | 계정과목별 회계 ························ 63
- 제1절 | 현금·예금과 금융자산 ························ 63
- 제2절 | 상품매매업의 회계처리 ························ 73
- 제3절 | 수취채권과 지급채무 ························ 89
- 제4절 | 유형자산 ························ 110
- 제5절 | 무형자산과 비유동자산 ························ 125
- 제6절 | 부 채 ························ 129
- 제7절 | 개인기업의 자본과 세금 ························ 134
- 제8절 | 수익과 비용 ························ 137

KcLep 따라하기 •• 177
계정과목별로 구성된 예제를 통한 실습

제1장 | 전산세무회계프로그램의 시작 ·· 179
제2장 | 프로그램의 첫걸음 ·· 182
      제1절 | 기초정보관리 ··· 182
      제2절 | 전표입력 ··· 202
      제3절 | 결산/재무제표 ·· 218
      제4절 | 각종 장부의 조회 ··· 228

실무시험출제유형에 따른 연구문제 •• 235
추가입력, 정정문제, 조회문제 등의 주요검토사항 · 채점포인트 제시

기출문제 유형별 되짚어보기 •• 255
기출문제를 유형별 재구성하여 실무시험대비 능력 향상

1 기초정보등록과 전기분재무제표 등 ·· 257
2 자산 거래의 입력 ·· 259
3 부채 거래의 입력 ·· 277
4 자본 거래의 입력 ·· 283
5 수익 거래의 입력 ·· 285
6 비용 거래의 입력 ·· 288
7 영업외수익 거래의 입력 ·· 300
8 영업외비용 거래의 입력 ·· 302
9 오류자료의 정정 ·· 305
10 결산 및 재무제표 ··· 307
11 제장부 및 재무제표 조회 ··· 311

실전모의시험 •• 313

실무시험 공략을 위해 총 10회 모의실무시험 제공

01회	실전모의시험	315
02회	실전모의시험	322
03회	실전모의시험	328
04회	실전모의시험	333
05회	실전모의시험	338
06회	실전모의시험	344
07회	실전모의시험	349
08회	실전모의시험	355
09회	실전모의시험	361
10회	실전모의시험	367

집중심화시험 •• 373

총 6회분의 실제시험대비 총공략

01회	집중심화시험	375
02회	집중심화시험	385
03회	집중심화시험	395
04회	집중심화시험	404
05회	집중심화시험	414
06회	집중심화시험	423

기출문제총정리 •• 433

개정내용을 반영한 완벽한 해석을 통해 총정리

112회	기출문제	435
113회	기출문제	445
114회	기출문제	456
115회	기출문제	467
116회	기출문제	478
117회	기출문제	488

포인트해답집 •• 499

- 실전모의시험 해답 ······ 501
- 집중심화시험 해답 ······ 523
- 기출문제총정리 해답 ······ 541

NCS 차례

능력단위명	능력단위요소	회계-회계감사/세무
0203020101 전표관리	01 회계상거래인식하기	Part 1. – 제1장 회계의 기초 　제4절 거래 • 37 　제5절 계정 • 45
	02 전표작성하기	Part 1. – 제1장 회계의 기초 　제6절 분개와 전기 • 50 Part 2. – 제2장 프로그램의 첫걸음 　제2절 전표입력 • 202
	03 증빙서류관리하기	
0203020102 자금관리	01 현금시재관리하기	Part 1. – 제2장 계정과목별 회계 　제1절 현금예금과 금융자산 • 63 Part 2. – 제2장 프로그램의 첫걸음 　제4절 각종 장부의 조회 • 228
	02 예금관리하기	Part 1. – 제2장 계정과목별 회계 　제1절 현금예금과 금융자산 • 63
	03 법인카드관리하기	
	04 어음·수표관리하기	Part 1. – 제2장 계정과목별 회계 　제3절 수취채권과 지급채무 • 89
0203020104 결산관리	01 결산분개하기	Part 1. – 제1장 회계의 기초 　제7절 회계의 순환과정과 결산 • 59 Part 2. – 제2장 프로그램의 첫걸음 　제3절 결산/재무제표 • 218
	02 장부마감하기	Part 2. – 제2장 프로그램의 첫걸음 　제4절 각종 장부의 조회 • 228
	03 재무제표작성하기	Part 1. – 제1장 회계의 기초 　제7절 회계의 순환과정과 결산 • 59 Part 2. – 제2장 프로그램의 첫걸음 　제3절 결산/재무제표 • 218

능력단위명	능력단위요소	회계-회계감사/세무
0203020105 회계정보시스템	01 회계관련DB마스터관리하기	Part 2. - 제2장 프로그램의 첫걸음 제1절 기초정보관리 • 182
	02 회계프로그램운용하기	

KcLep 프로그램 및 백데이터 설치요령

KcLep [케이 렙] 다운로드 및 설치방법

1. 한국세무사회 자격시험 홈페이지 (http://license.kacpta.or.kr)에 접속한다.

2. 화면 하단의 'KcLep [케이 렙] 수험용 다운로드'를 클릭하여 [KcLepSetup.exe]을 다운로드 한다 (버전에 따라 파일명이 다를 수도 있음).

3. 다운로드 한 파일을 더블클릭하여 설치를 진행한다.
4. 화면의 순서를 참고하여 [다음] → [확인] 버튼을 클릭하여 설치를 완료한다.

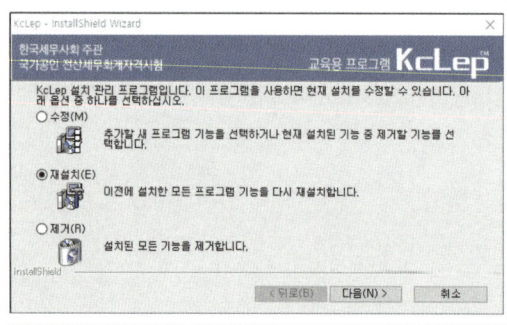
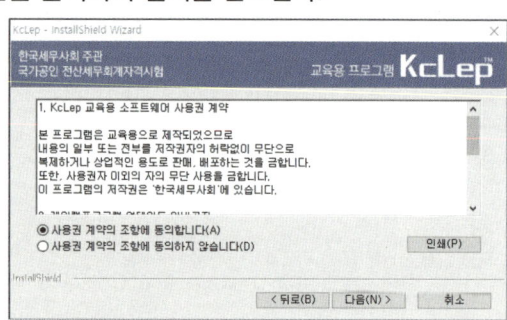
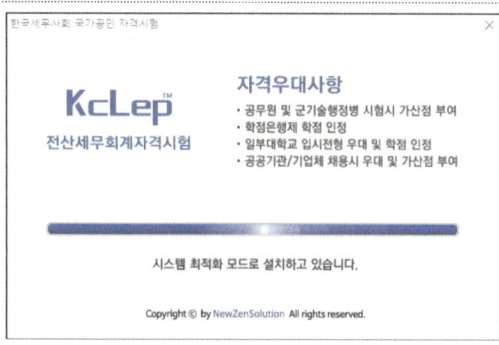

백데이터 다운로드 및 설치방법

1. 피앤피북 홈페이지
   (www.pnpbook.com)에 접속한다.

2. 다운로드 / 경영과회계-백데이터
   메뉴를 선택한다.

3. 해당 백데이터를 클릭한다.

4. 아래쪽의 실행파일을 다운로드한다.
   (안전하지 않은 다운로드라고 떠도 계속 실행한다.)

5. 실행파일(exe)을 실행하면 자동으로 지정된 경로(C:\KcLepDB\KcLep)에 압축이 풀린다.

6. 지정된 경로에 제대로 압축이 풀렸는지 확인 후, 바탕화면의 'KcLep 교육용 세무사랑' 아이콘을 더블 클릭하여 프로그램을 실행한다.

7. 프로그램 초기화면 하단의 '회사등록'을 클릭한다.

8. 회사등록 화면에서 상단의 'F4 회사코드재생성'을 클릭하여 좌측에 회사목록이 생성되는 것이 확인되면 백데이터 설치 작업 완료.

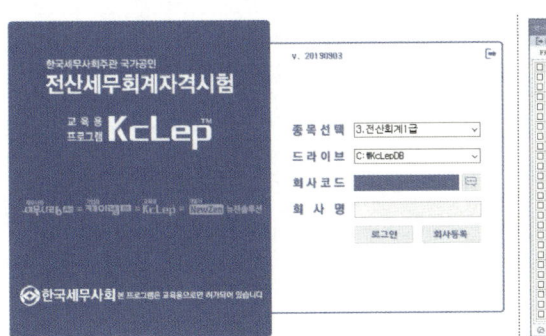 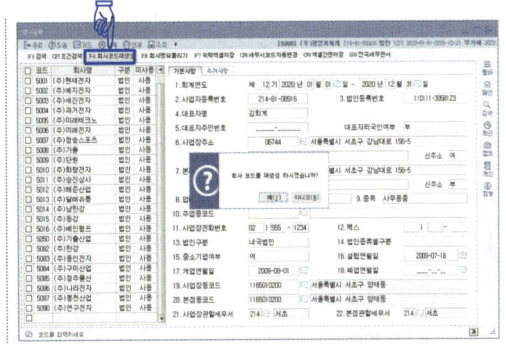

* 회사코드 4000번(경영과 회계) 데이터는 다운 받지 않고 따라하기에서 학습자가 직접 만들어야 한다.

전산세무회계 자격시험 안내

2025년도 시험일정 및 시험시간

회 차	종목 및 급수	원서접수	시험일자	합격자 발표
제118회	전산세무 1·2급 전산회계 1·2급	01.02 ~ 01.08	02.09(일)	02.27(목)
제119회		03.06 ~ 03.12	04.05(토)	04.24(목)
제120회		05.02 ~ 05.08	06.07(토)	06.26(목)
제121회		07.03 ~ 07.09	08.02(토)	08.21(목)
제122회		08.28 ~ 09.03	09.28(일)	10.23(목)
제123회		10.30 ~ 11.05	12.06(토)	12.24(수)

* 원서접수 마지막 날의 마감시간은 18:00시까지임

등 급	전산세무1급	전산세무2급	전산회계1급	전산회계2급
시험시간	15:00 ~ 16:30 90분	12:30 ~ 14:00 90분	15:00 ~ 16:00 60분	12:30 ~ 13:30 60분

시험종목 및 평가범위

종목	등 급		평 가 범 위
전산세무회계	전산세무 1급	이 론	재무회계(10%), 원가회계(10%), 세무회계(10%)
		실 무	재무회계및원가회계(15%), 부가가치세(15%), 원천제세(10%), 법인세무조정(30%)
	전산세무 2급	이 론	재무회계(10%), 원가회계(10%), 세무회계(10%)
		실 무	재무회계및원가회계(35%), 부가가치세(20%), 원천제세(15%)
	전산회계 1급	이 론	회계원리(15%), 원가회계(10%), 세무회계(5%)
		실 무	기초정보의 등록·수정(15%), 거래자료의 입력(30%), 부가가치세(15%), 입력자료 및 제장부 조회(10%)
	전산회계 2급	이 론	회계원리(30%)
		실 무	기초정보등록·수정(20%), 거래자료입력(40%), 입력자료및제장부조회(10%)

시험방법

▶ 이론(30%) : 객관식 4지선다형 필기시험
▶ 실무(70%) : PC에 설치된 전산세무회계프로그램을 이용한 실기시험

시험응시 및 합격자 발표

▶ 응시자격기준 : 제한이 없으나, 신분증 미소지자는 시험에 응시할 수 없음.
▶ 접수 및 문의 : 한국세무사회 국가공인자격시험 홈페이지(license.kacpta.or.kr), ☎ 02) 521-8398
▶ 합격자 결정기준 : (이론과 실무시험을 합하여) 100점 만점에 70점 이상 합격
▶ 합격자 발표 : 한국세무사회 국가공인자격시험 홈페이지

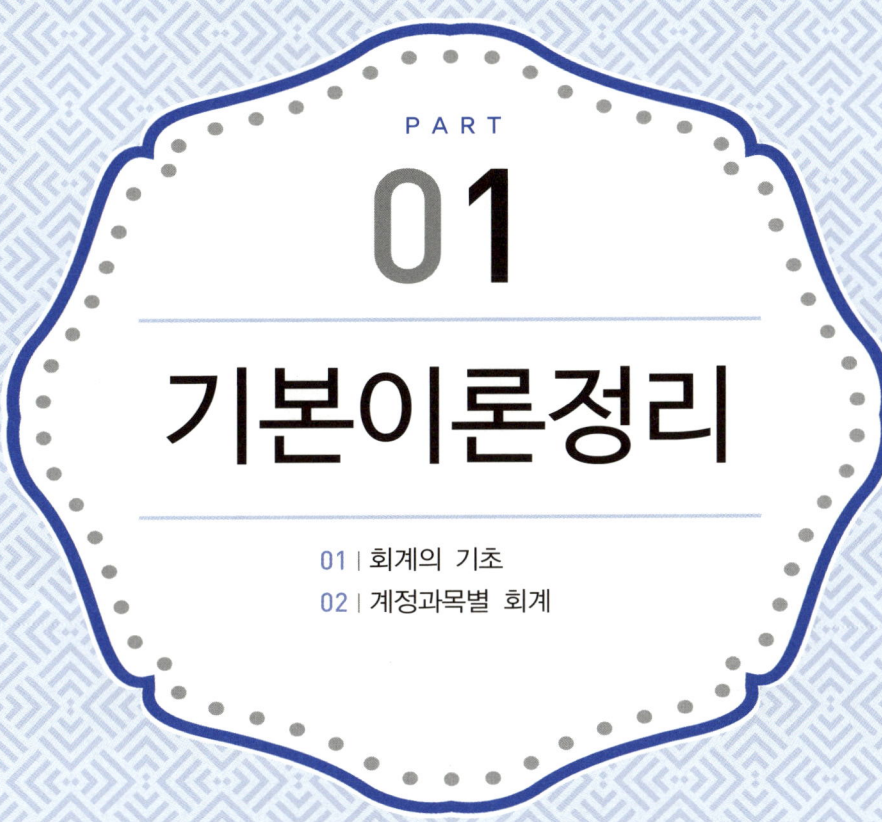

CHAPTER 01 회계의 기초

SECTION 01 | 회계의 기본 원리

1 회계의 의의

회계는 기업의 경제적 활동에 대한 정보를 인식, 측정, 기록하여 회계정보의 이용자가 합리적인 판단과 의사결정을 할 수 있도록 유용한 회계정보를 전달하는 과정이다. 회계정보의 이용자란 경영자를 비롯하여 주주, 종업원, 채권자, 과세관청, 투자자 등 다양한 이해관계자를 말한다.

2 회계단위와 회계연도

① 회계단위

자산과 부채 및 자본의 증감 변화를 기록, 계산, 정리하기 위한 장소적 범위를 회계단위라 한다. 보통의 경우 개별기업 하나가 하나의 회계단위가 되는 것이 원칙이지만 기업이 본점과 지점 등으로 구분되어 있는 경우에는 본점은 물론이고 본점 또는 지점도 하나의 독립된 회계단위가 될 수 있다.

② 회계연도(보고기간)

기업은 특별한 이유가 없는 한 무한히 계속된다는 가정을 한다. 따라서 기업의 재무상태와 경영성과를 알려면 일정한 시간적 구분이 필요하게 된다. 경영성과 등을 파악하기 위하여 인위적으로 구분한 기간을 회계연도 또는 보고기간이라 한다.
회계연도는 1년을 초과할 수 없으며 시작점을 기초라 하고 종료시점을 기말(보고기간말)이라 한다. 기업의 계속되는 회계연도 중에서 이번 회계연도를 당기라 하고 직전회계연도는 전기 그리고 다음 회계연도는 차기라 한다.

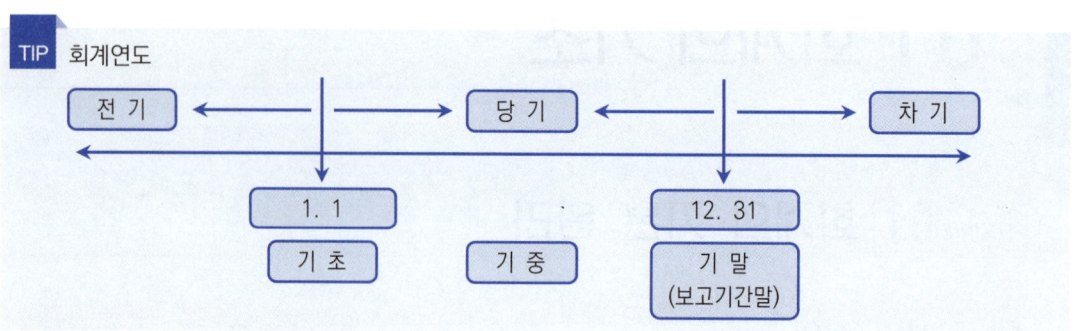

▶ 세법상 회계기간은 1년을 초과할 수 없으며 '개인'은 1월1일부터 12월31일까지로 하고, 법인은 법령 또는 정관에서 정해진 회계기간을 적용한다.

CHECK POINT 재무회계와 관리회계의 비교

회계는 하나의 정보시스템으로 투자자, 채권자 등의 외부정보이용자에게 회계정보를 제공하는 재무회계와 경영자 등의 내부정보이용자에게 정보를 제공하는 관리회계로 구분한다.

비교 항목	재무회계	관리회계
정보이용자	외부정보이용자(주주, 채권자)	내부정보이용자(경영자)
정보전달방법	재무제표(재무보고서)	특수목적보고서
회계처리	일반적으로 인정된 회계원칙	특별한 원칙 없음
정보의 질적특성	신뢰성	목적적합성
회계보고주기	정기적(1년, 분기, 반기)	수시(월별, 1년, 수년)

③ 재무제표

재무제표란 기업의 경제적 사건이나 거래를 기간별로 측정·기록·분류·요약하여 이를 전달하는 수단으로 이용되는 일정한 틀을 갖춘 재무보고서를 말한다. 재무제표의 종류는 일반기업회계기준과 한국채택국제회계기준에서 다음과 같이 규정하고 있다.

> • 재무상태표 • 손익계산서 • 현금흐름표 • 자본변동표 • 주석

▶ 이익잉여금처분계산서(또는 결손금처리계산서)는 재무제표에 해당되지 않는 것으로 주석의 일부분으로 작성한다.
▶ 외부회계감사대상이 아닌 기업은 중소기업회계기준을 적용할 수 있다.
▶ 중소기업회계기준 상 재무제표는 다음과 같으며 ③과 ④는 하나만 선택하여 작성한다.
  ① 대차대조표 ② 손익계산서 ③ 자본변동표
  ④ 이익잉여금처분계산서 또는 결손금처리계산서

확인예제   POINT 전산회계 2급

01 기업의 재무상태와 경영성과를 명백히 하기 위해 인위적으로 1년 이내의 기간적 범위를 정하는 것을 무엇이라 하는가?

① 회계기준
② 회계목적
③ 회계연도
④ 회계거래

해설 경영성과 등을 파악하기 위하여 인위적으로 구분한 기간을 회계연도 또는 보고기간이라 한다.

02 회계의 목적으로 가장 적합한 것은?

① 거래처의 채권과 채무를 기록 및 계산한다.
② 기업의 소유주에게 이익을 극대화 시켜준다.
③ 자금 조달을 원활할 수 있도록 자료를 제공한다.
④ 기업이해관계자들의 의사결정에 유용한 회계정보를 제공한다.

해설 회계정보 이용자가 합리적인 판단과 의사결정을 할 수 있도록 유용한 회계정보를 제공하는 것이 목적이다.

03 다음 중 재무회계에 관한 설명으로서 가장 적절하지 않은 것은?

① 재무제표에는 재무상태표, 손익계산서, 자본변동표, 현금흐름표, 주석 등이 있다.
② 이익잉여금처분계산서는 재무제표에 해당하지 아니하며 주석의 일부분으로 작성한다.
③ 기업의 내부이해관계자에게 유용한 정보를 제공하는 것을 주된 목적으로 한다.
④ 일반적으로 인정된 회계원칙의 지배를 받는다.

해설 관리회계에 관한 설명이다.

정답 | 1. ③ 2. ④ 3. ③

01 평가문제

01 회계기간에 대한 설명 중 틀린 것은?
① 보고기간이라고도 한다.
② 원칙적으로 1년을 초과할 수 없다.
③ 유동자산과 비유동자산의 구분기준이다.
④ 전기, 당기, 차기로 구분할 수 있다.

02 회계기간에 관한 설명 중 옳은 것은?
① 경영성과와 재무상태를 파악하기 위해 설정한 시간적 범위이다.
② 자신 및 자본의 증감변화를 기록 및 계산하기 위해 설정한 장소적 범위이다.
③ 반드시 1년을 기준으로 설정하여야 한다.
④ 개인기업과 법인기업은 1월 1일부터 12월 31일까지로 설정한다.

03 다음 중 재무제표에 속하지 않는 것은?
① 결손금처리계산서
② 주석
③ 현금흐름표
④ 자본변동표

해설 재무제표에는 재무상태표, 손익계산서, 현금흐름표, 자본변동표, 주석이 있다.
결손금처리계산서(또는 이익잉여금처분계산서)는 재무제표에 속하지 않는다.

04 다음 대화 중 (가), (나)에 들어갈 올바른 것은?

> 학 생 : 재무제표의 종류는 무엇인가요?
> 선생님 : 재무제표는 재무상태표, (가), 현금흐름표, (나)로 구성되며, 주석을 포함한단다.

	(가)	(나)
①	손익계산서	자본변동표
②	정 산 표	손익계산서
③	합계시산표	재고조사표
④	재고조사표	합계시산표

05 다음 중 일반기업회계기준에서 규정하고 있는 재무제표의 종류가 아닌 것은?
① 재무상태표
② 손익계산서
③ 자본변동표
④ 주기

정답 | 1. ③ 2. ① 3. ① 4. ① 5. ④

SECTION 02 | 기업의 재무상태와 재무상태표

1 기업의 재무상태

일정시점의 기업의 재무상태를 파악하기 위하여 재무상태표를 작성한다.

① 자 산

자산은 기업이 소유하고 있는 경제적 가치가 있는 재화와 채권을 말한다. 재화는 금전을 포함하여 상품, 제품, 건물 등이 있고 채권에는 외상매출금, 미수금, 대여금 등이 있다. 자산은 기업의 적극적재산이라고도 하며 재무상태표 차변에 표시한다. 자산은 1년 또는 1 영업주기 이내에 현금화가 되는지에 따라 유동자산과 비유동자산으로 구분한다.

자산의 종류와 구분

자산의 분류		계정과목	내 용
유동 자산	당좌 자산	현금및현금성자산	• 현금 : 통화와 통화대용증권 및 요구불예금 • 현금성자산 : 취득시 만기가 3개월 이내인 금융상품
		매출채권 — 외상매출금	상품 매출 시에 외상으로 거래한 경우 발생한 채권
		매출채권 — 받을어음	상품 매출 시에 어음을 받았을 경우 발생한 채권
		단 기 예 금	정기예금, 정기적금 등 저축성예금과 사용이 제한된 감채기금 및 만기 1년 이내 금융상품
		미 수 금	일반적 상거래 이외에서 발생한 채권의 미회수액
		선 급 금	상품, 원재료의 매입을 위하여 미리 지급한 금액
		선 급 비 용	당기에 지급한 비용 중 차기분에 해당하는 비용
		미 수 수 익	당기에 발생한 수익이나 결산일 현재 받지 못한 수익
		단 기 투 자 자 산	• 단기매매증권 : 시장성있는 단기보유 목적의 주식과 채권 • 매도가능증권과 만기보유증권 : 1년 이내에 만기가 도래하거나 처분할 예정인 주식, 채권 • 단기대여금 : 회수기한이 1년 이내인 금전 대여액
	재고 자산	상 품	판매할 목적으로 외부에서 구입한 재화
		제 품	판매할 목적으로 기업이 생산한 재화
		재 공 품	생산 공정 중에 있는 미완성 상태의 재화

자산의 분류		계정과목	내　　　용
유동자산	재고자산	원　재　료	제품의 생산에 사용될 재화
		저　장　품	소모품 등의 소모성자산
비유동자산	투자자산	투 자 부 동 산	투자 목적으로 소유하고 있는 건물, 토지 등
		매 도 가 능 증 권	단기매매증권, 만기보유증권, 지분법적용투자주식에 해당하지 아니하는 주식과 채권
		만 기 보 유 증 권	만기(1년 이상)까지 보유할 목적의 채권
		장 기 성 예 금	만기일이 결산일로부터 1년 이후에 도래하는 예금
		장 기 대 여 금	만기일이 결산일부터 1년 이후에 도래하는 금전 대여액
	유형자산	건　　　　　물	영업활동에 사용되는 건물
		기　계　장　치	영업활동에 사용하는 기계 및 설비
		비　　　　　품	영업활동에 사용하는 컴퓨터, 복사기 등의 집기
		차 량 운 반 구	영업활동에 사용하는 차량과 운반구
		토　　　　　지	영업활동에 사용하는 대지, 임야 등의 토지
		건 설 중 인 자 산	유형자산의 건설 또는 구입을 위해 완공 전까지 지출된 금액
	무형자산	영　　업　　권	기업 인수 합병 시 유상으로 취득한 무형의 권리
		산 업 재 산 권	특허권·실용신안권·상표권 등의 법률적 권리
		개　　발　　비	신제품 또는 신기술 개발을 위한 지출액
		광　　업　　권	일정 광구(광산)에서 광물을 채굴할 수 있는 권리
	기타 비유동자산	이 연 법 인 세 자 산	차감할 일시적 차이로 인해 미래에 경감될 법인세부담액

② 부　채

부채는 기업이 장래에 갚아야 할 채무를 말하는 것으로 채권자지분 또는 소극적재산이라 한다. 재무상태표 대변에 표시하는 부채는 1년을 기준으로 유동부채와 비유동부채로 구분한다. 유동부채에는 외상매입금, 지급어음, 단기차입금 등이 있고 비유동부채에는 사채, 장기차입금 등이 있다.

부채의 종류와 구분

분류	계정과목		내용
유동부채	단기차입금		상환기한이 결산일부터 1년 이내인 차입금
	매입채무	외상매입금	외상으로 상품을 매입하는 거래에서 발생한 채무
		지급어음	상품을 매입하고 어음을 발행하거나, 인수하였을 경우
	미지급금		상품 매매 거래 이외에서 발생한 미지급 채무
	선수금		상품 또는 제품의 매출과 관련하여 미리 받은 금전
	예수금		상품 매매 거래 이외에서 잠시 보관하고 있는 금전
	미지급비용		비용의 지급 사유가 발생하였으나, 지급하지 않은 금액
	선수수익		수익 관련 금전을 받았으나, 당기분이 아닌 차기분 수익
비유동부채	사채		상환기한이 1년 이후에 도래하는 회사채 발행 금액
	장기차입금		상환기한이 장기(1년 초과)인 차입금
	퇴직급여충당부채		모든 사용인이 퇴직할 때 지급할 퇴직금 예상액
	이연법인세부채		가산할 일시적 차이로 인하여 미래에 부담할 법인세부담액

③ 자 본

자본은 기업의 소유주 지분을 말하는 것으로 자산 총액에서 부채 총액을 차감하여 구한다. 자산에서 부채를 차감한 자본은 재무상태표 대변에 표시하며, 순재산 또는 순자산이라 한다. 소유주 지분이란 기업에서 기업주 또는 주주의 몫을 의미하는 것이다. 기업을 청산하는 경우에 채권자지분인 부채를 먼저 상환하고 나머지가 있는 경우에 한하여 기업주 또는 주주에게 반환한다 하여 잔여지분이라고도 한다.

자본등식 : 자산 - 부채 = 자본

자본의 종류와 구분

분류	계정과목	내용
자본금	자본금	개인기업의 출자액 또는 법인의 총발행주식의 액면금액
자본잉여금	주식발행초과금	주식의 할증 발행 시 액면금액을 초과한 금액
	자기주식처분이익	자기회사 주식을 일시 취득한 후 처분 시 발생하는 이익
	감자차익	자본금을 감소시킬 때 발생하는 차액

분류	계정과목	내용
자본조정	자기주식	일시 취득한 자기회사가 발행한 주식의 취득금액
	주식할인발행차금	주식의 할인 발행 시 액면금액에 미달하는 금액
	자기주식처분손실	일시적으로 취득한 자기주식을 처분 시 발생하는 손실
기타포괄손익누계액	매도가능증권평가손익	매도가능증권을 평가하고 나타나는 평가손익
	해외사업환산손익	해외사업 재무제표의 원화환산차손익
이익잉여금	이익준비금	상법에 의한 금전(현금)배당액의 10% 이상 적립액
	기타법정적립금	상법 이외의 법률에 의한 적립금
	임의적립금	잉여금 처분 시 회사가 임의의 목적으로 적립한 금액
	차기이월이익잉여금	잉여금을 처분하고 남은 잔액으로 차기로 이월된 금액

3 재무상태표(F/P : Statement of Financial Position)

재무상태표는 기업의 일정시점의 재무상태를 나타내는 것으로 차변에는 자산을 대변에는 부채와 자본을 표시한다. 재무상태표는 우리나라가 국제회계기준을 받아들이면서 종전의 대차대조표의 명칭을 변경한 것이다. 자산이 타인자본인 부채와 자기자본인 자본의 합으로 이루어져 있다는 것을 나타낸 등식을 재무상태표 등식이라 한다.

TIP 재무상태표와 등식

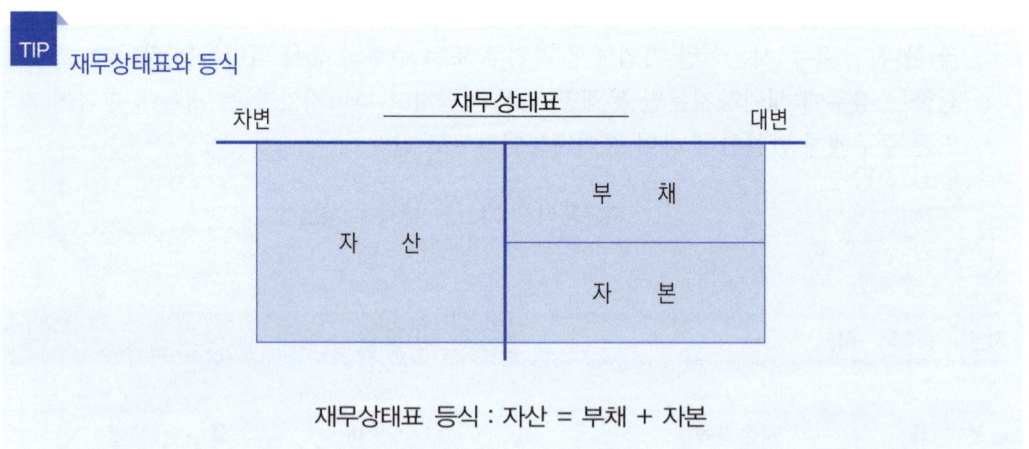

재무상태표 등식 : 자산 = 부채 + 자본

확인예제 POINT 전산회계 2급

01 다음 항목 중 성격이 다른 하나는?
① 선급비용   ② 선수수익
③ 미지급금   ④ 선수금

해설 선급비용은 자산에 해당하고 나머지 항목은 부채에 해당한다.

02 다음 주어진 자료에 의한 현재상사의 자산총액은 얼마인가?

㉠ 현 금	24,000원	㉡ 매입채무	10,000원	㉢ 상 품	30,000원
㉣ 비 품	5,000원	㉤ 차 입 금	6,000원		

① 43,000원   ② 59,000원
③ 69,000원   ④ 75,000원

해설 매입채무와 차입금은 부채에 해당한다.

03 다음 자료에 의하면 유동자산의 총액은 얼마인가?

㉠ 단기투자자산	100,000원	㉡ 미 수 금	250,000원	㉢ 장기대여금	150,000원
㉣ 건 물	50,000원	㉤ 특 허 권	300,000원	㉥ 매출채권	50,000원

① 150,000원   ② 300,000원
③ 400,000원   ④ 500,000원

해설 단기투자자산 100,000 + 미수금 250,000 + 매출채권 50,000 = 400,000원

04 다음 중 부채로 계상할 수 없는 것은?
① 외상으로 상품을 구입한 금액
② 상품을 판매하기 전에 받은 계약금
③ 타인에게 빌려준 돈
④ 사업용 건물 외상 구입 시 남아있는 잔금

정답 | 1. ① 2. ② 3. ③ 4. ③

02 평가문제

01 재무상태표의 작성에 관한 내용 중 틀린 것은?
① 재무상태표 등식은 [자산 = 부채 + 자본]이다.
② 일정기간의 기업의 재무상태를 나타내는 회계보고서이다.
③ 외상매입금과 지급어음을 합하여 "매입채무"로 표시한다.
④ 재무상태표에는 기업명, 보고기간종료일, 금액의 단위를 표시하여야 한다.

> **해설** 일정기간의 기업의 재무상태가 아니라 일정시점의 재무상태를 나타내는 보고서이다.

02 재무상태표를 작성할 때 유의해야 할 사항 중 가장 적절하지 않은 것은?
① 자산은 유동자산 및 비유동자산으로, 부채는 유동부채 및 비유동부채로 구분한다.
② 자산은 현금화하는데 빠른 계정과목을 먼저 기재한다.
③ 부채는 상환기간이 늦은 계정과목을 먼저 기재한다.
④ 중요하지 않은 항목은 성격 또는 기능이 유사한 항목에 통합하여 표시할 수 있다.

> **해설** 부채는 상환기간이 빠른 유동부채부터 먼저 기재한다.

03 다음에서 밑줄 친 (가)의 의미는?

> 재무상태표에 기재하는 자산과 부채의 항목 배열은 (가) 현금화가 빠른 것부터 먼저 기재하고 느린 것을 차례로 뒤에 기재하는 것을 말한다. 즉, 자산은 유동자산·비유동자산 순서로 …… (생략)

① 총액표시의 원칙
② 유동성과 비유동성 구분의 원칙
③ 유동성배열의 원칙
④ 구분표시의 원칙

04 다음 설명 중 밑줄 친 (가)와 관련 있는 계정으로만 나열된 것은?

> 자산은 기업이 경영활동을 하기 위하여 소유하고 있는 각종 재화와 <u>채권</u>을 말한다.
> (가)

① 현금, 상품
② 건물, 미수금
③ 단기대여금, 외상매출금
④ 선급금, 차량운반구

05 다음 중 유동자산으로만 짝지어진 것은?
① 비품, 받을어음
② 상품, 선급금
③ 건물, 외상매출금
④ 현금, 임차보증금

06 아래 내용의 (가)에 해당하는 계정과목으로 옳은 것은?

> 자산은 1년을 기준으로 유동자산과 비유동자산으로 구분되며, 유동자산은 당좌자산과 (가)으로 분류된다.

① 비품   ② 상품
③ 외상매출금   ④ 차량운반구

> **해설** 유동자산은 당좌자산과 재고자산으로 구분한다.

07 도매업을 영위하는 한국상사의 회계장부 상 비유동자산 중 유형자산으로 분류될 수 없는 것은?
① 토지   ② 건물
③ 차량운반구   ④ 상품

> **해설** 상품은 유동자산 중 재고자산에 해당한다.

정답 | 1. ② 2. ③ 3. ③ 4. ③ 5. ② 6. ② 7. ④

08 다음 중 비유동자산에 속하지 않는 것은?
① 투자부동산 ② 장기성매출채권
③ 영업권 ④ 당좌차월

해설 당좌차월은 유동부채로서 재무상태표에 단기차입금으로 분류한다.

09 다음 보기에서 재고자산으로 분류될 수 없는 것은?
① 판매를 위해 증권회사가 보유하는 주식
② 사용목적으로 보유하는 자동차
③ 부동산매매업자가 판매를 위해 보유하는 토지
④ 외부매입 후 재판매 목적으로 보유중인 미착상품

해설 재고자산은 판매를 목적으로 보유하고 있는 자산이다.

10 다음 중 부채 계정으로만 제시된 것은?
① 선급금, 선수금
② 미지급금, 미수금
③ 선급금, 미수금
④ 선수금, 미지급금

11 다음 중 부채로 계상할 수 없는 것은?
① 기계장치를 외상으로 구입한 금액
② 은행으로부터 빌린 금액
③ 상품을 판매하기 전에 미리 받은 금액
④ 회사의 종업원에게 빌려준 금액

12 다음 중 유동부채의 계정과목이 아닌 것은?
① 선수수익 ② 단기차입금
③ 선급금 ④ 외상매입금

해설 선급금은 자산에 해당한다.

13 다음 중 재무상태표상 비유동부채로 분류되는 것은?
① 단기차입금 ② 유동성장기부채
③ 미지급비용 ④ 장기차입금

해설 장기차입금은 비유동부채로 분류

14 다음의 계정과목 중 당좌자산에 해당되지 않는 것은?
① 당좌예금 ② 외상매출금
③ 보통예금 ④ 장기성예금

해설 장기성예금은 투자자산 계정과목이다.

15 다음 중 자본에 대한 설명으로 가장 알맞은 것은?
① 자산과 동일한 의미이다.
② 현금을 의미한다.
③ 기업의 총재산을 의미한다.
④ 자산에서 부채를 차감한 금액을 의미한다.

16 회계상 자산·부채 및 자본에 관한 설명으로 틀린 것은?
① 자산총액과 부채총액을 합한 금액이 자본이다.
② 자산, 부채, 자본은 재무상태표의 구성요소이다.
③ 자산은 기업이 소유하고 있는 각종 재화와 채권 등을 말한다.
④ 부채는 장래 일정 금액을 타인에게 지급해야 하는 의무이다.

해설 자산 = 부채 + 자본

17 다음 중 자산, 부채, 자본에 대한 설명으로 틀린 것은?

① 자산이란 과거사건의 결과로 기업이 통제하고 있고 미래의 경제적 효익이 기업에 유입될 것으로 기대되는 자원이다.
② 자산은 반드시 물리적 형태를 가지고 있어야 한다.
③ 부채란 과거사건에 의하여 발생하였으며, 경제적 효익을 갖는 자원이 기업으로부터 유출됨으로써 이행될 것으로 기대되는 현재의 의무이다.
④ 자본이란 기업의 자산에서 모든 부채를 차감한 잔여지분을 말한다.

해설 대부분의 자산은 물리적 형태를 가지고 있지만 자산의 존재를 판단하기 위해서 물리적 형태가 필수적인 것은 아니다.
(예) 특허권, 저작권 등의 무형자산

18 다음 중 유형자산에 해당하는 것을 바르게 짝지은 것은?

| ㉠ 토지 | ㉡ 건물 | ㉢ 상품 |
| ㉣ 보통예금 | ㉤ 외상매출금 | ㉥ 차량운반구 |

① ㉠, ㉣, ㉥
② ㉠, ㉡, ㉥
③ ㉡, ㉢, ㉤
④ ㉣, ㉤, ㉥

19 재무상태표에 매입채무로 표시될 금액은?

| ㉠ 미수금 2,000원 | ㉡ 지급어음 6,000원 |
| ㉢ 미지급금 1,000원 | ㉣ 단기차입금 2,000원 |

① 5,000원
② 6,000원
③ 7,000원
④ 9,000원

해설 매입채무=외상매입금+지급어음

20 다음 밑줄 친 부분과 관련 있는 항목을 고르면?

회계는 일정시점에서 기업의 재무상태를 파악하고 일정기간 동안 기업의 경영성과를 밝히는데 목적이 있다.

① 현금 및 현금성자산
② 감가상각비
③ 기부금
④ 이자수익

21 다음 비유동자산 중 유형자산으로 분류될 수 없는 것은?

① 컴퓨터소프트웨어
② 기계장치
③ 토지
④ 건물

22 다음 자산의 올바른 구분은?

| ㉠ 토지 | ㉡ 건물 |
| ㉢ 비품 | ㉣ 차량운반구 |

① 당좌자산
② 재고자산
③ 투자자산
④ 유형자산

23 다음 중 당좌자산에 해당되지 않는 것은?

① 당좌예금
② 외상매출금
③ 임차보증금
④ 단기대여금

24 다음에서 설명하는 자산에 해당하지 않는 것은?

판매를 목적으로 하지 않고, 장기간에 걸쳐 영업활동에 사용되는 물리적 실체가 있는 자산

① 산업재산권
② 차량운반구
③ 기계장치
④ 토지

정답 | 17. ② 18. ② 19. ② 20. ① 21. ① 22. ④ 23. ③ 24. ①

25 다음 중 자산에 속하지 않는 것은?
① 선급금　② 단기대여금
③ 선수금　④ 미수금

해설 선급금은 자산이고 선수금은 부채에 해당한다.

26 다음 주어진 자료에 의한 부채 총액은 얼마인가?

> ㉠ 현　금　14,000원　㉡ 건　물　20,000원
> ㉢ 상　품　 5,000원　㉣ 자본금　 7,000원
> ㉤ 받을어음　3,000원

① 27,000원　② 30,000원
③ 32,000원　④ 35,000원

27 부채에 대한 설명으로 올바른 것은?
① 순재산이다.
② 자기자본이라고도 한다.
③ 타인자본이라고도 한다.
④ 손익계산서 항목이다.

28 다음 중 유동부채에 해당되지 않는 것은?
① 매입채무　② 미지급금
③ 선수금　　④ 선급금

29 다음 중 부채에 대한 설명으로 옳은 것은?
① 기업이 소유하는 재화와 채권
② 수익을 얻기 위해 지출한 금액
③ 자산총액에서 부채총액을 차감한 금액
④ 기업이 장래에 타인에게 지급해야 할 의무

30 다음 중 재무상태표에 표시되는 항목이 아닌 것은?
① 선급보험료　② 노무비
③ 대여금　　　④ 미지급금

해설 재무상태표에는 자산, 부채, 자본 항목이 표시된다.

31 유동성배열법에 의한 재무상태표 작성시 가장 나중에 배열되는 계정과목은 무엇인가?
① 지급어음　② 미지급비용
③ 예수금　　④ 사채

해설 사채는 비유동부채에 해당되므로 유동성배열법에 의하여 작성 시 가장 나중에 기록된다.

정답 | 25. ③　26. ④　27. ③　28. ④　29. ④　30. ②　31. ④

SECTION 03 | 기업의 경영성과와 손익계산서

1 기업의 경영성과

기업의 일정기간 동안의 경영성과를 파악하기 위하여 손익계산서를 작성한다.

① 수 익

수익은 기업의 경영활동 결과 자본의 증가를 가져온 것을 말한다. 수익으로 보는 자본의 증가는 손익거래에 의하여 나타나는 것을 말한다. 자본의 출자, 증자 등의 자본거래를 통한 자본의 증가는 수익이라 하지 않는다. 이러한 수익에는 매출, 상품매출이익, 임대료, 이자수익 등이 있다.

수익의 종류와 구분

분류	계정과목	내용
영업수익	상품매출이익	상품을 원가보다 큰 금액으로 매출하였을 때 나타나는 이익
	매 출	상품매매를 3분법으로 회계 처리할 경우 상품의 판매액
영업외수익	이 자 수 익	예금, 대여금 등에서 발생하는 이자 수입액
	배 당 금 수 익	주식, 출자 등의 투자에 대한 이익분배를 받은 금액
	임 대 료	토지, 건물 등의 부동산을 빌려주고 그 대가로 받는 금액
	수 수 료 수 익	용역(서비스)의 제공으로 받는 수수료 금액
	단기투자자산처분이익	단기투자 목적의 시장성 있는 주식, 채권, 금융상품 등을 처분하였을 때 발생하는 이익
	단기투자자산평가이익	결산일에 단기투자 목적의 시장성 있는 주식, 채권 등을 평가하면서 장부금액보다 공정가치가 클 경우 나타나는 차액
	유형자산처분이익	유형자산을 처분하였을 때 발생하는 이익
	잡 이 익	영업활동 이외에서 발생하는 기타의 이익 금액
	자 산 수 증 이 익	결손보전 등을 위하여 주주 등이 무상으로 기부한 자산 금액
	채 무 면 제 이 익	결손보전 등을 위하여 채권자에 의해 채무를 면제받은 금액
	보 험 금 수 익	보험으로 보상받은 금액

② 비 용

비용은 기업의 경영활동 과정에서 나타난 자본의 감소를 가져오는 것을 말한다. 비용으로 보는 자본의 감소는 자본의 인출이나 감자 등의 자본거래를 제외한다. 이러한 비용에는 매출원가, 상품매출손실, 급여, 여비교통비, 운반비, 이자비용 등이 있다.

비용의 기능별 분류와 계정과목

분 류	계정과목	내 용
매출원가	매 출 원 가	상품매매를 3분법으로 회계처리 할 경우 상품의 매출액에 대응하는 상품의 원가금액
	상 품 매 출 손 실	상품을 원가보다 작은 금액으로 매출하였을 때 나타나는 손실액
판매비와 관리비	급 여	사용인에게 근로의 대가로 지급하는 금액
	복 리 후 생 비	사용인의 복리후생을 위해 지급하는 금액
	퇴 직 급 여	사용인이 퇴직할 때 지급하는 금액
	감 가 상 각 비	유형자산의 가치 감소 금액
	기 업 업 무 추 진 비	기업이 영업 목적상 접대를 위하여 지출하는 금액(접대비)
	세 금 과 공 과	국가, 지방자치단체에 대한 세금과 기타의 공과금
	무 형 자 산 상 각 비	무형자산의 가치 감소 금액
	광 고 선 전 비	판매 촉진을 위한 광고, 홍보, 선전 등을 위한 지출액
	여 비 교 통 비	업무상 교통요금과 출장 시 숙박요금 등으로 지급하는 금액
	통 신 비	전화, 인터넷, 우편 등의 이용 금액
	수 도 광 열 비	수도, 전기, 가스 등의 사용 금액
	보 험 료	보험료 지급 금액
	수 선 비	건물, 기계장치 등의 수리비 지급 금액
	교 육 훈 련 비	사용인(임직원)의 교육과 훈련을 위한 지출액
	차 량 유 지 비	차량운행을 위한 유류, 부품, 타이어 등의 구입액과 차량수리비 지급액
	도 서 인 쇄 비	신문, 도서 등의 구입액과 인쇄비
	견 본 비	신제품에 대한 제작비용 및 샘플비용
	포 장 비	제품 포장을 위한 끈, 테이프, 박스라벨 등 구입액
	임 차 료	토지, 건물 등의 부동산을 빌리고 지급하는 금액
	운 반 비	상품을 발송하는 때 운반비 지급 금액
	보 관 비	창고회사에 물품 보관비용으로 지급하는 금액
	잡 비	기타의 영업비용으로 소액이거나 구분이 필요없는 금액

분류	계정과목	내용
영업외 비용	이 자 비 용	차입금 등 금융 이용의 대가로 지급하는 이자 등
	수 수 료 비 용	용역의 제공을 받고 지급하는 수수료 금액
	단기투자자산 처 분 손 실	단기투자 목적의 시장성 있는 주식, 채권, 금융상품 등을 처분하였을 때 발생하는 손실액
	단기투자자산 평 가 손 실	결산일에 단기투자 목적의 시장성 있는 주식, 채권 등을 평가하면서 장부금액보다 공정가치가 작을 경우 나타나는 차액
	재 고 자 산 감 모 손 실	재고자산의 실제 수량이 장부상 수량보다 적은 경우 부족 부분에 해당하는 금액
	기 부 금	영업활동과 무관하게 기증하는 금전 및 물품의 금액
	유 형 자 산 처 분 손 실	유형자산을 처분하였을 때, 발생하는 손실
	잡 손 실	영업활동 이외에서 발생하는 기타의 손실 금액
	재 해 손 실	천재지변이나 재해 등으로 입은 손실금액
법 인 세 비 용		법인의 소득에 부과하는 법인세 상당액

2 손익계산서(IS : Income Statement)

손익계산서는 기업의 일정기간의 경영성과를 나타내는 보고서이다. 손익계산서 차변에는 총비용을, 대변에는 총수익을 표시하고, 수익에서 비용을 차감한 당기순손익을 구한다.

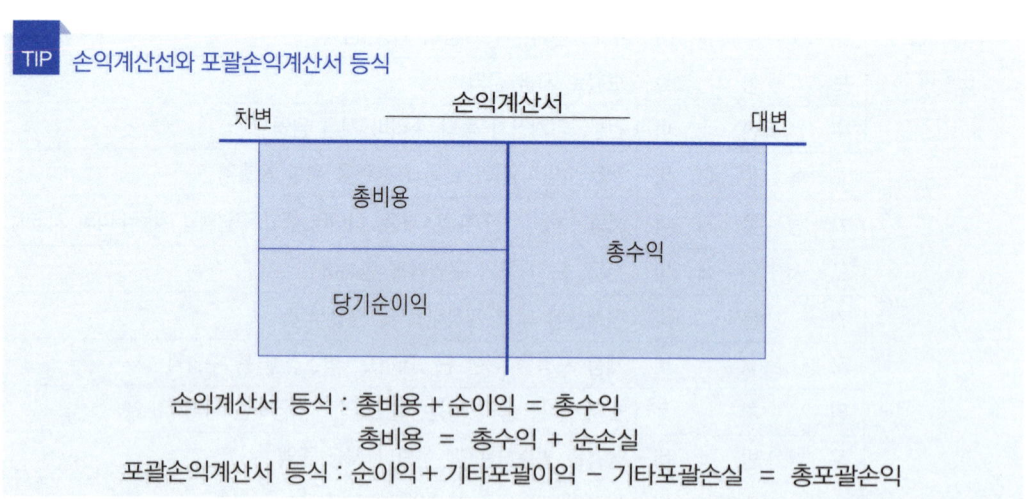

▶ 한국채택국제회계기준을 적용하는 기업은 당기순손익에 포괄손익을 가감한 포괄손익계산서를 작성한다. 이때 포괄손익계산서는 성격별 분류와 기능별 분류에 의한 방법 중 회계정보의 유용성을 갖는 방법으로 작성하여야 한다.

3 순손익의 계산

기업의 일정기간의 경영성과인 순손익을 계산하는 방법에는 재산법과 손익법이 있다. 재산법과 손익법의 각 방법에 의하여 계산된 당기순손익은 일치하여야 한다.

① 재산법(자본유지접근법)

재산법은 기초자본과 기말자본을 비교하여 당기순손익을 계산하는 방법이다. 회계기간 중에 자본의 증감을 가져오는 추가출자(증자), 인출(감자) 등 자본거래는 기초자본과 기말자본 양쪽에 같은 영향을 주는 것이므로 당기순손익에는 영향을 주지 않는다.

  기초자본 〈 기말자본 ➡ 기말자본 − 기초자본 = 당기순이익
  기초자본 〉 기말자본 ➡ 기초자본 − 기말자본 = 당기순손실
  기말자본 = 기초자본 + 추가출자 − 인출 + 당기순이익
  기말자본 − 추가출자 + 인출 − 기초자본 = 당기순이익
  기말자산 = 기말부채 + 기초자본 + 당기순이익

② 손익법(거래접근법)

손익법은 회계기간의 총수익과 총비용을 비교하여 당기순손익을 계산하는 방법이다. 총수익이 총비용보다 크면 그 차액이 당기순이익이고 총비용이 총수익보다 크면 그 차액이 당기순손실이다.

  총수익 〉 총비용 ➡ 총수익 − 총비용 = 당기순이익
  총수익 〈 총비용 ➡ 총비용 − 총수익 = 당기순손실

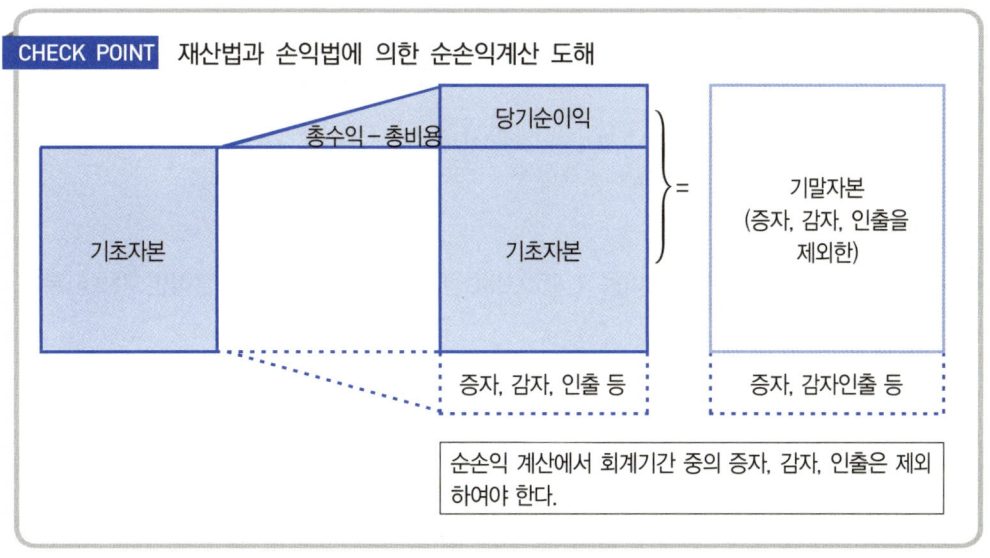

CHECK POINT 재산법과 손익법에 의한 순손익계산 도해

확인예제 POINT 전산회계 2급

01 다음 중 손익계산서에 표시되는 항목이 아닌 것은?
① 기업업무추진비(접대비)   ② 이자비용
③ 소모품   ④ 대손상각비

해설 소모품은 자산계정에 해당한다.

02 다음 중 빈칸에 가장 알맞은 것은?

| 기초자산 = 기초부채 + (㉠) | 기말자산 = 기말부채 + 기초자본 + (㉡) |

① ㉠ 기초자본 ㉡ 당기순이익   ② ㉠ 기말자산 ㉡ 당기순이익
③ ㉠ 기말부채 ㉡ 기말자본   ④ ㉠ 기말자산 ㉡ 기초부채

해설 기말자산 = 기말부채 + 기말자본
기말자본 = 기초자본 + 순이익

03 다음 자료에서 기말부채를 계산하면 얼마인가?

| ㉠ 기초자산 3,000,000원   ㉡ 기초부채 2,000,000원   ㉢ 기초자본 1,000,000원
| ㉣ 기말자산 5,000,000원   ㉤ 당기순이익 1,000,000원

① 1,000,000원   ② 2,000,000원
③ 3,000,000원   ④ 5,000,000원

해설 기말자산 = 기말부채 + 기말자본 = 기말부채 + 기초자본 + 당기순이익
5,000,000원 = 기말부채 + 1,000,000 + 1,000,000

04 총수익 1,800,000원, 총비용 1,450,000원, 기말자본 600,000원이면 기초자본은 얼마인가?

① 200,000원   ② 250,000원
③ 300,000원   ④ 350,000원

해설 기초자본 : 600,000 − (1,800,000 − 1,450,000) = 250,000원

정답 | 1. ③ 2. ① 3. ③ 4. ②

03 평가문제

01 다음 중 손익계산서 구성항목이 아닌 것은?
① 매출액 ② 영업외비용
③ 판매관리비 ④ 자본금

02 다음 중 손익계산서에 영향을 미치지 않는 거래는?
① 외상매출금 600,000원이 보통예금통장으로 입금되다.
② 월말이 되어 경비용역 수수료 50,000원을 지급하다.
③ 거래처 직원이 방문하여 점심식사를 접대하다.
④ 불우이웃돕기 성금을 1,000,000원 지급하다.

해설 자산의 변동만 나타나는 거래는 손익계산서에 영향을 미치지 않는다.

03 기업의 미래현금흐름과 수익창출능력 등의 예측에 유용한 정보를 제공하는 손익계산서에 표시되지 않는 것은?
① 매출총손익 ② 영업손익
③ 당기순손익 ④ 경상손익

해설 매출총손익 → 영업손익
→ 법인세비용차감전순손익 → 당기순손익

04 손익계산서와 관련이 있는 것을 모두 고른 것은?

| ㉠ 일정기간 | ㉡ 경영성과 |
| ㉢ 재무제표 | ㉣ 재무상태 |

① ㉠, ㉡ ② ㉠, ㉢
③ ㉠, ㉡, ㉢ ④ ㉡, ㉢, ㉣

05 다음 중 손익계산서 항목이 아닌 것은?
① 미수수익 ② 기타의 대손상각비
③ 이자수익 ④ 유형자산처분손실

해설 미수수익은 결산수정분개에서 발생하는 자산으로 재무상태표 항목

06 (A), (B), (C) 및 (D)에 들어갈 용어를 올바르게 짝지어진 것은?

재무상태표는 (A)의 (B)를 나타내는 재무제표이고, 손익계산서는 (C)의 (D)를 나타내는 재무제표이다.

① A : 일정기간, B : 재산상태,
C : 일정시점, D : 경영성과
② A : 일정기간, B : 경영성과,
C : 일정시점, D : 재산상태
③ A : 일정시점, B : 재산상태,
C : 일정기간, D : 경영성과
④ A : 일정시점, B : 경영성과,
C : 일정기간, D : 재산상태

해설 재무상태표는 일정시점의 재산상태, 손익계산서는 일정기간의 경영성과를 나타내는 재무제표

07 다음에서 계정과목의 분류로 올바르지 않은 것은?
① 자산 : 현금, 상품매출, 건물
② 부채 : 외상매입금, 단기차입금
③ 수익 : 이자수익, 임대료
④ 비용 : 급여, 보험료, 광고선전비

정답 | 1. ④ 2. ① 3. ④ 4. ③ 5. ① 6. ③ 7. ①

08 비용에 관한 올바른 내용을 〈보기〉에서 모두 고른 것은?

〈 보 기 〉
ㄱ. 자본 감소의 원인이 된다.
ㄴ. 기업이 경영활동으로 감소하는 경제적 효익
ㄷ. 기업이 일정시점에 소유하고 있는 재화나 권리
ㄹ. 재화나 용역을 고객에게 제공하고 그 대가로 얻는 금액

① ㄱ, ㄴ ② ㄱ, ㄹ
③ ㄴ, ㄷ ④ ㄷ, ㄹ

해설 비용이란 기업이 일정 기간 동안 경영 활동을 통하여 감소하는 경제적 효익의 총액이며, 자본 감소의 원인이 된다.

09 의류매매업의 3월 중 거래이다. 이익을 계산한 금액으로 옳은 것은?

㉠ 숙녀용 의류 5벌(@50,000원)을 외상으로 매입하고, 운반비 5,000원은 현금 지급하다.
㉡ 위의 의류를 모두 450,000원에 판매하고 대금은 현금으로 받다.
㉢ 당월 분 매장 전기요금 60,000원을 현금으로 납부하다.

① 135,000원 ② 140,000원
③ 195,000원 ④ 200,000원

해설 450,000 - (255,000 + 60,000) = 135,000원

10 다음 중 손익계산서 작성에 영향을 주는 거래는?
① 외상으로 매출한 대금을 현금으로 받다.
② 거래처와 상품 매매계약을 체결하다.
③ 보관중인 약속어음이 만기가 되어 현금으로 받다.
④ 건물에 대한 임차료를 현금으로 지급하다.

해설 손익계산서는 비용 및 수익계정으로 작성하는 재무제표이다.
①현금/외상매출금 ②분개없음 ③현금/받을어음
④임차료/현금

11 다음 중 괄호안의 금액이 잘못 기입된 것은?

회사명 기초자본 기말자본 총수익 총비용
① 동도상사 200,000 (340,000) 190,000 50,000
② 서도상사 (70,000) 180,000 150,000 40,000
③ 남도상사 420,000 650,000 (330,000) 120,000
④ 북도상사 210,000 400,000 220,000 (30,000)

해설 기말자본 = 기초자본 + (총수익 - 총비용)
650,000원 = 420,000 + (? - 120,000)

12 다음 자료에서 기말자본총계는 얼마인가?

기초자산	기초부채	총수익	총비용	추가출자금
3,000,000원	2,000,000원	3,500,000원	2,800,000원	800,000원

① 2,500,000원 ② 2,000,000원
③ 1,700,000원 ④ 1,000,000원

해설 기초자본 1,000,000 + 당기순이익 700,000 + 추가출자금 800,000 = 2,500,000원

13 다음 자료를 이용하여 제2기 기말자본금을 계산한 금액으로 옳은 것은?

회계연도	기초자본금	추가출자액	기업주인출액	당기순이익
제1기	1,000원	500원	300원	200원
제2기	(?)	300원	0원	100원

① 1,400원 ② 1,500원
③ 1,800원 ④ 1,900원

해설 제1기 기말자본금 : 1,000 + 500 - 300 + 200 = 1,400원
제2기 기말자본금 : 1,400 + 300 + 100 = 1,800원

14 다음 빈칸에 들어갈 금액을 바르게 나열한 것은?

회사명	자산	부채	자본
일산물산	(A)	450,000원	550,000원
바로상사	900,000원	360,000원	(B)

	(A)	(B)
①	1,000,000원	1,260,000원
②	1,000,000원	540,000원
③	100,000원	1,260,000원
④	100,000원	540,000원

정답 | 8. ① 9. ① 10. ④ 11. ③ 12. ① 13. ③ 14. ①

해설 자산(A)=부채(450,000)+자본(550,000)⇒1,000,000원
자본(B)=자산(900,000)-부채(360,000)⇒ 540,000원

15 다음 자료에서 기초부채를 계산하면 얼마인가?

· 기초자산 : 60,000원   · 추가출자 : 15,000원
· 기말자산 : 70,000원   · 기말부채 : 30,000원
· 당기순이익 : 5,000원

① 40,000원 ② 35,000원
③ 30,000원 ④ 25,000원

해설 기초자본 ? + 추가출자 15,000 + 순이익 5,000
= 기말자본 40,000원(기말자산 - 기말부채)
따라서 기초자본은 20,000원
기초자산 60,000원
= 기초부채 ? + 기초자본 20,000

16 다음 자료에 의한 자본금의 추가 출자액은 얼마인가?

기초자산	기초부채	기말자본	총수익	총비용
420,000원	200,000원	580,000원	80,000원	40,000원

① 280,000원 ② 320,000원
③ 500,000원 ④ 540,000원

해설 기초자본: 420,000-200,000=220,000원
순이익: 80,000-40,000=40,000원
추가출자액: 580,000-220,000-40,000=320,000원

17 다음 자료에 의하여 기말자본을 구할 경우 그 금액은 얼마인가?

· 기초자산 :   900,000원
· 기초부채 :   300,000원
· 총 수 익 :   1,300,000원
· 총 비 용 :   1,800,000원

① 100,000원 ② 200,000원
③ 400,000원 ④ 600,000원

해설 기초자산 900,000 - 기초부채 300,000
= 기초자본 600,000원
총수익 1,300,000 - 총비용 1,800,000
= 당기순손실 500,000원
기말자본
= 기초자본 600,000 - 당기순손실 500,000

18 다음 자료를 이용하여 제2기 기말자본금을 계산하면?

구 분	기초자본금	추가출자액	기업주 인출액	당기순이익
제1기	100,000원	20,000원	10,000원	5,000원
제2기	( )	30,000원	20,000원	10,000원

① 105,000원 ② 115,000원
③ 125,000원 ④ 135,000원

해설 제1기 기말자본금(115,000원)을 제2기 기초자본금으로 계산

19 다음 중 빈칸에 가장 알맞은 것은?

(가) + 비용 = 기말부채 + (나) + 수익

	(가)	(나)
①	기초자본	당기순이익
②	기말자산	당기순이익
③	기말부채	기말자본
④	기말자산	기초자본

해설 기말자산 = 기말부채 + 기초자본 + 순이익
비용 + 순이익 = 수익

20 다음 중 손익계산서를 구성하는 항목에 해당하지 않는 것은?

① 임차료 ② 감가상각비
③ 보험료 ④ 대여금

21 다음 중 손익계산서에 나타날 수 없는 항목은?

① 광고선전비 ② 미수수익
③ 매출원가   ④ 채무면제이익

해설 ① 비용 ② 자산 ③ 비용 ④ 수익

22 다음 중 수익에 속하지 않는 과목은?

① 이자수익 ② 상품매출
③ 선수수익 ④ 수수료수익

해설 선수수익은 부채에 해당한다.

정답 | 15. ① 16. ② 17. ① 18. ④ 19. ④ 20. ④ 21. ② 22. ③

23 다음 중 비용에 해당하지 않는 것은?

① 선급임차료 ② 유형자산처분손실
③ 기부금   ④ 대손상각비

해설 선급임차료는 자산에 해당한다.

24 다음 중 빈 칸에 들어갈 값으로 옳은 것은?

기초			기말			당기
자산	부채	자본	자산	부채	자본	순손실
1,300,000	㉮	740,000	㉯	950,000	㉰	150,000

	㉮	㉯	㉰
①	550,000원	1,510,000원	560,000원
②	550,000원	1,520,000원	570,000원
③	560,000원	1,530,000원	580,000원
④	560,000원	1,540,000원	590,000원

해설 ㉮ 1,300,000 - 740,000 = 560,000원
㉯ 950,000 + 590,000 = 1,540,000원
㉰ 740,000 - 150,000 = 590,000원

25 다음의 자료에서 순재산은 얼마인가?

㉠ 현금 2,000,000원 ㉡ 상 품 3,000,000원
㉢ 건물 5,000,000원 ㉣ 차입금 3,000,000원

① 7,000,000원   ② 5,000,000원
③ 3,000,000원   ④ 2,000,000원

해설 순재산 = 현금 + 상품 + 건물 - 차입금

26 다음 빈칸에 알맞은 금액은 얼마인가?

구 분	자 산	부 채	자 본
남향상사	500,000원	(가)	200,000원
북향상사	(나)	350,000원	300,000원

① (가) 300,000원 (나) 300,000원
② (가) 650,000원 (나) 650,000원
③ (가) 650,000원 (나) 300,000원
④ (가) 300,000원 (나) 650,000원

27 다음 자료에서 기말자본을 계산하면?

㉠ 기초자본   100,000원
㉡ 총 비 용   150,000원
㉢ 기말자본   (   )
㉣ 당기순이익   50,000원

① 100,000원   ② 150,000원
③ 200,000원   ④ 250,000원

28 개인기업 대한상사의 기초자본금 500,000원, 추가출자액 100,000원, 당기순이익 50,000원인 경우 기말자본금은?

① 350,000원   ② 450,000원
③ 550,000원   ④ 650,000원

해설 기초자본 + 추가출자 - 인출 + 당기순이익
 - 당기순손실 = 기말자본

29 개인기업인 세방건설의 기말자본금 800,000원, 기중인출액 100,000원, 당기순이익 150,000원인 경우 원시출자액은?

① 650,000원   ② 750,000원
③ 900,000원   ④ 950,000원

해설 기초자본 = 원시출자액 + 추가출자 - 인출
기말자본 = 기초자본 + 당기순이익

SECTION 04 | 거 래

NCS 능력단위 : 0203020101 전표관리   능력단위요소 : 01 회계상거래인식하기

1.1 회계상 거래를 인식하기 위하여 회계상 거래와 일상생활에서의 거래를 구분할 수 있다.
1.2 회계상 거래를 구성 요소별로 파악하여 거래의 결합관계를 차변 요소와 대변 요소로 구분할 수 있다.
1.3 회계상 거래의 결합관계를 통해 거래종류별로 구분하여 파악할 수 있다.

1 거래의 의의

기업의 경영활동 결과 자산, 부채, 자본에 변동을 가져오는 것을 거래라 한다. 이러한 거래에는 상품의 매출, 비용의 지급, 자산의 취득, 은행으로부터 차입 등 누구나 알 수 있는 거래는 물론이고 화재, 분실, 도난 등도 포함한다. 반면에 상품주문, 계약체결, 담보제공 등은 기업의 자산, 부채와 자본에 증감변화를 주지 않으므로 회계상 거래라 하지 않는다.

회계상 거래와 일반적 거래의 구분

	회계상 거래	
화재, 분실, 도난, 훼손, 파손, 상품가격의 하락, 채권의 대손, 고정자산의 감가 등	상품의 매입과 매출, 자산의 취득과 매각, 자금의 차입과 상환, 금전의 수입과 지출, 비용의 지출, 수익의 수입 등	상품주문, 보관, 약속, 고용계약, 각종 계약체결, 담보제공 등
	일반적인 거래	

2 거래의 결합관계

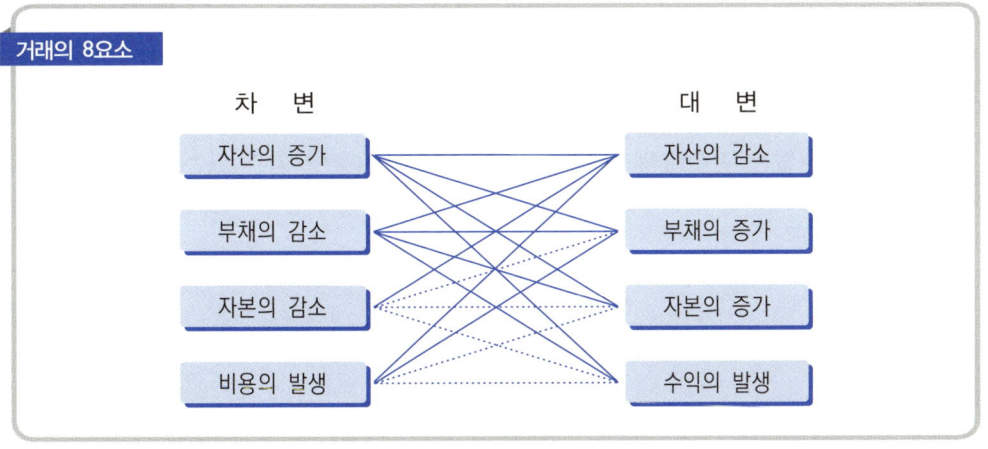

모든 회계상 거래는 자산의 증가, 자산의 감소, 부채의 증가, 부채의 감소, 자본의 증가, 자본의 감소, 수익의 발생, 비용의 발생의 8개 요소의 결합에 의하여 구성된다. 이러한 결합관계를 거래의 8요소라 한다. 거래의 8요소 중 차변요소는 자금의 운용을 나타내고 대변요소는 자금의 원천을 나타내는 것이다.

3 거래의 종류

① 결합관계에 따른 분류

㉠ 교환거래

거래의 결과 자산, 부채, 자본만의 증감을 가져오는 거래를 교환거래라 한다. 교환거래는 손익을 수반하지 않기 때문에 순손익에 아무런 영향을 주지 않는다.

㉡ 손익거래

손익거래는 거래의 총액이 수익의 발생이거나 비용의 발생인 거래이다. 손익거래는 교환거래와 달리 순이익에 직접적인 영향을 주는 거래로 수익이 발생하는 거래는 순이익을 증가시키고 비용이 발생하는 거래는 순이익을 감소시킨다.

㉢ 혼합거래

혼합거래는 하나의 거래에 교환거래와 손익거래가 동시에 이루어지는 거래이다. 거래의 일부 금액은 비용 또는 수익이고 나머지 금액은 자산, 부채, 자본의 증감으로 구성된다.

② 현금거래와 대체거래

㉠ 현금거래

현금의 수입과 지출이 수반되는 거래는 현금거래라 한다. 현금거래는 입금거래와 출금거래로 구분한다.

㉡ 대체거래

현금의 수입과 지출이 없는 거래를 대체거래라 한다. 대체거래는 현금의 수입과 지출이 전혀 없는 전부대체거래와 현금의 수입과 지출이 일부 있는 일부대체거래로 구분한다.

확인예제 — POINT 전산회계 2급

01 다음 중 회계 상 거래에 해당하지 않는 것은?

① 거래처에서 현금 1,000,000원을 차입하기로 약속하다.
② 창고에 화재가 발생하여 상품의 일부 3,000,000원이 소실되다.
③ 거래처에 상품을 판매하고 500,000원을 현금으로 받다.
④ 2개월분 사무실 임대료 500,000원이 미지급되었음을 결산시에 확인하였다.

> **해설** 거래처에서 현금을 차입하기로 약속한 행위는 아직 실제로 차입이 이루어지지 않았으므로 회계상 거래에 해당하지 않는다.

02 다음과 같은 결합관계로 이루어진 거래로 옳은 것은?

〔차변〕 부채의 감소	〔대변〕 자산의 감소

① 은행에서 현금 10,000원을 차입하다.
② 외상매입금 20,000원을 현금으로 지급하다.
③ 종업원의 급여 5,000원을 현금으로 지급하다.
④ 대여금 50,000원과 그에 대한 이자 2,000원을 현금으로 받다.

03 은행 차입금 1억원과 이자비용 100만원을 현금으로 지급한 경우 나타나지 않는 거래요소는?

① 자산의 감소 ② 비용의 발생
③ 부채의 감소 ④ 자산의 증가

> **해설** 차입금 상환-부채의 감소, 현금지급-자산의 감소, 이자지급-비용의 발생

04 외상매출금 300,000원을 현금 200,000원과 약속어음 100,000원으로 회수한 경우 영향으로 올바른 것은?

① 총자산과 총부채가 감소한다.   ② 총자산과 총부채가 증가한다.
③ 총자산과 총부채는 변화가 없다. ④ 총자산이 감소하고, 총부채가 증가한다.

정답 | 1. ① 2. ② 3. ④ 4. ③

04 평가문제

01 다음 내용은 회계용어를 정의한 것이다. 가장 적절한 용어는?

> · 재무제표의 구성요소에 변화를 가져오는 경제적 사건
> · 자산·부채·자본의 증가나 감소가 발생하거나 수익·비용이 발생하는 상태

① 거래 ② 분개
③ 계정 ④ 전기

02 다음 중 회계 상 거래로 볼 수 없는 것은?
① 수해로 건물의 일부가 파손되다.
② 현금을 분실하다.
③ 상품이 운송 도중 파손되다.
④ 상품의 인도계약을 체결하다.

[해설] 계약은 회사의 자산, 부채, 자본에 영향을 미치지 아니하므로 회계상 거래로 보지 않는다.

03 다음 내용 중 회계상의 거래를 모두 고른 것은?

> 대한가구는 사업 확장을 위해 (가)영업사원 1명을 채용하고, 거래처에 (나)판매용 가구 5백만원을 주문하다. 또한 (다)영업용 자동차 8백만원을 12개월 무이자할부로 구입하고 (라)차량에 휘발유 5만원을 현금으로 주유하다.

① 가, 나 ② 가, 다
③ 나, 다 ④ 다, 라

04 다음 중 회계상 거래에 해당하지 않는 것은?
① 사업주가 자본금을 현금으로 추가 출자하다.
② 장기차입금에 대하여 유형자산인 토지를 담보로 제공하다.
③ 급여 중 예수금을 차감한 잔액을 보통예금에서 지급하다.
④ 화재로 인하여 창고에 보관 중이던 재고자산이 모두 소실되다.

[해설] 담보의 제공(설정)은 회계상 거래에 해당하지 아니한다.

05 다음 내용을 적절하게 설명한 것은?

> 상품의 도난, 자산의 감가현상, 화재손실

① 회계상의 거래가 아니면서 일반적인 거래에 해당되는 것
② 회계상의 거래이면서 일반적인 거래에 해당하는 것
③ 일반적인 거래가 아니면서 회계상의 거래에 해당되는 것
④ 일반적인 거래도 아니고 회계상의 거래도 아닌 것

06 다음 중 회계상의 거래를 모두 고르면?

> 가. 현금의 분실
> 나. 부동산 투자계약
> 다. 비품의 외상 구입

① 가, 나 ② 가, 다
③ 나, 다 ④ 가, 나, 다

07 보통예금계좌에서 은행차입금이자가 자동이체되었다. 거래요소의 결합관계가 바른 것은?
① 비용의 발생 - 자산의 감소
② 비용의 발생 - 부채의 증가
③ 자산의 증가 - 부채의 증가
④ 자산의 증가 - 자산의 감소

정답 | 1. ① 2. ④ 3. ④ 4. ② 5. ③ 6. ② 7. ①

08 다음과 같은 결합관계로 이루어진 거래로 옳은 것은?

> [차변] 자산의 증가   [대변] 부채의 증가

① 건물을 2년간 임차하고 임차보증금 30,000,000원을 현금으로 지급하다.
② 매장의 유리창을 교체(수익적지출)하고 대금 150,000원은 월말에 지급하기로 하다.
③ 차입금 60,000,000원과 그에 대한 이자 1,000,000원을 현금으로 지급하다.
④ 영업용 차량 10,000,000원을 구입하고 대금은 12개월 무이자할부로 하다.

해설 · 차량 할부 구입시 : 차량운반구(자산의증가) 10,000,000 / 미지급금(부채의증가) 10,000,000
· 유형자산의 취득 후 지출의 효과가 현상유지와 원상회복에 해당되는 경우에는 수익적지출로 당기비용(수선비)으로 회계처리 함

09 거래내용과 거래요소의 결합관계를 적절하게 나타내지 않은 것은?

① 비품을 현금으로 매입하다.
   자산의 증가 - 자산의 감소
② 외상매입금을 약속어음을 발행하여 지급하다.
   부채의 감소 - 부채의 증가
③ 발생된 차입금 이자를 차입원금에 가산하다.
   비용의 발생 - 부채의 증가
④ 채권자로부터 매입채무를 면제받다.
   부채의 감소 - 자본의 증가

해설 ④ 부채의 감소 - 수익의 발생

10 다음 거래에서 거래요소의 결합관계로 옳은 것은?

> 건물 50,000,000원을 구입하고 취득세 500,000원과 함께 당좌수표를 발행하여 지급하다.

① 자산의 증가 : 자산의 감소
② 자산의 증가 : 부채의 증가
③ 자산의 증가·비용의 발생 : 자산의 감소
④ 자산의 증가 : 비용의 발생 · 부채의 증가

11 다음 거래의 회계처리 결과로 옳지 않은 것은?

> 3월15일
> · 상품 900,000원 매입(당좌수표 500,000원 발행, 잔액은 외상)
> · 거래처 직원과 식사 후 식사대금 현금 지급

① 당좌자산의 감소
② 재고자산의 감소
③ 유동부채의 증가
④ 판매비와 관리비 발생

12 다음 중 거래의 종류가 다른 하나는?

① 현금 1,000,000원을 추가출자하다.
② 비품 200,000원을 외상으로 구입하다.
③ 급여 1,000,000원을 현금으로 지급하다.
④ 은행에서 1,000,000원을 3개월 후 상환하기로 하고 차입하다.

해설 거래의 총액이 비용발생인 거래는 손익거래에 해당한다. 나머지는 교환거래에 해당한다.

13 다음 중 회계상의 거래가 아닌 것은?

① 상품 5,000,000원을 매입하고 대금은 월말에 지급하기로 하다.
② 종업원이 회사의 현금 3,000,000원을 분실하다.
③ 사장이 현금 2,000,000원을 개인용도로 인출해가다.
④ 월 급여 1,500,000원을 지급하는 조건으로 종업원을 채용하기로 하다.

14 다음 거래에서 거래요소의 결합관계를 바르게 나타낸 것은?

> 외상매입금 1,000,000원을 현금으로 결제하다.

① 부채의 감소, 자산의 감소
② 자산의 증가, 부채의 감소
③ 자산의 증가, 자본의 증가
④ 비용의 발생, 부채의 감소

정답 | 8. ④ 9. ④ 10. ① 11. ② 12. ③ 13. ④ 14. ①

15 외상매입금 500,000원을 현금 200,000원과 약속어음 300,000원을 발행하여 지급한 경우의 영향으로 올바른 것은?

① 총자산과 총부채가 감소한다.
② 총자산과 총부채가 증가한다.
③ 총자산은 증가하고 총부채는 감소한다.
④ 총자산이 감소하고 총부채가 증가한다.

16 다음 중 회계상 거래에 속하지 않는 것은?

① 7월 장마 폭우로 인해 1,000,000원의 건물 지붕이 멸실되다.
② 매출대금으로 받아 보관 중인 받을어음 1,000,000원이 지급거절되어 부도처리하다.
③ 공장에 화재가 발생하여 1,000,000원의 기계장치가 불에 전소되다.
④ 신제품 개발을 위하여 복판엔지니어와 1,000,000원의 연구개발 용역을 체결하기로 하다.

해설 계약의 체결, 약속 및 주문접수하는 행위는 기업의 자산, 부채 및 자본에 영향을 미치지 않으므로 회계상의 거래가 아니다.

17 다음 보기에서 회계상의 거래에 해당되지 않는 것은?

① 경영활동에 의하여 자산·부채의 증감변화를 일으키는 현상
② 경영활동에 의하여 수익·비용의 발생을 일으키는 현상
③ 수익·비용의 발생으로 자본의 증감변화를 일으키는 현상
④ 종업원채용·주문·계약 등의 일상적인 현상

18 다음 거래 중 거래요소의 결합관계가 나머지 셋과 가장 다른 하나는?

① 상품을 매입하면서 운반비 50,000원을 현금으로 지급하다.
② 상품 운반용 차량을 4,000,000원에 구입하고 대금전액을 현금으로 지급하다.
③ 햇살은행에 차입금에 대한 당기분 이자로 50,000원을 현금으로 납입하다.
④ 상품 운반용 차량구입에 따른 취득세로 140,000원을 현금으로 납입하다.

해설 ①②④는 자산, 부채, 자본항목만이 서로 증감하는 교환거래에 해당하고, ③은 수익 또는 비용의 발생을 일으키는 손익거래에 해당함.
상품 매입 시 운반비는 상품의 원가에 포함한다.

19 다음 내용중 회계상의 거래를 모두 고른 것은?

> 대한가구는 사업 확장을 위해 (가)영업사원 1명을 채용하고, 거래처에 (나)판매용 가구 5백만원을 주문한다. 또한 (다)영업용 자동차 8백만원을 12개월 무이자할부로 구입하고 (라)차량에 휘발유 5만원을 현금으로 주유하다.

① 가, 나   ② 가, 다
③ 나, 다   ④ 다, 라

해설 고용계약, 상품주문 등은 자산, 부채, 자본의 변동이 없으므로 회계상 거래가 아니다.

20 다음 중에서 거래의 종류와 거래내용이 일치하지 않는 것은? (단, 상품계정은 분기법을 적용한다)

① 손익거래 : 상품 1,000,000원을 매입하고, 대금 중 600,000원은 약속어음을 발행하여 지급하고 잔액은 외상으로 하다.
② 혼합거래 : 단기차입금 500,000원과 이자 20,000원을 함께 당점 발행수표로 지급하다.
③ 손익거래 : 통신비 34,000원과 여비교통비 50,000원을 현금으로 지급하다.
④ 혼합거래 : 상품 2,000,000원(원가 1,800,000원)을 매출하고 대금은 자기앞수표로 받다.

해설 교환거래
(차) 상품(자산의 증가)   1,000,000
　(대) 지급어음(부채의 증가)   600,000
　　　외상매입금(부채의 증가)   400,000

정답 | 15. ① 16. ④ 17. ④ 18. ③ 19. ④ 20. ①

21 거래의 종류 중 손익거래에 해당하는 것은?
① 상품 외상 매입
② 전기요금 현금 지급
③ 비품 구입대금 지급
④ 대여금 현금 회수

22 다음 중 회계상 거래에 해당하지 않는 것은?
① 토지를 500,000원에 매입하다.
② 신입사원이 입사하다.
③ 종업원에게 급여 100,000원 지급하다.
④ 거래처에 상품을 판매하고 10,000원을 받다.

23 회계상의 거래가 아닌 것은?
① 상품을 외상으로 매입하다.
② 상품이 운송도중 파손되다.
③ 상품의 인도계약을 체결하다.
④ 영업용 점포가 화재로 인하여 소실되다.

24 다음의 거래에서 발생하지 않는 거래요소는?

> ○○상사는 업무용 복사기를 구입하고, 대금 중 일부는 현금으로 지급하고 잔액은 월말에 지급하기로 한다.

① 자산의 증가   ② 자산의 감소
③ 부채의 증가   ④ 비용의 발생

25 다음 거래요소의 결합관계를 나타내는 거래로 옳은 것은?

차 변	대 변
자산의 증가	부채의 증가

① 미지급한 퇴직금을 지급하다.
② 은행에서 현금을 차입하다.
③ 외상매출금을 어음으로 회수하다.
④ 외상매입금을 현금으로 지급하다.

> [해설] 은행에서 차입하면 현금자산이 증가하면서 차입금부채가 증가한다.

26 다음 중 손익계산서에 영향을 미치는 거래로만 짝지어진 것은?

> 가. 상품을 매출하고 당사에서 매출운임 50,000원을 현금으로 지급하다.
> 나. 토지를 취득하고 취득세 100,000원을 현금으로 지급하다.
> 다. 본사 건물에 대한 재산세 500,000원을 현금으로 지급하다.
> 라. 상품을 매입하고 당사에서 매입운임 50,000원을 현금으로 지급하다.

① 가, 나   ② 가, 다
③ 나, 다   ④ 나, 라

> [해설] "나"와 "라"는 취득한 자산의 취득원가에 포함 된다.

27 다음의 거래에서 발생하지 않는 거래요소는?

> 나래상사는 예뻐라가구에서 사무용책상 450,000원을 구입하고, 200,000원은 현금으로 지급하고 나머지는 1개월 후에 지급하기로 하다.

① 자산의 감소   ② 자산의 증가
③ 부채의 증가   ④ 비용의 발생

28 다음 중 기업의 경영성과에 영향을 미치지 않는 거래는?
① 외상매입금 1,000,000원을 현금으로 지급하다.
② 1일 아르바이트생의 시급 60,000원을 현금으로 지급하다.
③ 거래처 직원의 결혼식 축의금 50,000원을 현금으로 지급하다.
④ 상품 매장의 월세 500,000원을 보통예금 통장에서 이체하다.

> [해설] 재무상태표에 부채의 감소, 자산의 감소의 영향을 미칠 뿐 경영성과와는 무관하다.

정답 | 21. ② 22. ② 23. ③ 24. ④ 25. ② 26. ② 27. ④ 28. ①

29 다음 거래의 결합관계로 바르게 짝지어진 것은?

> 종업원의 급여를 당사 보통예금계좌에서 종업원 급여계좌로 이체하다.

① (차변) 자산의 감소   (대변) 수익의 발생
② (차변) 자산의 감소   (대변) 비용의 발생
③ (차변) 수익의 발생   (대변) 자산의 감소
④ (차변) 비용의 발생   (대변) 자산의 감소

30 아래에서 발생하지 않는 것은?

> 단기차입금 50,000원의 상환과 그 이자 2,000원을 현금으로 지급하다.

① 비용의 발생   ② 자산의 감소
③ 자산의 증가   ④ 부채의 감소

31 다음 거래의 결과 자본(순자산)의 변동을 초래하는 거래가 아닌 것은?

① 은행으로부터 운영자금 1,000,000원을 현금으로 차입하다.
② 사업확장을 위해 현금 5,000,000원을 추가로 출자하다.
③ 은행차입금에 대한 이자로 10,000원을 현금지급하다.
④ 원가 50,000원의 상품을 60,000원에 현금판매하다.

> 해설 자산과 부채가 동시에 증가하여 자본변동을 초래하지 않는다. ③ 또는 ④는 비용 또는 수익이 발생하는 거래로 당기순이익 또는 순손실을 통하여 자본의 크기에 변동을 가져올 수 있다.

32 재무상태표에만 영향을 주는 거래는?

① 외상대금 현금 회수
② 대여금과 이자 현금 회수
③ 업무용 차량의 자동차세 현금 지급
④ 차입금에 대한 이자 현금 지급

33 다음의 거래에서 수익 발생으로 인식될 수 있는 거래를 모두 고른 것은?

> ㉠ 외상매출금을 현금으로 받다.
> ㉡ 건물에 대한 임대료를 현금으로 받다.
> ㉢ 대여금에 대한 이자를 현금으로 받아 즉시 보통예금하다.

① ㉠, ㉡   ② ㉠, ㉢
③ ㉡, ㉢   ④ ㉠, ㉡, ㉢

정답 | 29. ④ 30. ③ 31. ① 32. ① 33. ③

SECTION 05 계 정

NCS 능력단위 : 0203020101 전표관리   능력단위요소 : 01 회계상거래인식하기

1.4 거래의 이중성에 따라서 기입된 내용의 분석을 통해 대차평균의 원리를 파악할 수 있다.

1 계정의 의의와 분류

① 계정의 의의

계정은 거래의 결과 나타난 자산, 부채, 자본, 수익, 비용의 증감 변화를 기록, 계산, 정리하기 위하여 설정한 단위이다. 현금, 상품, 차입금, 급여 등 계정의 명칭을 계정과목이라 하고, 계정에 날짜와 적요 및 금액을 기입하는 곳을 계정계좌라 한다. 그리고 모든 계정계좌의 왼쪽을 차변 오른쪽을 대변이라 한다.

계정의 형식은 차변란과 대변란으로 구분한 표준식과 차변란, 대변란 및 잔액란으로 구분한 잔액식이 있다. 설명의 편의상 앞으로 표준식을 약식으로 표현한 T계정을 사용한다.

> **TIP 계정**

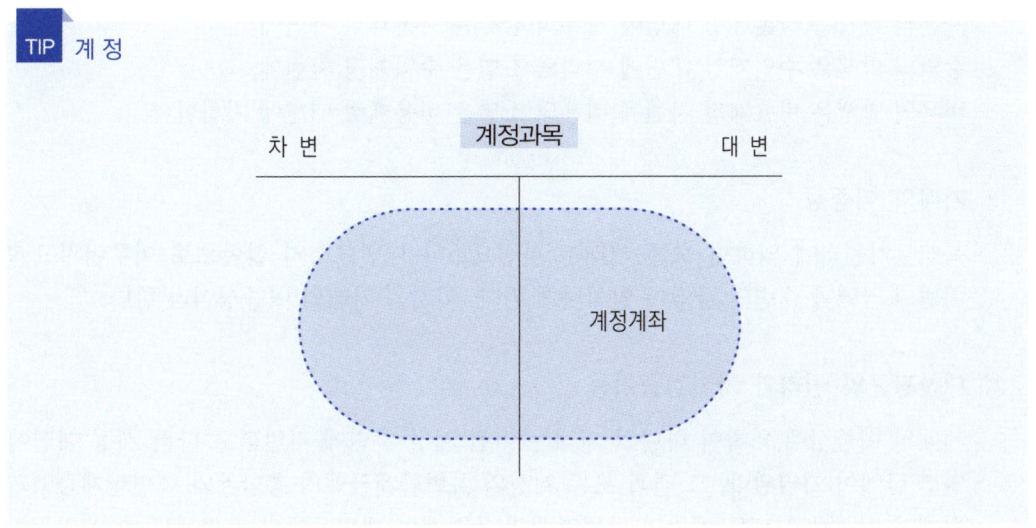

② 계정의 분류

계정은 크게 재무상태표계정과 손익계산서계정으로 구분한다. 재무상태표계정은 자산계정, 부채계정, 자본계정으로 분류하고, 손익계산서계정은 수익계정과 비용계정으로 분류한다.

계정의 분류

구 분		계 정 과 목
재무상태표 계정	자산계정	현금, 예금, 외상매출금, 받을어음, 상품, 비품, 건물 등
	부채계정	외상매입금, 지급어음, 미지급금, 장기차입금 등
	자본계정	자본금, 인출금 등
손익계산서 계정	수익계정	상품매출이익, 이자수익, 임대료, 잡이익 등
	비용계정	급여, 보험료, 세금과공과, 이자비용, 잡손실 등

2 계정기입 원칙

① 계정의 기입 방법

자산의 증가는 자산계정 차변에 자산의 감소는 자산계정 대변에
부채의 증가는 부채계정 대변에 부채의 감소는 부채계정 차변에
자본의 증가는 자본계정 대변에 자본의 감소는 자본계정 차변에
수익의 발생은 수익계정 대변에 수익의 소멸은 수익계정 차변에
비용의 발생은 비용계정 차변에 비용의 소멸은 비용계정 대변에 기입한다.

② 거래의 이중성

복식부기원리에 의하면 모든 거래는 차변요소와 대변요소의 결합으로 이루어지고 항상 차변의 금액과 대변의 금액이 일치하게 된다. 이것을 거래의 이중성이라 한다.

③ 대차평균의 원리와 자기검증기능

거래의 이중성에 의하여 하나의 거래는 어떤 계정 차변에 기입되고 다른 계정 대변에 동일한 금액이 기입된다. 그 결과 모든 계정의 차변합계금액의 총합계와 대변합계금액의 총합계가 일치하고 모든 계정의 차변잔액의 총합계와 대변잔액의 총합계도 항상 일치한다. 이것을 대차평균의 원리라 한다.

대차평균의 원리에 의하여 모든 계정의 차변합계의 총합과 대변합계의 총합을 비교하고, 그 합계가 일치하는지를 검토하면 회계 기록과 계산의 정확성을 검증할 수 있다. 이것을 복식부기의 자기검증기능이라 한다.

확인예제 POINT 전산회계 2급

01 다음 중 잔액이 차변에 발생하지 않는 계정은?

① 단기차입금　　　　　② 선급비용
③ 선급금　　　　　　　④ 미수금

해설 단기차입금은 부채이므로 대변에 잔액이 발생한다.

02 다음 각 내용별로 올바른 계정과목은?

| (가) 사무실에서 사용하던 복사기의 외상판매대금 |
| (나) 제품 판매시 수령한 어음 |

① (가) 대여금　(나) 받을어음　② (가) 미수금　(나) 대여금
③ (가) 미수금　(나) 받을어음　④ (가) 외상매출금　(나) 미수금

해설 상품이 아닌 비품의 외상판매는 미수금으로 하고 어음을 받으면 받을어음 자산으로 한다.

03 유형자산에 대한 차감적 평가계정의 계정과목으로 옳은 것은?

① 대손충당금　　　　　② 감가상각누계액
③ 인출금　　　　　　　④ 건물

해설 대손충당금은 채권에 대한 평가계정이고 인출금은 자본금에 대한 평가계정이다.

04 다음 계정들의 성격이 알맞지 않은 것은?

① 선수금 - 감소시 차변계정　　② 선급금 - 감소시 차변계정
③ 단기차입금 - 증가시 대변계정　④ 미수금 - 증가시 차변계정

해설 선수금과 단기차입금은 부채이고, 선급금과 미수금은 자산계정이다. 자산계정의 감소는 대변에 기록한다.

정답 | 1. ① 2. ③ 3. ② 4. ②

05 평가문제

POINT 전산회계 2급

01 다음은 유동자산의 분류이다. (가)에 해당하는 계정과목으로 옳은 것은?

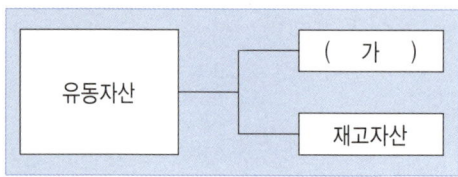

① 토지 ② 상품
③ 미수금 ④ 차량운반구

해설 (가)는 당좌자산이고 상품은 재고자산, 토지와 차량운반구는 유형자산이다.

02 다음 중 당좌자산에 속하는 것은?

① 받을어음 ② 상품
③ 선수금 ④ 예수금

해설 상품은 재고자산, 선수금과 예수금은 유동부채이다.

03 다음에서 계정과목의 분류로 올바르지 않은 것은?

① 자산 : 현금, 상품매출, 건물
② 부채 : 외상매입금, 단기차입금
③ 자본 : 자본금
④ 비용 : 급여, 보험료, 광고선전비

04 당좌자산에 대한 설명으로 가장 올바르지 않은 것은?

① 유동자산 중 판매과정을 거치지 않고 바로 현금화할 수 있는 자산이다.
② 현금계정에서 처리되는 것에는 보험증권, 주식, 상품권도 포함된다.
③ 미수수익, 미수금, 선급금은 항목이 중요한 경우에는 재무제표에 개별 표시한다.
④ 단기투자자산은 기업의 단기 유동성을 파악하는데 중요한 정보이기 때문에 당좌자산 내에 별도 항목으로 표시한다.

05 회계상 거래가 발생하면 재무제표의 차변과 대변에 동시에 영향을 미치게 되는데, 이는 회계의 어떤 특성 때문인가?

① 거래의 이중성 ② 중요성
③ 신뢰성 ④ 유동성

해설 거래의 이중성의 특성이다.

06 다음에 주어진 자료에서 부채총액은 얼마인가?

· 현금	20,000원	· 상품	100,000원
· 보통예금	200,000원	· 비품	50,000원
· 외상매출금	100,000원	· 자본금	250,000원

① 120,000원 ② 130,000원
③ 220,000원 ④ 470,000원

해설 자산 - 자본 = 부채
20,000 + 100,000 + 200,000 + 50,000 + 100,000 - 250,000 = 220,000원

07 다음의 거래내용을 나타내는 계정과목으로 가장 적절한 것은?

㉮ 사무용으로 사용하는 컴퓨터, 프린터, 책상, 의자 등의 구매 금액
㉯ 사무실에서 사용하는 문구류 등의 구매 금액

	㉮	㉯
①	비 품	기업업무추진비
②	단기차입금	복 리 후 생 비
③	비 품	소 모 품 비
④	미 수 금	광 고 선 전 비

정답 | 1. ③ 2. ① 3. ① 4. ② 5. ① 6. ③ 7. ③

08 다음 대화에서 밑줄 친 ㉠과 ㉡의 계정과목으로 옳은 것은?

> 박부장 : 지난달 10월의 외상매출금 500,000원은 어떠한 방법으로 회수했습니까?
> 김대리 : 네! ㉠200,000원은 타인발행수표로, ㉡300,000은 어음으로 받았습니다.

	㉠	㉡
①	받을어음	현 금
②	현 금	받을어음
③	당좌예금	지급어음
④	지급어음	당좌예금

09 다음 ( ) 안에 적합한 계정과목은?

(	)		
당좌예금	300,000	전기이월	200,000
현금	150,000	차량운반구	600,000
차기이월	350,000		
	800,000		800,000

① 미수금 ② 미지급금
③ 선급금 ④ 외상매출금

10 다음 내용에 사용하는 계정과목으로 옳은 것은?

> 영업활동에 소요되는 전화요금, 인터넷 사용료, 이동통신 요금 등

① 통신비 ② 수도광열비
③ 세금과공과 ④ 기업업무추진비

11 (가) 안에 들어갈 수 있는 계정과목은?

(가)	
400,000	500,000

① 외상매출금 ② 외상매입금
③ 미수금 ④ 상 품

12 아래 내용의 괄호에 해당하는 계정과목으로 옳은 것은?

> 자산은 1년을 기준으로 유동자산과 비유동자산으로 구분되며, 유동자산은 ( )과 재고자산으로 분류된다.

① 상품 ② 미수금
③ 건물 ④ 외상매입금

해설 ( )는 당좌자산이다. 상품은 재고자산, 건물은 유형자산, 외상매입금은 부채이다.

13 다음 거래에서 계정의 증감 내용이 기입될 곳으로 바른 것은?

> [거래] 외상매입금 1,000,000원을 당사 보통예금 계좌에서 이체하여 지급하다.

자산계정		부채계정	
가	나	다	라

① 가, 다 ② 가, 라
③ 나, 다 ④ 다, 라

해설 (차) 외상매입금 1,000,000 (대) 보통예금 1,000,000
부채의감소(다)   자산의감소(나)

14 다음 ( )안에 들어갈 가장 적절한 내용은?

> 복식부기에서는 하나의 거래가 발생하면 반드시 차변·대변에 원인·결과로 같은 금액이 기입되는데 이를 ( )(이)라 한다.

① 발생주의
② 거래의 이중성
③ 대차합계의 원리
④ 수익·비용의 대응성

정답 | 8. ② 9. ② 10. ① 11. ② 12. ② 13. ③ 14. ②

SECTION 06 | 분개와 전기

1 분 개

분개란 거래가 발생하면 어떤 계정에, 얼마의 금액을, 차변에 기입할 것인가 대변에 기입할 것인가를 결정하는 절차를 말한다.

예를 들어 상품 100,000원을 매입하고 대금을 현금으로 지급하면 상품 자산이 증가하고, 현금 자산이 감소한 것을 알 수 있다. 따라서 상품계정 차변에 100,000원, 현금계정 대변에 100,000원을 기입하여야 한다. 이것을 다음과 같이 표시하는 것을 분개라 한다.

(차변) 상 품   100,000   (대변) 현 금   100,000

2 전 기

분개를 계정에 옮기는 것을 전기라 한다. 계정에 전기하는 방법은 원장에서 해당 계정을 찾아 분개의 차변금액은 해당 계정의 차변에, 분개의 대변금액은 해당계정의 대변에 기입한다. 그리고 월일 란과 적요 란에는 거래의 날짜와 상대 계정과목을 기입한다. 이때 상대 계정과목이 둘 이상일 때에는 적요 란에 '제좌'라 기입한다.

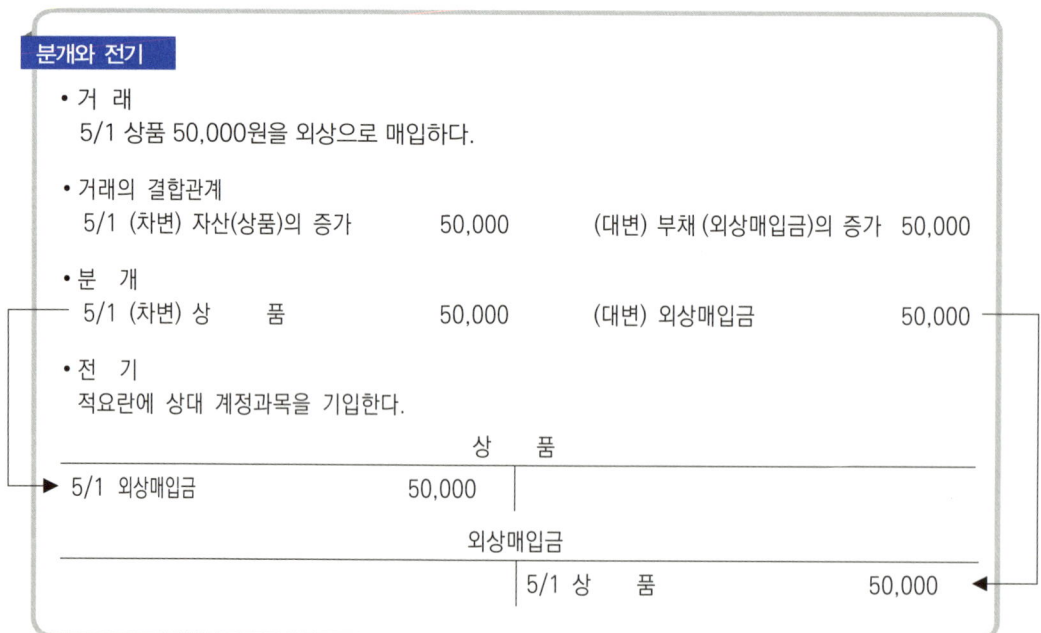

3 전표제도와 장부조직

NCS 능력단위 : 0203020101 전표관리   능력단위요소 : 02 전표작성하기

2.1 회계상 거래를 현금거래 유무에 따라 사용되는 입금전표, 출금전표, 대체전표로 구분할 수 있다.
2.2 현금의 수익거래를 파악하여 입금 전표를 작성할 수 있다.
2.3 현금의 지출거래를 파악하여 출금전표를 작성할 수 있다.
2.4 현금의 수익과 지출이 없는 거래를 파악하여 대체전표를 작성할 수 있다.

거래가 발생하면 분개를 하는 분개장을 대신하여 사용하는 일정한 양식지를 전표라 한다. 분개를 대신하여 전표에 기입하는 것을 기표라고 하고 계정에는 전표에서 직접 전기하기도 하고 일계표를 작성하여 일괄하여 전기하기도 한다.

기업의 규모가 크거나 업무가 여러 부서에 나누어져 있는 경우, 업무의 능률을 높이고 책임의 소재를 분명히 하기 위하여 전표를 사용한다. 전표제도는 1전표제, 3전표제, 5전표제 등이 있는데 3전표제가 가장 일반적이다.

① 전표의 종류

㉠ 입금전표(적색)

현금의 입금이 수반되는 입금거래에 사용하는 전표이다. 입금전표의 금액 란에는 입금액을, 계정과목 란에는 현금계정의 상대과목을 기입하여야 한다.

필수예제

6월 10일 : 서초상사로부터 5월분 외상대금 300,000원을 현금으로 받다.
 (차) 현   금   300,000   (대) 외상매출금   300,000

입 금 전 표
202x년 6월 10일

계정과목	외상매출금	상 호	서초상사
적 요			금 액
5월분 외상대금 회수			300,000
합 계			300,000

㉡ 출금전표(청색)

현금의 지출이 수반되는 출금거래에 사용하는 전표이다. 출금전표의 금액 란에는 지급액을, 계정과목 란에는 현금계정의 상대과목을 기입하여야 한다.

필수예제

6월 12일 : 김포상회에 5월분 외상대금 250,000원을 현금으로 지급하다.
 (차) 외상매입금　　　　250,000　　　(대) 현　　금　　　　250,000

출 금 전 표			
202x년 6월 12일			
계정과목	외상매입금	상　호	김포상회
적　　　　요			금　　　액
5월분 외상대금 지급			250,000
합　　　　계			250,000

ⓒ 대체전표(일부현금)

현금의 수입이나 지출이 없는 대체거래에 사용하는 전표이다. 대체전표에는 분개하는 것과 동일한 방법으로 기입한다. 전부대체거래는 대체전표 한 장으로 기표가 완료되지만 일부대체거래는 대체전표와 입금 또는 출금전표를 같이 작성하여야 한다.

필수예제

- 6월 18일 : 혜성상회로부터 5월분 외상대금 300,000원에 대해 약속어음 200,000원과 현금 100,000원으로 회수하다.
 (차) 현　　금　　　　100,000　　　(대) 외상매출금　　　　300,000
 　　받을어음　　　　200,000

대 체 전 표			
202x년 6월 18일			
계정과목	차　변	계정과목	대　변
받을어음	200,000	외상매출금	200,000
합　　계	200,000	합　　계	200,000
적요	5월분 외상대금 입금　　　　(혜성상회)		

입 금 전 표			
202x년 6월 18일			
계정과목	외상매출금	상　호	혜성상회
적　　　　요			금　　　액
5월분 외상대금 회수			100,000
합　　　　계			100,000

② 장부조직

거래가 발생하면 분개장에 분개를 하고 이에 의하여 총계정원장에 전기한다. 그러나 분개장과 총계정원장에 기입하는 것만으로는 거래의 내용을 충분히 파악하기 어려우므로 보조부에 보충적으로 기입한다. 장부는 주요부와 보조부로 구분하는데 분개장과 총계정원장을 주요부라 하고 보조부는 보조기입장과 보조원장으로 구분한다.

구 분		내 용
주요부	분개장	거래의 발생 순서에 따라 분개를 기입하는 장부
	총계정원장	자산, 부채, 자본, 비용, 수익의 모든 계정과목을 모아 놓은 장부로 전표 또는 분개장의 분개를 각 계정에 전기하여 계정과목 증감을 표시한다.
보조부	보조원장	상 품 재 고 장 : 상품별로 입고와 출고를 기록하여 재고를 파악
		매 출 처 원 장 : 매출처별 외상매출액과 외상매출금 회수액을 기입
		매 입 처 원 장 : 매입처별 외상매입액과 외상매입금 지급액을 기입
		고 정 자 산 대 장 : 고정자산의 증감을 기록 관리
	보조기입장	현 금 출 납 장 : 현금의 수입과 지출을 기입
		당 좌 예 금 출 납 장 : 당좌예금의 예입과 인출(수표발행)을 기입
		매 입 장 : 상품의 매입과 환출 및 에누리 등을 기입
		매 출 장 : 상품의 매출과 환입 및 에누리 등을 기입
		받 을 어 음 기 입 장 : 어음의 수취와 어음대금의 회수 등을 기입
		지 급 어 음 기 입 장 : 어음의 발행 또는 인수와 만기 지급액 등을 기입

확인예제

01 다음 중 빈 칸에 들어갈 (가)와 (나)의 내용으로 옳은 것은?

> 특정 계정의 금액을 다른 계정으로 옮기는 것을 (가)(이)라고 하고, 분개장에 기장된 분개 기입을 해당계정 원장에 옮겨 적는 것을 (나)(이)라고 한다.

① (가) : 전기, (나) : 대체
② (가) : 대체, (나) : 전기
③ (가) : 이월, (나) : 전기
④ (가) : 기장, (나) : 전기

해설 전기 : 분개 → 계정, 대체 : A계정 → B계정

02 다음 거래에서 계정의 증감 내용이 기입될 계좌로 바른 것을 모두 고른 것은?

> [거래] 현금 300,000원을 차입하고 1개월 후에 상환하기로 한다.

자산계정		부채계정	
가	나	다	라

① 가, 다
② 가, 라
③ 나, 다
④ 다, 라

해설 분개 : (차변) 현금 300,000 (대변) 차입금 300,000

03 다음 분개를 보고 거래 내용을 바르게 추정한 것은?

> (차) 외상매입금 500,000　　(대) 지급어음 500,000

① 어음대금 현금 지급
② 외상대금 약속어음으로 회수
③ 외상대금 약속어음 발행 지급
④ 상품 주문하고 약속어음 발행

해설 외상매입금 부채의 감소, 지급어음 부채의 증가 거래

정답 | 1. ②　2. ②　3. ③

06 평가문제 POINT 전산회계2급

01 다음 중 회계처리하는 경우 분개상 차변에 비용이 발생하는 경우가 아닌 것은?

> ㄱ. 특허권을 2,000,000원 현금 매입하고 등록비용 100,000원을 현금 지급하다.
> ㄴ. 종업원 구애정에게 급여 1,000,000원을 급여일에 지급하지 못하다.
> ㄷ. 영업사원 독고진의 결혼축하금 50,000원을 현금으로 지급하다.
> ㄹ. 상품 운반용 차량을 구입하면서 취득세 100,000원을 현금 납부하다.

① ㄱ, ㄴ ② ㄱ, ㄷ
③ ㄴ, ㄹ ④ ㄱ, ㄹ

[해설]
ㄱ. (차) 특허권 2,100,000 / (대) 현금 2,100,000
 등록비용 100,000원은 비용이 아닌 자산이다.
ㄴ. (차) 급여 1,000,000 / (대) 미지급금 1,000,000
ㄷ. (차) 복리후생비 50,000 / (대) 현금 50,000
ㄹ. (차) 차량운반구 100,000 / (대) 현금 100,000

02 다음 [거래]에 대한 설명으로 옳은 것을 〈보기〉에서 모두 고른 것은?

> [거래] 은행으로부터 3년 후 상환하기로 하고 현금 5,000,000원을 차입하다. 단 이자율은 연 5%이다.

〈 보 기 〉
ㄱ. 손익거래
ㄴ. 분개 시 차변 계정은 이자비용
ㄷ. 자산의 증가와 부채의 증가
ㄹ. 분개 시 대변 계정은 장기차입금

① ㄱ, ㄴ ② ㄴ, ㄷ
③ ㄷ, ㄹ ④ ㄴ, ㄷ

[해설] (차) 현금 5,000,000 (대) 장기차입금 5,000,000

03 회계의 순환과정 중 일부이다. (가), (나)에 들어갈 올바른 내용은?

> 거래의 발생 – (가) – 분개장
> – (나) – 총계정원장

① (가) 분개, (나) 전기
② (가) 전기, (나) 분개
③ (가) 분개, (나) 이월
④ (가) 이월, (나) 분개

04 다음은 컴퓨터를 판매하는 회사인 버럭컴퓨터의 거래자료이다. 10월 31일자 회계처리로 올바른 것은?

> • 10/ 1 : 판매용 컴퓨터를 1,000,000원에 외상으로 구입하다.
> • 10/31 : 10/1의 외상구입대금을 당좌수표 발행하여 지급하다.

① (차) 미지급금   1,000,000
  (대) 당좌예금   1,000,000
② (차) 외상매입금 1,000,000
  (대) 당좌예금   1,000,000
③ (차) 비 품   1,000,000
  (대) 미지급금   1,000,000
④ (차) 매 입   1,000,000
  (대) 외상매입금   1,000,000

[해설] 외상매입금의 감소이다.

정답 | 1. ④ 2. ③ 3. ① 4. ②

05 다음 중 설명이 적절하지 않은 것은?

① 자산, 부채, 자본의 증감변화와 수익, 비용의 발생을 구체적인 항목을 세워 기록, 계산, 정리하기 위하여 설정된 단위를 계정이라 한다.
② 모든 거래는 어떤 계정의 차변과 다른 계정의 대변에 같은 금액을 기입하므로, 많은 거래가 기입되더라도 차변합계액과 대변합계 금액이 항상 일치하게 되는 것을 대차평균의 원리라 한다.
③ 회계기말에 모든 장부를 마감하여 일정시점의 재무상태와 일정기간 동안의 경영성과를 정확하게 파악하는 것을 결산이라 한다.
④ 거래가 발생하여 어느 계정에 기입하고, 그 계정의 어느 변에 기입할 것인가, 얼마의 금액을 기입할 것인가를 미리 결정하는 절차를 전기라 한다.

해설 분개에 대한 설명이다.

06 다음 중 거래에 따른 분개가 가장 적절하게 처리된 것은?

① 상품 50,000원을 외상으로 매입하다.
 (차) 상 품   50,000
  (대) 외상매출금 50,000
② 상품 외상구입대금 200,000원을 당좌수표를 발행하여 주다.
 (차) 외상매입금 200,000
  (대) 지급어음 200,000
③ 상품 100,000원을 매입하고, 대금은 현금으로 지급하다. 상품 매입시 당사부담으로 현금 지급한 운반비는 20,000원이다.
 (차) 상 품   100,000
   운반비   20,000
  (대) 현 금   120,000
④ 은행에서 빌린 200,000원에 대한 이자 10,000원을 현금으로 갚다.
 (차) 이자비용 10,000
  (대) 현 금   10,000

해설 상품 외상매입은 외상매입금계정이며, 당좌수표 발행하여 지급한 것은 당좌예금으로 상품매입시 운반비는 상품계정으로 처리하여야 한다.

07 다음 계정에 기입된 거래를 보고 (A)안에 들어갈 계정과목을 추정한 것 중 옳은 것은?

(A)	
9/15 200,000	9/10 300,000

① 당좌예금 ② 지급어음
③ 광고선전비 ④ 받을어음

08 다음의 계정에 대한 설명으로 가장 올바른 것은? (단, 반드시 아래에 표시된 계정만으로 판단할 것)

외상매입금 (단위 : 원)	지급어음 (단위 : 원)
90,000	90,000

① 상품 180,000원을 매입하고, 90,000원은 어음으로 지급하고, 90,000원은 외상으로 구입하다.
② 외상매입금 90,000원을 어음으로 지급하다.
③ 상품 90,000원을 외상으로 매입하다.
④ 상품 90,000원을 매입하고, 어음으로 지급하다.

해설 (차) 외상매입금 90,000 / (대) 지급어음 90,000

09 거래를 분개 시 차변 금액과 대변 금액이 같으므로, 계정 전체의 차변 합계액과 대변 합계액이 일치해야 한다'와 관련 있는 회계 용어는?

① 분개의 원리
② 대차 평균의 원리
③ 거래 요소의 결합
④ 거래의 이중성

정답 | 5. ④ 6. ④ 7. ② 8. ② 9. ②

10 다음 계정기입에 대한 설명으로 옳은 것은?

외상매입금	
지급어음 250,000	

① 외상매입금 250,000원을 약속어음으로 받다.
② 상품을 250,000원을 매입하고 약속어음을 발행하다.
③ 어음 대금 250,000원이 만기가 되어 현금으로 지급하다.
④ 외상매입금 250,000원을 약속어음을 발행하여 지급하다.

11 분개장과 총계정원장에 대한 설명으로 옳지 않은 것은?

① 총계정원장은 계정과목별 증감변동 및 그 결과로서의 잔액을 기록하기 위한 장부이다.
② 특정 일자별 거래내역을 개관하기 위해서는 분개장을 보아야 한다.
③ 재무상태표, 손익계산서는 총계정원장 잔액들로 작성된다.
④ 총계정원장에 기록된 내용으로는 분개장의 분개형태를 알 수 없다.

> **해설** 거래발생시 분개를 하여 분개장에 기입하고 총계정원장에 전기하므로 총계정원장의 기입으로 분개와 거래내용을 추정할 수 있다.

12 다음 중 주요장부로만 짝지어진 것은?

① 총계정원장, 상품재고장
② 분개장, 매입장
③ 분개장, 총계정원장
④ 매입장, 매출장

> **해설** 주요부 : 분개장, 총계정원장
> 보조원장 : 상품재고장, 매출처원장, 매입처원장, 가지급원장, 전도금원장
> 보조기입장 : 현금출납장, 당좌예금출납장, 받을어음기입장, 지급어음기입장, 매입장, 매출장 등

13 다음은 무엇에 관한 설명인가?

> ㉠ 각 계정과목별로 기록한다.
> ㉡ 분개장 기입 후 전기하는 장부이다.

① 시산표　　　　② 정산표
③ 총계정원장　　④ 매출처원장

14 다음의 장부가 모두 필요한 거래로 옳은 것은?

㉠ 분개장	㉡ 현금출납장
㉢ 총계정원장	㉣ 상품재고장
㉤ 당좌예금출납장	㉥ 매입장

① 상품 30,000원을 매입하고 대금은 당좌수표를 발행하여 지급한다.
② 상품 30,000원을 매입하고 인수운임비 10,000원과 함께 현금 지급하다.
③ 상품 30,000원을 매입하고 인수운임비 10,000원과 함께 당좌수표 발행하여 지급하다.
④ 상품 30,000원을 매입하고 대금 중 10,000원은 당좌수표 발행하고 잔액은 현금 지급하다.

15 다음 거래를 기입해야 할 회계장부와 관련이 없는 것은?

> ○○상점으로부터 상품 100,000원을 외상으로 매입하고, 당점 부담 운반비 5,000원을 현금으로 지급하다.

① 매입장　　　　② 상품재고장
③ 매출처원장　　④ 현금출납장

16 기말 결산분개 중 감가상각비의 계상에 적용되는 전표는?

① 입금전표　　② 출금전표
③ 입출금전표　④ 대체전표

> **해설** 기말 감가상각비는 입출금이 발생하지 않는 거래이므로 대체전표를 작성한다.

정답 | 10. ④　11. ④　12. ③　13. ③　14. ③　15. ③　16. ④

17 다음의 입금전표와 대체전표를 보고 추정할 수 있는 거래로 옳은 것은?

입 금 전 표				계	과장	부장
NO 20　20×1년 5월 20일						
과목	상품매출	거래처		한라상회		
적　요				금　액		
A상품(600개, 개당 500원)매출, 잔액은 외상				5 0 0 0 0		
합　계				5 0 0 0 0		

대 체 전 표				계	과장	부장
NO 21　20×1년 5월 20일						
계정과목	금액		계정과목	금액		
외상매출금	2 5 0 0 0 0		상품매출	2 5 0 0 0 0		
합 계	2 5 0 0 0 0			2 5 0 0 0 0		
적 요	한라상회에 A상품 (600개, 개당 500원)매출, 잔액은 현금 수입					

① 상품 300,000원을 매출하고, 대금 중 50,000원은 현금으로 받고, 잔액은 외상으로 하다.
② 외상매출 대금 300,000원 중 50,000원은 현금으로 받고, 잔액은 월말에 받기로 한다.
③ 상품 50,000원을 매출하고 대금은 현금으로 받다.
④ 상품 250,000원을 매출하고 대금 중 50,000원은 현금으로 받고, 잔액은 외상으로 하다.

해설　상품 300,000원을 매출하고, 대금 중 50,000원은 현금으로 받고, 잔액은 외상으로 하다.

18 다음과 같은 결합관계로 이루어진 거래로 옳은 것은?

[차변] 자산의 증가　　[대변] 부채의 증가

① 건물을 2년간 임차하고 임차보증금 30,000,000원을 현금으로 지급하다.
② 매장의 유리창을 교체(수익적지출)하고 대금 150,000원을 월말에 지급하기로 하다.
③ 차입금 60,000,000원과 그에 대한 이자 1,000,000원을 현금으로 지급하다.
④ 영업용 차량 10,000,000원을 구입하고 대금은12개월 무이자 할부로 하다.

19 3전표를 사용하는 회사에서 다음 각 거래에 대해서 작성하는 전표를 바르게 나타낸 것은?
① 상품을 매출하고 대금은 현금으로 받다. : 대체전표.
② 상품을 매입하고 대금은 보통예금통장에서 계좌이체하다. : 대체전표
③ 직원의 회식비를 현금으로 지급하다. : 입금전표
④ 거래처 외상매출금을 거래처 당좌수표로 받다. : 대체전표

해설　①은 입금전표, ③은 출금전표, ④는 입금전표

SECTION 07 | 회계의 순환과정과 결산

1 회계의 순환과정

회계의 순환과정은 거래를 인식하여 정리하고 재무제표를 작성하기까지의 절차를 말하는 것으로 다음과 같이 구분할 수 있다.

제1단계 거래의 식별
제2단계 분개 또는 전표의 작성
제3단계 원장과 보조부 등 장부에 기입(전기)
제4단계 수정전 시산표 작성
제5단계 결산정리(수정)사항 분개
제6단계 재무제표 작성
제7단계 모든 장부 마감

2 결 산

> NCS 능력단위 : 0203020104 결산관리   능력단위요소 : 01 결산분개하기
>
> 1.1 회계 관련 규정에 따라 제반서류를 준비할 수 있다.
> 1.2 손익계정에 대한 결산정리사항을 분개할 수 있다.
> 1.3 자산·부채 계정에 관한 결산정리사항을 분개할 수 있다.

결산은 회계연도 중에 일어난 거래에 대한 장부기록을 회계연도 말에 마감을 하고 재무상태표와 손익계산서를 작성하는 절차를 말한다.

① 결산 예비절차

㉠ 시산표의 작성

시산표는 분개가 원장의 각 계정에 올바르게 전기되었는지를 검증하기 위하여 작성하는 계정집계표이다. 합계시산표, 잔액시산표, 합계잔액시산표가 있다.

ⓐ 합계시산표

모든 계정의 차변합계와 대변합계를 모아서 작성한다. 합계시산표의 차대변의 합계액은 일치하며 그 합계액은 분개장의 차대변 합계액과도 일치한다.

ⓑ 잔액시산표

잔액시산표는 원장의 각 계정의 잔액을 모아서 작성한 집계표로 각 계정의 차변잔액은 차변에 각 계정의 대변잔액은 대변에 집계한다. 결국 자산계정과 비용계정은 차변에 부채계정, 자본계정과 수익계정은 대변에 집계된다.

ⓒ 합계잔액시산표

합계시산표와 잔액시산표를 하나의 표에 집계하여 작성한 것을 말한다.

ⓒ 정산표의 작성

정산표는 결산 본절차에 들어가기 전에 작성하는 일람표로 하나의 표에서 잔액시산표부터 재무상태표와 손익계산서를 작성하는 과정을 보여준다.

② 결산본절차

㉠ 비용계정과 수익계정의 마감

비용계정과 수익계정의 잔액을 손익계정으로 대체한 후 마감한다.

㉡ 손익계정의 마감

손익계정 차변의 비용계정과 대변의 수익계정의 차액은 당기순손익으로 이를 자본금계정으로 대체한 후 손익계정을 마감한다.

㉢ 자산, 부채, 자본계정의 마감

자산, 부채, 자본계정의 잔액을 구하여 차변잔액이면 대변에 차기이월이라 기입하고, 대변잔액이면 차변에 차기이월이라 기입하여 각 계정의 차변과 대변의 합계를 일치시킨 후 마감한다.

㉣ 이월시산표의 작성

자산, 부채, 자본 계정의 차기이월액을 모아 이월시산표를 만든다. 이월시산표는 재무상태표 작성의 기초가 된다.

㉤ 전기이월의 표시

다음 회계기간의 최초일자에 차기이월액을 전기이월로 기입한다.

③ 재무제표 작성 절차

NCS 능력단위 : 0203020104 결산관리   능력단위요소 : 03 재무제표 작성하기

3.1 회계 관련 규정에 따라 재무상태표를 작성할 수 있다.
3.2 회계 관련 규정에 따라 손익계산서를 작성할 수 있다.

재무제표는 기업의 재무상태와 경영성과를 이해관계자에게 보고하기 위하여 작성하는 결산보고서로 집합 손익계정을 토대로 손익계산서를, 이월시산표에 의하여 재무상태표를 작성한다. 여기에 현금흐름표, 자본변동표 및 주석을 포함하여 재무제표라 한다.

07 평가문제

POINT 전산회계 2급

01 결산의 예비절차로 볼 수 있는 것은?
① 주요부 마감
② 시산표 작성
③ 손익계산서 계정 마감
④ 재무상태표 작성

02 그림은 회계순환 과정의 일부를 나타낸 것이다. (가)의 절차에 해당하는 것을 고른다면?

시산표 작성 → 총계정원장 마감 → (가)

① 정산표 작성   ② 재무제표 작성
③ 이월시산표 작성 ④ 손익계정마감

03 다음 중 잔액시산표에서 잔액이 차변에 나타나는 계정은?
① 미지급금   ② 외상매입금
③ 토지   ④ 자본금

[해설] 자산은 차변잔액, 부채와 자본은 대변잔액을 나타낸다.

04 다음 (가), (나)의 물음에 관련된 내용으로 옳은 것은?

(가) 거래가 분개장에서 총계정원장으로 올바르게 옮겨졌는가?
(나) 일정기간 동안 수익과 비용은 얼마이며, 이익은 얼마인지?

① (가) 시산표, (나) 재무상태표
② (가) 시산표, (나) 손익계산서
③ (가) 정산표, (나) 손익계산서
④ (가) 정산표, (나) 재무상태표

05 다음 중 시산표 작성에서 발견할 수 있는 오류는?
① 1,000,000원의 정기예금 계정과목을 정기적금 계정과목으로 사용한 경우

② 200,000원의 현금잔액이 부족한 현금과부족 계정과목을 잡손실 계정과목으로 대체하지 않은 경우
③ 출장여비로 판명된 150,000원의 가지급금 계정과목을 여비교통비 계정과목으로 대체하지 않은 경우
④ 대변에 기말대손충당금 100,000원을 설정하면서 차변에 대손상각비 10,000원으로 분개한 경우

[해설] 분개에서 차변과 대변의 금액을 다르게 기입했을 경우 시산표에서 오류발견

06 다음 개인기업의 집합손익계정에 관한 설명으로 올바르지 못한 것은?
① 집합손익계정은 임시계정이다.
② 집합손익계정은 마감단계에만 나타낸다.
③ 집합손익계정은 최종적으로 자본금으로 대체된다.
④ 집합손익계정은 결산정리 후에도 계정잔액들이 다음 회계기간에 이월된다.

[해설] 집합손익계정은 결산 시에만 설정되는 임시계정으로 차기로 이월되지 않는다.

07 다음의 손익계정의 기입 내용을 가장 적절하게 설명한 것은?

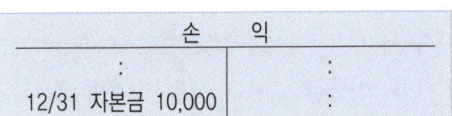

① 당기순이익 10,000원을 자본금계정에 대체
② 당기순손실 10,000원을 자본금계정에 대체
③ 추가출자액 10,000원을 손익계정에 대체
④ 인출금 10,000원을 손익계정에 대체

[해설] 개인 기업에서 발생한 순이익은 자본금계정에 대체한다.

정답 | 1. ② 2. ② 3. ③ 4. ② 5. ④ 6. ④ 7. ①

08 다음 거래내용과 회계처리가 올바른 것을 모두 고른 것은?

> 가. 수익계정과목을 손익계정에 대체
>   (차) 수익계정 ×× (대) 손 익 ××
> 나. 비용계정과목을 손익계정에 대체
>   (차) 손 익 ×× (대) 비용계정 ××
> 다. 순이익을 자본금계정에 대체
>   (차) 손 익 ×× (대) 자 본 금 ××
> 라. 순손실을 자본금계정에 대체
>   (차) 자 본 금 ×× (대) 손 익 ××

① 가   ② 가, 나
③ 가, 나, 다   ④ 가, 나, 다, 라

09 다음 중 회계순환과정을 바르게 나타낸 것은?
① 거래의 인식 → 분개장 → 시산표 → 총계정원장 → 재무제표
② 거래의 인식 → 시산표 → 분개장 → 총계정원장 → 재무제표
③ 거래의 인식 → 총계정원장 → 분개장 → 시산표 → 재무제표
④ 거래의 인식 → 분개장 → 총계정원장 → 시산표 → 재무제표

10 다음 내용을 회계의 순환과정으로 바르게 나열한 것은?

> 가. 거래의 발생   나. 시산표 작성
> 다. 재무제표 작성   라. 총계정원장 기입

① 가 → 나 → 다 → 라
② 가 → 나 → 라 → 다
③ 가 → 다 → 나 → 라
④ 가 → 라 → 나 → 다

11 기말 결산 시 손익계정으로 대체되는 계정은?
① 인출금   ② 당좌예금
③ 감가상각비   ④ 대손충당금

12 다음 중 장부 마감 시 차기이월로 마감 할 수 없는 계정은?
① 당좌예금   ② 매입채무
③ 매출채권   ④ 유형자산처분이익

13 다음 중 기말 결산 후 차기로 이월되어 사용되는 것은?
① 매출액   ② 매출원가
③ 매출채권   ④ 매출총이익

> 해설 매출채권(자산)계정은 재무상태표계정이므로 기말결산후 차기이월된다.

14 회계의 순환과정 중 일부이다. (가), (나)에 들어갈 용어로 옳은 것은?

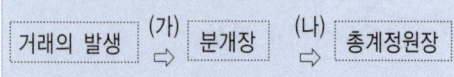

① (가):대체, (나):이월
② (가):분개, (나):전기
③ (가):이월, (나):대체
④ (가):전기, (나):분개

15 다음 중 기말 결산 후 차기로 이월되어 사용할 수 없는 계정과목은?
① 매입채무   ② 매출채권
③ 매출원가   ④ 현금성자산

16 다음 개인기업의 [기초 재무상태]와 [기말 손익계정]을 보고 기말자본금을 계산한 금액으로 옳은 것은?

기초 재무 상태	· 현금 : 500,000원 · 외상매출금 : 100,000원 · 상품 : 50,000원 · 비품 : 100,000원 · 외상매입금 : 300,000원 · 단기차입금 : 150,000원		
기말 손익 계정		손 익	(단위:원)
	비용총액 500,000 자 본 금 200,000 700,000	수익총액 700,000 700,000	

① 400,000원   ② 450,000원
③ 500,000원   ④ 550,000원

> 해설 기초자본금 : 500,000 + 100,000 + 50,000 + 100,000 − 300,000 − 150,000 = 300,000원
> 기말자본금 : 기초자본금(300,000) + 순이익(200,000) = 500,000원
> 순이익은 손익계정 차변에서 자본금으로 대체한 금액 200,000원이다.

정답 | 8. ④ 9. ④ 10. ④ 11. ③ 12. ④ 13. ③ 14. ② 15. ③ 16. ③

02 계정과목별 회계

SECTION 01 | 현금 · 예금과 금융자산

NCS 능력단위 : 0203020102자금관리   능력단위요소 : 01현금시재관리하기
1.1 회계 관련 규정에 따라 당일 현금 수입금을 수입일보에 기재하고 금융기관에 입금할 수 있다.
1.2 회계 관련 규정에 따라 출금 시 증빙서류의 적정성 여부를 판단할 수 있다.
1.3 출금할 때 정액자금 전도제에 따라 소액현금을 지급·관리할 수 있다.
1.4 회계 관련 규정에 따라 입·출금 전표 및 현금출납부를 작성하고 현금 시재를 일치시키는 작업을 할 수 있다.

NCS 능력단위 : 0203020102자금관리   능력단위요소 : 02예금관리하기
2.1 회계 관련 규정에 따라 예·적금을 구분·관리할 수 있다.
2.2 자금운용을 위한 예·적금 계좌를 예치기관별·종류별로 구분·관리할 수 있다.
2.3 은행업무시간 종료 후 회계 관련 규정에 따라 은행잔고를 대조 확인할 수 있다.
2.4 은행잔고의 차이 발생시 그 원인을 규명할 수 있다.

NCS 능력단위 : 0203020102자금관리   능력단위요소 : 03법인카드관리하기
3.1 회계 관련 규정에 따라 금융기관으로부터 법인카드를 발급·해지할 수 있다.
3.2 회계 관련 규정에 따라 법인카드 관리대장을 작성·관리할 수 있다.
3.3 법인카드의 사용범위를 파악하고 결제일 이전에 대금이 정산될 수 있도록 회계처리 할 수 있다.

1 현금 및 현금성자산

① 현금및현금성자산

현금및현금성자산은 재무상태표상의 금융자산의 하나로 현금과 요구불예금 및 현금성자산으로 구분한다.

㉠ 현 금

현금은 통화는 물론이고 통화와 즉시 교환할 수 있는 타인발행수표 등의 통화대용증권을 포함한다.
통화대용증권에는 타인발행수표, 자기앞수표, 가계수표, 송금수표, 우편환증서, 국고송금통지서, 만기가 도래한 공사채이자표, 배당금통지서, 대체저금환급증서, 일람출급어음 등이 있다.

㉡ 요구불예금

당좌예금, 보통예금 등으로 만기가 없이 수시로 입출금이 자유로운 예금을 말한다.

ⓒ 현금성자산

현금성자산은 큰 거래비용이 없으면서 현금으로 전환이 용이하고 이자율 변동에 따른 가치변동의 위험이 중요하지 않은 금융상품으로 취득당시 만기(또는 상환일)가 3개월 이내인 단기금융상품을 말한다.

> **TIP 현금 및 현금성자산**
> ① 동점발행수표는 타인발행수표이므로 현금으로 처리하고 받아두었던 타인발행수표는 현금으로 처리한다.
> ② 당점발행수표는 자기가 발행한 수표이므로 당좌예금계정으로 처리한다.
> ③ 회계처리 시에는 현금계정, 당좌예금계정, 예금 등의 계정을 사용하고 재무상태표에 공시할 때에는 현금및현금성자산계정으로 한다.
> ④ 채권, 상환우선주, 환매채, 수익증권 등 단기금융상품은 취득당시 만기가 3개월 이내이면 현금성자산이다.

② 현금과부족계정

㉠ 실제 잔액이 장부 잔액보다 부족할 때(실제 잔액 < 장부 잔액)

현금과부족계정 차변과 현금계정 대변에 기입하였다가 원인이 밝혀지면 해당계정에 대체하고 결산일까지 원인이 밝혀지지 않으면 잡손실계정으로 대체한다.

(차변) 현금과부족   ×××   (대변) 현 금   ×××

㉡ 실제 잔액이 장부 잔액보다 많을 때(실제 잔액 > 장부 잔액)

현금계정 차변과 현금과부족계정 대변에 기입하였다가 원인이 밝혀지면 해당계정으로 대체하고 결산일까지 원인이 밝혀지지 않으면 잡이익계정으로 대체한다.

(차변) 현 금   ×××   (대변) 현금과부족   ×××

> **TIP 결산일에 발견한 현금과부족**
> 결산일에 원인을 모르는 부족이나 과잉이 발견되면 현금과부족계정을 사용하지 않고 잡손실이나 잡이익계정으로 처리한다.

2 당좌예금과 단기예금

① 당좌예금

당좌예금은 은행과 당좌계약을 맺고 현금이나 타인발행수표를 예입하고 수표를 발행하여 인출하는 예금이다. 당좌예금에 예입하면 당좌예금계정 차변에 기입하고 수표를 발행하여 인출하면 당좌예금계정 대변에 기입한다.

② 단기예금

단기예금은 은행예금 중 저축성예금과 사용이 제한되어 있는 예금 및 기타 정형화된 금융상품으로 보고기간말로부터 1년 이내에 만기가 도래하는 것을 말한다.

회계처리는 단기예금 또는 제예금 등의 계정과목을 사용한다. 그러나 재무상태표에는 유동자산인 매도가능증권, 만기보유증권과 함께 단기투자자산으로 통합하여 표시한다.

> **필수예제**
>
> (1) 일박은행에 정기예금(6개월 만기) 100,000원을 현금으로 입금하다.
>   (차) 단기예금(정기예금)   100,000   (대) 현   금   100,000
>
> (2) 경영상사에 현금 100,000원을 6개월간 빌려주다.
>   (차) 단기대여금   100,000   (대) 현   금   100,000

> **TIP 예금과 현금성자산**
> - 요구불예금은 언제라도 인출이 가능한 예금이고, 저축성예금은 만기가 있는 예금으로 만기 전에는 인출이 안 되거나, 만기 전에 인출하면 해약에 따르는 수수료를 부담하는 예금으로 정기예금, 정기적금 등이 있다.
> - 사용이 제한된 예금에는 담보로 제공한 예금, 당좌개설보증금, 감채기금 등이 있다.
> - 기타 정형화된 금융상품에는 금융회사가 판매하는 것으로 양도성예금증서(CD), 어음관리구좌(CMA), MMF, 환매채(RP), 기업어음(CP), 표지어음, 금전신탁 등이 있다.

3 단기매매증권

① 단기매매증권

기업이 단기간 내에 매매차익을 목적으로 취득한 시장성 있는 유가증권(주식, 채권 등)으로써 매수와 매도가 적극적이고 빈번하게 발생하는 것을 단기매매증권이라 한다. 재무상태표의 유동자산에 속하는 것으로 취득하면 차변에 기입하고 처분하면 대변에 기입한다.

1년 이내에 만기가 도래하는 만기보유증권과 1년 이내에 처분될 예정인 매도가능증권은 단기매매증권과 함께 유동자산으로 분류한다. 이들을 재무상태표에 표시할 때에 단기예금·단기대여금과 함께 단기투자자산으로 통합하여 표시한다.

② 단기매매증권의 취득과 처분

단기매매증권은 취득하면 단기매매증권계정 차변에 기입하고, 취득부대비용은 당기의 손익에 반영하기 위하여 취득원가에 가산하지 않고 별도의 수수료비용으로 처리한다. 보유 중인 단기매매증권을 처분하면 장부금액과 처분금액을 비교하여 이익이 발생하면 단기투자자산처분이익으로 손실이 발생하면 단기투자자산처분손실로 한다.

필수예제

(1) 단기보유 목적으로 상장회사인 ㈜중앙전자의 주식 100주를 @8,000원에 구입하고, 매입수수료 50,000원과 함께 현금으로 지급하였다.

(차)	단기매매증권	800,000	(대)	현　　금	850,000
	수수료비용	50,000			

(2) (1)에서 단기자금운용의 목적으로 보유하고 있던 ㈜중앙전자 주식 중 50주(액면금액 @5,000원, 장부금액 @8,000원)을 @9,000원에 매각하고 그 대금은 전액 현금으로 받아 당좌예금계좌에 입금하다.

(차)	당좌예금	450,000	(대)	단기매매증권	400,000
				단기투자자산처분이익	50,000
				(단기매매증권처분이익)	

처분금액 : 50주 × 9,000 = 450,000원
장부금액 : 50주 × 8,000 = 400,000원
처분이익 : 450,000 - 400,000 = 50,000원

③ **단기매매증권의 평가**

단기매매증권은 공정가치로 평가한다. 결산일에 장부금액과 공정가치를 비교하여 차액을 단기투자자산평가이익 또는 단기투자자산평가손실로 계상한다.

필수예제

단기자금운용 목적으로 보유하고 있는 삼일전자 주식 200주(액면금액 @5,000원, 장부금액 @7,000원)의 결산일 현재 공정가치는 주당 @8,000원이다(단기매매증권으로 회계처리할 것).

(차)	단기매매증권	200,000	(대)	단기투자자산평가이익	200,000
				(단기매매증권평가이익)	

장부금액 : 200주 × 7,000 = 1,400,000원
공정가치 : 200주 × 8,000 = 1,600,000원
평가이익 : 1,600,000 - 1,400,000 = 200,000원

확인예제 [분개연습]

❖ 다음의 거래에 대하여 일반전표 입력을 위한 분개를 하시오.

01 신한은행 발행 자기앞수표 200,000원을 현금과 교환하였다.

해설 분개없음

02 현금출납장 잔액보다 실제 현금잔액이 50,000원 부족하다.

해설 (차) 현금과부족　　　　　50,000　　　(대) 현　　　금　　　　　50,000

03 현금시재를 확인한 결과 실제잔액이 장부잔액보다 300,000원 많은 것을 발견하였는데 그 원인은 아직 알 수 없다.

해설 (차) 현　　　금　　　　300,000　　　(대) 현금과부족　　　　　300,000

04 지난달 말에 현금 300,000원이 부족한 것에 대하여 원인을 알 수 없어 현금과부족계정으로 처리하였는데 그 내용을 확인한 결과 매입처 한국전산에 대한 외상대금의 지급이 누락되었음을 발견하였다.

해설 (차) 외상매입금(한국전산)　300,000　　(대) 현금과부족　　　　　300,000

05 신한은행과 당좌거래계약을 체결하고 현금 1,000,000원을 당좌예금하다. 또한 당좌차월계약에 의한 당좌차월한도액은 1,500,000원이다.

해설 (차) 당좌예금　　　　1,000,000　　　(대) 현　　　금　　　　1,000,000

06 거래처 호반상사의 외상매입금 1,000,000원을 당좌수표 발행하여 지급하다.

해설 (차) 외상매입금(호반상사)　1,000,000　　(대) 당좌예금　　　　1,000,000

07 지성상사로부터 전년도 외상매출금 미수액 중 2,000,000원을 보통예금통장으로 입금받다.

> [해설] (차) 보통예금　　　　2,000,000　　　(대) 외상매출금(지성상사)　2,000,000

08 천호상사에 외상매입금 3,000,000원을 보통예금에서 계좌이체하다.

> [해설] (차) 외상매입금(천호상사)　3,000,000　　(대) 보통예금　　　　3,000,000

09 거래처 (주)서해물산에서 외상매출금 30,000,000원 중 10,000,000원은 (주)서해물산이 발행한 당좌수표로 받고, 나머지는 보통예금계좌로 송금받았다.

> [해설] (차) 현　　　금　　10,000,000　　(대) 외상매출금　　　30,000,000
> 　　　　보통예금　　　20,000,000　　　　　((주)서해물산)
> * 타인발행 당좌수표는 현금계정으로 한다.

10 현금의 실제잔액이 장부잔액보다 200,000원 많은 것을 발견하였는데, 현재로서 그 차이의 원인을 알 수 없다.

> [해설] (차) 현　　　금　　　200,000　　　(대) 현금과부족　　　200,000

11 당월분 사무실 인터넷 사용료 34,000원이 보통예금통장에서 자동이체 인출되었다.

> [해설] (차) 통 신 비　　　　34,000　　　(대) 보통예금　　　　34,000
> * 통신비란 통신에 드는 비용(전신, 전화, 팩시밀리, 우편 등)을 말한다.

12 단기보유목적으로 상장회사인 ㈜세방의 주식 100주를 1,200,000원에 취득하고 대금은 취득수수료 50,000원을 포함하여 현금으로 지급하다.

> [해설] (차) 단기매매증권　　1,200,000　　(대) 현　　　금　　1,250,000
> 　　　　수수료비용　　　　50,000

13 코스닥 상장사인 ㈜대방의 주식 50주(액면금액 @10,000원)을 단기보유목적으로 1주당 15,000원에 취득하고 대금은 당좌수표를 발행하여 지급하였다.

> [해설] (차) 단기매매증권　　　750,000　　(대) 당좌예금　　　750,000
> * 50주 × 15,000 = 750,000원

14 시장성 있는 단기보유목적의 (주)한라무역의 주식(장부금액 4,000,000원)을 4,200,000원에 매각하고 대금은 당사 당좌예금계좌로 이체하다(단기매매증권 계정과목으로 회계처리).

해설 (차) 당좌예금　　　　　　4,200,000　　　(대) 단기매매증권　　　　4,000,000
　　　　　　　　　　　　　　　　　　　　　　　　 단기투자자산처분이익　200,000

15 단기매매차익을 목적으로 소유하고 있는 삼성전자 주식 300주를 1주당 5,500원(장부금액 5,000원)에 매각 처분하고 대금은 매매수수료 20,000원을 차감한 후 현금으로 받았다.

해설 (차) 현　　　금　　　　　1,630,000　　　(대) 단기매매증권　　　　1,500,000
　　　　　　　　　　　　　　　　　　　　　　　　 단기투자자산처분이익　 130,000

　　　처분금액 : 300 × 5,500 − 20,000 = 1,630,000원
　　　장부금액 : 300 × 5,000 = 1,500,000원
　　　처분이익 : 1,630,000 − 1,500,000 = 130,000원

08 평가문제   POINT 전산회계 2급

01 다음 중 현금 및 현금성자산에 해당하지 않는 것은?
① 당좌예금   ② 보통예금
③ 자기앞수표 ④ 정기예금

해설 정기예금은 저축성예금이다.

02 다음 중 은행과의 약정에 의해 당좌예금잔액을 초과하여 당좌수표를 발행하였을 때 대변에 기입하여야 하는 계정과목으로 가장 적절한 것은?
① 선수금   ② 단기대여금
③ 단기차입금 ④ 지급어음

해설 당좌예금 잔액을 초과하여 수표를 발행한 경우 은행으로부터의 단기적인 차입에 해당하므로 단기차입금계정에 기입하여야 한다.

03 다음 자료에 의하여 결산 재무상태표에 표시되는 현금 및 현금성자산은 얼마인가?

㉠ 당좌예금	150,000원
㉡ 보통예금	120,000원
㉢ 자기앞수표	500,000원
㉣ 양도성예금증서(30일 만기)	500,000원

① 1,270,000원 ② 1,500,000원
③ 620,000원   ④ 270,000원

해설 현금 및 현금성자산은 당좌예금 150,000 + 보통예금 120,000 + 자기앞수표 500,000 + 30일 만기 양도성예금증서 500,000을 합한 1,270,000원이 된다.

04 다음 수표에 대한 회계처리로 올바른 것은?

· 타인 발행의 당좌수표를 받으면 (㉠) 계정으로 처리한다.
· 당점 발행의 당좌수표를 받으면 (㉡) 계정으로 처리한다.

① ㉠ 당좌예금 ㉡ 보통예금
② ㉠ 현   금 ㉡ 보통예금
③ ㉠ 현   금 ㉡ 당좌예금
④ ㉠ 당좌예금 ㉡ 현   금

05 현금계정 차변에 기입해야 되는 거래는?
① 상품을 매출하고 약속어음을 받다.
② 상품 매입대금을 당좌수표를 발행하여 지급하다.
③ 외상매출금을 거래처 발행 당좌수표로 받다.
④ 소지하고 있던 자기앞수표를 거래은행에 당좌예입하다.

06 기말 결산 시 현금 계정 차변잔액 200,000원, 현금과부족계정 차변계정 2,000원이며 현금실제액이 199,000원이다. 결산 정리 분개 시 차변 계정과목과 금액으로 옳은 것은?
① 현금 1,000원   ② 현금 3,000원
③ 잡손실 1,000원 ④ 잡손실 3,000원

해설 (차) 잡손실 3,000 (대) 현금과부족 2,000
                         현   금   1,000

07 경리담당자는 현재시재액이 장부잔액보다 30,000원 많은 것을 발견하였으나, 그 원인을 알 수 없어서 현금과부족계정을 이용하여 차이를 조정하였다. 그 후 현금불일치의 원인이 임대료수입의 기장누락에 있었음을 발견하였다. 현금불일치의 원인이 발견된 시점에서 필요한 분개는?
① (차)현금과부족 30,000 (대)현   금 30,000
② (차)현금과부족 30,000 (대)임 대 료 30,000
③ (차)현   금 30,000 (대)현금과부족 30,000
④ (차)임 대 료 30,000 (대)현금과부족 30,000

정답 | 1. ④ 2. ③ 3. ① 4. ③ 5. ③ 6. ④ 7. ②

해설 현금부족의 불일치의 원인이 임대료 수입액의 기장누락으로 발견되었으므로 (차) 현금과부족 (대) 임대료로 회계처한다.

08 다음 중 현금및현금성자산에 해당하지 않는 것은?
① 우편환증서   ② 당좌예금
③ 상품   ④ 배당금지급통지표

해설 상품은 재고자산 항목임

09 다음에 설명하는 항목과 통합계정으로 재무제표에 표시되는 것이 아닌 것은?

> 큰 거래비용 없이 현금으로 전환이 용이하고 이자율 변동에 따른 가치변동의 위험이 중요하지 않은 금융상품으로서 취득 당시 만기일(또는 상환일)이 3개월 이내인 것

① 통화 및 타인발행수표
② 당좌예금
③ 보통예금
④ 매출채권

해설 현금 및 현금성자산은 통화 및 타인발행수표 등 통화대용증권과 당좌예금, 보통예금 등의 요구불예금 및 큰 거래비용 없이 현금으로 전환이 용이하고 이자율 변동에 따른 가치변동의 위험이 중요하지 않은 금융상품으로서 취득 당시 만기일(또는 상환일)이 3개월 이내인 현금성자산을 말한다.

10 다음 현금과부족계정의( )안에 들어갈 계정과목은?

현금 과 부 족	
12/10 이자수익 15,000	12/8 현금 30,000
12/31 ( ) 15,000	

① 현금과부족   ② 잡이익
③ 잡손실   ④ 차기이월

해설 12/31 결산일 현재 현금과부족 계정 대변잔액은 잡이익으로 대체한다.

11 다음은 한라상점의 20x1년 기말 자료의 일부이다. 재무상태표에 표시할 현금 및 현금성자산은?

㉠ 통 화	330,000원
㉡ 수 입 인 지	70,000원
㉢ 우 편 환 증 서	50,000원
㉣ 타인발행수표	200,000원
㉤ 백두상회 발행 약속어음	200,000원

① 330,000원   ② 580,000원
③ 650,000원   ④ 850,000원

해설 수입인지는 비용(세금과공과)으로 처리하며 약속어음은 매출채권으로 표시한다.

12 다음 중 통화대용증권에 속하지 않는 것은?
① 약속어음   ② 우편환증서
③ 자기앞수표   ④ 타인발행수표

13 단기금융상품은 만기 1년이내인 정기예금 및 정기적금 등을 말한다. 만기 1년이내의 기준일로 적절한 것은?
① 정기예금 및 정기적금을 가입한 기준일
② 재무상태표 기준일
③ 정기예금 및 정기적금을 찾는 기준일
④ 정기예금 및 정기적금의 이자지급 기준일

14 다음 자료에 나타낸 항목을 재무상태표에 통합해서 기입할 계정과목은?

㉠ 당좌예금	㉡ 저축예금
㉢ 보통예금	㉣ 2개월 만기의 정기예금

① 현금 및 현금성자산
② 단기금융상품
③ 매출채권
④ 미수금

15 단기 시세차익을 목적으로 구입한 타회사 발행의 주식을 결산시 재무상태표에 표시할 때 올바른 항목은?
① 매출채권   ② 매입채무
③ 단기투자자산   ④ 현금 및 현금성자산

정답 | 8. ③ 9. ④ 10. ② 11. ② 12. ① 13. ② 14. ① 15. ③

16 다음 중 재무상태표 상 단기투자자산으로 통합해 표시할 수 있는 계정과목은?

① 외상매출금 ② 단기매매증권
③ 상품 ④ 기계장치

17 아래의 거래에서 단기매매증권 취득원가는 얼마인가?

> 증권거래소에 상장되어 있는 (주)동원상사의 주식 100주를 1주당 10,000원에 취득하고 증권회사에 대한 증권 매매수수료 10,000원과 함께 수표발행하여 지급하다.

① 990,000원 ② 1,000,000원
③ 1,010,000원 ④ 1,100,000원

해설 (100주 × @10,000원) = 1,000,000원

18 다음 계정을 분석하여 10/1 단기매매증권처분금액을 계산하면?

```
              단기매매증권
9/1 당좌예금 800,000 | 10/1 현  금 800,000
           단기매매증권처분이익
                     | 10/1 현  금 100,000
```

① 600,000원 ② 700,000원
③ 800,000원 ④ 900,000원

해설 800,000 + 100,000 = 900,000원

19 다음 빈칸에 들어갈 내용으로 올바른 것은?

> 결산일 현재 보유하고 있는 단기매매증권은 (㉠)(으)로 평가하고 단기매매증권 평가손익은 (㉡)(으)로 보고한다.

	㉠	㉡
①	취득금액	판매비와 관리비
②	공정가치	판매비와 관리비
③	공정가치	영업외손익
④	취득금액	영업외손익

20 다음 단기매매증권을 기말에 기업회계기준에 의한 공정가치법으로 평가할 경우 분개로 올바른 것은?

주 식	취득원가	공정가치
(주)갑상사주식	200,000원	220,000원
(주)을상사주식	100,000원	70,000원
(주)병상사주식	150,000원	200,000원

① (차) 단기매매증권평가손실 30,000
　　(대) 단기매매증권 30,000
② (차) 단기매매증권 70,000
　　(대) 단기매매증권평가이익 70,000
③ (차) 단기매매증권 40,000
　　(대) 단기매매증권평가이익 40,000
④ (차) 단기매매증권 30,000
　　(대) 단기매매증권평가이익 30,000

해설 평가손익을 계산하면 단기매매증권평가이익 40,000원이 발생

정답 | 16. ②　17. ②　18. ④　19. ③　20. ③

SECTION 02 | 상품매매업의 회계처리

1 상품매매업과 매출총이익

① 상품매매업

상품매매업의 영업활동은 상품을 구입하고 구입한 상품을 판매하는 과정으로 이루어진다. 이러한 영업활동의 결과 얻는 이익을 매출총이익이라 하고 매출액에서 매출원가를 차감하여 구한다. 도매업, 소매업 등이 대표적인 상품매매업이다.

② 매출액

매출액은 일정기간동안 판매한 모든 상품의 판매가격인 총매출액에서 매출에누리와 환입액 및 매출할인액을 차감하여 계산한다. 이렇게 계산된 매출액을 순매출액이라 한다.
㉠ 매출에누리는 판매된 상품에 파손이나 하자가 있어 값을 깎아 주는 것을 말한다.
㉡ 환입액은 판매된 상품이 반품되어 온 것을 말한다.
㉢ 매출할인은 외상매출금을 조기에 회수함에 따라 일정액을 깎아 준 것을 말한다.

> 순매출액 = 총매출액 - 매출에누리와 환입액 - 매출할인

③ 매입액

총매입액에서 매입에누리와 환출액 및 매입할인액을 차감한 잔액을 순매입액이라 한다.
㉠ 매입에누리는 매입한 상품의 파손이나 하자를 이유로 값을 깎은 것을 말한다.
㉡ 환출액은 매입한 상품을 반품한 것을 말한다.
㉢ 매입할인은 외상매입금을 조기에 지급할 때에 상대방이 깎아 준 것을 말한다.

> 순매입액 = 총매입액 - 매입에누리와 환출액 - 매입할인액

④ 매출원가

매출원가는 일정기간 판매한 상품의 취득원가를 말하는 것이다. 기초재고액과 당기의 상품매입액을 더하면 당기에 판매가 가능한 상품의 원가가 되고, 여기에서 기말재고액을 차감하면 판매한 상품의 원가가 구해진다.

> 판매가능액 = 기초상품재고액 + 순매입액
> 매출원가 = 기초상품재고액 + 순매입액 - 기말상품재고액
> 기초상품재고액 + 순매입액 = 매출원가 + 기말상품재고액

⑤ 매출총이익

매출총이익은 순매출액에서 매출원가를 차감하여 구한다.

> 매출총이익 = 순매출액 - 매출원가

⑥ 상품매매 부대비용

상품의 매매에 따른 운반비, 하역비, 매입수수료 등의 제비용을 상품매매 부대비용이라 한다. 상품매매 부대비용의 부담자가 구매자일 때에는 상품의 취득원가로 처리하여야 하고 판매자의 부담일 때에는 별도의 비용계정으로 처리하여야 한다.

> **CHECK POINT** 매매부대비용의 처리
> - 선적지 인도기준
>   상품의 선적시점에 소유권이 판매자에서 구매자에게로 이전되는 것을 말한다. 따라서 선적일 이후의 운반비, 보험료 등은 구매자의 부담이 되므로 구매자의 매입원가에 포함시켜야 한다.
> - 도착지 인도기준
>   상품이 목적지에 도착하는 시점에 소유권이 판매자로부터 구매자에게 이전되는 것을 말한다. 이 경우에는 도착할 때까지의 운반비, 보험료 등이 판매자의 부담이므로 판매자의 비용으로 처리한다.

2 상품매매의 기록

상품 매매의 기록을 위한 상품계정은 자산으로 재무상태표 차변계정이다. 상품의 매입 등에 따른 증가는 차변에 기입하고, 상품의 매출 등으로 인한 감소는 대변에 기입한다. 이러한 상품계정은 단일상품계정을 사용하는 방법과 상품계정을 분할하여 회계처리하는 방법으로 구분한다.

① 단일상품계정

㉠ 순수계정 처리법(분기법)

상품의 매입과 매출을 하나의 상품계정에서 처리하는 방법으로 매입하면 상품계정 차변에 계상하고, 매출하면 상품의 매출원가를 상품계정 대변에 계상한다. 그리고 매출액과 매출원가의 차액을 상품매출이익 또는 상품매출손실계정으로 처리한다.

㉡ 혼합상품계정 처리법(총기법)

상품을 매입하면 상품계정 차변에 상품을 매출하면 원가와 이익의 구분없이 매가로 상품계정 대변에 기입하는 것을 총기법 또는 혼합상품계정이라 한다. 상품매출손익은 상품의 기말재고액을 파악하여 상품계정 대변에 차기이월로 기입한 후 상품계정 대변이 크면 상품매출이익, 차변이 크면 상품매출손실이 된다.

② **분할상품계정 처리**

분기법이나 총기법은 매우 불편할 뿐 아니라 총매출액과 매출원가를 파악하기 어렵다. 이러한 단점을 보완하기 위하여 상품계정을 분할하여 회계처리한다. 분할 회계처리 방법에는 2분법, 3분법, 5분법 등이 있으나 전산 실무에서는 2분법을 사용한다.

㉠ 2분법에 의한 회계처리

재고액과 매입액은 상품계정으로 매출액은 상품매출계정을 사용한다.

ⓐ 재고자산의 구입시

(차변) 상품(취득원가)	×××	(대변) 현　　금	×××

ⓑ 재고자산의 판매시

(차변) 현　　금	×××	(대변) 상품매출(판매가)	×××

ⓒ 매출원가의 계상(매출원가=상품계정 차변합계−기말재고액)

(차변) 상품매출원가	×××	(대변) 상　　품	×××

㉡ 3분법에 의한 회계처리

상품계정을 (이월)상품, 매입, 매출의 3계정으로 구분하여 회계처리한다.
　ⓐ (이월)상품계정은 자산계정으로 기초상품재고액은 전기이월(차변)로 기말상품재고액은 차기이월(대변)로 처리한다.
　ⓑ 매입계정은 상품 매입에 관한 거래를 기입하는 비용계정으로 총매입액과 매입제비용은 차변에 매입에누리와환출액 및 매입할인액은 대변에 기입한다.
　ⓒ 매출계정은 상품 매출에 관한 거래를 기입하는 수익계정으로 총매출액은 대변에 기입하고 매출에누리와 환입액 및 매출할인액은 차변에 기입한다.

㉢ 3분법에 의한 매출총손익의 계산

매출총손익의 산출방법에는 총액법과 순액법이 있으나 총액법을 원칙으로 한다.
　ⓐ 총액법은 기초상품재고액을 이월상품계정 대변에서 매입계정 차변으로 대체하고 기말상품재고액을 매입계정 대변에서 이월상품계정 차변으로 대체하여 매입계정에서 매출원가를 산출하고 매출계정에서 순매출액을 산출한다. 이렇게 구한 매출원가와 순매출액을 각각 총액으로 손익계정에 대체하여 손익계정에서 매출총손익을 파악하는 방법이다.
　ⓑ 순액법은 매입계정에서 산출한 매출원가를 매출계정에 대체하여 매출계정에서 매출총손익을 구한 후 손익계정에는 순액인 매출총손익만 대체하는 방법이다.

3 기말재고자산의 평가

기말 재고자산의 평가는 수량(실제 수량)에 단위당원가(단가)를 곱해서 구한다. 가격은 취득원가가 원칙이지만, 시가가 취득원가보다 하락하면 시가를 적용하여야 한다.

① 기말재고자산의 수량 파악

　㉠ 계속기록법

　　계속기록법은 기중에 재고자산의 입출고에 의한 변동을 빠짐없이 기록하여 장부에 의하여 재고자산의 수량을 파악하는 방법이다.

　㉡ 실지재고조사법

　　실지재고조사법이란 입고만 기록하고 재고자산의 수량을 직접 조사해서 재고수량을 파악한 후 판매가능수량에서 차감하여 당기판매수량을 파악하는 방법이다.

> 판매가능수량 = 기초재고수량 + 당기매입수량
> 당기판매수량 = 판매가능수량 − 기말재고수량

② 기말재고자산의 단가 산정

재고자산의 단가는 원가흐름의 가정에 의한다. 원가흐름의 가정이란 매입단가가 계속하여 변동하는 경우에 판매되는 재고자산의 원가를 어떻게 결정할 것인가를 가정한 것을 말한다.

원가흐름의 가정에는 개별법, 선입선출법, 후입선출법, 평균법 등이 있다. 판매가능금액(기초재고액 + 매입액)을 매출원가와 기말재고액으로 배분하는 원가흐름의 가정에 의하여 산출한 결과 기말재고액이 커지면 매출원가가 작아지므로 이익이 커지고, 반대로 기말재고액이 작아지면 매출원가가 커지므로 이익이 작아진다. 결국 어느 원가흐름가정을 적용하느냐에 따라 재고자산의 금액과 이익이 달라진다.

구 분	내 용
개 별 법	상품별로 매입단가를 개별적으로 적용하는 방법이다.
선 입 선 출 법	먼저 매입한 상품이 먼저 판매된 것으로 가정하여 원가를 배분하는 방법이다.
후 입 선 출 법	나중에 매입한 상품이 먼저 판매된 것으로 가정하여 원가를 배분하는 방법이다.
가 중 평 균 법	먼저 사온 상품과 나중에 사온 상품이 평균적으로 판매된다고 가정하는 방법, 가중평균법에는 계속기록법에 의한 이동평균법과 실지재고조사법에 의한 총평균법이 있다.
소 매 재 고 법	매출가격환원법이라고도 하는 것으로 판매가격으로 평가한 기말재고금액에 원가율을 적용하는 방법으로 백화점 등의 유통업종에서만 사용할 수 있다.

▶ 후입선출법은 한국채택국제회계기준에서는 인정하지 않는 방법이다.

㉠ 이동평균법

상품을 매입할 때마다 가중평균단가를 구하여 결정하는 계속기록법의 방법

$$\text{이동평균단가} = \frac{\text{매입 직전의 잔액란 금액} + \text{당일매입액}}{\text{매입 직전의 잔액란 수량} + \text{당일매입수량}}$$

㉡ 총평균법

상품을 매입할 때에는 수량·단가·금액을 모두 기입하고, 매출은 수량만 기입한 후 월말에 총평균단가를 구하여 결정하는 실지재고조사법의 방법

$$\text{총평균단가} = \frac{\text{월초재고금액} + \text{당월순매입액}}{\text{월초재고수량} + \text{당월순매입수량}}$$

> **CHECK POINT** 선입선출법과 후입선출법의 비교
> ① 매출원가는 기초상품재고액에 당기매입액을 더한 판매가능상품액에서 기말상품재고액을 차감하여 구한다. 기말상품재고액의 계산은 다음과 같이 한다.
>
> 기말상품재고액 = 기말재고의 수량 × 단가
>
> ② 수량은 파악이 쉽지만 단가는 매입할 때마다 일정하지 않아 선입선출법, 후입선출법, 이동평균법, 총평균법 등의 물량흐름에 대한 가정이 필요하다.
> ③ 인플레이션시에는 물가가 지속적으로 상승하기 때문에 선입선출법을 적용하면 매출원가는 오래된 단가가 적용되고 기말재고는 최근의 단가로 표시된다. 기말재고가 최근의 높은 가격으로 표시되므로 매출원가는 낮아지고 이익은 크게 나타난다.
> ④ 재고자산의 가격이 지속적으로 상승하는 인플레이션시에 이익과 기말재고자산 금액의 크기는 선입선출법, 이동평균법, 총평균법, 후입선출법의 순서로 되고, 매출원가는 반대로 후입선출법이 가장 크게 나타난다.

확인예제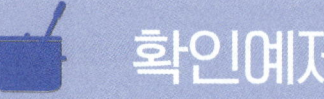

[분개연습]

❖ 다음의 거래에 대하여 일반전표 입력을 위한 분개를 하시오.

01 10월 3일 나라전자에서 구입한 선풍기 200,000원이 불량품으로 판명되어 반품처리하고 외상매입금과 상계처리하다.

해설 (차) 외상매입금(나라전자) 200,000 (대) 상품(매입환출및에누리) 200,000

02 거래처 안민도기의 외상매출금 1,800,000원이 빠르게 회수되어 2% 할인된 금액을 당좌예금 통장으로 이체받다.

해설 (차) 당좌예금 1,764,000 (대) 외상매출금(안민도기) 1,800,000
　　　　매출할인 　 36,000

03 매입처 영주시계의 외상매입금 10,000,000원에 대하여 약정에 따라 300,000원을 할인받고 잔액은 현금으로 지급하였다.

해설 (차) 외상매입금(영주시계) 10,000,000 (대) 매입할인 　 300,000
　　　　　　　　　　　　　　　　　　　　　　현　　금 9,700,000

04 거래처 남포문구에 다음과 같이 상품을 매출하다.

품 목	수 량	단 가	금 액	결 제
노 트	100개	1,500원	150,000원	현금 100,000원 외상 240,000원
앨 범	10개	19,000원	190,000원	
계			340,000원	

해설 (차) 현　　금 100,000 (대) 상품매출 340,000
　　　　외상매출금(남포문구) 240,000

05 이공일공상사에 상품 5,000,000원을 판매하고 판매대금 중 3,000,000원은 이공일공상사에 대한 외상매입금과 상계하고 나머지는 외상으로 하다.

해설 (차) 외상매입금(이공일공상사) 3,000,000 (대) 상품매출 5,000,000
　　　　외상매출금(이공일공상사) 2,000,000

05 매출처 홍제상사에 상품 10,000,000원을 판매하고, 대금중 8,000,000원은 보통예금으로 받고, 잔액은 외상으로 하다.

> **해설** (차) 보통예금 8,000,000 (대) 상품매출 10,000,000
>   외상매출금(홍제상사) 2,000,000

05 10월 21일 미소가방에 상품 2,000,000원을 매출하고, 대금 중 500,000원은 현금으로 받고 잔액은 약속어음(만기일 11월 20일)으로 받다.

> **해설** (차) 현　　금 500,000 (대) 상품매출 2,000,000
>   받을어음(미소가방) 1,500,000

06 매출처 명성전자에 선풍기 18,000,000원을 매출하고, 대금 중 15,000,000원은 명성전자 발행 약속어음(만기일 20X1. 5. 25)으로 받고 잔액은 외상으로 하다.

> **해설** (차) 받을어음(명성전자) 15,000,000 (대) 상품매출 18,000,000
>   외상매출금(명성전자) 3,000,000

07 보람여행사에 여행사 경품용 가방 5,000,000원을 매출하고 대금은 동점발행 어음으로 받다. 매출시 발생한 운임 50,000원은 당점이 부담하기로 하고 현금으로 지급하다.

> **해설** (차) 받을어음(보람여행사) 5,000,000 (대) 상품매출 5,000,000
>   운 반 비 50,000   현　　금 50,000

08 중앙가구에 상품 1,200,000원을 외상으로 판매하고, 구매자 부담 운반비 70,000원은 현금으로 대신 지급하다.

> **해설** (차) 외상매출금(중앙가구) 1,270,000 (대) 상품매출 1,200,000
>   현　　금 70,000

09 제일문구에서 아동용 문구 500,000원을 매입하고 대금은 소유하고 있던 삼미상사 발행의 약속어음을 배서양도하다.

> **해설** (차) 상　　품 500,000 (대) 받을어음(삼미상사) 500,000

10 수현가방에서 판매용 가방 3,000,000원을 구입하고 대금은 다음달 말일까지 지급하기로 하다.

> **해설** (차) 상　　품 3,000,000 (대) 외상매입금(수현가방) 3,000,000

11 가방닷컴에서 판매용 가방 2,000,000원을 매입하고, 대금중 500,000원은 소유하고 있던 자기앞수표로 지급하고, 잔액은 1개월 후에 지급하기로 하다. 단 인수운임 20,000원은 현금으로 지급하다.

> **해설** (차) 상　　품　　　　2,020,000　　　(대) 현　　　금　　　　　　520,000
> 　　　　　　　　　　　　　　　　　　　　　　외상매입금(가방닷컴)　1,500,000

12 판매용 기계부품 4,000,000원을 한결상사에서 구입하고, 2,000,000원은 보통예금계좌에서 지급하고 잔액은 외상으로 하다. 그리고 당점부담의 운반비 40,000원은 현금으로 지급하다.

> **해설** (차) 상　　품　　　　4,040,000　　　(대) 보통예금　　　　　　2,000,000
> 　　　　　　　　　　　　　　　　　　　　　　외상매입금(한결상사)　2,000,000
> 　　　　　　　　　　　　　　　　　　　　　　현　　　금　　　　　　　40,000
> * 상품을 매입할 때 당점이 부담할 부대비용은 상품의 원가에 포함하여야 한다.

13 (주)화성전자에서 판매용 선풍기 5,000,000원을 외상으로 매입하고, 당점부담의 운반비 100,000원은 현금으로 지급하다(거래처코드 300으로 거래처등록을 해야 하는 (주)화성전자에 대한 자료는 다음과 같다).

사업자등록번호	143-81-75511	사업장 소재지	용인시 기흥구 보정동 1170번지
상　　호	(주)화성전자	성　　명	김송이
업　　태	도소매	종　　목	선풍기

> **해설** (차) 상　　품　　　　5,100,000　　　(대) 외상매입금((주)화성전자)　5,000,000
> 　　　　　　　　　　　　　　　　　　　　　　현　　　금　　　　　　　　100,000

09 평가문제

01 다음 중 재고자산의 항목이 아닌 것은?
① 반제품 ② 저장품
③ 재공품 ④ 정답 없음

해설 반제품, 저장품, 재공품은 모두 재고자산 항목임.

02 다음 보기에서 재고자산으로 분류될 수 없는 것은?
① 판매를 위해 증권회사가 보유하는 채권
② 사용목적으로 보유하는 자동차
③ 부동산매매업자가 판매를 위해 보유하는 주택
④ 외부매입 후 재판매 목적으로 보유중인 미착상품

03 다음 중 재고자산에 해당하는 것은?
① 판매용으로 구입한 핸드폰
② 거래처 직원에게 명절에 줄 선물세트를 구매한 경우
③ 영업용으로 구입한 복사기
④ 직원에게 지급할 단체복을 구입한 경우

해설 재고자산은 판매를 목적으로 구입한 자산을 말하며 상품, 제품, 재공품, 원재료 등을 말한다.

04 다음 중 재고자산의 취득원가에 포함시켜야 하는 항목으로 가장 적절한 것은?
① 판매수수료
② 판매시의 운송비용
③ 재고자산 매입시 수입관세
④ 인수 후 판매까지의 보관료

해설 ①,②,④ : 판매비와 관리비, 비용으로 회계처리 된다.

05 다음 중 재고자산의 취득원가에서 차감되는 항목은?
① 매입운임 ② 매입수수료
③ 매입관세 ④ 매입할인

06 다음 중 재고자산의 취득원가를 구성하는 항목은?
① 매입운임 ② 매입할인
③ 매입환출 ④ 매입에누리

해설 재고자산의 취득원가는 매입가액에 매입운임 등 취득 과정에서 정상적으로 발생한 부대비용을 가산한 금액이다. 나머지는 매입원가에서 차감

07 매입운임, 매입환출 및 에누리가 발생하였을 때 매입한 재고자산의 취득원가를 구하는 산식은?
① 재고자산의 취득원가 = 매입가격 + 매입운임 − 매입환출 및 에누리
② 재고자산의 취득원가 = 매입가격 + 매입운임 + 매입환출 및 에누리
③ 재고자산의 취득원가 = 매입가격 − 매입운임 − 매입환출 및 에누리
④ 재고자산의 취득원가 = 매입가격 − 매입운임 + 매입환출 및 에누리

08 다음은 재고자산에 대한 설명이다. 옳지 않은 것은?
① 판매를 목적으로 매입한 자산이다.
② 상품, 제품 등이 해당된다.
③ 업무용 책상, 의자가 해당된다.
④ 컴퓨터 판매업의 판매목적 컴퓨터가 해당된다.

정답 | 1. ④ 2. ② 3. ① 4. ③ 5. ④ 6. ① 7. ① 8. ③

09 기업회계기준에 따른 매출에누리와 매출할인에 대한 올바른 처리방법으로 볼 수 있는 것은?

① 모두 당기비용처리
② 모두 매출액에서 차감
③ 매출할인은 당기비용, 매출에누리는 매출에서 차감
④ 매출에누리는 당기비용, 매출할인은 매출에서 차감

[해설] 매출에누리와 할인 및 환입은 매출액에서 차감한다.

10 다음 설명 중 그 내용이 가장 올바르지 못한 것은?

① 매입에누리는 매입한 상품의 파손이나 하자를 이유로 값을 깎아준 것을 말한다.
② 매입환출은 매입한 상품을 반품한 것을 말한다.
③ 매입할인은 상품의 구입대금을 조기에 지급할 때에 상대방이 깎아준 것을 말한다.
④ 상품 구입시 운반비를 구매자가 부담하기로 한 경우 관련 운반비는 운반비계정으로 처리한다.

[해설] 상품매입시 운반비를 구매자가 부담하기로 한 경우 운반비는 상품의 취득원가로 처리하여야 한다.

11 다음의 매출, 매입관련 내용 중 가장 적합하지 않은 내용은?

① 매입에누리란 구매자가 구입한 상품에 결함이 발견되어 당초의 매입가격을 감액 받는 것을 말한다.
② 매입할인이란 구매자가 외상매입대금을 일정기간이내에 지급하여 감액 받는 것이다.
③ 상품을 매입하는 경우 취득원가는 매입가격만을 말하여, 매입운반비등은 취득원가에 포함하지 않고, 비용으로 처리한다.
④ 매출할인이란 판매자가 외상매출대금을 조기에 회수하여 대금을 감액해준 경우를 말한다.

[해설] 운반비 등은 특별한 약정이 있는 경우를 제외하고는 상품의 취득원가에 포함한다.

12 다음 설명에서 (가), (나), (다)를 바르게 나열한 것을 고르시오.

(가) 매입시점에서 판매자가 값을 깎아 주는 것을 말한다.
(나) 매입한 상품에 파손이나 결함이 있어 반환하는 것을 말한다.
(다) 상품 구입대금을 조기에 지급함에 따라 판매자가 구입대금을 깎아 주는 것을 말한다.

	(가)	(나)	(다)
①	매입에누리	매입환출	매입할인
②	매입할인	매입환출	매입에누리
③	매입에누리	매입할인	매입할출
④	매입할인	매입에누리	매입할출

13 다음 자료에 의하여 총매입액을 계산하면 얼마인가?

· 매입에누리 : 60,000원
· 순 매 출 액 : 250,000원
· 기초재고액 : 100,000원
· 매출총이익 : 100,000원
· 기말재고액 : 250,000원

① 350,000원 ② 360,000원
③ 370,000원 ④ 380,000원

[해설] 매출총이익 100,000원 = 순매출액 250,000 - 매출원가 ? → 매출원가 : 150,000원
매출원가 150,000원 = 기초상품재고액 100,000 + 순매입액 ? - 기말상품재고액 250,000 → 순매입액 : 300,000원
순매입액 300,000원 = 총매입액 ? - 매입에누리 60,000 → 총매입액 : 360,000원

14 다음 자료로 기말상품재고액을 계산한 것으로 옳은 것은?

· 기초상품재고액   50,000원
· 당기 매입액   350,000원
· 당기 매출액   500,000원
· 매출총이익은 당기 매출액의 30%이다.

① 50,000원   ② 60,000원
③ 70,000원   ④ 80,000원

[해설] 매출총이익 : 500,000 × 0.3 = 150,000원
매출원가 : 500,000 - 150,000 = 350,000원

정답 | 9. ② 10. ④ 11. ③ 12. ① 13. ② 14. ①

기말상품재고액 : 50,000 + 350,000 − 350,000
= 50,000원

15 다음 대화를 통해 상품 순 매입액을 구하면 얼마인가?

> 사　장 : 박부장! 소명상점에 주문한 상품이 들어왔습니까?
> 박부장 : 예, 8월 1일 갑상품 200개(@ 1,000원)이 들어와서 창고에 입고했습니다.
> 사　장 : 그럼 상품구입시 운임은 누구 부담인가요? 그리고 대금은 지불했습니까?
> 박부장 : 예, 상품대금 중 50,000원은 현금지급하고, 나머지는 외상으로 하였습니다. 또 운임 30,000원은 상대방이 지불하였습니다. 그리고 8월 20일에 갑상품 10개가 흠이 발견되어 반품시켰습니다. 그리고 약속기일(8월 31일)전인 8월 30일에 나머지 외상매입대금을 지급하고, 그 외상매입대금의 10%를 할인받았습니다.

① 160,000원　② 176,000원
③ 180,000원　④ 186,000원

[해설] 200,000 − 10,000 − 14,000 = 176,000원

16 기초상품재고자산이 65,000원, 기말상품재고자산이 100,000원이며, 판매가능상품액이 250,000원이라면 매출원가는 얼마인가?

① 150,000원　② 165,000원
③ 285,000원　④ 350,000원

[해설] 판매가능상품액 = 기초상품재고액 + 순매입액
= 매출원가(×) + 기말상품재고액
250,000원 = 매출원가(×) + 100,000
매출원가(×) = 150,000원

17 다음 자료에서 기초상품재고액은 얼마인가?

> ㉠ 당기매입액 : 500,000원
> ㉡ 당기매출액 : 800,000원
> ㉢ 기말상품재고액 : 50,000원
> ㉣ 매출총이익 : 150,000원

① 500,000원　② 200,000원
③ 150,000원　④ 100,000원

[해설] 매출원가 = 기초재고 + 당기매입 − 기말재고

18 다음 자료에 의하여 기말상품 재고액을 계산하면?

> ㉠ 당기상품 순매출액 : 150,000원
> ㉡ 당기 매출총이익 : 80,000원
> ㉢ 당기상품 순매입액 : 120,000원
> ㉣ 기초상품 재고액 : 70,000원

① 60,000원　② 80,000원
③ 100,000원　④ 120,000원

[해설] 매출원가 = 순매출액 − 매출총이익
= 150,000 − 80,000 = 70,000원
매출원가 = 기초재고액 + 순매입액 − 기말재고액
기말재고액 = 70,000 + 120,000 − 70,000
= 120,000원

19 (　) 안에 기입할 내용은?

(가) = 기초상품재고액 + 당기순매입액

① 판매가능상품액　② 매출원가
③ 매출총이익　④ 기말상품재고액

20 다음 자료에 의하여 매출총이익을 계산하면 얼마인가?

> · 당기매출액 : 5,000,000원
> · 기초상품재고액 : 700,000원
> · 당기상품매입액 : 800,000원
> · 기말상품재고액 : 1,000,000원
> · 매입운임 : 50,000원
> · 이자비용 : 300,000원

① 3,850,000원　② 4,150,000원
③ 4,450,000원　④ 4,500,000원

[해설] 매출총이익 구할 때 이자비용은 고려대상이 아니다.
매출총이익 = 매출액 − { 기초재고 + (당기매입 + 매입운임) − 기말재고 }
X = 5,000,000 − { 700,000 + (800,000 + 50,000) − 1,000,000 }
X = 4,450,000원

21 다음 자료에 의하여 계산한 매출원가는?

㉠ 기초상품재고액 :	80,000원
㉡ 기말상품재고액 :	120,000원
㉢ 매 입 환 출 액 :	5,000원
㉣ 총 매 입 액 :	70,000원

① 55,000원 ② 45,000원
③ 35,000원 ④ 25,000원

해설 80,000 + 70,000 - 5,000 - 120,000 = 25,000원

22 다음의 매출거래에 대한 설명 중 옳은 것은?

㉠ 매 출	6,200,000원
㉡ 매 출 할 인	180,000원
㉢ 매출에누리	200,000원

① 순매출액은 5,820,000원이다.
② 순매출액은 6,000,000원이고, 영업외비용은 180,000원이다.
③ 순매출액은 6,020,000원이고, 영업외비용은 200,000원이다.
④ 순매출액은 6,200,000원이고, 영업외비용은 380,000원이다.

해설 매출할인과 매출에누리는 매출에서 차감한다.

23 아래 상품 거래와 관련된 내용을 토대로 판매가능금액을 구하면 얼마인가?

· 총 매 출 액 :	1,500,000원
· 매 출 에 누 리 :	75,000원
· 기초상품재고액 :	350,000원
· 총 매 입 액 :	1,050,000원
· 매 입 에 누 리 :	14,000원
· 기말상품재고액 :	370,000원

① 910,000원 ② 1,016,000원
③ 1,386,000원 ④ 1,425,000원

해설 판매가능금액 = 기초상품재고액 + 당기상품순매입액
350,000 + 1,050,000 - 14,000 = 1,386,000원

24 다음 자료에서 상품 순매입액은 얼마인가?

㉠ 구매수량 : 1,000개   단가 : 5,500원
㉡ 운임 : 150,000원 당사가 부담함
㉢ 매입처에서 계속적인 거래를 위하여 500,000원 할인해 줌

① 5,500,000원 ② 5,000,000원
③ 5,650,000원 ④ 5,150,000원

해설 1,000 × 5,500 + 150,000 - 500,000
= 5,150,000원

25 다음 자료를 이용하여 순매출액을 계산한 금액으로 옳은 것은?

· 총 매 출 :	500,000원
· 매 출 에 누 리 :	10,000원
· 매 출 운 반 비 :	5,000원
· 매 출 환 입 :	5,000원

① 495,000원 ② 490000원
③ 485,000원 ④ 480,000원

해설 총매출액에서 매출에누리와 환입액 15,000원을 차감하여 계산함.

26 다음은 손익계산서의 일부이다. 빈 칸에 들어갈 (가), (나), (다)의 내용으로 옳은 것은?

구 분	20x1년	20x2년
매출액	110,000원	120,000원
기초상품재고액	12,000원	(나)
당기총매입액	94,000원	(다)
기말상품재고액	15,000원	16,000원
매출총이익	(가)	20,000원

	(가)	(나)	(다)
①	19,000원	14,000원	110,000원
②	19,000원	15,000원	101,000원
③	91,000원	15,000원	101,000원
④	91,000원	15,000원	130,000원

해설 (20x1년)
기초상품재고액 12,000 + 당기총매입액 94,000
= 매출원가 ? + 기말상품재고액 15,000
매출원가 : 91,000원
매출액 110,000 - 매출원가 91,000

정답 | 21. ④ 22. ① 23. ③ 24. ④ 25. ③ 26. ②

= 매출총이익(가) 19,000원
(20x2년)
매출액 120,000 - 매출원가 ? = 매출총이익 20,000,
매출원가 : 100,000원
기초상품재고액(나) 15,000(20x1년 기말상품재고액)
  + 당기총매입액(다) ?
  = 매출원가 100,000 + 기말상품재고 16,000
당기총매입액(다) : 101,000원

27 주어진 자료에서 순매입액을 계산한 금액으로 옳은 것은?

매	입		
이월상품	8,000	외상매입금	2,000
현 금	25,000	이월상품	5,000
외상매입금	20,000		

① 40,000원   ② 42,000원
③ 43,000원   ④ 45,000원

해설 25,000 + 20,000 - 2,000 = 43,000원

28 다음 자료에서 총매출액은 얼마인가?

㉠ 기초재고액	57,000원
㉡ 총매입액	280,000원
㉢ 매입환출액	13,000원
㉣ 기말재고액	85,000원
㉤ 매출환입액	5,000원
㉥ 매출총이익	24,000원

① 474,000원   ② 263,000원
③ 268,000원   ④ 276,000원

해설 57,000 + (280,000 - 130,000) - 85,000 = 239,000원
(x - 5,000) - 239,000 = 24,000원
x = 268,000원

29 외상매입금을 매입처와 약속한 기일보다 빨리 지급함으로써 외상매입금에서 일정액을 할인 받는 경우 관련 있는 항목은?
① 매입환출   ② 매입할인
③ 상품   ④ 매입에누리

30 다음 대화에 나타낸 내용을 회계처리 한 것으로 옳은 것은?(단, 상품계정은 3분법으로 회계처리 한다.)

사 장 : "총무부장님, 신입사원은 영업부서에 배치하고 당사에서 판매하는 책상(매입원가 200,000원, 판매가격 250,000원)을 지급하도록 하세요."
부 장 : "네, 사장님 이미 그렇게 하였습니다."

① (차) 비   품 200,000 (대) 매   입 200,000
② (차) 소모품비 250,000 (대) 상   품 250,000
③ (차) 소 모 품 200,000 (대) 소모품비 200,000
④ (차) 비   품 250,000 (대) 미지급금 250,000

해설 본사에서 판매하는 상품을 업무용으로 제공하였기 때문에 비품으로 회계처리 하여야 한다.

31 상품 매매거래를 3분법으로 기장하는 경우 매출원가를 산출할 수 있는 계정은?
① 매입   ② 이월상품
③ 매출   ④ 손익

해설 매입계정의 순매입액에 기초상품재고액을 차변에 기입하고 기말상품재고액을 대변에 기입하여 매출원가를 산출한다.

32 다음 계정기입의 5월 12일 거래에 대한 설명으로 올바른 것은?

매	입		
5/10 외상매입금		5/12 외상매입금	
	200,000		20,000

① 상품을 외상으로 매입하다.
② 매입한 상품을 반품하다.
③ 상품 주문받고 계약금을 받다.
④ 상품 주문하고 계약금을 지급하다.

해설 (차) 외상매입금 20,000 (대) 매 입 20,000

33 다음 중 손익계산서의 매출 차감계정이 아닌 것은?
① 매출환입   ② 매출에누리
③ 매출할인   ④ 매출운임

해설 매출운임은 매출의 차감계정에 해당하지 않는다. 매출 시 운반비는 판매비와 관리비로 분류된다.

34 「상품 50,000원을 외상으로 매입하고 인수운임 3,000원을 현금으로 지급하다」의 분개 시 차변 내용으로 올바른 것은? (단, 상품은 3분법임)

① (차) 매   입 53,000
② (차) 외상매입금 53,000
③ (차) 매   입 50,000
     운 반 비 3,000
④ (차) 외상매입금 50,000
     현   금 3,000

35 보기의 거래를 분개할 때 (가)의 차변 계정과목과 (나)의 대변 계정과목을 표시한 것 중 옳은 것은? (단, 상품관련계정은 3분법이다)

> (가) 한세상점에서 갑상품 800,000원을 매입하고 대금은 외상으로 하다. 그리고 인수운임 50,000원을 "빠른운수"에 10일 후 지급하기로 하다.
> (나) 한세상점에서 매입한 상품 중 색상이 주문 내용과 일치하지 않아 50,000원을 반품시킨다.

	(가)	(나)
①	매 입	매 입
②	매 입	외상매입금
③	외상매입금	매 입
④	운 반 비	매 입

해설 매입상품의 반품(환출)은 매입계정 대변에 기입한다.

36 '상품 400,000원을 외상으로 매출하고, 상대편 부담의 발송운임 10,000원은 현금으로 당점이 대신 지급하다'의 거래에 해당하는 분개는? (단, 상품 매매관련 회계처리는 3분법이다)

① (차) 외상매출금 400,000 (대) 매 출 400,000
       운반비   10,000   현 금 10,000
② (차) 외상매출금 390,000 (대) 매 출 400,000
       운반비   10,000
③ (차) 외상매출금 410,000 (대) 매 출 400,000
                              현 금 10,000
④ (차) 외상매입금 400,000 (대) 매 출 400,000
       운반비   10,000   현 금 10,000

해설 상대편 부담의 발송 운임을 당점이 대신 지급하면 외상매출금에 포함시킨다.

37 다음 설명에서 옳은 것은?
① 매출환입 및 매출에누리는 총매출액에서 차감한다.
② 매출할인, 매출환입 및 매출에누리는 판매비와관리비에 해당한다.
③ 매출할인은 상품매출이익에서 차감한다.
④ 매입할인, 매입환출 및 매입에누리는 매입액에 가산한다.

38 아래 자료에서 선입선출법과 후입선출법으로 각각 매출원가를 계산하였을 때 매출총이익은 얼마인가?

> 8월 1일 상품재고 40개 @1,000원 40,000원
> 8월15일 상품매입 10개 @1,100원 11,000원
> 8월20일 상품매출 20개 @1,200원 24,000원

	선입선출법	후입선출법
①	4,000원	4,000원
②	3,000원	3,000원
③	3,000원	4,000원
④	4,000원	3,000원

해설 선입선출법
매출원가 : 20 × 1,000 = 20,000원
매출총이익 : 24,000 - 20,000 = 4,000원
후입선출법
매출원가 : 10 × 1,000 = 10,000원
           10 × 1,100 = 11,000원
                       21,000원
매출총이익 : 24,000 - 21,000 = 3,000원

39 해동상회의 10월 중 상품매매 거래는 다음과 같다. 계속기록법에 의한 후입선출법 적용시 10월의 매출원가와 월말재고액은? (단, 매입에누리와 매입환출, 매입할인은 없다)

일자	적요	수량	단가	금액
10. 1	기초재고	200	10원	2,000원
10. 4	매 입	100	15원	1,500원
10. 10	판 매	100		
10. 15	매 입	300	20원	6,000원
10. 20	판 매	200		
10. 31	기말재고	300		

정답 | 34. ① 35. ① 36. ③ 37. ① 38. ④ 39. ①

	매출원가	월말재고액
①	5,500원	4,000원
②	6,000원	3,500원
③	3,500원	6,000원
④	5,500원	4,500원

해설
- 계속기록법에 의한 후입선출법 적용시 10월의 매출원가는 5,500원이 된다.
    10. 10   100개 × @15원 = 1,500원
    10. 20   200개 × @20원 = 4,000원
    ∴ 5,500원(매출원가)
- 10월의 월말재고액은 4,000원이다
  (후입선출법 계산)
    10. 10   200개 × @10원 = 2,000원
    10. 20   100개 × @20원 = 2,000원
    ∴ 4,000원(월말재고액)

40 (주)서울은 20x1년 11월부터 배낭을 판매하고 있다. 모든 거래는 현금으로 이루어진다. 20x1년 11월 8일에 매출한 상품의 매출원가는 얼마인가? (이동평균법으로 평가한다)

상품재고장

일자	적요	입고란 수량	입고란 단가	출고란 수량	출고란 단가
11/1	매 입	20개	@1,200원		
11/6	매 입	60개	@1,600원		
11/8	매 출			30개	@2,000원
11/10	매 입	80개	@1,800원		

① 36,000원 ② 42,000원
③ 45,000원 ④ 48,000원

해설 이동평균법으로 평가하기 때문에 11월 8일 현재 평균단가는 @1,500원이다.
{(20개×@1,200원) + (60개×@1,600원)} ÷ 80개
따라서 판매한 상품의 매출원가는 45,000원이다.
(30개×@1,500원이므로)

41 다음 (갑)상품 자료에서 선입선출법으로 10월 말의 월말재고액을 계산하면?

- 10/ 1 월초재고액   10개   @500원
- 10/15 매입액   10개   @600원
- 10/23 매출액   15개   @900원
- 10/25 매입액   5개   @700원

① 5,500원 ② 6,000원
③ 6,500원 ④ 7,000원

해설 월말재고액 (10/15 5개 × @600) + (10/25 5개 × @700) = 6,500원

42 다음 재고자산의 원가결정방법에 대한 설명 중 옳지 않은 것은?
① 선입선출법은 가장 최근에 매입한 상품이 기말재고로 남아있다.
② 평균법에는 총평균법과 이동평균법이 있다.
③ 성격 또는 용도면에서 차이가 있는 재고자산이더라도 모두 같은 방법을 적용하여야만 한다.
④ 기초재고와 기말재고의 수량이 동일하다는 전제하에 인플레이션 발생 시 당기순이익이 가장 적게 나타나는 방법은 후입선출법이다.

해설 성격 또는 용도면에서 차이가 있는 재고자산에 대하여는 서로 다른 취득단가 결정방법을 적용할 수 있으나 일단 특정 방법을 선택하면 정당한 사유없이 이를 변경할 수 없다.

43 다음 중 상품에 대한 기말재고자산의 단가를 결정하는 방법에 속하지 않는 것은?
① 연수합계법   ② 이동평균법
③ 총평균법   ④ 개별법

44 다음 자료에 의한 기말상품재고액은 얼마인가?

㉠ 매출원가	20,000원
㉡ 기초상품재고액	5,000원
㉢ 당기매입액	25,000원

① 5,000원   ② 10,000원
③ 15,000원 ④ 20,000원

45 다음 자료에서 당기순매출액을 계산하면 얼마인가?

㉠ 기초상품재고액	1,000원
㉡ 기말상품재고액	3,000원
㉢ 당기순매입액	8,000원
㉣ 매출총이익	2,000원

① 7,000원   ② 8,000원
③ 9,000원   ④ 10,000원

정답 | 40. ③ 41. ③ 42. ③ 43. ① 44. ② 45. ②

46 다음은 12월 상품재고장이다. 재고자산평가방법으로 총평균법을 사용할 경우 12월의 매출총이익은 얼마인가?

상품재고장

구분	수량(개)	단가(원)	금액(원)
기초	100	100	10,000
매입	500	100	50,000
매출	250	210	52,500
매입	200	100	20,000
매출	250	210	52,500

① 55,000원 ② 60,000원
③ 80,000원 ④ 130,000원

[해설] 500개 × 210 − 500개 × 100 = 55,000원

SECTION 03 | 수취채권과 지급채무

NCS 능력단위 : 0203020102자금관리   능력단위요소 : 04어음·수표관리하기

4.3 관련 규정에 따라 어음·수표를 발행·수령할 때 회계처리하고 어음관리대장에 기록·관리할 수 있다.
4.4 관련 규정에 따라 어음·수표의 분실 및 부도가 발생한 때 대처하여 해결방안을 수립할 수 있다.

1 외상매출금과 외상매입금

① 외상매출금

상품을 외상으로 매출하고 발생한 채권을 외상매출금이라 한다. 채권이 발생하면 외상매출금계정 차변에 기입하고 거래 상대방인 매출처로부터 외상매출금을 회수하면 채권금액이 감소하므로 외상매출금계정 대변에 기입한다.

② 외상매입금

상품을 외상으로 매입하고 발생한 채무를 외상매입금이라 한다. 채무가 발생하면 외상매입금계정 대변에 기입하고 외상매입금을 상환(지급)하면 부채의 감소로 외상매입금계정 차변에 기입한다.

> **필수예제**
>
> (1) (주)경영으로부터 상품 500,000원을 매입하고 대금은 전액 외상으로 하다.
>   (차) 상   품   500,000   (대) 외상매입금   500,000
>
> (2) (주)경영의 외상매입금 중 400,000원을 현금으로 지급하다.
>   (차) 외상매입금   400,000   (대) 현   금   400,000

③ 통제계정과 인명계정

㉠ 통제계정

매출처에 대한 외상매출금과 매입처에 대한 외상매입금의 회계처리를 총괄하여 외상매출금이나 외상매입금계정으로 처리하고, 매출처별 또는 매입처별의 채권 채무는 별도의 보조원장인 매출처원장과 매입처원장에 기록한다. 이러한 경우의 외상매출금계정과 외상매입금계정을 통제계정이라 한다.

ⓒ 인명계정

외상매출금과 외상매입금의 회계처리를 위하여 원장에 거래처의 상호 또는 성명을 계정과목으로 사용하는 것을 인명계정이라 한다. 개별 거래처에 대한 외상매출금과 외상매입금의 내역을 파악하기는 좋으나 거래처가 많으면 외상매출금이나 외상매입금의 총액을 파악하는 것이 불편하다.

2 어음의 회계처리

① 약속어음

약속어음은 발행인이 수취인에게 약정기일에 약정한 장소에서 어음에 표시한 금액을 지급할 것을 약속한 증권이다. 약속어음의 발행인은 약속한 기일에 어음대금을 지급하여야 하는 채무자가 되고, 약속어음의 수취인은 어음대금을 받을 채권자가 된다.

② 환어음

환어음은 발행인이 지급인(지명인)에게 약정기일에 약속한 장소에서 어음에 표시된 금액을 어음의 수취인에게 지급할 것을 위탁하는 증권이다.

③ 어음의 추심과 지급

어음의 수취인은 어음의 지급기일이 도래하면 거래은행에 어음대금을 받아 줄 것을 의뢰한다. 이것을 추심의뢰라 하고, 어음대금을 회수하는 것을 추심이라 한다. 추심의뢰는 거래가 아니므로 회계처리를 할 필요가 없지만 추심수수료는 별도의 비용으로 회계처리 하여야 한다. 어음대금을 추심한 어음 수취인은 받을어음계정의 대변에 기입한다. 반대로 어음의 지급인이 어음대금을 지급하면 지급어음계정의 차변에 기입한다.

④ 어음의 배서와 할인

㉠ 어음의 배서

어음의 배서란 수취한 어음을 어음의 만기가 되기 전에 상품 매입대금이나 외상매입금의 지급을 위하여 제3자에게 양도하는 것을 말한다.

ⓐ 상품을 매출하고 약속어음 또는 환어음을 수취하면

| (차변) 받을어음 | ××× | (대변) 상품매출 | ××× |

ⓑ 위의 수취한 어음을 외상매입금의 지급을 위하여 배서 양도하면

| (차변) 외상매입금 | ××× | (대변) 받을어음 | ××× |

ⓒ 어음의 할인

수취한 어음은 만기일이 되어야 어음대금을 추심할 수 있다. 그러나 자금이 필요한 기업이 만기일 이전에 은행에 양도하고 자금의 융통을 받는 것을 할인이라 한다.

• 수취한 어음 100,000원을 할인료 5,000원으로 은행에서 할인하면(매각거래)

(차변) 당좌예금	95,000	(대변) 받을어음	100,000
매출채권처분손실	5,000		

할인료의 계산

$$할인료 = 어음의\ 액면금액 \times 할인율 \times \frac{할인일수}{365(윤년은\ 366)}$$

필수예제

(1) (주)금왕수산에 상품을 100,000원에 판매하고 대금은 동사 발행 약속어음으로 받다.
  (차) 받을어음　　　100,000　　　(대) 상품매출　　　100,000

(2) (주)금왕수산에서 받은 약속어음 100,000원을 유리은행에서 할인하고, 할인료 8,000원을 차감한 나머지를 당사 보통예금계좌에 입금하다(매각거래).
  (차) 보통예금　　　92,000　　　(대) 받을어음　　　100,000
  　　매출채권처분손실　8,000

(3) 유리은행에 추심의뢰한 (주)금왕수산에서 상품 대금으로 받은 약속어음 100,000원이 추심되어, 추심수수료 5,000원을 차감한 잔액을 당사 당좌예금계좌에 입금하다.
  (차) 당좌예금　　　95,000　　　(대) 받을어음　　　100,000
  　　수수료비용　　5,000

필수예제

(1) (주)한신으로부터 상품 100,000원을 매입하고 대금은 당점 발행 약속어음으로 지급하다.
  (차) 상　　품　　　100,000　　　(대) 지급어음　　　100,000

(2) (주)한신에 발행한 약속어음 100,000원이 만기가 되어 당사 거래은행의 당좌예금계좌에서 결제되었음이 확인되었다.
  (차) 지급어음　　　100,000　　　(대) 당좌예금　　　100,000

3 대손상각비와 대손충당금

① 대손의 회계처리

외상매출금, 받을어음 등의 채권이 채무자의 파산 등의 사유로 회수가 불가능하게 된 경우를 대손(또는 손상)이라 한다. 대손이 발생하거나 확정되면 대손상각비 계정으로 처리하고 외상매출금 또는 받을어음 계정의 대변에 기입한다.

- 거래처 파산 등으로 외상매출금 50,000원이 대손(회수불능)되다.

(차변) 대손상각비	50,000	(대변) 외상매출금	50,000

② 대손충당금 설정

매 보고기간말에 매출채권에 대하여 대손예상액을 대손상각비로 계상하고 채권에서 직접 차감하거나 차감적 평가계정으로 대손충당금을 설정한다. 대손충당금을 설정하는 때에 대손충당금 잔액이 있으면 잔액과 대손예상액을 비교하여 차액만 회계처리 하여야 한다. 결산 전 대손충당금 잔액이 대손예상액보다 적으면 부족분을 대손상각비 계정으로 처리하고 결산 전 대손충당금잔액이 대손예상액보다 많으면 초과분을 대손충당금환입 계정으로 처리한다.

- 결산 기말에 외상매출금에 대하여 20,000원의 대손충당금을 설정하다.

거 래	차 변	금 액	대 변	금 액
① 대손충당금 잔액이 없는 경우	대손상각비	20,000	대손충당금	20,000
② 대손충당금 잔액이 12,000원인 경우	대손상각비	8,000	대손충당금	8,000
③ 대손충당금 잔액이 25,000원인 경우	대손충당금	5,000	대손충당금환입	5,000

▶ 대손충당금환입은 판매비와관리비에 부(-)의 금액으로 표시한다.

③ 대손충당금 잔액이 있는 경우 대손의 회계처리

채권에 대하여 대손이 발생하는 때에 대손충당금 잔액이 있으면 먼저 대손충당금의 감소로 처리하고 잔액을 대손상각비로 처리한다.

- 외상매출금 100,000원의 대손(손상)이 일어나다.

대손충당금 잔액	차 변	금 액	대 변	금 액
① 없는 경우	대손상각비	100,000	외상매출금	100,000
② 150,000원이 있는 경우	대손충당금	100,000	외상매출금	100,000
③ 20,000원이 있는 경우	대손충당금 대손상각비	20,000 80,000	외상매출금	100,000

④ 상각채권의 회수

이미 대손으로 처리하였던 채권을 다시 회수할 때의 회계처리는 언제 대손(또는 손상)이 발생하였는지에 관계없이 대손충당금의 증가로 처리한다.

- 대손 처리한 외상매출금 100,000원을 현금으로 회수하면

| (차변) 현　금 | 100,000 | (대변) 대손충당금 | 100,000 |

[분개연습]

❖ 다음의 거래에 대하여 일반전표 입력을 위한 분개를 하시오.

01 거래처 하나상사에서 받은 약속어음 1,000,000원이 만기가 되어 당점 당좌예금계좌에 입금된 사실을 인터넷 뱅킹을 통하여 확인하다.

해설   (차) 당좌예금   1,000,000   (대) 받을어음(하나상사)   1,000,000

02 구몽상사의 외상매입금 2,000,000원을 지급하기 위하여 일몽상사로부터 매출대금으로 받은 약속어음을 배서양도하다.

해설   (차) 외상매입금(구몽상사)   2,000,000   (대) 받을어음(일몽상사)   2,000,000

03 매출처 모아상사의 외상매출금 5,000,000원 중 3,500,000원은 약속어음으로 받고, 나머지 잔액은 회사 당좌예금계좌로 입금되었음을 확인하다.

해설   (차) 받을어음(모아상사)   3,500,000   (대) 외상매출금(모아상사)   5,000,000
           당좌예금   1,500,000

04 거래처 한결조명의 외상매입금 7,700,000원 중 3,000,000원을 어음 발행하여 지급하다(만기 9월 3일).

해설   (차) 외상매입금(한결조명)   3,000,000   (대) 지급어음(한결조명)   3,000,000

05 단비가방에 상품매입 대금으로 발행해 준 약속어음 600,000원이 만기가 되어 당사 보통예금계좌에서 이체하여 지급하다.

해설   (차) 지급어음(단비가방)   600,000   (대) 보통예금   600,000

06 10월 31일 거래처 가야상사의 외상매입금 4,000,000원을 12월 12일 만기 약속어음으로 지급하다.

해설   (차) 외상매입금(가야상사)   4,000,000   (대) 지급어음(가야상사)   4,000,000

07 매출처인 문학정보통신의 전기분 외상매출금 잔액 2,300,000원 중 1,000,000원은 문학정보통신 발행 12월 10일 만기인 약속어음을 받고, 나머지 잔액은 보통예금계좌에 입금되다.

해설 (차) 보통예금　　　　　　1,300,000　　　(대) 외상매출금(문학정보통신)　2,300,000
　　　 받을어음(문학정보통신)　1,000,000

08 남문상사의 외상매입금 500,000원을 지급하기 위하여 동문전기로부터 매출대금으로 받은 약속어음을 배서양도하다.

해설 (차) 외상매입금(남문상사)　500,000　　　(대) 받을어음(동문전기)　500,000

09 영일상사에서 받아 보관 중인 약속어음 1,000,000원이 만기되어 제시한 결과 당사 당좌예금계좌에 입금되었음을 확인하다.

해설 (차) 당좌예금　　　　　　1,000,000　　　(대) 받을어음(영일상사)　1,000,000

10 대림상사에 상품매입 대금으로 발행해 준 약속어음이 만기가 되어, 어음과 교환으로 현금 1,000,000원을 지급하다.

해설 (차) 지급어음(대림상사)　1,000,000　　　(대) 현　　　금　　　1,000,000

11 매출처 (주)지후에 대한 외상매출금 300,000원이 회수불가능하게 되어 전액 대손처리하였다 (대손충당금 잔액이 250,000원 설정되어 있음).

해설 (차) 대손충당금(외상매출금)　250,000　　　(대) 외상매출금((주)지후)　300,000
　　　 대손상각비　　　　　　　50,000

12 (주)대마도에 단기대여한 10,000,000원이 동사의 파산으로 인하여 7월 19일 전액 대손처리하기로 하였다. 상환일자는 11월 30일이고 대손충당금은 설정되어 있지 않다.

해설 (차) 기타의대손상각비　10,000,000　　　(대) 단기대여금((주)대마도)　10,000,000
　　　 매출채권이 아니므로 영업외비용인 기타의대손상각비로 처리한다.

13 전기에 대손이 확정되어 대손충당금과 상계처리 하였던 외상매출금 중 일부인 600,000원을 회수하여 당좌예금계좌에 입금하였다.

해설 (차) 당좌예금　　　　　　600,000　　　(대) 대손충당금　　　600,000

4 기타의 채권 채무

① 단기대여금과 단기차입금

㉠ 단기대여금

상환일이 결산일로부터 1년 이내인 자금의 대여를 단기대여금이라 한다. 자금을 대여하면 단기대여금계정 차변에, 회수하면 단기대여금계정 대변에 기입한다.

필수예제

알뜰상사에 현금 100,000원을 단기(1년 이내)로 대여하다.
(차) 단기대여금　　　100,000　　　(대) 현　　금　　　100,000

㉡ 단기차입금

상환기일이 결산일로부터 1년 이내인 차입금을 단기차입금이라 한다. 자금을 차입하면 단기차입금계정 대변에 기입하고 상환하면 단기차입금계정 차변에 기입한다.

필수예제

유리은행으로부터 현금 100,000원을 6개월간 차입하다.
(차) 현　　금　　　100,000　　　(대) 단기차입금　　　100,000

② 미수금과 미지급금

㉠ 미수금

상품 이외의 자산을 처분하고 대금을 외상으로 하면 자산계정인 미수금계정 차변에 기입하고 상품 이외의 자산의 매각으로 인한 외상대금을 회수하면 미수금계정 대변에 기입한다.

필수예제

한민상사에 비품을 500,000원(취득원가 1,000,000원, 감가상각누계액 700,000원)에 처분하고 대금은 전액 외상으로 하다.
(차) 미 수 금　　　500,000　　　(대) 비　품　　　1,000,000
　　 감가상각누계액　700,000　　　　 유형자산처분이익　200,000

ⓒ 미지급금

상품 이외의 자산을 취득하고 대금을 외상으로 하면 부채계정인 미지급금계정 대변에 기입하고 상품 이외의 자산의 취득에 대한 외상대금을 지급하면 미지급금계정 차변에 기입한다.

> **필수예제**
>
> (1) 한국부동산으로부터 건물을 500,000원에 구입하고 대금은 다음 달 말에 지급하기로 하다.
>   (차) 건 물   500,000   (대) 미지급금   500,000
>
> (2) 한국기계로부터 기계장치를 300,000원에 취득하고, 대금 중 절반은 현금으로 지급하고 나머지는 외상으로 하다.
>   (차) 기계장치   300,000   (대) 현   금   150,000
>   미지급금   150,000

③ 선급금과 선수금

㉠ 선급금

상품을 주문하고 매입하기 전에 착수금이나 계약금 등으로 상품대금을 미리 지급하면 자산인 선급금계정 차변에 기입하고 주문한 상품이 도착하여 상품 매입대금에 충당하면 선급금계정 대변에 기입한다.

> **필수예제**
>
> (1) (주)호동상사와 상품 매매계약을 체결하고 그 대금 중 일부인 100,000원을 미리 당점발행 당좌수표로 지급하다.
>   (차) 선 급 금   100,000   (대) 당좌예금   100,000
>
> (2) (주)호동상사에서 상품 300,000원을 매입하고, 위의 (1)에서 지급한 계약금 100,000원을 차감한 나머지는 외상으로 하다.
>   (차) 상   품   300,000   (대) 선 급 금   100,000
>   외상매입금   200,000

ⓒ 선수금

상품을 주문받고 매출하기 전에 착수금이나 계약금 등으로 상품대금을 미리 받으면 부채인 선수금계정 대변에 기입하고 상품을 판매(인도)하면 상품 매출대금과 상계하기 위하여 선수금계정 차변에 기입한다.

> **필수예제**
>
> (1) 한국상사와 상품매출을 계약하고, 계약금 200,000원을 현금으로 받다.
>   (차) 현   금   200,000   (대) 선 수 금   200,000
>
> (2) 위의 한국상사에 상품을 1,000,000원에 판매하고, 계약금 200,000원을 차감한 나머지를 현금으로 받아 즉시 당사 보통예금계좌에 입금하다.
>   (차) 선 수 금   200,000   (대) 상품매출   1,000,000
>   보통예금   800,000

④ 가지급금과 가수금

㉠ 가지급금

가지급금이란 금전의 지급이 있으나 그 내용이나 금액이 확정되지 않았을 때 일시적으로 처리하는 자산계정으로 금전을 지급하면 가지급금계정 차변에 기입하고 그 내용이나 금액이 확정되면 해당 계정으로 처리하면서 가지급금계정 대변에 기입한다.

> **필수예제**
>
> (1) 지방출장비 명목으로 직원인 김회계에게 현금 100,000원을 미리 지급하다.
>   (차) 가지급금   100,000   (대) 현   금   100,000
>
> (2) 위의 김회계가 돌아와 출장시 사용한 70,000원을 제외한 나머지를 현금으로 반환받다.
>   (차) 여비교통비   70,000   (대) 가지급금   100,000
>   현   금   30,000

㉡ 가수금

가수금이란 금전의 수입이 있으나 그 내용이나 금액이 확정되지 않았을 때 일시적으로 처리하는 부채계정으로 금전을 수입하면 가수금계정 대변에 기입하고 그 내용이나 금액이 확정되면 해당 계정으로 처리하면서 가수금계정 차변에 기입한다.

> **필수예제**
>
> (1) 당사 보통예금계좌에 원인을 알 수 없는 100,000원이 입금되다.
>   (차) 보통예금   100,000   (대) 가 수 금   100,000
>
> (2) 보통예금계좌로 입금된 100,000원은 매출처로부터 외상대금이 송금되어온 것임이 확인되다.
>   (차) 가 수 금   100,000   (대) 외상매출금   100,000

⑤ **예수금**

예수금은 제3자에게 지급할 목적으로 거래처나 종업원의 자금을 일시적으로 보관하고 있는 경우에 사용하는 부채계정이다. 종업원의 급여를 지급할 때에 공제하는 소득세, 건강보험료, 국민연금, 고용보험료 등을 예수금계정 대변에 기입하고 소득세, 건강보험료, 국민연금, 고용보험료 등을 납부하면 예수금계정 차변에 기입한다.

> **필수예제**
>
> (1) 급여 1,000,000원 지급 시 소득세 40,000원과 개인지방소득세 4,000원을 차감한 잔액을 현금으로 지급하다.
> (차) 급　　　여　　　1,000,000　　　(대) 예 수 금　　　44,000
> 　　　　　　　　　　　　　　　　　　　　　현　　금　　　956,000
>
> (2) 위에서 차감 예수한 소득세와 개인지방소득세를 관할세무서 및 구청에 현금으로 납부하다.
> (차) 예 수 금　　　44,000　　　(대) 현　　　금　　　44,000

⑥ **상품권선수금**

상품권을 발행하면 부채계정인 상품권선수금계정 대변에 기입하고 상품권과 교환으로 상품을 인도(매출)하면 상품권선수금계정 차변에 기입한다. 상품권을 발행하는 때에는 상품을 매출한 것으로 보지 않고 상품권과 교환으로 상품을 인도하는 때에 상품의 매출로 처리한다.

> **필수예제**
>
> (1) 상품권 100,000원을 발행하고 대금은 현금으로 받다.
> (차) 현　　　금　　　100,000　　　(대) 상품권선수금　　　100,000
>
> (2) 위의 상품권과 교환으로 상품 100,000원을 인도하다.
> (차) 상품권선수금　　　100,000　　　(대) 상품매출　　　100,000

확인예제

[분개연습]

❖ 다음의 거래에 대하여 일반전표 입력을 위한 분개를 하시오.

01 거래처 성실상사에 대한 단기대여금 3,000,000원과 이자 50,000원을 당사 보통예금계좌를 통하여 회수하고 회계처리를 한다.

> 해설 (차) 보통예금 3,050,000 (대) 단기대여금(성실상사) 3,000,000
> 이자수익 50,000

02 거래처 유성상사에 대한 단기대여금 1,000,000원과 이자 50,000원을 현금으로 받다.

> 해설 (차) 현 금 1,050,000 (대) 단기대여금(유성상사) 1,000,000
> 이자수익 50,000

03 신한은행에서 현금 50,000,000원을 8개월 후에 상환하기로 하고 현금으로 차입하다.

> 해설 (차) 현 금 50,000,000 (대) 단기차입금(신한은행) 50,000,000

04 상수산업에서 5,000,000원을 3개월간 차입하기로 하고, 선이자 100,000원을 공제한 잔액이 당사 보통예금통장에 계좌이체 되었다.

> 해설 (차) 보통예금 4,900,000 (대) 단기차입금(상수산업) 5,000,000
> 이자비용 100,000

05 20X1년 8월 1일 고려신용금고에서 30,000,000원을 차입하여 즉시 당사 당좌예금에 이체하다(상환예정일 20X3년 10월 24일, 이자지급일 매월 25일, 이율 연 6.5%).

> 해설 (차) 당좌예금 30,000,000 (대) 장기차입금(고려신용금고) 30,000,000

06 초롱가방에서 상품 2,000,000원을 구입하기로 계약하고, 계약금 10%는 당좌수표를 발행하여 지급하다.

> 해설 (차) 선 급 금(초롱가방) 200,000 (대) 당좌예금 200,000

07 판매목적으로 컴퓨터를 한우상사에서 구입하기로 계약하고, 계약금 500,000원을 보통예금통장에서 이체하다.

해설 (차) 선 급 금(한우상사)　　500,000　　(대) 보통예금　　500,000

08 찬결상사에서 상품인 기계부품 5,000,000원을 매입하기로 계약하고, 대금 중 500,000원을 당좌수표를 발행하여 먼저 지급하다.

해설 (차) 선 급 금(찬결상사)　　500,000　　(대) 당좌예금　　500,000

09 11월 10일 대도상사에서 판매용 전자기구 3,000,000원을 구입하면서 10월 20일 지급한 계약금 1,200,000원을 차감한 잔액을 약속어음을 발행하여 지급하였다.

해설 (차) 상　　품　　3,000,000　　(대) 선 급 금(대도상사)　　1,200,000
　　　　　　　　　　　　　　　　　　　지급어음(대도상사)　　1,800,000

10 삼일상사에서 10월 2일 매입 계약한 상품 5,000,000원을 인수하고, 계약금 500,000을 차감한 잔액을 2개월 후에 지급하기로 하다. 단, 인수운임 20,000원은 현금으로 지급하다.

해설 (차) 상　　품　　5,020,000　　(대) 선 급 금(삼일상사)　　500,000
　　　　　　　　　　　　　　　　　　　외상매입금(삼일상사)　4,500,000
　　　　　　　　　　　　　　　　　　　현　　　　금　　　　　　20,000

11 대한가구에 상품 7,200,000원을 판매하기로 하고, 계약금 720,000원을 현금으로 받다.

해설 (차) 현　　금　　720,000　　(대) 선 수 금(대한가구)　　720,000

12 유달상사에 자전거 4,000,000원(50대, @80,000원)을 판매하기로 계약하고 계약대금의 30%를 당좌예금계좌로 이체 받았다.

해설 (차) 당좌예금　　1,200,000　　(대) 선 수 금(유달상사)　　1,200,000

13 6월 30일 매출계약 한 가나상사에 상품 2,000,000원을 매출하고 계약금 500,000원을 차감한 대금 중 800,000원은 현금으로 받고 잔액은 외상으로 하다.

해설 (차) 선 수 금(가나상사)　　500,000　　(대) 상품매출　　2,000,000
　　　　현　　　　금　　　　　　800,000
　　　　외상매출금(가나상사)　　700,000

14 거래처 수민상회에 판매하기로 계약하였던 상품 3,000,000원을 인도하고 계약금 200,000원을 제외한 나머지 금액은 외상으로 하다.

> 해설 (차) 선 수 금(수민상회)　　200,000　　(대) 상품매출　　　　3,000,000
> 　　　　외상매출금(수민상회)　2,800,000

15 10월 15일 유달상사에 판매하기로 한 판매용 자전거를 발송하고 계약금 1,200,000원을 차감한 잔액 2,800,000원은 외상으로 하다. 단, 당점부담 운반비 200,000원을 경기화물운송에 현금 지급하다.

> 해설 (차) 선 수 금(유달상사)　　1,200,000　　(대) 상품매출　　　　4,000,000
> 　　　　외상매출금(유달상사)　2,800,000　　　　현　　　금　　　　200,000
> 　　　　운 반 비　　　　　　　200,000

16 지난 9월 30일 출장갔던 사원 김길동이 돌아와 여비 350,000원을 정산하고, 여비 잔액 50,000원은 현금으로 수취하다.

> 해설 (차) 여비교통비　　　350,000　　(대) 가지급금(김길동)　　400,000
> 　　　　현　　　금　　　　50,000

17 10월 22일 영업사원 안경미의 출장이 취소되어 9월 30일 지급되었던 출장비 개산액 500,000원을 전액 현금으로 받아 당좌예입하다.

> 해설 (차) 당좌예금　　　　500,000　　(대) 가지급금　　　　　500,000

18 영업부의 김성진 과장이 전주에 출장비로 가져갔던 200,000원(출장비 인출시에 가지급금으로 처리함)을 다음의 지출결의서를 제시하고 잔액은 반환하였다.

지출결의서 내역	
· 항공기왕복권　150,000원	· 식　　대　10,000원

> 해설 (차) 여비교통비　　　160,000　　(대) 가지급금(김성진)　　200,000
> 　　　　현　　　금　　　 40,000

19 사용중이던 영업용 화물차(취득금액 7,500,000원, 감가상각누계액 1,500,000원)을 현대중고상사에 3,000,000원에 매각하고 대금은 2주일 후에 받기로 하다.

> 해설 (차) 미수금(현대중고상사)　3,000,000　　(대) 차량운반구　　7,500,000
> 　　　　감가상각누계액　　　　1,500,000
> 　　　　유형자산처분손실　　　3,000,000

20 삼성전자(주)로부터 사무실용 에어컨을 3,000,000원에 구입하고 대금은 약속어음을 발행하여 지급하다.

해설 (차) 비　　품　　　　3,000,000　　　(대) 미지급금(삼성전자(주))　3,000,000

21 외환카드사의 청구에 의해 전월 회사의 외환카드 사용금액 300,000원을 현금으로 지급하다 (단, 전월 신용카드 사용시 미지급금으로 회계처리하였음).

해설 (차) 미지급금(외환카드사)　300,000　　　(대) 현　　금　　　　300,000

22 경북지방에 판로를 개척하기 위하여 1주일간 영업사원을 출장보내면서 현금 500,000원을 지급하고 내역은 출장에서 돌아온 후 정산하기로 하다.

해설 (차) 가지급금　　　　500,000　　　(대) 현　　금　　　　500,000

23 기획부사원 이하나씨의 급여를 지급하면서 국민연금과 건강보험료와 소득세를 공제하고 보통예금통장에서 이체하다.

성　명	급　여	국민연금	건강보험료	소득세
이하나	2,500,000원	112,500원	87,500원	36,000원

해설 (차) 급　　여　　　　2,500,000　　　(대) 예　수　금　　　　236,000
　　　　　　　　　　　　　　　　　　　　　　　　보통예금　　　　2,264,000

24 2월 10일 종업원 급여 지급시 원천징수한 금액 중 소득세 20,000원을 관할세무서에 현금으로 납부하다.

해설 (차) 예　수　금　　　20,000　　　(대) 현　　금　　　　20,000

10 평가문제

01 매출채권은 일반적 상거래에서 발생한 외상매출금과 받을어음을 말한다. 여기서 '일반적 상거래'의 의미를 가장 적절하게 설명한 것은?
① 당해 회사의 사업목적을 위한 정상적 영업활동에서 발생한 거래
② 회계상의 거래가 아니면서 일반적인 거래에 해당되는 것
③ 회계상의 거래이면서 일반적인 거래에 해당하는 것
④ 일반적인 거래가 아니면서 회계상의 거래에 해당되는 것

02 다음 중 계정과목에 대한 설명으로 틀린 것은?
① 유형자산을 취득하고 어음을 발행한 경우 지급어음으로 처리한다.
② 타인으로부터 우편환을 받은 경우 현금으로 처리한다.
③ 상품을 외상으로 매출한 경우 외상매출금으로 처리한다.
④ 상품을 매출하고 발행일자가 미도래한 선일자수표를 받은 경우 받을어음으로 처리한다.

[해설] 유형자산을 취득하고 어음을 발행한 경우, 지급어음이 아닌 미지급금으로 처리한다.

03 다음 중 지급어음계정에 대한 설명 중 틀린 것은?
① 일반적상거래에서 발생하는 계정과목이다.
② 총계정원장 작성 시 전기이월액은 차변에 기장한다.
③ 약속어음을 발행하여 지급하면 대변에 기장한다.
④ 만기 시 어음대금을 지급하면 차변에 기장한다.

[해설] 일반적상거래가 아닌 경우에는 미지급금으로 하여야 하며 지급어음의 전기이월은 대변에 기장한다.

04 다음 매출처원장을 이용하여 산출한 외상매출금 미회수액으로 옳은 것은?

〈 매출처원장 〉

오산상회		화성상회	
8/1 전월이월	9/20 현금	8/1 전월이월	9/17 당좌예금
100,000원	400,000원	500,000원	900,000원
8/15 매출		8/15 매출	
700,000원		1,000,000원	

① 400,000원 ② 600,000원
③ 700,000원 ④ 1,000,000원

[해설] 오산상회 차변에 800,000원과 화성상회에 1,500,000원을 합한 금액 채권 2,300,000원에서 외상매출금을 회수한 금액 1,300,000원을 차감하면 미회수액은 1,000,000원이다.

05 다음 자료로 당기 외상매출금 발생액을 구하면 얼마인가?

- 기초 외상매출금 : 2,300,000원
- 당기 외상매출금 회수액 : 2,900,000원
- 기초 대손충당금 : 0원
- 기말 대손충당금 : 11,000원
- 대손율 : 1%

① 1,500,000원 ② 1,600,000원
③ 1,700,000원 ④ 1,800,000원

[해설] 기말 외상매출금 × 0.01 = 11,000원
→ 기말 외상매출금 : 1,100,000원
기초 외상매출금 2,300,000 + 당기 외상매출금 발생액 ? – 당기 외상매출금 회수액 2,900,000원 = 기말 외상매출금 1,100,000원
→ 당기 외상매출금 발생액 : 1,700,000원

정답 | 1. ① 2. ① 3. ② 4. ④ 5. ③

06 모든 매출은 외상으로 판매하고 1개월 후에 현금 또는 보통예금으로 회수하는 신원상사의 매출채권과 관련한 다음 자료를 보고 당기 총매출액을 계산하면 얼마인가? (단, 대손이나 매출할인 등의 변동요인은 없다.)

전기 이월액	차기 이월액	현금 회수액	보통예금 회수액	당기총 매출액
370,000원	260,000원	260,000원	200,000원	?

① 570,000원 ② 350,000원
③ 630,000원 ④ 720,000원

해설 260,000 + 200,000 + 260,000 − 370,000 = 350,000원

07 다음 중 외상매출금으로 회계처리를 할 수 없는 거래는?
① 상품을 외상으로 판매하고 대금은 월말에 받기로 하다.
② 판매용컴퓨터를 외상으로 판매하고 대금은 월말에 받기로 하다.
③ 부동매매업에서 토지를 판매하고 대금은 월말에 받기로 하다.
④ 관리부 컴퓨터를 외상으로 판매하고 대금은 월말에 받기로 하다.

해설 미수금계정으로 회계처리

08 다음 자료에서 당기 중에 외상으로 매출한 금액은 얼마인가?

- 외상매출금 기초잔액 : 100,000원
- 외상매출금 당기회수액 : 400,000원
- 외상매출금 중 에누리액 : 20,000원
- 외상매출금 기말잔액 : 80,000원

① 300,000원 ② 360,000원
③ 400,000원 ④ 500,000원

해설 외상매출금

기초잔액	100,000	회수액	400,000
당기 외상매출	( )	에누리액	20,000
		기말잔액	80,000
	500,000		500,000

09 대손충당금을 설정할 경우의 거래내용과 회계처리가 적절하지 않은 것은?

    거래내용 : 회계처리
① 대손충당금 잔액이 없을 경우
  : (차) 대손상각비 ×× (대) 대손충당금 ××
② 대손충당금 > 대손충당금잔액
  : (차) 대손상각비 ×× (대) 대손충당금 ××
③ 대손충당금 = 대손충당금잔액
  : (차) 대손상각비 ×× (대) 대손충당금 ××
④ 대손충당금 < 대손충당금잔액
  : (차) 대손충당금 ×× (대) 대손충당금환입 ××

해설 분개없음

10 다음은 20x1년 하나상사의 매출채권과 대손충당금 관련 사항들이다. 설명 중 맞는 것은?

- ㉠ 기초 대손충당금 잔액 : 100,000원
- ㉡ 5월 매출채권 대손처리액 : 50,000원
- ㉢ 기말 매출채권 잔액 : 30,000,000원
- ㉣ 대손충당금은 매출채권의 1%로 한다.

① 대손충당금 당기감소액은 600,000원이다.
② 기말 대손충당금 설정액은 300,000원이다.
③ 20x2년도로 이월되는 대손충당금 잔액은 800,000원이다.
④ 20x1년 대손상각비는 300,000원이다.

11 다음 자료에서 당기 손익계산서에 보고되는 대손상각비는 얼마인가?

- 전기 말 외상매출금에 대한 대손충당금 잔액은 20,000원이다.
- 당기 중 거래처의 파산으로 외상매출금 10,000원을 대손처리하다.
- 당기 말 외상매출금 잔액 5,000,000원에 대해 1%의 대손을 설정하다.

① 20,000원 ② 30,000원
③ 40,000원 ④ 50,000원

해설 (5,000,000 × 1%) − (20,000 − 10,000) = 40,000원

12 다음 설명 중 옳은 것은?
① 대손상각비계정은 수익계정이다.
② 대손충당금환입계정은 자본계정이다.
③ 대손상각비계정은 재무상태표에 표시해야 한다.
④ 대손충당금계정은 매출채권에 대한 차감적 평가계정이다.

13 잔액시산표의 기입된 내용을 바탕으로 외상매출금의 1%를 대손 설정하였을 때, 이를 바르게 분개한 것은?

잔 액 시 산 표
20××년 12월 31일 (단위:원)

차 변	원면	계정과목	대 변
500,000	8	외상매출금	
	15	외상매입금	300,000
	10	대손충당금	1,000

① (차) 대손상각비 1,000
　(대) 대손충당금 1,000
② (차) 대손상각비 2,000
　(대) 대손충당금 2,000
③ (차) 대손상각비 4,000
　(대) 대손충당금 4,000
④ (차) 대손상각비 5,000
　(대) 대손충당금 5,000

[해설] 매출채권 500,000원에 대한 1% 대손추산액은 5,000원이다. 그런데 대손충당금 잔액이 1,000원 있으므로 당기보충액은 4,000원이다.

14 다음 중 대손처리 할 수 없는 계정과목은 어느 것인가?
① 받을어음　② 미수금
③ 선수금　④ 외상매출금

[해설] 선수금은 일반상거래에서 계약금으로 미리 받은 것으로 부채 항목이기 때문에 대손처리 할 수 없다.

15 다음 계정과목중 대손충당금 설정 대상으로 적절하지 않은 것은?
① 미지급금　② 받을어음
③ 외상매출금　④ 단기대여금

[해설] 대손충당금은 채권에 대해서만 설정할 수 있다.

16 다음 계정과목에 대한 설명 중 옳은 것은?
① 운동화를 판매하는 회사가 건물을 취득하면서 대금의 일부를 현금으로 지급하고 나머지를 나중에 지급하기로 하였을 경우, 이에 대한 채무를 "외상매입금" 또는 "매입채무"로 기록한다.
② 기업이 단기간 매매차익을 얻을 목적으로 시장성이 있는 타사 발행 사채를 취득한 경우, 이를 "사채"로 기록한다.
③ 냉장고를 타 회사로부터 매입하여 판매하는 회사는 냉장고를 "상품"으로 기록한다.
④ 다른 회사에서 약속어음을 받고 현금을 빌려줄 경우, 이에 대한 채권을 "받을어음"으로 기록한다.

[해설] ① 건물의 외상취득은 '외상매입금' 또는 '매입채무'가 아니라 '미지급금' 계정으로 회계처리된다.
② 단기가 매매차익을 얻을 목적으로 시장성이 있는 타사 발행 사채를 취득하는 경우 '사채'가 아니라 '단기매매증권' 계정이다.
④ 약속어음을 받고 현금을 빌려준 경우 '받을어음'이 아니라 '단기대여금' 계정으로 회계처리된다.

17 다음 중 받을어음계정 대변에 기록되는 거래가 아닌 것은?
① 거래처로부터 받아 보관 중인 약속어음 100,000원을 만기 전에 은행에서 할인하다.
② 매출대금으로 받아 보관 중인 거래처발행 약속어음 100,000원이 만기가 되어 현금으로 받다.
③ 거래처가 발행한 환어음 100,000원의 인수제시가 있어 인수를 승낙하다.
④ 외상매입금을 지급하기 위해 소지하고 있던 거래처 발행 약속어음 100,000원을 배서양도하다.

[해설] 받을어음계정 대변에는 자산의 감소 즉, 받을어음의 할인, 상환, 배서, 부도 등이 기록된다. 환어음의 인수는 지급어음계정 대변에 기록된다.

정답 | 12. ④　13. ③　14. ③　15. ①　16. ③　17. ③

18 다음에서 (가), (나)에 해당하는 계정과목은?

> (가) 사무실에서 사용할 컴퓨터 구입에 따른 외상 대금은?
> (나) 컴퓨터 판매회사의 판매용 컴퓨터 구입에 따른 외상대금은?

	(가)	(나)
①	외상매입금	미지급금
②	미지급금	외상매입금
③	미지급금	미수금
④	외상매출금	외상매입금

19 다음 (가)에 들어갈 계정과목으로 옳은 것은?

> 현금의 지출이 있었으나, 계정과목이나 금액이 미확정인 경우에는 (가)계정을 사용하여 일시적으로 처리한다.

① 선급금　② 가지급금
③ 가수금　④ 선수금

해설 실제로 현금지출은 있었으나 계정과목이나 금액을 확정할 수 없을 때에 사용하는 계정과목은 가지급금이다.

20 종업원에게 급여를 지급할 때 종업원이 부담하는 근로소득세나 건강보험료 등을 기업이 미리 원천징수하였다가 해당 기관에 대신 납부한다 이 기간동안 사용하는 계정은?

① 선수금　② 가수금
③ 미수금　④ 예수금

해설 급여 지급 시의 근로소득세, 건강보험료 등의 원천징수액은 예수금계정으로 처리한다.

21 연말에 거래처로부터 상품권을 선물로 받았다. 이 상품권을 발행한 백화점에 가서 상품을 구입시 백화점 입장에서 처리해야 할 분개는?

① (차) 상품권선수금　(대) 매 출
② (차) 외상매출금　　(대) 매 출
③ (차) 접 대 비　　　(대) 매 출
④ (차) 상 표 권　　　(대) 매 출

해설 상품권선수금은 부채계정으로서 상품권을 발행시는 (차) 현금 (대) 상품권선수금으로 분개하였다가 상품매출시는 (차) 상품권선수금 (대) 매출로 처리한다.

22 다음 대화 중에서 밑줄 친 부분에 대해 백화점 입장에서 분개시 차변계정으로 올바른 것은?

> 영숙 : 민수야! 취업을 진심으로 축하한다.
> 민수 : 고맙다.
> 영숙 : 그런데 양복을 새로 사 입은 것 같은데 멋있다!
> 민수 : 그래? 부모님이 주신 백화점상품권을 가지고 샀어!

① 현금　　　　② 상품권선수금
③ 상품권선급금　④ 매출

해설 백화점이 발행한 상품권은 상품권선수금계정으로 부채계정이다.

23 업무용 차량 구입과 관련된 거래이다. (가), (나)의 계정으로 올바른 것은?

> 2/5 차량 구입 계약시 계약금 지급
> 　[차변] (가) ×× 　[대변] 현금 ××
> 2/8 차량 구입 후 취득세 지급
> 　[차변] (나) ×× 　[대변] 현금 ××

① (가) 선수금　(나) 차량운반구
② (가) 선수금　(나) 세금과공과
③ (가) 선급금　(나) 세금과공과
④ (가) 선급금　(나) 차량운반구

24 일반적으로 상거래 이외에서 발생한 일시적인 계정으로 소득세나 지방세 등의 원천징수액 또는 예치금을 상대방에게 받은 경우 사용하는 계정과목은?

① 가수금　② 선수금
③ 미수금　④ 예수금

해설 예수금에 대한 설명으로 종업원의 급여 지급시 세금 등에 대한 원천징수를 하였을 때 기업주가 임시로 가지고 있는 돈을 말한다.

정답 | 18. ② 19. ② 20. ④ 21. ① 22. ② 23. ④ 24. ④

25 다음 중 재고자산에 대한 회계처리로 올바른 것은?

> 상품을 받기 전에 미리 지급하는 금액은 (㉠)이라고 하며, 매입한 상품이 파손되어 반품하는 것을 (㉡)이라고 한다.

① ㉠ 선급금 ㉡ 매입할인
② ㉠ 선급금 ㉡ 매입환출
③ ㉠ 선급비용 ㉡ 매입에누리
④ ㉠ 선수금 ㉡ 매입할인

26 현금과부족계정, 인출금계정, 가지급금계정, 가수금계정 등의 공통점을 고르면?

① 일시적 가계정   ② 손익계산서계정
③ 차감적 평가계정 ④ 재무제표 표시계정

27 다음 (가)와 (나)를 분개할 때, 차변 계정과목으로 옳은 것은?

> (가) 출장가는 사원에게 출장비를 어림잡아 100,000원을 현금 지급하다.
> (나) 거래처에 상품을 주문하고, 계약금으로 50,000원을 현금 지급하다.

① (가) 가수금   (나) 선급금
② (가) 가수금   (나) 선수금
③ (가) 가지급금 (나) 선급금
④ (가) 가지급금 (나) 선수금

28 아래의 계정 중 잔액은 항상 차변에 있으며, 임시계정으로 원인이 판명되거나 또는 상품매매활동 등이 완료되면 없어지는 계정으로 짝지어진 것은?

① 가수금, 선급금   ② 선수금, 가수금
③ 가지급금, 선급금 ④ 선수금, 가지급금

29 다음 거래에 대한 설명이 틀린 것은?

> · 상품을 현금으로 매입하다.
> · 은행에서 현금을 차입하다.
> · 종업원 급여 지급 시 소득세를 공제하다.

① 부채계정이 발생한다.
② 재고자산이 발생한다.
③ 예수금계정이 발생한다.
④ 수익계정이 발생한다.

[해설] 상품매매 거래 : 상품(재고자산)계정
은행에서 현금 차입 시 : 단기차입금
종업원 급여지급 시 : 소득세예수금 발생

30 종업원의 급여지급시 근로소득세와 국민연금 등에 대해 일시적으로 차감하여 보관하는 경우 해당하는 계정과목은?

① 가수금 ② 미수금
③ 선수금 ④ 예수금

31 다음에서 (가), (나)에 해당하는 계정과목은?

> A : 사무실에서 사용할 선풍기 구입에 따른 외상대금(가)은?
> B : 선풍기 판매회사의 판매용 선풍기 구입에 따른 외상대금(나)은?

	(가)	(나)
①	미지급금	미수금
②	외상매입금	외상매출금
③	외상매출금	외상매입금
④	미지급금	외상매입금

32 아래의 분개내용을 보고 그 해당 거래를 추정한 것으로 옳은 것은?

> (차) 예수금 10,000원 (대) 보통예금 10,000원

① 상품 판매계약을 체결하고 계약금 10,000원을 통장으로 이체받았다.
② 직원회식대 10,000원을 통장에서 이체하였다.
③ 거래처에 상품을 주문하고 계약금 10,000원을 통장에서 이체하여 주었다.
④ 직원부담분 건강보험료 10,000원이 통장에서 자동이체되었다.

[해설] 급여 지급시 예수한 건강보험료 직원부담분은 급여 지급시에 공제하여 예수금계정에 대변에 기록한 후 해당 건강보험료(직원부담분)를 납부할 때 예수금계정 차변에 기록한다.

정답 | 25. ② 26. ① 27. ③ 28. ③ 29. ④ 30. ④ 31. ④ 32. ④

33 다음 선수금계정에서 10월 2일 거래의 설명으로 올바른 것은?

선 수 금	
10/5 매출 20,000원	10/2 현금 20,000원

① 상품 주문받고 계약금을 받다.
② 상품 주문하고 계약금을 지급하다.
③ 상품 매출하고 계약금을 차감하다.
④ 상품 매입하고 계약금을 차감하다.

34 다음의 거래를 분개한 것 중 가장 옳지 않은 것은?

① 금천상회에 대여한 단기대여금 200,000원이 만기가 되어 이자 50,000원과 함께 현금으로 회수하다.
　(차) 현　금 250,000 (대) 단기대여금 200,000
　　　　　　　　　　　　　　이자수익　 50,000
② 통도상회에 상품 100,000원을 주문하고 계약금 50,000원을 현금으로 지급하다.
　(차) 선급금 50,000 (대) 현　금 50,000
③ 광운상사로부터 상품 500,000원을 주문받고, 계약금으로 100,000원을 동점발행수표로 받다.
　(차) 현　금 100,000 (대) 선수금 100,000
④ 통달상사에서 주문하였던 상품 200,000원이 도착하여 인수하고, 주문시 지급한 계약금 70,000원을 제외한 잔액은 외상으로 하다. 단, 인수운임 20,000원은 현금으로 지급하다.
　(차) 상　품 200,000 (대) 선급금　　 70,000
　　　운반비　20,000　　 외상매입금 130,000
　　　　　　　　　　　　 현　금　　 20,000

> 해설 인수운임은 상품의 원가이다 : (차) 상품 220,000원이 된다.

35 다음 중 미지급금 계정으로 처리할 수 없는 거래는 무엇인가?

① 전월 비품 구입시 결재한 카드대금 50,000원이 보통예금에서 자동이체되다.
② 운반용 화물자동차 1,000,000원을 무이자 할부로 구입하다.
③ 소모품 300,000원을 구입하고 대금은 월말에 지급하기로 하다.
④ 판매용 의자 210,000원을 구입하고 대금은 1개월 후 지급하기로 하다.

36 다음 계정과목에 대한 설명으로 잘못된 것은?

① 가수금 : 현금의 지출이 있었으나 그 내용이 확정되지 않은 경우
② 선수금 : 상품 매출에 대한 주문을 받고 미리 계약금을 받은 경우
③ 미수금 : 상품 이외의 것을 매각하고 대금을 외상으로 처리하는 경우
④ 예수금 : 급여 지급 시 종업원이 부담한 소득세 등을 회사가 일시적으로 받아두는 경우

> 해설 현금의 지출이 있었으나 그 내용이 확정되지 않은 것은 가지급금이다.

37 다음의 계정과목 중에서 임시계정으로 기말 재무상태표에는 표시하지 않는 것은?

① 선급금　　　② 예수금
③ 현금과부족　④ 미지급금

> 해설 현금과부족계정은 현금의 실제액과 장부액의 차이가 발견 시 그 원인을 발견하지 못하는 경우에 처리하는 계정으로 기말까지 원인을 알 수 없는 경우에는 반대계정으로 대체시켜 잡이익이나 잡손실로 처리하여야 한다.

SECTION 04 | 유형자산

1 유형자산

① 유형자산의 의의

유형자산은 정상적인 기업의 영업활동에 사용할 목적으로 취득한 자산으로 여러 회계기간에 걸쳐 사용되며, 장기간 경제적효익을 제공하는 물리적실체가 있는 자산이다. 유형자산에는 토지, 건물, 구축물, 기계장치, 비품, 차량운반구, 선박, 건설중인자산 등이 있다.

② 유형자산의 취득

유형자산을 취득하면 해당 유형자산계정의 차변에 취득금액으로 기입한다. 이때 취득금액에는 해당 유형자산의 취득원가에 매입수수료, 운송비, 설치비, 취득세 등 취득에 따르는 부대비용을 포함한다.

㉠ 토 지

토지는 대지, 임야, 논, 밭, 잡종지 등으로 감가상각 대상 자산이 아니다.

> **필수예제**
>
> 대한부동산에서 공장신축에 사용할 토지를 5,000,000원에 구입하고, 토지 정지비용 200,000원과 취득세 50,000원을 포함하여 현금으로 지급하다.
> (차) 토　　지　　5,250,000　　(대) 현　　금　　5,250,000

㉡ 건 물

건물이나, 공장, 창고 및 냉난방, 조명, 통풍 및 기타의 건물부속설비 등을 말한다.

> **필수예제**
>
> 본사 사옥으로 사용하기 위해 대한부동산으로부터 건물을 5,000,000원에 구입하고, 취득세 150,000원과 공인중개사 수수료 50,000원을 당좌수표를 발행하여 지급하다.
> (차) 건　　물　　5,200,000　　(대) 당좌예금　　5,200,000

㉢ 구축물

구축물은 토지 위에 건설한 건물 이외의 설비로서 교량, 궤도, 저수지, 갱도, 정원설비, 침전지, 상하수도, 터널, 전주, 지하도관, 신호장치, 정원 등을 말한다.

> **필수예제**
>
> 본사건물 앞에 분수대를 설치하고 설치대금 1,000,000원은 현금으로 지급하다.
> (차) 구 축 물　　　　1,000,000　　　　(대) 현　　금　　　　1,000,000

ⓔ 기계장치

　기계장치와 운송설비(콘베어, 호이스트, 기중기 등) 및 기타의 부속설비를 포함한다.

> **필수예제**
>
> (1) 제품 생산에 사용하기 위하여 제일기계로부터 기계를 5,000,000원에 구입하고, 대금은 설치비 200,000원과 함께 당좌수표를 발행하여 지급하다.
> (차) 기계장치　　　　5,200,000　　　　(대) 당좌예금　　　　5,200,000
>
> (2) 제일기계로부터 제품 생산에 사용할 기계장치를 100,000원에 구입하고 대금은 약속어음을 발행하여 지급하다.
> (차) 기계장치　　　　100,000　　　　(대) 미지급금　　　　100,000

▶ 일반적인 상거래에서 나타난 어음상의 채무 즉, 매입처에 대하여 상품 또는 원재료 매입대금이나 외상매입금에 대하여 약속어음을 발행 지급한 경우에는 지급어음 계정을 사용하지만 일반적인 상거래 이외의 거래는 미지급금계정을 사용하여야 한다.

ⓜ 차량운반구

　영업활동에 사용되는 승용차, 트럭 등 육상운반구를 말한다.

> **필수예제**
>
> 공장에서 사용할 화물차 1대를 3,000,000원에 현금으로 구입하다.
> (차) 차량운반구　　　　3,000,000　　　　(대) 현　　금　　　　3,000,000

ⓗ 비　품

　사업을 위하여 사용하는 일반적인 집기, 비품 등을 구입한 경우에 처리하는 계정과목으로서, 내용연수가 1년 이상이다.

> **필수예제**
>
> (1) 제일전자로부터 사무실에서 사용할 에어컨 1대를 500,000원에 현금으로 구입하다.
>   (차) 비 품   500,000   (대) 현 금   500,000
>
> (2) 사무용 복사기 1대를 200,000원에 외상으로 구입하다.
>   (차) 비 품   200,000   (대) 미지급금   200,000

ⓧ 건설중인 자산

건설중인자산은 유형자산을 건설하기 위하여 지출한 금액으로 아직 건설이 완료되지 않은 경우 완공 시까지 임시로 처리하는 계정이다. 이는 건설이 완료되는 때에 해당 계정으로 대체된다.

> **필수예제**
>
> (1) 건설중인 경우
>   본사 사옥을 신축하기로 하고 공사대금 중 일부(1차기성고 금액 1,000,000원)를 현금으로 지급하였다.
>   (차) 건설중인자산   1,000,000   (대) 현 금   1,000,000
>
> (2) 건설이 완료된 경우
>   본사 사옥이 완공되어 관할구청으로부터 준공검사를 완료하고 취득세 500,000원을 현금으로 지급하였다(건설중인자산의 금액 8,000,000원).
>   (차) 건 물   8,500,000   (대) 건설중인자산   8,000,000
>   현 금   500,000

2 유형자산의 감가상각

① 감가상각의 의의

유형자산을 사용하거나, 시간이 경과함에 따라 그 가치가 감소하는 것을 감가라 한다. 이것을 측정하여 회계에 반영하는 것으로, 결산일에 유형자산의 취득원가에서 잔존가치를 차감한 잔액을 유형자산의 사용기간 동안의 비용으로 배분하는 절차가 감가상각이다.
토지와 건설중인자산은 감가상각에서 제외한다.

② 감가상각비의 계산방법

  ㉠ 정액법

  매 결산기마다 동일한 금액을 감가상각비로 계산하는 방법으로 계산이 간단한 것이 장점이나 생산량(조업도)의 변화를 무시하거나 취득 초기에 많은 감가가 일어나는 것을 반영하지 않으므로 원가배분이 수익비용대응의 원칙에 부합하지 않는다.

  $$\text{정액법에 의한 감가상각비} = (\text{취득금액} - \text{잔존가치}) \times \frac{1}{\text{내용연수}}$$

  ㉡ 정률법

  매 결산기마다 미상각잔액에 대하여 동일한 비율의 금액을 감가상각비로 계산하는 방법이다. 취득 초기에 많은 감가가 일어나는 것을 반영하므로 수익비용대응의 원칙에 부합하는 방법이나 계산이 복잡하다.

  $$\text{정률법에 의한 감가상각비} = \text{미상각잔액} \times \text{정률}$$
  $$\text{미상각잔액} = \text{취득금액} - \text{감가상각누계액}$$

  ▶ 미상각잔액은 유형자산의 취득금액에서 감가상각누계액을 차감한 잔액을 말하는 것으로 장부금액이라 한다.

3 유형자산의 취득후 지출

① 자산으로 처리하는 경우(자본적 지출)

  유형자산을 취득한 이후 사용하기 전에 시험운전비용, 수선비 등의 지출을 하는 경우와 그 지출로 인하여 유형자산의 가치가 증가하거나 내용연수가 증가하는 지출은 해당 유형자산의 증가로 처리한다. 용도변경, 개량, 증축 등에 대한 수선비가 여기에 해당한다.

② 비용으로 처리하는 경우(수익적 지출)

  유형자산의 취득 후 지출로 그 지출의 효과가 원상회복이나 능률의 현상유지에 그치는 경우에는 자산으로 처리하지 않고 비용으로 처리한다. 자산 취득 후 지출하는 지출 중 파손 또는 기능이 저하된 부분을 수리하거나 회복시키는 수선비와 유형자산의 안전한 유지를 하기 위한 보험료 등이 여기에 해당한다.

> **CHECK POINT** 취득 후 지출의 효과
> - 자산으로 처리하여야 하는 지출(자본적 지출)을 비용으로 처리한 경우
>   자산의 과소계상 – 비용의 과대계상 – 이익의 과소계상 – 비밀적립금발생
> - 비용으로 처리하여야 하는 지출(수익적 지출)을 자산으로 처리한 경우
>   자산의 과대계상 – 비용의 과소계상 – 이익의 과대계상 – 분식회계(혼수자본발생)

4 유형자산의 처분

유형자산을 처분하면 해당 유형자산계정의 대변에 기입하고 처분금액과 장부금액의 차이는 유형자산처분이익 또는 유형자산처분손실로 처리한다. 장부금액은 취득금액에서 감가상각누계액을 차감한 금액을 말한다.

유형자산 처분시의 회계처리는 유형자산 계정의 대변에 취득원가로 기입하고, 해당 유형자산의 감가상각누계액계정의 차변에 기입하여 장부금액을 감소시키고, 장부금액과 처분금액의 차액을 비교하여 처분금액이 크면 유형자산처분이익계정으로 작으면 유형자산처분손실계정으로 처리한다.

처분금액 〉 장부금액(취득금액 – 감가상각누계액) ⇒ 유형자산처분이익
처분금액 〈 장부금액(취득금액 – 감가상각누계액) ⇒ 유형자산처분손실

필수예제

사용중이던 승용차(취득금액 3,000,000원, 감가상각누계액 2,000,000원)를 중고자동차매매상에 현금 1,500,000원을 받고 매각하였다.

| (차) 현　　　금 | 1,500,000 | (대) 차량운반구 | 3,000,000 |
| 감가상각누계액 | 2,000,000 | 유형자산처분이익 | 500,000 |

처분금액 : 1,500,000원
장부금액 : 3,000,000-2,000,000=1,000,000원
처분이익 : 1,500,000-1,000,000=500,000원

확인예제   POINT 전산회계 2급
[분개연습]

❖ 다음의 거래에 대하여 일반전표 입력을 위한 분개를 하시오.

01 매장 건물을 신축하기 위하여 토지를 취득하고 그 대금 30,000,000원을 당좌수표를 발행하여 지급하다. 또한 부동산 중개수수료 500,000원과 취득세 600,000원은 현금으로 지급하다.

해설 (차) 토　　　지　　　31,100,000　　　(대) 당좌예금　　　30,000,000
　　　　　　　　　　　　　　　　　　　　　　　　현　　　금　　　 1,100,000

02 당사는 현대자동차에서 업무용승용차 1대(20,000,000원)를 구입하고, 15,000,000원은 현대캐피탈에서 6개월 무이자할부로 하고, 5,000,000원은 현금으로 지급하다. 그리고 차량구입에 따른 취득세 1,100,000원도 현금으로 지급하다.

해설 (차) 차량운반구　　21,100,000　　　(대) 단기차입금(현대캐피탈) 15,000,000
　　　　　　　　　　　　　　　　　　　　　　　　현　　　금　　　 6,100,000

03 자동차나라에서 가구운반용 트럭을 17,000,000원에 구입하고 대금은 무이자할부 10개월의 조건에 지급하기로 하다. 트럭 취득 시 취득세 1,000,000원은 현금으로 납부하다.

해설 (차) 차량운반구　　18,000,000　　　(대) 미지급금(자동차나라) 17,000,000
　　　　　　　　　　　　　　　　　　　　　　　　현　　　금　　　 1,000,000

04 회사의 건물 취득 시 취득원가 30,000,000과 취득세 600,000원을 전액 현금으로 지급하다.

해설 (차) 건　　　물　　　30,600,000　　　(대) 현　　　금　　　30,600,000

05 하나전자에서 업무용 컴퓨터를 1,200,000원에 구입하고, 대금 중 200,000원은 현금으로 지급하고, 잔액은 2개월 후에 지급하기로 하다.

해설 (차) 비　　　품　　　 1,200,000　　　(대) 현　　　금　　　 200,000
　　　　　　　　　　　　　　　　　　　　　　　　미지급금(하나전자) 1,000,000

06 결산일에 차량(취득원가 1,000,000원, 감가상각누계액 400,000원)에 대하여 정률법으로 감가상각비를 계상하다(정률은 0.3으로 가정한다).

> [해설] (차) 감가상각비 180,000 (대) 감가상각누계액 180,000
> *(1,000,000−400,000) × 0.3 = 180,000원

07 사용중인 업무용자동차(취득원가 15,000,000원, 처분일까지의 감가상각누계액 7,500,000원)를 한국중고차매매에 5,000,000원에 판매하고 대금은 월말에 받기로 하다.

> [해설] (차) 미 수 금 5,000,000 (대) 차량운반구 15,000,000
> 감가상각누계액 7,500,000
> (차량운반구)
> 유형자산처분손실 2,500,000
> *장부금액 : 15,000,000 − 7,500,000 = 7,500,000원
> *처분손실 : 5,000,000 − 7,500,000 = −2,500,000원

08 영업팀에서 사용하던 차량운반구를 3,000,000원에 매각하고 대금은 현금으로 받다(단, 당기 감가상각비는 계상하지 않는다).

계정과목	취득금액	감가상각누계액
차량운반구	5,000,000원	2,000,000원

> [해설] (차) 현 금 3,000,000 (대) 차량운반구 5,000,000
> 감가상각누계액 2,000,000

09 영업팀에서 사용하던 차량운반구를 기아상사에 7,800,000원에 매각하고 대금은 현금으로 받았다(단, 당기 감가상각비는 계상하지 않는다).

계정과목	취득금액	감가상각누계액	상각방법
차량운반구	15,000,000원	7,500,000원	정률법

> [해설] (차) 현 금 7,800,000 (대) 차량운반구 15,000,000
> 감가상각누계액 7,500,000 유형자산처분이익 300,000

10 사용중인 에어컨(취득금액 2,000,000원, 감가상각누계액 1,200,000원)을 제일 중고상사에 600,000원에 매각하고, 매각대금은 1개월 후에 받기로 하다.

> [해설] (차) 감가상각누계액(비품) 1,200,000 (대) 비 품 2,000,000
> 미수금(제일중고상사) 600,000
> 유형자산처분손실 200,000

11 좋은가구로부터 사무실 책상(내용연수 5년)을 1,600,000원에 구입하고 대금은 약속어음을 발행하여 지급하다.

> **해설** (차) 비 품 1,600,000 (대) 미지급금(좋은가구) 1,600,000
> * 일반적 상거래에서 어음을 주고 받으면 받을어음과 지급어음으로 하지만 일반적 상거래가 아닌 경우의 어음은 미수금과 미지급금으로 하여야 한다.

12 업무용 화물차를 대한자동차에서 10,000,000에 구입하고, 대금 중 2,000,000원은 현금으로 지급하고, 잔액은 12개월 무이자할부로 하다. 또한 화물차에 대한 취득세 200,000원을 현금으로 납부하다.

> **해설** (차) 차량운반구 10,200,000 (대) 현 금 2,200,000
> 　　　　　　　　　　　　　　　　　　　　 미지급금(대한자동차) 8,000,000

13 영업용 승용차 1대를 (주)자동차나라 중부영업소에서 10,000,000에 구입하고, 대금 중 1,000,000원은 당좌수표를 발행하여 지급하고, 잔액은 12개월 할부로 지급하기로 하다.

> **해설** (차) 차량운반구 10,000,000 (대) 당좌예금 1,000,000
> 　　　　　　　　　　　　　　　　　　　　 미지급금 9,000,000
> 　　　　　　　　　　　　　　　　　　　　 ((주)자동차나라 중부영업소)

14 매장을 신축하기 위해 토지를 한국부동산주식회사로부터 9,000,000원에 구입하고, 대금 중 2,000,000원은 현금으로 지급하고 잔액은 2개월 후에 지급하기로 하다. 또한 토지에 대한 취득세 200,000원을 현금으로 지급하다.

> **해설** (차) 토 지 9,200,000 (대) 현 금 2,200,000
> 　　　　　　　　　　　　　　　　　　　　 미지급금(한국부동산) 7,000,000

15 사용중이던 영업용 화물차(취득금액 7,500,000원, 감가상각누계액 1,500,000원)를 현대중고상사에 3,000,000원에 매각하고 대금은 동사 발행의 약속어음(만기 10월 24일)으로 받다.

> **해설** (차) 미수금(현대중고상사) 3,000,000 (대) 차량운반구 7,500,000
> 　　　 감가상각누계액 1,500,000
> 　　　 유형자산처분손실 3,000,000
> * 일반적 상거래가 아니므로 받을어음 계정을 사용하지 않고 미수금 계정으로 하여야 한다.

16 회사가 소유하고 있는 오토바이(취득원가 1,000,000원, 감가상각누계액 550,000원)는 한 대밖에 없으며 해당 오토바이는 금일 사고로 폐기처분하였다.

> **해설** (차) 감가상각누계액 550,000 (대) 차량운반구 1,000,000
> 　　　 유형자산처분손실 450,000

17 제조활동에 사용 중인 기계장치(취득금액 1,800,000원, 감가상각누계액 700,000원)이 노후되어 제일기계에 1,200,000원에 매각하고 대금은 전액 현금으로 받아 당좌예금하다.

해설 (차) 당좌예금　　　　　　　1,200,000　　(대) 기계장치　　　　　　1,800,000
　　　　감가상각누계액　　　　　700,000　　　　 유형자산처분이익　　　100,000
　　　* 장부금액: 1,800,000 - 700,000 = 1,100,000원
　　　　 처분이익: 1,200,000 - 1,100,000 = 100,000원

11 평가문제

01 다음 중 유형자산에 대한 설명으로 옳은 것은?
① 토지, 건물, 차량운반구, 구축물 등은 회계상 유형자산에 속한다.
② 유형자산은 판매 목적으로 구입한 자산이다.
③ 1년 이상 장기에 걸쳐 사용되는 자산으로 물리적인 형태가 없는 자산이다.
④ 유형 자산을 취득할 때 소요된 취득부대비용은 당기의 비용으로 처리한다.

[해설] ③번은 무형자산을 설명하고 있다. ④번은 유형자산을 취득할 때 소요된 취득부대비용은 당기의 취득원가에 포함하여야 한다. 그리고 판매목적으로 구입한 자산은 재고자산이다.

02 자산의 분류 중 다음 설명에 해당하는 자산계정으로 옳은 것은?

> 구체적인 형태가 있는 자산으로 판매 목적이 아닌 영업활동에 있어서 장기간 사용하기 위하여 소유하고 있는 자산

① 비품   ② 상품
③ 투자부동산   ④ 산업재산권

03 다음 중 유형자산의 정의로 맞는 것을 모두 고르면?

> 가. 물리적 형체가 있는 자산
> 나. 모든 유형자산은 감가상각의 대상이 됨
> 다. 1년을 초과하여 사용할 것이 예상되는 자산
> 라. 재화의 생산, 용역의 제공, 타인에 대한 임대 또는 자체적으로 사용할 목적으로 보유

① 가   ② 가, 나
③ 가, 다, 라   ④ 나, 다, 라

[해설] 토지, 건설중인자산은 감가상각 대상 자산이 아니다.

04 유형자산에 대한 설명으로 옳지 않은 것은?
① 판매를 목적으로 보유한다.
② 물리적인 형태가 있다.
③ 1년을 초과하여 사용할 것으로 예상된다.
④ 토지, 건물, 비품, 차량운반구 등이 있다.

[해설] 판매를 목적으로 보유하고 있는 자산은 재고자산이다.

05 다음 중 유형자산으로 볼 수 없는 것은?
① 부동산매매업자가 보유한 판매목적용 토지
② 건설중인 지점 건물
③ 제조용 기계장치
④ 사업용 차량운반구

[해설] 부동산매매업자가 판매목적으로 보유하고 있는 토지는 재고자산으로 분류하여야 한다.

06 다음 중 유형자산에 대한 설명을 바르게 한 것은?
① 판매를 목적으로 소유하는 자산이다.
② 투자를 목적으로 하는 소유하는 자산이다.
③ 타회사를 지배할 목적으로 취득한 자산이다.
④ 영업활동에 사용하는 물리적인 형태가 있는 자산이다.

07 수원산업은 신축 중인 건물이 완성되어 공사대금의 잔액을 현금으로 지급하였을 경우, 수원산업의 재무상태에 미치는 최종적인 결과로 옳은 것은?
① 자산 감소   ② 자산 증가
③ 자산 불변   ④ 자본 감소

[해설] 임의의 금액으로 거래를 추정해보면
(차) 건 물 2,000 (대) 건설중인자산 1,500
　　　　　　　　　　　　현　　　　금　　500
자산증가와 자산 감소가 동시에 발생하였기 때문에 자산불변이다.

정답 | 1. ① 2. ① 3. ③ 4. ① 5. ① 6. ④ 7. ③

08 주어진 자료에서 기계장치의 취득원가로 옳은 것은?

㉠ 구입대금	3,000,000원
㉡ 운송비	200,000원
㉢ 설치비	100,000원

① 3,000,000원　② 3,100,000원
③ 3,200,000원　④ 3,300,000원

09 다음 중 유형자산의 취득원가에 해당되지 않는 것은?
① 등록면허세　② 취득세
③ 설치비　　　④ 재산세

[해설] 재산세는 유형자산의 보유과정에서 발생하는 비용으로 '세금과공과'로 처리함

10 다음은 당기에 설치하고 사용한 기계장치와 관련하여 발생한 비용이다. 이 중 취득원가에 해당하지 않는 것은?
① 감가상각비　② 시운전비
③ 설치비　　　④ 매입운반비

[해설] 감가상각비는 유형자산의 가치 감소액이다.

11 유형자산의 취득원가에 포함되지 않는 것은?
① 구입시 취득세
② 구입시 중개수수료
③ 보유중 감가상각
④ 구입시 보험료

12 토지의 취득시 납부한 취득세를 처리하는 계정으로 올바른 것은?
① 수수료비용
② 토지
③ 세금과공과
④ 유형자산처분손실

13 다음은 5월 1일의 거래 중 재무상태표 관련 계정을 나타낸 것이다. 거래를 잘못 추정한 것은?

```
         기계장치
기초       | 5/1 처분
3,000,000 | 3,000,000

    감가상각누계액        |     미수금
5/1      | 기초           | 5/1
800,000  | 600,000        | 2,500,000
         | 5/1
         | 200,000
```

① 5월 1일 취득금액 3,000,000원인 기계장치를 처분하였다.
② 처분한 기계장치 관련 당기 감가상각비는 200,000원이다.
③ 처분시 장부금액은 3,000,000원이다.
④ 기계장치 처분금액은 2,500,000원이다.

[해설] 처분시 장부금액은
3,000,000 - 800,000 = 2,200,000원이다.

14 다음 자료에서 차량 처분 시 유형자산처분손익을 계산한 금액으로 옳은 것은?(단, 회계기간은 1.1.~12.31.이며, 감가상각은 월할계산한다)

· 20X1년 1월 1일 : 차량운반구 취득(취득가액 10,000,000원, 잔존가액 0원, 내용연수 10년, 정액법 상각)
· 20X3년 7월 1일 : 차량운반구 처분(현금 처분금액 7,300,000원)

① 처분이익 200,000원
② 처분이익 300,000원
③ 처분손실 200,000원
④ 처분손실 300,000원

[해설] (차) 현　　　금　　　　7,300,000
　　　　　감가상각누계액　　2,500,000
　　　　　유형자산처분손실　　200,000
　　　(대) 차량운반구　　　10,000,000

15 다음 자료에 의하여 유형자산처분손익을 구하면 얼마인가?

㉠ 건물의 취득가액 10억원
㉡ 건물의 처분전까지의 감가상각누계액 3억원
㉢ 건물의 처분가액 8억원

① 유형자산처분이익 1억원
② 유형자산처분손실 1억원
③ 유형자산처분이익 2억원
④ 유형자산처분손실 2억원

해설 유형자산처분이익 : (10억원-3억원)-8억원 = 1억원

16 유형자산에 대한 감가상각의 본질을 가장 잘 설명한 것은?
① 대체를 위한 자금 적립
② 원가의 기간 배분
③ 잔존가치의 평가
④ 가치소멸부분의 정확한 평가

해설 유형자산에 대한 감가상각의 본질은 원가를 기간 배분하는 절차이다.

17 다음 중 감가상각을 필요로 하지 않는 자산은?
① 건물   ② 차량운반구
③ 토지   ④ 기계장치

해설 감가상각을 할 수 없는 자산 : 토지

18 업무용 컴퓨터 1대(취득금액 1,500,000원, 처분시까지 감가상각누계액 1,200,000원)을 500,000원에 처분하고 현금으로 받다. 올바른 분개는?

① (차) 현   금   500,000
    감가상각누계액   1,200,000
    (대) 비   품   1,500,000
        유형자산처분이익   200,000

② (차) 현   금   300,000
    감가상각누계액   1,200,000
    (대) 비   품   1,500,000

③ (차) 현   금   300,000
    감가상각누계액   1,200,000
    (대) 비   품   1,000,000
        유형자산처분이익   500,000

④ (차) 현   금   500,000
    (대) 비   품   500,000

19 정액법에 의하여 감가상각비를 계산하는데 필요하지 않은 내용은 무엇인가?
① 취득원가   ② 감가상각누계액
③ 잔존가치   ④ 내용연수

해설 정액법은 취득원가에서 잔존가치를 차감하고 내용연수로 나누어 계산한다.

20 유형자산의 취득원가가 1,000,000원, 감가상각누계액이 300,000원이라면 장부금액은 얼마인가?
① 300,000원   ② 700,000원
③ 1,000,000원 ④ 1,300,000원

21 다음은 유형자산의 감가상각방법을 나타낸다. A, B에 해당하는 것은?

· 정액법 = (취득원가 − A) ÷ 내용연수
· 정률법 = (취득원가 − B) × 감가상각률

	A	B
①	잔존가치	감가상각누계액
②	잔존가치	내용연수
③	감가상각누계액	잔존가치
④	내용연수	잔존가치

22 20×1년 1월 1일에 건물 5,000,000원을 구입하고, 취득세 500,000원을 현금으로 지급하였다. 20×1년 12월 31일 결산시 정액법에 의한 감가상각비는 얼마인가? (단, 내용연수 10년, 잔존가치 0원, 결산 연 1회)
① 50,000원   ② 450,000원
③ 500,000원 ④ 550,000원

해설 (5,000,000 + 500,000) ÷ 10 = 550,000원

23 주어진 자료에서 기말(20×1.12.31)에 계상할 감가상각비(1년분)를 정액법으로 계산하면?

1) 20x1년 1월 1일 차량운반구 취득
  · 내용연수 : 10년
  · 잔존가치 : 0원
  · 취득금액 : 5,000,000원
  · 취 득 세 : 200,000원
  · 자동차보험료 : 300,000원
2) 20x1년 6월 30일 차량운반구 자동차세 지급 : 300,000원

① 500,000원   ② 520,000원
③ 550,000원   ④ 580,000원

해설 (취득원가 5,200,000-잔존가치 0) ÷ 내용연수 10년

24 20×1년 1월 1일 비품 1,000,000원을 현금으로 구입하여 기말에 정액법(내용연수 10년, 잔존가치 0원)으로 감가상각하는 경우 20×2년 12월 31일의 감가상각비와 20×2년 결산 후 재무상태표에 표기되는 감가상각누계액은 각각 얼마인가?

	감가상각비	감가상각누계액
①	100,000원	100,000원
②	100,000원	200,000원
③	200,000원	100,000원
④	200,000원	200,000원

해설 (1,000,000 - 0) / 10년 = 100,000원(정액법을 적용한 감가상각비)
100,000(20×1년 감가상각비) + 100,000 (20×2년 감가상각비) = 200,000원

25 20×1년 1월 기계장치를 5,000,000원에 구입하고 20×4년 12월 31일 결산을 맞이하였다. 기계장치의 내용연수는 5년이고 잔존가치는 1,000,000원이고, 정액법으로 상각하기로 한다. 이 경우 20×4년도의 결산시 감가상각비는 얼마인가?

① 700,000원   ② 800,000원
③ 900,000원   ④ 1,000,000원

해설 (5,000,000 - 1,000,000) / 5 = 800,000원 : 정액법 감가상각비 계산

26 다음 중 감가상각에 대한 설명 중 틀린 것은?
① 정액법은 매년 같은 금액으로 감가상각을 하는 방법이다.
② 감가상각의 3요소는 내용년수, 취득원가, 잔존가치이다.
③ 모든 유형자산은 감가상각의 대상이 된다.
④ 유형자산의 감가상각비는 영업외비용에 해당할 수 없다.

해설 토지와 건설중인자산은 감가상각을 하지 않는다.

27 다음은 유형자산의 감가상각방법을 나타낸다. (가)(나)에 해당하는 것은?

$$정액법 = \frac{취득원가 - (\quad 가 \quad)}{(\quad 나 \quad)}$$

	(가)	(나)
①	잔존가치	내용연수
②	내용연수	잔존가치
③	처분금액	수리비
④	매입부대비용	구입연도

28 성원전자는 20×1년 1월 1일에 취득한 건물에 대하여 정액법으로 감가상각을 하고 있다. 20×2년 12월 31일 현재 감가상각누계액이 500,000원으로 계상되어 있다면 이 건물의 취득원가는 얼마인가? (단, 내용연수는 10년이며 잔존가치는 없다)

① 1,500,000원   ② 2,000,000원
③ 2,500,000원   ④ 3,000,000원

해설 500,000 ÷ 2년 = 250,000원(1년분 감가상각비)
250,000 × 10년 = 2,500,000원(취득원가)

29 다음 자료에 의한 20×2년 7월 1일 현재 감가상각누계액은 얼마인가?

· 20×1. 1. 1. 건물을 30,000,000원에 구입
· 20×2. 1. 1. 건설중인자산 20,000,000원 있음
· 감가상각방법 : 정액법, 내년수 10년, 잔존가치 0원

① 4,000,000원   ② 4,500,000원
③ 5,000,000원   ④ 7,500,000원

정답 | 24. ② 25. ② 26. ③ 27. ① 28. ③ 29. ②

해설 건설중인자산은 감가상각대상이 아니므로 건물에 대해서만 1년 6개월분에 대한 감가상각 함
1년분 : 30,000,000 ÷ 10년 = 3,000,000원
1년 6개월분 : 3,000,000 × 1.5 = 4,500,000원

30 주어진 자료에서 기말(20×2.12.31) 결산 후 재무상태표에 표시될 차량운반구에 대한 감가상각누계액으로 옳은 것은?

- 20×1년 1월 1일 차량운반구 취득 : 취득금액 5,000,000원(내용연수 5년, 상각률 40%)
- 상각방법 : 정률법

① 1,000,000원 ② 1,200,000원
③ 2,000,000원 ④ 3,200,000원

해설 20×1. 12. 31 : 5,000,000 × 0.4 = 2,000,000원
20×2. 12. 31 : (5,000,000 - 2,000,000) × 0.4 = 1,200,000원

31 유형자산의 장부금액(미상각잔액)에 일정한 상각률을 곱하여 당기의 감가상각비를 산출하는 방법은?
① 정액법 ② 정률법
③ 생산량비례법 ④ 연수합계법

32 유형자산을 취득한 후에 추가의 지출이 발생하는 경우 처리하는 성격이 다른 하나는?
① 파손된 유리 등의 교체비용
② 사용 용도를 변경하기 위한 비용
③ 엘리베이터, 냉난방 장치 설치비
④ 개량, 증설, 확장 등을 위한 비용

해설 ①은 수익적 지출이고, ②,③,④는 자본적 지출이다.

33 당기에 비용화하는 수익적 지출의 내용에 맞지 않는 것은?
① 건물에 피난시설 설치
② 건물이나 벽의 페인트 도장
③ 파손된 유리의 교체
④ 기계장치의 소모부속품의 대체

34 다음 [거래]에 대한 잘못된 [분개]로 재무제표에 미치는 영향으로 옳은 것은?

[거래] 본사 건물에 대한 냉·난방 장치를 설치하고 대금 20,000,000원을 당좌수표를 발행하여 지급하였다. 이는 자본적 지출에 해당한다.
[분개] (차변) 수선비   20,000,000
       (대변) 당좌예금   20,000,000

① 자산의 과대계상
② 당기순이익의 과대계상
③ 부채의 과소계상
④ 비용의 과대계상

해설 「(차)건물 20,000,000 (대)당좌예금 20,000,000」이 올바른 분개로 자산이 과소계상되고, 비용이 과대계상 된다.

35 회사 소유 업무용 차량의 엔진오일을 교체하고 아래와 같이 분개한 경우 나타나는 결과 중 옳은 것은?

(차) 차량운반구   50,000
(대) 현   금   50,000

① 자산의 과소계상 ② 비용의 과소계상
③ 수익의 과대계상 ④ 부채의 과대계상

36 다음 내용을 설명한 것으로 올바른 것은?

㉠ 본래의 용도변경을 위한 생산라인의 대규모 개보수비용
㉡ 건물의 엘리베이터 설치

① 당사의 업무와 관련 없이 발생한 비용으로 손익계산서에 나타낸다.
② 취득 후 발생한 비용으로 차후 감가상각을 하지 않는다.
③ 수익적 지출에 속하므로 수선비로 처리한다.
④ 자본적 지출에 속하므로 해당 자산의 취득원가에 포함한다.

해설 자본적 지출에 속하며 해당 자산의 취득원가에 포함하여 감가상각을 한다.

정답 | 30. ④ 31. ② 32. ① 33. ① 34. ④ 35. ② 36. ④

37 다음 중 수익적 지출이 아닌 것은?
① 기계장치 내용연수 연장을 위한 지출
② 외벽 도장 비용
③ 창문 수리비
④ 건물바닥 청소비용

38 금년 3월 1일 영업용 건물을 10,000,000원에 구입하였다. 같은 해 4월 1일에 아래와 같은 지출 후 건물계정의 잔액은?

㉠ 건물 외벽의 도색비용	1,000,000원
㉡ 파손된 유리 및 전등 교체비	600,000원
㉢ 건물 증축비용	500,000원
㉣ 엘리베이터 설치비	2,500,000원

① 11,160,000원 ② 12,100,000원
③ 13,000,000원 ④ 14,600,000원

해설 건물계정의 잔액 = 10,000,000 + ㉢ + ㉣

39 다음 중 자산의 취득원가에 가산되는 자본적 지출 항목에 해당되지 않는 것은?
① 건물의 엘리베이터 설치
② 건물의 증축공사비
③ 생산라인의 대규모 개보수비용
④ 기존 생산설비의 현상유지를 위한 지출

40 다음의 지출내역과 관련하여 기업회계기준에 맞지 않는 설명은?

| ㉠ 건물 취득시 납부한 취득세 |
| ㉡ 현재 사용중인 본사건물에 대한 페인트 공사 |
| ㉢ 기계장치 설치시 발생한 시운전비 |

① ㉠ - 건물의 취득원가에 포함
② ㉡ - 당기비용으로 처리
③ ㉢ - 기계장치의 취득원가에 포함
④ ㉠㉡㉢ - 감가상각대상임

해설 ㉡ 본사건물에 대한 수익적 지출은 '당기비용'처리이므로 감가상각대상이 아님.

정답 | 37. ① 38. ③ 39. ④ 40. ④

SECTION 05 | 무형자산과 비유동자산

1 무형자산

무형자산은 재화의 생산, 용역의 제공, 타인에 대한 임대 또는 관리에 사용할 목적으로 보유하고 있는 물리적형체가 없는 자산을 말한다. 비화폐성자산으로 취득원가 측정이 가능하고 기업이 통제하고 있는 식별 가능한 자원으로 미래의 경제적효익이 있어야 한다.

① 영업권

유리한 위치나 우수한 경영, 좋은 기업이미지 등으로 인하여 동종의 다른 기업보다 더 많은 이익을 얻을 경우에 초과이익을 자본에 환원한 가치가 영업권이다. 영업권은 사업결합에 의하여 발생한 경우에만 인정하고 자가창설은 인정하지 않는다.

② 산업재산권(지식재산권)

산업재산권이란 특허권, 상표권, 실용신안권, 디자인권 등의 법률적으로 일정기간 동안 독점적, 배타적으로 이용할 수 있는 권리를 말한다.

> **필수예제**
>
> 연구중이던 신제품의 개발이 완료되었기에 특허청에 등록하여 특허권을 취득하고, 특허출원과 관련한 비용 500,000원을 현금으로 지급하다.
> (차) 산업재산권(특허권) 500,000   (대) 현   금   500,000

③ 개발비

새로운 제품이나 기술의 개발 또는 개량을 위하여 지출한 금액으로 미래의 경제적효익의 유입 가능성이 매우 높고 취득원가를 신뢰성 있게 측정할 수 있어야 한다.

> **필수예제**
>
> 신제품의 개발을 위해 연구재료비 500,000원을 현금으로 지급하다. (무형자산으로 처리)
> (차) 개 발 비   500,000   (대) 현   금   500,000

④ 기타의 무형자산

구 분	내 용
라 이 선 스	국가나 허가권자로부터 인 허가과정을 거쳐 확보한 사업허가권으로서 방송사업권이나 통신사업권이 여기에 해당한다.
프 랜 차 이 즈	체인본사와 가맹점간의 계약에 의하여 일정 지역에서 특정 상표, 상호의 상품이나 용역을 독점적으로 생산 판매할 수 있는 권리
저 작 권	저작물을 복제, 출판, 전시, 번역, 방송 등에 이용할 수 있는 권리
컴퓨터소프트웨어	컴퓨터에서 사용되는 소프트웨어의 구입에 지출한 금액
임 차 권 리 금	토지와 건물 등을 임차하는 경우 그 이용권을 갖는 대가로 보증금 이외의 금액을 지급하는 것을 임차권리금이라 한다.
광 업 권	일정한 광구에서 광물을 독점적 배타적으로 채굴할 수 있는 권리
어 업 권	일정한 수역에서 독점적 배타적으로 어업을 할 수 있는 권리

> **필수예제**
>
> (주)인타랩에서 업무전산화를 위해 전산세무회계 프로그램을 100,000원에 현금으로 구입하다.
> (차) 컴퓨터소프트웨어　　100,000　　　(대) 현　　금　　　100,000

2 투자자산

① 투자부동산

투자부동산이란 고유의 영업활동과는 직접 관련 없이 투자의 목적 또는 비영업용으로 소유하는 토지·건물 및 기타의 부동산을 말한다.

> **필수예제**
>
> 장기 투자목적으로 비업무용 토지 300㎡를 10,000,000에 현금으로 구입하다.
> (차) 투자부동산　　10,000,000　　　(대) 현　　금　　　10,000,000

② 장기투자증권(만기보유증권, 매도가능증권)

장기투자증권은 1년 이상 보유할 의도로 취득하거나 만기가 1년 이상인 채권을 말한다. 만기보유증권은 만기(1년 이상)까지 보유할 의도를 갖고 있는 채권을 말하며 매도가능증권은 주식이나 채권으로써 단기매매증권 또는 만기보유증권에 해당하지 않는 것으로 단기 보유 목적이 아닌 것을 말한다.

> **필수예제**
>
> 장기투자 목적으로 삼일전자의 주식 100주를 주당 30,000원에 현금으로 구입하다.
> (차) 매도가능증권   3,000,000   (대) 현   금   3,000,000
>   (장기투자증권)

3 기타비유동자산

① 전세권

전세권이란 전세계약에 따라 전세보증금을 지급하고 타인의 부동산을 그 용도에 따라 사용, 수익하는 권리이다.

② 임차보증금

임차보증금이란 타인소유의 부동산이나 동산을 사용하기 위하여 월세 등을 지급하는 조건으로 임대차계약을 체결하는 경우에, 임차인이 임대인에게 지급하는 보증금을 말한다.

> **필수예제**
>
> 영업소 설치를 위해 중앙빌딩 소유의 빌딩을 3년간 임차하여 사용하기로 계약하고 보증금 50,000,000원과 월세 1,000,000원을 수표발행하여 지급하다.
> (차) 임차보증금   50,000,000   (대) 당좌예금   51,000,000
>   임 차 료   1,000,000

③ 영업보증금

영업보증금은 채무자가 채권자에게 계약의 이행을 담보하기 위하여 지급하는 보증금으로서, 거래보증금, 입찰보증금 및 하자보증금 등의 지급 시 처리하는 계정이다. 다만, 1년 이내에 반환 받을 수 있는 영업보증금은 유동자산으로 분류하여야 한다.

확인예제 [분개연습]

❖ 다음의 거래에 대하여 일반전표 입력을 위한 분개를 하시오.

01 (주)비즈로부터 투자목적으로 사용할 토지를 200,000,000원에 현금으로 매입하였다. 당일 취득세 10,000,000원은 현금 납부하였다.

해설 (차) 투자부동산 210,000,000 (대) 현 금 210,000,000

02 상품 홍보관을 운영하기 위해 마포빌딩 건물주와 상가 건물에 대한 임대차계약을 하고, 보증금 7,000,000원과 2월분 임차료 300,000원을 현금으로 지급하다.

해설 (차) 임차보증금 7,000,000 (대) 현 금 7,300,000
　　　 임 차 료 300,000

03 상품보관을 위해 임차하고 있던 창고를 임대인에게 돌려주고 임차보증금 1,000,000원을 보통예금으로 돌려받다.

해설 (차) 보통예금 1,000,000 (대) 임차보증금 1,000,000

04 기존매장의 확장을 위해 바로 옆 매장을 추가로 2년 기간의 전세계약을 맺고 보증금 50,000,000원을 당좌수표로 지급하다.

해설 (차) 전 세 권 50,000,000 (대) 당좌예금 50,000,000

05 사무실을 임차하고 임차보증금 20,000,000원을 수표 발행하여 지급하였다.

해설 (차) 임차보증금 20,000,000 (대) 당좌예금 20,000,000

06 사무실을 보증금 30,000,000원, 월세 500,000원에 임차하기로 계약을 하고 계약금 3,000,000원을 현금으로 지급하다.

해설 (차) 선 급 금 3,000,000 (대) 현 금 3,000,000

07 만기까지 보유할 목적으로 국민주택채권(만기 5년) 300,000원을 취득하고 대금은 현금으로 지급하다.

해설 (차) 만기보유증권 300,000 (대) 현 금 300,000
　　　＊ 만기(5년)까지 보유할 목적이므로 만기보유증권은 투자자산에 해당한다.

SECTION 06 | 부 채

1 부채의 정의

부채란 과거의 거래나 사건의 결과로서 기업실체가 부담하고 그 이행에 자원의 유출이 예상되는 의무를 말한다.

2 유동부채와 비유동부채

매입채무·미지급비용 등 영업활동과 관련된 부채는 1년 또는 정상영업순환주기에 따라 유동부채와 비유동부채를 분류하고, 기타의 부채는 1년 기준으로 유동부채와 비유동부채로 분류한다.

① 유동부채

구 분		내 용
단 기 차 입 금		타인으로부터 조달한 자금으로 1년 이내에 상환할 채무. 금융기관의 당좌차월 포함
매 입 채 무	외 상 매 입 금	상품이나 원재료의 매입 등 일반적인 상거래에서 발생한 채무 중 외상(신용)거래로 인한 것으로서 1년 이내에 상환할 금액
	지 급 어 음	상품이나 원재료의 매입 등 일반적인 상거래에서 발생한 채무에 대해 지급한 약속어음으로 1년 이내에 상환할 금액
미 지 급 금		상품이나 원재료의 매입 등 일반적인 상거래가 아닌 거래에서 미지급된 금액(미지급비용은 제외)
미 지 급 비 용		기간경과에 따른 당기 비용발생분 중 차기에 지급될 금액. 미지급급여, 미지급임차료 등
당기법인세부채 (미지급법인세)		당기분 법인세로서 미지급된 금액
기타 유동부채	선 수 금	공사수주 및 기타 일반적인 상거래에서 발생한 선수금액(계약금등)
	선 수 수 익	당기에 금전을 수취한 수익 중 차기 수익에 해당하는 금액
	예 수 금	일반적인 상거래 이외에서 발생한 일시적인 예수금액. 소득세예수금, 국민연금예수금 등
	부가가치세예수금	매출시 거래상대방에게 징수하는, 매출액의 10%에 해당하는 부가가치세액
	유동성장기부채	비유동부채로서 보고기간말(결산일)부터 1년 이내에 상환할 금액

② 비유동부채

　㉠ 사 채

　　사채란 주식회사가 거액의 자금을 장기간 자금시장으로부터 조달할 목적으로 발행하는 채무증권에 의한 부채로서 보고기간말부터 1년 이후에 상환되는 비유동부채의 금액을 의미한다. 따라서 보고기간말부터 1년 이내에 상환될 사채의 금액은 유동성장기부채로 분류한다.

> **필수예제**
>
> 장기의 자금을 조달하기 위해 사채 100주(@10,000원)를 액면금액으로 발행하고, 대금은 현금으로 받아 전액 당좌예입하다.
> (차) 당좌예금　　　1,000,000　　　(대) 사　　채　　　1,000,000

　㉡ 장기차입금

　　차입금의 상환기일이 보고기간말부터 1년 이후에 도래하는 장기의 채무를 말한다.
　　장기차입금의 만기가 1년 이내에 도래하면 유동성장기부채로 분류된다.

> **필수예제**
>
> 김포상사로부터 3년 만기 상환조건으로 현금 500,000원을 차입하다.
> (차) 현　　금　　　500,000　　　(대) 장기차입금　　　500,000

> **필수예제**
>
> 결산일 현재 장기차입금 5,000,000원의 만기가 1년 이내에 도래한다.
> (차) 장기차입금　　　5,000,000　　　(대) 유동성장기부채　　　5,000,000

　㉢ 퇴직급여충당부채

　　퇴직급여충당부채는 종업원의 퇴직시에 지급할 퇴직금에 충당하기 위하여 설정하는 부채로 비유동부채에 해당한다. 결산일에 전 종업원의 퇴직을 가정하여 산출한 퇴직금 추계액에서 현재 설정되어 있는 퇴직급여충당부채를 차감한 금액을 설정한다. 그리고 실제 퇴직금을 지급하는 때에는 퇴직급여충당부채를 먼저 상계하고 잔액을 퇴직급여로 처리한다.

> ✦ 결산 기말에 퇴직급여충당부채를 설정하면(퇴직금추계액 − 퇴직급여충당부채잔액)
>   (차) 퇴직급여   ×××   (대) 퇴직급여충당부채   ×××
> ✦ 종업원의 퇴직금을 지급하면(퇴직급여충당부채가 있는 경우)
>   (차) 퇴직급여충당부채   ×××   (대) 현   금   ×××
>   퇴직급여   ×××

ⓒ 장기성 매입채무

유동부채에 속하지 아니하는 일반적인 상거래에서 발생한 장기의 외상매입금 및 지급어음으로 한다.

ⓜ 장기충당부채

충당부채란 과거사건이나 거래의 결과에 의한 현재의무로서, 지출의 시기 또는 금액이 불확실하지만 그 의무를 이행하기 위하여 자원이 유출될 가능성이 매우 높고 또한 해당 금액을 신뢰성 있게 추정할 수 있는 의무를 말하는 것으로서 퇴직급여충당부채, 공사손실충당부채, 하자보수충당부채, 제품보증충당부채 등이 있다.

ⓗ 이연법인세부채

일시적 차이로 인하여 법인세비용이 법인세법 등의 법령에 의하여 납부하여야 할 금액을 초과하는 경우 그 초과하는 금액으로 한다.

ⓢ 임대보증금

임대보증금이란 기업에서 소유하고 있는 부동산 및 동산을 월세 등의 조건으로 임대를 해주고 받은 장기의 보증금을 말한다.

> **필수예제**
>
> 하늘상사에 건물을 2년간 임대하기로 계약하고 보증금으로 현금 500,000원과 동점발행 당좌수표 500,000원을 받았다.
>   (차) 현   금   1,000,000   (대) 임대보증금   1,000,000

ⓞ 기타의 비유동부채

위 'ⓒ ~ ⓢ'에 속하지 아니하는 비유동부채로 한다.

12 평가문제

01 다음 중 기업회계기준상 투자자산이 아닌 것은?
① 장기대여금 ② 투자부동산
③ 장기성예금 ④ 미착품

해설 미착품은 재고자산이다.

02 다음 중 자산의 종류가 다른 것은 무엇인가?
① 건설중인자산 ② 구축물
③ 임차보증금 ④ 비품

해설 임차보증금은 기타의 비유동자산으로 분류하고 나머지 자산들은 유형자산으로 분류한다.

03 다음 중 외상매입금 계정이 차변에 기입되는 거래는?

> ㄱ. 상품을 외상으로 매입했을 때
> ㄴ. 외상매입한 상품을 반품했을 때
> ㄷ. 외상매입대금을 현금으로 지급했을 때
> ㄹ. 외상매입금을 에누리 받았을 때

① ㄱ, ㄴ ② ㄴ, ㄷ
③ ㄴ, ㄷ, ㄹ ④ ㄹ

해설
ㄱ. (차) 상품　　　　(대) 외상매입금
ㄴ. (차) 외상매입금　(대) 상품
ㄷ. (차) 외상매입금　(대) 현금
ㄹ. (차) 외상매입금　(대) 매입환출및에누리

04 당월 외상매입 자료에서 외상매입금 당월 지급액은?

> · 월초잔액　　　　：　　20,000원
> · 월말잔액　　　　：　 160,000원
> · 외상매입액　　　：　 250,000원
> · 외상매입액 중 환출액 ：　10,000원

① 100,000원 ② 110,000원
③ 120,000원 ④ 130,000원

해설 20,000 + 250,000 - 10,000 - 160,000 = 100,000원

05 외상매입금 계정의 대변에 기입되는 거래는?
① 외상매입대금을 현금으로 지급했을 때
② 외상으로 매입한 상품을 반품했을 때
③ 상품을 외상으로 매입했을 때
④ 외상대금을 당좌수표 발행하여 지급했을 때

해설 외상매입금은 부채 계정과목으로 증가시 대변에 기입함.

06 다음 중 재무상태표상 유동부채로 분류되는 것이 아닌 것은?
① 단기차입금 ② 유동성장기부채
③ 미지급비용 ④ 장기차입금

해설 장기차입금은 비유동부채로 분류된다.

07 다음 중 유동부채와 비유동부채의 분류가 올바르게 짝지어진 것은?

	유동부채	비유동부채
①	미지급비용	미지급법인세
②	퇴직급여충당부채	선수수익
③	선수수익	퇴직급여충당부채
④	매입채무	미지급법인세

해설 미지급비용, 미지급법인세, 선수수익, 매입채무는 모두 유동부채이며, 퇴직급여충당부채는 비유동부채이다.

08 다음 중 기업회계기준 상 유동부채에 해당하지 않는 것은?
① 예수금 ② 외상매입금
③ 퇴직급여충당부채 ④ 미지급금

해설 퇴직급여충당부채는 비유동부채에 해당된다.

정답 | 1. ④ 2. ③ 3. ③ 4. ① 5. ③ 6. ④ 7. ③ 8. ③

09 다음 중 기업회계기준 상 비유동부채에 해당하지 않는 것은?
① 사채　　　　② 장기차입금
③ 퇴직급여충당부채　④ 미지급금

해설 미지급금은 유동부채에 해당된다.

10 다음 자료에 의하여 매입채무를 계산하면 얼마인가?

- 외상매출금 : 500,000원
- 받을어음 : 200,000원
- 미 수 금 : 100,000원
- 외상매입금 : 500,000원
- 지 급 어 음 : 300,000원
- 미 지 급 금 : 100,000원

① 700,000원　② 800,000원
③ 900,000원　④ 1,000,000원

11 다음 보기의 거래로 회계처리를 할 때 대변에 유동부채로 분류할 계정과목이 포함되어 있는 거래로 짝 지어진 것은?

- A : 상품 50,000원을 매출하고 대금은 1개월 후에 받기로 하다.
- B : 현금 100,000원을 차입하고 상환은 6개월 후에 지급하기로 하다.
- C : 영업용차량을 500,000원에 매각하고 대금은 한달 후에 받기로 하다.
- D : 상품을 주문받고 계약금 100,000원을 현금으로 받다.

① A, B　　　② B, D
③ A, C　　　④ C, D

12 아래 내용의 (가) 항목에 해당하는 자산으로 옳은 것은?

비유동자산은 투자자산, (가), 무형자산, 기타 비유동자산으로 구분된다.

① 차량운반구　② 임차보증금
③ 투자부동산　④ 산업재산권

해설 (가) 항목에 대당하는 자산은 유형자산이다.

13 다음 중 설명이 틀린 것은?
① 당점발행 당좌수표는 자기가 발행한 수표이므로 당좌예금계정으로 처리한다.
② 비품을 외상으로 구입하면 외상매입금계정으로 처리한다.
③ 상품을 매입하고 어음을 발행하면 지급어음계정으로 처리한다.
④ 타인에게 받은 수표는 현금으로 처리한다.

해설 비품을 외상구입하면 미지급금으로 처리한다.

정답 | 9. ④　10. ②　11. ②　12. ①　13. ②

SECTION 07 | 개인기업의 자본과 세금

1 개인기업의 자본금계정

개인 기업의 자본금계정은 기업주의 원시출자와 추가출자 및 인출을 처리하는 계정이다. 원시출자와 추가출자는 자본금계정의 대변에 기입하고 인출은 자본금계정 차변에 기입한다. 그리고 결산 기말에 손익계정에서 산출한 당기순이익은 자본금계정 대변에 기입하고 당기순손실은 자본금계정 차변에 기입한다.

2 인출금계정

개인기업은 기업주의 인출이 자주 일어난다. 이처럼 빈번한 인출을 자본금계정에 기입하는 것은 자본금계정을 복잡하게 만들어 출자액과 인출액 등의 구분 파악을 어렵게 한다. 따라서 인출금계정을 따로 만들어 기업주가 인출하면 인출금계정 차변에 기입하고 인출한 금액을 반환하면 인출금계정 대변에 기입한다.
그리고 결산 기말에 인출금계정은 잔액을 자본금계정에 대체하여 마감한다.

3 개인기업의 세금

① **사업소득세와 개인지방소득세**

기업주에게 부과되는 사업소득세(종합소득세)와 개인지방소득세는 기업주 개인의 부담이므로 인출금계정의 차변에 기입하여 자본의 감소로 회계 처리한다.

② **취득세와 등록면허세**

토지, 건물 등을 취득하고 등기부에 등재할 때 부과하는 세금으로 해당 자산의 취득원가로 처리하여야 하는 것으로 건물 또는 토지계정의 차변에 기입한다.

③ **세금과공과**

재산세, 자동차세, 주민세(균등분, 재산분, 종업원분), 도시계획세 등의 세금과 상공회의소회비, 조합비 등의 공과금을 지급하면 세금과공과계정의 차변에 기입한다.

13 평가문제

POINT 전산회계 2급

01 개인기업의 자본금계정 대변에 기입할 수 없는 내용은?
① 당기순이익 ② 당기순손실
③ 기초자본금 ④ 추가출자액

02 다음 계정 기입의 설명으로 올바른 것은?

자 본 금	
12/31 차기이월 35,000	1/1 전기이월 20,000
	12/31 손 익 15,000

① 기초자본금은 35,000원이다.
② 기말자본금은 20,000원이다.
③ 당기순이익은 15,000원이다.
④ 당기순손실은 15,000원이다.

03 다음 분개로 알 수 있는 가장 적절한 거래 내용은?

(차) 인출금 100,000   (대) 현 금 100,000

① 상품을 매입하고 대금을 지불하기 위해 현금을 인출하다.
② 종업원의 복리후생비로 사용하기 위해 현금을 인출하다.
③ 사업주가 개인용도로 사용하기 위해 현금을 인출하다.
④ 상품매매 중개수수료를 지급하기 위해 현금을 인출하다.

04 MP3를 판매하는 개인기업의 사업주가 자녀의 입학기념으로 100,000원의 당사 상품을 지급한 거래의 분개로 옳은 것은?
① (차) 인 출 금   100,000
      (대) 상품매출   100,000
② (차) 외상매출금   100,000
      (대) 상   품   100,000
③ (차) 인 출 금   100,000
      (대) 상   품   100,000
④ (차) 상   품   100,000
      (대) 외상매출금   100,000

05 개인기업의 기말 결산 시 인출금을 정리하는 경우 대체되는 계정은?
① 자본금계정   ② 외상매입금계정
③ 당좌예금계정   ④ 미수금계정

06 다음 거래에 대한 분개로 옳은 것은? (단, 상품은 3분법임)

전자제품을 판매하는 한결전자는 판매용 에어컨 1대(원가 50,000원, 판매가격 70,000원)를 회사에서 사용하였다(단, 상품 3분법임).

① (차) 비   품 50,000 (대) 매 출 50,000
② (차) 인 출 금 50,000 (대) 매 입 50,000
③ (차) 인 출 금 70,000 (대) 비 품 70,000
④ (차) 비   품 50,000 (대) 매 입 50,000

07 ㉠ 회사 전화 통신비와 ㉡ 사업주 자택의 전화 통신비를 회사의 보통예금통장에서 자동이체결제 하였을 경우 분개의 차변 계정과목으로 가장 적절한 것은?
① ㉠ : 통신비   ㉡ : 보통예금
② ㉠ : 보통예금 ㉡ : 통신비
③ ㉠ : 통신비   ㉡ : 인출금
④ ㉠ : 인출금   ㉡ : 통신비

정답 | 1. ② 2. ③ 3. ③ 4. ③ 5. ① 6. ④ 7. ③

08 개인기업을 운영하는 기업주의 세금 납부내역을 나타낸 것이다. (가), (나)를 분개할 때 차변계정과목을 주어진 자료에서 가장 바르게 짝지은 것은?

> (가) 기업주의 소득세 납부
> (나) 기업의 건물재산세 납부

	(가)	(나)
①	세금과공과	세금과공과
②	세금과공과	인 출 금
③	인 출 금	인 출 금
④	인 출 금	세금과공과

09 주어진 자료에서 인출금과 당기순이익을 정리 후 기말 자본금으로 옳은 것은?

```
           인 출 금
12/15 현금   50,000 |

           자 본 금
                   | 1/1 전기이월 500,000

단, 당기순이익은 200,000원이다.
```

① 550,000원 ② 650,000원
③ 700,000원 ④ 750,000원

해설 500,000 - 50,000 + 200,000 = 650,000원

10 인출금계정에 대하여 올바르게 설명되지 않은 것은?
① 인출금계정은 차변과 대변 어느 쪽에도 기입될 수 있다.
② 임시계정이 아닌, 재무재표에 공시된다.
③ 인출금계정은 기말에 자본금 계정으로 대체한다.
④ 기업주가 개인적인 용도로 현금·상품 등을 인출하거나, 자본금의 추가 출자 등이 빈번하게 나타날 때 설정하여 회계처리 한다.

해설 인출금계정은 임시계정으로 결산시에 자본금계정에 대체하여 정리한다.

11 인출금계정을 사용하는 거래가 아닌 것은?
① 기업주 개인의 소득세납부
② 기업주 자녀의 입학기념으로 기업의 상품을 지급
③ 기업주 본인의 생명보험료 납부
④ 사업과 관련된 건물재산세 납부

해설 사업에 관련된 재산세는 세금과공과 계정으로 처리한다.

12 다음과 같은 자본금계정의 설명으로 올바른 것은?

```
                 자 본 금
10/31 인 출 금 1,000,000 | 1/1 전기이월 5,000,000
12/31 손    익 1,000,000 |
12/31 차기이월 3,000,000 |
```

① 기초자본금은 3,000,000원이다.
② 기업주가 1,000,000원의 추가출자를 하였다.
③ 당기순손실이 1,000,000원이다.
④ 기말자본금이 5,000,000원이다.

해설 기초자본금은 5,000,000원(인출금 차감 전), 기말자본금은 3,000,000원, 기업주가 1,000,000원의 현금인출 또는 상품을 개인적으로 사용

정답 | 8. ④ 9. ② 10. ② 11. ④ 12. ③

SECTION 08 | 수익과 비용

1 수익비용의 개념

수익은 기업의 경영활동인 재화의 판매 또는 용역의 제공에 따른 대가에 의한 자산의 유입이나 부채의 감소가 나타난다. 비용은 경영활동인 재화를 구매하거나 용역의 제공을 받는 것 등의 대가로 인한 자산의 유출이나 부채의 증가로 나타난다. 이처럼 수익과 비용은 기업의 경영활동과 관련하여 나타나고, 순자산(자산 - 부채)의 증가를 가져오는 것은 수익이고 감소를 가져오는 것은 비용이다.

2 매출액

매출액은 기업의 주된 영업활동에서 발생한 제품, 상품, 용역의 순매출액이다. 매출액은 업종별 또는 부문별로 구분하여 표시할 수 있으며, 중요한 경우 반제품매출, 수출액, 장기할부매출 등으로 구분하여 표시하거나 주석으로 기재한다.
순매출액은 총매출액에서 매출에누리와 환입 및 매출할인을 차감하여 구한다.

> 순매출액 = 총매출액 - 매출에누리와 환입 - 매출할인

필수예제

(1) 세방상사에 상품 500,000원을 매출하고, 대금은 전액 외상으로 하다.
　　(차) 외상매출금　　　　500,000　　　(대) 상품매출　　　　500,000

(2) 세방상사에 판매한 제품 중에서 불량품이 발생하여 10개 반품을 받다. 매출단가는 @5,000원이었으며, 외상대금에서 차감한다.
　　(차) 상품매출(매출환입)　50,000　　　(대) 외상매출금　　　50,000

(3) 매출처 세방상사에 대한 외상매출금 2,000,000원이 약정기일보다 30일 빠르게 회수되어 2%의 할인을 해주고 잔액은 현금으로 받다.
　　(차) 현　　금　　　　1,960,000　　　(대) 외상매출금　　2,000,000
　　　　상품매출(매출할인)　40,000

3 매출원가

상품, 제품 등의 매출액에 대응되는 원가로서 일정기간동안 판매된 상품이나 제품 등에 대하여 배분된 매입원가 또는 제조원가를 매출원가라 한다.

전산에 의한 실무에서는 상품에 대하여 2분법을 사용하고 있다. 결산시점에서 상품계정의 잔액은 [기초상품재고액＋당기상품매입액]의 금액이므로, 상품계정의 잔액에서 기말상품재고액을 차감하면 상품매출원가가 계산된다.

> **필수예제**
>
> 다음 자료를 이용하여 결산일 분개를 하시오.
> - 기초상품재고액 1,300,000원
> - 당기상품매입액 7,200,000원
> - 기말상품재고액 1,800,000원
>
> (차) 상품매출원가 6,700,000* (대) 상 품 6,700,000
>
> * (1,300,000 ＋ 7,200,000) － 1,800,000 ＝ 6,700,000원

4 판매비와 관리비(800번대 계정)

① 급 여

급여란 판매 및 일반관리비 부문에 종사하는 종업원에 대한 정기적인 급료와 임금, 상여금 및 제수당을 말한다.

> **필수예제**
>
> 본사직원 유재석의 2월분 급여 1,000,000원을 현금으로 지급하다.
>
> (차) 급 여 1,000,000 (대) 현 금 1,000,000

② 퇴직급여

판매 및 관리업무에 종사하는 종업원이 퇴직하는 경우 지급되는 퇴직금은 우선적으로 퇴직급여충당부채와 상계하고, 동 충당부채잔액 이상으로 퇴직금지급시 초과부분은 퇴직급여계정으로 회계처리 한다. 그리고 결산일에 종업원에 대한 퇴직급여충당부채를 설정할 때 추가설정액(추계액－퇴직급여충당부채잔액)을 퇴직급여로 처리한다.

필수예제

(1) 퇴직금 지급시 분개
- 본사직원 유재석의 퇴직금 1,000,000원을 현금으로 지급하다.
  (퇴직급여충당부채 잔액이 0원인 경우)
  (차) 퇴직급여　　　　　1,000,000　　　(대) 현　　금　　1,000,000
- 본사직원 유재석의 퇴직금 1,000,000원을 현금으로 지급하다.
  (퇴직급여충당부채 잔액이 1,500,000원인 경우)
  (차) 퇴직급여충당부채　1,000,000　　　(대) 현　　금　　1,000,000
- 본사직원 유재석의 퇴직금 1,000,000원을 현금으로 지급하다.
  (퇴직급여충당부채 잔액이 700,000원인 경우)
  (차) 퇴직급여충당부채　　700,000　　　(대) 현　　금　　1,000,000
  　　퇴직급여　　　　　　300,000

(2) 결산 시 퇴직급여충당부채 설정 분개
- 결산일 현재 본사직원 전원의 퇴직급여추계액은 3,000,000원이다.
  (퇴직급여충당부채 잔액이 0원인 경우)
  (차) 퇴직급여　　　　　3,000,000　　　(대) 퇴직급여충당부채　3,000,000
- 결산일 현재 본사직원 전원의 퇴직급여추계액은 3,000,000원이다.
  (퇴직급여충당부채 잔액이 2,000,000원인 경우)
  (차) 퇴직급여　　　　　1,000,000　　　(대) 퇴직급여충당부채　1,000,000

③ **복리후생비**

판매 및 일반관리업무에 종사하는 종업원에 대한 복리비와 후생비로서 법정복리비, 복리시설부담금, 후생비, 현물급여, 산재보험료, 건강보험료(사용자부담분), 고용보험료(사용자부담분), 기타 사회통념상 타당하다고 인정되는 장례비, 경조비, 위로금 등을 말한다.

필수예제

(1) 사원 유재석의 결혼축하금 100,000원을 현금으로 지급하다.
　　(차) 복리후생비　　　100,000　　　(대) 현　　금　　100,000
(2) 전직원의 회식비용 300,000원을 마포갈비에서 법인카드로 결제하다.
　　(차) 복리후생비　　　300,000　　　(대) 미지급금　　300,000
(3) 건강보험료 100,000원을 현금으로 납부하다. 총 건강보험료는 중 1/2은 회사부담분이고 1/2은 급여 지급 시 공제한 사원부담분이다.
　　(차) 복리후생비　　　 50,000　　　(대) 현　　금　　100,000
　　　　예 수 금　　　　 50,000

④ 여비교통비

판매 및 일반관리업무와 관련하여 발생한 여비와 교통비를 말한다.

> **필수예제**
>
> 관리부 사원 유재석의 시내출장비 50,000원을 현금으로 지급하다.
> (차) 여비교통비   50,000   (대) 현   금   50,000

⑤ 통 신 비

판매 및 일반관리업무와 관련하여 발생한 전신, 전화료, 우편, 팩스사용 등에 따르는 비용과 그 유지비로서 통신을 위해 직접 소요된 비용을 말한다.

> **필수예제**
>
> (1) 인천우체국에서 업무용 서류를 등기우편으로 발송하고 등기우편요금 100,000원을 현금으로 지급하다.
> (차) 통 신 비   100,000   (대) 현   금   100,000
>
> (2) 본사에서 사용한 전화요금 150,000원이 보통예금계좌에서 인출되다.
> (차) 통 신 비   150,000   (대) 보통예금   150,000
>
> (3) 판매사무실의 인터넷 사용료 55,000원을 KT에 현금으로 납부하다.
> (차) 통 신 비   55,000   (대) 현   금   55,000

⑥ 수도광열비

판매 및 일반관리업무와 관련하여 발생한 수도료, 전기료, 유류비, 가스비 및 연탄비 등을 말한다.

> **필수예제**
>
> (1) 본사의 전기요금 100,000원을 유리은행에 현금으로 납부하다.
> (차) 수도광열비   100,000   (대) 현   금   100,000
>
> (2) 본사 사무실에서 사용할 겨울난방용 석유 100,000원을 현금으로 구입하다.
> (차) 수도광열비   100,000   (대) 현   금   100,000

⑦ 세금과공과

국세, 지방세 등의 세금, 공공단체, 조합 등의 공과금(예를 들면, 상공회의소회비, 연합회부과금, 조합갹출금, 조합회비 등), 국민연금부담금(회사부담분) 및 벌금, 과료, 과태료 등의 과징금을 말한다. 그러나 취득세는 해당 자산의 취득원가에 포함시킨다.

필수예제

(1) 영업부에서 사용하는 승용차의 자동차세 50,000원을 관할구청에 현금으로 납부하다.
  (차) 세금과공과   50,000   (대) 현 금   50,000

(2) 상공회의소회비 100,000원을 현금으로 납부하다.
  (차) 세금과공과   100,000   (대) 현 금   100,000

(3) 본사가 사용하는 건물에 대한 재산세 50,000원을 한국은행에 현금 납부하다.
  (차) 세금과공과   50,000   (대) 현 금   50,000

(4) 건물 취득에 따른 취득세 100,000원을 현금으로 납부하다.
  (차) 건 물   100,000   (대) 현 금   100,000

⑧ 임 차 료

판매 및 일반관리업무용의 토지, 건물 등의 임차료와 특허권사용료, 기술도입사용료(Royalty) 및 동산의 사용료가 해당된다.

필수예제

(1) 세방빌딩에서 영업부 사무실을 임차하고 보증금 5,000,000원과 임차료 200,000원을 현금으로 지급하다.
  (차) 임차보증금   5,000,000   (대) 현 금   5,200,000
     임 차 료   200,000

(2) 냉온수 겸용 정수기의 5월분 렌트비용 80,000원을 현금으로 지급한다.
  (차) 임 차 료   80,000   (대) 현 금   80,000

⑨ **차량유지비**

판매 및 일반관리업무에 종사하는 임직원들의 차량운반구 유지비용으로 유류대, 통행료, 주차비, 차량수리비 등을 말한다.

> **필수예제**
>
> (1) 영업용 승용차의 주유대금 50,000원을 승리주유소에 현금으로 지급하다.
>   (차) 차량유지비   50,000   (대) 현   금   50,000
>
> (2) 영업용 승용차의 정기주차료 100,000원을 승리주차장에 현금으로 지급하다.
>   (차) 차량유지비   100,000   (대) 현   금   100,000
>
> (3) 영업용 승용차의 오일교환을 하고 수리비 50,000원을 승리카센터에 현금으로 지급하다.
>   (차) 차량유지비   50,000   (대) 현   금   50,000

⑩ **소모품비**

판매 및 일반관리업무에 필요한 소모성 물품의 구입에 관한 비용으로, 사무용 용지, 소모공구, 주방용품, 문구, 기타 소모자재 등의 구입비용을 말한다.

> **필수예제**
>
> 영업소에서 사용할 빗자루 등 청소용품 30,000원을 철물점에서 현금으로 구입하다.
>   (차) 소모품비   30,000   (대) 현   금   30,000

⑪ **도서인쇄비**

판매 및 일반관리업무용 도서구입비 및 인쇄와 관련된 비용을 말한다.

> **필수예제**
>
> (1) 사무실 신문구독료 20,000원을 현금으로 지급하다.
>   (차) 도서인쇄비   20,000   (대) 현   금   20,000
>
> (2) 영업사원의 명함인쇄대금 30,000원을 나라인쇄에 현금으로 지급하다.
>   (차) 도서인쇄비   30,000   (대) 현   금   30,000
>
> (3) 관리부 업무용 참고도서를 종로서점에서 20,000원에 현금으로 구입하다.
>   (차) 도서인쇄비   20,000   (대) 현   금   20,000

⑫ 수수료비용

판매 및 관리업무에서 제공받은 용역의 대가를 지불할 때 사용되는 비용을 말한다.

> **필수예제**
>
> 건물의 도난경보장치의 유지관리비 50,000원을 보안회사에 현금으로 지급하다.
> (차) 수수료비용　　　　50,000　　　(대) 현　　금　　　　50,000

⑬ 기업업무추진비(접대비)

영업활동과 관련하여 거래처 등에 대한 접대비용으로서 경조금, 선물대, 기밀비(판공비, 사례금) 등을 포함한다. 접대비라고도 하는 기업업무추진비는 업무와 관련하여 지출한 비용이라는 것이 업무와 무관하게 지출한 비용인 기부금과 비교된다.

> **필수예제**
>
> (1) 거래처에 줄 선물 100,000원을 구입하고 대금을 현금으로 지급하다.
> 　　(차) 기업업무추진비　　100,000　　　(대) 현　　금　　　100,000
>
> (2) 거래처 사장을 식사접대하고 대금 50,000원을 회사카드로 결제하다.
> 　　(차) 기업업무추진비　　 50,000　　　(대) 미지급금　　　 50,000
>
> (3) 거래처 직원 너무해의 결혼축하금 200,000원을 현금으로 지급하다.
> 　　(차) 기업업무추진비　　200,000　　　(대) 현　　금　　　200,000

⑭ 보 험 료

판매 및 일반관리 업무용 건물, 비품, 차량, 재고자산 등에 대한 화재 및 손해 등에 대비한 보험에 가입하고 납부하는 보험료를 말한다.

> **필수예제**
>
> (1) 본사건물에 대하여 화재보험에 가입하고 보험료 100,000원을 현금으로 지급하다.
> 　　(차) 보 험 료　　　　100,000　　　(대) 현　　금　　　100,000
>
> (2) 업무용 승용차의 자동차보험을 대양보험에 가입하고 보험료 50,000원을 현금으로 지급하다.
> 　　(차) 보 험 료　　　　 50,000　　　(대) 현　　금　　　 50,000

⑮ 운 반 비

상품, 제품의 판매와 관련한 발송 및 운송과정에서 발생한 운임 등을 말한다.

> **필수예제**
>
> 상품의 납품을 위한 운반비 100,000원을 운수회사에 현금으로 지급하다.
> (차) 운 반 비   100,000   (대) 현   금   100,000

⑯ 수 선 비

판매 및 일반관리 업무용 건물, 비품 등의 수선비를 말한다.

> **필수예제**
>
> 본사건물의 외관이 노후되어 도색하고 도색비 50,000원을 현금으로 지급하다.
> (차) 수 선 비   50,000   (대) 현   금   50,000

⑰ 광고선전비

상품의 판매촉진활동과 관련된 비용으로서 불특정다수에 대한 광고선전을 목적으로 지출하는 비용을 말한다.

> **필수예제**
>
> 회사 방문객에게 무상으로 지급할 광고물을 한라기획에서 구입하고 대금 100,000원을 현금으로 지급하다.
> (차) 광고선전비   100,000   (대) 현   금   100,000

⑱ 보 관 료

상품, 제품 및 반제품 등 재고자산을 외부 창고 등에 보관하는데 소요되는 비용을 말한다.

> **필수예제**
>
> 상품 500,000원을 수출하기 위하여 보세창고에 보관하고 보관료 30,000원을 현금으로 지급하다.
> (차) 보 관 료   30,000   (대) 현   금   30,000

⑲ **감가상각비**

판매 및 관리업무용 건물, 비품, 차량운반구 등 고정자산에 대한 감가상각비를 말한다.

> **필수예제**
>
> 결산 시 본사 건물에 대한 감가상각비 100,000원을 계상하다.
> (차) 감가상각비 100,000 (대) 감가상각누계액 100,000

⑳ **대손상각비**

일반적인 상거래에서 발생한 매출채권에 대한 대손상각을 말한다. 대손이 발생한 때에는 대손충당금과 상계하고 대손충당금이 부족한 경우에는 그 부족액을 대손상각비로 계상한다.
결산일에 회수가 불확실한 채권에 대하여 합리적이고 객관적인 기준에 따라 산출한 대손예상액과 회수불가능한 채권은 대손상각비로 처리한다. 일반적 상거래 이외의 기타채권에 대한 대손상각비는 영업외비용(기타의 대손상각비)으로 한다.

> **필수예제**
>
> (1) 거래처 서울상사의 파산으로 동사의 외상매출금 200,000원이 대손되다.(대손충당금 잔액이 150,000원인 경우)
> (차) 대손충당금 150,000 (대) 외상매출금 200,000
>   대손상각비 50,000
>
> (2) 결산일 현재 외상매출금 잔액 1,000,000원에 대하여 1%의 대손충당금을 설정한다(대손충당금 잔액이 0인 경우).
> (차) 대손상각비 10,000 (대) 대손충당금 10,000
>
> (3) 결산일 현재 외상매출금 잔액 1,000,000원에 대하여 1%의 대손충당금을 설정한다(대손충당금 잔액이 4,000인 경우).
> (차) 대손상각비 6,000 (대) 대손충당금 6,000
>
> (4) 결산일 현재 외상매출금 잔액 1,000,000원에 대하여 1%의 대손충당금을 설정한다(대손충당금 잔액이 12,000인 경우).
> (차) 대손충당금 2,000 (대) 대손충당금환입 2,000

▶ 대손충당금환입은 영업외수익이 아니라, 판매관리비에 부(-)의 금액으로 표시한다.

㉑ 잡 비

이상 열거한 판매비와 관리비 이외에 발생빈도나 금액의 중요성이 없는 비용들을 말한다. 소모품비, 회의비, 교육훈련비, 연수비, 자료수집비, 신용조사비 등이 소액인 경우에는 잡비로 처리하고 발생빈도나 금액이 클 경우에는 별도의 독립과목으로 구분표시 한다.

> **필수예제**
>
> (1) 사무실의 유선방송 수신료 50,000원을 현금으로 납부하다.
>   (차) 잡   비   50,000   (대) 현   금   50,000
>
> (2) 폐기물을 처리하기 위하여 수거비 30,000원을 현금으로 지급하다.
>   (차) 잡   비   30,000   (대) 현   금   30,000

5 영업외수익

① 이자수익

기업이 일시적으로 자금을 대여한 경우나 은행에 예치한 경우에 발생하는 이자 및 국채·공채·지방채·사채 등 장·단기 유가증권에서 발생하는 이자를 포함한다.

> **필수예제**
>
> 제일상사로부터 대여금에 대한 이자 50,000원을 현금으로 받다.
>   (차) 현   금   50,000   (대) 이자수익   50,000

② 배당금수익

주식이나 출자금 등의 단기투자자산 및 장기투자자산으로 인하여 이익 또는 잉여금의 분배로 받는 배당금을 말한다.

> **필수예제**
>
> 소유하고 있는 (주)제일전자의 주식에 대하여 100,000원의 배당금을 현금으로 받다.
>   (차) 현   금   100,000   (대) 배당금수익   100,000

▶ 배당을 주식으로 받는 경우에는 주식 수만 증가한 것이므로 회계처리를 하지 아니한다.

③ 임 대 료

부동산 또는 동산을 타인에게 임대하고 일정기간마다 사용대가로 받게 되는 임대료(지대, 집세) 및 사용료를 말한다. 부동산임대업을 제외하고는 임대료가 주된 사업목적이 아니므로 영업외수익에 계상하여야 한다.

> **필수예제**
>
> 사업용 건물의 일부를 서울제약에 임대하고 5월분 임대료 150,000원을 현금으로 받다.
> (차) 현　　금　　　　150,000　　　(대) 임 대 료　　　　150,000

④ 단기매매증권처분이익(단기투자자산처분이익)

국·공채 및 사채, 주식 등 단기매매증권을 취득금액보다 높은 금액으로 처분하는 경우에 발생하는 처분이익을 말한다.

> **필수예제**
>
> 단기차익 목적으로 보유중인 삼성전자(주)의 주식(100주, @5,000원, 장부금액 600,000원)을 한국증권에서 주당 7,000원에 매각하고 수수료 20,000원을 차감한 잔액은 현금으로 받다.
> (차) 현　　금　　　　680,000　　　(대) 단기매매증권　　　　600,000
> 　　　　　　　　　　　　　　　　　　　단기매매증권처분이익　 80,000
> 　　　　　　　　　　　　　　　　　　　(단기투자자산처분이익)

▶ 처분시 수수료 등 부대비용은 처분손익에서 직접 차감하여야 한다.

⑤ 외환차익

외화자산의 회수 또는 외화부채의 상환 시에 환율 변동으로 발생하는 차익을 말한다. 회사가 보유하고 있던 외화자산을 회수할 때 원화 회수액이 그 외화자산의 장부금액보다 큰 경우, 혹은 외화부채를 상환할 때 원화상환액이 그 외화부채의 장부금액보다 작은 경우 그 차액을 처리하는 계정이 외환차익이다.

> **필수예제**
>
> 3년 만기의 조건으로 차입한 외화장기차입금 $100(당시 1$ = 1,200원)에 대하여 현금으로 상환하다(1$ = 1,000원).
> (차) 외화장기차입금　　120,000　　　(대) 현　　금　　　　100,000
> 　　　　　　　　　　　　　　　　　　　외환차익　　　　 20,000

⑥ 외화환산이익

결산일에 화폐성 외화자산 또는 외화부채를 환산하는 경우 환율의 변동으로 인하여 발생하는 환산이익을 말한다.

> **필수예제**
>
> (1) 8월 5일 외국환은행에서 3년 만기의 조건으로 외화 $1,000(환율 $1 = 1,300원)을 차입하고 보통예금에 입금하다.
>   (차) 보통예금   1,300,000   (대) 외화장기차입금   1,300,000
>
> (2) 결산일 현재 환율이 $1 = 1200원으로 하락하다.
>   (차) 외화장기차입금   100,000   (대) 외화환산이익   100,000

⑦ 유형자산처분이익

유형자산을 장부금액보다 높은 금액으로 처분하는 경우 발생하는 이익을 말한다. 장부금액이란 취득금액 또는 재평가액에서 감가상각누계액 잔액을 차감한 금액을 말한다.

> **필수예제**
>
> 사용 중인 기계장치(취득금액 2,000,000원 감가상각누계액 500,000원)를 시화상사에 1,700,000원에 매각하고, 대금 중 500,000원은 현금으로 받고 나머지는 월말에 받기로 하다.
>   (차) 감가상각누계액   500,000   (대) 기 계 장 치   2,000,000
>   현   금   500,000   유형자산처분이익   200,000
>   미 수 금   1,200,000
> *장부금액 : 2,000,000 - 500,000 = 1,500,000원
> 처분금액 : 1,700,000원
> 처분이익 : 1,700,000 - 1,500,000 = 200,000원

⑧ 자산수증이익

회사가 주주, 채권자 등 타인으로부터 무상으로 자산을 증여받은 경우에 발생하는 이익을 말한다.

> **필수예제**
>
> 회사의 대표이사로부터 토지 5,000,000원(공정가치)을 무상으로 증여받다.
>   (차) 토   지   5,000,000   (대) 자산수증이익   5,000,000

⑨ 채무면제이익

채무면제이익이란 기업이 주주나 채권자 등 타인으로부터 채무의 전부 또는 일부를 면제받았을 경우에 발생하는 이익을 말한다.

> **필수예제**
>
> 유리은행에서 차입한 장기차입금 5,000,000원을 전액 면제받다.
> (차) 장기차입금　　　　5,000,000　　　　(대) 채무면제이익　　　　5,000,000

⑩ 보험금수익

보험에 가입한 재산의 피해액에 대하여 보험회사에서 보험금을 수령하는 경우 보험금 수령액을 보험금수익이라 한다.

⑪ 잡 이 익

기업회계기준에 열거된 영업외수익 중 금액적으로 중요하지 않거나, 그 항목이 구체적으로 밝혀지지 않은 수익은 잡이익으로 처리한다. 잡이익 계정에서 처리되는 거래의 예로는 부산물이나 작업폐물의 판매수입, 원인불명의 현금과잉액 등을 들 수 있다.

> **필수예제**
>
> 대구영업소에서 발생한 재활용박스 등을 매각하고 대금 100,000원을 현금으로 받다.
> (차) 현　　　금　　　　100,000　　　　(대) 잡　이　익　　　　100,000

6 영업외비용

① 이자비용

이자비용은 기업이 타인자본을 사용하였을 경우에 이에 대한 대가로서 지급하는 것으로 당좌차월 및 장·단기차입금에 대한 이자와 사채이자 등을 말한다.

> **필수예제**
>
> 유리은행에서 차입한 차입금에 대한 이자 100,000원을 현금으로 지급하다.
> (차) 이자비용　　　　100,000　　　　(대) 현　　　금　　　　100,000

② 단기매매증권평가손실(단기투자자산평가손실)

자금의 일시적인 이용목적으로 취득한 시장성이 있는 단기매매증권의 시가가 하락하여 발생된 평가손실을 말한다. 시가는 보고기간말 현재의 종가에 의한다.

> **필수예제**
>
> 단기보유 목적으로 보유중인 현대자동차(주)의 주식 50주(액면금액 @10,000원, 장부금액 @12,000원)의 결산일 공정가치가 @11,000원이다.
> (차) 단기매매증권평가손실　　50,000　　　(대) 단기매매증권　　　50,000
> 　　　(단기투자자산평가손실)
> 평가손실 : (50주 × 12,000) − (50주 × 11,000) = 50,000원

③ 기 부 금

아무런 대가없이 무상으로 기증하는 금전, 기타의 자산금액을 말한다. 접대비가 법인의 업무와 관련이 있는 지출인데 비해 기부금은 업무와 관련 없이 지출하는 비용인 점이 다르다.

> **필수예제**
>
> 불우이웃돕기성금 100,000원을 KBS에 현금으로 전달하다.
> (차) 기 부 금　　　100,000　　　(대) 현　　금　　　100,000

④ 유형자산처분손실

유형자산을 장부금액보다 낮은 금액으로 처분하는 경우 발생하는 손실을 말한다.

> **필수예제**
>
> 영업용으로 취득한 차량(취득금액 3,000,000원 감가상각누계액 2,000,000원)을 현금 800,000원에 매각하다.
> (차) 현　　　　금　　800,000　　　(대) 건　　물　　3,000,000
> 　　　감가상각누계액　　2,000,000
> 　　　유형자산처분손실　　200,000
> *처분금액 : 800,000원
> 장부금액 : 3,000,000 − 2,000,000 = 1,000,000원
> 처분손실 : 1,000,000 − 800,000 = 200,000원

⑤ 외환차손

외환차손이란 기업이 보유하고 있던 외화자산을 회수할 때 원화로 회수하는 금액이 그 외화자산의 장부금액보다 적은 경우, 혹은 외화부채를 상환할 때 원화로 상환하는 금액이 그 외화부채의 장부금액보다 많은 경우에 발생하는 손실을 말한다.

> **필수예제**
>
> 3년 만기의 조건으로 차입한 외화장기차입금 $100(당시 $1 = 1,100원)을 전액 현금으로 상환하다($1 = 1,200원).
> (차) 외화장기차입금　　　110,000　　　(대) 현　　　금　　　120,000
> 　　 외환차손　　　　　　 10,000

⑥ 외화환산손실

외화환산손실이란 화폐성 외화자산 또는 외화부채가 기말에 환율변동으로 인해 그 가치가 하락하여 손실이 발생한 경우에 처리하는 계정과목이다.

> **필수예제**
>
> (1) 8월 5일 외국환은행에서 3년 만기의 조건으로 외화 $1,000(환율 $1 = 1,100원)을 차입하고 보통예금에 입금하다.
> 　　(차) 보통예금　　　1,100,000　　　(대) 외화장기차입금　　　1,100,000
>
> (2) 결산일 현재 환율이 $1 = 1,200원으로 상승하다.
> 　　(차) 외화환산손실　　　100,000　　　(대) 외화장기차입금　　　100,000

⑦ 재해손실

화재, 풍수해, 지진, 침수해 등 천재지변이나 돌발적인 사건(예를 들어 도난으로 거액의 손실을 입은 경우)으로 인하여 발생한 손실액을 말한다.

> **필수예제**
>
> 화재로 인하여 창고에 보관중인 상품 100,000원이 소실되다.
> 　　(차) 재해손실　　　100,000　　　(대) 상　　품　　　100,000
> 　　　　　　　　　　　　　　　　　　　　 (적요8 타계정으로 대체)

⑧ 잡손실

잡손실이란 영업활동에 직접적인 관계가 없는 비용으로서, 그 발생이 드물고 금액적으로 중요성이 없는 것, 또는 다른 영업외비용계정에 포함시키기에 적절하지 아니하다고 인정되는 것 등을 일괄적으로 집계·처리하는 계정이다.

> **필수예제**
>
> (1) 12월 20일 장부상 현금잔액이 50,000원 부족함을 발견하다.
>   (차) 현금과부족   50,000   (대) 현   금   50,000
>
> (2) 기말 결산일 현재까지 그 원인을 판명할 수 없다.
>   (차) 잡 손 실   50,000   (대) 현금과부족   50,000

7 수익비용의 이연과 예상

수익과 비용은 수입하거나 지출할 때에 수익과 비용으로 처리하지만 발생주의에 따라 차기분에 해당하는 금액은 차기로 이월하기 위하여 차감하는 것을 수익과 비용의 이연이라 한다. 반대로 수익이나 비용으로 처리한 수입액이나 지출액이 당기 발생분에 부족할 때에 당기의 수익과 비용에 가산하여 주는 것을 수익비용의 예상이라 한다.

① 수익의 이연

결산기에 당기 중에 수입한 수익 중 차기분에 해당하는 선수수익을 해당 수익계정 차변에 기입하여 차감하고 부채인 선수수익계정 대변에 기입한다. 이를 수익의 이연이라 하고 해당 수익계정에서 선수수익계정으로 대체하는 것을 정리(수정)분개라 한다.

> **필수예제**
>
> 6월1일 한국상사에 건물 3층을 임대하고 1년분 임대료 1,200,000원(월 100,000원)을 현금으로 받았다. 그리고 12월 31일 현재 결산일이 되었다.
>
> • 6월 1일 분개
>   (차) 현   금   1,200,000   (대) 임 대 료   1,200,000
>
> • 결산일 분개
>   (차) 임 대 료   500,000   (대) 선수수익   500,000
>
> 선수수익 : $1,200,000 \times \dfrac{5}{12} = 500,000$원

② **비용의 이연**

결산기에 당기 중에 지출한 비용 중 차기분에 해당하는 선급비용을 해당 비용계정 대변에 기입하여 차감하고 자산인 선급비용계정 차변에 기입한다. 이를 비용의 이연이라 하고 비용계정에서 선급비용계정으로 대체하는 것을 정리(수정)분개라 한다.

> **필수예제**
>
> (1) 9월 1일 구월빌딩과 건물을 6개월간 임차하기로 계약하고 60,000원(월 10,000원)을 현금으로 지급하였다.
>
> (차) 임 차 료　　　　60,000　　　　(대) 현　　　금　　　　60,000
>
> (2) 12월 31일 현재 결산일이 되다.
>
> (차) 선급비용　　　　20,000　　　　(대) 임 차 료　　　　20,000
>
> 선급비용 : $60,000 \times \dfrac{2}{6} = 20,000$원

③ **수익의 예상**

결산기에 당기분 수익에 미달하게 수입한 금액을 미수수익이라 하고, 자산인 미수수익계정 차변에 기입하고 해당 수익계정 대변에 기입하여 당기의 수익에 가산한다. 이를 수익의 예상이라 하고 수익계정에서 미수수익계정으로 대체하는 것을 정리(수정)분개라 한다.

> **필수예제**
>
> 결산시 대여금에 대한 기간경과분 이자 100,000원을 계상하다.
>
> (차) 미수수익　　　　100,000　　　　(대) 이자수익　　　　100,000

④ **비용의 예상**

결산기에 당기분 비용에 미달하게 지급한 금액을 미지급비용이라 하고, 해당 비용계정 차변에 기입하여 당기의 비용에 가산하고 부채인 미지급비용계정 대변에 기입한다. 이를 비용의 예상이라 하고 비용계정에서 미지급비용계정으로 대체하는 것을 정리(수정)분개라 한다.

> **필수예제**
>
> 단기차입금에 대한 당기분 미지급이자 50,000원을 결산에 계상하다.
>
> (차) 이자비용　　　　50,000　　　　(대) 미지급비용　　　　50,000

⑤ 소모품의 회계처리

소모품의 회계처리는 소모품을 구입하였을 때에 비용인 소모품비계정으로 처리하는 비용처리법과 자산인 소모품계정으로 처리하는 자산처리법이 있다.

㉠ 비용처리법

소모품을 구입하였을 때에는 비용인 소모품비계정으로 처리하고 결산 시에는 미사용액을 구하여 소모품계정 차변과 소모품비계정 대변에 기입한다.

㉡ 자산처리법

소모품을 구입하였을 때에는 자산인 소모품계정으로 처리하고 결산 시에는 사용액을 구하여 소모품비계정 차변과 소모품계정 대변에 기입한다.

소모품 구입액 − 사용액 = 미사용액

필수예제

(1) 비용처리법
- 소모품 100,000원을 구입하고 대금은 현금으로 지급하다.
  (차) 소모품비　　　　100,000　　　(대) 현　　금　　　　100,000
- 결산시 소모품 미사용액 30,000원
  (차) 소모품　　　　　30,000　　　(대) 소모품비　　　　30,000

(2) 자산처리법
- 소모품 100,000원을 구입하고 대금은 수표발행하여 지급하다.
  (차) 소모품　　　　　100,000　　　(대) 당좌예금　　　　100,000
- 결산시 소모품 미사용액 30,000원
  (차) 소모품비　　　　70,000　　　(대) 소모품　　　　　70,000

CHECK POINT 소모품비와 소모품

시산표상에 소모품계정이나 소모품비계정은 모두 소모품구입액을 의미한다. 이중에 사용액은 소모품비로 손익계산서에 표시되고 미사용액은 소모품으로 재무상태표에 표시된다.

구 분	금액비교	비용처리법	자산처리법	표시
구입액	100,000원	소모품비계정으로 처리	소모품계정으로 처리	시산표
미사용액	20,000원	소모품계정으로 대체분개	−	재무상태표
사용액	80,000원	−	소모품비계정으로 대체분개	손익계산서

확인예제 POINT 전산회계 2급
[분개연습]

❖ 다음의 거래에 대하여 일반전표 입력을 위한 분개를 하시오.

01 영업부 사원 박판매씨의 급여를 지급하면서 국민연금과 건강보험료, 소득세를 공제하고 보통예금통장에서 이체하다.

성 명	급 여	국민연금	건강보험료	소득세
박판매	2,800,000원	126,000원	98,000원	39,000원

[해설] (차) 급　여　　2,800,000　　(대) 예 수 금　　263,000
　　　　　　　　　　　　　　　　　　　보통예금　　2,537,000

02 관리부장의 급여 2,000,000원 중 소득세 82,000원을 차감한 잔액을 보통예금 계좌에서 이체하여 지급하다.

[해설] (차) 급　여　　2,000,000　　(대) 예 수 금　　82,000
　　　　　　　　　　　　　　　　　　　보통예금　　1,918,000

03 당점 거래은행의 보통예금계좌에 이자 127,000원이 입금됨을 확인하고 회계처리하다.

[해설] (차) 보통예금　　127,000　　(대) 이자수익　　127,000

04 보유중인 (주)한성의 주식에 대하여 중간배당금 1,000,000원을 보통예금계좌로 송금 받다.

[해설] (차) 보통예금　　1,000,000　　(대) 배당금수익　　1,000,000

05 대표이사 최민철로부터 시가 100,000,000원의 건물을 증여받고, 당일 소유권이전비용으로 취득세 5,000,000원을 현금으로 지출하다.

[해설] (차) 건　물　　105,000,000　　(대) 자산수증이익　　100,000,000
　　　　　　　　　　　　　　　　　　　현　금　　5,000,000

06 거래처인 (주)저스트원의 미지급금 25,000,000원 중 23,000,000원은 당좌수표를 발행하여 지급하고, 나머지 2,000,000원은 면제 받았다.

해설 (차) 미지급금 25,000,000 (대) 당좌예금 23,000,000
((주)저스트원) 채무면제이익 2,000,000

07 마포갈비에서 종업원 회식을 하고 식사대금 200,000원은 월말에 지급하기로 하다.

해설 (차) 복리후생비 200,000 (대) 미지급금(마포갈비) 200,000

08 영업부 직원의 결혼으로 축의금 100,000원을 현금으로 지급하다.

해설 (차) 복리후생비 100,000 (대) 현 금 100,000

09 당사 경리부 여직원의 결혼으로 축의금 100,000원을 현금 지급하다.

해설 (차) 복리후생비 100,000 (대) 현 금 100,000

10 영업부 직원에게 택시비 20,000원을 현금 지급하다.

해설 (차) 여비교통비 20,000 (대) 현 금 20,000

11 당사는 매출거래처인 (주)종로에 선물을 하기 위해 롯데마트에서 갈비세트를 250,000원에 구입하고 전액 당사의 비씨카드로 결제하다.

해설 (차) 기업업무추진비 250,000 (대) 미지급금(비씨카드) 250,000

12 거래처 직원의 방문으로 식사를 대접하고, 식대 30,000원을 현금으로 지급하다.

해설 (차) 기업업무추진비 30,000 (대) 현 금 30,000

13 매장 인터넷 사용요금 50,000원을 현금으로 납부하다.

해설 (차) 통 신 비 50,000 (대) 현 금 50,000

14 당월분 인터넷 통신요금 50,000원이 당사 보통예금계좌에서 자동이체됨을 확인하고 회계처리 하다.

해설 (차) 통 신 비 50,000 (대) 보통예금 50,000

15 매출처 영업직원과 식사를 하고 현금을 지급하다.

현금 영수증 (지출증빙용)					
공급자	사업자 등록번호	105-37-66545			
	상호	다이식당	성명		김진희
	사업장 소재지	용인시 풍덕천 1동 105번지			
	업태	음식	종목		한식
작성년월일	금액				비고
20X1. 10. 20	60,000원				
월	일	품명	수량	단가	금액
10	20	식대			60,000원
위 금액을 영수함.					
				경영과 회계 귀하	

해설 (차) 기업업무추진비　　60,000　　(대) 현　금　　60,000

16 전기요금 800,000원이 보통예금통장에서 자동 인출되다.

해설 (차) 수도광열비(판)　　800,000　　(대) 보통예금　　800,000

17 전기요금 300,000원과 전화요금 100,000원이 보통예금계좌에서 자동이체되다.

해설 (차) 수도광열비　　300,000　　(대) 보통예금　　400,000
　　　　통 신 비　　100,000

18 전국전자협의회 협회비 1,000,000원을 현금으로 지급하다.

해설 (차) 세금과공과　　1,000,000　　(대) 현　금　　1,000,000

19 영업용 화물차에 대한 자동차세 200,000원을 현금으로 지급하다.

해설 (차) 세금과공과　　200,000　　(대) 현　금　　200,000

20 영업부에서 사용 중인 화물 트럭에 대한 자동차세 80,000원을 현금으로 납부하였다.

해설 (차) 세금과공과 80,000 (대) 현   금 80,000

21 당사 사무실 임차료로 3,000,000원을 현금 지급하였다.

해설 (차) 임 차 료 3,000,000 (대) 현   금 3,000,000

22 영백빌딩의 8월분 임차료 1,000,000원 중 700,000원은 현금으로 지급하고 나머지는 다음 달에 주기로 하다.

해설 (차) 임 차 료 1,000,000 (대) 현   금 700,000
　　　　　　　　　　　　　　　　　　　 미지급금(영백빌딩) 300,000

23 회사는 벽면이 노후되어 새로이 도색작업을 하고 이에 대한 비용 1,000,000원을 (주)금강에 500,000원은 현금으로 결제하고 잔액은 외상으로 하다(※증명서류는 영수증을 수취하다).

해설 (차) 수 선 비 1,000,000 (대) 현   금 500,000
　　　　　　　　　　　　　　　　　　　 미지급금((주)금강) 500,000

24 업무용 건물의 유리를 교체하고 60,000원을 현금으로 지급하다(수익적 지출로 회계처리).

해설 (차) 수 선 비 60,000 (대) 현   금 60,000

25 KBC 방송국에 납품입찰을 들어가기 위하여 보증보험에 가입하면서 보험료 900,000원(보험기간 : 20X1. 4. 27 ~ 20X2. 4. 27)을 현금으로 지급하다.

해설 (차) 보 험 료 900,000 (대) 현   금 900,000

26 영업용 승용차의 엔진오일을 보충하고 카센터에 현금 40,000원을 지급하다.

해설 (차) 차량유지비 40,000 (대) 현   금 40,000

27 직원의 원가절감교육을 위해 외부강사를 초청하여 교육하고 강사료 중 원천징수세액 66,000원을 제외하고 나머지 금액 1,934,000원은 당사 보통예금계좌에서 강사의 보통예금계좌로 송금하였다.

해설 (차) 교육훈련비 2,000,000 (대) 예 수 금 66,000
　　　　　　　　　　　　　　　　　　　 보통예금 1,934,000

28 본사 영업사원에 대하여 새로이 명함을 인쇄하여 배부하였다. 대금 90,000원은 현금으로 지급하였다.

해설 (차) 도서인쇄비 90,000 (대) 현 금 90,000

29 사무실에서 사용하는 FAX 기기 250,000원, FAX 용지 1box 80,000원을 구입하고 현금으로 결제하였다. FAX 기기는 비품으로 FAX 용지는 소모품비로 처리한다.

해설 (차) 비 품 250,000 (대) 현 금 330,000
　　　 소모품비 80,000

30 나라복사에 사무실 복사기의 유지보수료 50,000원과 소모자재인 복사용지와 토너의 구입대금 100,000원을 월말에 지급하기로 하였다(소모자재는 비용으로 회계처리함).

해설 (차) 수수료비용 50,000 (대) 미지급금(나라복사) 150,000
　　　 소모품비 100,000

31 (주)인계에 대한 받을어음 30,000,000원이 만기가 도래하여 추심수수료 60,000원을 차감한 금액을 당좌예금에 입금하였다.

해설 (차) 당좌예금 29,940,000 (대) 받을어음((주)인계) 30,000,000
　　　 수수료비용 60,000

32 두산상사 발행 약속어음 1,000,000원을 당좌계약을 맺은 거래 은행에 추심위임하고, 추심수수료 1,500원을 현금 지급하다.

해설 (차) 수수료비용 1,500 (대) 현 금 1,500

33 본사의 홍보부는 새로 출시한 제품을 광고하기 위하여 조선일보에 광고를 게재하고 대금 500,000원을 현금으로 지급하였다.

해설 (차) 광고선전비 500,000 (대) 현 금 500,000

34 새로 판매하는 가방을 지역 신문사에 광고하고 대금 100,000원을 현금으로 지급하다.

해설 (차) 광고선전비 100,000 (대) 현 금 100,000

35 사채업자인 금나라로부터 차입한 단기차입금의 이자비용 1,200,000원을 현금으로 지급하다.

해설 (차) 이자비용 1,200,000 (대) 현 금 1,200,000

36 국제구호단체에 현금 500,000원을 기부하다.

해설 (차) 기 부 금　　　　500,000　　　(대) 현　　　금　　　500,000

37 수재민 구호금품으로 당사의 상품(원가 500,000원, 판매가 600,000원)을 기부하였다.

해설 (차) 기 부 금　　　　500,000　　　(대) 상　　　품　　　500,000

38 폭설로 재난을 당한 불우이웃을 돕기 위하여 성금 3,000,000원을 관할 동주민센터에 현금으로 지급하였다.

해설 (차) 기 부 금　　　3,000,000　　　(대) 현　　　금　　　3,000,000

39 건물 3,000,000원과 상품 500,000원(원가 400,000원)이 화재로 인하여 소실되었다. 당 회사는 화재보험에 가입되어 있지 않다.

해설 (차) 재해손실　　　3,400,000　　　(대) 건　　　물　　　3,000,000
　　　　　　　　　　　　　　　　　　　(대) 상　　　품　　　　 400,000

40 안티 손해보험에서 전기 화재로 소실된 창고 건물(취득금액 5,000,000원)에 대한 보험금 4,800,000원을 현금으로 수령하다.

해설 (차) 현　　　금　　　4,800,000　　　(대) 보험금수익　　　4,800,000

41 대원중고차에 외상으로 매각한 승용차 대금 500,000원이 동사의 파산으로 대손되다.

해설 (차) 기타의대손상각비　　500,000　　　(대) 미 수 금　　　500,000

14 평가문제　POINT 전산회계2급

01 다음 중 영업외수익에 해당하지 않는 것은?
① 유형자산처분이익
② 단기매매증권처분이익
③ 임대료
④ 임차료

02 다음 자료에서 영업외수익을 계산하면 얼마인가?

㉠ 매출액	1,000,000원
㉡ 매출총이익	300,000원
㉢ 보험금수익	100,000원
㉣ 이자수익	200,000원
㉤ 대손충당금환입	200,000원

① 1,300,000원　② 1,000,000원
③ 800,000원　　④ 300,000원

해설 대손충당금환입은 영업외수익이 아니고 판매관리비에 부(-)의 금액으로 표시한다.

03 다음 중 영업외수익에 해당하는 계정과목끼리 올바르게 연결한 것은?
① 선수수익 - 미수수익
② 이자수익 - 선수수익
③ 이자수익 - 미수수익
④ 이자수익 - 잡이익

04 다음 거래의 내용과 공통적으로 관련 있는 수익항목은?

㉠ 거래처로부터 업무용 화물차 10,000,000원을 기증받다.
㉡ 거래처로부터 50,000,000원의 부채를 면제받다.

① 영업상수익　② 매출총이익
③ 당기순이익　④ 영업외수익

05 수익에 해당되지 않는 계정과목은?
① 미수수익　② 임대료
③ 이자수익　④ 유형자산처분이익

06 다음 중 복리후생비에 속하지 않는 것은?
① 직원 경조사비 지급
② 직원 자녀 학자금 지급
③ 거래처 식사대 지급
④ 직원 작업복 지급

해설 거래처 식사대는 기업업무추진비이다.

07 다음 괄호 안에 들어갈 손익계산서 구성항목은?

( )는(은) 제품, 상품, 용역 등의 판매활동과 기업의 관리활동에서 발생하는 비용으로서 매출원가에 속하지 아니하는 모든 영업비용을 포함한다.

① 매출액　　　② 영업외비용
③ 판매비와관리비　④ 영업외수익

해설 판매비와관리비에 해당한다.

08 다음 중 판매비와관리비에 해당되지 않는 계정은 모두 몇 개인가?

ⓐ 선급비용	ⓑ 미지급비용
ⓒ 개발비	ⓓ 기부금
ⓔ 이자비용	ⓕ 기업업무추진비
ⓖ 보험료	ⓗ 세금과공과

① 3개　② 4개
③ 5개　④ 6개

해설 ⓐ 선급비용-유동자산　ⓑ 미지급비용-유동부채
ⓒ 개발비-비유동자산　ⓓ 기부금-영업외비용
ⓔ 이자비용-영업외비용

정답 | 1. ④　2. ④　3. ④　4. ④　5. ①　6. ③　7. ③　8. ③

09 다음 중 판매비와 관리비 계정에 속하지 않는 계정과목은?

① 기타의 대손상각비
② 기업업무추진비
③ 복리후생비
④ 여비교통비

해설 기타의 대손상각비는 영업외비용이다.

10 다음과 같은 거래내역에 가장 적합한 계정과목을 고르면?

- 직원 자녀 학자금 지급
- 직원 경조사비 지급
- 직원 작업복 지급
- 직원 회식비 지급

① 예수금　　　② 복리후생비
③ 기업업무추진비　④ 가지급금

11 다음 계정과목에서 판매비와 관리비에 해당되지 않는 것은?

① 소모품비　　② 수수료비용
③ 이자비용　　④ 복리후생비

12 상품 도매업을 영위하는 한국상사의 판매비와 관리비 계정과목이 아닌 것은?

① 퇴직급여　　② 임차료
③ 기부금　　　④ 기업업무추진비

해설 기부금은 영업외비용이다.

13 다음 지출내역서상의 판매비와 관리비는 얼마인가?

지 출 내 역 서 (20X1년 4월 6일)
㉠ 전화요금　　　　　　　　　50,000원
㉡ 종업원 회식비용　　　　　100,000원
㉢ 장애인단체에 대한 기부　700,000원
㉣ 차입금 이자 지급　　　　　30,000원

① 150,000원　　② 180,000원
③ 750,000원　　④ 780,000원

해설 ㉠ 통신비, ㉡ 복리후생비, ㉢ 기부금, ㉣ 이자비용
㉠,㉡은 판매비와관리비, ㉢,㉣은 영업외비용

14 다음은 판매비와 관리비에 대한 설명이다. 옳지 않은 것은?

① 복리후생비는 판매비와 관리비에 속한다.
② 판매비는 상품의 판매활동에 지출되는 비용을 말한다.
③ 관리비는 기업전체의 관리 및 일반사무와 관련되어 발생하는 비용이다.
④ 외상대금을 조기에 회수함에 따라 발생하는 매출할인은 판매비와 관리비에 속한다.

해설 매출할인은 총매출액에서 차감된다.

15 회사의 영업이익을 증가시키는 요인과 가장 밀접한 내용을 고른 것은?

㉠ 전화 요금을 줄인다.
㉡ 사무실 전기를 절약한다.
㉢ 자본을 추가 출자한다.
㉣ 차입금에 대한 이자를 줄인다.

① ㉠, ㉡　　② ㉠, ㉢
③ ㉡, ㉢　　④ ㉢, ㉣

16 도소매업을 하는 메타상사의 매출총이익은 160,000원이다. 아래 자료를 이용하여 영업이익을 구하시오.

㉠ 복리후생비　　　30,000원
㉡ 기업업무추진비　 5,000원
㉢ 소모품비　　　　10,000원
㉣ 이자비용　　　　 5,000원
㉤ 급　여　　　　　40,000원

① 100,000원　　② 95,000원
③ 85,000원　　　④ 75,000원

해설 매출총이익 160,000 − (30,000+5,000+10,000+40,000)
= 75,000원
이자비용은 영업외비용이다.

정답 | 9. ① 10. ② 11. ③ 12. ③ 13. ① 14. ④ 15. ① 16. ④

17 다음 자료에 의하면 영업이익은 얼마인가?

㉠ 매 출 액	5,000,000원
㉡ 매출원가	3,200,000원
㉢ 기업업무추진비	200,000원
㉣ 기 부 금	100,000원
㉤ 소모품비	100,000원
㉥ 이자비용	250,000원

① 1,600,000원   ② 1,500,000원
③ 1,400,000원   ④ 1,150,000원

해설 매출액 - 매출원가 = 매출총이익 1,800,000원
매출총이익 - 판매비와 관리비 300,000
= 영업이익 1,500,000원

18 다음 자료에서 제시하고 있는 계정과목이 속한 비용의 분류영역은?

㉠ 마케팅부서 종업원의 회식비용
㉡ 영업사무실의 인터넷 사용요금
㉢ 영업용 매장의 월세
㉣ 매출광고를 위한 전단지 제작비용

① 매출원가
② 판매비와 관리비
③ 영업외비용
④ 특별손실

19 다음 중 영업외비용에 해당하는 것은?
① 이자비용   ② 광고선전비
③ 임차료   ④ 기업업무추진비

20 가구판매업을 경영하는 가구상사에서 매장 건물의 사용료를 지급한 경우 비용의 분류는?
① 매출원가   ② 판매관리비
③ 영업외비용 ④ 소득세등

해설 매장 건물의 사용료 - 임차료 → 판매관리비

21 다음 내역 중 세금과공과계정과 관련 있는 내용을 모두 고른 것은?

㉠ 회사업무용 차량의 자동차세
㉡ 토지 취득시 취득세
㉢ 차량 등록시 등록면허세
㉣ 회사 소유 건물의 재산세

① ㉠, ㉡   ② ㉠, ㉣
③ ㉡, ㉢   ④ ㉢, ㉣

해설 토지 취득시 취득세 및 차량 등록시 등록면허세 등 구입 제비용은 해당 자산의 원가에 가산한다.

22 다음 거래의 차변 계정과목으로 바르게 짝 지어진 것은?

가. 업무용 화물차에 대한 자동차세 지급
나. 기업주 개인의 생명보험료 지급

① 가 - 자동차세, 나 - 보험료
② 가 - 세금과공과, 나 - 보험료
③ 가 - 세금과공과, 나 - 인출금
④ 가 - 차량유지비, 나 - 보험료

23 세금과공과계정으로 회계처리 할 수 없는 것은?
① 자동차세   ② 면허세
③ 토지의 취득세 ④ 건물의 재산세

해설 취득시에 발생하는 세금은 자산의 원가에 가산한다.

24 손익계산서에 원칙적으로 세금과공과계정으로 기록되어야 하는 것은?
① 토지 취득시 취득세
② 자동차보유시 자동차세
③ 건물 취득시 취득세
④ 토지취득시 중개수수료

해설 자산취득시 취득세, 중개사수수료 등 취득부대비용은 취득원가를 구성한다.

정답 | 17. ② 18. ② 19. ① 20. ② 21. ② 22. ② 23. ③ 24. ②

25 다음 지급 내역 중 복리후생비의 금액은?

```
㉠ 종업원 회식비          5,000원
㉡ 거래처 선물대금        3,000원
㉢ 회사의 인터넷통신 요금  2,000원
㉣ 출장사원 고속도로 통행료 1,000원
```

① 5,000원　　② 6,000원
③ 8,000원　　④ 9,000원

26 기업회계기준에 따르면 매출할인은 손익계산서에서 어떻게 처리하는가?

① 판매비와 관리비로 처리한다.
② 영업외 비용으로 처리한다.
③ 영업외수익으로 처리한다.
④ 매출액에서 차감한다.

27 영업이익과 관련이 없는 계정은?

① 이자수익
② 세금과공과
③ 매출채권대손상각비
④ 기업업무추진비

해설 매출총이익 – 판매관리비 = 영업이익

28 아무런 대가없이 무상으로 지급하는 금전·기타자산가액으로 업무와 관련없이 지출한 경우 해당되는 계정과목은?

① 기부금　　　② 기업업무추진비
③ 이자비용　　④ 채무면제이익

해설 업무와 관련 – 기업업무추진비
　　　업무와 무관 – 기부금

29 다음 중 손익계산서에 나타나는 계정과목이 아닌 것은?

① 미수수익　　② 이자수익
③ 대손상각비　④ 유형자산처분손실

해설 미수수익은 자산계정으로 재무상태표에 나타난다.

30 제과점의 5월 중 자료이다. 영업이익을 계산한 금액으로 옳은 것은?

```
· 빵 판매 대금      :  500,000원
· 케익 판매 대금    :  300,000원
· 빵/케익 구입 대금 :  250,000원
· 종업원 급여       :  100,000원
· 은행 차입금의 이자 :   10,000원
· 매장 임차료       :   20,000원
```

① 120,000원　　② 420,000원
③ 430,000원　　④ 450,000원

해설 은행 차입금의 이자는 영업외비용이다.

31 다음 (가)와 (나)에 해당하는 계정과목을 〈보기〉에서 찾아 바르게 짝지은 것은?

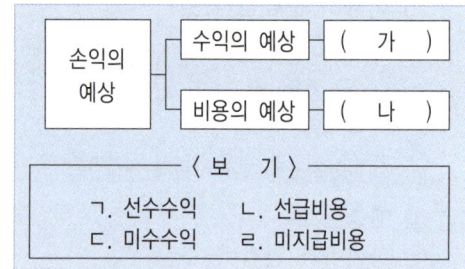

① (가) : ㄱ, (나) : ㄴ
② (가) : ㄱ, (나) : ㄹ
③ (가) : ㄴ, (나) : ㄷ
④ (가) : ㄷ, (나) : ㄹ

해설 수익의 이연(선수수익) : 수익에서 차감하여 부채로 이월
비용의 이연(선급비용) : 비용에서 차감하여 자산으로 이월
수익의 예상(미수수익) : 수익에 가산하여 자산으로 이월
비용의 예상(미지급비용) : 비용에 가산하여 부채로 이월

32 기말 결산 시 선수수익을 기장 누락한 경우 미치는 영향은?

① 부채의 과대계상　② 자산의 과소계상
③ 수익의 과소계상　④ 수익의 과대계상

해설 기말 결산 시 선수수익을 누락하면 수익이 과대 계상되고, 부채가 과소 계상 됨.

정답 | 25. ① 26. ④ 27. ① 28. ① 29. ① 30. ③ 31. ④ 32. ④

33 매출할인을 당기 총매출액에서 차감하지 않고, 판매비와 관리비로 처리하였을 경우 손익계산서상 매출총이익과 당기순이익에 미치는 영향으로 옳은 것은?

	매출총이익	당기순이익
①	과소계상	과대계상
②	과소계상	불 변
③	과대계상	불 변
④	과대계상	과소계상

34 20×1년 8월 1일 보험료 6개월분 1,200,000원을 현금으로 지급하고 보험료 계정으로 회계처리 한 경우 결산 시에 선급비용 계정에 계상되는 금액은 얼마인가?(단, 결산일은 12월 31일임)

① 0원 ② 200,000원
③ 300,000원 ④ 400,000원

해설 1개월분 보험료 : 1,200,000÷6개월 = 200,000원
당기분보험료 : (8월~12월, 5개월) × 200,000
선급보험료(다음년도 1월분) = 200,000원

35 서울회사는 20×1년 중 1년분 보험료를 현금지급한 후 다음과 같이 처리하였다. 지급한 보험료 중 당기분은 108,000원이었다. 20×1년 말 회계처리로 알맞은 것은?

(차) 보 험 료   140,000
(대) 현   금   140,000

① (차) 선급보험료   32,000
   (대) 보 험 료   32,000
② (차) 보 험 료   108,000
   (대) 선급보험료   108,000
③ (차) 선급보험료   108,000
   (대) 보 험 료   108,000
④ (차) 보 험 료   32,000
   (대) 선급보험료   32,000

해설 보험료 당기분은 108,000원이므로 미경과보험료는 32,000원이다. 따라서 회계처리는
(차) 선급보험료 32,000 (대) 보험료 32,000 이다.

36 장원상사는 20×1년 10월 1일에 1년분 보험료 360,000원을 지급하고 선급보험료로 처리하였다. 20×1년 기말에 보험료에 대한 결산정리분개로 올바른 것은?

① (차) 보 험 료   90,000
   (대) 선급보험료   90,000
② (차) 보 험 료   270,000
   (대) 선급보험료   270,000
③ (차) 선급보험료   90,000
   (대) 보 험 료   90,000
④ (차) 선급보험료   270,000
   (대) 보 험 료   270,000

해설 당기분 보험료 : 360,000 ÷ 12 × 3 = 90,000원

37 다음 자료의 설명으로 옳지 않은 것은?

20X1년 10월 1일 6개월분 임차료 120,000원을 현금으로 지급하다.(단, 지급 시 비용으로 회계 처리함. 결산일 : 12월 31일)

10월	11월	12월	1월	2월	3월
←── 당기분 ──→			←── 차기분 ──→		

① 당기분 임차료는 60,000원이다.
② 차기분 60,000원은 선급비용이다.
③ 10월 1일 분개는 (차)선급비용 120,000 (대)현금 120,000이다.
④ 손익계산서에 기입되는 임차료는 60,000원이다.

해설 비용이연에 관한 내용이다.

38 20×1년 10월 1일 업무용 자동차 보험료 600,000원(보험기간 : 20×1. 10. 1 ~ 20×2. 9. 30)을 현금지급하면서 전액 비용처리하고 20×1년 12월 31일 결산시에 아무런 회계처리를 하지 않았다. 20×1년 재무제표에 미치는 영향으로 옳은 것은?

① 손익계산서 순이익이 450,000원 과대계상
② 재무상태표 자산이 450,000원 과소계상
③ 손익계산서 순이익이 150,000원 과소계상
④ 재무상태표 자산이 150,000원 과대계상

해설 600,000 × 9/12=450,000원

정답 | 33. ③ 34. ② 35. ① 36. ① 37. ③ 38. ②

39 20×1년 9월 1일 보험료 1년분 120,000원을 현금으로 지급하고 보험료 계정으로 회계처리한 경우 결산 시에 선급비용 계정에 계상되는 금액은 얼마인가?

① 40,000원 ② 60,000원
③ 80,000원 ④ 없다.

해설 당기분 보험료 : (9월~12월의 4개월) × 10,000 = 40,000원
선급보험료 : (20x2년 1월~8월의 8개월) × 10,000 = 80,000원

40 기말 결산 시 당기에 미지급된 임차료를 회계처리하지 않았을 때 당기 재무제표에 미치는 영향으로 올바른 것은?

① 비용의 과대계상
② 순이익의 과소계상
③ 수익의 과소계상
④ 부채의 과소계상

해설 비용의 예상에 해당되므로 당기의 비용에 가산하고 미지급비용으로 회계처리한다. 즉 (차) 임차료 (대) 미지급비용이므로 이를 누락하면 비용의 과소계상과 부채의 과소계상이 발생한다. 또한 비용의 과소계상으로 순이익은 과대계상 된다.

41 11월 1일 정일상사에서 임대료 1,500,000원 (3개월)을 자기앞수표로 받았다. 12월 31일 결산 시 계상될 선수수익은 얼마인가?

① 500,000원   ② 1,000,000원
③ 1,500,000원 ④ 계상할 금액이 없다.

42 당기에 현금으로 수입된 수익은 일단 수익계정으로 처리하고 결산시에 그 수익 중 차기에 속하는 부분을 계산하여 당기의 수익 계정에서 차감하는 선수금의 성질을 가진 일종의 부채로 차기로 이월하는 것을 무엇이라 하는가?

① 수익의 이연   ② 비용의 이연
③ 수익의 발생   ④ 비용의 발생

해설 수익의 미경과분(차기분)을 차기로 이월하는 수익의 이연에 관한 문제이다.

43 손익에 관한 결산 정리 중 수익의 이연에 해당하는 계정과목은?

① 선수임대료   ② 미수이자
③ 선급보험료   ④ 미지급임차료

해설 선급보험료-비용의 이연, 미수이자-수익의 예상
미지급임차료-비용의 예상

44 종로기업은 소모품 65,400원을 구입하여 자산으로 계상하였다. 회계연도 말 소모품재고액은 21,500원이었다. 이 소모품에 대하여 수정분개를 했을 때 맞는 것은?

① 매입채무 21,500원 차변 기입한다.
② 소모품이 65,400원 감소된다.
③ 순이익이 43,900원 증가된다.
④ 비용이 43,900원 증가된다.

해설 · 결산수정분개로서 (자산처리법)
(차) 소모품비 43,900 (대) 소모품 43,900
으로 회계처리되므로,
· 비용 43,900원이 증가된다.

45 9월 1일 건물임대료 6개월분 30,000원을 현금으로 받고 수익으로 회계 처리하였다. 12월 31일 결산시 선수임대료에 해당하는 금액은(월할계산에 의한다)?

① 10,000원   ② 15,000원
③ 20,000원   ④ 25,000원

해설 30,000 × 2 / 6 = 10,000원

46 다음 기말결산정리사항 중 수익과 비용의 이연에 해당하는 것으로 짝지어진 것은?

① 임대료 선수분 계상 및 임차료 선급분 계상
② 임대료 선수분 계상 및 임차료 미지급분 계상
③ 임대료 미수분 계상 및 임차료 선급분 계상
④ 임대료 미수분 계상 및 임차료 미지급분 계상

해설 "이연"은 당해연도에 현금으로 받은 수익 및 현금으로 지급한 비용 중에서 차기연도에 속하는 수익과 비용을 의미함

정답 | 39. ③ 40. ④ 41. ① 42. ① 43. ③ 44. ④ 45. ① 46. ①

47 미지급비용을 가장 적절하게 설명한 것은 어느 것인가?

① 당기의 수익에 대응되며 지급된 비용
② 당기의 수익에 대응되며 미지급된 비용
③ 당기의 수익에 대응되지 않으며 지급된 비용
④ 당기의 수익에 대응되지 않으며 미지급된 비용

48 다음 계정 기입에서 당기 소모품 미사용분의 금액은?

소 모 품 비			
10/25 현 금	50,000	12/31 소모품	20,000
			30,000
	50,000		50,000

① 10,000원 ② 20,000원
③ 30,000원 ④ 50,000원

해설 12/31 결산 정리 분개
(차) 소모품 20,000 (대) 소모품비 20,000

49 소모품 계정에 기입된 내용에 대한 설명으로 옳은 것은?

소 모 품			
12/1 현 금	200,000	12/31 소모품비	140,000
		12/31 차기이월	60,000
	200,000		200,000

① 당월 소모품 사용액은 140,000원이다.
② 12월 1일 소모품 구입 시 비용으로 처리하였다.
③ 당월에 발생된 소모품비는 손익계정 대변으로 대체된다.
④ 결산 시 재무상태표에 표시되는 소모품은 200,000원이다.

해설 소모품계정을 자산처리법으로 회계처리 하였으며 재무상태표에 표시될 소모품은 60,000원이다.

50 결산 결과 당기순이익 100,000원이 산출되었으나 다음과 같은 사항이 누락되었다. 수정 후 당기순이익은?

㉠ 보험료 미경과분	10,000원
㉡ 임대료수익 선수분	5,000원

① 85,000원 ② 95,000원
③ 105,000원 ④ 115,000원

해설 당기순이익(100,000) − 선수수익(5,000) + 선급보험료(10,000) = 105,000원

51 다음중 영업외비용만으로 묶은 것은?

㉠ 여비교통비	㉡ 기타의대손상각비	㉢ 기부금
㉣ 퇴직급여	㉤ 기업업무추진비	㉥ 개발비

① ㉠, ㉣ ② ㉡, ㉢
③ ㉤, ㉥ ④ ㉣, ㉥

52 고봉상사의 오류 수정 전 당기순이익은 500,000원이다. 아래의 오류사항을 수정 반영한 후 당기순이익을 계산한 금액으로 옳은 것은?

· 보험료 선급분 30,000원 계상 누락
· 임대료 미수분 50,000원 계상 누락

① 480,000원 ② 520,000원
③ 530,000원 ④ 580,000원

해설 보험료 선급분 30,000원은 비용의 이연으로 비용에서 차감해야 하므로 당기순이익이 30,000원 만큼 증가하게 되고, 임대료 미수분 50,000원은 수익의 예상으로 수익에 가산해야 하므로 당기순이익이 50,000원만큼 증가하게 된다.

53 결산 결과 당기순이익 90,000원이 산출되었으나, 다음과 같은 사항이 누락되었음을 발견하다. 수정 후의 당기순이익은?

· 급여 미지급액	10,000원
· 이자 미수액	20,000원

① 60,000원 ② 80,000원
③ 100,000원 ④ 120,000원

해설 90,000 − 10,000 + 20,000 = 100,000원

정답 | 47. ② 48. ② 49. ① 50. ③ 51. ② 52. ④ 53. ③

54 결산수정 전 당기순이익이 1,000,000원이었다. 결산정리사항이 다음과 같을 때 정확한 당기순이익은?

㉠ 미지급임차료	40,000원
㉡ 단기투자자산평가이익	20,000원
㉢ 선급(미경과)보험료	100,000원
㉣ 선수이자	35,000원
㉤ 소모품재고액(비용처리법)	40,000원

① 1,000,000원 ② 1,005,000원
③ 1,045,000원 ④ 1,085,000원

해설
- 1,000,000 − 40,000 + 100,000 − 35,000 + 40,000 = 1,085,000원
- 가산항목 : ㉢, ㉤, ㉤
- 차감항목 : ㉠, ㉣

55 상품도매업을 영위하는 놀부기업의 영업이익은 얼마인가?

㉠ 매 출 액	60,000원
㉡ 매 출 원 가	30,000원
㉢ 복리후생비	10,000원
㉣ 기 부 금	10,000원

① 10,000원 ② 20,000원
③ 30,000원 ④ 40,000원

해설 60,000 − 30,000 − 10,000 = 20,000원

56 소모품 50,000원을 구입하고, 구입 대금을 월말에 지급하기로 한 거래에서 사용하는 계정과목으로 올바르게 짝지은 것은?

① 소모품, 매입채무
② 상품, 미지급금
③ 소모품비, 매입채무
④ 소모품, 미지급금

해설 주된 영업활동 이외의 거래는 미지급금 계정으로 처리.

57 다음에서 (가)를 계산하면?

㉠ 순매출액	700,000원
㉡ 매출원가	300,000원
㉢ 급 여	50,000원
㉣ 임 차 료	10,000원
㉤ 이자비용	20,000원
㉥ 기 부 금	40,000원
㉦ 소모품비	20,000원

· 매출총이익 − (가) = 영업이익

① 60,000원 ② 70,000원
③ 80,000원 ④ 90,000원

해설 ㉢ + ㉣ + ㉦ = 판매비와관리비

확인예제

POINT 전산회계 2급

[오류수정 분개연습]

❖ 다음의 오류 거래를 수정하는 일반전표 입력을 위한 분개를 하시오.

01 3월 23일의 입금액 1,000,000원은 상품매출에 대한 입금액이 아니라 금일상사의 외상매출금에 대한 회수금액인 것으로 확인되다.

해설	수정전	(차) 현 금	1,000,000	(대) 상품매출	1,000,000
	수정후	(차) 현 금	1,000,000	(대) 외상매출금(금일상사)	1,000,000

02 9월 11일 잡손실로 처리된 것은 한빛은행의 당좌수표 발행수수료 20,000원이 보통예금계좌에서 인출된 것으로 확인되다.

해설	수정전	(차) 잡 손 실	20,000	(대) 보통예금	20,000
	수정후	(차) 수수료비용	20,000	(대) 보통예금	20,000

03 그린상사의 외상매출금 2,000,000원은 현금계정이 아니라 당좌예금계좌로 입금된 것이다.

해설	수정전	(차) 현 금	2,000,000	(대) 외상매출금(그린상사)	2,000,000
	수정후	(차) 당좌예금	2,000,000	(대) 외상매출금(그린상사)	2,000,000

04 성실전자에서 외상매출대금 3,000,000원이 당좌예금계좌로 입금된 거래는 자기앞수표로 회수한 거래이다.

해설	수정전	(차) 당좌예금	3,000,000	(대) 외상매출금(성실전자)	3,000,000
	수정후	(차) 현 금	3,000,000	(대) 외상매출금(성실전자)	3,000,000

05 보통예금으로 처리된 통신비 50,000원은 현금으로 지급된 것으로 확인되다.

해설	수정전	(차) 통 신 비	50,000	(대) 보통예금	50,000
	수정후	(차) 통 신 비	50,000	(대) 현 금	50,000

06 영광문고에 미지급한 200,000원은 도서를 구매한 것이 아니라 광고물제작비를 미지급한 것으로 발견되다.

해설	수정전	(차) 도서인쇄비	200,000	(대) 미지급금(영광문고)	200,000
	수정후	(차) 광고선전비	200,000	(대) 미지급금(영광문고)	200,000

07 좋은상사에 대한 미지급금을 결제하기 위해 보통예금에서 이체한 금액 83,000원에는 송금수수료 1,000원이 포함되어 있다.

> **해설** 수정전 (차) 미지급금(좋은상사) 83,000 (대) 보통예금 83,000
> 수정후 (차) 미지급금(좋은상사) 82,000 (대) 보통예금 83,000
> (차) 수수료비용 1,000

08 현금 지급한 거래처직원의 식사비용 50,000원은 야근한 당사 직원의 야식비이다.

> **해설** 수정전 (차) 기업업무추진비 50,000 (대) 현 금 50,000
> 수정후 (차) 복리후생비 50,000 (대) 현 금 50,000

09 보통예금에서 자동 이체되어 회계처리한 전화요금 80,000원 중에는 사무실 수도요금 30,000원이 포함되어 있다.

> **해설** 수정전 (차) 통 신 비 80,000 (대) 보통예금 80,000
> 수정후 (차) 통 신 비 50,000 (대) 보통예금 80,000
> 수도광열비 30,000

10 소득세와 지방소득세 110,000원을 현금 납부하고 세금과공과로 회계처리한 거래가 사실은 지난달 종업원의 급여 지급시 원천징수하였던 금액임이 확인된다.

> **해설** 수정전 (차) 세금과공과 110,000 (대) 현 금 110,000
> 수정후 (차) 예 수 금 110,000 (대) 현 금 110,000
> 급여 지급시 원천징수한 금액이므로 차변의 세금과공과를 예수금 계정으로 수정

11 상품 운반용으로 구입한 화물차의 취득세 150,000원을 세금과공과로 처리하였다.

> **해설** 수정전 (차) 세금과공과 150,000 (대) 현 금 150,000
> 수정후 (차) 차량운반구 150,000 (대) 현 금 150,000

12 하나은행의 계좌이체 수수료 10,000원이 당좌예금계좌에서 인출된 것으로 확인되었으나 잡손실로 잘못 회계처리하다.

> **해설** 수정전 (차) 잡 손 실 10,000 (대) 당좌예금 10,000
> 수정후 (차) 수수료비용 10,000 (대) 당좌예금 10,000

13 전시장 건물의 엘리베이터 수리비용 7,200,000원이 현금으로 지급된 것을 수익적지출로 처리하여야 하나 자본적지출로 처리되었다.

> **해설** 수정전 (차) 건 물 7,200,000 (대) 현 금 7,200,000
> 수정후 (차) 수선비 7,200,000 (대) 현 금 7,200,000

14 전화요금 150,000원의 현금 지급 거래는 업무용 화물차에 대한 자동차세의 납부로 확인되다.

해설   수정전 (차) 통 신 비   150,000   (대) 현   금   150,000
      수정후 (차) 세금과공과   150,000   (대) 현   금   150,000
      통신비를 세금과공과로 수정

15 제일상사로부터 상품매입 시 현금 지급한 당사 부담의 운반비 70,000원이 운반비로 처리되었음을 발견하다.

해설   수정전 (차) 운 반 비   70,000   (대) 현   금   70,000
      수정후 (차) 상   품   70,000   (대) 현   금   70,000
      매입시 당사부담 운반비는 상품 매입원가에 포함

16 미소가방에 상품 500,000원 외상 매출 시 지급한 당사 부담의 운반비 30,000원이 외상매출금 계정으로 잘못 처리되었음을 발견하다.

해설   수정전 (차) 외상매출금   530,000   (대) 상품매출   500,000
             (미소가방)   현   금   30,000
      수정후 (차) 외상매출금   500,000   (대) 상품매출   500,000
             (미소가방)   현   금   30,000
             운 반 비   30,000

17 매입처 해남상사의 외상매입금 1,650,000원의 출금거래는 확인 결과 1,000,000원은 당점 거래은행의 보통예금계좌에서 이체 지급되고, 잔액은 약속어음을 발행하여 지급된 거래이다.

해설   수정전 (차) 외상매입금   1,650,000   (대) 현   금   1,650,000
             (해남상사)
      수정후 (차) 외상매입금   1,650,000   (대) 보통예금   1,000,000
             (해남상사)   지급어음   650,000
                                          (해남상사)

18 기업업무추진비로 계상된 200,000원은 접대한 것이 아니라 연말을 맞이하여 사회복지공동모금회에 기부한 거래로 확인되었으며 현금 지급액 역시 200,000원이 아니라 2,000,000원으로 확인되었다.

해설   수정전 (차) 기업업무추진비 200,000   (대) 현   금   200,000
      수정후 (차) 기 부 금   2,000,000   (대) 현   금   2,000,000

확인예제

POINT 전산회계 2급
[결산정리사항 분개연습]

❖ 다음의 결산정리사항에 대하여 정리분개를 하시오. (결산일은 2025.12.31.로 가정)

01 기말상품재고액은 6,500,000원이다(단, 12월말 합계잔액시산표에 상품계정 차변잔액이 165,220,000원 있다).

> **해설** (차) 상품매출원가　　　　158,720,000　　(대) 상　　품　　　　158,720,000
> 상품계정 차변 잔액은 기초상품재고액+매입액이므로 기말상품재고액을 차감하여 매출원가를 산출한다. 매출원가 : 165,220,000 − 6,500,000 = 158,720,000원

02 기말상품재고액은 6,600,000원이다(단, 12월말 합계잔액시산표 상에 상품계정 차변 잔액이 133,270,000원 있다).

> **해설** (차) 상품매출원가　　　　126,670,000　　(대) 상　　품　　　　126,670,000

03 자재부가 창고에서 재고자산을 실사한 결과 기말상품재고액은 8,000,000원이다(12월말 합계잔액시산표에 상품계정 차변 잔액이 137,420,000원이 있다).

> **해설** (차) 상품매출원가　　　　129,420,000　　(대) 상　　품　　　　129,420,000

04 당기분 차량운반구 감가상각비는 600,000원이며, 비품 감가상각비는 400,000원이다.

> **해설** (차) 감가상각비　　　　1,000,000　　(대) 감가상각누계액(차량운반구) 600,000
> 　　　　　　　　　　　　　　　　　　　　　　감가상각누계액(비품)　　　 400,000

05 당기분 차량운반구 감가상각비는 900,000원이고, 비품 감가상각비는 200,000원이다.

> **해설** (차) 감가상각비　　　　1,100,000　　(대) 감가상각누계액(차량운반구) 900,000
> 　　　　　　　　　　　　　　　　　　　　　　감가상각누계액(비품)　　　 200,000

06 대손충당금은 매출채권(외상매출금 472,280,000원, 받을어음 64,260,000원) 잔액에 대하여 1%를 보충법으로 설정하다(외상매출금에 대한 대손충당금 잔액은 3,230,000원이 설정되어 있다).

해설 (차) 대손상각비 2,135,400 (대) 대손충당금(외상매출금) 1,492,800
　　　　　　　　　　　　　　　　　　　　　　대손충당금(받을어음) 642,600

　• 대손충당금 추가설정액
　　외상매출금 : 472,280,000 × 1% − 3,230,000 = 1,492,800원
　　받을어음　 : 64,260,000 × 1% = 642,600원

07 대손충당금은 매출채권(외상매출금 85,040,000원, 받을어음 59,500,000원) 잔액에 대하여 1%를 보충법으로 설정하다(대손충당금 잔액은 외상매출금 80,000원, 받을어음 30,000원이 있다).

해설 (차) 대손상각비 1,335,400 (대) 대손충당금(외상매출금) 770,400
　　　　　　　　　　　　　　　　　　　　　　대손충당금(받을어음) 565,000

　• 대손충당금 추가설정액
　　외상매출금 : 85,040,000 × 1% − 80,000 = 770,400원
　　받을어음　 : 59,500,000 × 1% − 30,000 = 565,000원

08 대손충당금은 매출채권(외상매출금 94,180,000원, 받을어음 45,500,000원) 잔액에 대하여 1%를 보충법으로 설정하다(대손충당금 잔액은 외상매출금 123,000원, 받을어음 65,000원 이다).

해설 (차) 대손상각비 1,208,800 (대) 대손충당금(외상매출금) 818,800
　　　　　　　　　　　　　　　　　　　　　　대손충당금(받을어음) 390,000

　• 대손충당금 추가설정액
　　외상매출금 : 94,180,000 × 1% − 123,000 = 818,800원
　　받을어음　 : 45,500,000 × 1% − 65,000 = 390,000원

09 대한보험에 가입한 화재보험료의 기간 미경과액은 100,000원이다.

해설 (차) 선급비용 100,000 (대) 보 험 료 100,000

10 임차료 900,000원은 2025년 9월부터 2026년 2월분까지이다(월할 계산할 것).

해설 (차) 선급비용 300,000 (대) 임 차 료 300,000

11 이자비용 3,600,000원은 2025년 4월에서 2026년 3월분까지이다.

해설 (차) 선급비용 900,000 (대) 이자비용 900,000

12 1년분 보험료 120,000원(판매비와 관리비)은 보험기간이 2025년 9월 1일부터 2026년 8월 31일까지이다.

해설 (차) 선급비용 80,000 (대) 보 험 료(판관비) 80,000

13 2025년 10월에 지급한 차량보험료 80,000원 중 60,000원은 2025년 해당분이다.

> 해설 (차) 선급비용 20,000 (대) 보 험 료 20,000

14 소모품 미사용액은 80,000원이다(구입 시 비용 처리함).

> 해설 (차) 소 모 품 80,000 (대) 소모품비 80,000

15 3월 1일에 구입하여 소모품계정으로 회계처리한 1,000,000원 중 결산일에 미사용된 소모품 금액은 300,000원이다.

> 해설 (차) 소모품비 700,000 (대) 소 모 품 700,000

16 기말 현재 소모품 미사용액 200,000원을 계상하다(단, 구입 시 전액 비용 처리함).

> 해설 (차) 소 모 품 200,000 (대) 소모품비 200,000

17 단기차입금에 대한 미지급이자 120,000원을 계상하다.

> 해설 (차) 이자비용 120,000 (대) 미지급비용 120,000

18 결산일 현재 임차료 미지급액 200,000원이 미계상되어 있다.

> 해설 (차) 임 차 료 200,000 (대) 미지급비용 200,000

19 매장의 12월분 임차료(매월말 300,000원 지급 약정)가 미지급되었다.

> 해설 (차) 임 차 료 300,000 (대) 미지급금 300,000

20 단기대여금에 대한 이자미수액 100,000원을 계상하다.

> 해설 (차) 미수수익 100,000 (대) 이자수익 100,000

21 기말 현재 장기대여금에 대한 당기분 이자 미수액 200,000원을 계상하다.

> 해설 (차) 미수수익 200,000 (대) 이자수익 200,000

22 4월 1일 수령한 임대료수입(600,000원)의 임대계약기간은 2025년 4월 1일부터 2026년 3월 31일까지이다(월할 계산할 것).

해설 (차) 임 대 료　　　　150,000　　　(대) 선수수익　　　　150,000

23 10월 13일의 현금과부족액 대변잔액 100,000원이 결산일까지 그 원인이 판명되지 않다.

해설 (차) 현금과부족　　　100,000　　　(대) 잡 이 익　　　　100,000

24 기말 현재 현금 50,000원 부족함이 확인되었으나 원인을 발견하지 못하여 잡손실로 처리하다.

해설 (차) 잡 손 실　　　　 50,000　　　(대) 현　　　금　　　　 50,000

25 기말 현재 장부상 현금 잔액보다 실제 현금 보유액이 130,000원 부족함을 발견하였으나 사용내역은 확인할 수 없다.

해설 (차) 잡 손 실　　　　130,000　　　(대) 현　　　금　　　　130,000

26 기말 현재 현금 30,000원이 과잉인 것을 발견하였으나 그 원인을 알 수 없다.

해설 (차) 현　　　금　　　 30,000　　　(대) 잡 이 익　　　　 30,000

27 인출금계정 차변 잔액 700,000원을 자본금계정으로 대체하다.

해설 (차) 자 본 금　　　　700,000　　　(대) 인 출 금　　　　700,000

28 결산 결과 당기순이익이 350,000원이다.

해설 (차) 손　　　익　　　350,000　　　(대) 자 본 금　　　　350,000

29 당기순손실 870,000원을 자본금계정에 대체하다.

해설 (차) 자본금　　　　　870,000　　　(대) 손　　　익　　　　870,000

30 당사의 상품 650,000원을 이재민 구호물품으로 기부하다.

해설 (차) 기 부 금　　　　650,000　　　(대) 상　　　품　　　　650,000
　　　　　　　　　　　　　　　　　　　　　　　(타계정대체)

01 전산세무회계프로그램의 시작

1 사용자 로그인 화면

바탕화면에서 케이렙(KcLep) 교육용 아이콘을 클릭하면 아래와 같은 로그인 화면이 나타난다. 학습 수준에 맞는 종목을 선택하고 회사코드 옆의 말풍선을 클릭하여 등록회사 리스트에서 작업할 회사코드와 회사명을 선택한 후 확인을 클릭한다. 이 프로그램을 처음 사용하는 경우에는 회사등록을 클릭하여 회사등록을 먼저 한 후에 로그인을 하여야 한다.

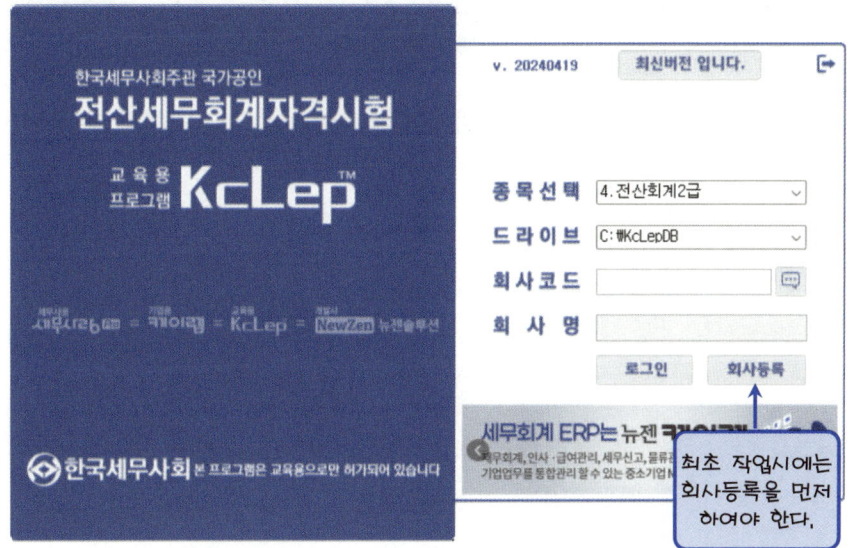

① **종목선택**

사용자가 작업할 종목을 선택한다. 응시하고자 하는 자격증에 따라 실행메뉴와 기능, 내용면에서 차이가 있으므로 학습하고자 하는 급수를 정확히 선택하여야 한다.

② **드라이브**

드라이브는 기본 설정된 C:\KcLepDB를 변경하지 않고 그대로 사용한다.

③ **회사코드**

작업할 회사의 코드를 선택한다. 최초 작업 시에는 「회사등록」을 선택하여 회사등록을 먼저 한 후에 선택한다. 이미 회사등록이 되어 있을 때에는 '회사코드' 옆의 말풍선(🔍)을 클릭하여 '회사코드도움' 창에서 작업할 회사를 선택하고 확인하면 로그인이 된다.

④ 회사등록

프로그램을 처음 사용하는 경우 클릭하여 작업할 회사의 기본정보를 등록하여야 한다.

2 전산회계 2급 시작화면

급수선택에서 '전산회계 2급'을 선택하고 작업할 회사를 선택하면 다음과 같은 회계관리 모듈의 메뉴가 나타난다.

전산회계 2급 기본메뉴 구성

전산회계 2급 메뉴의 구성

회계관리 — [전표입력], [기초정보관리], [장부관리], [결산/재무제표], [전기분재무제표], [자금관리], [데이터관리]로 구성되어 있다.

- **전 표 입 력** : 발생한 거래 중 부가가치세와 무관한 일반전표를 입력할 수 있는 메뉴이다.

- **기초정보관리** : 입력 대상 기업의 기초정보를 입력하는 메뉴로 회사등록, 거래처등록, 계정과목및적요등록, 환경등록 등의 메뉴로 구성되어 있다.

- **장 부 관 리** : 거래처원장, 계정별원장, 현금출납장, 일계표(월계표), 총계정원장 등 각종 장부를 조회할 수 있는 메뉴로 구성되어 있다.

- **결산/재무제표** : 결산작업과 재무제표를 조회할 수 있는 메뉴이다. 결산자료입력, 합계잔액시산표, 재무상태표, 손익계산서 등의 메뉴로 구성되어 있다.

- **전기분재무제표** : 전기분재무제표와 거래처별초기이월을 입력하는 메뉴와 결산이 완료된 후 차기로 이월하는 마감후이월 메뉴로 구성되어 있다.

- **자 금 관 리** : 받을어음현황, 지급어음현황, 일일자금명세(경리일보), 예적금현황 등의 메뉴로 구성되어 있다.

- **데 이 터 관 리** : 데이터백업, 회사코드변환, 회사기수변환, 기타코드변환, 데이터체크, 데이터저장및압축 등의 메뉴로 구성되어 있다.

02 프로그램의 첫걸음

SECTION 01 | 기초정보관리

> NCS 능력단위 : 0203020105 회계정보시스템   능력단위요소 : 02 회계프로그램운용하기
> 2.1 회계프로그램 매뉴얼에 따라 프로그램운용에 필요한 기초정보를 입력·수정할 수 있다.
> 2.2 회계프로그램 매뉴얼에 따라 정보산출에 필요한 자료를 입력 수정할 수 있다.

회계처리를 하여야 하는 회사에 대한 본격적인 회계처리를 하기 전에 기본적인 사항을 입력하여야 한다. 회계관리 모듈의 '기초정보관리' 메뉴와 '전기분재무제표' 메뉴에서 입력한다.

기초정보관리 요약

단 계	구 성 항 목	
1. 기초정보관리	• 환경등록 • 회사등록	• 거래처등록 • 계정과목 및 적요등록

2. 전년도 재무제표 입력	• 전기이월작업
	  전기분 재무상태표
	  전기분 손익계산서
		• 거래처별 초기이월

1 환경등록

업종이나 회사의 특성에 따라 사용자가 입력 방법을 지정하여 보다 빠른 입력을 할 수 있도록 시스템 환경을 설정하는 메뉴이다. 환경 설정은 회계 프로그램 전반에 걸쳐 영향을 미치기 때문에 초기 설정 값을 신중하게 고려하여 결정하여야 한다.

전산회계 2급 과정은 부가가치세를 무시하고 도·소매업을 영위하는 개인기업이 시험범위이므로 환경설정에서 변경이 필요 없으나 '분개유형설정'에서 매출과 매입을 확인할 필요는 있다.

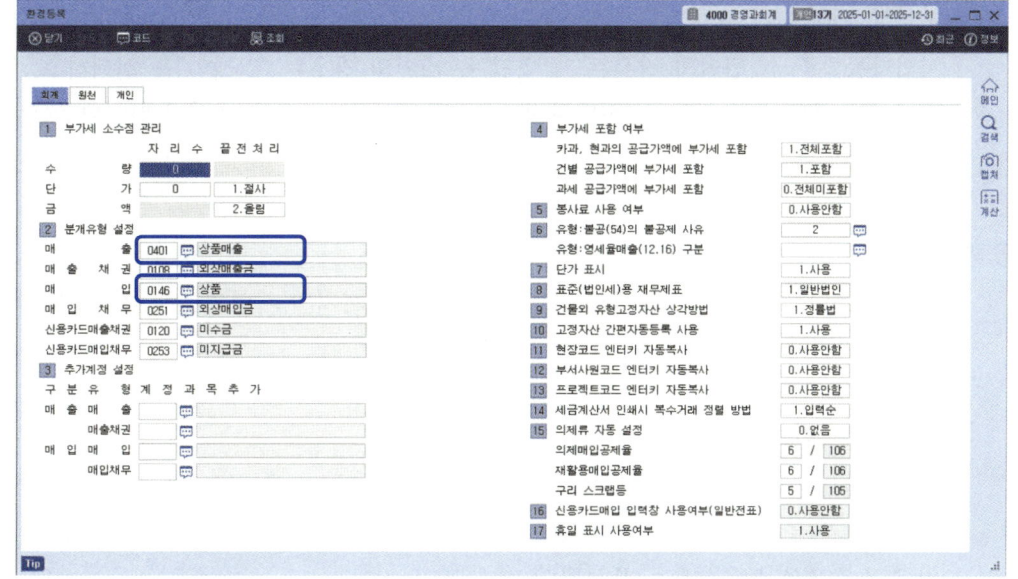

① 매출계정

매출계정 코드의 기본값은 "401.상품매출"로 되어 있어야 한다.

② 매입계정

매입계정 코드의 기본값은 "146.상품"으로 되어 있어야 한다.

2 회사등록

사업자등록증과 기타 회사관련 자료를 참고하여 입력한다. 입력된 자료는 모든 출력물의 기본을 이루며, 계산의 기초가 되므로 빠짐없이 정확하게 입력하여야 한다. 다만, 자격시험에서는 문제에서 주어진 자료만 입력하면 된다.

① 코 드

화면 좌측 코드 란에 커서를 놓고 등록할 회사의 코드번호를 "0101~9999"까지의 번호 중 사용자가 원하는 숫자를 선택하여 입력한다.

② 회사명

화면 좌측 회사명 란에 사업자등록증에 적혀있는 상호를 입력한다.

③ 구분과 미사용

사업자등록증 상 법인의 경우는 "1:법인"을 개인의 경우는 "2:개인"을 선택하고, 미사용란에서는 반드시 "0:사용"을 선택하여야 한다. 전산회계 2급은 개인기업만 대상으로 하므로 "2:개인"을 선택한다.

④ 회계연도

화면 우측의 1.회계연도 란에 개업일부터 해당연도까지의 사업연도에 대한 기수와 회계기간을 입력한다.

⑤ 사업자등록번호, 과세유형

사업자등록증에 적혀 있는 사업자등록번호와 과세유형(1.일반과세자, 2.간이과세자, 3.면세사업자)을 입력한다. 사업자등록번호는 일정한 규칙에 의해 부여된 번호이므로 오류인 경우 화면에 붉은색으로 표시된다.

⑥ 대표자명, 대표자주민번호, 주민번호구분, 업태, 종목

사업자등록증에 적혀 있는 내용과 일치하게 정확히 입력한다. 특히 주민등록번호는 오류인 경우 주민번호구분에 부여오류로 표시된다.

⑦ 사업장 주소

우편번호 란에 커서를 두고 F2 키를 누르거나 말풍선을 선택하면 우편번호 검색 창이 나타난다. 우편번호 검색창에서 도로명(또는 동 이름)의 두 글자를 입력한 후 Enter↵ 또는 검색을 누른다. 검색 화면에서 해당하는 주소를 선택하고 나머지 주소는 직접 입력한다.

⑧ 개업년월일

사업자등록증에 적혀 있는 개업년월일을 입력한다.

⑨ 사업장관할세무서, 주소지관할세무서

해당 란에 커서를 두고 F2 키를 누르거나 말풍선을 클릭하여 나타나는 보조창에서 사업장관할세무서와 주소지관할세무서를 검색하여 선택한다.

필수예제 따라하기

필수예제

경영과회계의 사업자등록증을 참고로 하여 회사등록 메뉴에 등록하시오(회사코드는 4000번으로 등록하며, 회계기간은 제13기 2025.1.1.~2025.12.31이다).

사 업 자 등 록 증
(일반과세자)

등록번호 : 107-15-17859

① 상   호 : 경영과회계   ② 성   명 : 김영식
③ 개 업 년 월 일 : 2013년 5월 14일   ④ 생년월일 : 1975. 5. 1
⑤ 사업장소재지 : 서울특별시 영등포구 양산로 83 (당산동3가)
⑥ 사 업 의 종 류 : 업태 : 도·소매   종목 : 사무기기
⑦ 발 급 사 유 : 신규

2013년 5월 20일

영등포세무서장

---

* 추가 입력자료 : 대표자 주민등록번호는 750501-1965356이며, 사업자의 주소지는 서울특별시 영등포구 영등포로36길 16(영등포동4가)이다.

따라하기

① 회계관리 모듈의 기초정보관리 부분에서 회사등록 메뉴를 클릭한다.
② 코드에 4000을 입력하고, 회사명에 상호 경영과회계를 입력한 후 구분에서 2.개인을 선택하고, 미사용에서 0.사용을 선택한다.
③ 1. 회계연도 : 2013년도 개업이므로 제13기 2025년 1월 1일 ~ 2025년 12월 31일로 입력한다.
   ▶ 회계연도는 연습 시에는 반드시 입력하여야 하지만 시험에서는 대부분 입력되어 있다.
④ 2. 사업자등록번호 : 107 - 15 - 17859를 입력한다.
   ▶ 자격시험에서 사업자등록번호 란이 적색이면 그 번호가 오류이므로 정확한 번호로 수정하여야 한다. 또한 사업자등록번호 란이 적색이 아니어도 자격시험에서 사업자등록증과 다르게 입력된 사업자등록번호를 주고 정정하는 문제가 자주 출제된다.
⑤ 3. 과세유형 : 사업자등록증 상단에 적혀있는 1.일반과세자를 선택 입력한다.
⑥ 4. 대표자명 : 김영식을 입력한다.
⑦ 5. 대표자주민번호 : 750501-1965356을 입력한다.
   ▶ 주민번호 구분란에 부여오류가 표시되면 정확한 주민등록번호로 수정하여야 한다.
⑧ 6. 사업장주소 : 말풍선을 클릭하여 나타나는 창에서 도로명주소를 입력하고 Enter↵ 한 후 해당되는 주소를 선택하여 서울특별시 영등포구 양산로 83(당산동3가)를

입력한다.
⑨ 7. 자택주소 : 사업장주소와 같은 방법으로 해당하는 주소를 입력한다.
▶ 도로명은 띄어쓰기 없이 입력하여야 한다. (잘못 입력한 예 : 영등포로 36길)
⑩ 8. 업태 : 도·소매를 입력한다.
⑪ 9. 종목 : 사무기기를 입력한다.
⑫ 17. 개업연월일 : 2013년 5월 14일을 입력한다.
⑬ 21. 사업장관할세무서 : 사업자등록증 하단의 107.영등포세무서를 선택 입력한다.

◎ 회사등록이 입력된 화면

▶ 사업장 동 코드와 주소지 동 코드는 말풍선을 클릭하여 보조창에서 해당되는 법정동명인 당산동과 영등포동을 입력하여 선택한다.
▶ 도로명 주소는 우편번호 조회기능에서 구체적 주소까지 확인할 수 있다.
▶ 자격시험에서는 우편번호를 입력하지 않아도 된다.

3 거래처등록

NCS 능력단위 : 0203020105 회계정보시스템   능력단위요소 : 02 회계관련 DB마스터 관리하기

1.1 DB마스터 매뉴얼에 따라 계정과목 및 거래처를 관리할 수 있다.

채권·채무에 대한 거래처원장의 관리를 위한 기초작업이 거래처등록이다. 거래처원장에서 관리하고자 하는 거래처의 기본정보를 등록한다. 거래처 관리가 필요 없는 거래처는 상호명만 입력하면 된다. 이처럼 상호만 입력하면 거래처별로 된 장부들을 조회하거나 출력할 수 없다.

① 일반거래처

부가가치세 신고대상인 매입 매출 거래처와 채권채무관리를 위한 거래처는 등록한다.
㉠ 코 드 : "00101~97999" 번호 중 사용자가 원하는 숫자 5자리까지 입력한다.
㉡ 거래처명 : 거래처의 상호를 입력한다.
㉢ 유 형 : 거래처의 유형을 선택한다(1.매출, 2.매입, 3.매입매출동시).
㉣ 사업자등록번호 : 커서를 우측의 사업자등록번호 텍스트 박스에 놓고 사업자등록번호를 입력하면 좌측의 등록번호 란에 자동으로 반영된다.
㉤ 기타의 거래처 입력사항은 우측의 해당란에 입력한다. 상세입력 안함에 체크하면 6.연락처부터 건너뛰고 다음 거래처로 이동한다.

> **CHECK POINT** 거래처등록을 하여야 하는 채권 채무 계정과목들 : 확인
> 외상매출금, 외상매입금, 받을어음, 지급어음, 대여금, 차입금, 미수금, 미지급금, 선급금, 선수금, 가지급금, 가수금 등

② 금융기관 거래처

㉠ 코 드 : 98000~99599 번호 중 하나를 금융기관 코드로 등록할 수 있다.
㉡ 유 형 : 예금의 종류에 따라 해당하는 것을 선택한다.
㉢ 계좌번호 : 해당 은행에 개설된 통장의 계좌번호를 입력한다.

③ 신용카드(매입,매출) 거래처

㉠ 코 드 : 99600~99999 번호 중 하나를 신용카드사 코드로 등록할 수 있다.
㉡ 카드번호 : 신용카드를 매입, 구입 등의 지급수단으로 사용하는 경우(유형 : 매입)에는 신용카드번호를 입력한다.
㉢ 가맹점 번호 : 매출대금을 카드로 받는 신용카드 가맹점인 경우, 즉 유형이 매출인 경우 신용카드 가맹점번호를 입력한다.

④ 거래처명 수정

회계기간 도중에 거래처의 상호가 바뀌거나 입력을 잘못하여 수정하려는 경우에는 거래처등록 화면의 거래처명에서 수정하여 입력하고 상단의 F11 전표변경을 클릭한다. 전표변경을 실행하지 않으면 이미 입력된 전표는 수정전의 상호로 나타나고 거래처명을 변경한 후의 전표만 수정된 거래처명으로 나타나므로 주의하여야 한다.

필수예제 따라하기

필수예제

경영과회계의 거래처등록 메뉴에 등록하시오(일반거래처의 유형은 동시).

거래처코드	상 호	대표자	사업자등록번호	주 소	업태	종 목
00101	(주)건일산업	박유경	110-81-02624	서울 서대문구 경기대로 57	도매	문 구
00102	(주)대정	김기석	108-81-12565	서울 강남구 역삼로20길 13	도매	사무용품
00103	삼표상사	이태지	104-81-00335	서울 중구 을지로 210	도매	사무용품
00104	(주)영풍	서보영	104-81-37263	서울 마포구 독막로 246	도매	사무용품
00105	거성산업	최상수	106-81-17069	경기도 구리시 안골로 6	도매	사무용품
00106	정수산업	강월미	127-81-08306	경기도 의정부시 녹양로 28	제조	제 지
00107	(주)미영물산	조정래	131-81-41959	인천시 남구 인주대로 468	제조	플라스틱
00108	(주)승리	김말숙	110-81-42102	경기 평택시 평택1로 6	제조	펄 프
01001	신진자동차	이경학	130-81-50950	인천시 부평구 마장로 433	제조	자동차

거래처코드	상 호	번 호	유형/종류
98000	국민은행(인천지점)	계좌번호 450901-01-209600	보통예금
99600	국민카드(매입카드)	카드번호 9580-1234-0005-6789	매입/사업용
99700	국민카드(매출카드)	가맹점번호 57115697	매출

따라하기

◎ 거래처등록자료가 입력된 화면

1. 거래처등록(일반거래처)

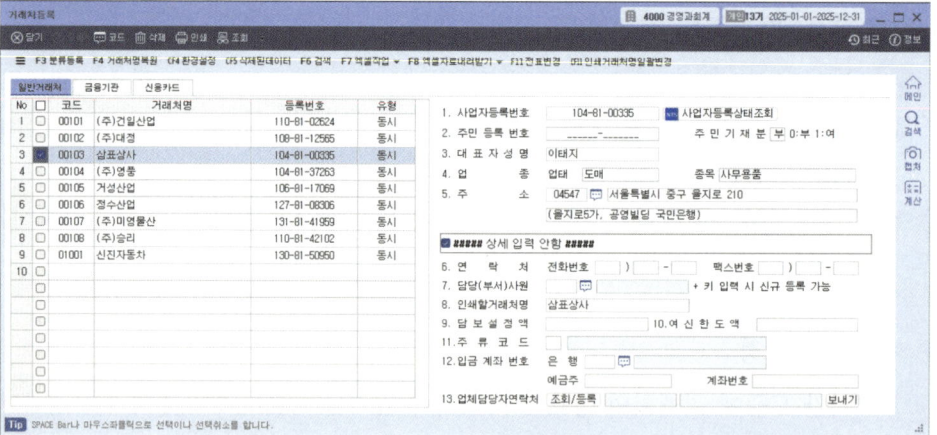

2. 거래처등록(금융기관)

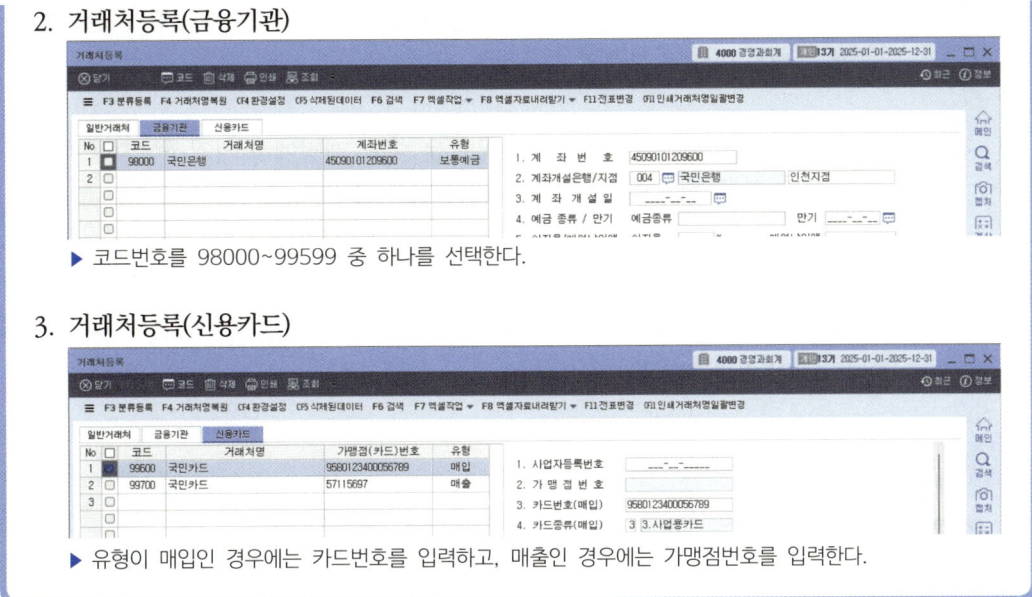

▶ 코드번호를 98000~99599 중 하나를 선택한다.

3. 거래처등록(신용카드)

▶ 유형이 매입인 경우에는 카드번호를 입력하고, 매출인 경우에는 가맹점번호를 입력한다.

4 계정과목 및 적요등록

거래를 입력한다는 것은 분개를 하는 것이므로 이론편에서 설명하는 계정과목에 대한 이해가 선행되어야 한다. 자격시험은 기본으로 설정된 계정과목 중에서 선택하여 사용하는 것이 원칙이므로 거래의 분개에 가장 적절한 계정과목을 찾는 것이 중요하다.

프로그램에서 일반적인 계정과목은 기본으로 설정되어 있으나 회사의 특성에 따라 계정과목을 수정하거나 추가하여 사용할 수 있다. 프로그램의 계정과목 코드는 자산, 부채, 자본, 수익, 비용의 순서로 되어 있으며 자산과 부채는 유동성배열원칙에 따라 되어있다.

① 계정체계

화면 좌측의 계정체계의 각 항목을 클릭하면 해당하는 분류에 속하는 계정과목이 우측에 나타난다. 새로운 계정과목을 추가하려면 해당하는 계정체계 내에서 사용자설정계정과목으로 되어 있는 란에 추가하여야 한다.

② 코드/계정과목

코드와 계정과목은 유동성배열 원칙에 의한 계정체계로 설정되어 있다.
  ㉠ 적색계정과목 : 본래는 수정할 수 없으나, 필요에 따라 수정하려는 경우에는 Ctrl 키와 F2 키를 함께 눌러 우측의 계정코드명이 활성화되면 수정할 수 있다.
  ㉡ 흑색계정과목 : 수정이 필요한 경우 우측의 계정코드명에 커서를 두고 수정한다.
  ㉢ 사용자설정계정과목 : 사용하고자 하는 계정과목이 없는 경우 사용자설정계정과목에서 새로 등록하여 사용한다. 자격시험에서는 새로 등록하지 않고 등록되어 있는 계정과목 중 가장 적절한 과목을 사용하여야 한다.

③ **성격** : 성격은 프로그램 상 자동으로 재무제표 등을 작성하기 위하여 별도로 구분해 놓은 것이므로 변경하지 않고 그대로 사용하면 된다.

④ **관계** : 관계는 성격이 "4차감"인 계정의 경우에는 어느 계정에서 차감하는지를 나타내고 기타의 경우에는 회계처리를 함께 하여야 하는 계정을 표시한다.

⑤ **적요** : 적요는 현금적요와 대체적요로 구분하고, 적요의 추가등록이나 수정은 마우스로 해당하는 적요NO에 커서를 두고 추가등록하거나 수정할 수 있다. 이 때 적요NO는 반드시 연결번호일 필요는 없다.

필수예제 따라하기

필수예제
계정과목 및 적요등록 메뉴에서 다음 자료를 수정 또는 추가 등록하시오.
1. 222.의장권 계정을 디자인권 계정으로 수정하시오.
2. 영업외비용 범위 내에서 첫 번째 사용자설정과목에 어음할인료 계정을 등록하시오(성격은 일반).
3. 판매관리비의 복리후생비 계정의 대체적요에 3.간식대 지급을 추가하고, 세금과공과 계정의 현금적요에서 2.사업소세 납부를 주민세 납부로 수정하시오.

따라하기
회계관리 모듈 기초정보관리의 계정과목및적요등록 메뉴를 선택한다.

1. **계정과목명 수정**
   ① 커서를 코드란에 두고 222를 입력하여 222.의장권 계정으로 이동한다.
   ② 계정과목이 적색이므로 [Ctrl]키를 누른 상태에서 [F2]키를 클릭한 후 우측의 계정코드(명) 란이 흑색인 상태에서 디자인권을 입력한다.

⇨ 디자인권 계정으로 수정된 화면

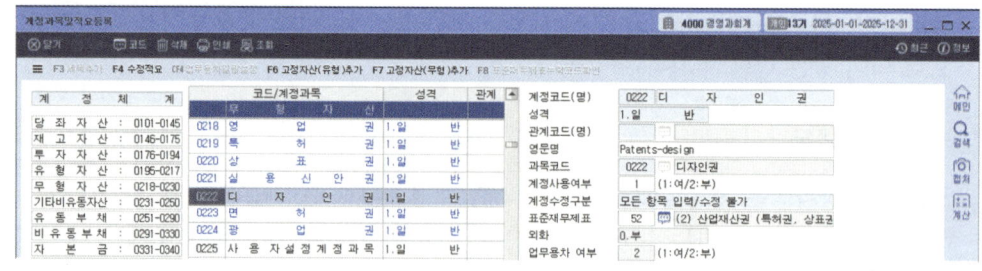

2. **계정과목의 신규등록**
   ① 화면 좌측의 계정체계에서 영업외비용을 클릭한다.
   ② 951부터 997까지 영업외비용 코드범위 중 966.사용자설정계정과목을 선택한다.

③ 966.사용자설정계정과목을 선택하고 놓고 우측의 계정코드(명) 란에 커서를 놓고 해당란이 흑색인 상태에서 어음할인료를 입력하고 성격 란에서 2.일반을 선택한다.

● 어음할인료계정이 등록된 화면

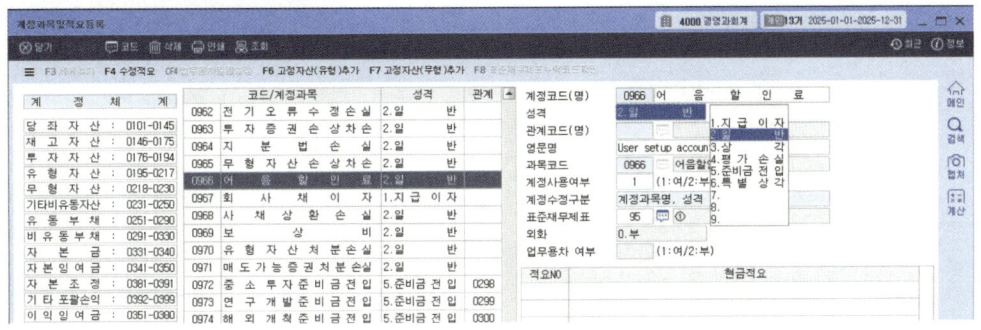

3. 적요의 추가
① 화면좌측의 계정체계에서 판매관리비를 클릭하고 811.복리후생비를 선택한다.
② 화면우측의 대체적요 부분에 적요NO 3번으로 간식대 지급을 추가한다.
③ 적요의 번호는 연결된 번호가 아니어도 된다. 예를 들어 1번적요, 2번적요 다음에 5번적요를 입력할 수도 있다.

● 복리후생비계정의 적요가 추가된 화면

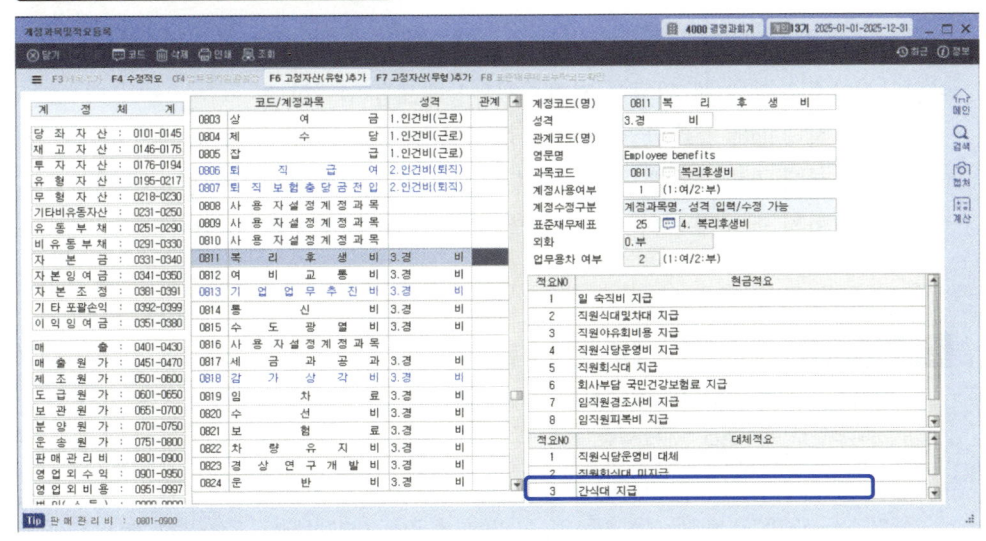

4. 적요의 수정
   ① 화면좌측의 계정체계에서 판매관리비를 클릭하고 817.세금과공과를 선택한다.
   ② 화면우측의 현금적요 2번에서 사업소세 납부를 주민세 납부로 수정 입력한다.

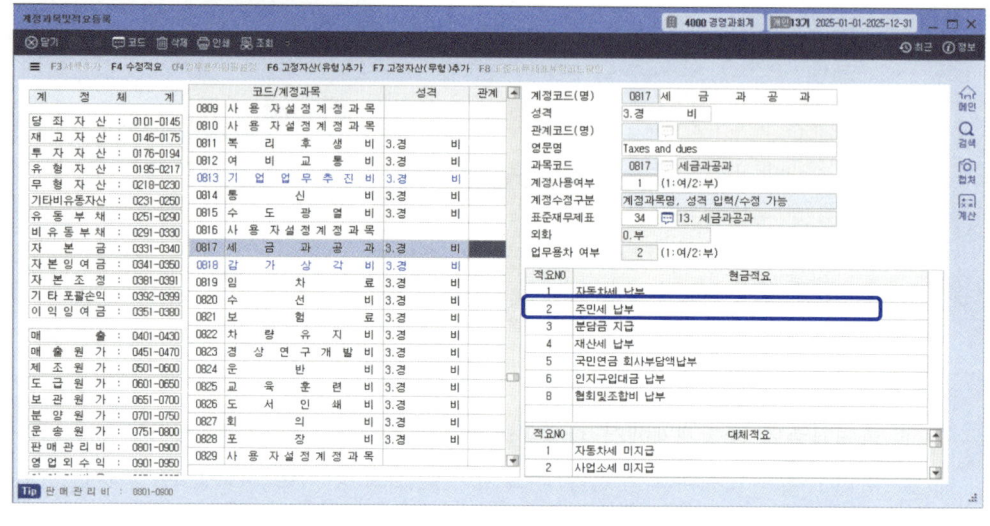

◯ 세금과공과계정의 적요가 수정된 화면

5 전기분재무상태표

전기분재무상태표의 자산, 부채, 자본은 당기에 계속하여 회계처리 하여야 하므로 당기로 이월시켜야 하는데 이를 위하여 전기분재무상태표를 입력한다.

전기분재무상태표에 입력된 재고자산 중 상품 계정의 금액은 "전기분손익계산서"의 상품매출원가부분에 기말상품재고액으로 자동 반영된다. 거래처관리가 필요한 계정과목은 "거래처별초기이월" 메뉴에 의하여 거래처별 초기이월액을 입력할 수 있다.

CHECK POINT 전기분재무상태표 작성시 유의사항

① 계정과목코드와 금액을 입력하면 화면우측에 계정별합계에 자동 집계된다.
② 대손충당금, 감가상각누계액 등은 설정대상 계정의 코드번호 다음 번호를 사용하며 절대로 음수(-)로 입력하지 않는다(예 : 코드번호 108번 외상매출금에 대한 대손충당금은 코드번호 109번을 사용).
③ 재무상태표의 당기순이익은 입력하지 않는다(개인기업의 자본금 = 기초자본금 ± 인출금 ± 당기순손익).
④ 가지급금과 가수금 계정은 계정과목 코드를 입력한 후 각 사원별로 내역을 입력하여야 한다.
⑤ 화면 우측 하단의 대차차액은 없어야 한다.
⑥ 입력순서에 관계없이 코드순으로 정렬되므로 누락된 경우 입력화면 마지막 줄에 추가 입력하면 된다.

필수예제 따라하기

필수예제

경영과회계의 전기분재무상태표를 해당하는 메뉴에 입력하시오.

재 무 상 태 표

(제12기) 2024. 12. 31. 현재

경영과회계 (단위 : 원)

과 목	금	액	과 목	금	액
유 동 자 산		48,779,000	유 동 부 채		30,779,000
당 좌 자 산		34,925,000	외 상 매 입 금		15,000,000
현 금		3,600,000	미 지 급 금		4,785,000
당 좌 예 금		3,500,000	단 기 차 입 금		10,994,000
보 통 예 금		2,000,000	비 유 동 부 채		
외 상 매 출 금	18,500,000		부 채 총 계		30,779,000
대 손 충 당 금	175,000	18,325,000	자 본 금		38,000,000
받 을 어 음		4,500,000	자 본 금		38,000,000
단 기 대 여 금		3,000,000	(당기순이익 : 28,800,000)		
재 고 자 산		13,854,000	자 본 총 계		38,000,000
상 품		13,854,000			
비 유 동 자 산		20,000,000			
투 자 자 산					
유 형 자 산		20,000,000			
건 물	15,000,000				
감 가 상 각 누 계 액	4,500,000	10,500,000			
차 량 운 반 구	24,500,000				
감 가 상 각 누 계 액	15,000,000	9,500,000			
무 형 자 산					
자 산 총 계		68,779,000	부 채 와 자 본 총 계		68,779,000

따라하기

회계관리 모듈의 "전기분재무제표"에서 "전기분재무상태표" 메뉴를 클릭한다.

① 유동자산, 당좌자산, 유동부채, 비유동부채, 자산총계, 자본총계 등 항목별 합계액은 입력하지 않고 계정과목과 금액만 입력한다. 자산항목과 부채및자본항목을 구분하여 입력하고, 코드번호를 모르는 경우에는 코드 란에 커서를 놓고 입력하려는 계정과목의 두 글자를 입력한 후 과목을 선택한다.

코드	금액	코드	금액	코드	금액
101	3,600,000	114	3,000,000	251	15,000,000
102	3,500,000	146	13,854,000	253	4,785,000
103	2,000,000	202	15,000,000	260	10,994,000
108	18,500,000	203	4,500,000	331	38,000,000
109	175,000	208	24,500,000		
110	4,500,000	209	15,000,000		

② 대손충당금과 감가상각누계액은 설정대상 계정의 코드번호 다음 코드번호를 선택한다 (예 : 108.외상매출금계정에 대한 대손충당금은 109., 202.건물계정에 대한 감가상각누계액은 203. 코드번호를 선택).

③ 주어진 자료와 계정별합계가 일치하는지, 대차차액은 없는지 확인하고 종료한다.

④ 입력을 누락한 계정과목은 중간에 삽입하는 것이 아니라 마지막 줄에 추가 입력하면 된다.

➡ 전기분재무상태표가 입력된 화면

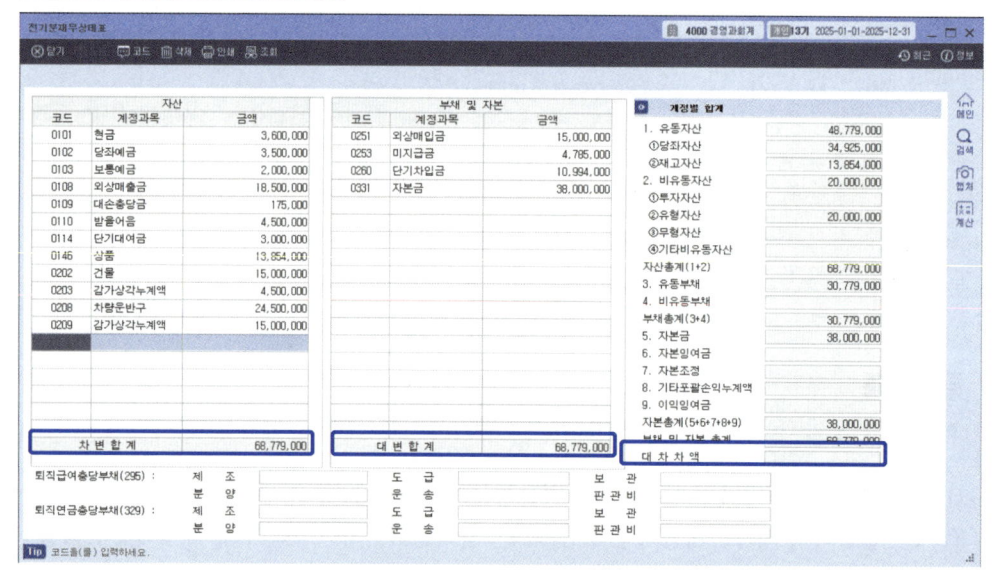

CHECK POINT 큰 금액 입력하는 방법

큰 금액을 입력할 때에 키보드 숫자 키패드에서 "+"를 누르면 "000"이 한 번에 입력된다.
1,000,000원의 입력 : 1 + +

6 전기분손익계산서

비교식 손익계산서를 작성하려면 전기분손익계산서가 필요하다. 전기분손익계산서는 비교식 손익계산서의 자료를 제공함과 동시에 비교식재무상태표에 전기순이익을 반영하기 위하여 필수적으로 입력하여야 하는 메뉴이다.

> **CHECK POINT** 전기분손익계산서 작성시 유의사항
> - **기간** : 손익계산서는 일정기간의 영업성적을 표시하게 되므로 해당 기간을 표시해 주어야 하는데, 당기에 작성하는 전기분 손익계산서는 직전년 1월 1일부터 12월 31일까지를 입력한다.
> - **계정코드** : 손익계산서의 비용 항목의 계정과목 코드번호는 항상 800번대 이후로 입력하여야 한다.

① 상품매출원가의 입력방법

"451.상품매출원가"를 선택하면 나타나는 보조창에서 기초상품재고액과 당기상품매입액 등의 항목을 입력한다. 기말상품재고액은 전기분재무상태표에 상품으로 입력한 금액이 자동으로 반영되므로 전기분재무상태표를 정확히 입력하여야 한다.

필수예제 따라하기

필수예제

경영과회계의 전기분손익계산서를 해당되는 메뉴에 입력하시오.

손 익 계 산 서

경영과회계　　　(제12기) 2024.1.1. ~ 2024.12.31　　　(단위 : 원)

과　　　　　　목	금	액
매　　　출　　　액		250,000,000
상　품　매　출　액	250,000,000	
매　　　출　　　원　　　가		141,650,000
기　초　상　품　재　고　액	15,000,000	
당　기　상　품　매　입　액	140,504,000	
계	155,504,000	
기　말　상　품　재　고　액	13,854,000	
매　출　총　이　익		108,350,000

과 목	금	액
판 매 비 와 관 리 비		70,850,000
급　　　　　　　　여	35,000,000	
복　리　후　생　비	9,500,000	
여　비　교　통　비	3,750,000	
기　업　업　무　추　진　비	7,500,000	
통　　　신　　　비	2,500,000	
소　모　품　비	3,950,000	
보　　　험　　　료	3,700,000	
운　　　반　　　비	4,950,000	
영　　업　　이　　익		37,500,000
영　업　외　수　익		1,500,000
이　　자　　수　　익	1,500,000	
영　업　외　비　용		3,300,000
이　　자　　비　　용	3,300,000	
소 득 세 차 감 전 순 이 익		35,700,000
소　　득　　세　　등		6,900,000
당　기　순　이　익		28,800,0000

따라하기

회계관리 모듈의 전기분재무제표에서 "전기분손익계산서"를 클릭한다.

① 매출액, 매출원가, 매출총이익 등의 항목별 합계액은 제외하고 계정과목과 금액만 입력한다. 코드 란에서 계정과목의 두 글자를 입력한 후 해당하는 과목을 선택한다.

코 드	금　　액 (원)	코 드	금　　액 (원)
401	250,000,000	814	2,500,000
451	기초상품재고액 : 15,000,000	821	3,700,000
	당기상품매입액 : 140,504,000	824	4,950,000
	기말상품재고액 : 13,854,000(자동반영됨)	830	3,950,000
801	35,000,000	901	1,500,000
811	9,500,000	951	3,300,000
812	3,750,000	999	6,900,000
813	7,500,000		

② 화면 우측의 계정별합계를 통해 입력된 금액의 항목별 합계를 확인할 수 있다.
③ 기말상품재고액은 전기분재무상태표에서 상품을 입력하면 자동으로 생성된다. 따라서 전기분손익계산서의 기말상품재고액을 수정하려면 전기분재무상태표의 상품계정의 금액을 수정하여야 한다.

7 거래처별초기이월

거래처별초기이월은 거래처별로 관리가 필요한 채권·채무 항목과 특정한 계정과목에 대하여 거래처별 장부를 만들기 위한 필수적인 작업이다.

① 거래처등록 메뉴에 거래처별 관리가 필요한 거래처가 등록되어 있어야 한다.

② 상단의 F4 불러오기 메뉴를 클릭하여 나타나는 보조창에서 예를 선택하면 전기분재무상태표에 입력된 모든 계정의 잔액을 불러온다.

③ 해당 계정과목을 선택하거나 불러오기를 하지 않고 직접 계정과목을 입력한 다음 마우스로 화면 우측의 거래처별 입력 화면의 코드 란에 커서를 놓고 F2 키를 눌러 나타나는 보조창에서 해당 거래처를 선택한 후 거래처별 금액을 입력한다.

④ 재무상태표에서 불러온 좌측의 계정과목 금액과 우측의 거래처별 금액의 합계액이 일치하여야 하므로 우측 하단의 차액 란에 금액이 표시되지 않도록 입력한다.

필수예제 따라하기

필수예제

경영과회계의 거래처별 채권·채무의 잔액은 다음과 같다. 거래처별 초기이월메뉴에 등록하시오.

계 정 과 목	거 래 처	금 액 (원)
외 상 매 출 금	(주)건일산업	10,000,000
	(주)대정	3,500,000
	삼표상사	5,000,000
받 을 어 음	(주)건일산업	1,500,000
	(주)대정	3,000,000
단 기 대 여 금	삼표상사	3,000,000
외 상 매 입 금	(주)영풍	7,500,000
	거성산업	3,300,000
	정수산업	4,200,000
미 지 급 금	(주)미영물산	1,785,000
	신진자동차	3,000,000
단 기 차 입 금	(주)승리	10,994,000

따라하기

회계관리 모듈의 "전기분재무제표"에서 "거래처별초기이월" 메뉴를 클릭한다.
거래처별 초기이월하는 계정의 금액과 거래처별 이월액의 합계액이 일치하여야 한다.

1. 외상매출금의 입력
   ① 커서를 좌측의 외상매출금계정에 놓고 우측의 코드 란을 선택한다.
   ② 우측의 코드 란에서 F2를 누르고 나타나는 보조창에서 101.(주)건일산업을 선택한 다음 금액 란에 10,000,000원을 입력한다.
   ③ 다음 줄로 이동하여 F2를 누르고 나타나는 보조창에서 102.(주)대정을 선택한 다음 금액 란에 3,500,000원을 입력한다.
   ④ 다음 줄로 이동하여 F2를 누르고 나타나는 보조창에서 103.삼표상사를 선택한 다음 금액 란에 5,000,000원을 입력한다.

⇨ 외상매출금 자료가 입력된 화면

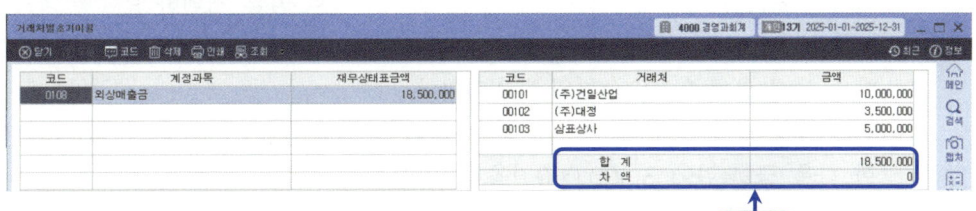

2. 받을어음의 입력
   ① 커서를 좌측의 받을어음계정에 놓고 우측의 코드 란을 선택한다.
   ② 우측의 코드 란에서 F2를 누르고 나타나는 보조창에서 101.(주)건일산업을 선택한 다음 금액 란에 1,500,000원을 입력한다.
   ③ 다음 줄로 이동하여 F2를 누르고 나타나는 보조창에서 102.(주)대정을 선택한 다음 금액 란에 3,000,000원을 입력한다.

⇨ 받을어음 자료가 입력된 화면

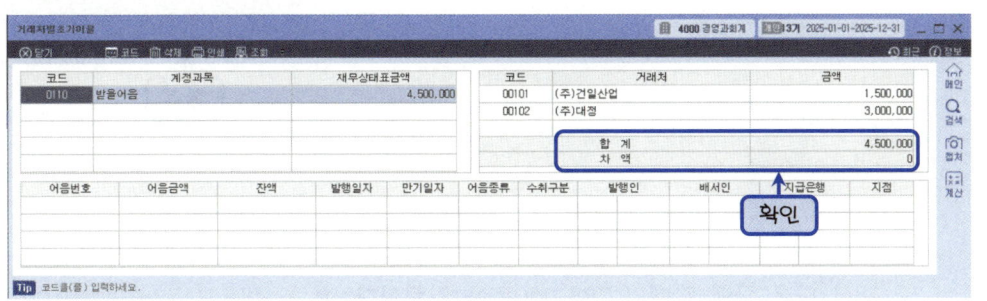

3. 단기대여금의 입력
   ① 커서를 좌측의 단기대여금계정에 놓고 우측의 코드 란을 선택한다.
   ② 우측의 코드 란에서 F2를 누르고 나타나는 보조창에서 103.삼표상사를 선택한 다음 금액 란에 3,000,000원을 입력한다.
   ③ 우측 하단의 차액 란에 금액이 없음을 확인한다.

   ⊃ 단기대여금 자료가 입력된 화면

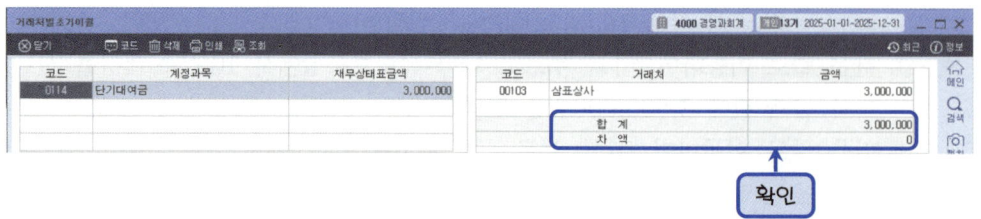

4. 외상매입금의 입력
   ① 커서를 좌측의 외상매입금계정에 놓고 우측의 코드 란을 선택한다.
   ② 우측의 코드 란에서 F2를 누르고 나타나는 보조창에서 104.(주)영풍을 선택한 다음 금액 란에 7,500,000원을 입력한다.
   ③ 다음 줄로 이동하여 F2를 누르고 나타나는 보조창에서 105.거성산업을 선택한 다음 금액 란에 3,300,000원을 입력한다.
   ④ 다음 줄로 이동하여 F2를 누르고 나타나는 보조창에서 106.정수산업을 선택한 다음 금액 란에 4,200,000원을 입력한다.
   ⑤ 우측 하단의 차액 란에 금액이 나타나지 않아야 한다.

   ⊃ 외상매입금 자료가 입력된 화면

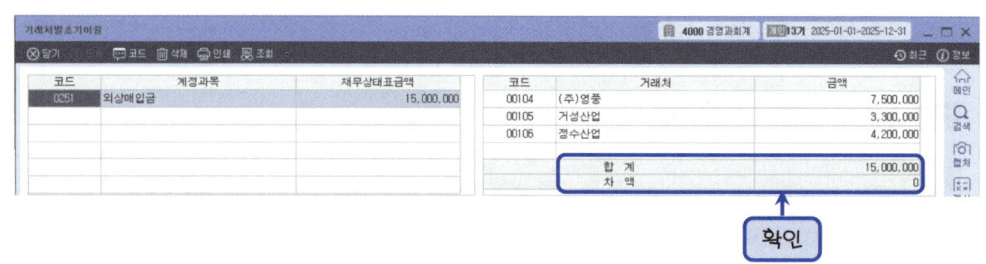

5. 미지급금의 입력
   ① 커서를 좌측의 미지급금계정에 놓고 우측의 코드 란을 선택한다.
   ② 우측의 코드 란에서 F2를 누르고 나타나는 보조창에서 107.(주)미영물산을 선택한 다음 금액 란에 1,785,000원을 입력한다.
   ③ 다음 줄로 이동하여 F2를 누르고 나타나는 보조창에서 1001.신진자동차를 선택한 다음 금액 란에 3,000,000원을 입력한다.

◐ 미지급금 자료가 입력된 화면

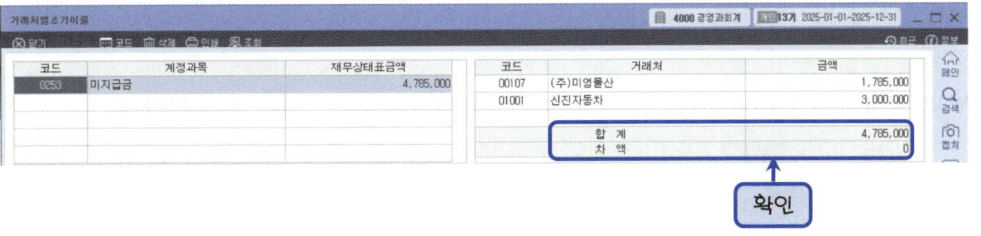

6. 단기차입금의 입력
   ① 커서를 좌측의 단기차입금계정에 놓고 우측의 코드 란을 선택한다.
   ② 우측의 코드 란에서 F2를 누르고 나타나는 보조창에서 108.(주)승리를 선택한 다음 금액 란에 10,994,000원을 입력한다.
   ③ 우측 하단의 차액 란에 금액이 없음을 확인한다.

◐ 단기차입금 자료가 입력된 화면

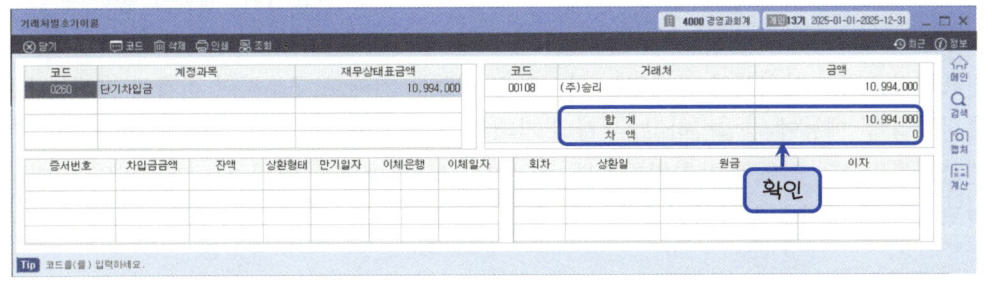

SECTION 02 | 전표입력

> **NCS 능력단위 : 0203020211 전표관리   능력단위요소 : 02 전표작성하기**
> 2.1 회계상 거래를 현금거래 유무에 따라 사용되는 입금전표, 출금전표, 대체전표로 구분할 수 있다.
> 2.2 현금의 수익거래를 파악하여 입금전표를 작성할 수 있다.
> 2.3 현금의 지출거래를 파악하여 출금전표를 작성할 수 있다.
> 2.4 현금의 수익과 지출이 없는 거파악하여 대체전표를 작성할 수 있다.

> **NCS 능력단위 : 0203020101 전표관리   능력단위요소 : 03 증빙서류관리하기**
> 3.1 발생한 거래에 따라 필요한 관련 서류 등을 확인하여 증빙여부를 검토할 수 있다.
> 3.2 발생한 거래에 따라 관련 규정을 준수하여 증빙서류를 구분·대조할 수 있다.
> 3.3 증빙서류 관련 규정에 따라 제 증빙자료를 관리할 수 있다.

회계처리의 대상이 되는 기업의 거래는 분개에 해당하는 '전표입력' 메뉴를 통하여 입력하고 입력된 회계자료는 각종 장부와 재무제표에 자동으로 반영된다.

전표입력은 부가가치세와 관계있는 거래와 관계없는 거래로 구분하여 전자의 거래는 '매입매출전표입력' 메뉴에서 입력하고, 후자의 거래는 '일반전표입력' 메뉴에서 입력하여야 한다. 전산회계 2급의 범위는 부가가치세를 무시하고 도·소매업을 영위하는 개인기업을 대상으로 하므로 모든 거래를 일반전표입력 메뉴에서 입력한다.

1 일반전표입력 : 거래자료의 입력

① **월** : 상단 메뉴 바 아래의 월 란에서 작업하고자 하는 월을 선택한다.

② **일** : 상단 메뉴 바 아래의 월 란에 해당 월만 입력하고 일 란에는 입력하지 않고 Enter↵ 를 치고 아래 입력 란에서 거래의 일자를 연속적으로 입력하는 방법과 거래의 일자를 상단의 일 란에 직접 입력하여 하루씩 거래를 입력하는 방법이 있다.

③ **번호** : 전표의 일련번호로 일자별로 1번부터 차례로 프로그램이 자동으로 부여한다.
- 대체분개는 1개의 전표에 있는 계정과목 모두에 동일한 번호가 부여되며, 차·대변 금액 합계가 일치하면 다음 번호가 자동으로 부여된다.
- 전표번호의 수정을 원할 때는 상단의 'Shift + F2 번호수정'을 클릭하여 수정한다.

④ **구분** : 전표의 유형을 입력하는 란이다.
　　[1.출금, 2.입금, 3.차변, 4.대변, 5.결산차변, 6.결산대변]
　　㉠ 현금거래 → 출금전표 : 1, 입금전표 : 2
　　㉡ 대체거래 → 차변 : 3, 대변 : 4
　　㉢ 결산자료 → 결산차변 : 5, 결산대변 : 6 (결산 대체분개 할 때만 사용)

⑤ **계정과목** : 계정과목 코드번호를 직접 입력하거나, F2 를 눌러 나타나는 보조창에서 계정과목을 선택할 수도 있고, 코드 란에 계정과목의 두 글자를 입력하고 Enter↵ 를 하여 나타나는 보조창에서 선택할 수도 있다.

⑥ **거래처코드** : 거래처별 관리가 필요한 경우 거래처별 코드를 입력하는 란이다.
　　㉠ F2 키를 누르거나 거래처명의 두 글자를 입력하여 나타나는 보조창에서 선택한다.
　　㉡ "+" 누른 후 거래처명을 입력하고 해당 거래처를 선택한다.
　　㉢ 새로운 거래처인 경우 거래처를 신규 등록하거나, "+" 키를 누른 후 거래처명을 입력하면 나타나는 보조창에서 거래처코드와 거래처를 등록하고 입력한다.
　　㉣ 거래처 코드번호를 알고 있는 경우에는 직접 입력하면 된다.

⑦ **거래처명** : 채권 채무가 있는 거래처와 특별한 관리가 필요한 거래처는 반드시 거래처 등록을 하여 코드번호를 부여하여야 하지만 거래처 관리가 필요 없는 거래처는 거래처명만 입력하면 된다.

⑧ **적요** : 거래의 내용을 요약하여 입력한다.
　　• 계정과목별로 반복적으로 발생하는 적요는 계정과목 등록과 함께 적요를 등록하여 입력 시에 선택하여 사용할 수 있다.
　　• 적요를 등록하거나 수정하려면 F8 적요수정을 눌러 나타나는 창에서 입력하면 된다.

⑨ **금액** : 거래금액을 입력한다.
　　"+" 키를 누르면 "000"이 입력되므로 큰 금액은 이를 이용하여 빠르게 입력한다.

⑩ **대차차액** : 대체전표의 금액을 입력하면서 차액이 발생하면 화면 상단의 대차차액 란에 차액이 붉은색으로 표시된다(차변금액합계 - 대변금액합계).

⑪ **전표의 삭제** : 전표의 삭제는 F5 또는 상단 바의 🗑 삭제 를 클릭하여 나타나는 보조창에서 예를 클릭하면 된다.

출금거래 : 구분 1출금

분개 : (차변) 입력할 계정과목　　　XXX　　　　　(대변) 현　　　금　　　　　XXX

- 구분 란에 '1(출금)'을 입력한 다음 거래의 분개 상 차변에 해당하는 계정과목을 입력한다.
- 계정과목 코드 란에 커서를 놓고 계정과목의 2글자를 입력하고 Enter↵를 하면 나타나는 보조창에서 해당하는 계정과목을 선택하는 방법으로 입력한다.

필수예제 따라하기

필수예제

다음 거래를 일반전표입력 메뉴에 입력하시오.
1. 1월 2일 : 포인트은행과 당좌거래 계약을 체결하고 현금 400,000원을 당좌예금하다.
2. 1월 5일 : (주)영풍의 외상매입금 중 500,000원을 현금으로 지급하였다.
3. 1월 6일 : 정수산업의 외상매입금 200,000원을 거래처 ㈜대정에서 받아 보유하고 있던 자기앞수표로 지급하였다.
4. 1월 8일 : 거성산업에서 상품 150,000원을 현금으로 매입하였다.
5. 1월 9일 : 마케팅팀 직원의 야근 시 식대 25,000원과 매출 거래처 직원과 식사한 대금 35,000원을 진고개식당에 현금으로 지급하였다.

따라하기

1. 일자 : 1월 2일

구분	코드	계정과목	코드	거래처		적　요	금　액
1(출)	102	당 좌 예 금		포인트은행	1	당좌예금 현금입금	400,000
분개	(차) 당좌예금		400,000	(대) 현　　금			400,000

2. 일자 : 1월 5일

구분	코드	계정과목	코드	거래처		적　요	금　액
1(출)	251	외 상 매 입 금	00104	(주)영풍	1	외상매입금 현금지급	500,000
분개	(차) 외상매입금 (104.(주)영풍)		500,000	(대) 현　　금			500,000

▶ 채권·채무의 거래는 반드시 거래처코드와 거래처명을 입력하여 거래처원장에 반영하여야 한다.

3. 일자 : 1월 6일

구분	코드	계정과목	코드	거래처		적　요	금　액
1(출)	251	외 상 매 입 금	00106	정수산업	1	외상매입금 현금지급	200,000
분개	(차) 외상매입금(106.정수산업)		200,000	(대) 현　　금			200,000

▶ 자기앞수표로 지급하면 현금으로 처리하고, 당좌수표를 발행하여 지급하면 당좌예금으로 처리하여야 한다.

4. 일자 : 1월 8일

구분	코드	계정과목	코드	거래처	적요		금액
1(출)	146	상 품		거성산업	1	상품현금매입	150,000
분개	(차) 상 품			150,000	(대) 현 금		150,000

▶ 상품은 채권 채무에 해당하지 않으므로 거래처 코드를 입력할 필요가 없다.

5. 일자 : 1월 9일

구분	코드	계정과목	코드	거래처	적요		금액
1(출)	811	복 리 후 생 비		진고개식당	2	직원식대및차대 지급	25,000
1(출)	813	기업업무추진비		진고개식당		거래처직원 식대	35,000
분개	(차) 복리후생비 　　　기업업무추진비			25,000 35,000	(대) 현 금		60,000

▶ 직원의 식대를 지급하면 복리후생비이지만 거래처를 위한 식대는 기업업무추진비에 해당한다.
▶ 복리후생비와 기업업무추진비는 채권·채무에 해당하지 않으므로 거래처코드를 입력할 필요가 없다.

● 출금거래가 입력된 화면

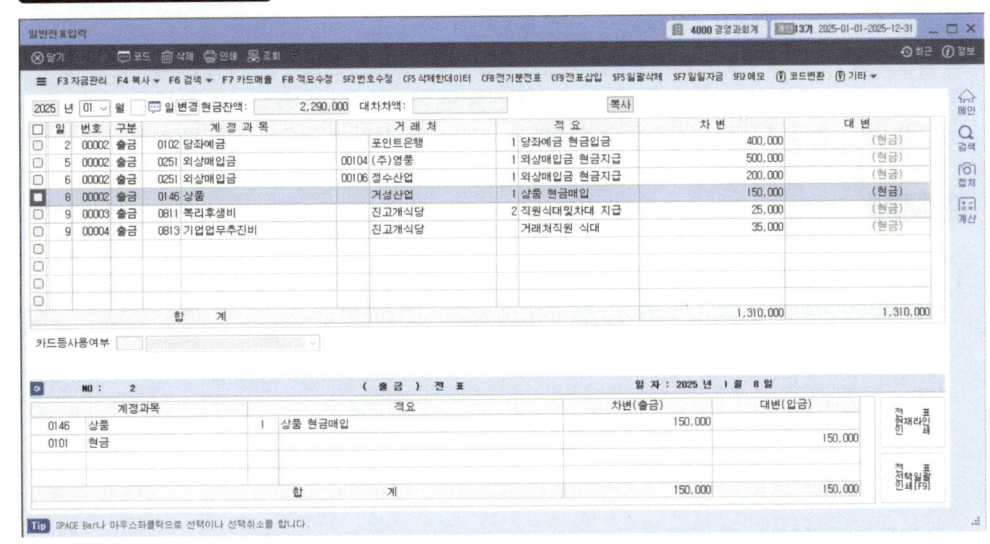

▶ 자격시험에서는 적요를 입력할 필요가 없다. 다만 문제에서 특별히 요구하는 경우와 적요번호 8번 타계정으로 대체인 경우에는 반드시 적요를 입력하여야 한다.
▶ 교재의 화면에 적요가 입력되어 있는 것은 실무에서 입력하는 사례를 보여주기 위한 것이다.

입금거래 : 구분 2입금

분개 : (차변) 현   금   XXX   (대변) 입력할 계정과목   XXX

- 구분 란에 '2(입금)'을 입력한 다음 거래의 분개 상 대변에 해당하는 계정과목을 입력한다.
- 코드 란에 계정과목 2글자를 입력한 다음 보조창에서 선택 입력한다.

필수예제 따라하기

필수예제

다음 거래를 일반전표입력 메뉴에 입력하시오.

1. 2월 3일 : 현금 800,000원을 보통예금 통장에서 인출하였다.
2. 2월 4일 : (주)대정에서 외상매출금 500,000원을 현금으로 회수하였다.
3. 2월 6일 : 삼표상사에 상품 250,000원을 매출하고 대금은 동점발행 당좌수표로 받았다.
4. 2월 8일 : 삼표상사의 외상매출금 300,000원을 동점발행 당좌수표로 회수하였다.
5. 2월 9일 : 현금 1,000,000원을 ㈜승리에서 6개월 후 상환 조건으로 차입하였다.

따라하기

1. 일자 : 2월 3일

구분	코드	계정과목	코드	거래처		적 요	금 액
2(입)	103	보 통 예 금			2	보통예금 현금인출	800,000
분개	(차) 현 금			800,000	(대) 보통예금		800,000

▶ 예금의 인출이란 예금을 현금으로 찾아오는 것이므로 예금은 감소하고 현금은 증가한다.

2. 일자 : 2월 4일

구분	코드	계정과목	코드	거래처		적 요	금 액
2(입)	108	외 상 매 출 금	00102	㈜대정	1	외상매출금 현금회수	500,000
분개	(차) 현 금			500,000	(대) 외상매출금(102.(주)대정)		500,000

▶ 외상매출금을 회수하면 현금은 증가하고 채권인 외상매출금은 감소한다.

3. 일자 : 2월 6일

구분	코드	계정과목	코드	거래처	적 요	금 액
2(입)	401	상 품 매 출		삼표상사	상품 현금매출	250,000
분개	(차) 현 금			250,000	(대) 상품매출	250,000

▶ 동점발행수표는 타인발행수표에 해당하므로 현금으로 처리한다.

4. 일자 : 2월 8일

구분	코드	계정과목	코드	거래처	적 요	금 액
2(입)	108	외 상 매 출 금	00103	삼표상사	1 외상매출금 현금회수	300,000
분개	(차) 현 금			300,000	(대) 외상매출금(103.삼표상사)	300,000

5. 일자 : 2월 9일

구분	코드	계정과목	코드	거래처	적 요	금 액
2(입)	260	단 기 차 입 금	00108	㈜승리	현금 단기차입	1,000,000
분개	(차) 현 금			1,000,000	(대) 단기차입금(108.(주)승리)	1,000,000

▶ 차입금은 결산일(12월31일)부터 1년 이내에 상환 조건이면 단기차입금에 해당한다.

● 입금거래가 입력된 화면

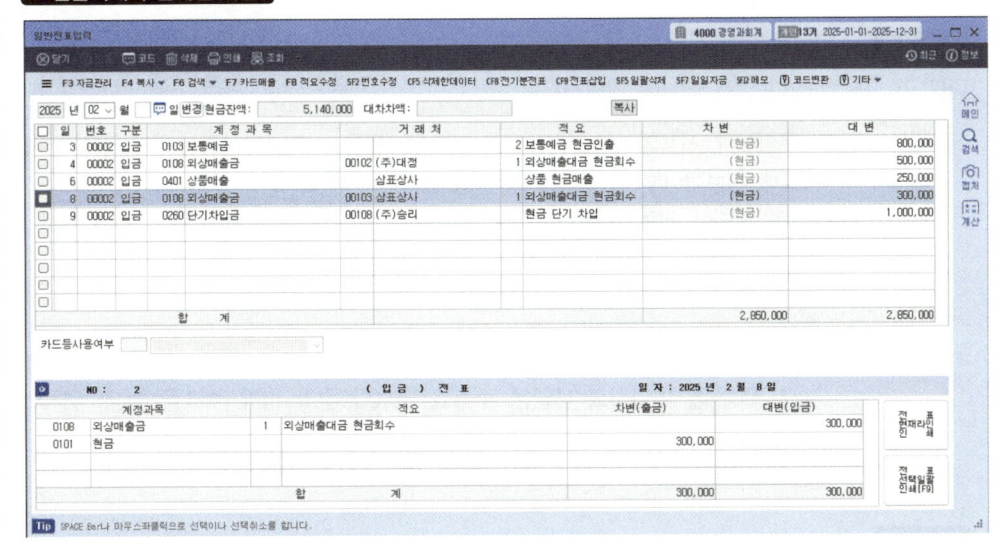

대체거래 : 구분3(차), 구분4(대)

분개 : (차변) 입력할 계정과목　　　　XXX　　　　(대변) 입력할 계정과목　　　　XXX

- 구분 란에 '3(차변)'을 입력하고 차변 분개에 해당하는 계정과목, 거래처코드, 금액 등을 입력한다.
- 다음 줄의 구분 란에 '4(대변)'을 입력하고 대변 계정과목과 거래처코드, 적요, 금액을 입력한다.
- 순서는 바꿀 수 있으며, 거래의 내용에 따라 차변과 대변이 두 줄 이상일 수도 있다.
- 현금이 포함된 대체거래(구분이 3 또는 4일 때)는 101.현금 계정을 입력할 수 있다.

필수예제 따라하기

필수예제

다음 거래를 일반전표입력 메뉴에 입력하시오.

1. 3월 5일 : 사무실에서 사용할 냉난방기 1대 520,000원을 ㈜미영물산에서 구입하고 대금은 월말에 지급하기로 하다(고정자산 간편등록은 무시할 것).
2. 3월 10일 : 정수산업에서 상품 550,000원을 매입하고 대금 중 200,000원은 약속어음을 발행하여 지급하고 잔액은 외상으로 하다.
3. 3월 15일 : 정수산업의 외상매입금 300,000원을 당사 보통예금계좌에서 계좌이체하여 지급하다.
4. 3월 20일 : 단기매매차익을 목적으로 상장회사인 ㈜미래의 주식 500주(액면 @500원)을 @2,200원에 매입하고 대금은 수수료 30,000원과 함께 수표를 발행하여 지급하다.
5. 3월 25일 : 길손식당에서 영업팀 회식을 하고 식대 250,000원을 국민카드로 결제하다.

따라하기

1. 일자 : 3월 5일

구분	코드	계정과목	코드	거래처	적요	금액
3(차)	212	비　　　품		㈜미영물산	냉난방기 구입	520,000
4(대)	253	미 지 급 금	00107	㈜미영물산	냉난방기 구입	520,000
분개	(차) 비 품　　　　520,000　　(대) 미지급금　　　　520,000 (거래처:107.㈜미영물산)					

▶ 비품을 구입하고 대금을 지급하지 않은 것은 일반적 상거래가 아니므로 미지급금 계정을 사용하여야 하고 미지급금은 채무이므로 반드시 거래처 코드를 입력하여야 한다.

2. 일자 : 3월 10일

구분	코드	계정과목	코드	거래처	적 요	금 액
3(차)	146	상 품		정수산업		상품매입	550,000
4(대)	252	지 급 어 음	00106	정수산업		상품대금어음지급	200,000
4(대)	251	외 상 매 입 금	00106	정수산업	4	상품 외상매입	350,000
분개	(차) 상 품 550,000				(대) 지급어음 200,000 외상매입금 350,000		

▶ 지급어음과 외상매입금 모두 거래처에 코드 106. 정수산업을 입력하여야 한다.

3. 일자 : 3월 15일

구분	코드	계정과목	코드	거래처	적 요	금 액
3(차)	251	외 상 매 입 금	00106	정수산업		외상매입금 지급	300,000
4(대)	103	보 통 예 금			4	외상매입대금결제	300,000
분개	(차) 외상매입금 300,000 (거래처 : 106.정수산업)				(대) 보통예금 300,000		

▶ 외상매입금을 보통예금에서 지급하면 외상매입금은 부채의 감소로 차변에 기입하고, 보통예금은 자산의 감소로 대변에 기입한다.

4. 일자 : 3월 20일

구분	코드	계정과목	코드	거래처	적 요	금 액
3(차)	107	단 기 매 매 증 권				㈜미래 주식 매입	1,100,000
3(차)	984	수 수 료 비 용				수수료 지급	30,000
4(대)	102	당 좌 예 금			6	당좌수표발행지급	1,130,000
분개	(차) 단기매매증권 1,100,000 수수료비용 30,000				(대) 당좌예금 1,130,000		

▶ 단기매매차익을 목적으로 상장회사의 주식을 취득하면 단기매매증권 계정을 사용하고 취득 시 비용은 별도의 수수료비용 계정을 사용하여야 한다. 이때 수수료비용 계정은 코드 984번의 영업외비용으로 하여야 한다.

5. 일자 : 3월 25일

구분	코드	계정과목	코드	거래처	적 요	금 액
3(차)	811	복 리 후 생 비		길손식당		직원회식대 카드결제	250,000
4(대)	253	미 지 급 금	99600	국민카드		직원회식대 카드결제	250,000
분개	(차) 복리후생비 250,000				(대) 미지급금 250,000 (거래처 : 99600.국민카드)		

▶ 환경등록에서 카드매입은 미지급금으로 되어 있다.
▶ 신용카드를 사용하면 카드회사에 대한 미지급금이므로 미지급금의 거래처코드 란에 길손식당을 입력하면 안 되고 카드회사 코드번호 99600번 국민카드(유형 : 매입)으로 입력하여야 한다.

➲ 대체거래가 입력된 화면

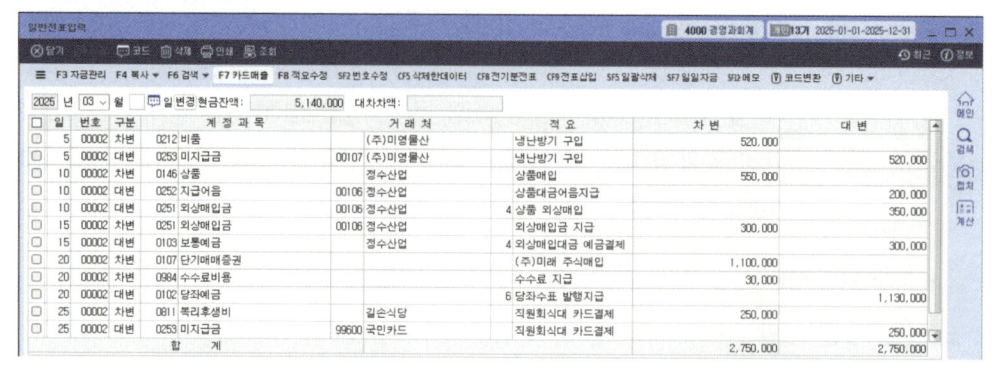

필수예제 따라하기

필수예제

다음 거래를 일반전표입력 메뉴에 입력하시오.

1. 4월 1일 : 당좌예금에서 1,000,000원을 보통예금으로 이체하였다.
2. 4월 2일 : 매출거래처 (주)건일산업의 상품 외상대금 5,000,000원이 당좌예금계좌로 입금되었다.
3. 4월 3일 : 신진자동차에 대한 미지급금 중 1,000,000원을 당좌수표를 발행하여 지급하다.
4. 4월 4일 : 삼표상사의 외상매출금 5,000,000원 중 1,000,000원은 현금으로 받고 나머지 잔액은 어음으로 받았다.
5. 4월 5일 : (주)영풍으로부터 상품 5,000,000원을 매입하고 대금은 현금으로 1,000,000원을 지급하고 나머지는 한 달 후에 지급하기로 하였다.
6. 4월 6일 : 사무용 책상을 경동상사로부터 800,000원에 구입하고 대금은 보통예금에서 계좌이체하여 지급하였다.
7. 5월 1일 : 거성산업에서 상품 2,000,000원을 매입하고 대금은 ㈜대정에서 받은 국민은행 발행 자기앞수표로 지급하였다.
8. 5월 2일 : (주)대정에 상품을 15,000,000원에 매출하고 대금은 동점발행 당좌수표로 받았다.
9. 5월 3일 : (주)영풍으로부터 상품 10,000,000원을 매입하고 대금 중 7,000,000원은 자기앞수표로 지급하고 나머지는 당좌수표를 발행하여 지급하다.
10. 5월 4일 : 종로상사에서 사무용품 150,000원을 구입하고 대금은 외상으로 하다(거래처코드 3000번으로 등록하고 비용으로 처리할 것).
11. 5월 5일 : 매입거래처 (주)영풍에 대한 외상매입금 1,500,000원을 지급하기 위하여 소유하고 있는 (주)대정 발행 어음을 배서양도하다.

12. 5월 6일 : (주)건일산업에 대한 받을어음 1,500,000원이 만기가 도래되어 추심수수료 15,000원을 차감한 잔액이 당좌예금에 입금되었다는 통보를 받았다.

13. 5월 7일 : (주)승리에서 차입한 단기차입금에 대한 이자 900,000원을 보통예금계좌에서 자동이체 하였다.

14. 6월 1일 : 영업부 직원 김강남에게 출장을 명하고 여비개산액 200,000원을 현금으로 지급하였다(거래처코드 4000번으로 등록할 것).

15. 6월 2일 : 단기매매차익을 목적으로 삼성생명주식 100주(액면 @5,000원)를 1주당 @7,500원에 매입하고 대금은 수수료 20,000원과 함께 당좌수표를 발행하여 지급하였다. 단 동 주식은 비상장주식으로 매도와 매수가 적극적이고 빈번하게 발생하지는 않을 것이다.

16. 6월 3일 : (주)건일산업으로부터 받은 약속어음 1,500,000원을 은행에서 할인받고, 할인료 5,000원을 차감한 잔액은 보통예금계좌에 입금하였다(매각거래로 처리할 것).

17. 6월 4일 : 전화요금 50,000원을 현금으로 국민은행에 납부하였다.

18. 6월 5일 : 삼표상사에 대여한 단기대여금 3,000,000원과 이자 50,000원을 현금으로 회수하였다(대체거래로 입력할 것).

19. 6월 6일 : (주)영풍에서 상품 5,000,000원을 구입하기로 하고 계약금으로 1,000,000원을 당좌수표를 발행하여 지급하였다.

20. 6월 7일 : (주)대정에 상품 20,000,000원을 매출하고 대금 중 5,000,000원은 동점발행 약속어음으로 받고, 나머지는 외상으로 하다.

따라하기

회계모듈의 [전표입력]에서 일반전표입력 메뉴를 선택한다.

1. 일자 : 4월 1일

구분	코드	계정과목	코드	거래처	적요	금액
3(차)	103	보 통 예 금			당좌예금에서 이체	1,000,000
4(대)	102	당 좌 예 금			보통예금으로 이체	1,000,000
분개	(차) 보통예금		1,000,000	(대) 당좌예금		1,000,000

2. 일자 : 4월 2일

구분	코드	계정과목	코드	거래처	적요	금액
3(차)	102	당 좌 예 금			3 외상대금당좌입금	5,000,000
4(대)	108	외 상 매 출 금	00101	(주)건일산업	외상대금당좌입금	5,000,000
분개	(차) 당좌예금		5,000,000	(대) 외상매출금		5,000,000

3. 일자 : 4월 3일

구분	코드	계정과목	코드	거래처	적요	금액
3(차)	253	미 지 급 금	01001	신진자동차	미지급금 수표반제	1,000,000
4(대)	102	당 좌 예 금			미지급금 수표반제	1,000,000
분개	(차) 미지급금		1,000,000	(대) 당좌예금		1,000,000

4. 일자 : 4월 4일

구분	코드	계정과목	코드	거래처		적요	금액
3(차)	101	현 금				외상대금현금회수	1,000,000
3(차)	110	받 을 어 음	00103	삼표상사	3	외상매출금어음회수	4,000,000
4(대)	108	외 상 매 출 금	00103	삼표상사		외상매출금회수	5,000,000
분개	(차) 현 금 받을어음		1,000,000 4,000,000	(대) 외상매출금			5,000,000

▶ 외상매출금을 받았다는 것은 외상채권을 회수한 것이므로 외상매출금이 감소하여야 한다.

5. 일자 : 4월 5일

구분	코드	계정과목	코드	거래처	적요	금액
3(차)	146	상 품			상품매입	5,000,000
4(대)	101	현 금			상품대금 현금지급	1,000,000
4(대)	251	외 상 매 입 금	00104	(주)영풍	4 상품외상매입	4,000,000
분개	(차) 상 품		5,000,000	(대) 현 금 외상매입금		1,000,000 4,000,000

6. 일자 : 4월 6일

구분	코드	계정과목	코드	거래처	적요	금액
3(차)	212	비 품		경동상사	사무용책상구입	800,000
4(대)	103	보 통 예 금			사무용책상구입	800,000
분개	(차) 비 품		800,000	(대) 보통예금		800,000

➲ 4월분 거래자료가 입력된 화면

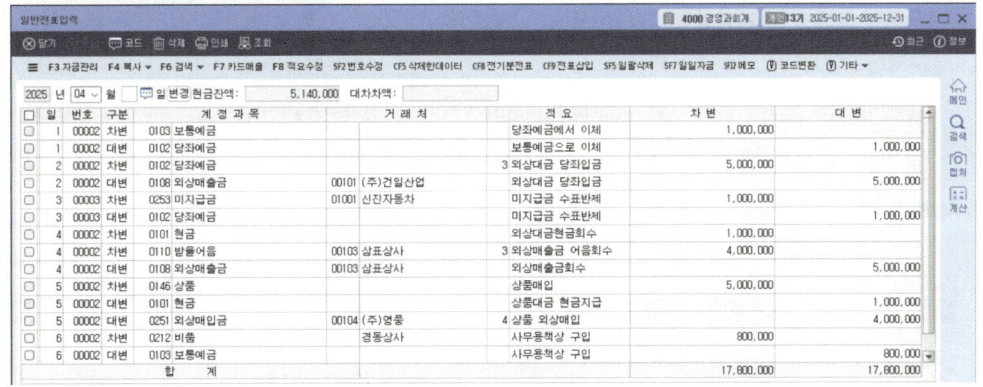

7. 일자 : 5월 1일

구분	코드	계정과목	코드	거래처	적요	금 액
1(출)	146	상　　품		거성산업	1 상품현금매입	2,000,000
분개	(차) 상　　품		2,000,000	(대) 현　　금		2,000,000

▶ 자기앞수표는 통화대용증권이므로 현금계정으로 회계처리 하여야 한다.
▶ 대체전표로 입력하여도 된다. 3(차) 상품 2,000,000 4(대) 현금 2,000,000

8. 일자 : 5월 2일

구분	코드	계정과목	코드	거래처	적요	금 액
2(입)	401	상 품 매 출		(주)대정	상품매출	15,000,000
분개	(차) 현　　금		15,000,000	(대) 상품매출		15,000,000

▶ 대체전표로 입력하여도 된다.
　 3(차) 현금 15,000,000 4(대) 상품매출 15,000,000

9. 일자 : 5월 3일

구분	코드	계정과목	코드	거래처	적요	금 액
3(차)	146	상　　품		(주)영풍	상품매입	10,000,000
4(대)	101	현　　금			상품매입 현금지급	7,000,000
4(대)	102	당 좌 예 금			상품매입 수표발행	3,000,000
분개	(차) 상　　품		10,000,000	(대) 현　　금 　　 당좌예금		7,000,000 3,000,000

10. 일자 : 5월 4일

구분	코드	계정과목	코드	거래처	적요	금액
3(차)	830	소 모 품 비			사무용품 구입	150,000
4(대)	253	미 지 급 금	03000	종로상사	사무용품 구입	150,000
분개	(차) 소모품비		150,000	(대) 미지급금		150,000

▶ 거래처코드란에서 "+"키를 치고 거래처란에 "종로상사"를 입력한 후 Enter↵ 를 한 다음 보조창에서 반드시 거래처코드 3000을 입력하고 [등록] 또는 [수정]을 클릭하여 등록한다.

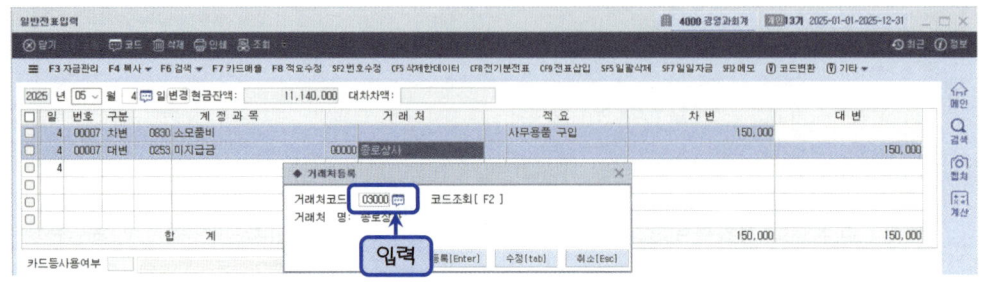

11. 일자 : 5월 5일

구분	코드	계정과목	코드	거래처		적요	금액
3(차)	251	외 상 매 입 금	00104	(주)영풍		외상대 지급	1,500,000
4(대)	110	받 을 어 음	00102	(주)대정	4	외상매입금배서양도	1,500,000
분개	(차) 외상매입금		1,500,000	(대) 받을어음			1,500,000

▶ (주)대정이 발행한 어음을 수취하였다가 외상매입금 지급을 위하여 배서양도한 것이므로 받을어음의 거래처는 (주)대정이 되어야 한다.

12. 일자 : 5월 6일

구분	코드	계정과목	코드	거래처		적요	금액
3(차)	102	당 좌 예 금			4	받을음당좌입금	1,485,000
3(차)	831	수 수 료 비 용				추심수수료지급	15,000
4(대)	110	받 을 어 음	00101	(주)건일산업	6	받을음당좌추심	1,500,000
분개	(차) 당좌예금 수수료비용		1,485,000 15,000	(대) 받을어음			1,500,000

13. 일자 : 5월 7일

구분	코드	계정과목	코드	거래처		적요	금액
3(차)	951	이 자 비 용				차입금이자지급	900,000
4(대)	103	보 통 예 금			6	지급이자예금인출	900,000
분개	(차) 이자비용		900,000	(대) 보통예금			900,000

➲ 5월분 거래자료가 입력된 화면

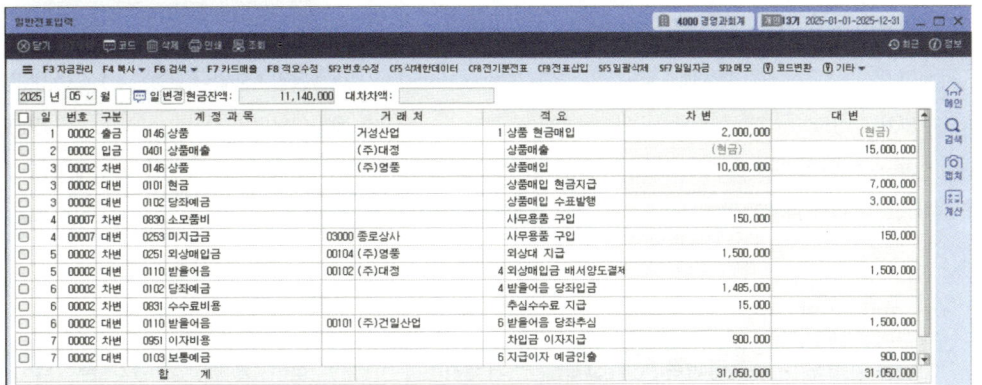

14. 일자 : 6월 1일

구분	코드	계정과목	코드	거래처	적 요	금 액
1(출)	134	가 지 급 금	04000	김강남	여비개산액지급	200,000
분개	(차) 가지급금		200,000	(대) 현 금		200,000

▶ 거래처코드란에서 "+"키를 치고 거래처명란에서 "김강남"을 입력한 후 Enter↵를 한 다음 보조창에서 거래처 코드 번호로 4000을 입력하고 등록(또는 수정)을 클릭하여 등록한다.

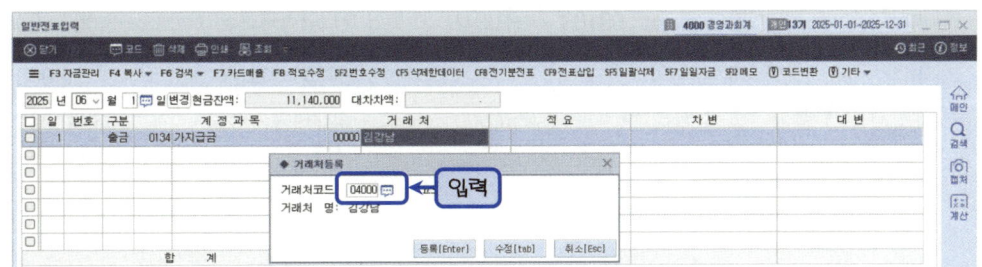

15. 일자 : 6월 2일

구분	코드	계정과목	코드	거래처	적 요	금 액
3(차)	123	매 도 가 능 증 권			삼성생명주식매입	770,000
4(대)	102	당 좌 예 금			삼성생명주식매입	770,000
분개	(차) 매도가능증권		770,000	(대) 당좌예금		770,000

▶ 단기 매매차익 목적의 주식이 매도와 매수가 적극적이고 빈번한 상장주식이면 단기매매증권으로 처리하지만 비상장주식의 경우에는 매도가능증권(유동자산)으로 처리하여야 한다.
▶ 매도가능증권의 취득시 비용은 매도가능증권의 취득원가에 가산하고 단기매매증권의 취득시 비용은 984.수수료비용 계정을 사용한다.

16. 일자 : 6월 3일

구분	코드	계정과목	코드	거래처	적요		금액
3(차)	103	보통예금			3	어음할인예금입금	1,425,000
3(차)	956	매출채권처분손실				받을어음할인료	75,000
4(대)	110	받을어음	00101	(주)건일산업		어음할인액	1,500,000
분개	(차) 보통예금 　　　매출채권처분손실			1,425,000 75,000	(대) 받을어음		1,500,000

17. 일자 : 6월 4일

구분	코드	계정과목	코드	거래처	적요	금액
1(출)	814	통신비			전화요금 납부	50,000
분개	(차) 통신비		50,000	(대) 현금		50,000

18. 일자 : 6월 5일

구분	코드	계정과목	코드	거래처	적요	금액
3(차)	101	현금			대여금등회수	3,050,000
4(대)	114	단기대여금	00103	삼표상사	대여금현금회수	3,000,000
4(대)	901	이자수익			대여금이자회수	50,000
분개	(차) 현금		3,050,000	(대) 단기대여금 　　　이자수익		3,000,000 50,000

19. 일자 : 6월 6일

구분	코드	계정과목	코드	거래처	적요		금액
3(차)	131	선급금	00104	(주)영풍	1	상품대금수표선지급	1,000,000
4(대)	102	당좌예금				상품대금수표선지급	1,000,000
분개	(차) 선급금			1,000,000	(대) 당좌예금		1,000,000

20. 일자 : 6월 7일

구분	코드	계정과목	코드	거래처	적요		금액
3(차)	110	받을어음	00102	(주)대정	1	상품매출어음수취	5,000,000
3(차)	108	외상매출금	00102	(주)대정	1	상품외상매출	15,000,000
4(대)	401	상품매출				상품매출	20,000,000
분개	(차) 받을어음 　　　외상매출금			5,000,000 15,000,000	(대) 상품매출		20,000,000

➲ 6월분 거래자료가 입력된 화면

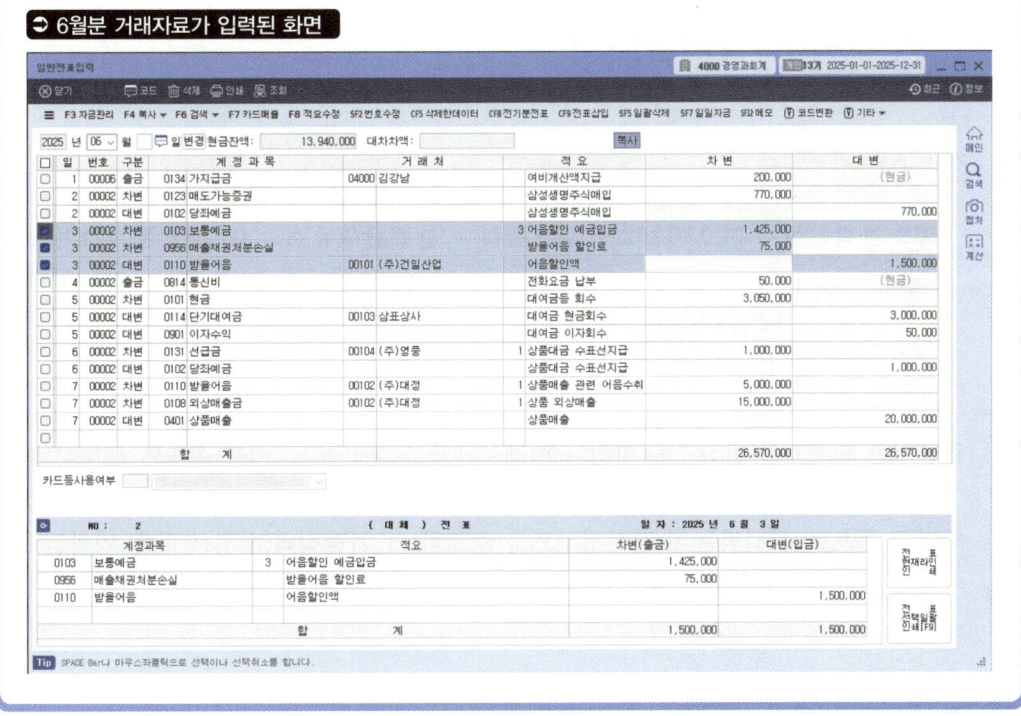

SECTION 03 | 결산 / 재무제표

1 결 산

> **NCS 능력단위 : 0203020212 결산관리   능력단위요소 : 01 결산분개하기**
> 1.1 회계관련 규정에 따라 제반서류를 준비 할 수 있다.
> 1.2 손익계정에 관한 결산정리 사항을 분개할 수 있다.
> 1.3 자산 부채 계정에 관한 결산정리 사항을 분개할 수 있다.

결산이란 회계기말에 장부를 마감하여 재무제표를 작성하고, 이를 통하여 재무상태와 경영성과를 파악하는 절차를 말한다. 회계기간 중 전산회계프로그램으로 입력된 자료에 의하여 자동으로 작성되는 수정전시산표를 검토하고, 기말정리(수정)사항을 입력함으로써 재무제표를 확정하는 절차를 말한다. 이때에 장부마감은 프로그램이 자동으로 진행한다.

2 결산정리(수정)사항의 수동결산

① 상품매출원가의 대체분개

기말상품재고액이 파악되면 상품 계정을 조회한 후 당기의 상품매출원가를 산출하여 다음과 같이 분개처리 한다. 이때 구분은 5.결산차변, 6.결산대변을 사용한다.

| (결차) 상품매출원가   ×××   (결대) 상 품   ××× |

상품매출원가는 다음과 같이 계산한다.

$$상품매출원가 = \underline{(기초상품재고액 + 당기상품매입액)} - 기말상품재고액$$
$$\hookrightarrow 12월\ 합계잔액시산표\ 상\ 상품계정잔액$$

▶ 전산실무에서는 상품계정에 대하여 2분법을 적용한다. 2분법이란 상품매입 시에는 상품 계정으로 상품판매 시에는 상품매출 계정으로 처리하고, 결산 시에는 상품매출원가를 계산하여 상품계정에서 상품매출원가계정으로 대체하는 방법을 말한다.

② 감가상각비 계상

유형자산(건물, 차량운반구 등)의 가치감소분을 감가상각비라 하고 이를 해당 유형자산의 감가상각누계액계정(해당 유형자산 코드의 다음 코드)에 계상한다.

구 분	결 산 분 개			
직 접 법	(차) 무형자산상각비	×××	(대) 무형자산	×××
간 접 법	(차) 감가상각비	×××	(대) 감가상각누계액	×××

③ 대손충당금 계상 및 처리

채권(외상매출금, 받을어음, 미수금 등)의 기말잔액에는 차기 이후에 대손이 예상되는 금액이 포함되어 있다. 결산 시에 채권의 대손예상액을 추정하여 비용인 대손상각비계정으로 계상하고 동시에 채권에 대한 평가계정인 대손충당금계정으로 계상한다.
전산프로그램에서는 채권 잔액을 합계잔액시산표(12월)에서 조회하여 확인한다.

대손상각비 계산 = (기말 채권 잔액 × 추정율) – 대손충당금잔액

구 분	결 산 분 개
· 대손충당금잔액이 없을 경우 · 대손충당금잔액 < 대손충당금설정액	(차) 대손상각비　×××　(대) 대손충당금　×××
· 대손충당금잔액 > 대손충당금설정액	(차) 대손충당금　×××　(대) 대손충당금환입　×××

▶ 대손충당금환입(코드851번)은 영업외수익이 아니라, 판매관리비에 부(-)의 금액으로 입력하여야 한다.
▶ 매출채권에 대한 대손상각비는 판매관리비이고 기타 채권에 대한 대손상각비는 영업외비용이다.

④ 퇴직급여충당부채의 설정

결산일에 전 종업원의 퇴직을 가정하여 산출한 퇴직금 추계액에서 현재 설정되어 있는 퇴직급여충당부채를 차감한 금액을 추가로 설정한다.

❖ 결산 기말에 퇴직급여충당부채를 설정(퇴직금추계액 – 퇴직급여충당부채잔액)
　(차) 퇴직급여　　　　　×××　　　(대) 퇴직급여충당부채　×××

⑤ 수익·비용의 이연

수익의 이연(선수수익)	선수이자, 선수임대료 등	부채계정
비용의 이연(선급비용)	선급이자, 선급보험료 등	자산계정

㉠ 수익의 이연(선수수익)

당기에 수익으로 입금된 금액 중 차기에 속하는 미경과분을 계산하여 당기 수익에서 차감하고 선수수익계정으로 계상한다. 선수수익에는 선수이자, 선수임대료 등이 있다.
• 분개 : (차) 수익계정　　　×××　　　(대) 선수수익　　　×××

㉡ 비용의 이연(선급비용)

당기에 비용으로 지급된 금액 중 차기에 속하는 미경과분을 계산하여 당기의 비용에서 차감하고 선급비용으로 계상한다. 선급비용에는 선급보험료, 선급이자 등이 있다.
• 분개 : (차) 선급비용　　　×××　　　(대) 비용계정　　　×××

⑥ 수익·비용의 계상(예상)

수익의 계상(미수수익)	미수이자, 미수임대료 등	자산계정
비용의 계상(미지급비용)	미지급이자 미지급급여 등	부채계정

㉠ 수익의 계상(미수수익)

당기분에 해당하는 수익이지만 금전의 수입이 없는 금액에 대하여 결산 시 미수수익으로 계상한다. 미수수익에는 미수이자, 미수임대료 등이 있다.
- 분개 : (차) 미수수익　　　×××　　　(대) 수익계정　　　×××

㉡ 비용의 계상(미지급비용)

당기에 해당하는 비용이지만 금전의 지출이 없는 경우 미지급액을 계산하여 당기의 비용으로 계상한다. 미지급비용에는 미지급이자, 미지급임차료, 미지급세금 등이 있다.
- 분개 : (차) 비용계정　　　×××　　　(대) 미지급비용　　　×××

⑦ 소모품의 정리

㉠ 구입시 비용(소모품비)으로 처리한 경우 – 미사용분을 자산계정으로 대체
- 분개 : (차) 소모품　　　×××　　　(대) 소모품비　　　×××

㉡ 구입시 자산(소모품)으로 처리한 경우 – 사용분을 비용계정으로 대체
- 분개 : (차) 소모품비　　　×××　　　(대) 소모품　　　×××

⑧ 현금과부족의 정리

㉠ 결산 시까지 원인이 밝혀지지 않은 현금과부족계정 정리

결산 시 현금과부족이 차변에 있으면 잡손실로 대변에 있으면 잡이익으로 대체한다.
- 차변 : (차) 잡손실　　　×××　　　(대) 현금과부족　　　×××
- 대변 : (차) 현금과부족　　　×××　　　(대) 잡이익　　　×××

㉡ 결산일 현재 현금잔액 과다(원인을 알 수 없음)
- 분개 : (차) 현　금　　　×××　　　(대) 잡이익　　　×××

㉢ 결산일 현재 현금잔액 부족(원인을 알 수 없음)
- 분개 : (차) 잡손실　　　×××　　　(대) 현　금　　　×××

⑨ 인출금의 정리

결산 시에는 인출금계정을 조회하여 자본금계정으로 대체하여야 한다.
- 분개 : (차) 자본금　　　×××　　　(대) 인출금　　　×××

3 자동결산(결산자료입력 메뉴 활용)

결산/재무제표에서 결산자료입력 메뉴를 선택하고, 기간에 1월~12월을 입력하면 결산분개금액, 결산전금액, 결산반영금액, 결산후금액이 과목별로 나타난다. 커서를 움직여 결산반영금액 란에 있는 입력창에 커서가 위치하면 해당 금액을 입력한다.

일부 계정은 상단의 기능 아이콘(F7 감가상각, F8 대손상각, Ctrl+F8 퇴직충당)을 클릭하면 보조창을 통하여 빠르게 입력할 수 있다. 그리고 결산자료 입력 시 계정잔액의 조회가 필요하면 F6 잔액조회를 클릭하면 된다.

① 상품의 기말재고액 입력

결산자료입력에서 451.상품매출원가 146.기말상품재고액 란에 기말재고액을 입력한다.

② 감가상각비 입력

상단의 F7 감가상각을 클릭하거나 F7 키를 누르면 나타나는 보조창에서 감가상각 대상 자산별로 결산반영금액을 확인, 수정하고 결산반영을 클릭하면 일괄 입력된다.

③ 대손상각비의 입력

F8 대손상각을 클릭하고 보조창에서 대손율 1%(수정가능)로 모든 채권에 대하여 대손충당금 설정액을 자동으로 불러온다. 대손충당금을 설정 대상 채권을 제외한 나머지는 채권의 추가설정액을 삭제하고 결산반영을 클릭하면 결산자료입력에 일괄 반영된다.

④ 퇴직급여 입력

Ctrl+F8 퇴직충당을 클릭하여 보조창에서 퇴직급여추계액 란에 퇴직급여추계액을 입력하면 추가설정액이 계산되고 결산반영을 클릭하면 결산자료로 일괄 반영된다.
퇴직급여추계액 – 퇴직급여충당부채 설정전잔액 = 추가설정액

⑤ 전표추가

결산자료입력을 마치면 F3 전표추가를 클릭하고 나타나는 보조창에서 "결산분개를 일반전표에 추가하시겠습니까?"라는 질문에 예를 선택하여야 한다.

4 결산정리(수정)사항의 회계처리

결산정리(수정)사항에 대한 정리(수정)분개는 12월 31일자로 일반전표입력 메뉴에서 각각 대체거래로 입력한다.

5 재무제표 작성

NCS 능력단위 : 0203020212 결산관리   능력단위요소 : 03 재무제표 작성하기

3.1 회계관련 규정에 따라 재무상태표를 작성할 수 있다.
3.2 회계관련 규정에 따라 손익계산서를 작성할 수 있다

① 손익계산서에서 당기순이익을 확인한 다음 화면 상단의 [Ctrl+F5 전표추가]키를 이용하여 모든 수익과 비용계정을 손익계정으로 대체 시킨다.
② 최종적으로 완성된 재무상태표를 확인한다.

필수예제 따라하기

필수예제

경영과회계의 기말정리(수정)사항은 다음과 같다. 결산을 완료하시오.

1. 기말재고액은 다음과 같다.(단, 회계처리 시 구분에서 '5.결산차변, 6.결산대변'을 사용할 것)

   | 상 품 | 8,000,000원 |

2. 매출채권 잔액에 대하여 1%의 대손상각비를 계상하시오(보충법).
3. 건물에 대한 당기 감가상각비는 1,500,000원이다.
4. 소모품비로 계상된 금액 중 기말 현재 미사용액은 65,000원이다.
5. 이자비용 중에는 선급분 50,000원이 있다.
6. 임차료 미지급액 30,000원

따라하기

일반전표입력 메뉴의 12월31일자로 결산대체분개를 입력한다. 이때 합계산액시산표를 12월 31일로 조회하여 필요한 내용을 확인한다.

1. 상품매출원가의 계산

구분	코드	계정과목	코드	거래처	적요		금액
5(결차)	451	상 품 매 출 원 가			1	상품매출원가대체	23,554,000
6(결대)	146	상 품			4	상품매출원가대체	23,554,000
분개	(결차) 상품매출원가		23,554,000		(결대) 상 품		23,554,000

▶ 합계잔액시산표의 상품계정 차변잔액 – 기말상품재고액 = 상품매출원가
  31,554,000-8,000,000=23,554,000원
  • 합계잔액시산표의 상품계정 차변잔액 = 기초상품재고액 + 당기상품매입액
    만일 147. 매입환출 및 에누리와 148. 매입할인이 있는 경우에는 상품계정에서 차감하여야 한다.

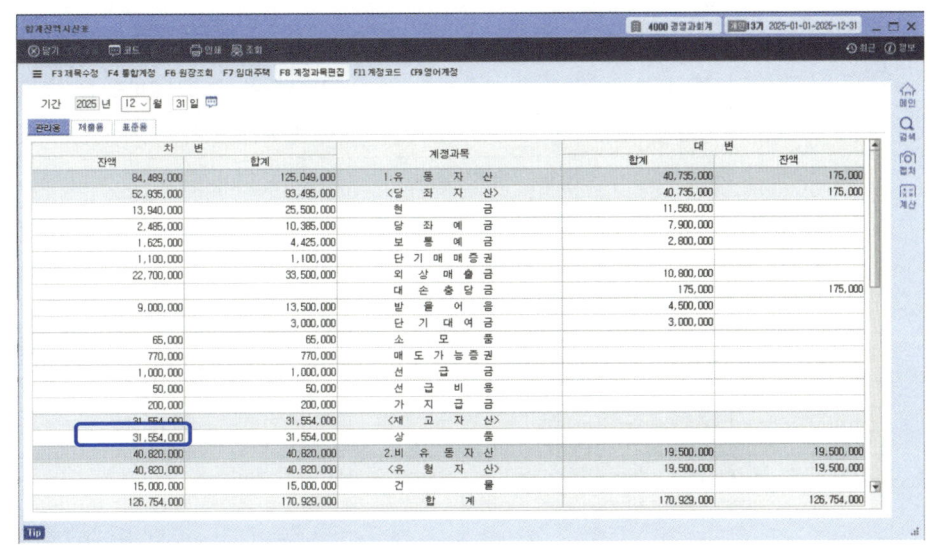

2. 대손상각비 계상

구분	코드	계정과목	코드	거래처	적요		금액
3(차)	835	대 손 상 각 비			6	대손충당금 당기설정액	142,000
4(대)	109	대 손 충 당 금			2	대손충당금 설정	52,000
4(대)	111	대 손 충 당 금			1	대손충당금 설정	90,000
분개	(차) 대손상각비		142,000		(대) 대손충당금(109) 대손충당금(111)		52,000 90,000

▶ 매출채권은 외상매출금과 받을어음을 말하는 것으로 합계잔액시산표의 외상매출금과 받을어음 잔액에 대하여 설정하며 합계잔액시산표에 있는 대손충당금 잔액은 차감하여야 한다.
  외상매출금: 22,700,000 × 1% – 대손충당금잔액 175,000 = 52,000원
  받을어음: 9,000,000 × 1% – 대손충당금잔액 0 = 90,000원
▶ 108.외상매출금에 대한 대손충당금은 109코드를 선택하고 110.받을어음에 대한 대손충당금은 111코드를 선택한다.

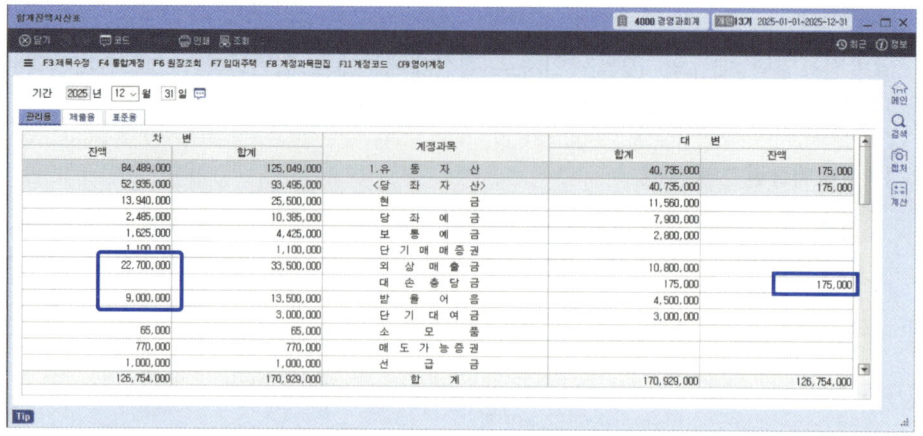

3. 감가상각비 계상

구분	코드	계정과목	코드	거래처	적 요		금 액
3(차)	818	감 가 상 각 비			1	당기말 감가상각비계상	1,500,000
4(대)	203*	감가상각누계액			4	당기감가상각누계액설정	1,500,000
분개	(차) 감가상각비		1,500,000		(대) 감가상각누계액		1,500,000

▶ 202.건물에 대한 감가상각누계액은 203.코드를 선택한다.

4. 소모품의 정리

구분	코드	계정과목	코드	거래처	적 요	금 액
3(차)	122	소 모 품			소모품 미사용액	65,000
4(대)	830	소 모 품 비			소모품 미사용액	65,000
분개	(차) 소 모 품		65,000	(대) 소모품비		65,000

5. 선급비용 처리

구분	코드	계정과목	코드	거래처	적 요		금 액
3(차)	133	선 급 비 용			2	지급이자선급비용계상	50,000
4(대)	951	이 자 비 용				미경과이자	50,000
분개	(차) 선급비용		50,000		(대) 이자비용		50,000

6. 미지급비용 처리

구분	코드	계정과목	코드	거래처	적 요	금 액
3(차)	819	임 차 료			미지급 임차료	30,000
4(대)	262	미 지 급 비 용			미지급 임차료	30,000
분개	(차) 임차료		30,000	(대) 미지급비용		30,000

> 자동결산은 결산자료입력(기간 1월-12월) 메뉴에서 다음과 같이 해당 란에 입력한다.
>
> 1. 결산수정사항 중 4.소모품 미사용액, 5.이자비용 선급분, 6.임차료 미지급액에 대한 분개는 12월 31일 일반전표입력에서 수동결산으로 먼저 입력하여야 한다.
> 2. 상품기말재고액 8,000,000원은 146.기말상품재고액에 입력한다.
> 3. 대손상각비 계상액을 4.판매관리비-5)대손상각-108.외상매출금에 52,000원을 입력하고, 4.판매관리비-5)대손상각-110.받을어음에 90,000원을 입력한다.
> 4. 감가상각비 계상액 1,500,000원을 4.판매관리비-4)감가상각비-202.건물에 입력한다.
> 5. F3전표추가를 클릭하여 결산분개를 일반전표에 추가한다.
>   * 자동결산과 수동결산은 둘 중 하나만 하여야 한다. 동시에 두 번 하면 안 된다.

➲ 결산자료입력(자동결산)

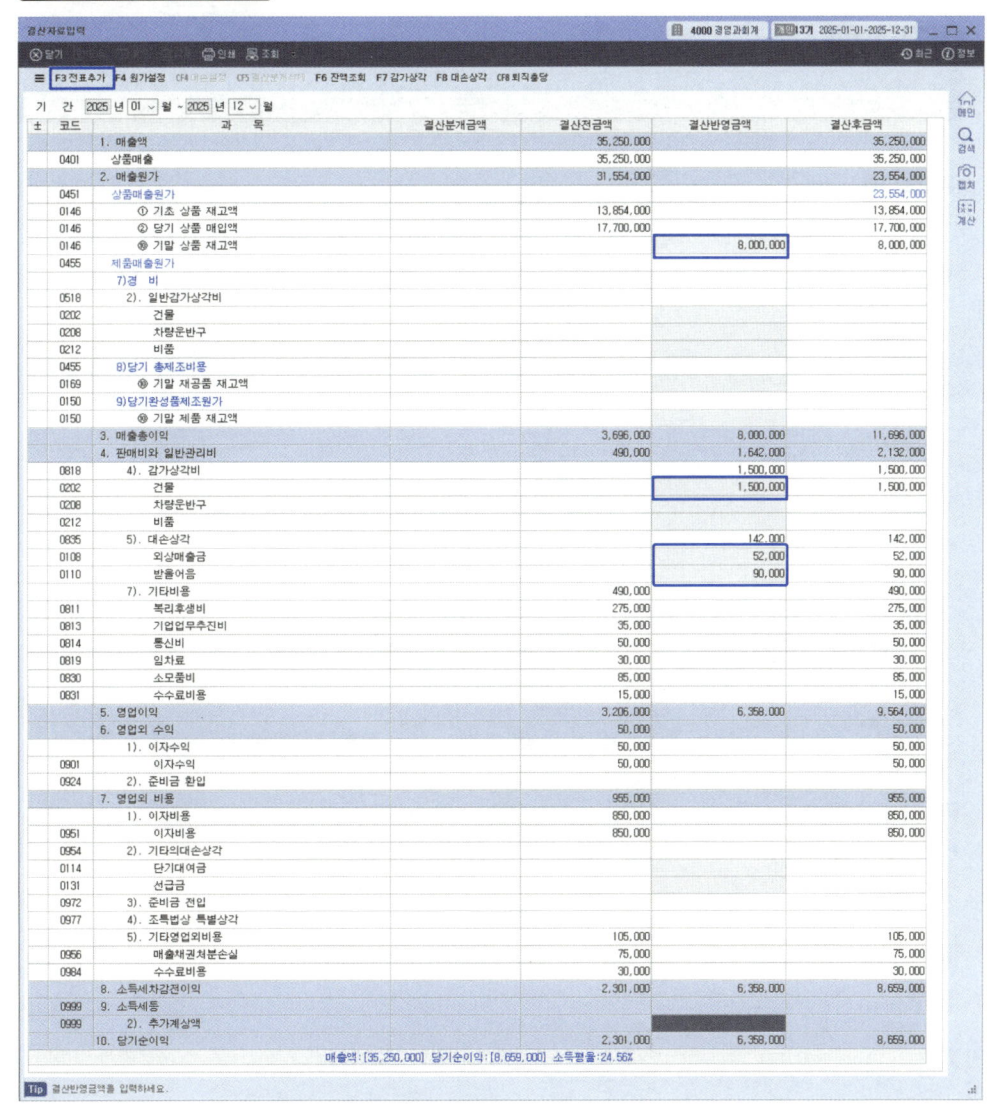

▶ 작성이 완료되면 반드시 F3 전표추가를 하여야 한다.

⊃ **결산대체 분개가 입력된 화면**

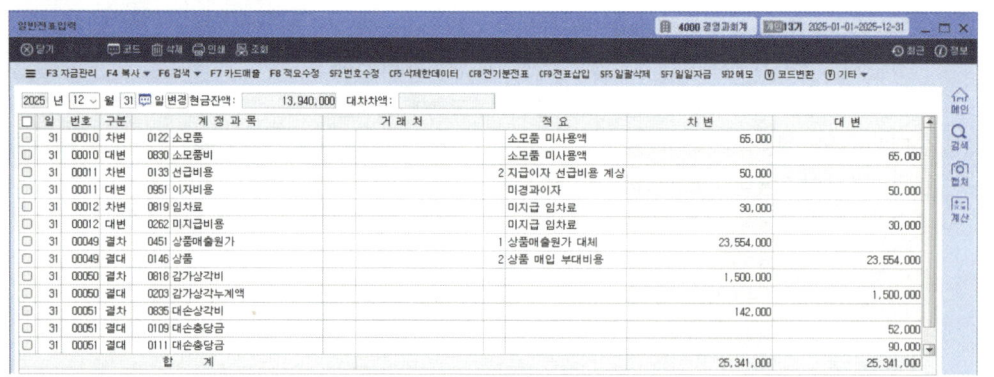

⊃ **손익계산서**

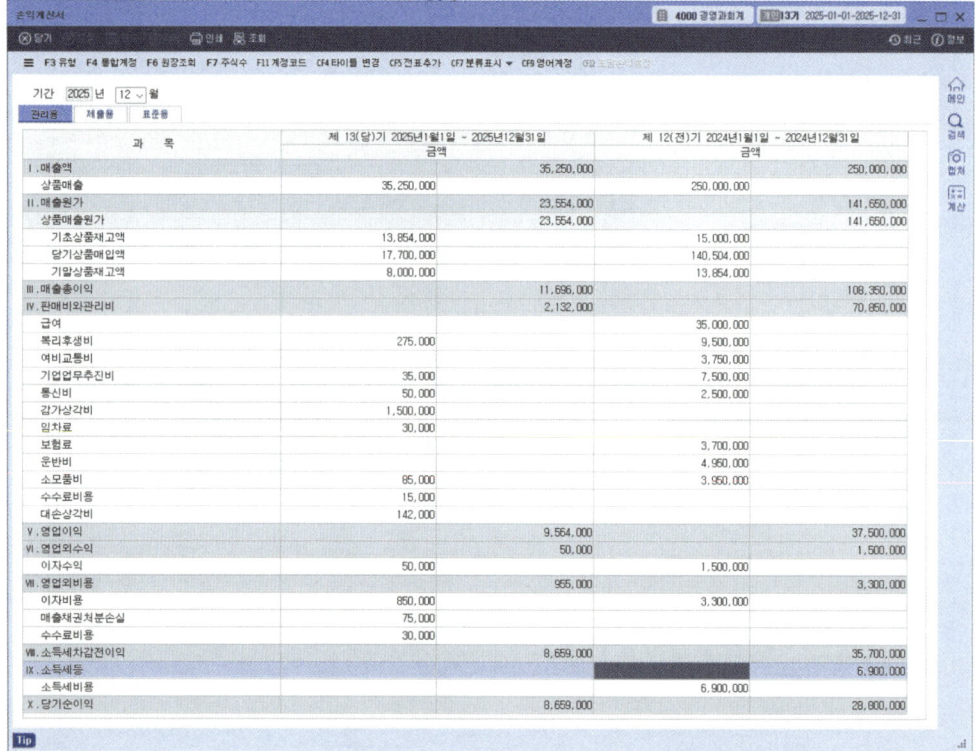

▶ 당기순이익을 확인한 후 상단의 Ctrl + F5 전표추가를 실행하여 손익대체분개를 생성한다.

SECTION 04 | 각종 장부의 조회

NCS 능력단위 : 0203020212 결산관리   능력단위요소 : 02 장부마감하기
2.1 회계관련 규정에 따라 주요장부를 마감할 수 있다.
2.2 회계관련 규정에 따라 보조장부를 마감할 수 있다.

NCS 능력단위 : 0203020102 자금관리   능력단위요소 : 01 현금시재관리하기
1.1 회계 관련 규정에 따라 당일 현금 수입금을 수입일보에 기재하고 금융기관에 입금할 수 있다.
1.2 회계 관련 규정에 따라 출금 시 증빙서류의 적정성 여부를 판단할 수 있다.
1.3 출금할 때 정액자금 전도제에 따라 소액현금을 지급·관리할 수 있다.
1.4 회계 관련 규정에 따라 입·출금 전표 및 현금출납부를 작성하고 현금 시재를 일치시키는 작업을 할 수 있다.

전산회계 프로그램에서 거래 자료를 입력하면 그 내용이 각종 장부에 자동으로 반영되도록 구성되어 있다. 장부는 주요장부와 보조장부로 구분하며 주요장부에는 총계정원장과 분개장이 있다.

1 거래처원장

거래처원장은 계정과목별로 각 거래처의 거래내역을 보여주는 장부이다. 거래처원장은 전표 입력을 할 때 거래처코드를 입력한 것만 조회된다.
• 잔액 : 조회기간의 전기이월, 차변, 대변, 잔액을 거래처별로 보여준다.
• 내용 : 조회기간의 특정 거래처의 일자별 거래내역을 보여준다.

2 거래처별계정과목별원장

거래처별계정과목별원장은 조회하는 모든 거래처와 관련한 계정과목별 전기이월, 차변, 대변, 잔액을 보여주는 장부이다. 잔액, 잔액상세, 내용으로 구성되어 있다.

3 계정별원장

계정별원장 메뉴는 현금(101)계정을 제외한 모든 계정의 거래내역을 조회 및 출력할 수 있다. 계정과목별 원장에서 거래에 커서를 놓고 클릭하여 나타나는 하단의 분개 화면에서 분개를 수정하거나 삭제할 수 있다.

4 현금출납장

현금출납장은 현금계정의 거래내역을 조회 및 출력할 수 있으며 거래를 입력할 때에 입금전표 또는 출금전표로 입력한 것은 물론이고 대체전표로 입력한 내용도 보여준다.

5 일계표(월계표)

일계표(월계표)는 매일 또는 매월의 거래의 입력내용을 계정과목별로 집계한 것으로 매일의 거래를 계정별로 집계한 분개집계표가 일계표이며, 월별로 집계한 것이 월계표이다. 거래를 현금의 입출금을 수반하는 현금거래와 현금을 수반하지 않는 대체거래로 나누어 각각 현금과 대체 란에 표시한다.
- 일계표 : 일 단위의 거래내역을 조회할 때 선택하는 것으로 조회기간을 일 단위로 입력한다 (예 : 3월 14일의 외상매출금 현금회수액 등).
- 월계표 : 월 단위의 거래내역을 조회할 때 선택하는 것으로 조회기간을 월 단위로 입력한다 (예 : 3월에 발생한 판매관리비의 현금출금액 등).
- 해석방법
  ㉠ 차변 현금란 : 해당 계정의 상대과목이 현금의 출금을 의미(해당과목 xxx/현금 xxx)
  ㉡ 대변 현금란 : 해당 계정의 상대과목이 현금의 입금을 의미(현금 xxx/해당과목 xxx)
  ㉢ 차변 대체란 : 해당 계정의 차변요소 거래를 의미(자산증가, 부채감소, 비용발생)
  ㉣ 대변 대체란 : 해당 계정의 대변요소 거래를 의미(자산감소, 부채증가, 수익발생)
- 일계표 각 란의 금액에 대한 분개 예시

일계표(월계표)

차 변			계정과목	대 변		
계	대 체	현 금		현 금	대 체	계
			외상매출금	㉡30,000		
	㉢50,000		상 품			
			외상매입금		㉣ 50,000	
		㉠ 10,000	소모품비			

㉠　　　(차변) 소모품비　　10,000　　(대변) 현 금　　10,000
㉡　　　(차변) 현 금　　30,000　　(대변) 외상매출금　　30,000
㉢+㉣　(차변) 상 품　　50,000　　(대변) 외상매입금　　50,000

▶ ㉢과 ㉣은 하나의 거래이다.

6 분개장

분개장은 전표입력메뉴에서 입력한 거래의 분개를 발생한 순서대로 기록하는 장부로 입력된 모든 내역을 출력할 수 있다.

7 총계정원장

총계정원장은 주요부에 해당하는 장부로서 모든 계정과목의 차변, 대변 및 잔액이 집계되어 있다. 월별은 해당 계정의 변동금액이 월별로 집계되고 일별은 해당 계정의 발생금액이 일별로 집계되는 총계정원 원장이다(예 : 소모품비 지급이 가장 많은 달과 금액 조회).

8 전표출력

입력된 자료를 입금전표, 출금전표, 대체전표로 조회하고 출력한다.

9 합계잔액시산표

조회하고자 하는 날짜까지 계정과목별 합계와 잔액을 조회하고 출력한다. 특정한 계정에 커서를 위치한 후 Enter↵ 또는 더블클릭으로 계정별원장을 조회할 수 있으며 조회된 원장에서 [전표수정]도 가능하다.

필수예제 따라하기

필수예제

경영과회계의 제장부를 조회하여 다음 질문에 답하시오.
1. 4월 30일 현재 외상매출금 잔액은 얼마인가?
2. 1월에서 3월까지 판매관리비의 현금지출액은 얼마인가?
3. 6월 30일 현재 외상매입금 잔액은 거래처별로 얼마인가?
4. 2/4분기 중 외상매입금계정의 잔액이 가장 많은 달과 금액은 얼마인가?
5. 5월 7일 현재 현금 잔액은 얼마인가?
6. 12월 31일 현재 현금및현금성자산의 잔액은 얼마인가?
7. 기말현재 총 매출액은 얼마인가?

따라하기

1. 계정별원장 조회(4월1일~4월30일, 108.외상매출금, 최종잔액) : 7,700,000원
   (4월30일 합계잔액시산표로 조회 가능)

➲ 조회된 화면

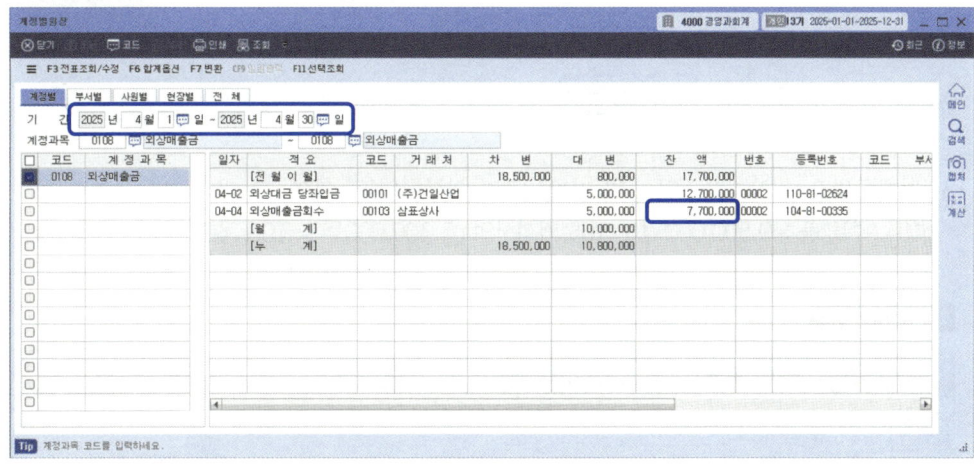

2. 월계표 조회(1월~3월, 판매비및일반관리비 차변 현금 란) : 60,000원

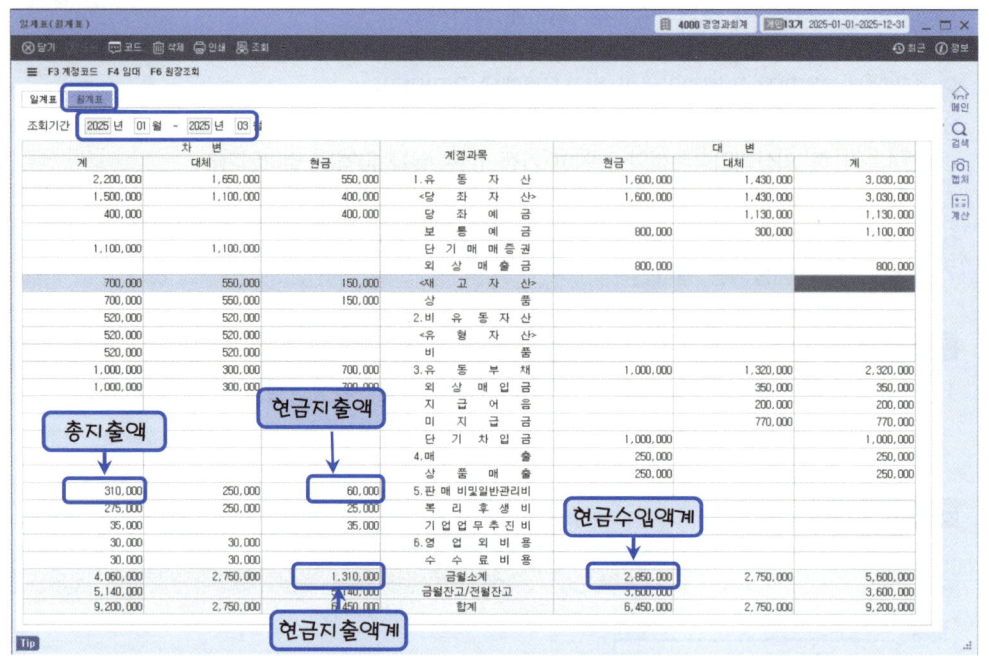

3. 거래처원장 조회(1월 1일~6월 30일, 251.외상매입금, 잔액 란 거래처별 금액)
    104.(주)영풍 : 9,500,000원 / 105.거성산업 : 3,300,000원 / 106.정수산업 : 4,050,000원

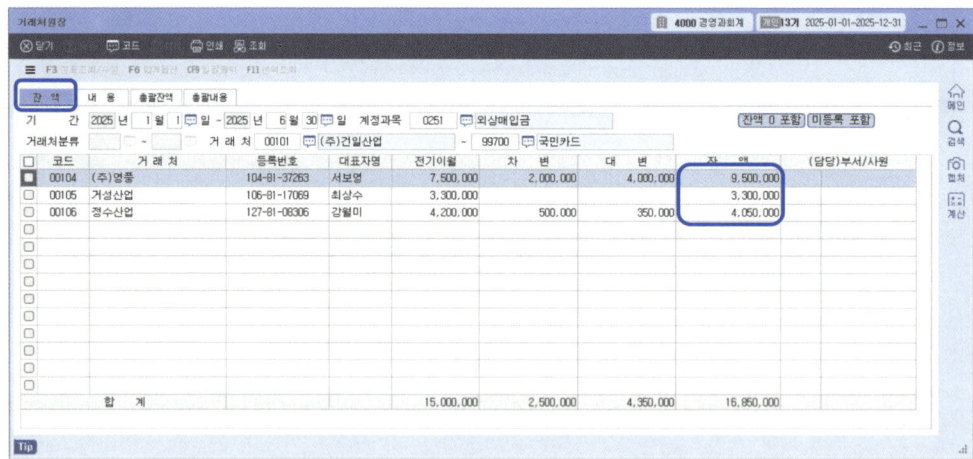

4. 총계정원장 조회(4월1일~6월30일, 251.외상매입금) : 4월, 18,350,000원

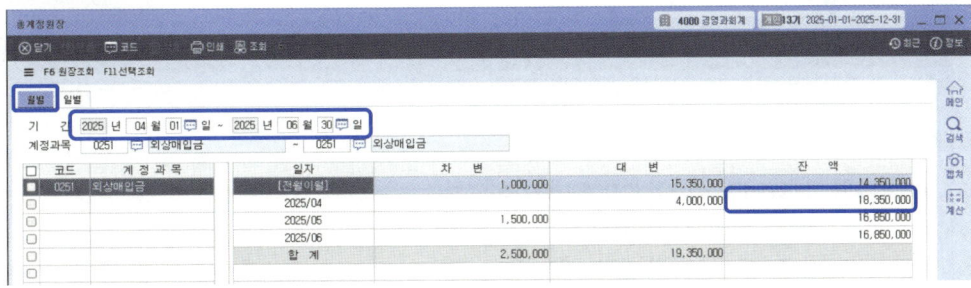

5. 현금출납장 조회(5월1일~5월7일, 최종 잔액 란 금액) : 11,140,000원

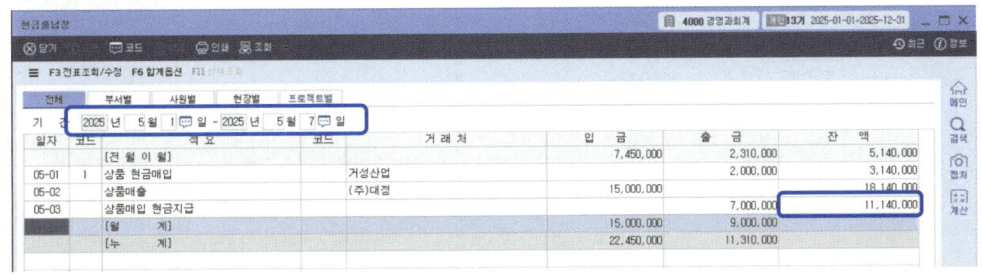

6. 재무상태표(12월) 또는 합계잔액시산표(12월 차변잔액) 제출용 조회 : 18,050,000원

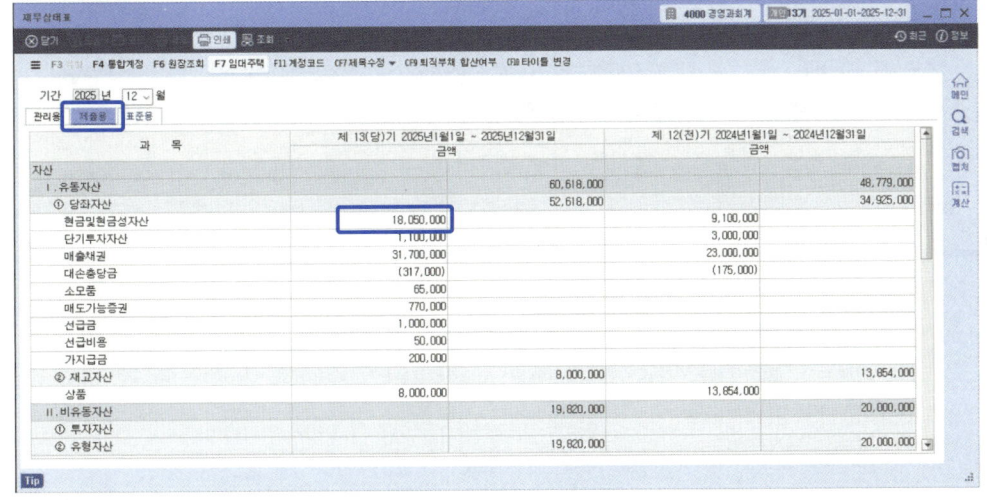

7. 합계잔액시산표(12월 31일) 또는 손익계산서 조회(12월) : 35,250,000원

➲ 조회된 화면

차변		계정과목	대변	
잔액	합계		합계	잔액
60,935,000	125,049,000	1.유 동 자 산	64,431,000	317,000
52,935,000	93,495,000	<당 좌 자 산>	40,877,000	317,000
13,940,000	25,500,000	현 금	11,560,000	
2,485,000	10,385,000	당 좌 예 금	7,900,000	
1,625,000	4,425,000	보 통 예 금	2,800,000	
1,100,000	1,100,000	단 기 매 매 증 권		
22,700,000	33,500,000	외 상 매 출 금	10,800,000	
		대 손 충 당 금	227,000	227,000
9,000,000	13,500,000	받 을 어 음	4,500,000	
		대 손 충 당 금	90,000	90,000
	3,000,000	단 기 대 여 금	3,000,000	
65,000	65,000	소 모 품		
770,000	770,000	매 도 가 능 증 권		
1,000,000	1,000,000	선 급 금		
50,000	50,000	선 급 비 용		
200,000	200,000	가 지 급 금		
8,000,000	31,554,000	<재 고 자 산>	23,554,000	
8,000,000	31,554,000	상 품	23,554,000	
40,820,000	40,820,000	2.비 유 동 자 산	21,000,000	21,000,000
40,820,000	40,820,000	<유 형 자 산>	21,000,000	21,000,000
15,000,000	15,000,000	건 물		
		감 가 상 각 누 계 액	6,000,000	6,000,000
24,500,000	24,500,000	차 량 운 반 구		
		감 가 상 각 누 계 액	15,000,000	15,000,000
1,320,000	1,320,000	비 품		
	3,500,000	3.유 동 부 채	37,279,000	33,779,000
	2,500,000	외 상 매 입 금	19,350,000	16,850,000
		지 급 어 음	200,000	200,000
	1,000,000	미 지 급 금	5,705,000	4,705,000
		단 기 차 입 금	11,994,000	11,994,000
		미 지 급 비 용	30,000	30,000
		4.자 본 금	38,000,000	38,000,000
		자 본 금	38,000,000	38,000,000
		5.매 출	35,250,000	35,250,000
		상 품 매 출	35,250,000	35,250,000
23,554,000	23,554,000	6.매 출 원 가		
23,554,000	23,554,000	상 품 매 출 원 가		
2,132,000	2,197,000	7.판 매 비및일반관리비	65,000	
275,000	275,000	복 리 후 생 비		
35,000	35,000	기 업 업 무 추 진 비		
50,000	50,000	통 신 비		
1,500,000	1,500,000	감 가 상 각 비		
30,000	30,000	임 차 료		
85,000	150,000	소 모 품 비	65,000	
15,000	15,000	수 수 료 비 용		
142,000	142,000	대 손 상 각 비		
		8.영 업 외 수 익	50,000	50,000
		이 자 수 익	50,000	50,000
955,000	1,005,000	9.영 업 외 비 용	50,000	
850,000	900,000	이 자 비 용	50,000	
75,000	75,000	매 출 채 권 처분손실		
30,000	30,000	수 수 료 비 용		
128,396,000	196,125,000	합 계	196,125,000	128,396,000

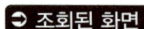

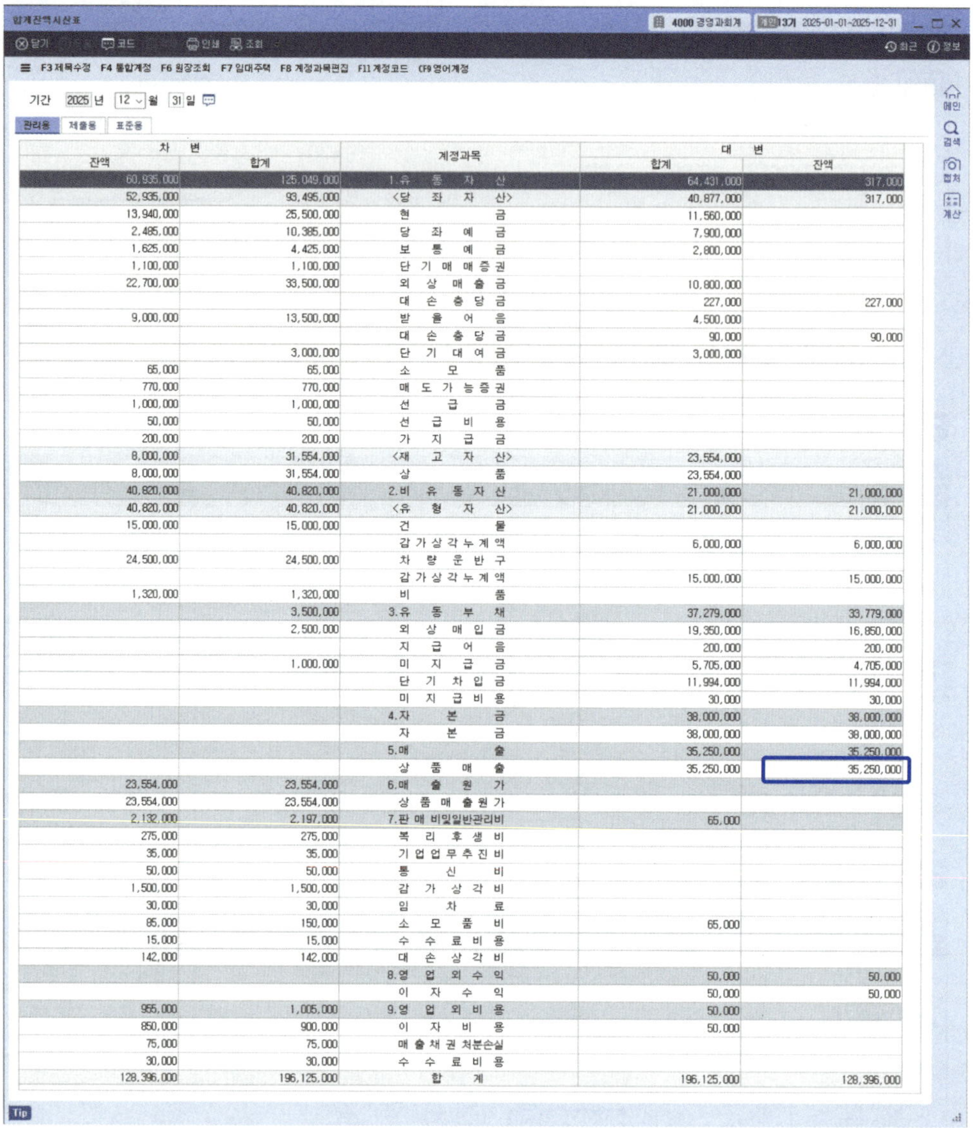

연구상사(회사코드:4590)는 사무용품을 도·소매하는 개인기업이며, 당기(제16기) 회계기간은 2025.1.1 ~ 2025.12.31 이다. 전산세무회계 수험용 프로그램을 이용하여 다음 물음에 답하시오.

| 기본전제 |

문제에서 한국채택국제회계기준을 적용하도록 하는 전제조건이 없는 경우, 일반기업회계기준을 적용하여 회계처리 한다.

Q1 다음은 연구상사의 사업자등록증이다. 회사등록메뉴에 입력된 내용을 검토하여 누락분은 추가입력하고 잘못된 부분은 정정하시오. (6점)

사 업 자 등 록 증
(일반과세자)
등록번호 : 130 - 41 - 10103

① 상 호: 연구상사　　② 성 명: 김정희
③ 개업 연월일: 2010. 1. 15　　④ 생년월일: 1980. 8. 10
⑤ 사업장소재지: 경기도 부천시 원미구 원미로 200
⑥ 사업의종류: 업태 : 도.소매　　종목 : 사무용품
⑦ 발급사유 : 신규
⑧ 사업자단위과세적용사업자 여부 : 부

2010년 1월 15일
부천세무서장 인

정답
① 2.사업자등록번호: 180-41-10113을 130-41-10103으로 수정 입력
② 9.종목: 스포츠용품을 사무용품으로 수정 입력
③ 21.사업장관할세무서: 121.인천세무서를 130.부천세무서로 수정 입력

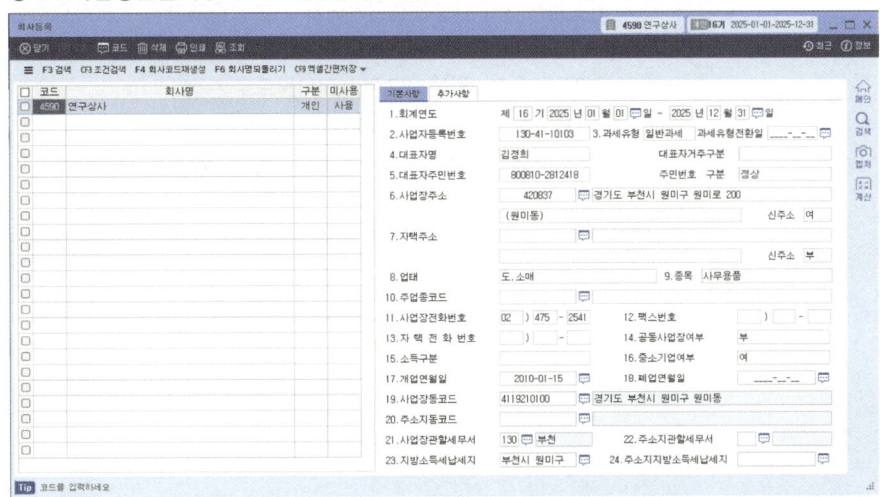

Q2
다음은 연구상사의 전기분 손익계산서이다. 입력되어 있는 자료를 검토하여 전기분 손익계산서와 전기분 재무상태표의 오류부분은 정정하고 누락된 부분은 추가 입력하시오.
(6점)

손 익 계 산 서

회사명 : 연구상사　　제15기 2024.1.1 ~ 2024.12.31　　(단위 : 원)

과　　목	금　　액	과　　목	금　　액
Ⅰ. 매　　출　　액	620,000,000	Ⅴ. 영　업　이　익	94,370,000
1.상　품　매　출	620,000,000	Ⅵ. 영　업　외　수　익	5,300,000
Ⅱ. 매　출　원　가	478,000,000	1.이　자　수　익	4,000,000
상　품　매　출　원　가	478,000,000	2.임　　대　　료	800,000
1.기초상품재고액	75,000,000	3.잡　　이　　익	500,000
2.당기상품매입액	485,000,000	Ⅶ. 영　업　외　비　용	3,500,000
3.기말상품재고액	82,000,000	1.이　자　비　용	2,000,000
Ⅲ. 매　출　총　이　익	142,000,000	2.재　해　손　실	1,500,000
Ⅳ. 판 매 비 와 관 리 비	47,630,000	Ⅷ. 소득세차감전순이익	96,170,000
1.급　　　　　여	32,300,000	Ⅸ. 소　득　세　등	0
2.퇴　직　급　여	3,500,000	Ⅹ. 당　기　순　이　익	96,170,000
3.복　리　후　생　비	5,200,000		
4.여　비　교　통　비	830,000		
5.수　도　광　열　비	1,200,000		
6.세　금　과　공　과	350,000		
7.감　가　상　각　비	1,600,000		
8.보　　험　　료	500,000		
9.차　량　유　지　비	1,000,000		
10.운　　반　　비	250,000		
11.소　모　품　비	900,000		

정답
* 전기분 손익계산서의 상품매출원가에서 기초상품재고액 7,500,000원을 75,000,000원으로 수정
* 급여 금액 32,000,000원을 32,300,000원으로 수정
* 재해손실 금액 150,000원을 1,500,000원으로 수정
* 전기분 재무상태표에서 자본금 40,000,000원을 96,170,000원으로 수정

주요검토사항
손익계산서 수정하는 문제에서 기초상품재고액의 수정은 손익계산서의 매출원가 창에서 수정하고, 기말상품재고액의 수정은 재무상태표의 상품계정(기말상품재고액)을 수정하여야 한다.

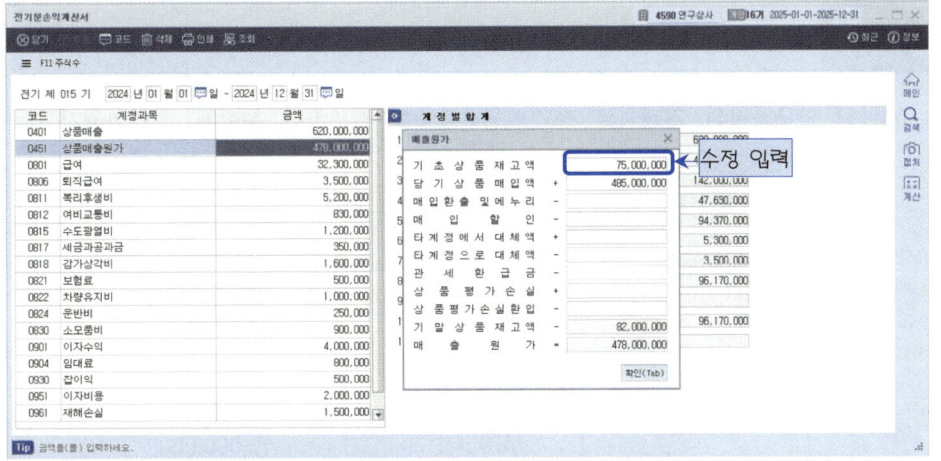

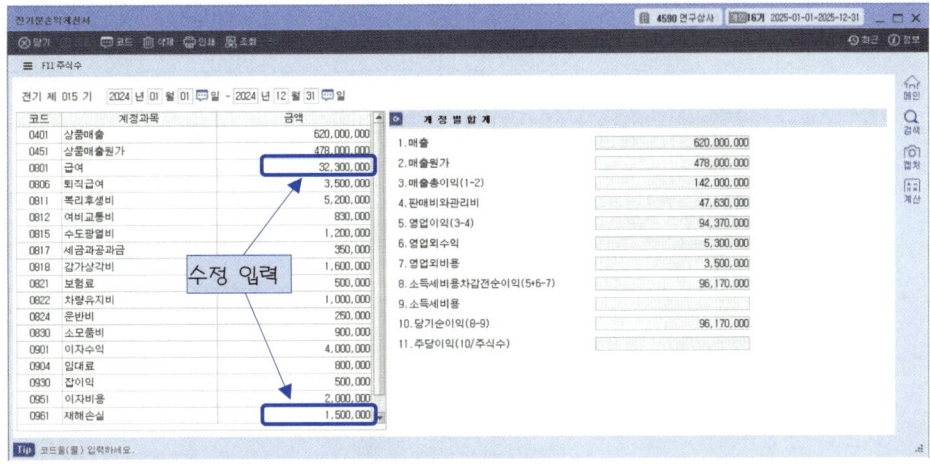

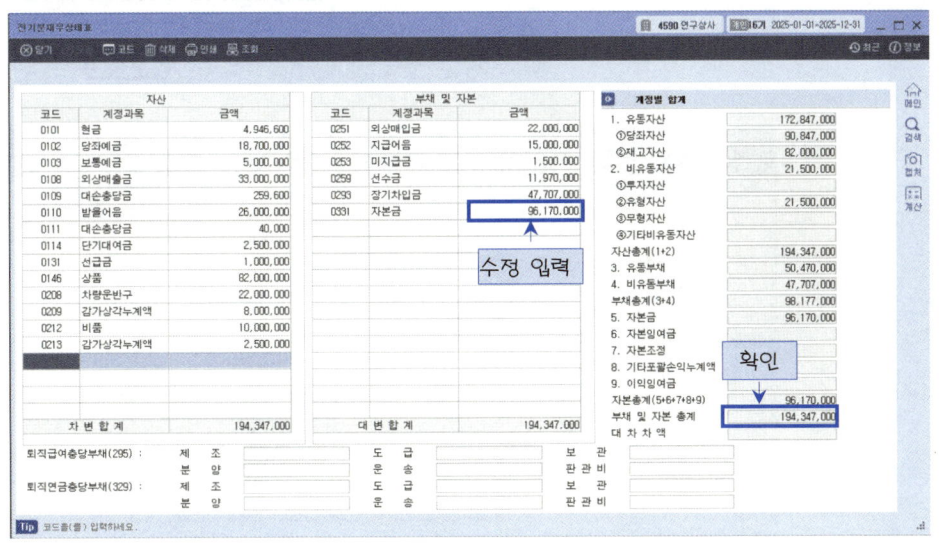

다음 자료를 이용하여 입력하시오. (6점)

[1] 연구상사의 거래처별 초기이월 자료를 검토하여 누락된 초기이월자료를 입력하시오.
(3점)

계정과목	거 래 처	금 액(원)	비 고(원)
외상매출금	영 남 상 회	20,000,000	33,000,000
	대 신 문 구	13,000,000	
받 을 어 음	영 남 상 회	26,000,000	
선 급 금	알프스자전거	1,000,000	
외상매입금	알프스자전거	12,000,000	22,000,000
	MTB 자전거	10,000,000	
지 급 어 음	알프스자전거	15,000,000	
미 지 급 금	MTB 자전거	1,500,000	

> **정답**
> · 받을어음 계정에 대해 영남상회 26,000,000원을 추가 입력
> · 지급어음 계정에 대해 알프스자전거 15,000,000원으로 추가 입력

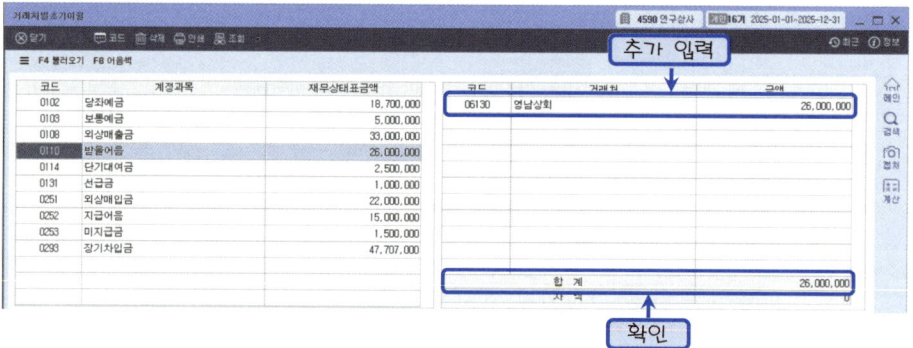

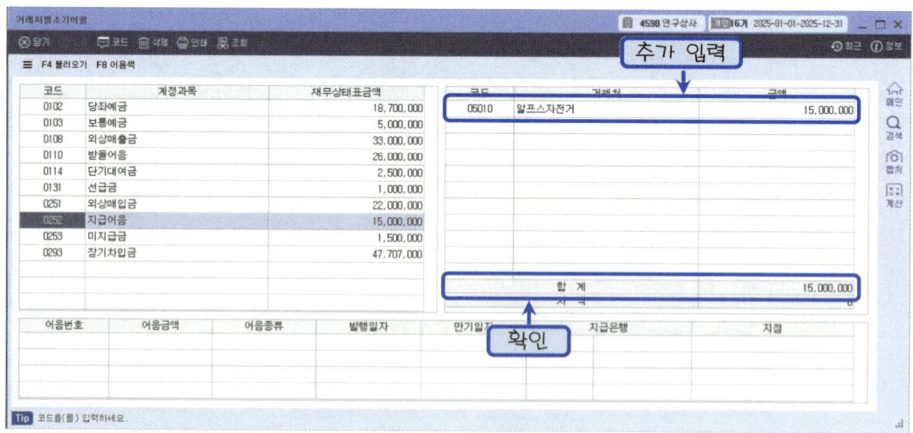

[2] 연구상사의 신규거래처이다. 거래처등록 메뉴에서 동시 유형으로 등록하시오. (3점)

- 코드 / 회사명 : 3002/대신상회
- 사업자등록번호 : 107-31-25214
- 대　　표　자 : 최기수
- 사업장주소 : 서울 영등포구 당산로 63
- 업　　　태 : 도, 소매
- 종　　　목 : 자전거 및 자전거부품

주소 입력시 우편번호는 입력하지 않는다.

정답 · 거래처등록 메뉴에서 회사코드 3002번으로 등록한다. 유형은 3.동시

대신상회의 거래처등록

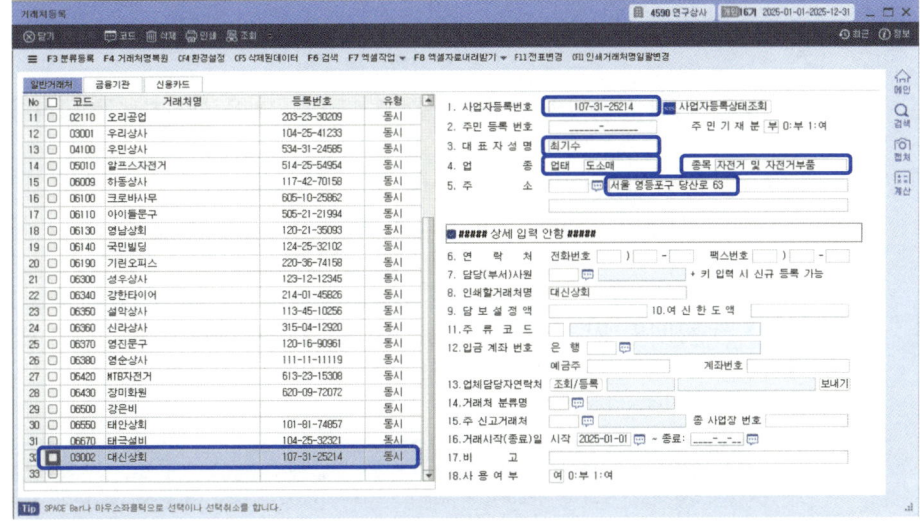

Q4 다음 거래 자료를 일반전표입력 메뉴에 추가 입력하시오. (24점)

입력시 유의사항
- 적요의 입력은 생략한다.
- 부가가치세는 고려하지 않는다.
- 채권·채무와 관련된 거래처명은 반드시 기 등록되어 있는 거래처코드를 선택하는 방법으로 거래처명을 입력한다.
- 회계처리시 계정과목은 등록되어 있는 계정과목 중 가장 적절한 과목으로 한다.

[1] 7월 10일 사원 강은비의 출장비로 현금 150,000원을 개산하여 지급하다. (3점)

정답 7월 10일 일반전표입력(1.출금 선택)
    (차) 가지급금(강은비)   150,000   (대) 현 금   150,000

주요검토사항
① 출장비를 개산 지급하는 경우 출장에서 돌아와 정산할 때까지 가지급금으로 처리하고 출장에서 돌아와 정산할 때에 사용금액은 모두 여비교통비로 대체한다.
② 가지급금의 거래처는 강은비로 입력한다.

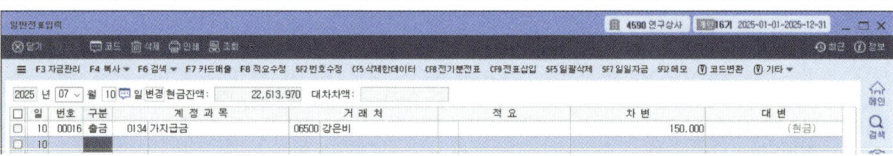

[2] 7월 14일 만기가 2027년 6월 30일인 정기적금에 이달분 1,000,000원을 예금하기 위해 기업은행 보통예금에서 이체하다(보통예금의 거래처를 입력할 것). (3점)

정답 7월 14일 일반전표입력(대체전표 3차변, 4대변 선택)
    (차) 장기성예금   1,000,000   (대) 보통예금(기업은행)   1,000,000

주요검토사항
① 유동자산의 정기예금과 정기적금은 만기가 1년 이내 도래하는 것이며, 만기가 1년 이후에 도래하면 비유동자산인 투자자산의 장기성예금으로 분류한다.
② 보통예금의 거래처 입력을 요구하므로 거래처란에 98002.기업은행을 반드시 입력한다.

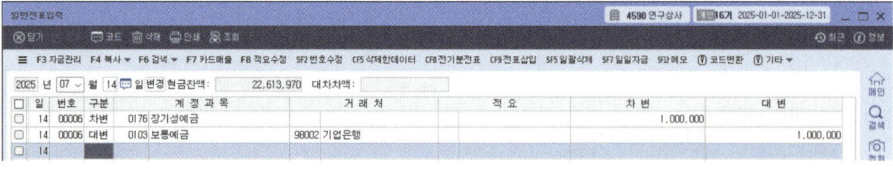

[3] 8월 10일 거래처 우리상사에 다음과 같이 상품을 매출하다. (3점)

품 목	수량(BOX)	단가(원)	금액(원)	결 제
복사용지	70	20,000	1,400,000	현금 1,000,000원 어음 1,200,000원
볼 펜	100	8,000	800,000	
계			2,200,000	

정답 8월 10일 일반전표입력(대체전표 3차변, 4대변 선택)
 (차) 현   금   1,000,000   (대) 상품매출   2,200,000
    받을어음(우리상사)   1,200,000

주요검토사항
상품매출 대금으로 어음을 받으면 받을어음으로 처리하고 거래처에 3001.우리상사를 반드시 입력한다.

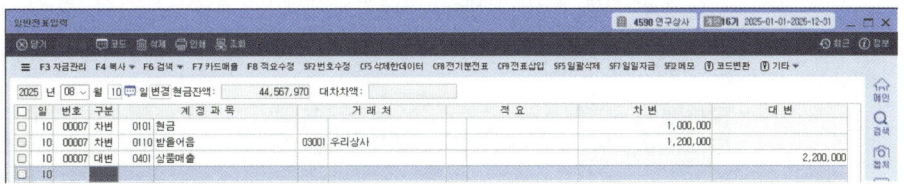

[4] 9월 25일 추석을 맞이해 직원 선물용 과일바구니 500,000원과 거래처 선물용 홍삼세트 200,000원을 신라상사에서 구입하고 대금은 비자카드로 결제하다(부채계정은 미지급금으로 할 것). (3점)

정답 9월 25일 일반전표입력(대체전표 3차변, 4대변 선택)
 (차) 복리후생비(판)   500,000   (대) 미지급금(비자카드)   700,000
    기업업무추진비(판)   200,000

주요검토사항
① 직원 선물용은 복리후생비로 거래처 선물용은 기업업무추진비로 처리한다.
② 대금을 카드로 결제하는 경우 카드대금을 지급하는 날까지 미지급금(상품이면 외상매입금)으로 처리하고 카드사에 카드대금을 지급하는 때에 미지급금 부채를 감소시킨다.

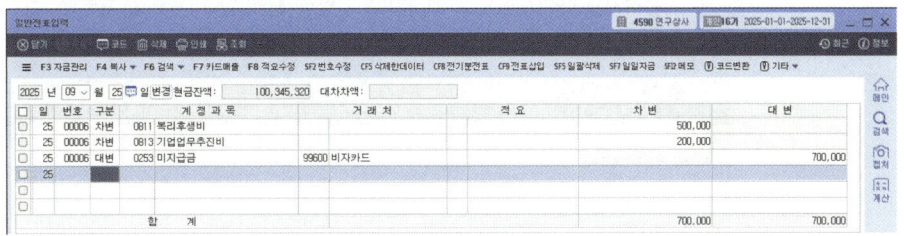

[5] 9월 28일 영업부에서 사용 중이던 업무용 화물차(취득금액 7,000,000원, 감가상각누계액 4,200,000원)을 설악상사에 2,000,000원에 매각하고 대금은 월말에 받기로 하다. (3점)

정답 9월 28일 일반전표입력(대체전표 3차변, 4대변 선택)
(차) 감가상각누계액　　4,200,000　　　(대) 차량운반구　　7,000,000
　　미수금(설악상사)　　2,000,000
　　유형자산처분손실　　　800,000

주요검토사항
① 유형자산을 매각(처분)하면 해당 자산의 취득원가를 대변에 감소시키고 반드시 차변에 감가상각누계액을 감소시켜야 한다.
② 유형자산을 매각하고 대금을 외상으로 하면 미수금 계정으로 처리한다.
③ 처분금액 2,000,000원, 장부금액 2,800,000원(취득금액-감가상각누계액)이므로 처분손실은 800,000원이다.

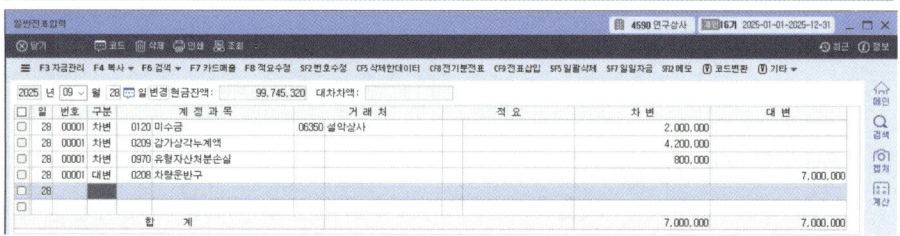

[6] 9월 29일 매장 건물의 모든 출입문을 자동화 시설로 교체하고, 자동출입문 설치비 6,000,000원은 태극설비에 2개월 후에 지급하기로 하다(자본적지출로 회계처리). (3점)

정답 9월 29일 일반전표입력(대체전표 3차변, 4대변 선택)
(차) 건　물　　6,000,000　　　(대) 미지급금(태극설비)　　6,000,000

주요검토사항
① 자본적지출이면 자산으로 처리하고 수익적지출이면 비용으로 처리한다.
② 상품매입 등의 일반적상거래에 해당하지 않으므로 미지급금 계정으로 처리한다.

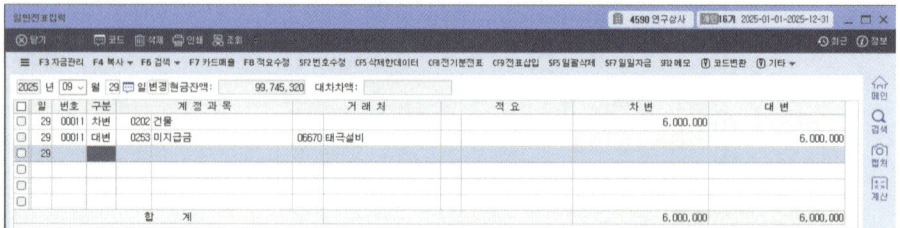

[7] 10월 15일 거래처 태안상회로부터 받은 약속어음 1,000,000원을 만기 전에 거래은행으로부터 할인받고, 할인료 38,000원을 차감한 금액을 보통예금 통장으로 입금받다. 단, 할인된 어음은 매각거래로 가정한다. (3점)

정답 10월 15일 일반전표입력(대체전표 3차변, 4대변 선택)

(차) 보통예금　　　　　　　962,000　　　(대) 받을어음(태안상회)　　1,000,000
　　 매출채권처분손실　　　 38,000

> **주요검토사항**
> ① 어음을 할인할 때 매각거래로 보면 받을어음이 대변에 감소하면서 할인료를 매출채권처분손실로 처리한다.
> ② 차입거래로 가정하면 할인료를 차입에 따른 이자로 보고 다음과 같이 처리한다.
> 　　(차) 보통예금　　　962,000　　　(대) 단기차입금　　1,000,000
> 　　　　 이자비용　　　 38,000

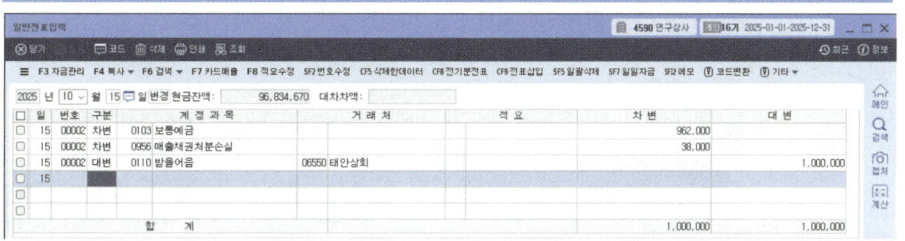

[8] 11월 30일 현금출납장의 잔액과 비교하여 실제 현금이 50,000원 부족한데 그 원인을 파악할 수 없어서, 원인을 찾을 때까지 현금과부족으로 처리하기로 하였다. (3점)

정답 11월 30일 일반전표입력(1출금 또는 대체전표 3차변, 4대변 선택)

(차) 현금과부족　　　　　　50,000　　　(대) 현　금　　　　　　　　50,000

> **주요검토사항**
> ① 실제 현금이 장부보다 부족한 경우 원인을 알 때까지 현금과부족 계정 차변으로 처리하고 현금이 과잉인 경우 원인을 알 때까지 현금과부족 계정 대변으로 처리한다.
> ② 현금과부족 계정은 원인이 파악되면 소멸하여야 한다.
> ③ 결산일에도 원인을 모르면 차변에 있는 현금과부족은 잡손실로 대체하고, 대변에 있는 현금과부족은 잡이익으로 대체한다.

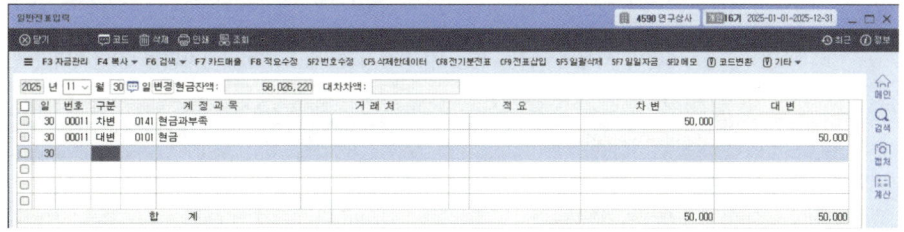

Q5

일반전표입력메뉴에 입력된 내용 중 다음과 같은 오류가 발견되었다. 입력된 내용을 확인하여 정정하시오. (6점)

[1] 5월 10일 알프스자전거에 외상매입금 16,000,000원을 현금 지급으로 회계처리 되었으나, 10,000,000원은 약속어음(만기 2026년 1월 31일)을 발행하여 주고, 6,000,000원은 현금으로 지급한 거래가 잘못 입력된 것이다. (3점)

정답 5월 10일 일반전표입력

수정전 (차) 외상매입금	16,000,000	(대) 현 금	16,000,000
(알프스자전거)			
수정후 (차) 외상매입금	16,000,000	(대) 지급어음	10,000,000
(알프스자전거)		(알프스자전거)	
		현 금	6,000,000

주요검토사항

① 일반전표입력에서 날짜 5월 10일을 입력하면 해당거래의 수정전 입력 내용을 볼 수 있다.
② 대변의 현금 16,000,000원을 지급어음 10,000,000원과 현금 6,000,000원으로 수정 입력한다.
③ 대변의 지급어음은 반드시 거래처 란에 5010.알프스자전거를 입력하여야 한다.

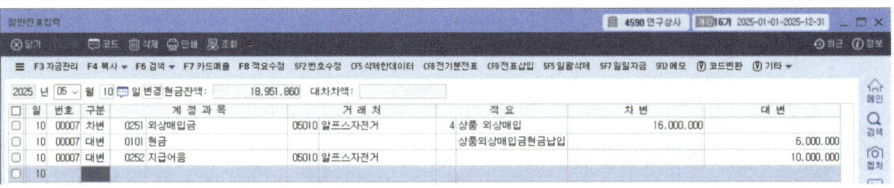

[2] 11월 23일 고려가방의 상품 매출대금 1,500,000원의 현금 입금거래는 상품 매출대금 1,000,000원과 외상대금 500,000원의 회수 거래임을 확인하다. (3점)

정답 11월 23일 일반전표입력

수정전 (차) 현 금	1,500,000	(대) 상품매출	1,500,000
수정후 (차) 현 금	1,500,000	(대) 상품매출	1,000,000
		외상매출금(고려가방)	500,000

주요검토사항

① 일반전표입력에서 날짜 11월 23일을 입력하면 해당거래의 수정전 입력 내용을 볼 수 있다.
② 대변의 상품매출 1,500,000원을 상품매출 1,000,000원과 외상매출금 500,000원으로 수정 입력한다.
③ 대변의 외상매출금은 반드시 거래처 란에 1005.고려가방을 입력하여야 한다.

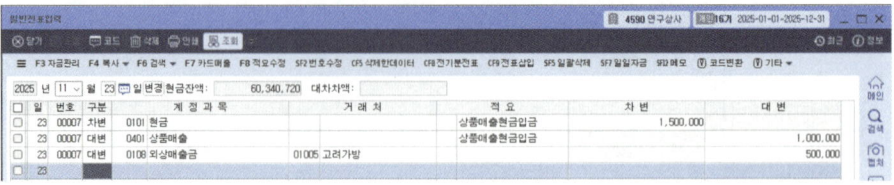

Q6 다음의 결산정리사항을 입력하여 결산을 완료하시오. (12점)

[1] 취득시 소모품비로 계상한 것 중에 기말 현재 미사용 소모품은 1,400,000원이다. (3점)

정답 12월 31일 일반전표입력(대체전표 3차변, 4대변 선택)
(차) 소모품　　　　　　　　1,400,000　　　(대) 소모품비(판)　　　　1,400,000

> **주요검토사항**
> ① 합계잔액시산표(기간12월31일)를 조회하여 소모품계정이 있는지 소모품비 계정이 있는지 확인한다.
> ② 소모품비계정이 있으므로 미사용액을 (차)소모품 xxx (대)소모품비 xxx 로 분개한다.
> ③ 만일 소모계정이 있으면 사용액을 (차)소모품비 xxx (대)소모품 xxx 로 분개한다.
> ④ 5.결차 6.결대는 문제에서 요구하는 경우에만 사용하면 된다

(1) 합계잔액시산표(12월 31일) 조회화면

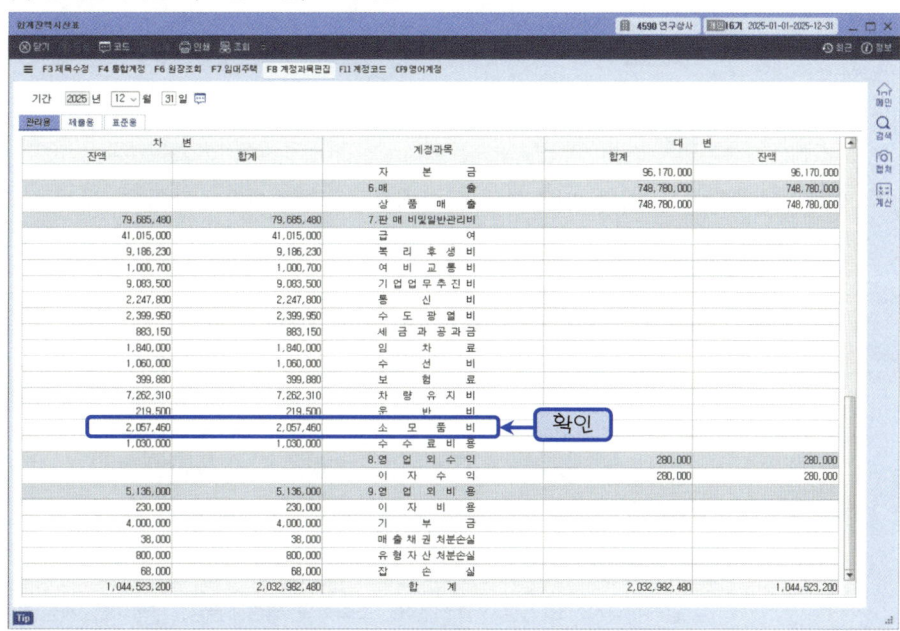

(2) 일반전표입력화면

[2] 우민상사로부터 차입(단기차입금 7,000,000원, 연이자율 6%, 차입일 2024년 12월 1일, 차입기간 6개월, 이자는 차입시점에서 선지급하고 비용처리 함)하면서 지급한 이자 중 기간미경과액이 있다(단, 월할 계산하시오). (3점)

정답 12월 31일 일반전표입력(대체전표 3차변, 4대변 선택)
(차) 선급비용 175,000 (대) 이자비용 175,000

주요검토사항
① 차입시점에 선지급한 이자: 7,000,000 × 6% × 6/12 = 210,000원
② 기간 미경과액: 210,000 × 5/6 = 175,000원

일반전표입력화면

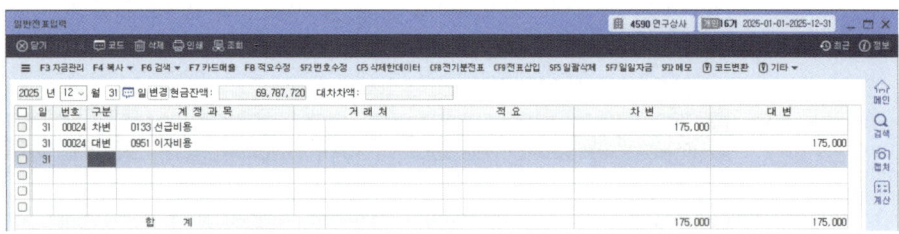

[3] 대손충당금은 기말 매출채권(외상매출금, 받을어음) 잔액에 대하여 1%를 설정하다 (보충법). (3점)

정답 12월 31일 일반전표입력(대체전표 3차변, 4대변 선택)
(차) 대손상각비 828,700 (대) 대손충당금(외상매출금) 26,700
대손충당금(받을어음) 802,000

대손충당금 설정액 :
외상매출금 : 28,630,000 × 1% − 259,600 = 26,700원
받을어음 : 84,200,000 × 1% − 40,000 = 802,000원

주요검토사항
① 합계잔액시산표(기간12월31일)를 조회하여 외상매출금, 받을어음 계정을 확인한다.
② 외상매출금에 대한 대손충당금(109) 계정과 받을어음에 대한 대손충당금(111) 계정을 반드시 확인하여야 한다.
③ 대손충당금 설정액은 매출채권 잔액에 대손충당금 설정율을 곱한 후에 합계잔액시산표에서 확인한 대손충당금 잔액을 차감한 금액을 회계처리하여야 한다.
④ 자동결산을 하려면 결산대체분개 대신에 결산자료 입력에서 F8 대손상각을 선택하여 입력하고 결산반영을 선택한 후 F3 전표추가를 클릭한다.

(1) 합계잔액시산표 조회화면

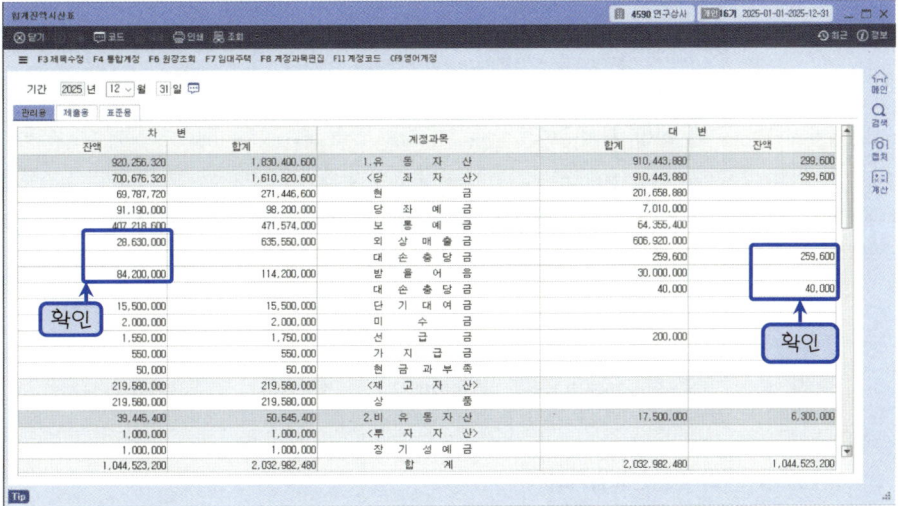

(2) 일반전표입력화면

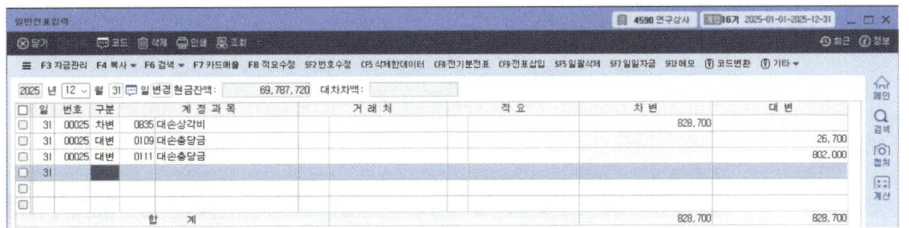

[4] 기말상품재고액은 16,000,000원이다(5.결차, 6.결대로 입력할 것). (3점)

정답 12월 31일 일반전표입력(대체전표 5결차, 6결대 선택)
(결차) 상품매출원가   203,580,000   (결대) 상 품   203,580,000
상품매출원가 : 219,580,000 – 16,000,000 = 203,580,000원

> **주요검토사항**
> ① 합계잔액시산표를 조회하여 상품계정 잔액에서 기말상품재고액을 차감한 상품매출원가를 상품계정에서 상품매출원가 계정으로 대체하는 분개를 한다.
>   (결차) 상품매출원가   xxx   (결대) 상   품   xxx
> ② 상품매출원가에 대한 분개는 5결차, 6결대를 사용한다.
> ③ 매출원가 = 기초상품재고액 + 당기상품매입액 – 기말상품재고액
>   합계잔액시산표 상품계정 차변잔액 = 기초상품재고액 + 당기상품매입액
> ④ 자동결산을 하려면 결산분개를 대신하여 결산자료 입력 메뉴에서 146.기말상품재고액에 16,000,000원을 입력하고 반드시 상단의 F3 전표추가를 클릭하여야 한다.

(1) 상품매출원가 입력 전 합계잔액시산표 조회(상품계정 잔액 219,580,000원)

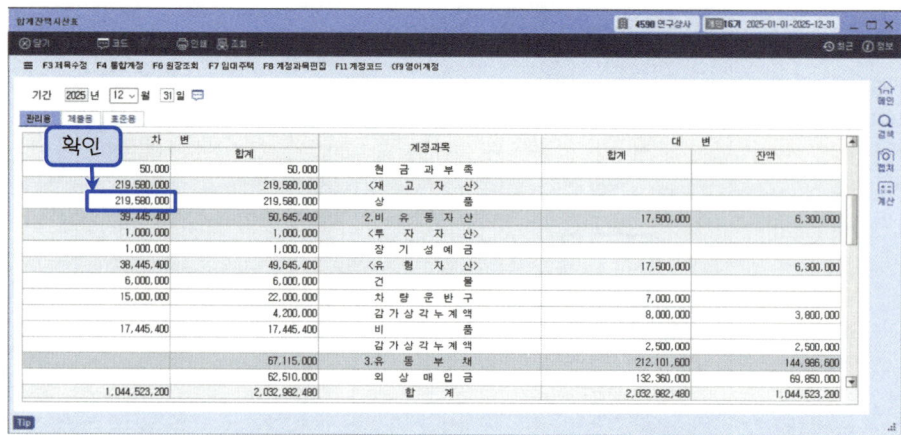

(2) 일반전표입력화면

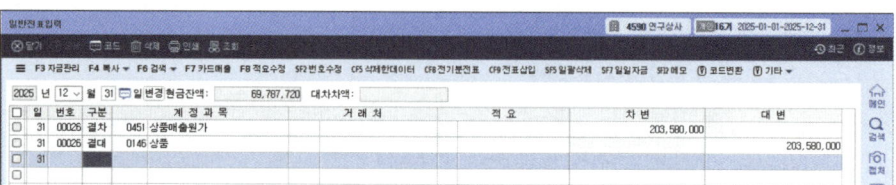

(3) 상품매출원가 입력 후 합계잔액시산표(상품매출원가 203,580,000원)

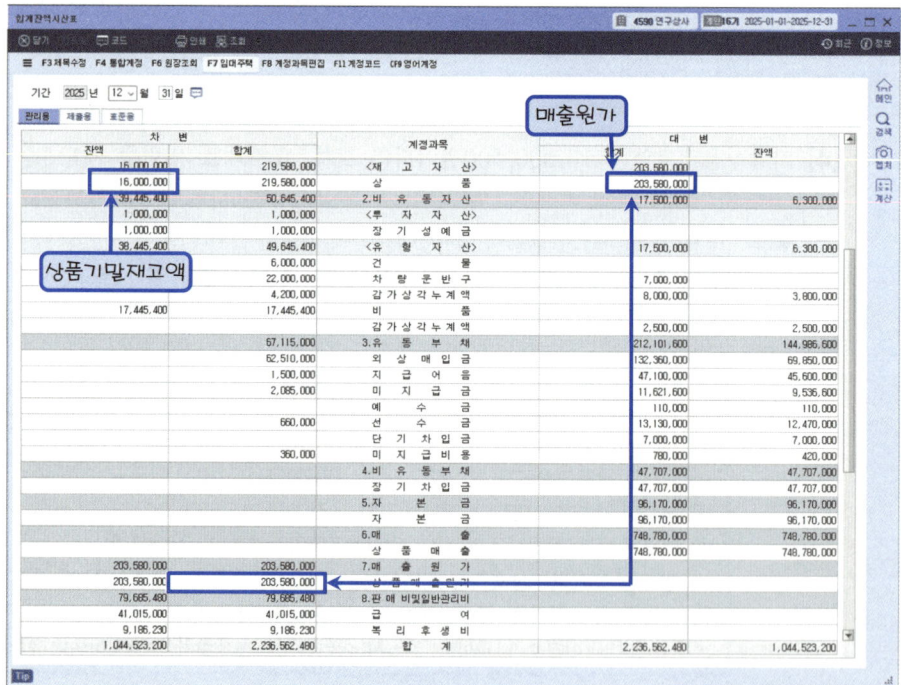

다음 사항을 조회하여 답안을 답안저장메뉴에 입력하시오. (10점)

[1] 3월 31일 현재 전기말과 대비해서 당좌자산 증가액은 얼마인가? (4점)

> **정답** 재무상태표(3월 조회) : 111,411,320원
> 당기 202,258,320 − 전기 90,847,000 = 111,411,320원

> **주요검토사항**
> ① 재무상태표(3월)를 조회한다.
> ② 증가액을 요구하므로 당기 당좌자산 금액에서 전기 당좌자산 금액을 빼서 구한다.

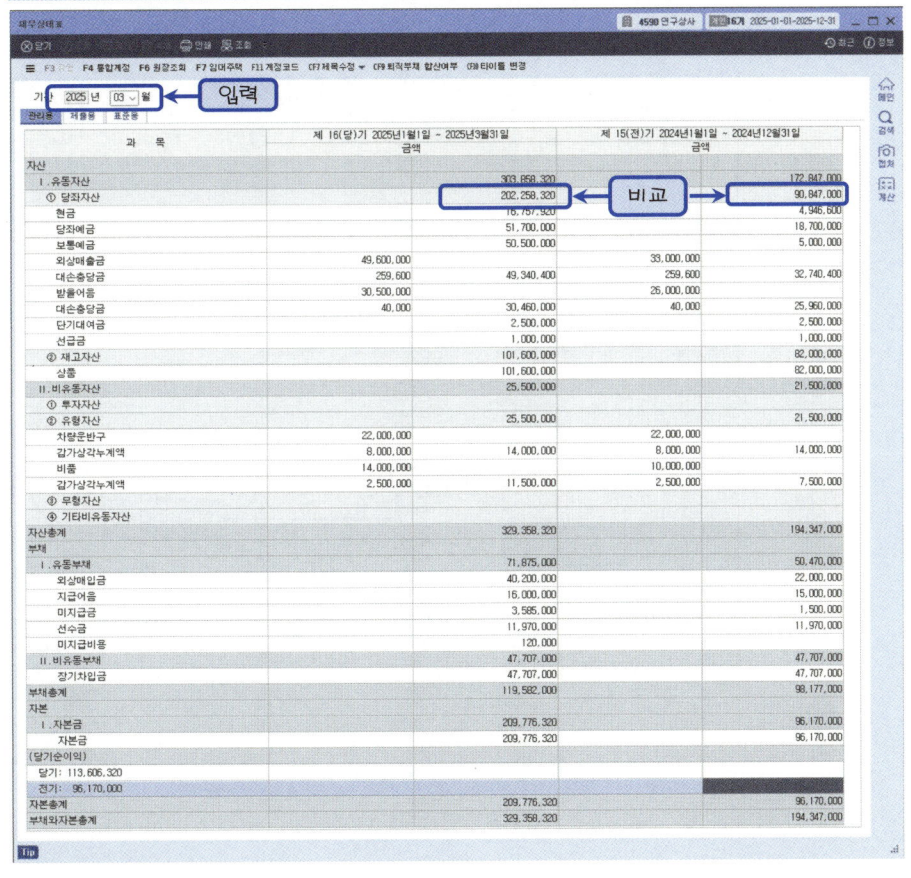

[2] 1월부터 6월까지의 임차료 중 현금지출액은 얼마인가? (3점)

정답 월계표조회(1월-6월 조회) : 240,000원

주요검토사항
① 월계표에서 기간을 1월-6월로 입력하고 조회한다.
② 임차료 계정의 차변 현금 란 금액이 현금지출액이다.

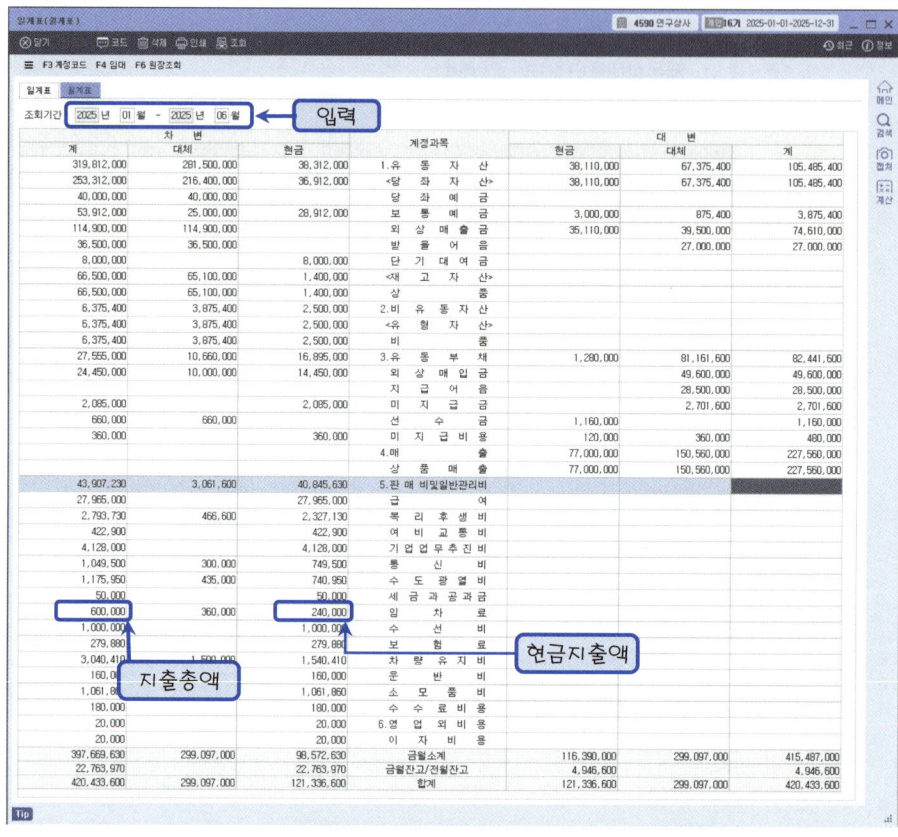

[3] 2분기(4.1 ~ 6.30) 판매비와 관리비 항목 중에서 거래금액이 가장 큰 계정과목코드와 금액을 입력하시오. (3점)

정답 월계표조회(4월-6월 조회) : 계정과목 코드 급여(801), 금액 13,250,000원

주요검토사항
① 월계표에서 기간을 4월-6월로 입력하고 조회한다.
② 월계표의 판매관리비 항목에서 차변 계 금액이 가장 큰 계정과목을 찾아야 한다.

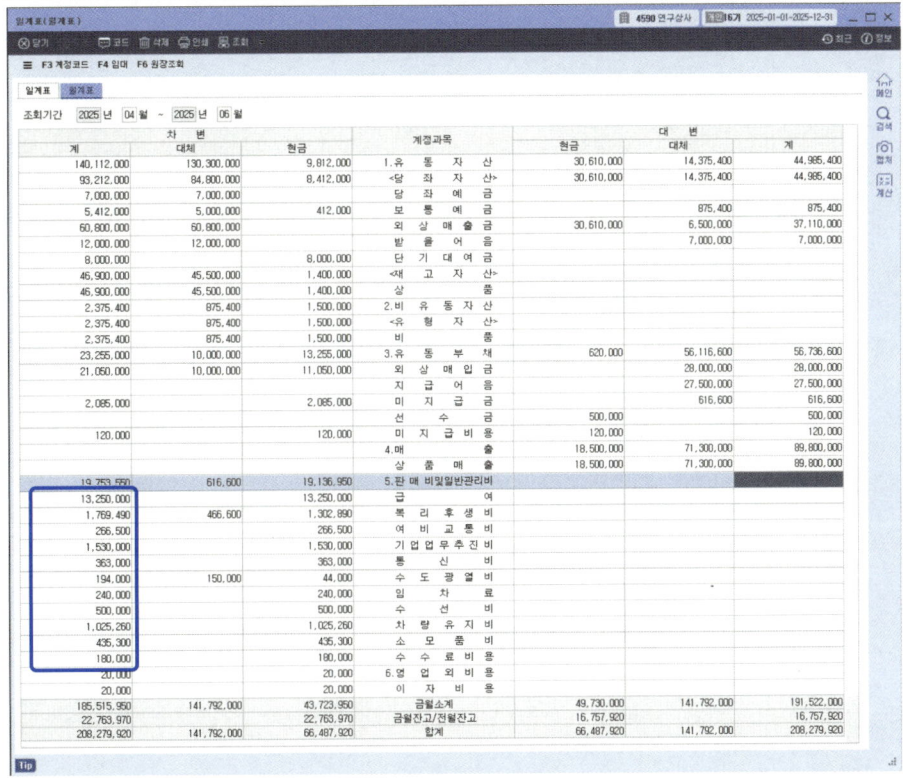

기출상회(회사코드 4500)는 문구를 도·소매하는 개인기업이며, 당기(제15기) 회계기간은 2025. 1. 1. ~ 2025. 12. 31이다. 전산세무회계 수험용 프로그램을 이용하여 다음 물음에 답하시오.

| 기본전제 |

문제에서 한국채택국제회계기준을 적용하도록 하는 전제조건이 없는 경우, 일반기업회계기준을 적용하여 회계처리 한다.

---

1 기초정보등록과 전기분재무제표 등

되짚으며 따라하기

기초정보관리와 전기분재무제표 메뉴에 입력된 내용을 검토하여 수정하시오.

1 다음은 기출상회의 사업자등록증이다. 회사등록 메뉴에 입력된 내용을 검토하여 누락분은 추가 입력하고 잘못된 부분은 정정하시오.

사 업 자 등 록 증
(일반과세자)

등록번호 : 124-23-12344

1. 상   호   명 : 기출상회
2. 대   표   자 : 이 미 래
3. 개 업 연 월 일 : 2011. 4. 23
4. 사 업 장 소 재 지 : 경기도 수원시 권선구 구운로 8 (구운동)
5. 사 업 자 의 종 류 : [업태] 도·소매   [종목] 문구
6. 교 부 사 유 : 신규
7. 공 동 사 업 장 :
8. 주류판매신고번호 :
9. 사업자단위과세여부 : 부

2011년 4월 23일

수원 세무서장 (인)

---

* 주소 입력시 우편번호 입력은 무시할 것.

2. 다음은 기출상회의 전기분손익계산서이다. 입력되어 있는 자료를 검토하여 오류부분은 정정하고 누락된 부분은 추가 입력하시오(전기분재무상태표의 자본금은 적정한 것으로 가정한다).

손 익 계 산 서

제14기 2024.1.1.~2024.12.31

회사명 : 기출상회 (단위 : 원)

과 목	금 액	과 목	금 액
Ⅰ 매 출 액	120,800,000	Ⅴ 영 업 이 익	15,940,000
1. 상 품 매 출	120,800,000	Ⅵ 영 업 외 수 익	400,000
Ⅱ 매 출 원 가	87,900,000	1. 이 자 수 익	350,000
상 품 매 출 원 가	87,900,000	2. 잡 이 익	50,000
1. 기 초 상 품 재 고 액	10,400,000	Ⅶ 영 업 외 비 용	2,300,000
2. 당 기 상 품 매 입 액	90,200,000	1. 이 자 비 용	1,800,000
3. 기 말 상 품 재 고 액	12,700,000	2. 기 부 금	500,000
Ⅲ 매 출 총 이 익	32,900,000	Ⅷ 소득세차감전순이익	14,040,000
Ⅳ 판 매 비 와 관 리 비	16,960,000	Ⅸ 소 득 세 등	0
1. 급 여	2,800,000	Ⅹ 당 기 순 이 익	14,040,000
2. 복 리 후 생 비	6,300,000		
3. 세 금 과 공 과	1,800,000		
4. 감 가 상 각 비	800,000		
5. 임 차 료	2,400,000		
6. 보 험 료	600,000		
7. 소 모 품 비	1,260,000		
8. 광 고 선 전 비	1,000,000		

3. 다음 자료를 이용하여 입력하시오.

[1] 기출상회의 신규 거래처이다. 거래처등록메뉴에 추가 등록하시오.

- 상   호 : 홍은상사
- 대 표 자 명 : 정은성
- 사업장소재지 : 서울시 동작구 상도로 16(대방동)
- 업태 / 종목 : 소매 / 완구
- 회 사 코 드 : 00550
- 사업자등록번호 : 110-22-15684

[2] 기출상회는 전화요금 절감을 위하여 인터넷 전화를 사용하기로 하였다. 다음의 적요를 등록하시오.

계정과목	적요구분	적요 등록 사항
통 신 비	대체적요	5. 인터넷 전화요금 자동이체 지급

> **풀이**

1. [1] 업태 : "제조" → "도·소매"로 수정 입력
   [2] 사업장소재지 : "경기도 수원시 권선구 구운로 8 (구운동)"으로 수정 입력
   [3] 사업장 관할세무서 : "용인세무서" → "수원세무서"로 수정 입력
2. • 전기분 손익계산서의 상품매출원가에서 기말상품재고액 12,700,000원 미기입 → 전기분 재무상태표에서 146상품 12,700,000원 입력 → 전기분 손익계산서의 상품매출원가 - 기말 상품재고액 확인
   • 광고선전비 1,000,000원 추가 입력
3. [1] 거래처 등록 메뉴에 추가 입력
   [2] 계정과목및적요등록 메뉴 통신비계정에서 대체적요 5번에 적요 등록

2 자산 거래의 입력

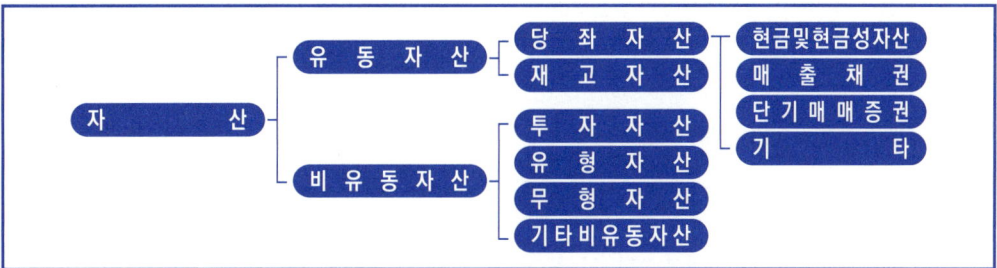

되짚으며 따라하기 - 현금및현금성자산

다음의 기출상회 기중 거래내역을 일반전표입력 메뉴에 입력하시오.

1 7월 1일 : 즐거운 여행의 외상매출금 600,000원을 현금으로 회수하여 보통예금에 입금하다.

2 7월 2일 : 신한은행과 당좌거래계약을 체결하고 현금 1,000,000원을 당좌예금하다. 당좌차 월계약에 의한 당좌차월한도액은 1,500,000원이다.

3 7월 3일 : 지성문구의 외상매입금 2,000,000원을 보통예금에서 계좌이체하다.

풀이

1. 일자 : 7월 1일

구분	코드	계정과목	코드	거래처	적 요	금 액
3(차)	103	보 통 예 금				600,000
4(대)	108	외 상 매 출 금	01002	즐거운여행		600,000
분개	(차) 보통예금		600,000	(대) 외상매출금		600,000

2. 일자 : 7월 2일

구분	코드	계정과목	코드	거래처	적 요	금 액
1(출)	102	당 좌 예 금				1,000,000
분개	(차) 당좌예금		1,000,000	(대) 현 금		1,000,000

3. 일자 : 7월 3일

구분	코드	계정과목	코드	거래처	적 요	금 액
3(차)	251	외 상 매 입 금	02005	지성문구		2,000,000
4(대)	103	보 통 예 금				2,000,000
분개	(차) 외상매입금		2,000,000	(대) 보통예금		2,000,000

되짚으며 따라하기 – 매출채권

> **CHECK POINT**
> ❖ 매출채권 : 외상매출금과 받을어음 → 상품매출일 때   ※ 상거래 이외일 때 → 미수금계정 처리
> (1) 외상매출금 대변 : 현금, 수표, 어음 등으로 외상대금을 회수할 때
> (2) 받을어음 대변 : 어음의 할인(매출채권처분손실), 만기추심, 배서양도, 부도(부도어음과수표)

다음의 기출상회 기중 거래내역을 일반전표입력 메뉴에 입력하시오.

1️⃣ 7월 11일 : 바다문구로부터 전년도 외상매출금 미수액 중 2,800,000원을 보통예금 통장으로 입금받다.

2️⃣ 7월 12일 : 매출처 준일상사의 외상매출금 3,600,000원 중 2,000,000원은 약속어음으로 받고, 나머지 잔액은 회사 당좌예금 계좌로 입금되었음을 확인하다.

3️⃣ 7월 13일 : 즐거운여행에 상품 5,000,000원을 매출하고 대금 중 3,000,000원은 동점발행 약속어음(만기일 : 12월 13일)으로 받고, 잔액은 1개월 후에 받기로 하다.

4 7월 14일 : 매출처 즐거운여행의 외상매출금 1,500,000원이 빠르게 회수되어 2% 할인된 금액을 당좌예금통장으로 이체받다.

5 7월 15일 : 바다문구의 파산으로 외상매출금 510,000원이 회수 불가능하게 되어 대손처리하였다(단, 대손충당금 잔액은 125,000원 이다).

6 7월 16일 : 즐거운여행에서 매출대금으로 받아 보관중인 약속어음 1,240,000원이 만기가 도래하여 신한은행에 추심 의뢰한 바 추심수수료 50,000원을 차감한 금액이 당점 신한은행 보통예금 통장에 입금되다.

7 7월 17일 : 아이들완구의 외상매입금 5,000,000원을 지급하기 위하여 오리공업으로부터 매출대금으로 받은 약속어음 1,760,000원을 배서양도하고 나머지는 현금으로 지급하다.

8 7월 18일 : 거래처 오리공업으로부터 매출대금으로 받아 보관 중인 약속어음 1,500,000원을 만기 전에 거래처 은행으로부터 할인을 받고, 할인료 35,000원을 차감한 금액을 당사 보통예금 계좌로 입금 받다.(단, 할인된 어음은 매각거래로 회계처리 함)

9 7월 19일 : 거래처인 오리공업으로부터 수취한 받을어음 400,000원이 부도 처리되었다는 것을 국민은행으로부터 통보받고, 부도어음과수표계정으로 대체하였다.

풀이

1. 일자 : 7월 11일

구분	코드	계정과목	코드	거래처	적 요	금 액
3(차)	103	보 통 예 금				2,800,000
4(대)	108	외 상 매 출 금	01003	바다문구		2,800,000
분개	(차) 보통예금		2,800,000	(대) 외상매출금		2,800,000

2. 일자 : 7월 12일

구분	코드	계정과목	코드	거래처	적 요	금 액
3(차)	110	받 을 어 음	01004	준일상사		2,000,000
3(차)	102	당 좌 예 금				1,600,000
4(대)	108	외 상 매 출 금	01004	준일상사		3,600,000
분개	(차) 받을어음 당좌예금		2,000,000 1,600,000	(대) 외상매출금		3,600,000

3. 일자 : 7월 13일

구분	코드	계정과목	코드	거래처	적요	금액
3(차)	110	받 을 어 음	01002	즐거운여행		3,000,000
3(차)	108	외 상 매 출 금	01002	즐거운여행		2,000,000
4(대)	401	상 품 매 출				5,000,000
분개	(차) 받을어음 3,000,000 외상매출금 2,000,000			(대) 상품매출		5,000,000

4. 일자 : 7월 14일

구분	코드	계정과목	코드	거래처	적요	금액
3(차)	102	당 좌 예 금				1,470,000
3(차)	403	매 출 할 인				30,000
4(대)	108	외 상 매 출 금	01002	즐거운여행		1,500,000
분개	(차) 당좌예금 1,470,000 매출할인 30,000			(대) 외상매출금		1,500,000

5. 일자 : 7월 15일

구분	코드	계정과목	코드	거래처	적요	금액
3(차)	109	대 손 충 당 금				125,000
3(차)	835	대 손 상 각 비				385,000
4(대)	108	외 상 매 출 금	01003	바다문구		510,000
분개	(차) 대손충당금 125,000 대손상각비 385,000			(대) 외상매출금		510,000

▶ 합계잔액시산표 또는 계정별원장의 대손충당금 잔액을 조회하여 회계처리하여야 한다.
   대손충당금잔액이 부족할 경우 부족한 금액만큼 대손상각비로 회계처리한다.

6. 일자 : 7월 16일

구분	코드	계정과목	코드	거래처	적요	금액
3(차)	831	수 수 료 비 용				50,000
3(차)	103	보 통 예 금				1,190,000
4(대)	110	받 을 어 음	01002	즐거운여행		1,240,000
분개	(차) 수수료비용 50,000 보통예금 1,190,000			(대) 받을어음		1,240,000

7. 일자 : 7월 17일

구분	코드	계정과목	코드	거래처	적요	금액
3(차)	251	외상매입금	06110	아이들완구		5,000,000
4(대)	110	받을어음	02110	오리공업		1,760,000
4(대)	101	현　　금				3,240,000
분개	(차) 외상매입금　　5,000,000　　(대) 받을어음　　1,760,000 현　　금　　3,240,000					

8. 일자 : 7월 18일

구분	코드	계정과목	코드	거래처	적요	금액
3(차)	956	매출채권처분손실				35,000
3(차)	103	보통예금				1,465,000
4(대)	110	받을어음	02110	오리공업		1,500,000
분개	(차) 매출채권처분손실　　35,000　　(대) 받을어음　　1,500,000 보통예금　　1,465,000					

9. 일자 : 7월 19일

구분	코드	계정과목	코드	거래처	적요	금액
3(차)	246	부도어음과수표	02110	오리공업		400,000
4(대)	110	받을어음	02110	오리공업		400,000
분개	(차) 부도어음과수표　　400,000　　(대) 받을어음　　400,000					

▶ 소지하고 있던 어음이 부도나면 부도어음과수표계정으로 처리하고 거래처 코드도 입력하여야 한다.

되짚으며 따라하기 – 단기매매증권(단기투자자산)

CHECK POINT

❖ 단기매매증권
단기매매차익을 목적으로 취득한 시장성 있는 유가증권(매수와 매도가 적극적이고 빈번하게 이루어지는 것)

❖ 주식 취득시
단기매매증권은 재무상태표에 최초 인식 시 공정가치로 측정.
최초 인식 시 공정가치는 제공하거나 수취한 대가의 공정가치(일반적으로 거래가격).
단기매매증권의 취득과 관련한 수수료비용은 판매관리비가 아닌 영업외비용으로 하여야 한다(단기매매증권은 상품이 아니고 판매관리 활동에도 해당하지 않으므로).

❖ 주식 처분시
1. 단기매매증권의 장부금액과 처분금액을 비교하여 단기매매증권처분손익을 계산
2. 단기매매증권을 매각할 때의 수수료는 별도의 비용으로 하지 않고 처분금액을 감액한다.

다음의 기출상회 기중 거래내역을 일반전표입력 메뉴에 입력하시오.

1 7월 21일 : 증권거래소에 상장되어있는 (주)동원상사의 주식 500주(액면금액 @5,000원)를 단기 보유 목적으로 1주당 10,000원에 취득하고 증권회사에 대한 증권 매매수수료 250,000원과 함께 현금으로 지급하다.

2 7월 22일 : 단기 보유 목적으로 보유한 시장성 있는 (주)우영물산의 주식(장부금액 1,750,000원)을 1,600,000원에 매각하고 대금은 당사 당좌예금 계좌로 이체되다(기 등록되어 있는 계정과목으로 회계처리할 것).

3 7월 23일 : 단기매매차익을 목적으로 소유하고 있는 상장사 (주)삼일전자 발행 주식 300주를 1주당 5,500원(장부금액 5,000원)에 매각 처분하고 대금은 거래수수료 20,000원을 차감한 후 보통예금으로 계좌이체 받았다.

풀이

1. 일자 : 7월 21일

구분	코드	계정과목	코드	거래처	적요	금액
1(출)	107	단기매매증권				5,000,000
1(출)	984	수수료비용				250,000
분개	(차) 단기매매증권 수수료비용		5,000,000 250,000	(대) 현 금		5,250,000

▶ 단기매매증권 취득 시 관련 비용은 별도의 수수료비용(영업외비용 코드 984번) 계정으로 처리하고, 만기보유증권, 매도가능증권 취득 시 관련 비용은 취득원가에 가산하여 회계처리 한다.

2. 일자 : 7월 22일

구분	코드	계정과목	코드	거래처	적요	금액
4(대)	107	단기매매증권				1,750,000
3(차)	102	당좌예금				1,600,000
3(차)	958	단기투자자산처분손				150,000
분개	(차) 당좌예금 단기투자자산처분손실		1,600,000 150,000	(대) 단기매매증권		1,750,000

▶ 처분손익 = 처분금액 – 장부금액
1,600,000 – 1,750,000 = –150,000원(처분손실)

3. 일자 : 7월 23일

구분	코드	계정과목	코드	거래처	적 요	금 액
4(대)	107	단 기 매 매 증 권				1,500,000
3(차)	103	보 통 예 금				1,630,000
4(대)	906	단기투자자산처분익				130,000
분개	(차) 보통예금　　　1,630,000				(대) 단기매매증권　　　　　　1,500,000 　　　단기투자자산처분이익　　130,000 　　　(단기매매증권처분이익)	

▶ • 처분금액 : 300주 × @5,500원 - 20,000 = 1,630,000원
　• 처분이익 : 1,630,000 - 1,500,000 = 130,000원
　• 처분금액은 매각액에서 거래수수료를 차감한 금액이고 처분이익은 처분금액에서 장부금액을 뺀다.
　• 단기매매증권처분이익으로 하여도 되고 단기투자자산처분이익으로 하여도 된다.

되짚으며 따라하기 - 기 타

CHECK POINT
❖ 일반적 상거래(상품매출) 이외의 외상채권 → 미수금계정
❖ 대여기간이 1년 이내이면 단기대여금, 1년 이상이면 장기대여금(투자자산)
❖ 계약금, 착수금을 지급하면 → 선급금계정, 계약금을 받으면 → 선수금계정
❖ 출장여비 개산액을 지급하면 → 가지급금계정, 내용불명의 금전을 받으면 → 가수금계정

다음의 기출상회 기중 거래내역을 일반전표입력 메뉴에 입력하시오.

1 7월 24일 : 거래처 하동상사에 10개월 후에 회수하기로 약정한 차입증서를 받고 현금 1,500,000원을 대여하다.

2 7월 25일 : 거래처 수영완구에 대여한 단기대여금 2,500,000원과 이자 160,000원이 보통예금 계좌에 입금된 것을 확인하고 회계처리하다(원천징수세액은 고려하지 말 것).

3 7월 26일 : 매출처 신라상사 외상매출금 중 1,000,000원을 8개월 후 상환조건의 대여금으로 전환하다.

4 7월 27일 : 판매용 운동화 10,000,000원을 매입처 하동상사에서 구입하기로 하고, 계약금 1,000,000원을 현금으로 지급하였다.

5 7월 28일 : 재고 상품의 부족으로 거래처 우리상사로부터 상품 3,000,000원을 매입하기로 하고 상품매입대금 10%를 계약금으로 당좌예금통장에서 거래처 우리상사 통장으로 이체시키다.

6 7월 29일 : 경북지방에 판로를 개척하기 위하여 영업부 직원 김주희를 출장 보내면서 여비개산액 200,000원을 현금으로 지급하고 출장에서 돌아온 후 정산하기로 하다(거래처코드 5000번으로 등록할 것).

7 7월 30일 : 지방 출장을 마치고 돌아온 영업부 직원 김주희로부터 출장비 200,000원에 대하여 다음과 같이 지출 명세를 보고받고 차액은 현금으로 회수하다.

내 역	교통비	숙박비	식대
금 액	90,000원	65,000원	35,000원

8 7월 31일 : 영업부 김소희 사원이 7월 20일 제주 출장시 지급받은 가지급금 400,000원에 대해, 아래와 같이 사용하고 잔액은 현금으로 정산하다(가지급금에 대한 거래처 입력은 생략한다).

- 왕복항공료 150,000원   • 숙박비 170,000원   • 택시요금 50,000원

풀이

1. 일자 : 7월 24일

구분	코드	계정과목	코드	거래처	적 요	금 액
1(출)	114	단 기 대 여 금	06009	하동상사		1,500,000
분개	(차) 단기대여금		1,500,000	(대) 현 금		1,500,000

2. 일자 : 7월 25일

구분	코드	계정과목	코드	거래처	적 요	금 액
3(차)	103	보 통 예 금				2,660,000
4(대)	114	단 기 대 여 금	06280	수영완구		2,500,000
4(대)	901	이 자 수 익				160,000
분개	(차) 보통예금		2,660,000	(대) 단기대여금 이자수익		2,500,000 160,000

3. 일자 : 7월 26일

구분	코드	계정과목	코드	거래처	적 요	금 액
3(차)	114	단 기 대 여 금	06360	신라상사		1,000,000
4(대)	108	외 상 매 출 금	06360	신라상사		1,000,000
분개	(차) 단기대여금		1,000,000	(대) 외상매출금		1,000,000

4. 일자 : 7월 27일

구분	코드	계정과목	코드	거래처	적요	금액
1(출)	131	선　급　금	06009	하동상사		1,000,000
분개	(차) 선급금		1,000,000	(대) 현　　금		1,000,000

5. 일자 : 7월 28일

구분	코드	계정과목	코드	거래처	적요	금액
3(차)	131	선　급　금	03001	우리상사		300,000
4(대)	102	당 좌 예 금				300,000
분개	(차) 선급금		300,000	(대) 당좌예금		300,000

6. 일자 : 7월 29일

구분	코드	계정과목	코드	거래처	적요	금액
1(출)	134	가 지 급 금	05000	김주희		200,000
분개	(차) 가지급금		200,000	(대) 현　　금		200,000

▶ 거래처코드 란에서 "+"키를 치고, 거래처를 "김주희"로 입력한 후 [Enter↵]를 한 다음 나타나는 보조창에서 거래처코드 5,000번을 입력하고 등록 또는 수정키를 이용하여 거래처를 등록한다.

7. 일자 : 7월 30일

구분	코드	계정과목	코드	거래처	적요	금액
3(차)	812	여 비 교 통 비				190,000
4(대)	134	가 지 급 금	05000	김주희		200,000
3(차)	101	현　　　금				10,000
분개	(차) 여비교통비 　　　현　　금		190,000 10,000	(대) 가지급금		200,000

8. 일자 : 7월 31일

구분	코드	계정과목	코드	거래처	적요	금액
3(차)	812	여 비 교 통 비				370,000
3(차)	101	현　　　금				30,000
4(대)	134	가 지 급 금				400,000
분개	(차) 여비교통비 　　　현　　금		370,000 30,000	(대) 가지급금		400,000

되짚으며 따라하기 - 재고자산

CHECK POINT

❖ 상품매입 회계처리(상품매입하고 대금을 지급)

차변 (상품계정)	대변
	• 현금이나 수표 지급하면 현금 • 당좌수표(발행) 지급하면 당좌예금 • 외상. 1개월 후 지급하면 외상매입금 • 약속어음 발행하면 지급어음 • 약속어음 배서양도하면 받을어음 ☆

• 상품매입 시 운반비는 상품계정에 포함(매입 부대비용은 매입원가에 가산)

다음 기출상회의 기중 거래내역을 일반전표입력 메뉴에 입력하시오.

1. 8월 1일 : 제일문구에서 아동용 문구 1,000,000원을 매입하고 대금은 소유하고 있던 즐거운 여행 발행의 약속어음을 배서양도하다.

2. 8월 2일 : 아이들완구에서 판매용 가방 3,000,000원을 외상으로 구입하고 대금은 다음 달 말일까지 지급하기로 하다.

3. 8월 3일 : 판매용 가방 2,000,000원을 가방닷컴(3100번으로 등록할 것)에서 매입하고, 대금 중 500,000원은 보유중인 매출처 성동문구에서 발행한 당좌수표로 지급하고, 잔액은 1개월 후에 지급하기로 하다. 단, 당점부담의 운반비 20,000원은 현금으로 지급하다.

4. 8월 4일 : 하동상사에 주문한 판매용 운동화(금액 10,000,000원)가 도착하여 7월 27일 지급한 계약금을 제외한 나머지 대금은 약속어음을 발행(만기일 12월 4일)하여 지급하다.

5. 8월 5일 : 우리상사에서 매입 계약(7월 28일)한 상품 3,000,000원을 인수하고, 계약금 300,000원을 차감한 잔액을 1개월 후에 지급하기로 하였다. 인수 운임 30,000원은 당점이 부담하기로 하여 현금 지급하다.

6. 8월 6일 : 문구 포장용 소모품 800,000원을 크로바완구에서 구입하고 대금은 약속어음을 발행하여 지급하다(비용으로 회계처리 할 것).

풀이

1. 일자 : 8월 1일

구분	코드	계정과목	코드	거래처	적요	금액
3(차)	146	상　　　품				1,000,000
4(대)	110	받 을 어 음	01002	즐거운여행		1,000,000
분개	(차) 상　　품		1,000,000	(대) 받을어음		1,000,000

2. 일자 : 8월 2일

구분	코드	계정과목	코드	거래처	적요	금액
3(차)	146	상　　　품				3,000,000
4(대)	251	외 상 매 입 금	06110	아이들완구		3,000,000
분개	(차) 상　　품		3,000,000	(대) 외상매입금		3,000,000

3. 일자 : 8월 3일

구분	코드	계정과목	코드	거래처	적요	금액
3(차)	146	상　　　품				2,020,000
4(대)	101	현　　　금				520,000
4(대)	251	외 상 매 입 금	03100	가방닷컴		1,500,000
분개	(차) 상　　품		2,020,000	(대) 현　　금 외상매입금		520,000 1,500,000

▶ 거래처코드 란에서 "+"키를 치고, 거래처를 "가방닷컴"으로 입력한 후 Enter↵를 한 다음 나타나는 보조창에서 거래처코드 3,100번을 입력하고 등록 또는 수정키를 이용하여 거래처를 등록한다.

4. 일자 : 8월 4일

구분	코드	계정과목	코드	거래처	적요	금액
3(차)	146	상　　　품				10,000,000
4(대)	131	선　급　금	06009	하동상사		1,000,000
4(대)	252	지 급 어 음	06009	하동상사		9,000,000
분개	(차) 상　　품		10,000,000	(대) 선 급 금 지급어음		1,000,000 9,000,000

▶ 거래처원장의 131.선급금 계정에서 7월 28일 하동상사를 조회하면 선급금 1,000,000원을 확인할 수 있다.
▶ 상품을 매입할 때 해당 매입처에 선급금이 있다면 반드시 선급금을 감소시키는 회계처리를 하여야 한다.

5. 일자 : 8월 5일

구분	코드	계정과목	코드	거래처	적요	금액
3(차)	146	상　　　품				3,030,000
4(대)	131	선　급　금	03001	우리상사		300,000
4(대)	251	외 상 매 입 금	03001	우리상사		2,700,000
4(대)	101	현　　　금				30,000
분개	(차) 상　품　　3,030,000　　(대) 선 급 금　　300,000 　　　　　　　　　　　　　　　　　외상매입금　2,700,000 　　　　　　　　　　　　　　　　　현　　금　　　30,000					

6. 일자 : 8월 6일

구분	코드	계정과목	코드	거래처	적요	금액
3(차)	830	소 모 품 비				800,000
4(대)	253	미 지 급 금	06100	크로바완구		800,000
분개	(차) 소모품비　　800,000　　(대) 미지급금　　800,000					

되짚으며 따라하기 - 투자자산

다음의 기출상회 기중 거래내역을 일반전표입력 메뉴에 입력하시오.

1 8월 7일 : (주)비즈로부터 투자목적으로 사용할 토지를 20,000,000원에 현금으로 매입하였다. 당일 취득세 1,000,000원은 현금 납부하였다.

풀이

1. 일자 : 8월 7일

구분	코드	계정과목	코드	거래처	적요	금액
1(출)	183	투 자 부 동 산				21,000,000
분개	(차) 투자부동산　　21,000,000　　(대) 현　금　　21,000,000					

되짚으며 따라하기 - 유형자산

CHECK POINT

❖ 유형자산의 취득
  취득원가 = 구입원가(제작원가) + 부대비용

❖ 자본적지출(자산 처리)
  유형자산에 대한 지출로 내용연수 증가 또는 그 자산이 제공할 서비스의 양과 질이 증가하는 지출은 미래의 경제적 효익을 증가시키는 것이므로 자산으로 처리하고 감가상각을 통해 비용으로 인식

❖ 수익적지출(비용 처리)
  미래의 경제적 효익을 증가시키지 않은 지출(예 원상회복, 능률유지, 소액지출 등)은 발생시점에 비용으로 인식

❖ 유형자산의 매각 시
  유형자산의 장부금액(취득원가 - 감가상각누계액)과 처분금액의 차액은 유형자산처분손익(영업외손익)

다음의 기출상회 기중 거래내역을 일반전표입력 메뉴에 입력하시오.

1️⃣ 8월 11일 : 매장 건물을 신축하기 위하여 토지를 취득하고 그 대금 30,000,000원을 당좌수표를 발행하여 지급하다. 또한 부동산 중개수수료 500,000원과 취득세 600,000원은 현금으로 지급하다.

2️⃣ 8월 12일 : 매장 건물을 우리상사에서 17,000,000원에 구입하고 대금 중 4,000,000원은 현금으로 지급하고 잔액은 미지급하다. 이 건물에 대한 등록면허세(취득원가 처리) 900,000원은 당사 보통예금계좌에서 이체하다(하나의 전표로 입력할 것).

3️⃣ 8월 13일 : 판매부서의 건물에 엘리베이터 설치비(자본적지출) 6,000,000원과 외벽 도색비(수익적지출) 500,000원을 현금으로 지급하다.

4️⃣ 8월 14일 : 당사는 (주)현대자동차에서 업무용 승용차 1대 (20,000,000원)을 구입하고, 15,000,000원은 캐피탈사인 자금테크에서 6개월 무이자 할부로 하고, 잔액은 차량구입에 따른 취득세 1,100,000원과 함께 현금으로 지급하다(단기차입금으로 할 것).

5️⃣ 8월 15일 : 오리공업으로부터 매입상품의 품질검사를 위한 검사기기(기계장치)를 1,200,000원에 구입하다. 대금 중 500,000원은 현금으로 지급하고, 잔액은 1개월 후에 지급하기로 하다.

6️⃣ 8월 16일 : 삼미컴퓨터에서 회계 업무용 컴퓨터를 1,200,000원에 구입하고, 대금 중 200,000원은 현금으로 지급하고, 잔액은 2개월 후에 지급하기로 하다.

7 8월 17일 : 성우상사에 업무용 차량운반구를 4,000,000원에 처분하고(취득원가 9,000,000원, 감가상각누계액 4,000,000원), 대금 중 3,000,000원은 동점발행 당좌수표로 받고, 잔액은 1개월 후에 받기로 하다.

8 8월 18일 : 총무부에서 출장용으로 사용 중인 자동차를 부흥중고차매매센타에 4,000,000원에 판매하고 대금 중 2,000,000원은 현금으로 받고 나머지는 2개월 후에 받기로 하다(취득원가 5,000,000원, 처분일까지 감가상각누계액 1,500,000원).

9 8월 19일 : 사용 중인 업무용 화물차(취득가액 3,800,000원, 처분시까지 감가상각누계액 1,300,000원)를 부흥중고차매매센타에 2,000,000원에 처분하고 대금은 월말에 받기로 하다.

10 8월 20일 : 회사는 전산망을 구축하기 위해 삼미컴퓨터와 컴퓨터 구매계약을 체결하고 아래와 같이 계약서를 작성하다.

모델명	수 량	단 가	금 액	대금 지급 방법
PC-170-RK	5대	@800,000원	4,000,000원	설치 후 12개월 무이자할부

풀이

1. 일자 : 8월 11일

구분	코드	계정과목	코드	거래처	적 요	금 액
3(차)	201	토 지				31,100,000
4(대)	102	당 좌 예 금				30,000,000
4(대)	101	현 금				1,100,000
분개	(차) 토 지 31,100,000				(대) 당좌예금 30,000,000 현 금 1,100,000	

2. 일자 : 8월 12일

구분	코드	계정과목	코드	거래처	적 요	금 액
3(차)	202	건 물				17,900,000
4(대)	101	현 금				4,000,000
4(대)	253	미 지 급 금	03001	우리상사		13,000,000
4(대)	103	보 통 예 금				900,000
분개	(차) 건 물 17,900,000				(대) 현 금 4,000,000 미지급금 13,000,000 보통예금 900,000	

3. 일자 : 8월 13일

구분	코드	계정과목	코드	거래처	적 요	금 액
1(출)	202	건 물				6,000,000
1(출)	820	수 선 비				500,000
분개		(차) 건 물 　　　수 선 비	6,000,000 500,000		(대) 현 금	6,500,000

4. 일자 : 8월 14일

구분	코드	계정과목	코드	거래처	적 요	금 액
3(차)	208	차 량 운 반 구				21,100,000
4(대)	260	단 기 차 입 금	04005	자금테크		15,000,000
4(대)	101	현　　　금				6,100,000
분개		(차) 차량운반구	21,100,000		(대) 단기차입금 　　　현　　금	15,000,000 6,100,000

5. 일자 : 8월 15일

구분	코드	계정과목	코드	거래처	적 요	금 액
3(차)	206	기 계 장 치				1,200,000
4(대)	101	현　　　금				500,000
4(대)	253	미 지 급 금	02110	오리공업		700,000
분개		(차) 기계장치	1,200,000		(대) 현　　금 　　　미지급금	500,000 700,000

6. 일자 : 8월 16일

구분	코드	계정과목	코드	거래처	적 요	금 액
3(차)	212	비　　　품				1,200,000
4(대)	101	현　　　금				200,000
4(대)	253	미 지 급 금	04100	삼미컴퓨터		1,000,000
분개		(차) 비　　품	1,200,000		(대) 현　　금 　　　미지급금	200,000 1,000,000

7. 일자 : 8월 17일

구분	코드	계정과목	코드	거래처	적 요	금 액
3(차)	101	현　　　　금				3,000,000
3(차)	120	미　수　금	06300	성우상사		1,000,000
3(차)	209	감 가 상 각 누 계 액				4,000,000
3(차)	970	유형자산처분손실		1,000,000		1,000,000
4(대)	208	차 량 운 반 구				9,000,000
분개	(차) 현　　　금　　　　3,000,000　　　(대) 차량운반구　　　9,000,000 　　　미 수 금　　　　1,000,000 　　　감가상각누계액　　4,000,000 　　　유형자산처분손실　1,000,000					

▶ 장부금액 = 취득원가 - 감가상각누계액 : 9,000,000 - 4,000,000 = 5,000,000원
　유형자산처분손실 = 장부금액 - 처분금액 : 5,000,000 - 4,000,000 = 1,000,000원

8. 일자 : 8월 18일

구분	코드	계정과목	코드	거래처	적 요	금 액
4(대)	208	차 량 운 반 구				5,000,000
4(대)	914	유형자산처분이익				500,000
3(차)	209	감 가 상 각 누 계 액				1,500,000
3(차)	101	현　　　　금				2,000,000
3(차)	120	미　수　금	06400	부흥중고차 매매센타		2,000,000
분개	(차) 감가상각누계액　1,500,000　　(대) 차량운반구　　　5,000,000 　　　현　　　금　　　　2,000,000　　　　유형자산처분이익　500,000 　　　미 수 금　　　　2,000,000					

▶ 장부금액 = 취득원가 - 감가상각누계액 : 5,000,000 - 1,500,000 = 3,500,000원
　유형자산처분이익 = 처분금액 - 장부금액 : 4,000,000 - 3,500,000 = 500,000원

9. 일자 : 8월 19일

구분	코드	계정과목	코드	거래처	적 요	금 액
4(대)	208	차 량 운 반 구				3,800,000
3(차)	209	감 가 상 각 누 계 액				1,300,000
3(차)	120	미　수　금	06400	부흥중고차 매매센타		2,000,000
3(차)	970	유 형 자 산 처 분 손				500,000
분개	(차) 감가상각누계액　1,300,000　　(대) 차량운반구　　　3,800,000 　　　미 수 금　　　　2,000,000 　　　유형자산처분손실　　500,000					

10. 일자 : 8월 20일
    분개 해당없음(회계 상 거래가 아님).

되짚으며 따라하기 – 무형자산

다음의 기출상회 기중 거래내역을 일반전표입력 메뉴에 입력하시오.

1 8월 22일 : 인타컴에서 고객관리용 컴퓨터 프로그램을 구입하고 2,500,000원을 보통예금통장에서 이체하여 지급하였다.

풀이

1. 일자 : 8월 22일

구분	코드	계정과목	코드	거래처	적 요	금 액
3(차)	227	소 프 트 웨 어				2,500,000
4(대)	103	보 통 예 금				2,500,000
분개	(차) 소프트웨어		2,500,000	(대) 보통예금		2,500,000

되짚으며 따라하기 – 기타비유동자산

다음의 기출상회 기중 거래내역을 일반전표입력 메뉴에 입력하시오.

1 8월 24일 : 매출 증대를 위해 대왕마트에서 한 달 동안 완구용품을 판매하기로 하고 대형마트용 진열대를 임차하면서 대왕마트에 보증금 300,000원과 1개월분 임차료 100,000원을 보통예금 계좌에서 이체하다.

2 8월 25일 : 상품보관을 위해 임차하고 있던 창고를 임대인에게 돌려주고 임차보증금 100,000원을 보통예금으로 돌려받다.

3 8월 26일 : 상품 판매대리점을 개설하기 위하여 점포를 보증금 2,000,000원에 국민빌딩으로부터 임차하고 대금은 현금으로 지급하다.

> **풀이**

1. 일자 : 8월 24일

구분	코드	계정과목	코드	거래처	적요	금액
3(차)	232	임 차 보 증 금				300,000
3(차)	819	임 차 료				100,000
4(대)	103	보 통 예 금				400,000
분개	(차) 임차보증금 300,000 임 차 료 100,000			(대) 보통예금		400,000

2. 일자 : 8월 25일

구분	코드	계정과목	코드	거래처	적요	금액
3(차)	103	보 통 예 금				100,000
4(대)	232	임 차 보 증 금				100,000
분개	(차) 보통예금 100,000			(대) 임차보증금		100,000

3. 일자 : 8월 26일

구분	코드	계정과목	코드	거래처	적요	금액
3(차)	103	임 차 보 증 금	06140	국민빌딩		2,000,000
4(대)	101	현 금				2,000,000
분개	(차) 임차보증금 2,000,000			(대) 현 금		2,000,000

3 부채 거래의 입력

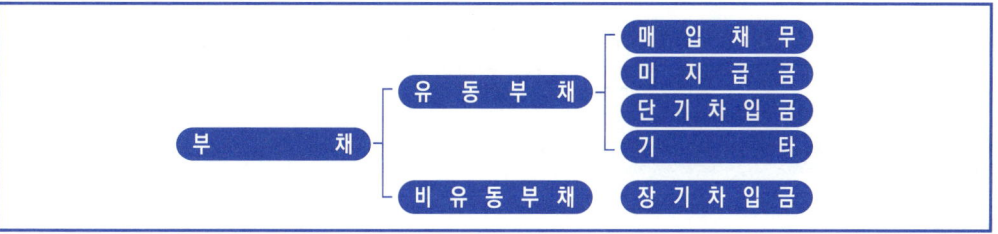

> 되짚으며 따라하기 – 매입채무

CHECK POINT

❖ 매입채무 : 외상매입금과 지급어음 → 일반적 상거래일 때
  • 외상매입금 차변 : 외상대금을 현금, 수표, 어음발행으로 지급할 때
  • 지급어음 차변 : 어음대금을 현금, 수표로 지급할 때
  • 지급어음 대변 : 약속어음 발행할 때
  ※ 매입 상품의 반품과 에누리 : 매입환출및에누리(147.코드)로 처리하거나, 상품계정 대변으로 처리
  ※ 미지급금(코드 253) : 일반적 상거래(상품) 이외의 외상 또는 어음발행 거래, 차량을 할부구입 하거나, 신용카드 결제할 때

다음의 기출상회 기중 거래내역을 일반전표입력 메뉴에 입력하시오.

1 9월 1일 : 거래처 아이들완구의 외상매입금 중 3,000,000원을 약속어음을 발행하여 지급하다(만기 11월 3일).

2 9월 2일 : 우리상사에 상품매입 대금으로 발행해 준 약속어음 1,600,000원이 만기가 되어 당사 보통예금 계좌에서 이체하여 지급하다.

3 9월 3일 : 당사 발행 약속어음 1,000,000원이 만기가 되어 보통예금을 인출하여 거래처 소율완구의 계좌로 무통장 입금하다. 또한 송금수수료 3,000원은 현금으로 지급하다.

4 9월 4일 : (주)발해완구의 외상매입금 2,000,000원을 결제하기 위하여 당사가 상품 매출대금으로 받아 보유하고 있던 오리공업 발행의 약속어음 500,000원을 배서양도하고 잔액은 당사가 약속어음을 발행하여 지급하다(만기일 12월 4일).

5 9월 5일 : 가방닷컴에서 상품 2,000,000원을 2/10, n/30의 조건(10일 이내에 지급하면 2% 할인해 주고 외상 거래일부터 30일 이내에 대금을 지급하는 조건)으로 외상매입하다.

6 9월 6일 : 아이들완구에서 구입한 상품 중 불량품이 있어 160,000원을 반품하고 외상대금과 상계 처리하기로 결정하였다.

7 9월 10일 : 9월 5일 가방닷컴에서 외상매입한 금액 2,000,000원을 지급하기로 하고 계약에 따라 2%를 할인한 잔액을 현금으로 지급하다.

풀이

1. 일자 : 9월 1일

구분	코드	계정과목	코드	거래처	적요	금액
3(차)	251	외 상 매 입 금	06110	아이들완구		3,000,000
4(대)	252	지 급 어 음	06110	아이들완구		3,000,000
분개	(차) 외상매입금		3,000,000	(대) 지급어음		3,000,000

2. 일자 : 9월 2일

구분	코드	계정과목	코드	거래처	적요	금액
3(차)	252	지 급 어 음	03001	우리상사		1,600,000
4(대)	103	보 통 예 금				1,600,000
분개	(차) 지급어음		1,600,000	(대) 보통예금		1,600,000

3. 일자 : 9월 3일

구분	코드	계정과목	코드	거래처	적요	금액
3(차)	252	지 급 어 음	02007	소율완구		1,000,000
3(차)	831	수 수 료 비 용				3,000
4(대)	103	보 통 예 금				1,000,000
4(대)	101	현 금				3,000
분개	(차) 지급어음 1,000,000 수수료비용 3,000			(대) 보통예금 1,000,000 현 금 3,000		

4. 일자 : 9월 4일

구분	코드	계정과목	코드	거래처	적요	금액
3(차)	251	외 상 매 입 금	06230	(주)발해완구		2,000,000
4(대)	110	받 을 어 음	02110	오리공업		500,000
4(대)	252	지 급 어 음	06230	(주)발해완구		1,500,000
분개	(차) 외상매입금 2,000,000			(대) 받을어음 지급어음		500,000 1,500,000

5. 일자 : 9월 5일

구분	코드	계정과목	코드	거래처	적 요	금 액
3(차)	146	상 품				2,000,000
4(대)	251	외 상 매 입 금	03100	가방닷컴		2,000,000
분개	(차) 상 품		2,000,000	(대) 외상매입금		2,000,000

6. 일자 : 9월 6일

구분	코드	계정과목	코드	거래처	적 요	금 액
3(차)	251	외 상 매 입 금	06110	아이들완구		160,000
4(대)	147	매입환출및에누리				160,000
분개	(차) 외상매입금		160,000	(대) 매입환출및에누리		160,000

▶ 위 분개 외에 (차) 외상매입금 160,000 (대) 상   품 160,000으로 분개할 수 있다.

7. 일자 : 9월 10일

구분	코드	계정과목	코드	거래처	적 요	금 액
3(차)	251	외 상 매 입 금	03100	가방닷컴		2,000,000
4(대)	148	매 입 할 인				40,000
4(대)	101	현 금				1,960,000
분개	(차) 외상매입금 2,000,000 (대) 매입할인 40,000 현 금 1,960,000					

▶ 2/10, n/30 : 10일 이내에 지급하면 2% 할인, 외상거래일부터 30일 이내 지급 조건
   10일 이내에 지급하므로 2%인 40,000원을 할인하고 1,960,000원만 지급한다.

되짚으며 따라하기 – 미지급금

다음의 기출상회 기중 거래내역을 일반전표입력 메뉴에 입력하시오.

1 9월 11일 : 신한카드사의 청구에 의해 전월의 신한카드 사용금액(미지급금 처리) 650,000원이 당사 보통예금에서 인출되어 지급된 것을 인터넷뱅킹을 통해 확인하다.

2 9월 12일 : 임대인(국민빌딩)과 합의 하에 미지급금으로 계상되어 있는 임차료 1,500,000원을 보증금과 상계하다.

풀이

1. 일자 : 9월 11일

구분	코드	계정과목	코드	거래처	적 요	금 액
3(차)	253	미 지 급 금	99600	신한카드		650,000
4(대)	103	보 통 예 금				650,000
분개	(차) 미지급금		650,000	(대) 보통예금		650,000

2. 일자 : 9월 12일

구분	코드	계정과목	코드	거래처	적 요	금 액
3(차)	253	미 지 급 금	06140	국민빌딩		1,500,000
4(대)	232	임 차 보 증 금				1,500,000
분개	(차) 미지급금		1,500,000	(대) 임차보증금		1,500,000

되짚으며 따라하기 – 단기차입금

다음의 기출상회 기중 거래내역을 일반전표입력 메뉴에 입력하시오.

1 9월 13일 : 당사가 기업은행에서 5,000,000원을 6개월간 차입하고 선이자 200,000원을 차감한 잔액이 당사의 보통예금 통장으로 계좌이체 되다(선이자는 전액 비용처리 한다).

2 9월 14일 : 기업은행의 단기차입금 3,000,000원과 상환 시까지 이자 120,000원을 보통예금 계좌에서 이체하여 지급하였다.

풀이

1. 일자 : 9월 13일

구분	코드	계정과목	코드	거래처	적 요	금 액
3(차)	103	보 통 예 금				4,800,000
3(차)	951	이 자 비 용				200,000
4(대)	260	단 기 차 입 금	98000	기업은행		5,000,000
분개	(차) 보통예금 이자비용		4,800,000 200,000	(대) 단기차입금		5,000,000

2. 일자 : 9월 14일

구분	코드	계정과목	코드	거래처	적 요	금 액
3(차)	260	단 기 차 입 금	98000	기업은행		3,000,000
3(차)	951	이 자 비 용				120,000
4(대)	103	보 통 예 금				3,120,000
분개	(차) 단기차입금 　　 이자비용		3,000,000 120,000		(대) 보통예금	3,120,000

되짚으며 따라하기 – 기 타

CHECK POINT

❖ 유동부채 기타
　(1) 선수금 : 매출관련 계약금, 착수금 등 수입
　(2) 예수금 : 원천징수한 소득세 국민연금, 건강보험료 등 납부하면 → 차변기입 소멸 처리
　(3) 현금과부족 : 임시계정 처리 (결산 때는 잡손실 또는 잡이익 처리)

다음의 기출상회 기중 거래내역을 일반전표입력 메뉴에 입력하시오.

1 9월 15일 : 오바마상사에 완구 5,000,000원(500개, @10,000원)을 판매하기로 계약하고 계약대금의 10%를 당좌예금 계좌로 이체받다.

2 9월 16일 : 거래처 준일상사에 상품 2,000,000원을 판매하기로 계약하고 계약금으로 판매금액의 10%를 현금으로 받다.

3 9월 17일 : 종업원의 급여를 지급할 때 공제한 근로소득세(개인지방소득세 포함) 110,000원을 관할세무서에 현금으로 납부하다.

4 9월 18일 : 현금출납장의 잔액보다 실제 현금 잔액이 50,000원 부족한 것을 발견하였는데 그 원인은 아직 알 수 없다.

5 9월 19일 : 본사 영업부 직원들의 업무역량 강화를 위해 외부강사를 초청하여 교육을 진행하고, 강사료 3,200,000원 중 소득세 105,600원을 원천징수하고, 3,094,400원을 보통예금 통장에서 이체하여 지급하다.

> **풀이**

1. 일자 : 9월 15일

구분	코드	계정과목	코드	거래처	적요	금액
3(차)	102	당 좌 예 금				500,000
4(대)	259	선 수 금	01000	오바마상사		500,000
분개	(차) 당좌예금		500,000	(대) 선 수 금		500,000

2. 일자 : 9월 16일

구분	코드	계정과목	코드	거래처	적요	금액
2(입)	259	선 수 금	01004	준일상사		200,000
분개	(차) 현 금		200,000	(대) 선 수 금		200,000

3. 일자 : 9월 17일

구분	코드	계정과목	코드	거래처	적요	금액
1(출)	254	예 수 금				110,000
분개	(차) 예 수 금		110,000	(대) 현 금		110,000

4. 일자 : 9월 18일

구분	코드	계정과목	코드	거래처	적요	금액
3(차)	141	현 금 과 부 족				50,000
4(대)	101	현 금				50,000
분개	(차) 현금과부족		50,000	(대) 현 금		50,000

5. 일자 : 9월 19일

구분	코드	계정과목	코드	거래처	적요	금액
3(차)	825	교 육 훈 련 비				3,200,000
4(대)	254	예 수 금				105,600
4(대)	103	보 통 예 금				3,094,400
분개	(차) 교육훈련비		3,200,000	(대) 예 수 금 보통예금		105,600 3,094,400

되짚으며 따라하기 - 장기차입금

다음의 기출상회 기중 거래내역을 일반전표입력 메뉴에 입력하시오.

1 9월 20일 : 사업확장을 위하여 하나은행에서 20,000,000원을 차입하여 즉시 당사 보통예금에 이체하다(상환예정일 2028년 9월 30일, 이자지급일 매월 말일, 이율 연 6%).

풀이

1. 일자 : 9월 20일

구분	코드	계정과목	코드	거래처	적요	금액
3(차)	103	보 통 예 금				20,000,000
4(대)	293	장 기 차 입 금	98100	하나은행		20,000,000
분개	(차) 보통예금		20,000,000	(대) 장기차입금		20,000,000

4 자본 거래의 입력

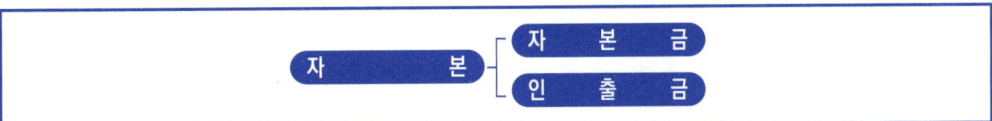

되짚으며 따라하기 - 자 본

> **CHECK POINT**
> ❖ 기업주(점주) 개인용도 사용(私用)액
>   • 인출금처리 후 결산시 자본금계정으로 대체함
>   • 상품계정의 대변 입력 시 → 원가 처리 (적요8.타계정으로대체액을 반드시 선택).

다음의 기출상회 기중 거래내역을 일반전표입력 메뉴에 입력하시오.

1 9월 21일 : 영업용 화물차의 자동차세 60,000원과 사장 개인 승용차의 자동차세 80,000원을 현금으로 납부하다(단, 기업주의 개인적 지출은 인출금 계정으로 처리함).

2 9월 22일 : 사업주가 자녀의 입학 기념으로 당사가 판매하는 상품인 아이패드(원가 : 100,000원, 판매가 : 150,000원)을 선물하다.

3 9월 23일 : 판매용으로 구입한 상품(원가 : 50,000원, 판매가격 : 70,000원)을 사업주 개인용 도로 사용하였다.

풀이

1. 일자 : 9월 21일

구분	코드	계정과목	코드	거래처		적 요	금 액
1(출)	817	세 금 과 공 과					60,000
1(출)	338	인 출 금					80,000
분개	(차) 세금과공과 　　 인 출 금		60,000 80,000		(대) 현　　금		140,000

2. 일자 : 9월 22일

구분	코드	계정과목	코드	거래처		적 요	금 액
3(차)	338	인 출 금					100,000
4(대)	146	상　　 품			8	타계정으로대체	100,000
분개	(차) 인 출 금		100,000		(대) 상　　품		100,000

▶ 상품을 매출하지 않고 상품계정의 대변에 입력하는 경우에는 원가로 하며, 적요에서 반드시 '적요8.타계정으로대체액'을 선택하여야 한다.

3. 일자 : 9월 23일

구분	코드	계정과목	코드	거래처		적 요	금 액
3(차)	338	인 출 금					50,000
4(대)	146	상　　 품			8	타계정으로대체	50,000
분개	(차) 인 출 금		50,000		(대) 상　　품		50,000

5 수익 거래의 입력

되짚으며 따라하기 - 상품매출

CHECK POINT

❖ 상품매출 대금회수 차변 회계처리
  1. 현금이나 수표회수 → 현금계정 차변
  2. 약속어음 받으면 → 받을어음계정 차변
  3. 외상거래(상거래) → 외상매출금계정 차변
  4. 외상매입금과 상계 → 외상매입금계정 차변
  5. 보통예금으로 이체 → 보통예금계정 차변
  6. 해당 거래처에 선수금이 있으면 → 선수금계정 차변
❖ 당점(판매자)부담 운반비 회계처리 → 판매비와관리비의 "운반비" 계정으로 회계처리한다.

다음의 기출상회 기중 거래내역을 일반전표입력 메뉴에 입력하시오.

1. 10월 1일 : 평창완구에 문구 5,000,000원을 판매하고 대금 중 3,000,000원은 동점 발행 당좌수표로 받고 나머지는 외상으로 하다.

2. 10월 2일 : 진미상사에 문구류 1,000,000원을 매출하고 대금은 동점 발행 어음(만기일 12월 2일)으로 받다. 매출 시 운임 50,000원은 당점이 부담하기로 하고 현금으로 지급하였다.

3. 10월 3일 : 고구려문구에 상품 5,000,000원을 매출하고 대금 중 3,000,000원은 자기앞수표로 받고, 잔액은 1개월 후에 받기로 하다.

4. 10월 4일 : 소율완구에 상품 3,500,000원을 매출하고, 대금 중 500,000원은 약속어음(만기일 12월 14일)으로 받고 잔액은 외상으로 하다. 또한 당점 부담 운반비 15,000원은 현금으로 별도 지급하다.

5. 10월 5일 : 거래처 성동문구에 다음과 같이 상품을 매출하다.

품 목	수량	단가	금액	결 재
노 트	1000개	2,500원	2,500,000원	현금 2,000,000원 외상 1,400,000원
앨 범	100개	9,000원	900,000원	
계			3,400,000원	

6 10월 6일 : 거래처 오바마상사에 판매하기로 계약하였던 상품 5,000,000원을 인도하고 계약금 500,000원을 제외한 나머지 금액은 외상으로 하다.

7 10월 7일 : 매출 계약한 준일상사에 상품 2,000,000원을 매출하고 계약금 200,000원을 차감한 대금 중 800,000원은 현금으로 받고 잔액은 외상으로 하다.

풀이

1. 일자 : 10월 1일

구분	코드	계정과목	코드	거래처	적요	금액
3(차)	101	현 금				3,000,000
3(차)	108	외 상 매 출 금	02010	평창완구		2,000,000
4(대)	401	상 품 매 출				5,000,000
분개	(차) 현 금 3,000,000 외상매출금 2,000,000			(대) 상품매출 5,000,000		

2. 일자 : 10월 2일

구분	코드	계정과목	코드	거래처	적요	금액
3(차)	110	받 을 어 음	02008	진미상사		1,000,000
3(차)	824	운 반 비				50,000
4(대)	401	상 품 매 출				1,000,000
4(대)	101	현 금				50,000
분개	(차) 받을어음 1,000,000 운 반 비 50,000			(대) 상품매출 1,000,000 현 금 50,000		

3. 일자 : 10월 3일

구분	코드	계정과목	코드	거래처	적요	금액
3(차)	101	현 금				3,000,000
3(차)	108	외 상 매 출 금	02130	고구려문구		2,000,000
4(대)	401	상 품 매 출				5,000,000
분개	(차) 현 금 3,000,000 외상매출금 2,000,000			(대) 상품매출 5,000,000		

4. 일자 : 10월 4일

구분	코드	계정과목	코드	거래처	적요	금액
3(차)	110	받을어음	02007	소율완구		500,000
3(차)	108	외상매출금	02007	소율완구		3,000,000
4(대)	401	상품매출				3,500,000
3(차)	824	운반비				15,000
4(대)	101	현금				15,000
분개	(차) 받을어음　　　　500,000 　　　외상매출금　　　3,000,000 　　　운반비　　　　　　15,000			(대) 상품매출　　　3,500,000 　　　현　금　　　　　15,000		

5. 일자 : 10월 5일

구분	코드	계정과목	코드	거래처	적요	금액
3(차)	101	현금				2,000,000
3(차)	108	외상매출금	02006	성동문구		1,400,000
4(대)	401	상품매출				3,400,000
분개	(차) 현　금　　　　　2,000,000 　　　외상매출금　　　1,400,000			(대) 상품매출　　　3,400,000		

6. 일자 : 10월 6일

구분	코드	계정과목	코드	거래처	적요	금액
3(차)	259	선수금	01000	오바마상사		500,000
3(차)	108	외상매출금	01000	오바마상사		4,500,000
4(대)	401	상품매출				5,000,000
분개	(차) 선수금　　　　　500,000 　　　외상매출금　　　4,500,000			(대) 상품매출　　　5,000,000		

7. 일자 : 10월 7일

구분	코드	계정과목	코드	거래처	적요	금액
3(차)	259	선수금	01004	준일상사		200,000
3(차)	101	현금				800,000
3(차)	108	외상매출금	01004	준일상사		1,000,000
4(대)	401	상품매출				2,000,000
분개	(차) 선수금　　　　　200,000 　　　현　금　　　　　800,000 　　　외상매출금　　　1,000,000			(대) 상품매출　　　2,000,000		

6 비용 거래의 입력

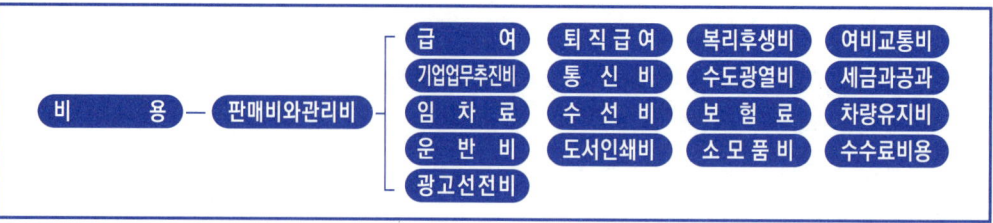

되짚으며 따라하기 - 급 여

CHECK POINT
- 1. 급여에는 임원, 종업원, 일용직 등에 지급한 임금과 상여 및 제수당을 통합해서 입력한다.
- 2. 급여에서 공제하는 소득세, 지방소득세(=소득세의 10%), 건강보험료 등 : 예수금계정 대변 처리
- ※ 원천징수분 납부(다음달 10일) : 예수금계정의 차변 기입

다음은 기출상회의 기중 거래내역이다. 일반전표입력 메뉴에 입력하시오.

1. 11월 5일 : 직원 급여 2,000,000원 중에서 소득세 및 개인지방소득세 60,000원 건강보험료 30,000원을 제외한 1,910,000원을 현금으로 지급하다.

2. 11월 10일 : 10월 종업원 급여지급 시 원천징수한 금액 중 소득세 60,000원을 관할세무서에 현금으로 납부하다.

풀이

1. 일자 : 11월 5일

구분	코드	계정과목	코드	거래처	적 요	금 액
3(차)	801	급 여				2,000,000
4(대)	254	예 수 금				90,000
4(대)	101	현 금				1,910,000
분개	(차) 급 여		2,000,000		(대) 예 수 금 현 금	90,000 1,910,000

2. 일자 : 11월 10일

구분	코드	계정과목	코드	거래처	적요	금액
1(출)	254	예 수 금				60,000
분개	(차) 예 수 금		60,000	(대) 현 금		60,000

되짚으며 따라하기 - 퇴직급여

다음의 기출상회 기중 거래내역을 일반전표입력 메뉴에 입력하시오.

1 11월 11일 : 확정기여형 퇴직연금의 부담금 1,500,000원과 확정급여형 퇴직연금의 부담금 1,000,000원을 보통예금 계좌에서 이체하다.

풀이

1. 일자 : 11월 11일

구분	코드	계정과목	코드	거래처	적요	금액
3(차)	806	퇴 직 급 여				1,500,000
3(차)	186	퇴직연금운용자산				1,000,000
4(대)	103	보 통 예 금				2,500,000
분개	(차) 퇴직급여 　　　퇴직연금운용자산		1,500,000 1,000,000	(대) 보통예금		2,500,000

▶ 확정기여형 퇴직연금은 퇴직급여 계정으로 확정급여형 퇴직연금은 퇴직연금운용자산 계정으로 처리한다.

되짚으며 따라하기 - 복리후생비

CHECK POINT

❖ 비용처리 비교·확인사항
1. 복리후생비 → 임·직원들의 복지와 후생을 위해 지출하는 모든 비용
    • 4대보험 중 하나로 회사에서 납부하는 국민연금은 세금과공과로 처리한다.
    • 복리후생비로 지급하는 금액은 일반적으로 근로소득세 원천징수의 대상이 아니다.
2. 기업업무추진비 → 거래처에 제공하는 선물, 식대, 향응, 금품 등
3. 기부금 → 업무와 관련없이 무상으로 제공(영업외비용)
4. 광고선전비 → 불특정다수를 대상으로 지급되는 비용

다음의 기출상회 기중 거래내역을 일반전표입력 메뉴에 입력하시오.

1. 11월 12일 : 맛나식당에서 영업부 직원 회식을 하고 식사대금 300,000원은 월말에 지급하기로 하다(거래처코드 2000번으로 등록할 것).
2. 11월 13일 : 직원들에게 명절 선물을 하기 위하여 한우세트를 원마트에서 구입하고 대금 1,000,000원은 현금으로 지급하다.
3. 11월 14일 : 마포갈비에서 종업원 회식을 하고 식사대금 200,000원은 신한카드로 결제하다.
4. 11월 15일 : 당사경리부 여직원의 결혼으로 축의금 100,000원을 현금 지급하다.
5. 11월 16일 : 회사 창립기념일을 맞이하여 전 종업원에게 지급할 선물세트 400,000원을 레몬마트에서 현금으로 구입하다.

풀이

1. 일자 : 11월 12일

구분	코드	계정과목	코드	거래처	적 요	금 액
3(차)	811	복 리 후 생 비				300,000
4(대)	253	미 지 급 금	02000	맛나식당		300,000
분개	(차) 복리후생비		300,000	(대) 미지급금		300,000

2. 일자 : 11월 13일

구분	코드	계정과목	코드	거래처	적 요	금 액
1(출)	811	복 리 후 생 비				1,000,000
분개	(차) 복리후생비		1,000,000	(대) 현 금		1,000,000

3. 일자 : 11월 14일

구분	코드	계정과목	코드	거래처	적 요	금 액
3(차)	811	복 리 후 생 비				200,000
4(대)	253	미 지 급 금	99600	신한카드		200,000
분개	(차) 복리후생비		200,000	(대) 미지급금		200,000

4. 일자 : 11월 15일

구분	코드	계정과목	코드	거래처	적 요	금 액
1(출)	811	복 리 후 생 비				100,000
분개	(차) 복리후생비		100,000	(대) 현 금		100,000

5. 일자 : 11월 16일

구분	코드	계정과목	코드	거래처	적 요	금 액
1(출)	811	복 리 후 생 비				400,000
분개	(차) 복리후생비		400,000		(대) 현 금	400,000

되짚으며 따라하기 - 여비교통비

다음의 기출상회 기중 거래내역을 일반전표입력 메뉴에 입력하시오.

1 11월 17일 : 영업부 직원에게 택시비 30,000원을 현금 지급하다.

2 11월 18일 : 영업부장의 부산 출장 왕복항공료 200,000원을 국민카드로 결제하였다.

풀이

1. 일자 : 11월 17일

구분	코드	계정과목	코드	거래처	적 요	금 액
1(출)	812	여 비 교 통 비				30,000
분개	(차) 여비교통비		30,000		(대) 현 금	30,000

2. 일자 : 11월 18일

구분	코드	계정과목	코드	거래처	적 요	금 액
3(차)	812	여 비 교 통 비				200,000
4(대)	253	미 지 급 금	99700	국민카드		200,000
분개	(차) 여비교통비		200,000		(대) 미지급금	200,000

되짚으며 따라하기 - 기업업무추진비

다음의 기출상회 기중 거래내역을 일반전표입력 메뉴에 입력하시오.

1 11월 21일 : 거래처 설악상사 홍길동 과장의 결혼식에 보낼 축하 화환을 장미화원에 의뢰하고, 그 대금 100,000원을 보통예금 계좌에서 이체하다.

2 11월 22일 : 매출 거래처 직원에게 식사대접을 하고 식대 80,000원을 국민카드로 결제하다.

3 11월 23일 : 매출거래처인 (주)종로에 선물을 하기 위해 롯데마트에서 갈비세트 5개를 250,000원에 구입하고, 전액 당사의 삼성카드로 결제하였다(거래처코드 99800으로 등록할 것).

풀이

1. 일자 : 11월 21일

구분	코드	계정과목	코드	거래처	적요	금액
3(차)	813	기업업무추진비				100,000
4(대)	103	보통예금				100,000
분개	(차) 기업업무추진비		100,000	(대) 보통예금		100,000

2. 일자 : 11월 22일

구분	코드	계정과목	코드	거래처	적요	금액
3(차)	813	기업업무추진비				80,000
4(대)	253	미지급금	99700	국민카드		80,000
분개	(차) 기업업무추진비		80,000	(대) 미지급금		80,000

3. 일자 : 11월 23일

구분	코드	계정과목	코드	거래처	적요	금액
3(차)	813	기업업무추진비				250,000
4(대)	253	미지급금	99800	삼성카드		250,000
분개	(차) 기업업무추진비		250,000	(대) 미지급금		250,000

되짚으며 따라하기 - 통신비

다음의 기출상회 기중 거래내역을 일반전표입력 메뉴에 입력하시오.

1 11월 24일 : 고객들에게 문구 할인판매 안내장을 남대문우체국에서 등기 우편으로 발송하고 등기요금 120,000원을 현금으로 지급하다.

2 11월 25일 : 상설판매장의 당월분 인터넷 사용요금 50,000원이 당사 보통예금 계좌에서 자동이체 된 것을 확인하고 회계처리하다.

> **풀이**

1. 일자 : 11월 24일

구분	코드	계정과목	코드	거래처	적 요	금 액
1(출)	814	통 신 비				120,000
분개	(차) 통 신 비		120,000	(대) 현 금		120,000

2. 일자 : 11월 25일

구분	코드	계정과목	코드	거래처	적 요	금 액
3(차)	814	통 신 비				50,000
4(대)	103	보 통 예 금				50,000
분개	(차) 통 신 비		50,000	(대) 보통예금		50,000

되짚으며 따라하기 – 수도광열비

다음의 기출상회 기중 거래내역을 일반전표입력 메뉴에 입력하시오.

1. 11월 26일 : 전기요금 800,000원이 보통예금 통장에서 자동 인출되었다.
2. 11월 27일 : 인터넷요금 33,000원과 전기요금 165,000원을 보통예금 계좌에서 인출하여 납부하다.

> **풀이**

1. 일자 : 11월 26일

구분	코드	계정과목	코드	거래처	적 요	금 액
3(차)	815	수 도 광 열 비				800,000
4(대)	103	보 통 예 금				800,000
분개	(차) 수도광열비		800,000	(대) 보통예금		800,000

2. 일자 : 11월 27일

구분	코드	계정과목	코드	거래처	적 요	금 액
3(차)	814	통 신 비				33,000
3(차)	815	수 도 광 열 비				165,000
4(대)	103	보 통 예 금				198,000
분개	(차) 통 신 비 수도광열비		33,000 165,000		(대) 보통예금	198,000

되짚으며 따라하기 – 세금과공과

CHECK POINT

❖ 세금 : 재산세, 자동차세, 주민세, 인지세, 면허세, 종합부동산세 등
　공과금 : 상공회의소회비 또는 사용자단체회비 등으로 법에 정해진 것을 말한다.
　(국민연금 회사부담분 납부액도 세금과공과에 포함)
　※ 자산취득 시 납부하는 취득세 → 취득자산의 취득원가에 포함

다음의 기출상회 기중 거래내역을 일반전표입력 메뉴에 입력하시오.

1 11월 28일 : 전국전자협의회 협회비 200,000원을 현금으로 지급하였다.

2 11월 29일 : 물류관리팀에서 사용하는 화물 운송용 트럭에 대한 자동차세 80,000원을 현금으로 납부하였다.

풀이

1. 일자 : 11월 28일

구분	코드	계정과목	코드	거래처	적 요	금 액
1(출)	817	세 금 과 공 과				200,000
분개	(차) 세금과공과		200,000		(대) 현 금	200,000

2. 일자 : 11월 29일

구분	코드	계정과목	코드	거래처	적 요	금 액
1(출)	817	세 금 과 공 과				80,000
분개	(차) 세금과공과		80,000		(대) 현 금	80,000

되짚으며 따라하기 – 임차료

다음의 기출상회 기중 거래내역을 일반전표입력 메뉴에 입력하시오.

1 11월 30일 : 당월분 사무실 월세 5,000,000원을 현금으로 지급하다.

풀이

1. 일자 : 11월 30일

구분	코드	계정과목	코드	거래처	적 요	금 액
1(출)	819	임 차 료				5,000,000
분개	(차) 임 차 료		5,000,000	(대) 현 금		5,000,000

▶ 월세를 지급하는 임차인은 임차료(비용) 계정을 사용하고, 월세를 받는 임대인은 임대료(수익) 계정을 사용한다.

되짚으며 따라하기 – 수선비

다음의 기출상회 기중 거래내역을 일반전표입력 메뉴에 입력하시오.

1 12월 1일 : 업무용 건물의 유리를 교체하고 20,000원을 현금으로 지급하다(수익적지출로 회계처리 할 것).

2 12월 2일 : 회사 업무용 건물의 벽면이 노후되어 새로 도색 작업을 하고 비용 300,000원을 당사 보통예금 계좌에서 (주)금강 계좌로 이체하였다(증빙서류는 영수증을 수취하였고 수익적지출로 처리할 것).

풀이

1. 일자 : 12월 1일

구분	코드	계정과목	코드	거래처	적 요	금 액
1(출)	820	수 선 비				20,000
분개	(차) 수 선 비		20,000	(대) 현 금		20,000

2. 일자 : 12월 2일

구분	코드	계정과목	코드	거래처	적 요	금 액
3(차)	820	수 선 비				300,000
4(대)	103	보 통 예 금				300,000
분개	(차) 수 선 비		300,000		(대) 보통예금	300,000

되짚으며 따라하기 - 보험료

다음의 기출상회 기중 거래내역을 일반전표입력 메뉴에 입력하시오.

1 12월 3일 : KBC 방송국에 납품 입찰을 들어가기 위하여 보증보험에 가입하면서 보증보험료 900,000원(보험기간 : 2025. 12. 3 ~ 2026. 1. 2)을 현금으로 지급하였다.

2 12월 4일 : 상품 배송용 화물차에 대한 자동차종합보험을 수원화재에 가입하고 1년분 보험료 120,000원을 현금으로 지급하였다.

풀이

1. 일자 : 12월 3일

구분	코드	계정과목	코드	거래처	적 요	금 액
1(출)	821	보 험 료				900,000
분개	(차) 보 험 료		900,000		(대) 현 금	900,000

2. 일자 : 12월 4일

구분	코드	계정과목	코드	거래처	적 요	금 액
1(출)	821	보 험 료				120,000
분개	(차) 보 험 료		120,000		(대) 현 금	120,000

되짚으며 따라하기 – 차량유지비

CHECK POINT

❖ 차량유지비계정 처리
- 차량운반구 유지비용으로 차량유류대, 주차비, 통행료, 세차비, 차량운반구 수리비 등을 처리
* 차량보험료는 → 보험료계정, 자동차세는 → 세금과공과 계정으로 회계처리

다음의 기출상회 기중 거래내역을 일반전표입력 메뉴에 입력하시오.

1 12월 5일 : 당점이 소유하고 있던 영업용 트럭을 제일카센터에서 수리하고 수리대금 40,000원을 현금으로 지급하다(차량유지비 계정을 사용하여 수익적지출로 처리할 것).

풀이

1. 일자 : 12월 5일

구분	코드	계정과목	코드	거래처	적 요	금 액
1(출)	822	차 량 유 지 비				40,000
분개	(차) 차량유지비		40,000	(대) 현 금		40,000

되짚으며 따라하기 – 운반비

다음의 기출상회 기중 거래내역을 일반전표입력 메뉴에 입력하시오.

1 12월 7일 : 상품 견본을 준일상사에 발송하면서 택배비 20,000원을 신촌택배에 현금으로 지급하였다.

풀이

1. 일자 : 12월 7일

구분	코드	계정과목	코드	거래처	적 요	금 액
1(출)	824	운 반 비				20,000
분개	(차) 운 반 비		20,000	(대) 현 금		20,000

되짚으며 따라하기 – 도서인쇄비

다음의 기출상회 기중 거래내역을 일반전표입력 메뉴에 입력하시오.

1 12월 8일 : 본사 영업사원에 대하여 새로이 명함을 인쇄하여 배부하였다. 대금 90,000원은 현금으로 지급하였다.

풀이

1. 일자 : 12월 8일

구분	코드	계정과목	코드	거래처	적요	금액
1(출)	826	도서인쇄비				90,000
분개	(차) 도서인쇄비		90,000	(대) 현금		90,000

되짚으며 따라하기 – 소모품비

다음의 기출상회 기중 거래내역을 일반전표입력 메뉴에 입력하시오.

1 12월 9일 : 상품 포장용 소모품 1,000,000원을 크로바완구에서 외상으로 구입하다(비용처리법으로 회계처리 하시오).

2 12월 10일 : FAX 1대 250,000원, FAX용 잉크 1개 35,000원을 사무실에서 사용하기 위하여 구입하고 현금으로 결제하다. FAX는 비품으로, FAX용 잉크는 소모품비로 처리하다.

풀이

1. 일자 : 12월 9일

구분	코드	계정과목	코드	거래처	적요	금액
3(차)	830	소모품비				1,000,000
4(대)	253	미지급금	06100	크로바완구		1,000,000
분개	(차) 소모품비		1,000,000	(대) 미지급금		1,000,000

2. 일자 : 12월 10일

구분	코드	계정과목	코드	거래처	적 요	금 액
1(출)	212	비 품				250,000
1(출)	830	소 모 품 비				35,000
분개	(차) 비 품 　　　소모품비		250,000 35,000	(대) 현 금		285,000

되짚으며 따라하기 - 수수료비용

다음의 기출상회 기중 거래내역을 일반전표입력 메뉴에 입력하시오.

1 12월 11일 : 당사의 장부기장을 의뢰하고 있는 세무사 사무소에 장부기장 수수료 500,000원을 보통예금 계좌에서 이체하여 지급하다.

1. 일자 : 12월 11일

구분	코드	계정과목	코드	거래처	적 요	금 액
3(차)	831	수 수 료 비 용				500,000
4(대)	103	보 통 예 금				500,000
분개	(차) 수수료비용		500,000	(대) 보통예금		500,000

되짚으며 따라하기 - 광고선전비

다음의 기출상회 기중 거래내역을 일반전표입력 메뉴에 입력하시오.

1 12월 13일 : 본사의 홍보부는 새로 출시한 제품을 광고하기 위하여 중앙일보에 광고를 게재하고 대금 500,000원을 보통예금 계좌에서 이체하여 지급하다.

2 12월 14일 : 새로 판매하는 가방을 지역 신문사에 광고하고 대금 100,000원을 현금으로 지급하다.

> 풀이

1. 일자 : 12월 13일

구분	코드	계정과목	코드	거래처	적 요	금 액
3(차)	833	광 고 선 전 비				500,000
4(대)	103	보 통 예 금				500,000
분개	(차) 광고선전비		500,000	(대) 보통예금		500,000

2. 일자 : 12월 14일

구분	코드	계정과목	코드	거래처	적 요	금 액
1(출)	833	광 고 선 전 비				100,000
분개	(차) 광고선전비		100,000	(대) 현 금		100,000

7 영업외수익 거래의 입력

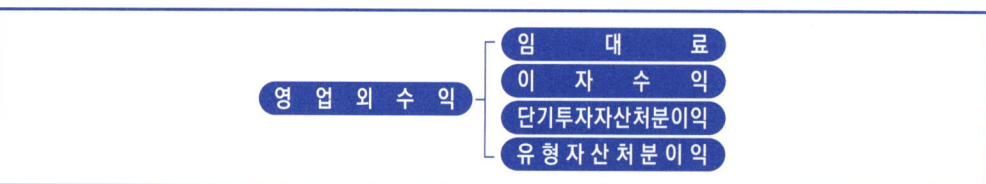

되짚으며 따라하기 - 임대료

다음의 기출상회 기중 거래내역을 일반전표입력 메뉴에 입력하시오.

1 12월 16일 : 영업소의 부속 창고를 삼진유통에 임대하고 임대료 300,000원을 현금으로 받다.

> 풀이

1. 일자 : 12월 16일

구분	코드	계정과목	코드	거래처	적 요	금 액
2(입)	904	임 대 료				300,000
분개	(차) 현 금		300,000	(대) 임 대 료		300,000

되짚으며 따라하기 - 이자수익

다음의 기출상회 기중 거래내역을 일반전표입력 메뉴에 입력하시오.

1 12월 17일 : 당점 거래은행의 보통예금 계좌에 이자 1,270,000원이 입금된 것을 확인하고 회계처리하다.

풀이

1. 일자 : 12월 17일

구분	코드	계정과목	코드	거래처	적 요	금 액
3(차)	103	보 통 예 금				1,270,000
4(대)	901	이 자 수 익				1,270,000
분개	(차) 보통예금		1,270,000		(대) 이자수익	1,270,000

되짚으며 따라하기 - 단기투자자산처분이익

다음의 기출상회 기중 거래내역을 일반전표입력 메뉴에 입력하시오.

1 12월 18일 : 단기매매차익을 목적으로 소유하고 있는 (주)동원상사 주식 150주를 1주당 11,000원(장부금액 10,000원)에 매각 처분하고 대금은 매매수수료 50,000원을 차감한 후 현금으로 받았다(매도가능증권으로 하지말 것).

풀이

1. 일자 : 12월 18일

구분	코드	계정과목	코드	거래처	적 요	금 액
3(차)	101	현 금				1,600,000
4(대)	906	단기투자자산처분익				100,000
4(대)	107	단 기 매 매 증 권				1,500,000
분개	(차) 현 금		1,600,000		(대) 단기매매증권 단기투자자산처분이익 (단기매매증권처분이익)	1,500,000 100,000

되짚으며 따라하기 - 유형자산처분이익

다음의 기출상회 기중 거래내역을 일반전표입력 메뉴에 입력하시오.

1 12월 19일 : 영업팀에서 사용하던 승용차를 기아상사에 7,800,000원에 매각하고 대금은 현금으로 받았다(단, 처분 시까지 당기 감가상각비는 모두 반영된 것으로 가정한다).

계정과목	취득가액	감가상각누계액	상각방법
차량운반구	9,000,000원	1,500,000원	정률법

풀이

1. 일자 : 12월 19일

구분	코드	계정과목	코드	거래처	적요	금액
3(차)	101	현 금				7,800,000
4(대)	208	차 량 운 반 구				9,000,000
3(차)	209	감 가 상 각 누 계 액				1,500,000
4(대)	914	유 형 자 산 처 분 이 익				300,000
분개	(차) 감가상각누계액 1,500,000 (대) 차량운반구 9,000,000 현 금 7,800,000 유형자산처분이익 300,000						

8 영업외비용 거래의 입력

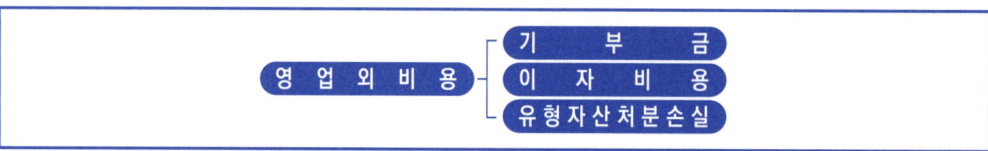

되짚으며 따라하기 - 기부금

다음의 기출상회 기중 거래내역을 일반전표입력 메뉴에 입력하시오.

1 12월 20일 : 갑작스런 폭설로 피해를 입은 농민을 돕기 위해 현금 3,000,000원을 한국방송공사에 지급하다.

풀이

1. 일자 : 12월 20일

구분	코드	계정과목	코드	거래처	적 요	금 액
1(출)	953	기 부 금				3,000,000
분개		(차) 기 부 금	3,000,000		(대) 현 금	3,000,000

되짚으며 따라하기 - 이자비용

다음의 기출상회 기중 거래내역을 전표입력 메뉴에 입력하시오.

1 12월 21일 : 금강상사의 단기차입금(차입기간 : 2025.9.4.~2026.11.3.)에 대한 이자 80,000원을 당사의 보통예금 계좌에서 자동이체 됨을 확인하고 회계처리하다.

풀이

1. 일자 : 12월 21일

구분	코드	계정과목	코드	거래처	적 요	금 액
3(차)	951	이 자 비 용				80,000
4(대)	103	보 통 예 금				80,000
분개		(차) 이자비용	80,000		(대) 보통예금	80,000

되짚으며 따라하기 - 수수료비용

다음의 기출상회 기중 거래내역을 전표입력 메뉴에 입력하시오.

1 12월 22일 : 증권거래소에 상장된 ㈜동원의 주식 100주를 1주당 12,000원에 단기보유목적으로 취득하고, 증권회사에 주식매매수수료 14,000원과 함께 보통예금 통장에서 계좌이체하여 지급하다.

> **풀이**

1. 일자 : 12월 22일

구분	코드	계정과목	코드	거래처	적 요	금 액
3(차)	107	단기매매증권				1,200,000
3(차)	984	수 수 료 비 용				14,000
4(대)	103	보 통 예 금				1,214,000
분개		(차) 단기매매증권 　　　수수료비용(984)	1,200,000 14,000	(대) 보통예금		1,214,000

▶ 단기매매증권의 매입시 수수료등의 제 비용은 영업외비용인 984.수수료비용계정으로 처리한다.

되짚으며 따라하기 – 유형자산처분손실

다음의 기출상회 기중 거래내역을 전표입력 메뉴에 입력하시오.

1 12월 23일 : 사용 중인 업무용자동차(취득원가 9,000,000원, 처분일까지 감가상각누계액 1,500,000원)를 한국중고차매매에 5,000,000원에 매각하고 대금은 현금으로 받다.

> **풀이**

1. 일자 : 12월 23일

구분	코드	계정과목	코드	거래처	적 요	금 액
3(차)	209	감가상각누계액				1,500,000
3(차)	101	현　　　　금				5,000,000
3(차)	970	유형자산처분손실				2,500,000
4(대)	208	차 량 운 반 구				9,000,000
분개		(차) 감가상각누계액 　　　현　　　　금 　　　유형자산처분손실	1,500,000 5,000,000 2,500,000	(대) 차량운반구		9,000,000

▶ 처분금액 : 5,000,000원
　 장부금액 : 9,000,000 – 1,500,000 = 7,500,000원
　 처분손실 : 7,500,000 – 5,000,000 = 2,500,000원

9 오류자료의 정정

되짚으며 따라하기

다음은 기출상회의 기중 거래내역 오류이다. 정정 분개를 하시오.

1. 8월 8일 : 유신상사에 대한 외상대금을 결제하기 위해 이체한 금액 60,000원에는 송금수수료 1,000원이 포함되어 있다.

2. 8월 13일 : 상품 매출거래에서 상품 대금이 거래처 발행 당좌수표 1,500,000원과 자기앞수표 300,000원으로 회수된 것이 확인되다.

3. 9월 15일 : 사무실 도난방지장치의 관리유지비 100,000원을 보안회사에 보통예금통장으로 이체시켜 지급한 내용이 누락되다.

4. 9월 20일 : 거래처 크로바완구로부터 외상매출금 4,000,000원을 현금으로 회수한 것으로 회계처리한 거래는, 실제로는 부족한 사업자금 운용을 위해 3개월간 자금테크에서 차입한 것이다.

5. 10월 6일 : 상품운반용 차량을 구입하면서 현금으로 납부한 취득세 400,000원이 세금과공과로 처리되었음을 발견하였다.

6. 10월 24일 : 복리후생비 계정으로 처리한 직원회식비 275,000원은 375,000원으로 확인되었다.

7. 10월 28일 : 현금으로 지출한 자동차세 220,000원에는 기업주 소유 차량에 대한 자동차세 80,000원이 포함되어 있어 이를 인출금 계정으로 처리하다.

8. 11월 9일 : 오리공업에 대한 상품 외상매출액 32,510,000원은 경리직원의 실수로 장부에 325,100,000원으로 잘못 처리되었다.

9. 11월 14일 : 지출용도가 불분명하여 가지급금으로 처리했던 100,000원이 재무팀 회식비로 지급된 사실이 영수증을 통해 확인되다.

10. 11월 23일 : 지성문구에 상품 매출시 지급한 당사 부담의 운반비 40,000원이 외상매출금 계정으로 잘못 처리되었음을 발견하다.

풀이

1. 8월 8일 (금액 수정 및 계정과목 추가)

수정 전 :	(차) 외상매입금(유신상사)	60,000	(대) 보통예금	60,000
수정 후 :	(차) 외상매입금(유신상사)	59,000	(대) 보통예금	60,000
	수수료비용(판)	1,000		

2. 8월 13일 (당좌예금을 현금으로 변경)

수정 전 : (차) 현　　금	300,000	(대) 상품매출	1,800,000
당좌예금	1,500,000		
수정 후 : (차) 현　　금	1,800,000	(대) 상품매출	1,800,000

3. 9월 15일 (거래 추가 입력)

수정 후 : (차) 수수료비용(판)	100,000	(대) 보통예금	100,000

4. 9월 20일 (계정과목과 거래처코드를 수정)

수정 전 : (차) 현　　금	4,000,000	(대) 외상매출금	4,000,000
		(크로바완구)	
수정 후 : (차) 현　　금	4,000,000	(대) 단기차입금	4,000,000
		(자금테크)	

5. 10월 6일 (계정과목을 수정)

수정 전 : (출금) 세금과공과	400,000
수정 후 : (출금) 차량운반구	400,000

6. 10월 24일 (금액 수정)

수정 전 : (출금) 복리후생비	275,000
수정 후 : (출금) 복리후생비	375,000

7. 10월 28일 (계정과목 추가와 금액 수정)

수정 전 : (차) 세금과공과	220,000	(대) 현　　금	220,000
수정 후 : (차) 세금과공과	140,000	(대) 현　　금	220,000
인 출 금	80,000		

8. 11월 9일 (금액 수정)

수정 전 : (차) 외상매출금	325,100,000	(대) 상품매출	325,100,000
수정 후 : (차) 외상매출금	32,510,000	(대) 상품매출	32,510,000

9. 11월 14일 (계정과목 수정)

수정 전 : (출금) 가지급금	100,000
수정 후 : (출금) 복리후생비(판)	100,000

10. 11월 23일 (계정과목과 금액 수정)

수정 전 : (차) 외상매출금	1,240,000	(대) 상품매출	1,200,000
		현 금	40,000
수정 후 : (차) 외상매출금	1,200,000	(대) 상품매출	1,200,000
운반비(판)	40,000	현 금	40,000

▶ 매출할 때 상대방이 부담할 운반비를 대신 지급한 경우에는 외상매출금에 포함하여 회계처리하지만 당사가 부담하는 운반비는 운반비 계정을 사용하여야 한다.

10 결산 및 재무제표

되짚으며 따라하기

기출상회의 기말정리사항은 다음과 같다. 결산을 완료하시오.

1 기말재고액은 다음과 같다.(5.결산차변, 6.결산대변을 사용할 것)
 • 상 품   42,000,000원

2 매출채권(외상매출금, 받을어음) 잔액에 대하여 1%의 대손충당금을 설정하다.

3 판매부서에서 사용하는 차량운반구에 대한 감가상각비는 1,200,000원을 계상하다.

4 보험료 중 그 기간이 경과되지 않은 금액 240,000원을 선급비용으로 회계처리하다.

5 단기대여금에 대한 당기 기간 경과분에 대한 이자미수액 150,000원을 계상하다(이자수령일은 다음연도 1월 24일이다).

6 매월 말일 지급하는 12월 귀속 사무실 임차료 500,000원이 미지급되다.

7 기업은행에서 차입한 장기차입금 10,000,000원(2028년 말 만기)에 대한 12월분 이자는 익월 5일 납부할 예정이며 연 이자율은 6%이다(이자는 월할 계산하며, 11월까지 이자는 정확히 계상되었다고 가정한다).

8 결산시 장부상 현금보다 실제 현금이 부족하여 현금과부족계정으로 처리한 금액 50,000원 중 20,000원은 매출 거래처의 개업 축하금으로 지급하였고, 30,000원은 당사 영업부서 직원의 결혼 축의금으로 지급한 것이다.

9 소모품비로 처리된 금액 중 기말 현재 소모품 미사용액은 750,000원이다(소모품 계정은 무시할 것).

10 인출금 계정 차변잔액 230,000원을 자본금 계정으로 대체하다.

> **풀이**

일반전표입력메뉴의 12월 31일자로 결산대체분개를 입력한다.

1. 상품매출원가의 계산

구분	코드	계정과목	코드	거래처	적요	금액
5(결차)	451	상품매출원가				124,979,000
6(결대)	146	상품				124,979,000
분개	(결차) 상품매출원가		124,979,000	(결대) 상품		124,979,000

- • 상품매출원가 124,979,000원
    = (기초상품재고액+당기상품순매입액) 166,979,000 - 기말상품재고액 42,000,000
  • (기초상품재고액 + 당기상품순매입액) 166,979,000원
    = 합계잔액시산표의 상품잔액 167,179,000-매입환출및에누리 160,000-매입할인 40,000
  • 합계잔액시산표 확인 시 주의 : 상품잔액 167,179,000원에서 매입환출및에누리 160,000원과 매입할인 40,000원을 차감하여야 한다.
- 또는 결산자료입력 메뉴에서 146.기말상품재고액에 42,000,000원 입력 후 전표추가한다.

2. 대손충당금 설정

구분	코드	계정과목	코드	거래처	적요	금액
3(차)	835	대손상각비				2,730,300
4(대)	109	대손충당금				1,899,300
4(대)	111	대손충당금				831,000
분개	(차) 대손상각비		2,730,300	(대) 대손충당금(109) 대손충당금(111)		1,899,300 831,000

- 합계잔액시산표의 외상매출금잔액 189,930,000 × 1% = 1,899,300원
  합계잔액시산표에 대손충당금 잔액이 있으면 차감하여야 한다.
- 합계잔액시산표의 받을어음 잔액 83,100,000 × 1% = 831,000원
- 또는 결산자료입력 메뉴에서 835.대손상각-108.외상매출금에 1,899,300원, 110.받을어음에 831,000원을 각각 입력하고 전표추가한다.
- 또는 결산자료입력에서 상단의 F8 대손상각을 선택하고 보조창에서 대손율 1%를 입력하고 대손충당금 설정대상 채권인 외상매출금과 받을어음을 제외한 채권 계정과목의 추가설정액을 삭제한 후 결산반영을 클릭하고 상단의 F3 전표추가를 한다.

3. 감가상각비 계상

구분	코드	계정과목	코드	거래처	적요	금액
3(차)	818	감가상각비				1,200,000
4(대)	209*	감가상각누계액				1,200,000
분개	(차) 감가상각비		1,200,000	(대) 감가상각누계액		1,200,000

- 208.차량운반구에 대한 감가상각누계액은 209.코드를 선택한다.
- 또는 결산자료입력 메뉴에서 818.감가상각비-208.차량운반구에 1,200,000원을 입력하고 전표추가한다.

4. 선급비용의 계상

구분	코드	계정과목	코드	거래처	적요	금액
3(차)	133	선 급 비 용				240,000
4(대)	821	보 험 료				240,000
분개	(차) 선급비용		240,000	(대) 보험료		240,000

▶ 합계잔액시산표의 보험료 지급액 중 당기의 기간이 경과한 부분은 비용(보험료)이 되고 미경과분은 차기분 보험료이므로 선급비용계정으로 대체하여 차기로 이연하여야 한다.

5. 미수수익의 계상

구분	코드	계정과목	코드	거래처	적요	금액
3(차)	116	미 수 수 익				150,000
4(대)	901	이 자 수 익				150,000
분개	(차) 미수수익		150,000	(대) 이자수익		150,000

▶ 이자미수액은 당기분 이자수익을 결산일까지 회수하지 못한 것으로 당기의 수익에 가산하고 그 금액을 미수수익(자산)으로 처리하여야 한다.

6. 미지급금의 계상

구분	코드	계정과목	코드	거래처	적요	금액
3(차)	819	임 차 료				500,000
4(대)	253	미 지 급 금				500,000
분개	(차) 임차료		500,000	(대) 미지급금		500,000

▶ 임차료 지급약정일이 매월 말일이라 하였으므로 12월 31일 현재 부채가 확정된 것이므로 미지급비용계정을 사용하지 말고 미지급금계정을 사용하여야 한다.

7. 미지급비용의 계상

구분	코드	계정과목	코드	거래처	적요	금액
3(차)	951	이 자 비 용				50,000
4(대)	262	미 지 급 비 용				50,000
분개	(차) 이자비용		50,000	(대) 미지급비용		50,000

▶ 미지급비용 : 10,000,000 × 6% × 1/12 = 50,000원

8. 현금과부족 정리

구분	코드	계정과목	코드	거래처	적 요	금 액
3(차)	813	기업업무추진비				20,000
3(차)	811	복 리 후 생 비				30,000
4(대)	141	현 금 과 부 족				50,000
분개	(차) 기업업무추진비 　　 복리후생비		20,000 30,000		(대) 현금과부족	50,000

▶ 합계잔액시산표 차변에 있는 현금과부족 계정은 재무제표에 표시할 수 없는 계정이므로 원인을 알면 해당하는 계정으로 처리하고, 원인을 모르면 잡손실계정으로 대체하여야 한다. 대변에 있는 현금과부족 계정은 잡이익계정으로 대체하여야 한다.

9. 소모품 미사용액의 계상

구분	코드	계정과목	코드	거래처	적 요	금 액
3(차)	122	소　모　품				750,000
4(대)	830	소 모 품 비				750,000
분개	(차) 소 모 품		750,000		(대) 소모품비	750,000

▶ 합계잔액시산표 차변에 있는 소모품비계정은 소모품 구입액을 의미하고 결산일에 <u>미사용액을 소모품계정으로</u> 대체한다. 만일 합계잔액시산표 차변에 소모품계정이 있으면 그 금액도 소모품 구입액이지만 이때에는 <u>소모품 사용액을 소모품비계정으로</u> 대체하여야 한다.

10. 인출금계정 정리

구분	코드	계정과목	코드	거래처	적 요	금 액
3(차)	331	자　본　금				230,000
4(대)	338	인　출　금				230,000
분개	(차) 자 본 금		230,000		(대) 인 출 금	230,000

▶ 합계잔액시산표의 인출금 잔액을 조회하여 자본금계정으로 대체한다.

11 제장부 및 재무제표 조회

되짚으며 따라하기

기출상회의 제장부를 조회하여 다음 질문에 답하시오.

1. 상반기(1월~6월) 중 급여지출이 가장 많았던 달과 금액은?
2. 5월(5월1일~5월31일) 중 외상 매출 건수는 몇 건이며, 그 금액은?
3. 2월의 외상매출금 회수금액은 얼마인가?
4. 1월 1일부터 6월 30일까지 현금으로 지급된 판매비와 관리비는 얼마인가?
5. 6월말 현재 외상매입금 잔액이 가장 많은 거래처의 코드와 금액은?
6. 12월의 당좌수표 발행액은 얼마인가?
7. 5월 중 당사가 발행한 약속어음의 총액은 얼마인가?
8. 1월~6월(상반기)의 상품매출액은 얼마인가?
9. 3월 중 현금 지출액은 얼마인가?
10. 3월말 현재 유동자산과 유동부채의 차액은 얼마인가?

풀이

1. 상반기(1월~6월) 중 급여지출이 가장 많았던 달과 금액
   3월, 5,350,000원
   (총계정원장 월별 1월~6월 801.급여계정 차변금액 비교)

2. 5월(5월1일~5월31일) 중 외상 매출 건수와 그 금액
   3건, 13,600,000원
   (계정별원장 5월1일~5월31일 108.외상매출금계정 차변 조회)

3. 2월의 외상매출금 회수액
   4,500,000원
   (계정별원장 2월1일~2월28일 108.외상매출금계정 조회 : 대변 월계)

4. 1월~6월 현금으로 지출된 판매비와관리비
   49,102,100원
   (월계표 1~6월 조회 : 판매비및일반관리비계정 차변 현금 란)

5. 6월 말 현재 외상매입금 잔액이 가장 많은 거래처코드와 금액
   6110. 아이들완구 20,000,000원
   (거래처원장 6월1일~6월30일 251.외상매입금계정 잔액조회)

6. 12월의 당좌수표 발행액
   1,500,000원
   (계정별원장 12월1일~12월31일 102.당좌예금계정 조회 : 대변 월계 금액)

7. 5월 중 당사가 발행한 약속어음 발행총액
   8,000,000원
   (계정별원장 5월1일~5월31일 252.지급어음계정 조회 : 대변 월계)

8. 상반기 상품매출액
   221,560,000원
   (합계잔액시산표 6월30일 또는 총계정원장 1월1일~6월30일 401.상품매출계정 조회)

9. 3월 중 현금 지출액
   34,499,730원
   (월계표 또는 현금출납장 3월1일~3월31일 조회 : 금월소계 차변 현금란 또는 출금 월계)

10. 3월말 현재 유동자산과 유동부채의 차액
    211,430,060 - 97,185,000 = 114,245,060원
    (재무상태표 3월 조회)

CHAPTER 01 실전모의시험

가온상사(코드번호:4501)는 문구 및 잡화를 판매하는 개인기업이다. 당기(제11기)의 회계기간은 2025.1.1.~2025.12.31.이다. 전산세무회계 수험용 프로그램을 이용하여 다음 물음에 답하시오.

---- 기본전제 ----

- 문제에서 한국채택국제회계기준을 적용하도록 하는 전제조건이 없는 경우, 일반기업회계기준을 적용하여 회계처리 한다.
- 문제의 풀이와 답안작성은 제시된 문제의 순서대로 진행한다.

Q1 다음은 가온상사의 사업자등록증이다. 회사등록 메뉴에 입력된 내용을 검토하여 누락분은 추가입력하고 잘못된 부분은 정정하시오(주소 입력 시 우편번호는 입력하지 않아도 무방함). (6점)

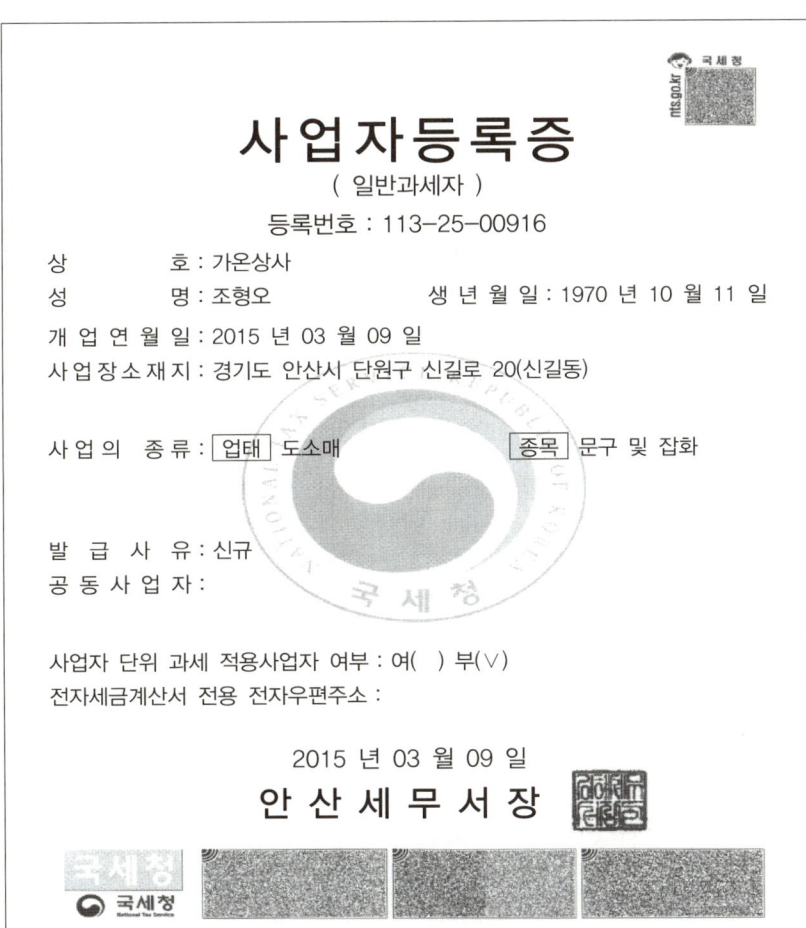

Q2
다음은 가온상사의 전기분 재무상태표이다. 입력되어 있는 자료를 검토하여 오류부분은 정정하고 누락된 부분은 추가 입력하시오. (6점)

재 무 상 태 표

회사명 : 가온상사　　　　제10기 2024.12.31. 현재.　　　　(단위 : 원)

과　목	금　액		과　목	금　액
현　　　　금		50,000,000	외 상 매 입 금	45,000,000
보 통 예 금		30,000,000	지 급 어 음	20,000,000
정 기 예 금		20,000,000	선　수　금	20,000,000
외 상 매 출 금	50,000,000		단 기 차 입 금	40,000,000
대 손 충 당 금	500,000	49,500,000	자　본　금	212,200,000
받 을 어 음	30,000,000		(당기순이익	
대 손 충 당 금	300,000	29,700,000	: 15,000,000)	
단 기 대 여 금		10,000,000		
미　수　금		20,000,000		
상　　　품		80,000,000		
차 량 운 반 구	52,000,000			
감가상각누계액	23,000,000	29,000,000		
비　　　품	20,000,000			
감가상각누계액	1,000,000	19,000,000		
자 산 총 계		337,200,000	부채와 자본총계	337,200,000

Q3
다음 자료를 이용하여 입력하시오. (6점)

[1] 가온상사는 상품을 매입하고 상품매입대금을 어음으로 지급하는 금액이 커지고 있다. 146. 상품 계정과목에 다음의 적요를 추가 등록하시오. (3점)

대체적요 : NO. 5 상품 어음 매입

[2] 다음은 가온상사의 신규거래처이다. 아래의 자료를 이용하여 거래처등록 메뉴에 추가등록하시오(주어진 자료 외의 다른 항목은 입력할 필요 없음). (3점)

- 상호 : 모닝문구
- 대표자명 : 최민혜
- 업태 : 도소매
- 유형 : 매출
- 회사코드 : 1001
- 사업자등록번호 : 305-24-63212
- 종목 : 문구 및 잡화
- 사업장소재지 : 대전광역시 대덕구 한밭대로 1000(오정동)

※ 주소입력 시 우편번호는 입력하지 않아도 무방함.

Q4 다음 거래 자료를 일반전표입력 메뉴에 추가 입력하시오. (24점)

> **입력시 유의사항**
> - 적요의 입력은 생략한다.
> - 부가가치세는 고려하지 않는다.
> - 채권·채무와 관련된 거래처명은 반드시 기 등록되어 있는 거래처코드를 선택하는 방법으로 거래처명을 입력한다.
> - 회계처리시 계정과목은 등록되어 있는 계정과목 중 가장 적절한 과목으로 한다.

[1] 7월 15일   대전중앙신협에서 사업운영자금으로 50,000,000원을 차입하여 즉시 보통예금 계좌에 입금하다(1년 만기, 만기일 2026년 7월 14일, 이자율 연 4%, 이자 지급은 만기 시 일괄 지급한다). (3점)

[2] 7월 16일   다음은 로뎀문구에서 상품을 매입하고 받은 거래명세표이다. 7월 5일 지급한 계약금을 제외하고, 당좌수표를 발행하여 잔금 5,940,000원을 지급하다. (3점)

권		호		거래명세표(거래용)				
2025 년 7 월 16 일			공급자	사업자등록번호	220-34-00176			
가온상사 귀하				상호	로뎀문구	성명	최한대 ㉑	
				사업장소재지	경기도 안산시 상록구 반석로 44			
아래와 같이 계산합니다.				업태	도소매	종목	문구 및 잡화	
합계금액		육백육십만 원정 (₩ 6,600,000)						
월일	품 목	규 격	수량	단 가		공 급 대 가		
7월 16일	문구		1,000개	6,600원		6,600,000원		
	계					6,600,000원		
전잔금	없음			합 계		6,600,000원		
입 금	660,000원		잔 금	5,940,000원		인수자	조형오 ㉑	
비 고	입금 660,000원은 계약금으로, 7월 5일 공급대가의 10%를 현금으로 수령한 것임.							

[3] 7월 28일 영업부 사원의 출장경비 중 신한카드(사업용카드)로 지급한 영수증을 받다(출장경비는 여비교통비로 처리할 것). (3점)

시설물 이용 영수증(주차비)

명 칭	유성주차장
주 소	대전광역시 유성구 궁동 220
사업자번호	305-35-65424
사업자명	이진식
발행일자	2025-7-28
차량번호	54거3478
지불방법	신한카드
승인번호	20006721
카드번호	54322362****3564
입차일시	2025-7-28 13:22:22
출차일시	2025-7-28 14:52:22
주차시간	1시간 30분
정산요금	5,000원

이용해 주셔서 감사합니다.

[4] 8월 28일 씨엔제이상사에 상품을 판매하고 발급한 거래명세표이다. 판매대금 중 20,000,000원은 당좌수표로 받고, 잔액은 6개월 만기 동점 발행 약속어음으로 받았다. (3점)

거래명세표(보관용)

권 호
2025년 8월 28일
씨엔제이상사 귀하
아래와 같이 계산합니다.

공급자			
사업자등록번호	113-25-00916		
상호	가온상사	성명	조형오 ㊞
사업장소재지	경기도 안산시 단원구 신길로 20		
업태	도소매	종목	문구 및 잡화

합계금액	이천오백만 원정 (₩ 25,000,000)

월일	품목	규격	수량	단가	공급대가
8/28	강철		100	250,000원	25,000,000원
	계				25,000,000원

전잔금	없음	합계		25,000,000원	
입금	20,000,000원	잔금	5,000,000원	인수자	최찬희 ㊞
비고	당좌수표 수령, 잔금은 6개월 만기 약속어음으로 수령				

[5] 9월 20일 반월상사에 외상으로 9월 3일에 판매하였던 상품 3,000,000원이 견본과 다르다는 이유로 반품되었다. 반품액은 매출환입및에누리로 처리한다(단, 음수로 회계처리하지 말 것). (3점)

[6] 10월 15일 조선상사에 대한 외상매입금 1,300,000원을 지급하기 위하여 발해상사로부터 매출대금으로 받은 약속어음 1,200,000원을 배서양도하고 나머지는 현금으로 지급하다. (3점)

[7] 11월 27일 거래처인 비전상사의 미지급금 12,500,000원 중 10,000,000원은 당좌수표를 발행하여 지급하고, 나머지는 면제받았다(단, 매입할인은 아님). (3점)

[8] 12월 30일 신규 취득한 업무용 차량에 대한 취득세를 현금으로 납부하고, 다음과 같은 영수증을 수령하였다. (3점)

인천광역시	차량취득세납부영수증	납부(납입) 서	납세자보관용 영수증
납세자	가온상사		
주소	경기도 안산시 단원구 신길로 20		
납세번호	기관번호 3806904	제목 10101502	납세년월기 202511	과세번호 0001070

과세내역	차번	425조4079	년식	2025		과 세 표 준 액
	목적	신규등록(일반등록)	특례	세율특례없음		37,683,000
	차명	그랜져				
	차종	승용자동차	세율	70/1000		

세목	납 부 세 액	납부할 세액 합계
취 득 세	2,637,810	
가산세	0	2,637,810 원
지방교육세	0	
농어촌특별세	0	신고납부기한
합계세액	2,637,810	2025 . 12. 30. 까지

전용계좌로도 편리하게 납부!!

우리은행 620-441829-64-125
신한은행 563-04433-245814
하나은행 117-865254-74125
국민은행 4205-84-28179245
기업은행 528-774145-58-247

■ 전용계좌 납부안내(뒷면참조)

담당자	위의 금액을 영수합니다.		
권유리	납부장소 : 전국은행(한국은행제외) 우체국 농협	2025년 12월 30일	수납인

Q5 일반전표입력 메뉴에 입력된 내용 중 다음의 오류가 발견되었다. 입력된 내용을 검토하고 수정 또는 삭제, 추가 입력하여 올바르게 정정하시오. (6점)

> **입력시 유의사항**
> - 적요의 입력은 생략한다.
> - 부가가치세는 고려하지 않는다.
> - 채권·채무와 관련된 거래처명은 반드시 기 등록되어 있는 거래처코드를 선택하는 방법으로 거래처명을 입력한다.
> - 회계처리시 계정과목은 등록되어 있는 계정과목 중 가장 적절한 과목으로 한다.

[1] 9월 15일 거래처 월평문구로부터 외상매출금을 현금으로 회수하고 회계처리한 100,000원이 실제로는 월평문구와 상품 추가 판매계약을 맺고 계약금으로 현금 100,000원을 받은 것으로 확인되었다. (3점)

[2] 12월 18일 영업부의 문서 출력용 프린터를 구입하면서 소모품인 A4용지 100,000원을 포함하여 비품으로 처리하였다(단, 소모품은 비용으로 처리할 것). (3점)

Q6 다음의 결산정리사항을 입력하여 결산을 완료하시오. (12점)

> **입력시 유의사항**
> - 적요의 입력은 생략한다.
> - 부가가치세는 고려하지 않는다.
> - 채권·채무와 관련된 거래처명은 반드시 기 등록되어 있는 거래처코드를 선택하는 방법으로 거래처명을 입력한다.
> - 회계처리시 계정과목은 등록되어 있는 계정과목 중 가장 적절한 과목으로 한다.

[1] A사무실을 임대료 6,000,000원(임대기간 2025년 7월 1일~2026년 6월 30일)에 임대하는 것으로 계약하고, 임대료는 임대계약기간 종료일에 전액 수령하기로 하였다(단, 월할 계산할 것). (3점)

[2] 3개월 전 단기투자목적으로 양촌㈜의 주식 100주(액면금액 @5,000원)을 주당 25,000원에 취득하였으며, 기말 현재 이 주식의 공정가치는 주당 30,000원이다. (3점)

[3] 10월 1일에 보통예금 계좌에서 이체하여 납부한 사업장의 화재보험료 120,000원(보험기간 2025년 10월 1일~2026년 9월 30일)은 차기분이 포함된 보험료이다(단, 보험료는 월할 계산할 것). (3점)

[4] 매출채권 잔액에 대하여 1%의 대손충당금을 보충법으로 설정하시오. (3점)

Q7 다음 사항을 조회하여 답안을 이론문제 답안작성 메뉴에 입력하시오. (10점)

[1] 상반기(1월~6월) 중 상품매출액이 가장 적은 달(月)의 상품매출액은 얼마인가? (3점)

[2] 3월 말 현재 비품의 장부금액은 얼마인가? (3점)

[3] 6월 말 현재 거래처별 선급금 잔액 중 가장 큰 금액과 가장 적은 금액의 차액은 얼마인가? (단, 음수로 입력하지 말 것) (4점)

CHAPTER 02 실전모의시험

무한상사(코드번호 : 4502)는 가전제품을 판매하는 개인기업으로 당기(제15기) 회계기간은 2025.1.1.~ 2025.12.31.이다. 전산세무회계 수험용 프로그램을 이용하여 다음 물음에 답하시오.

기본전제

- 문제에서 한국채택국제회계기준을 적용하도록 하는 전제조건이 없는 경우, 일반기업회계기준을 적용하여 회계처리 한다.
- 문제의 풀이와 답안작성은 제시된 문제의 순서대로 진행한다.

Q1 다음은 무한상사의 사업자등록증이다. 회사등록 메뉴에 입력된 내용을 검토하여 누락분은 추가입력하고 잘못된 부분은 정정하시오(주소 입력 시 우편번호는 입력하지 않아도 무방함). (6점)

사업자등록증
(일반과세자)

등록번호 : 130-47-50505

상　　　호 : 무한상사
성　　　명 : 이학주　　　생 년 월 일 : 1968 년 07 월 20 일
개 업 연 월 일 : 2011 년 05 월 23 일
사업장소재지 : 경기도 구리시 경춘로 10(교문동)

사업의 종류 : 업태 도소매　　　종목 가전제품

발 급 사 유 : 신규
공 동 사 업 자 :

사업자 단위 과세 적용사업자 여부 : 여( ) 부(∨)
전자세금계산서 전용 전자우편주소 :

2011 년 05 월 23 일
구 리 세 무 서 장

Q2 다음은 무한상사의 전기분 손익계산서이다. 입력되어 있는 자료를 검토하여 오류 부분은 정정하고 누락된 부분은 추가 입력하시오. (6점)

손 익 계 산 서

회사명 : 무한상사　　　　제14기 2024.1.1.~2024.12.31.　　　　(단위 : 원)

과 목	금 액	과 목	금 액
매　　출　　액	300,000,000	영　업　이　익	44,200,000
상　품　매　출	300,000,000	영　업　외　수　익	5,800,000
매　　출　　원　　가	191,200,000	이　자　수　익	2,200,000
상　품　매　출　원　가	191,200,000	임　　대　　료	3,600,000
기　초　상　품　재　고　액	13,000,000	영　업　외　비　용	7,500,000
당　기　상　품　매　입　액	180,000,000	이　자　비　용	4,500,000
기　말　상　품　재　고　액	1,800,000	기　　부　　금	3,000,000
매　출　총　이　익	108,800,000	소득세차감전순이익	42,500,000
판　매　비　와　관　리　비	64,600,000	소　득　세　등	0
급　　　　　여	34,300,000	당　기　순　이　익	42,500,000
복　리　후　생　비	5,700,000		
여　비　교　통　비	2,440,000		
임　　차　　료	12,000,000		
차　량　유　지　비	3,500,000		
소　모　품　비	3,400,000		
광　고　선　전　비	3,260,000		

Q3 다음 자료를 이용하여 입력하시오. (6점)

[1] 무한상사의 거래처별 초기이월 채권과 채무의 잔액은 다음과 같다. 주어진 자료를 검토하여 잘못된 부분을 정정하거나 추가 입력하시오(거래처코드를 사용할 것). (3점)

계정과목	거래처명	금액
외상매출금	월평상사	45,000,000원
지급어음	도륜상사	150,000,000원
단기차입금	선익상사	80,000,000원

[2] 다음 자료를 이용하여 기초정보관리의 거래처등록 메뉴에서 신용카드를 추가로 등록하시오(주어진 자료 외의 다른 항목은 입력할 필요 없음). (3점)

- 코드 : 99871　　　　• 거래처명 : 씨엔제이카드　　　　• 유형 : 매입
- 카드번호 : 1234-5678-9012-3452　　　• 카드종류(매입) : 3.사업용카드

Q4 다음의 거래 자료를 일반전표입력 메뉴를 이용하여 입력하시오. (24점)

입력시 유의사항
- 적요의 입력은 생략한다.
- 부가가치세는 고려하지 않는다.
- 채권·채무와 관련된 거래처명은 반드시 기 등록되어 있는 거래처코드를 선택하는 방법으로 거래처명을 입력한다.
- 회계처리시 계정과목은 등록되어 있는 계정과목 중 가장 적절한 과목으로 한다.

[1] 7월 2일   성심상사로부터 상품을 6,000,000원에 매입하고, 매입대금 중 5,500,000원은 어음(만기일 12월 31일)을 발행하여 지급하고, 나머지는 현금 지급하였다.   (3점)

[2] 8월 5일   토지를 매각처분하면서 발생한 부동산중개수수료를 대전부동산에 현금으로 지급하고 아래의 현금영수증을 받다.   (3점)

대전부동산

| 305-42-23567 | 김승환 |
| 대전광역시 유성구 노은동 63 | TEL : 1577-5974 |

현금영수증(지출증빙용)

구매 2025/08/05/13:25   거래번호 : 11106011-114

상품명	수량	단가	금액
수수료		3,500,000원	3,500,000원
202508051325001			
		공 급 대 가	3,500,000원
		합 계	3,500,000원
		받은금액	3,500,000원

[3] 8월 19일   탄방상사에서 단기 차입한 20,000,000원 및 단기차입금 이자 600,000원을 보통예금으로 지급하다(단, 하나의 전표로 입력할 것).   (3점)

[4] 8월 20일   판매용 노트북 15,000,000원과 업무용 노트북 1,000,000원을 다복상사에서 구입하였다. 대금은 모두 보통예금으로 지급하였다(단, 하나의 전표로 입력할 것).   (3점)

[5] 8월 23일 4월 1일 내용을 알 수 없는 출금 500,000원이 발견되어 가지급금으로 처리하였는데, 이는 거래처 소리상사에게 지급한 외상대금으로 판명되었다(가지급금 거래처는 입력하지 않아도 무방함). (3점)

[6] 10월 10일 고구려상사에서 매입하기로 계약한 상품 3,000,000원을 인수하고, 10월 1일에 지급한 계약금 300,000원을 차감한 잔액은 외상으로 하다(단, 하나의 전표로 입력할 것). (3점)

[7] 11월 18일 영업부가 사용하는 업무용 차량의 유류를 현금으로 구입하고, 다음의 영수증을 받다. (3점)

NO.	영수증(공급받는자용)			
			무한상사	귀하
공급자	사업자등록번호	126-01-18454		
	상 호	SK주유소	성 명	김중수
	사 업 장 소 재 지	경기도 구리시 동구릉로 100		
	업 태	도소매업	종 목	주유소
작성일자		합계금액		비고
2025.11.18.		30,000원		
공급내역				
월/일	품명	수량	단가	금액
11/18	일반휘발유	15L	2,000원	30,000원
합계			30,000원	
위 금액을 **영수**함				

[8] 12월 20일 영업부 업무용 차량에 대한 아래의 공과금을 현대카드로 납부하였다. (3점)

2025-2기 년분 자동차세 세액 신고납부서				납세자 보관용 영수증	
납 세 자	무한상사				
주　소	경기도 구리시 경춘로 10				
납세번호	기관번호	제목	납세년월기		과세번호
과세대상	245조4079 (비영업용, 1998cc)	구 분	자동차세	지방교육세	납부할 세액 합계
		당초산출세액	199,800	59,940 (자동차세액× 30%)	259,740 원
과세기간	2025.07.01. ~2025.12.31.	선납공제액(10%)			
		요일제감면액(5%)			
		납부할세액	199,800	59,940	

〈납부장소〉

위의 금액을 영수합니다.
2025 년   12 월   20 일

*수납인이 없으면 이 영수증은 무효입니다 *공무원은 현금을 수납하지 않습니다.

Q5 일반전표입력 메뉴에 입력된 내용 중 다음의 오류가 발견되었다. 입력된 내용을 검토하고 수정 또는 삭제, 추가 입력하여 올바르게 정정하시오. (6점)

입력시 유의사항
- 적요의 입력은 생략한다.
- 부가가치세는 고려하지 않는다.
- 채권·채무와 관련된 거래처명은 반드시 기 등록되어 있는 거래처코드를 선택하는 방법으로 거래처명을 입력한다.
- 회계처리시 계정과목은 등록되어 있는 계정과목 중 가장 적절한 과목으로 한다.

[1] 11월 5일 영업부 직원의 10월분 급여에서 원천징수하였던 근로소득세 110,000원을 보통예금으로 납부하면서 세금과공과로 회계처리 하였음이 확인되다. (3점)

[2] 11월 28일 상품 매입 시 당사가 부담한 것으로 회계처리한 운반비 35,000원은 판매자인 양촌상사가 부담한 것으로 판명되다. (3점)

Q6 다음의 결산정리사항을 입력하여 결산을 완료하시오. (12점)

> **입력시 유의사항**
> - 적요의 입력은 생략한다.
> - 부가가치세는 고려하지 않는다.
> - 채권·채무와 관련된 거래처명은 반드시 기 등록되어 있는 거래처코드를 선택하는 방법으로 거래처명을 입력한다.
> - 회계처리시 계정과목은 등록되어 있는 계정과목 중 가장 적절한 과목으로 한다.

[1] 회사의 자금사정으로 인하여 영업부의 12월분 급여 1,000,000원을 다음 달 5일에 지급하기로 하였다. (3점)

[2] 결산일 현재 영업부에서 사용한 소모품비는 200,000원이다(단, 소모품 구입 시 전액 자산으로 처리하였다). (3점)

[3] 기말 현재 현금과부족 70,000원은 단기차입금에 대한 이자 지급액으로 판명되었다. (3점)

[4] 2022년 1월 1일에 취득하였던 비품에 대한 당기분 감가상각비를 계상하다(취득원가 65,500,000원, 잔존가액 15,500,000원, 내용연수 10년, 정액법). (3점)

Q7 다음 사항을 조회하여 답안을 이론문제 답안작성 메뉴에 입력하시오. (10점)

[1] 5월 말 현재 외상매입금의 잔액이 가장 많은 거래처와 금액은 얼마인가? (3점)

[2] 전기 말과 비교하여 당기 6월 말 현재 외상매출금의 대손충당금 증감액은 얼마인가? (단, 증가 또는 감소 여부를 기재할 것) (3점)

[3] 6월 말 현재 유동자산과 유동부채의 차액은 얼마인가? (단, 음수로 기재하지 말 것) (4점)

CHAPTER 03 실전모의시험

양지물산(코드번호:4503)는 전자제품을 판매하는 개인기업이다. 당기(제12기) 회계기간은 2025.1.1.~ 2025.12.31.이다. 전산세무회계 수험용 프로그램을 이용하여 다음 물음에 답하시오.

--- 기본전제 ---

문제에서 한국채택국제회계기준을 적용하도록 하는 전제조건이 없는 경우, 일반기업회계기준을 적용하여 회계처리 한다.

Q1 다음은 양지물산의 사업자등록증이다. 회사등록메뉴에 입력된 내용을 검토하여 누락분은 추가입력하고 잘못된 부분은 정정하시오(주소 입력 시 우편번호는 입력하지 않아도 무방함). (6점)

사 업 자 등 록 증

(일반과세자)

등록번호 : 110-09-23958

상　　호　명 : 양지물산
대　표　자　명 : 김호진
개 업 연 월 일 : 2014. 1. 25.
사업장소재지 : 서울특별시 강남구 밤고개로1길 10(수서동)
사업자의 종류 : 업태 도소매  종목 전자제품
교　부　사　유 : 신규

사업자 단위 과세 적용사업자 여부 : 여( ) 부(✓)
전자세금계산서 전용 전자우편 주소 :

2014년 1월 25일

삼성세무서장

Q2 다음은 양지물산의 전기분재무상태표이다. 입력되어 있는 자료를 검토하여 오류부분은 정정하고 누락된 부분은 추가 입력하시오. (6점)

재 무 상 태 표

회사명 : 양지물산　　　　　　제11기 2024.12.31. 현재.　　　　　(단위 : 원)

과 목	금 액		과 목	금 액	
현　　　　　금		50,000,000	외 상 매 입 금		45,000,000
보 통 예 금		30,000,000	지 급 어 음		20,000,000
정 기 예 금		20,000,000	선　　수　　금		20,000,000
외 상 매 출 금	50,000,000		단 기 차 입 금		40,000,000
대 손 충 당 금	500,000	49,500,000	자　　본　　금		212,200,000
받 을 어 음	30,000,000		(당기순이익		
대 손 충 당 금	300,000	29,700,000	: 15,000,000)		
단 기 대 여 금		10,000,000			
미　　수　　금		20,000,000			
상　　　　　품		80,000,000			
차 량 운 반 구	52,000,000				
감가상각누계액	23,000,000	29,000,000			
비　　　　　품	20,000,000				
감가상각누계액	1,000,000	19,000,000			
자 산 총 계		337,200,000	부채와 자본총계		337,200,000
자 산 총 계		674,400,000	부채와 자본총계		674,400,000

Q3 다음 자료를 이용하여 입력하시오. (6점)

[1] 양지물산의 거래처별 초기이월 채권과 채무 잔액은 다음과 같다. 주어진 자료를 검토하여 수정하거나 추가 및 삭제하시오. (3점)

계정과목	거래처명	금액(원)	계정과목	거래처명	금액(원)
외상매출금	진영상회	10,000,000	지급어음	양지상사	7,000,000
	민주상사	21,000,000		장미상사	4,000,000
	동산상사	19,000,000		퓨리상회	9,000,000

[2] 양지물산은 대한택배사와 1년 계약(배송료 월말 일괄지급)으로 상품을 배송하기로 한다. 다음의 내용을 824. 운반비 계정에 적요등록하시오. (3점)

> 대체적요 4. 택배비 미지급

Q4 다음 거래 자료를 일반전표입력 메뉴에 추가 입력하시오. (24점)

입력시 유의사항
- 적요의 입력은 생략한다.
- 부가가치세는 고려하지 않는다.
- 채권·채무와 관련된 거래처명은 반드시 기 등록되어 있는 거래처코드를 선택하는 방법으로 거래처명을 입력한다.
- 회계처리시 계정과목은 등록되어 있는 계정과목 중 가장 적절한 과목으로 한다.

[1] 7월 4일 부진실업에 상품을 판매하고 발급한 거래명세표이다. 대금 중 10,000,000원은 보통예금 계좌로 입금받고, 나머지는 외상으로 거래하였다. (3점)

거래명세표(보관용)

권	호			
2025년 7월 4일	공급자	등록번호	110-09-23958	
부진실업 귀하		상호	양지물산	성명 김호진 ㊞
		사업장소재지	서울특별시 강남구 밤고개로1길 10	
아래와 같이 계산합니다.		업태	도소매	종목 전자제품

합계금액	이천만 원정 (₩ 20,000,000)

월일	품목	규격	수량	단가	공급가액	세액
7/4	GLOBAL2025		20	1,000,000	20,000,000	
	계					

전잔금		합계	20,000,000원	
입금	10,000,000원	잔금	10,000,000원	인수자 사은진 ㊞
비고				

[2] 7월 13일 새로운 회계 프로그램을 서울시스템㈜에서 구입하고, 소프트웨어 구입비용 3,000,000원은 한 달 후에 지급하기로 하였다(무형자산으로 처리하고, 고정자산 등록은 생략한다). (3점)

[3] 8월 29일 영업부 신입직원의 명함을 M스튜디오에서 인쇄하고, 대금 550,000원은 어음을 발행(2025.12.31.만기)하여 지급하였다. (3점)

[4] 9월 10일   8월 종업원 급여 지급 시 원천징수하였던 근로소득세 400,000원과 지방소득세 40,000원을 현금으로 납부하다. (3점)

[5] 9월 22일   당사의 장부기장을 의뢰하고 있는 세무법인에 당월분 기장수수료 300,000원을 보통예금 계좌에서 인터넷뱅킹으로 이체하여 지급하다. (3점)

[6] 10월 6일   만선전자에서 상품 1,000,000원을 매입하고, 8월 30일 지급한 계약금 300,000원을 제외한 금액은 1개월 후에 지급하기로 하다. (3점)

[7] 10월 10일   본사 사옥으로 사용하기 위해 건물을 취득하면서 대금 200,000,000원을 보통예금에서 이체하였고, 그와 관련한 취득세 6,000,000원을 현금으로 납부하였다. (3점)

[8] 11월 29일   단기매매차익을 얻을 목적으로 보유하고 있는 ㈜진주의 주식 1,000주를 1주당 10,000원에 처분하고 대금은 수수료 등 120,000원을 차감한 금액이 국민은행 보통예금계좌에 입금되었다(단, ㈜진주의 주식 1주당 취득원가는 9,000원이다). (3점)

Q5 일반전표입력메뉴에 입력된 내용 중 다음과 같은 오류가 발견되었다. 입력된 내용을 확인하여 정정 또는 추가입력 하시오. (6점)

[1] 9월 2일   서울시청에 현금으로 기부한 500,000원이 세금과공과(판)로 회계처리 되어 있음이 밝혀졌다. (3점)

[2] 11월 2일   비품 400,000원을 외상으로 매입한 거래처는 은주상점이나 강원상점으로 잘못 입력되어 있음을 확인하다. (3점)

Q6 다음의 결산정리사항을 입력하여 결산을 완료하시오. (12점)

[1] 당기에 현금으로 지급한 광고선전비 중 5,500,000원은 차기 광고제작을 위하여 선지급한 것이다. (3점)

[2] 기말 합계잔액시산표의 가수금 잔액은 거래처 부영상사에 대한 외상대금 회수액으로 판명되다. (3점)

[3] 결산일 현재 12월분 차입금 이자비용 미지급액 500,000원이 계상되어 있지 않음을 발견하였다. (3점)

[4] 매출채권(외상매출금, 받을어음) 잔액에 대하여 1%의 대손충당금을 보충법으로 설정하기로 한다. (3점)

Q7 다음 사항을 조회하여 답안을 이론문제 답안작성 메뉴에 입력하시오. (10점)

[1] 3월에 발생한 기업업무추진비 총액은 얼마인가? (3점)

[2] 상반기(1월~6월) 중 상품 매입액이 가장 많은 달은 몇 월이며, 그 금액은 얼마인가? (3점)

[3] 5월 말 현재 유동자산에서 유동부채를 차감한 금액은 얼마인가? (4점)

CHAPTER 04 실전모의시험

상록상사(코드번호:4504)는 컴퓨터부품을 판매하는 도매 개인기업이며, 당기(제12기) 회계기간은 2025.1.1. ~2025.12.31.이다. 전산세무회계 수험용 프로그램을 이용하여 다음 물음에 답하시오.

| 기본전제 |

문제에서 한국채택국제회계기준을 적용하도록 하는 전제조건이 없는 경우, 일반기업회계기준을 적용하여 회계처리 한다.

Q1 다음은 상록상사의 사업자등록증이다. 회사등록메뉴에 입력된 내용을 검토하여 누락분은 추가 입력하고 잘못된 부분은 정정하시오(주소 입력 시 우편번호는 입력하지 않아도 무방함). (6점)

사 업 자 등 록 증

(일반과세자)

등록번호 : 710-06-01262

상 호 명 : 상록상사
대 표 자 명 : 정수아
개 업 연 월 일 : 2014. 3. 15.
사업장소재지 : 서울특별시 강남구 삼성로 145길 11(청담동)
사업자의 종류 : 업태 도소매   종목 컴퓨터부품

사업자 단위 과세 적용사업자 여부 : 여( ) 부(✓)
전자세금계산서 전용 전자우편 주소 :

2014년 3월 15일

강남세무서장

Q2 다음 자료를 이용하여 입력하시오. (6점)

[1] 다음 자료를 이용하여 기초정보등록의 거래처등록 메뉴에서 거래처(금융기관)를 추가로 등록하시오.(단, 주어진 자료 외의 다른 항목은 입력할 필요 없음.) (3점)

- 거래처코드 : 99200
- 거래처명 : 농협
- 유형 : 정기적금
- 계좌번호 : 2497-25-6699494
- 계좌개설일 : 2022-03-05

[2] 거래처별 초기이월 채권과 채무 잔액은 다음과 같다. 자료에 맞게 추가입력이나 정정 및 삭제하시오. (3점)

계정과목	거래처	잔액	계
외상매출금	대전상사	27,500,000원	72,000,000원
	㈜청주유통	13,200,000원	
	㈜충주상사	31,300,000원	
미지급금	산성상사	15,500,000원	22,000,000원
	관평유통	6,500,000원	

Q3 다음은 상록상사의 전기분 재무상태표이다. 입력되어 있는 자료를 검토하여 오류부분은 정정하고 누락된 부분은 추가 입력하시오. (6점)

재 무 상 태 표

회사명 : 상록상사　　제11기 2024. 12. 31.　　(단위 : 원)

과 목	금	액	과 목	금 액
현　　　　　금		21,000,000	외 상 매 입 금	23,200,000
당 좌 예 금		25,200,000	지 급 어 음	18,020,000
보 통 예 금		5,000,000	미 지 급 금	22,000,000
외 상 매 출 금	72,000,000		단 기 차 입 금	24,460,000
대 손 충 당 금	720,000	71,280,000	자 　 본 　 금	90,400,000
받 을 어 음	20,000,000		(당기순이익	
대 손 충 당 금	100,000	19,900,000	:12,800,000)	
단 기 대 여 금		2,000,000		
미 　 수 　 금		1,000,000		
상 　 　 　 품		6,000,000		
차 량 운 반 구	35,000,000			
감가상각누계액	15,000,000	20,000,000		
비 　 　 　 품	7,000,000			
감가상각누계액	300,000	6,700,000		
자산총계		178,080,000	부채와 자본총계	178,080,000

Q4. 다음 거래 자료를 일반전표입력 메뉴에 추가 입력하시오. (24점)

> **입력시 유의사항**
> - 적요의 입력은 생략한다.
> - 부가가치세는 고려하지 않는다.
> - 채권·채무와 관련된 거래처명은 반드시 기 등록되어 있는 거래처코드를 선택하는 방법으로 거래처명을 입력한다.
> - 회계처리시 계정과목은 등록되어 있는 계정과목 중 가장 적절한 과목으로 한다.

[1] 8월 16일 당사는 거래처 대전산업으로부터 상품을 3,000,000원에 매입하고, 그 대금으로 당좌수표를 발행하여 지급하였다.(당좌예금 잔액은 2,000,000원이고, 당좌차월 한도는 5,000,000원이며, 거래처 입력은 생략한다.) (3점)

[2] 9월 5일 수입한 상품에 대해 인천세관에 관세 2,000,000원, 통관 수수료 200,000원을 보통예금 계좌에서 이체하여 납부하다. (3점)

[3] 9월 12일 신입사원에게 지급할 컴퓨터(비품)을 1,000,000원에 구입하고 보통예금에서 계좌이체하였다. (3점)

[4] 10월 10일 성진상사로부터 받아서 보관 중인 약속어음 2,000,000원이 만기가 되어 추심수수료 120,000원을 차감하고 나머지 잔액이 당좌예입되다. (3점)

[5] 11월 8일 사무실로 사용하기 위해 상록빌딩과 체결한 부동산 임대차 계약의 잔금을 보통예금에서 이체 지급하다(단, 보증금의 거래처코드를 기재하기로 함). (3점)

부동산 임대차 계약서   ■월세 □전세

임대인과 임차인 쌍방은 표기 부동산에 관하여 다음 계약 내용과 같이 임대차계약을 체결한다.

1. 부동산의 표시

소재지	서울시 강남구 삼성로 145길 11					
토 지	지 목	대지			면 적	11.99㎡
건 물	구 조	철근콘크리트	용 도	근린생활시설	면 적	138.7㎡
임대할부분	전체				면 적	138.7㎡

2. 계약내용

제1조(목적) 위 부동산의 임대차에 한하여 임대인과 임차인은 합의에 의하여 임차보증금 및 차임을 아래와 같이 지불하기로 한다.

보증금	金	5,000,000 원정			
계약금	金	원정은 계약시에 지불하고 영수함 영수자 ( )			(인)
중도금	金	0 원정은	년	월	일에 지불하며
잔 금	金	5,000,000 원정은	2025년 11월 8일에 지불한다.		
차 임	金	500,000 원정은	매월 20일(후불)에 지급한다.		

제2조(존속기간) 임대인은 위 부동산을 임대차 목적대로 사용할 수 있는 상태로 2025년 11월 8일까지 임차인에게 인도하며 임대차기간은 인도일로부터 2027년 11월 7일(24개월)까지로 한다.

—이 하 생 략—

[6] 11월 30일 서연상사의 외상매입금 4,220,000원을 약정기일 이전에 지급함으로서 20,000원을 할인받고, 잔액은 당좌수표를 발행하여 지급하였다. (3점)

[7] 12월 6일 대표자 개인 차량 과태료 60,000원을 현금으로 지급하였다. (3점)

[8] 12월 10일 다음은 영업팀에서 거래처 임원과의 식사비용을 사업용 신용카드(비씨카드)로 결제하고 수취한 신용카드 매출전표이다. (3점)

```
단말기번호        11213692            전표번호
카드종류                              거래종류       결제방법
비씨카드                              신용구매       일시불
카드번호(Card No)                     취소시 원거래일자
4140-0202-3245-9959
유효기간                  거래일시                 품명
                        2025.12.10.             스페셜 정식
전표제출                  금     액/AMOUNT       130,000원

전표매입사
                        합     계/TOTAL        130,000원
거래번호                  승인번호/(Approval No.)
                        98421147
가맹점            뽕사부
대표자            정호용       TEL    02)       000-0000
가맹점번호        1578400     사업자번호         621-03-61009
주소              경기 성남시 수정구 고등동 525-5

                                      서명(Signature)
                                         상록
```

Q5 일반전표입력메뉴에 입력된 내용 중 다음과 같은 오류가 발견되었다. 입력된 내용을 확인하여 정정 또는 추가입력 하시오. (6점)

[1] 9월 29일 당사가 현금으로 지급한 운반비 100,000원은 상품매출에 따른 운반비가 아니라 상품 매입에 따른 운반비로 판명되었다. (3점)

[2] 12월 5일 통장에서 출금된 500,000원은 내용이 확인되지 않아 가지급금으로 처리하였으나, 성진상사에 대한 외상매입대금을 지급한 것으로 확인되었다. (3점)

Q6 다음의 결산정리사항을 입력하여 결산을 완료하시오. (12점)

[1] 12월분 영업부 직원의 급여 2,500,000원이 미지급되었다. (3점)

[2] 12개월분 마케팅부 사무실 임차료(임차기간 : 2025.3.2.~2026.3.1.) 24,000,000원을 3월 2일에 보통예금 계좌에서 이체하면서 전액 자산계정인 선급비용으로 처리하였다. 기말수정분개를 하시오(단, 월할계산할 것). (3점)

[3] 당기 본사 영업부서의 감가상각비는 비품 930,000원, 차량운반구 2,500,000원이다. (3점)

[4] 당기분 무형자산에 대한 감가상각비는 실용신안권 500,000원, 소프트웨어 700,000원이다. (3점)

Q7 다음 사항을 조회하여 답안을 이론문제 답안작성 메뉴에 입력하시오. (10점)

[1] 4월 말 현재 거래처 우정상사의 외상매입금 잔액은 얼마인가? (3점)

[2] 상반기(1월~6월) 중에 발생한 이자비용 중 현금지급액은 얼마인가? (3점)

[3] 상반기(1월~6월) 중 소모품비를 가장 많이 지출한 월과 가장 적게 지출한 월의 차이 금액은 얼마인가? (4점)

CHAPTER 05 실전모의시험

큰손상사(코드번호:4505)는 전자제품을 판매하는 개인기업이다. 당기(제16기) 회계기간은 2025.1.1.~ 2025.12.31.이다. 전산세무회계 수험용 프로그램을 이용하여 다음 물음에 답하시오.

───── | 기본전제 | ─────

문제에서 한국채택국제회계기준을 적용하도록 하는 전제조건이 없는 경우, 일반기업회계기준을 적용하여 회계처리 한다.

Q1 다음은 큰손상사의 사업자등록증이다. 회사등록메뉴에 입력된 내용을 검토하여 누락분은 추가입력하고 잘못된 부분은 정정하시오. (6점)

사 업 자 등 록 증
(일반과세자)

등록번호 : 130-47-50505

상　　호　명 : 큰손상사
대　표　자　명 : 이도진
개 업 연 월 일 : 2010. 1. 31.
사업장소재지 : 경기도 부천시 길주로 288(중동)
사업자의 종류 : 업태 도소매   종목 전자제품

사업자 단위 과세 적용사업자 여부 : 여 (　) 부(✓)
전자세금계산서 전용 전자우편 주소 :

2010년 1월 31일

부천세무서

 국세청
NATIONAL TAX SERVICE

Q2 다음 자료를 이용하여 입력하시오. (6점)

[1] 큰손상사의 여비교통비와 관련하여 다음의 적요를 등록하시오. (3점)

코드	계정과목	적요구분	적요 등록 사항
812	여비교통비	현금적요	6. 거제도 판매 관련 출장비
812	여비교통비	현금적요	7. 분당 판매 관련 출장비

[2] 큰손상사의 거래처별 초기이월 채권과 채무잔액은 다음과 같다. 주어진 자료를 검토하여 잘못된 부분을 정정하거나 추가입력을 하시오. (3점)

계정과목	거래처	잔액	계
받을어음	믿음컴퓨터	4,500,000원	9,000,000원
	금호상사	2,000,000원	
	소망사무	2,500,000원	
미지급금	푸른가구	2,400,000원	3,700,000원
	삼성카드	1,300,000원	

Q3 다음은 큰손상사의 전기분 재무상태표이다. 입력되어 있는 자료를 검토하여 오류부분은 정정하고 누락된 부분은 추가 입력하시오. (6점)

재 무 상 태 표

회사명 : 큰손상사   제15기 2024. 12. 31. 현재   (단위 : 원)

과 목	금	액	과 목	금 액
현 금		10,000,000	외 상 매 입 금	8,000,000
당 좌 예 금		3,000,000	지 급 어 음	6,500,000
보 통 예 금		10,500,000	미 지 급 금	3,700,000
외 상 매 출 금	5,400,000		예 수 금	700,000
대 손 충 당 금	100,000	5,300,000	단 기 차 입 금	10,000,000
받 을 어 음	9,000,000		자 본 금	49,950,000
대 손 충 당 금	50,000	8,950,000		
미 수 금		4,500,000		
상 품		12,000,000		
차 량 운 반 구	22,000,000			
감 가 상 각 누 계 액	12,000,000	10,000,000		
비 품	7,000,000			
감 가 상 각 누 계 액	2,400,000	4,600,000		
임 차 보 증 금		10,000,000		
자산총계		78,850,000	부채와 자본총계	78,850,000

다음 거래 자료를 일반전표입력 메뉴에 추가 입력하시오. (24점)

> **입력시 유의사항**
> ☐ 적요의 입력은 생략한다.
> ☐ 부가가치세는 고려하지 않는다.
> ☐ 채권·채무와 관련된 거래처명은 반드시 기 등록되어 있는 거래처코드를 선택하는 방법으로 거래처명을 입력한다.
> ☐ 회계처리시 계정과목은 등록되어 있는 계정과목 중 가장 적절한 과목으로 한다.

[1] 8월 10일 단기 운용목적으로 매수와 매도가 빈번하게 이루어지는 ㈜아이콘 발행주식 100주(1주당 액면 10,000원)를 1주당 12,000원에 구입하고 대금은 보통예금에서 지급하였다. (3점)

[2] 8월 13일 강원기기의 외상매입금 2,500,000원을 지급하기 위해 소망사무로부터 받아서 보관 중인 약속어음 2,500,000원을 배서양도하다. (3점)

[3] 9월 16일 판매할 상품을 거래처 한국상사에서 구입하고 현대카드(신용카드)로 결제하였다(계정과목은 외상매입금 계정을 사용하시오). (3점)

```
           카드매출전표
----------------------------
카드종류 : 현대카드
카드번호 : 5856-4512-20**-9965
거래일시 : 2025.9.16. 09:30:51
거래유형 : 신용승인
금   액 : 15,000,000원
결제방법 : 일시불
승인번호 : 10005539
은행확인 : 국민은행
============================
가맹점명 : 한국상사
         - 이 하 생 략 -
```

[4] 10월 15일 판매용 컴퓨터 10,000,000원과 업무용 컴퓨터 3,000,000원을 ㈜하나컴퓨터에서 구입하였다. 대금 중 판매용 컴퓨터는 당좌수표를 발행하여 지급하고, 업무용 컴퓨터는 외상으로 하였다(하나의 전표로 회계처리 하시오). (3점)

[5] 11월 25일 미림전자에 컴퓨터 5대를 판매하고 발급한 거래명세서이다. 계약금을 제외한 나머지는 외상으로 한다. (3점)

1권		2호		거래명세표 (거래용)			
2025 년 11 월 25 일			공급자	등록번호	130-47-50505		
미림전자 귀하				상 호	큰손상사	성명	이도진 ㉑
				사업장소재지	경기도 부천시 길주로 288		
아래와 같이 계산합니다.				업 태	도소매	종목	전자제품
합계금액	오백만원				원정 (₩	5,000,000	)
월일	품 목	규 격	수량	단 가	공 급 가 액		세 액
11/25	컴퓨터		5	1,000,000	5,000,000		
		이하	여백				
	계						
전잔금				합 계		5,000,000	
입금	11/20 계약금 600,000		잔 금	4,400,000		인수자	김선태 ㉑
비고							

[6] 12월 1일 플러스화원에서 영업부 사무실에 둘 화분을 구입하고 지출한 금액 63,000원 중 33,000원은 현금으로 결제하고, 30,000원은 사업용카드(농협카드)로 결제하였다 (단, 화분의 구입은 소모품비로 처리할 것). (3점)

```
                    플러스화원
   플러스화원          사업자번호    130-52-12349
   대표자   홍길동    전화번호     032-321-0000
   ********************************************
   [상품명]        [단가]     [수량]      [금액]
    화분                                 63,000
   ********************************************
   총 합계                                63,000
   현금                                   33,000
   신용카드                               30,000

              신용카드전표(고객용)
       카드번호         019092-*********
       지불금액                  30,000
       할 부                          0
       승인번호     614055

   이용해주셔서 감사합니다.
   교환/환불은 영수증을 지참하여 일주일 이내 가능합니다.
```

[7] 12월 9일 ㈜부동산나라에서 투자목적으로 건물을 70,000,000원에 매입하고 전액 약속어음을 발행하여 교부하다. 건물 매입에 따른 취득세 770,000원은 현금으로 납부하다(하나의 전표로 회계처리 하시오). (3점)

[8] 12월 10일 코로나로 인한 치료를 지원하기 위하여 현금 5,000,000원을 한국복지협의회에 기부하였다. (3점)

Q5 일반전표입력 메뉴에 입력된 내용 중 다음과 같은 오류가 발견되었다. 입력된 내용을 확인하여 정정 또는 추가입력 하시오. (6점)

[1] 7월 15일 당사가 현금으로 지급한 운반비 300,000원은 상품매입에 따른 운반비가 아니라 상품매출에 따른 운반비로 판명되다. (3점)

[2] 8월 25일 대표자 개인 소유의 차량에 대한 취득세 3,250,000원을 회사 보통예금에서 계좌이체 하였으나 세금과공과 및 당좌예금 계정과목으로 회계처리 하였다. (3점)

Q6 다음의 결산정리사항을 입력하여 결산을 완료하시오. (12점)

[1] 7월 1일에 1년분 영업부 보증보험료(보험기간 : 2025.7.1~2026.6.30.) 1,200,000원을 보통예금계좌에서 이체하면서 전액 비용 계정인 보험료로 처리하였다. 기말수정분개를 하시오(단, 월할 계산할 것). (3점)

[2] 기말 현재 큰손상사가 단기매매차익을 목적으로 보유하고 있는 주식(100주, 1주당 취득원가 5,000원)의 기말현재 공정가치는 주당 7,000원이다. (3점)

[3] 회사는 외상매출금과 받을어음의 기말잔액에 대하여 1%의 대손충당금을 보충법으로 설정하다. (3점)

[4] 당기 기말상품재고액은 2,780,000원이다(5.결산차변, 6.결산대변으로 입력할 것). (3점)

Q7 다음 사항을 조회하여 답안을 이론문제 답안작성 메뉴에 입력하시오. (10점)

[1] 6월 30일 현재 매출처 우진상사의 외상매출금 잔액은 얼마인가? (3점)

[2] 상반기(1월~6월) 중 통신비(판)가 가장 많이 발생한 달의 금액은 얼마인가? (3점)

[3] 상반기(1월~6월) 중 기업업무추진비를 가장 적게 지출한 월과 그 금액은 얼마인가? (4점)

CHAPTER 06 실전모의시험

대한상사(코드번호:4506)는 사무기기를 판매하는 개인기업이다. 당기(제14기) 회계기간은 2025.1.1.~ 2025.12.31.이다. 전산세무회계 수험용 프로그램을 이용하여 다음 물음에 답하시오.

---- | 기본전제 | ----

문제에서 한국채택국제회계기준을 적용하도록 하는 전제조건이 없는 경우, 일반기업회계기준을 적용하여 회계처리 한다.

Q1 다음은 대한상사의 사업자등록증이다. 회사등록메뉴에 입력된 내용을 검토하여 누락분은 추가입력하고 잘못된 부분은 정정하시오(주소 입력 시 우편번호는 입력하지 않아도 무방함). (6점)

사 업 자 등 록 증
(일반과세자)

등록번호 : 106-25-12340

상 호 명 : 대한상사
대 표 자 명 : 이대한
개 업 연 월 일 : 2012. 1. 2.
사업장소재지 : 서울특별시 금천구 가마산로 76(가산동)
사업자의 종류 : 업태 도소매   종목 사무기기
교 부 사 유 : 신규

사업자 단위 과세 적용사업자 여부 : 여( ) 부(✓)
전자세금계산서 전용 전자우편 주소 :

2012년 1월 2일

금천세무서장

Q2 다음 자료를 이용하여 입력하시오. (6점)

[1] 다음 자료를 이용하여 거래처등록 메뉴에서 거래처(신용카드)를 추가로 등록하시오(단, 주어진 자료 외의 다른 항목은 입력할 필요 없음). (3점)

- 거래처코드 : 99603
- 거래처명 : 국민카드
- 유형 : 매입
- 카드번호 : 1234-5678-9001-2341
- 카드종류 : 3.사업용카드

[2] 대한상사의 전기분 받을어음계정과 지급어음계정의 기말 잔액은 다음과 같다. 거래처별 초기이월을 검토하여 수정 또는 추가 입력하시오. (3점)

계정과목	거래처명	금 액	계정과목	거래처명	금 액
받을어음	서귀포상사	3,100,000원	지급어음	한라산상사	3,900,000원
	협재상사	2,400,000원		중문상사	7,200,000원
	애월상사	3,800,000원		함덕상사	1,100,000원

Q3 다음은 대한상사의 전기분손익계산서이다. 입력되어 있는 자료를 검토하여 오류부분을 정정하고 누락된 부분을 추가 입력하시오. (6점)

손 익 계 산 서

회사명 : 대한상사　　　제13기 2024.1.1.~2024.12.31.　　　(단위 : 원)

과 목	금 액	과 목	금 액
Ⅰ 매 출 액	35,000,000	Ⅴ 영 업 이 익	19,190,000
상 품 매 출	35,000,000	Ⅵ 영 업 외 수 익	450,000
Ⅱ 매 출 원 가	10,000,000	이 자 수 익	300,000
상 품 매 출 원 가	10,000,000	임 대 료	150,000
기초상품재고액	3,000,000	Ⅶ 영 업 외 비 용	9,800,000
당기상품매입액	11,000,000	이 자 비 용	9,800,000
기말상품재고액	4,000,000	Ⅷ 소득세차감전순이익	9,840,000
Ⅲ 매 출 총 이 익	25,000,000	Ⅸ 소 득 세 등	0
Ⅳ 판 매 비 와 관 리 비	5,810,000	Ⅹ 당 기 순 이 익	9,840,000
급　　　　　여	3,200,000		
복 리 후 생 비	2,000,000		
여 비 교 통 비	120,000		
차 량 유 지 비	200,000		
소 모 품 비	130,000		
광 고 선 전 비	160,000		

Q4 다음 거래 자료를 일반전표입력 메뉴에 추가 입력하시오. (24점)

> **입력시 유의사항**
> - 적요의 입력은 생략한다.
> - 부가가치세는 고려하지 않는다.
> - 채권·채무와 관련된 거래처명은 반드시 기 등록되어 있는 거래처코드를 선택하는 방법으로 거래처명을 입력한다.
> - 회계처리시 계정과목은 등록되어 있는 계정과목 중 가장 적절한 과목으로 한다.

[1] 7월 1일   국제상사로부터 상품을 15,000,000원에 매입하기로 계약하고, 계약금으로 1,500,000원을 당사의 당좌예금 계좌에서 이체하다. (3점)

[2] 7월 29일 솔파전자의 외상매출금 30,000,000원이 보통예금 계좌에 10,000,000원, 나머지는 당좌예금 계좌에 입금되었다. (3점)

[3] 8월 7일   당사는 보유하고 있던 토지(취득원가 50,000,000원)을 영동상사에 매각하고, 매각대금 60,000,000원 중 40,000,000원은 보통예금으로 지급받았으며, 나머지는 다음 달 10일 수령하기로 하였다. (3점)

[4] 9월 16일 당사 상품을 구매한 고객에게 ee로지스를 통해 상품을 퀵으로 보냈다. 상품 운송 비용은 현금으로 지급하고 영수증을 수취하였다. (3점)

영수증

공급자	사업자 등록번호	111-12-12513		
	상호	ee로지스	대표자	김이현
	사업장 소재지	경기도 부천시		
	업태	운수업	종목	용달화물
작성년월일		공급가액 총액		인수자
2025년 9월 16일		25,000원		홍길동
출발지	도착지	도착예정시간		
부천	인천 서구	30분		

[5] 10월 2일 송정상사의 파산으로 인하여 송정상사의 외상매출금 1,200,000원을 전액 대손처리하기로 하다. 10월 2일 현재 대손충당금 잔액은 900,000원이다. (3점)

[6] 10월 9일 당사 영업부 건물의 수리 및 설치 관련해서 다음과 같이 지출하고 대금은 보통예금에서 지급하였다(엘리베이터 설치는 건물 계정을, 화장실 타일 수선은 수선비 계정을 사용하시오). (3점)

1권		10호		거래명세표(보관용)			
2025 년 10 월 09 일			공급자	등록번호		112-34-90173	
대한상사 귀하				상 호	수선왕	성 명	김수선 ㉐
				사업장 소재지	서울시 강남구 역삼동 1		
아래와 같이 계산합니다.				업 태	건설업	종 목	인테리어
합계 금액	일백오십일만			원정 (₩		1,510,000	)
월일	품 목	규 격	수량	단 가	공 급 가 액	세 액	
10/9	엘리베이터 설치			1,500,000원	1,500,000원		
10/9	화장실 타일 수선			10,000원	10,000원		
	계						
전잔금				합 계		1,510,000원	
입 금		잔 금			인수자		㉐
비 고							

[7] 11월 20일 판매부서 직원의 건강보험료 회사부담분 220,000원과 직원부담분 220,000원을 보통예금통장에서 이체하였다(단, 회사 부담분은 복리후생비 계정을 사용하시오). (3점)

[8] 11월 25일 하나은행으로부터 6개월 후 상환조건으로 20,000,000원을 차입하고, 보통예금 계좌로 입금받다. (3점)

Q5 일반전표입력메뉴에 입력된 내용 중 다음과 같은 오류가 발견되었다. 입력된 내용을 확인하여 정정 또는 추가입력 하시오. (6점)

[1] 7월 18일 영업부 건물 화재보험료(2025년 4월 25일~2025년 12월 31일 귀속분) 820,000원을 건물로 회계처리 하였다. (3점)

[2] 9월 20일 금호상사에서 상품을 3,000,000원에 매입하기로 하고 현금으로 지급한 계약금 300,000원을 선수금으로 입금 처리하였음이 확인되다. (3점)

Q6 다음의 결산정리사항을 입력하여 결산을 완료하시오. (12점)

[1] 결산일 현재 보통예금에 대한 기간 경과분 발생이자는 15,000원이다. (3점)

[2] 기말 현재 현금과부족 80,000원은 대표자가 개인적인 용도로 사용한 금액으로 판명되었다. (3점)

[3] 4월 1일 우리은행으로부터 30,000,000원을 연이자율 5%로 12개월간 차입(차입기간: 2025.4.1.~2026.3.31.)하고, 이자는 12개월 후 차입금 상환 시 일시에 지급하기로 하였다. 결산분개를 하시오(단 이자는 월할계산할 것). (3점)

[4] 받을어음과 단기대여금 잔액에 대하여 1%의 대손충당금을 보충법으로 설정하시오. (3점)

Q7 다음 사항을 조회하여 답안을 이론문제 답안작성 메뉴에 입력하시오. (10점)

[1] 5월 31일 현재 유동자산 잔액은 얼마인가? (3점)

[2] 1월 말의 미수금 장부금액은 전기 말과 대비하여 얼마나 증가하였는가? (3점)

[3] 상반기(1월~6월) 중 기업업무추진비를 가장 많이 지출한 월과 가장 적게 지출한 월의 차이 금액은 얼마인가? (4점)

CHAPTER 07 실전모의시험

장산문구(코드번호:4507)는 문구 및 잡화를 판매하는 개인기업이다. 당기(제14기) 회계기간은 2025.1.1.~ 2025.12.31.이다. 전산세무회계 수험용 프로그램을 이용하여 다음 물음에 답하시오.

| 기본전제 |

문제에서 한국채택국제회계기준을 적용하도록 하는 전제조건이 없는 경우, 일반기업회계기준을 적용하여 회계처리 한다.

Q1 다음은 장산문구의 사업자등록증이다. 회사등록메뉴에 입력된 내용을 검토하여 누락분은 추가입력하고 잘못된 부분은 정정하시오(주소입력시 우편번호는 입력하지 않아도 무방함). (6점)

사 업 자 등 록 증
(일반과세자)

등록번호 623-14-01167

상 호 명 : 장산문구
대 표 자 명 : 김문기
개 업 연 월 일 : 2012. 3. 15.
사업장소재지 : 부산광역시 해운대구 해운대로 1138, 106호(송정동)
사업자의 종류 : 업태 도소매   종목 문구 및 잡화

사업자 단위 과세 적용사업자 여부 : 여( ) 부(✓)
전자세금계산서 전용 전자우편 주소 :

2012년 3월 15일

해운대세무서

 국세청

Q2 다음은 장산문구의 전기분 재무상태표이다. 입력되어 있는 자료를 검토하여 오류 부분은 정정하고 누락된 부분은 추가 입력하시오. (6점)

재 무 상 태 표

회사명 : 장산문구　　　　제13기 2024. 12. 31.　　　　　　(단위 : 원)

과 목	금	액	과 목	금 액
현　　　　　　　　금		30,000,000	외 상 매 입 금	20,000,000
당 　좌 　예　 금		15,000,000	지 　급 　어 　음	11,000,000
보 　통 　예 　금		10,000,000	미 　지 　급 　금	8,000,000
외 　상 　매 　출 　금	25,000,000		단 　기 　차 　입 　금	22,000,000
대 　손 　충 　당 　금	300,000	24,700,000	장 　기 　차 　입 　금	30,000,000
받 　을 　어 　음	8,000,000		자 　본 　금	73,920,000
대 　손 　충 　당 　금	80,000	7,920,000	(당 기 순 이 익 :	
단 　기 　대 　여 　금		10,000,000	10,000,000원)	
미 　　수 　　금		4,000,000		
선 　　급 　　금		3,000,000		
상 　　　　품		16,000,000		
건 　　　　　물	35,000,000			
감 가 상 각 누 계 액	1,500,000	33,500,000		
차 　량 　운 　반 　구	7,000,000			
감 가 상 각 누 계 액	2,500,000	4,500,000		
비 　　　　　품	7,000,000			
감 가 상 각 누 계 액	700,000	6,300,000		
자　 산 　총 　계		164,920,000	부채 및 자본총계	164,920,000

Q3 다음 자료를 이용하여 입력하시오. (6점)

[1] 장산문구의 거래처별 초기이월 채권과 채무잔액은 다음과 같다. 자료에 맞게 추가입력이나 정정 및 삭제하시오. (3점)

계정과목	거래처	잔액	계
단기대여금	석동상사	1,500,000원	
	충남상회	5,000,000원	10,000,000원
	남서상사	3,500,000원	
단기차입금	기업은행	10,000,000원	
	하나은행	2,000,000원	22,000,000원
	영광상사	10,000,000원	

[2] 신규 거래처인 시티공업㈜와 조이력정공㈜를 거래처등록 메뉴에 추가등록 하시오(단, 사업장 소재지 입력 시 우편번호 입력은 생략하고 직접 입력할 것). (3점)

시티공업㈜ (코드:3100)	• 대표자명 : 이보람 • 사업자등록번호 : 126-81-50039 • 거래처유형 : 매입 • 사업장소재지 : 경기도 구리시 체육관로 94 (교문동) • 업태/종목 : 도매/금속광물
조이력정공㈜ (코드:4210)	• 대표자명 : 안진홍 • 사업자등록번호 : 130-86-00120 • 거래처유형 : 매출 • 사업장소재지 : 경기도 시흥시 마산로 104(조남동) • 업태/종목 : 제조/금속가구

Q4 다음 거래 자료를 일반전표입력 메뉴에 추가 입력하시오. (24점)

> **입력시 유의사항**
> ☐ 적요의 입력은 생략한다.
> ☐ 부가가치세는 고려하지 않는다.
> ☐ 채권·채무와 관련된 거래처명은 반드시 기 등록되어 있는 거래처코드를 선택하는 방법으로 거래처명을 입력한다.
> ☐ 회계처리시 계정과목은 등록되어 있는 계정과목 중 가장 적절한 과목으로 한다.

[1] 7월 2일 전기에 대손처리한 핑크상사의 외상매출금 중 100,000원이 당좌예금에 입금되었다. (3점)

[2] 7월 24일 당점은 보유하고 있던 차량운반구(취득가액 7,000,000원, 감가상각누계액 2,500,000원)을 금성중고자동차에 5,000,000원에 매각하고 대금은 1주일 후 받기로 하다. (3점)

[3] 7월 25일 기업 운영자금을 확보하기 위해서 10,000,000원을 한국은행으로부터 2년 후 상환조건으로 차입하고 차입금은 보통예금 계좌로 이체 받았다. (3점)

[4] 8월 5일 영업사원 김진희의 7월 급여를 다음과 같이 당사 보통예금통장에서 이체하다. (3점)

장산문구 2025년 7월 급여내역

이 름	김진희	지 급 일	2025년 8월 5일
기본급	1,800,000원	소 득 세	88,000원
직책수당		지방소득세	8,800원
상 여 금		고용보험	20,200원
특별수당		국민연금	81,000원
차량유지		건강보험	54,000원
급 여 계	1,800,000원	공제합계	252,000원
노고에 감사드립니다.		지급총액	1,548,000원

[5] 8월 28일   사업장 이전을 위하여 새롭게 세진상사와 임대차계약을 맺고 계약금을 보통예금에서 지급하였다. (3점)

〈임대차계약서 일부〉

상가 임대차 계약서				
임대물건	경기도 부천시 조마루로248번길 52, 408호 전체 (중동, 네이버시티)			
임대면적	33㎡	임대용도	사무실	
임대조건				
임대개시일	2025. 09. 11.	임대종료일	2027. 09. 10.	
임대보증금	10,000,000원	월 임차료	500,000원	(매월 11일, 선불)
대금 지급조건				
구분	금액	지급일	비고	
계약금	1,000,000원	계약일 당일		
잔금	9,000,000원	2025. 09. 11.		
계약일 : 2025. 08. 28.				

[6] 9월 8일   영업부 직원들의 단합을 위해 은하수 식당에서 회식을 하고, 회식비를 아래와 같이 국민카드로 결제하다. (3점)

```
단말기번호
9452362154                  1254789653245
카드종류
국민카드                     신용승인
회원번호
4625-5897-4211-5552
승인일
2025/09/08 14:56:28
일반
일시불                       금액         100,000

은행확인                     세금          10,000
국민
판매자                       봉사료               0
                             합계         110,000
대표자
김정용
사업자등록번호
107-25-44563
가맹점명
은하수식당
가맹점주소
서울 양천구 신정3동 123
                             서명
                                    Leesunna
```

[7] 9월 12일   영업부사원 최영업으로부터 9월 10일부터 9월 11일까지 대전 출장 시 지급받은 200,000원(지급 시 가지급금으로 회계처리 하였고 거래처 입력은 생략)의 출장비용에 대하여 다음과 같이 출장비 사용 내역을 보고 받고 차액은 현금으로 지급하다. (3점)

〈출장비 사용 내역서〉
교통비 : 50,000원   숙박비 : 100,000원   식사비 : 60,000원

[8] 11월 16일   당사 상품을 구매한 고객에게 한진퀵서비스를 통해 상품을 퀵으로 보냈다. 상품 운송비용은 현금으로 지급하고 영수증을 수취하였다. (3점)

영수증

공급자	사업자등록번호	111-33-2****		
	상호	한진퀵서비스	대표자	김세무
	사업장 소재지	경기도 부천시		
	업태	서비스 운수	종목	퀵, 운송사업
작성년월일		공급가액 총액		인수자
2025년 11월 16일		25,000 원		홍길동
출발지		도착지		도착예상시간
부천		마포구		50분

Q5
일반전표입력메뉴에 입력된 내용 중 다음과 같은 오류가 발견되었다. 입력된 내용을 확인하여 정정 또는 추가입력하시오. (6점)

[1] 9월 20일   거래처 재송문구로부터 상품매출 계약금으로 당좌수표 5,000,000원을 받은 회계처리는 실제로는 재송문구의 외상매출금 5,000,000원이 재송문구가 발행한 당좌수표로 회수되었던 것으로 확인되다. (3점)

[2] 11월 29일   본사 건물 엘리베이터 설치대금 30,000,000원을 현금으로 지급하면서, 자본적지출로 처리해야 할 것을 수익적지출로 잘못 처리하였다. (3점)

Q6 다음의 결산정리사항을 입력하여 결산을 완료하시오. (12점)

[1] 우리은행의 장기차입금에 대한 12월분 이자 120,000원은 차기 1월 2일에 지급할 예정이다 (거래처입력은 생략한다). (3점)

[2] 결산일에 현금의 실제금액이 장부금액보다 50,000원 많음을 발견하였다. 그 원인은 알 수 없다. (3점)

[3] 기말 매출채권(외상매출금, 받을어음)잔액에 대하여 1%의 대손충당금을 보충법으로 설정하다. (3점)

[4] 기말상품재고액은 4,000,000원이다(단, 전표입력에서 구분으로 5:결산차변, 6:결산대변을 사용한다). (3점)

Q7 다음 사항을 조회하여 답안을 이론문제 답안작성 메뉴에 입력하시오. (10점)

[1] 5월 31일 현재 매입처 ㈜코스모스의 외상매입금 잔액은 얼마인가? (3점)

[2] 당기 6월 말 현재 상품매출액은 전기말과 비교하여 얼마나 증가하였는가? (3점)

[3] 4월 말 외상매출금 잔액이 가장 많은 거래처의 상호와 금액은 얼마인가? (4점)

CHAPTER 08 실전모의시험

달빛전자(코드번호:4508)는 전자제품을 판매하는 개인기업으로, 당기(제12기) 회계기간은 2025.1.1.~ 2025.12.31.이다. 전산세무회계 수험용 프로그램을 이용하여 다음 물음에 답하시오.

---- 기본전제 ----

문제에서 한국채택국제회계기준을 적용하도록 하는 전제조건이 없는 경우, 일반기업회계기준을 적용하여 회계처리 한다.

Q1 다음은 달빛전자의 사업자등록증이다. 회사등록 메뉴에 입력된 내용을 검토하여 잘못된 부분은 정정하시오(주소 입력 시 우편번호는 입력하지 않아도 무방함). (6점)

사업자등록증

(일반과세자)

등록번호 256-32-41532

상 호 명 : 달빛전자
대 표 자 명 : 이민영
개 업 연 월 일 : 2014. 2. 15.
사 업 장 소 재 지 : 인천광역시 서구 가남로291번길 2(석남동)
사업자의 종류 : 업태 도소매   종목 전자제품
교 부 사 유 : 신규

사업자 단위 과세 적용사업자 여부 : 여( ) 부(✔)
전자세금계산서 전용 전자우편주소 :

2014년 2월 15일

서인천세무서장

Q2
다음은 달빛전자의 전기분손익계산서이다. 입력된 자료를 검토하여 오류 부분은 정정하고 누락된 부분은 추가 입력하시오. (6점)

손 익 계 산 서

회사명 : 달빛전자　　제11기 2024.1.1.~2024.12.31　　(단위 : 원)

과　목	금　액	과　목	금　액
Ⅰ 매 출 액	85,000,000	Ⅴ 영 업 이 익	13,190,000
상 품 매 출	85,000,000	Ⅵ 영 업 외 수 익	1,800,000
Ⅱ 매 출 원 가	60,000,000	이 자 수 익	300,000
상 품 매 출 원 가	60,000,000	임 대 료	1,500,000
기초상품재고액	15,000,000	Ⅶ 영 업 외 비 용	3,800,000
당기상품매입액	51,000,000	이 자 비 용	3,800,000
기말상품재고액	6,000,000	Ⅷ 소득세차감전순이익	11,190,000
Ⅲ 매 출 총 이 익	25,000,000	Ⅸ 소 득 세 등	0
Ⅳ 판매비와관리비	11,810,000	Ⅹ 당 기 순 이 익	11,190,000
급　　　　여	9,200,000		
복 리 후 생 비	2,000,000		
여 비 교 통 비	120,000		
차 량 유 지 비	200,000		
소 모 품 비	130,000		
광 고 선 전 비	160,000		

Q3
다음 자료를 이용하여 입력하시오. (6점)

[1] 달빛전자의 거래처별 초기이월 채권과 채무의 잔액은 다음과 같다. 주어진 자료를 검토하여 잘못된 부분을 정정하거나 추가 입력하시오(거래처코드를 사용할 것). (3점)

계정과목	거래처명	금　액
외 상 매 출 금	재 송 상 사	26,000,000원
받 을 어 음	기 장 전 자	9,000,000원
외 상 매 입 금	우 동 부 품	25,000,000원
지 급 어 음	좌 동 케 미 칼	15,000,000원
단 기 차 입 금	반 송 은 행	10,000,000원

[2] 다음 자료를 이용하여 기초정보관리의 거래처등록 메뉴에서 거래처(금융기관)를 추가로 등록하시오(단, 주어진 자료 외의 다른 항목은 입력할 필요 없음). (3점)

- 거래처코드 : 98003
- 거래처명 : 신나은행
- 유형 : 보통예금
- 계좌번호 : 1203-4562-48571
- 예금종류 : 보통예금
- 사업용계좌 : 여

Q4 다음 거래 자료를 일반전표입력 메뉴에 추가 입력하시오. (24점)

입력시 유의사항
- 적요의 입력은 생략한다.
- 부가가치세는 고려하지 않는다.
- 채권·채무와 관련된 거래처명은 반드시 기 등록되어 있는 거래처코드를 선택하는 방법으로 거래처명을 입력한다.
- 회계처리시 계정과목은 등록되어 있는 계정과목 중 가장 적절한 과목으로 한다.

[1] 7월 14일   6개월 전 거래처 화성상사에 대여하였던 대여금 700,000원과 그에 대한 이자 40,000원을 현금으로 받아 즉시 당좌예금에 입금하였다. (3점)

[2] 7월 15일   상품 2,500,000원을 매입하고 대금은 전액 현금으로 지급하였으며 현금영수증을 다음과 같이 수취하였다. (3점)

부산상사

131-11-67806   부산임
부산 강서구 가락대로 1021   TEL:557-4223

현금(지출증빙)

구매일시 2025/07/15/15:26		거래번호 : 0127-0111
상품명	수량	금액
전자제품 1043756100001	100	2,500,000원
	합 계	2,500,000원
	받은금액	2,500,000원

[3] 7월 28일   대표자가 사업과 관련 없이 개인적으로 사용하는 차량에 부과된 과태료 50,000원을 현금으로 납부하였다. (3점)

[4] 8월 2일 　다음의 거래명세표와 같이 상품을 판매하고 대금은 10일 후에 전액 받기로 하다. (3점)

권		호		거래명세표(보관용)				
2025 년 8 월 2 일			공급자	등록번호		256-32-41532		
재송상사 　귀하				상호	달빛전자	성명	이민영	㊞
				사업장소재지	인천광역시 서구 가남로 291번길2(석남동)			
아래와 같이 계산합니다.				업태	도·소매	종목	전자제품	
합계금액			오십만 원정 (₩ 　　　500,000 　　　)					
월일	품 목	규 격	수량	단 가		공 급 가 액	세 액	
8월2일	잡화		100개	5,000원		500,000원		
	계		100개			500,000원		
전잔금				합 계		500,000원		
입 금			잔 금	500,000원		인수자	김학겸	㊞
비 고								

[5] 8월 25일 　마법상점에서 구입한 상품에 대한 외상매입금 3,000,000원을 조기에 지급하여 2% 할인을 받고, 그 잔액을 당좌수표를 발행하여 지급하다. (3점)

[6] 9월 10일 　8월분 급여에 대한 소득세 및 지방소득세 110,000원을 중앙은행에 현금으로 납부하다. (3점)

[7] 10월 1일 　영업부에서 사용할 문구류(사무용품비)를 문구점에서 구매하고 일부는 현금으로 결제하고 나머지 금액은 신용카드(국민카드)로 결제하였다. (3점)

```
                    영수증
************************************************
문구점                     130-47-5****
홍길동
경기도 부천시 중동 **** 1층
************************************************

        품목      수량     단가        금액
        문구류      3                120,000
        ─────────────────────────────────
        합계금액         ₩          120,000

* 거래일시 : 2025. 10. 01. 13:30

        결제 구분              금액
        현금                  30,000
        신용카드등             90,000
        받은 금액             120,000
        미수금                     0
           *** 감사합니다. ***
```

[8] 10월 14일 지난 10월 3일 출장 갔던 영업부 직원 김성실이 출장에서 돌아와 출장비를 정산하였다. 제출한 여비 정산서는 다음과 같고, 초과하여 지출한 금액 70,000원은 당좌수표를 발행하여 지급하였다. 미리 출장비로 지급했던 금액은 가지급금으로 처리하였고, 거래처를 입력하시오. (3점)

소속	영업부		직위	사원	성명	김성실
출장 일정	일시	2025.10.03.~2025.10.13				
	출장지	부산광역시 동래구 충렬대로 128길 22				
출장비	지급액	200,000원	실제 사용액	270,000원	추가 지급액	70,000원
지출 내역	숙박비	150,000원	식비	70,000원	교통비	50,000원

Q5 일반전표입력메뉴에 입력된 내용 중 다음과 같은 오류가 발견되었다. 입력된 내용을 확인하여 정정 또는 추가 입력하시오. (6점)

[1] 10월 22일 상품인 전자제품 1,200,000원(원가)을 서울시청에 기증하였으나 이월유통에 외상 판매한 것으로 잘못 처리하였다(관련된 적요도 함께 수정 입력할 것, 거래처코드 및 거래처명은 입력하지 않아도 무방함). (3점)

[2] 12월 7일 보통예금에서 출금된 5,000,000원은 임차료(판)가 아닌 ㈜세원에 지급한 임차보증금으로 확인되었다. (3점)

Q6 다음의 결산정리사항을 입력하여 결산을 완료하시오. (12점)

[1] 결산일 현재 반송은행의 단기차입금에 대한 이자비용 미지급액 중 당기 귀속분은 400,000원이다. (3점)

[2] 결산일 현재 농협은행의 3년 만기 정기예금에 대한 이자수익 미수금액 중 당기 귀속분은 15,000원이다. (3점)

[3] 외상매출금과 받을어음의 기말잔액에 대하여 1%의 대손충당금을 보충법으로 설정하다. (3점)

[4] 영업부에서 사용하기 위하여 2024년 5월 초에 취득한 비품의 당기분 감가상각비를 계상하다(취득원가 8,000,000원, 잔존가액 2,000,000원, 내용연수 5년, 정액법). (3점)

Q7 다음 사항을 조회하여 답안을 이론문제 답안작성 메뉴에 입력하시오. (10점)

[1] 1월부터 6월까지의 보통예금에서 출금된 금액은 총 얼마인가? (3점)

[2] 4월부터 6월까지의 상품매출액은 얼마인가? (3점)

[3] 1월부터 6월까지의 판매비와관리비 중 기업업무추진비 지출액이 가장 많은 월의 금액과 가장 적은 월의 금액을 합산하면 얼마인가? (4점)

CHAPTER 09 실전모의시험

백제상사(코드번호:4509)는 사무용품을 판매하는 개인기업이다. 당기(제14기)의 회계기간은 2025.1.1.~2025.12.31.이다. 전산세무회계 수험용 프로그램을 이용하여 다음 물음에 답하시오.

기본전제

- 문제에서 한국채택국제회계기준을 적용하도록 하는 전제조건이 없는 경우, 일반기업회계기준을 적용하여 회계처리 한다.
- 문제의 풀이와 답안작성은 제시된 문제의 순서대로 진행한다.

Q1 다음은 백제상사의 사업자등록증이다. 회사등록 메뉴에 입력된 내용을 검토하여 누락분은 추가입력하고 잘못된 부분은 정정하시오(주소 입력 시 우편번호는 입력하지 않아도 무방함). (6점)

Q2
다음은 백제상사의 전기분재무상태표이다. 입력되어 있는 자료를 검토하여 오류 부분은 정정하고 누락된 부분은 추가 입력하시오. (6점)

재 무 상 태 표

회사명 : 백제상사 제13기 2024.12.31. 현재 (단위 : 원)

과목	금액		과목	금액	
현　　　　금		45,000,000	외 상 매 입 금		58,000,000
당 좌 예 금		30,000,000	지 급 어 음		70,000,000
보 통 예 금		23,000,000	미 지 급 금		49,000,000
외 상 매 출 금	40,000,000		단 기 차 입 금		80,000,000
대 손 충 당 금	400,000	39,600,000	장 기 차 입 금		17,500,000
받 을 어 음	60,000,000		자 본 금		418,871,290
대 손 충 당 금	520,000	59,480,000	(당기순이익 :		
단 기 대 여 금		10,000,000	10,000,000)		
상　　　　품		90,000,000			
토　　　　지		274,791,290			
건　　　　물	30,000,000				
감가상각누계액	2,500,000	27,500,000			
차 량 운 반 구	50,000,000				
감가상각누계액	14,000,000	36,000,000			
비　　　　품	60,000,000				
감가상각누계액	2,000,000	58,000,000			
자 산 총 계		693,371,290	부채와자본총계		693,371,290

Q3
다음 자료를 이용하여 입력하시오. (6점)

[1] 거래처의 사업자등록증이 다음과 같이 정정되었다. 확인하여 변경하시오. (3점)

고구려상사 (코드 : 01111)	• 대표자명 : 이재천　　• 사업자등록번호 : 365-35-12574 • 업태 : 도소매　　• 종목 : 잡화　　• 유형 : 동시 • 사업장소재지 : 경기도 남양주시 진접읍 장현로 83

[2] 백제상사의 거래처별 초기이월 자료는 다음과 같다. 주어진 자료를 검토하여 잘못된 부분은 오류를 정정하고, 누락된 부분은 추가하여 입력하시오. (3점)

계정과목	거래처명	금액	계정과목	거래처명	금액
외상매출금	고려상사	18,000,000원	외상매입금	조선상사	22,000,000원
	부여상사	9,000,000원		신라상사	17,000,000원
	발해상사	13,000,000원		가야상사	19,000,000원

Q4 다음의 거래 자료를 일반전표입력 메뉴를 이용하여 입력하시오. (24점)

> **입력시 유의사항**
> - 적요의 입력은 생략한다.
> - 부가가치세는 고려하지 않는다.
> - 채권·채무와 관련된 거래는 별도의 요구가 없는 한 반드시 기등록된 거래처코드를 선택하는 방법으로 거래처명을 입력한다.
> - 회계처리 시 계정과목은 별도의 제시가 없는 한 등록된 계정과목 중 가장 적절한 과목으로 한다.

[1] 7월 9일   영업부에서 사용할 차량 45,000,000원을 구입하고 당좌수표를 발행하여 지급하다. (3점)

[2] 7월 10일   진영상사로부터 상품 1,000,000원(1,000개, 1개당 1,000원)을 매입하기로 계약하고, 계약금으로 상품 대금의 10%를 보통예금 계좌에서 이체하여 지급하다. (3점)

[3] 7월 25일   광주상사에 대한 상품 외상매입금 900,000원을 약정기일보다 빠르게 현금 지급하고, 외상매입금의 1%를 할인받다(단, 할인금액은 매입할인으로 처리한다). (3점)

[4] 8월 25일   보유하고 있던 건물(취득원가 30,000,000원)을 하나상사에 29,000,000원에 매각하다. 대금 중 10,000,000원은 보통예금 계좌로 받고, 잔액은 다음 달 10일에 수령하기로 하다. 단, 8월 25일까지 해당 건물의 감가상각누계액은 2,500,000원이다. (3점)

[5] 10월 13일 발해상사에 상품을 2,300,000원에 판매하고 대금 중 1,200,000원은 동점 발행 약속어음을 수령하였으며, 잔액은 2개월 후에 받기로 하다. (3점)

[6] 10월 30일 직원의 결혼식에 보내기 위한 축하화환을 멜리꽃집에서 주문하고 대금은 현금으로 지급하면서 아래와 같은 현금영수증을 수령하다. (3점)

현금영수증		
승인번호	구매자 발행번호	발행방법
G54782245	305-52-36547	지출증빙
신청구분	발행일자	취소일자
사업자번호	2025.10.30.	-
상품명		
축하3단화환		
구분	주문번호	상품주문번호
일반상품	2025103054897	2025103085414

판매자 정보	
판매자상호	대표자명
멜리꽃집	김나리
사업자등록번호	판매자전화번호
201-17-45670	032-459-8751
판매자사업장주소	
인천시 계양구 방축로 106, 75-3	

금액							
공급가액			1	0	0	0	0
부가세액							
봉사료							
승인금액			1	0	0	0	0

[7] 10월 31일 거래처 가야상사 직원인 정가야 씨의 결혼식 모바일 청첩장을 문자메시지로 받고 축의금 200,000원을 보통예금 계좌에서 지급하다. (3점)

김금관 ♥ 정가야
결혼식에 초대합니다.

2025년 11월 6일 오후 13시
경북 대가야웨딩홀 3층

마음 전하실 곳

가야저축은행 100-200-300 정가야

[8] 11월 10일 회사의 사내 게시판에 부착할 사진을 우주사진관에서 현상하고, 대금은 현대카드로 결제하다. (3점)

```
                카드매출전표
    카드종류 : 현대카드
    카드번호 : 1234-4512-20**-9965
    거래일시 : 2025.11.10. 09:30:51
    거래유형 : 신용승인
    금    액 : 30,000원
    결제방법 : 일시불
    승인번호 : 12345539
    은행확인 : 신한은행

    가맹점명 : 우주사진관
               - 이하생략 -
```

Q5 일반전표입력 메뉴에 입력된 내용 중 다음의 오류가 발견되었다. 입력된 내용을 검토하고 수정 또는 삭제, 추가 입력하여 올바르게 정정하시오. (6점)

입력시 유의사항
- 적요의 입력은 생략한다.
- 부가가치세는 고려하지 않는다.
- 채권·채무와 관련된 거래는 별도의 요구가 없는 한 반드시 기등록된 거래처코드를 선택하는 방법으로 거래처명을 입력한다.
- 회계처리 시 계정과목은 별도의 제시가 없는 한 등록된 계정과목 중 가장 적절한 과목으로 한다.

[1] 9월 8일 거래처 신라상사의 단기차입금 25,000,000원을 보통예금 계좌에서 이체하여 상환한 것으로 회계처리하였으나 실제로는 거래처 조선상사에 대한 외상매입금 25,000,000원을 보통예금 계좌에서 이체하여 지급한 것으로 확인되었다. (3점)

[2] 11월 21일 당사가 현금으로 지급한 축의금 200,000원은 매출거래처 직원의 축의금이 아니라 대표자 개인이 부담해야 할 대표자 동창의 결혼축의금으로 판명되었다. (3점)

Q6 다음의 결산정리사항을 입력하여 결산을 완료하시오. (12점)

> **입력시 유의사항**
> - 적요의 입력은 생략한다.
> - 부가가치세는 고려하지 않는다.
> - 채권·채무와 관련된 거래는 별도의 요구가 없는 한 반드시 기등록된 거래처코드를 선택하는 방법으로 거래처명을 입력한다.
> - 회계처리 시 계정과목은 별도의 제시가 없는 한 등록된 계정과목 중 가장 적절한 과목으로 한다.

[1] 기말 외상매입금 중에는 미국 ABC사의 외상매입금 11,000,000원(미화 $10,000)이 포함되어 있는데, 결산일 현재의 적용환율은 미화 1$당 1,250원이다. (3점)

[2] 결산일 현재 실제 현금 보관액이 장부가액보다 66,000원 많음을 발견하였으나, 그 원인을 알 수 없다. (3점)

[3] 기말 현재 단기차입금에 대한 이자 미지급액 125,000원을 계상하다. (3점)

[4] 당기분 비품 감가상각비는 250,000원, 차량운반구 감가상각비는 1,200,000원이다. 모두 영업부서에서 사용한다. (3점)

Q7 다음 사항을 조회하여 알맞은 답안을 이론문제 답안작성 메뉴에 입력하시오. (10점)

[1] 6월 말 현재 외상매출금 잔액이 가장 많은 거래처와 금액은 얼마인가? (4점)

[2] 1월부터 3월까지의 판매비와관리비 중 소모품비 지출액이 가장 많은 월의 금액과 가장 적은 월의 금액을 합산하면 얼마인가? (3점)

[3] 6월 말 현재 받을어음의 회수가능금액은 얼마인가? (3점)

CHAPTER 10 실전모의시험

태형상사(코드번호 : 4510)는 사무기기를 판매하는 개인기업으로 당기(제11기) 회계기간은 2025.1.1.~2025.12.31.이다. 전산세무회계 수험용 프로그램을 이용하여 다음 물음에 답하시오.

| 기본전제 |

- 문제에서 한국채택국제회계기준을 적용하도록 하는 전제조건이 없는 경우, 일반기업회계기준을 적용하여 회계처리 한다.
- 문제의 풀이와 답안작성은 제시된 문제의 순서대로 진행한다.

Q1 다음은 태형상사의 사업자등록증이다. 회사등록 메뉴에 입력된 내용을 검토하여 누락분은 추가입력하고 잘못된 부분은 정정하시오(주소 입력 시 우편번호는 입력하지 않아도 무방함). (6점)

Q2
다음은 태형상사의 전기분 재무상태표이다. 입력되어 있는 자료를 검토하여 오류부분은 정정하고 누락된 부분은 추가 입력하시오. (6점)

재 무 상 태 표

회사명 : 태형상사 　　제10기 2024.12.31. 현재　　(단위 : 원)

과목	금액		과목	금액	
현　　　　금		10,000,000	외 상 매 입 금		8,000,000
당 좌 예 금		3,000,000	지 급 어 음		6,500,000
보 통 예 금		10,500,000	미 지 급 금		3,700,000
외 상 매 출 금	5,400,000		예 수 금		700,000
대 손 충 당 금	100,000	5,300,000	단 기 차 입 금		10,000,000
받 을 어 음	9,000,000		자 본 금		49,950,000
대 손 충 당 금	50,000	8,950,000			
미 수 금		4,500,000			
상　　　　품		12,000,000			
차 량 운 반 구	22,000,000				
감가상각누계액	12,000,000	10,000,000			
비　　　　품	7,000,000				
감가상각누계액	2,400,000	4,600,000			
임 차 보 증 금		10,000,000			
자 산 총 계		78,850,000	부채및자본총계		78,850,000

Q3
다음 자료를 이용하여 입력하시오. (6점)

[1] 다음 자료를 이용하여 기초정보관리의 거래처등록 메뉴에서 거래처(금융기관)를 추가 등록하시오(단, 주어진 자료 외의 다른 항목은 입력할 필요 없음). (3점)

- 거래처코드 : 98005
- 사업용 계좌 : 여
- 계좌개설일 : 2025.01.01
- 거래처명 : 신한은행
- 계좌번호 : 110-081-834009
- 유형 : 보통예금

[2] 태형상사의 거래처별 초기이월 자료는 다음과 같다. 주어진 자료를 검토하여 잘못된 부분은 오류를 정정하고, 누락된 부분은 추가 입력하시오. (3점)

계정과목	거래처	금액	비고
받을어음	기우상사	3,500,000원	9,000,000원
	하우스컴	5,500,000원	
지급어음	모두피씨	4,000,000원	6,500,000원
	하나로컴퓨터	2,500,000원	

Q4. 다음의 거래 자료를 일반전표입력 메뉴를 이용하여 입력하시오. (24점)

> **입력시 유의사항**
> - 적요의 입력은 생략한다.
> - 부가가치세는 고려하지 않는다.
> - 채권·채무와 관련된 거래는 별도의 요구가 없는 한 반드시 기등록된 거래처코드를 선택하는 방법으로 거래처명을 입력한다.
> - 회계처리 시 계정과목은 별도의 제시가 없는 한 등록된 계정과목 중 가장 적절한 과목으로 한다.

[1] 7월 5일 세무은행으로부터 10,000,000원을 3개월간 차입하고, 선이자 300,000원을 제외한 잔액이 당사 보통예금 계좌에 입금되었다(단, 선이자는 이자비용으로 처리하고, 하나의 전표로 입력할 것). (3점)

[2] 7월 7일 다음은 상품을 매입하고 받은 거래명세표이다. 대금은 전액 외상으로 하였다. (3점)

권	호	거래명세표(공급받는자 보관용)				
2025년 7월 7일		공급자	사업자등록번호	105-21-32549		
태형상사 귀하			상호	대림전자	성명	김포스
			사업장소재지	서울특별시 강남구 강남대로160길 25 (신사동)		
아래와 같이 계산합니다.			업태	도소매	종목	사무기기
합계금액	삼백구십육만 원정 (₩ 3,960,000)					
월일	품목	규격	수량	단가	공급대가	
7월 7일	사무기기	270mm	120개	33,000원	3,960,000원	
전잔금	없음			합계	3,960,000원	
입금	0원	잔금	3,960,000원	인수자	김상수	
비고						

[3] 8월 3일 국제전자의 외상매출금 20,000,000원 중 15,000,000원은 보통예금 계좌로 입금되고 잔액은 국제전자가 발행한 어음으로 수취하였다. (3점)

[4] 8월 10일 취약계층의 코로나19 치료 지원을 위하여 한국복지협의회에 현금 1,000,000원을 기부하다. (3점)

[5] 9월 1일   영업부에서 매출거래처의 대표자 결혼식을 축하하기 위하여 화환을 구입하고 현금으로 결제하였다. (3점)

NO.	영수증(공급받는자용)			
			태형상사 귀하	
공급자	사업자등록번호	109-92-21345		
	상호	해피해피꽃	성명	김남길
	사업장소재지	서울시 강동구 천호대로 1037 (천호동)		
	업태	도소매	종목	꽃
작성일자		금액합계		비고
2025.09.01.		49,000원		
공급내역				
월/일	품명	수량	단가	금액
9/1	축하3단화환	1	49,000원	49,000원
합계			49,000	
위 금액을 영수함				

[6] 9월 10일   영업부 사원의 급여 지급 시 공제한 근로자부담분 국민연금보험료 150,000원과 회사부담분 국민연금보험료 150,000원을 보통예금 계좌에서 이체하여 납부하다 (단, 하나의 전표로 처리하고, 회사부담분 국민연금보험료는 세금과공과로 처리한다). (3점)

[7] 10월 11일 매출처 미래전산에 판매용 PC를 4,800,000원에 판매하기로 계약하고, 판매대금의 20%를 현금으로 미리 수령하였다. (3점)

[8] 11월 25일 전월분(10월 1일~10월 31일) 비씨카드 사용대금 500,000원을 보통예금 계좌에서 이체하여 지급하다(단, 미지급금 계정을 사용할 것). (3점)

Q5 일반전표입력 메뉴에 입력된 내용 중 다음의 오류가 발견되었다. 입력된 내용을 검토하고 수정 또는 삭제, 추가 입력하여 올바르게 정정하시오. (6점)

> **입력시 유의사항**
> - 적요의 입력은 생략한다.
> - 부가가치세는 고려하지 않는다.
> - 채권·채무와 관련된 거래는 별도의 요구가 없는 한 반드시 기등록된 거래처코드를 선택하는 방법으로 거래처명을 입력한다.
> - 회계처리 시 계정과목은 별도의 제시가 없는 한 등록된 계정과목 중 가장 적절한 과목으로 한다.

[1] 7월 29일   자본적지출로 처리해야 할 본사 건물 엘리베이터 설치대금 30,000,000원을 보통예금으로 지급하면서 수익적지출로 잘못 처리하였다. (3점)

[2] 11월 23일   대표자 개인 소유 주택의 에어컨 설치 비용 1,500,000원을 회사 보통예금 계좌에서 이체하여 지급하고 비품으로 계상하였다. (3점)

Q6 다음의 결산정리사항을 입력하여 결산을 완료하시오. (12점)

> **입력시 유의사항**
> - 적요의 입력은 생략한다.
> - 부가가치세는 고려하지 않는다.
> - 채권·채무와 관련된 거래는 별도의 요구가 없는 한 반드시 기등록된 거래처코드를 선택하는 방법으로 거래처명을 입력한다.
> - 회계처리 시 계정과목은 별도의 제시가 없는 한 등록된 계정과목 중 가장 적절한 과목으로 한다.

[1] 영업부에서 소모품 구입 시 당기 비용(소모품비)으로 처리한 금액 중 기말 현재 미사용한 금액은 30,000원이다. (3점)

[2] 단기투자목적으로 1개월 전에 ㈜동수텔레콤의 주식 50주(주당 액면금액 5,000원)를 주당 10,000원에 취득했는데, 기말 현재 이 주식의 공정가치는 주당 12,000원이다. (3점)

[3] 보험기간이 만료된 자동차보험을 10월 1일 갱신하고, 보험료 360,000원(보험기간 : 2025년 10월 1일~2026년 9월 30일)을 보통예금 계좌에서 이체하여 납부하고 전액 비용으로 처리하였다(단, 보험료는 월할 계산한다). (3점)

[4] 단기차입금에 대한 이자비용 미지급액 중 2025년 귀속분은 600,000원이다. (3점)

Q7 다음 사항을 조회하여 답안을 이론문제 답안작성 메뉴에 입력하시오. (10점)

[1] 상반기(1월~6월) 동안 지출한 기업업무추진비(판) 금액은 얼마인가? (3점)

[2] 1월 말의 미수금 장부금액은 전기 말에 대비하여 얼마나 증가하였는가? (3점)

[3] 5월 말 현재 외상매출금 잔액이 가장 많은 거래처의 거래처코드와 잔액은 얼마인가? (4점)

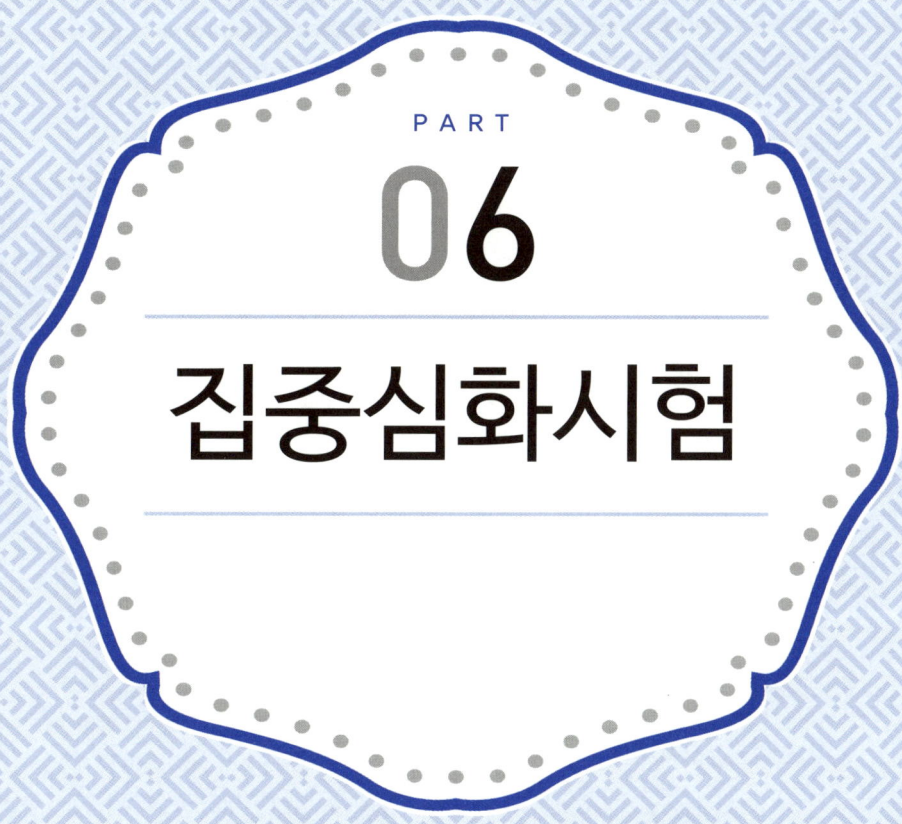

ROUND 01 집중심화시험
Concentration Deepening Examiation

이론시험

다음 문제를 보고 알맞은 것을 골라 답안저장 메뉴화면에 입력하시오.(객관식 문항당 2점)

| 기본전제 |
문제에서 한국채택국제회계기준을 적용하도록 하는 전제조건이 없는 경우, 일반기업회계기준을 적용하여 회계처리 한다.

1. 다음 괄호 안에 들어갈 적절한 용어가 순서대로 정렬 되어 있는 것은?

   > 기업에서 발생하는 거래를 발생 순서에 따라 분개하여 기입하는 장부를 (   )(이)라 하고, 이를 해당 계정에 옮겨 적는 것을 (   )(이)라 하는데, 이 때 이들 각 계정이 설정되어 있는 장부를 (   )(이)라고 한다.

   ① 총계정원장 - 전기 - 분개장　　② 총계정원장 - 대체 - 분개장
   ③ 분개장 - 전기 - 총계정원장　　④ 분개장 - 분개 - 총계정원장

2. 주어진 자료에서 20×2년 12월 31일 기말 결산 후 재무상태표에 표시될 차량운반구에 대한 감가상각누계액으로 옳은 것은?

   > • 20×1년 1월 1일 차량운반구 취득 : 취득가액 5,000,000원(내용연수 5년, 상각률 40%)
   > • 상각방법 : 정률법

   ① 1,000,000원　　② 1,200,000원
   ③ 2,000,000원　　④ 3,200,000원

3. 주어진 자료에서 인출금과 당기순이익을 정리 후 기말 자본금으로 옳은 것은?

인 출 금	자 본 금
12/15 현금　50,000	1/1 전기이월　500,000

단, 당기 순이익은 200,000원이다.

① 550,000원　　② 650,000원
③ 700,000원　　④ 750,000원

4. 손익에 관한 결산 정리 사항 중 수익의 이연에 해당하는 내용으로 옳은 것은?

① 이자 미수분을 계상　　② 미지급 이자를 계상
③ 임대료 선수분을 계상　　④ 보험료 미경과분을 계상

5. 영업목적 달성을 위해 장기간 사용되는 다음의 자산 중 감가상각을 필요로 하지 않는 것은?

① 토지　　② 건물
③ 기계장치　　④ 비품

6. 다음 거래의 결과 자본(순자산)의 변동을 초래하는 거래가 아닌 것은?

① 은행으로부터 운영자금 1,000,000원을 현금으로 차입하다.
② 사업확장을 위해 현금 5,000,000원을 추가로 출자하다.
③ 은행차입금에 대한 이자로 10,000원을 현금지급하다.
④ 원가 50,000원의 상품을 60,000원에 현금판매하다.

7. 재고자산은 그 평가방법에 따라 금액이 달라질 수 있는데, 평가방법의 변경에 따른 기말 재고자산 금액의 변동이 매출원가와 매출총이익에 미치는 영향으로 올바른 것은?

① 기말 재고자산 금액이 증가하면 매출원가가 증가한다.
② 기말 재고자산 금액이 증가하면 매출총이익이 증가한다.
③ 기말 재고자산 금액이 감소하면 매출총이익이 증가한다.
④ 기말 재고자산 금액이 감소하면 매출원가가 감소한다.

8. 일반기업회계기준에 따른 매출에누리와 매출할인에 대한 올바른 처리방법으로 볼 수 있는 것은?

① 모두 당기 비용 처리
② 모두 매출액에서 차감
③ 매출할인은 당기 비용, 매출에누리는 매출에서 차감
④ 매출에누리는 당기 비용, 매출할인은 매출에서 차감

9. 자산의 분류 중 다음 설명에 해당하는 자산 계정으로 옳은 것은?

> 구체적인 형태가 있는 자산으로 판매 목적이 아닌 영업활동에 있어서 장기간 사용하기 위하여 소유하고 있는 자산

① 비품
② 상품
③ 투자부동산
④ 산업재산권

10. 소모품 계정에 기입된 내용에 대한 설명으로 옳은 것은?

소 모 품			
12/1 현 금	200,000	12/31 소모품비	140,000
		12/31 차기이월	60,000
	200,000		200,000

① 당월 소모품 사용액은 140,000원이다.
② 12월 1일 소모품 구입 시 비용으로 처리하였다.
③ 당월에 발생된 소모품비는 손익계정 대변으로 대체된다.
④ 결산 시 재무상태표에 표시되는 소모품은 200,000원이다.

11. 다음 자료에서 당기 손익계산서에 보고되는 외상매출금의 대손상각비는 얼마인가?

- 전기말 외상매출금의 대손충당금은 30,000원이다.
- 당기중 외상매출금 20,000원을 회수 불능으로 대손 처리하다.
- 당기말 외상매출금 잔액 4,000,000원에 대해 1%의 대손을 설정하다.

① 20,000원
② 30,000원
③ 40,000원
④ 50,000원

12. 수원산업은 신축 중인 건물이 완성되어 공사대금의 잔액을 현금으로 지급하였을 경우, 수원산업의 재무상태에 미치는 최종적인 결과로 옳은 것은?

① 자산 감소
② 자산 증가
③ 자산 불변
④ 자본 감소

13. 다음 개인기업의 집합손익계정에 관한 설명으로 올바르지 못한 것은?

① 집합손익계정은 임시계정이다.
② 집합손익계정은 마감단계에만 나타낸다.
③ 집합손익계정은 최종적으로 자본금으로 대체된다.
④ 집합손익계정은 결산정리 후에도 계정잔액들이 다음 회계기간에 이월된다.

14. 다음 대화를 통해 상품 순 매입액을 구하면 얼마인가?

> 사 장 : 박부장! 소명상점에 주문한 상품이 들어왔습니까?
> 박부장 : 예, 8월 1일 갑상품 200개(개당 단가 1,000원)가 들어와서 창고에 입고했습니다.
> 사 장 : 그럼 상품 구입 시 운임은 누구 부담인가요? 그리고 대금은 지불했습니까?
> 박부장 : 예, 상품대금 중 50,000원은 현금 지급하고, 나머지는 외상으로 하였습니다. 또 운임 30,000원은 상대방이 지불하였습니다. 그리고 8월 20일에 갑상품 10개가 흠이 발견되어 반품시켰습니다. 그리고 약속기일(8월 31일) 전인 8월 30일에 나머지 외상매입대금을 지급하고, 그 외상매입대금의 10%를 할인받았습니다.

① 160,000원
② 176,000원
③ 180,000원
④ 186,000원

15. 다음 거래 중 재무상태표에만 영향을 주는 거래는?

① 장부가액 30,000원인 비품을 25,000원에 매각하고, 대금은 전액 현금으로 수령하다.
② 단기대여금 1,000,000원과 이자 50,000원을 전액 현금으로 수령하다.
③ 건물에 대한 수익적지출 80,000원을 전액 현금으로 지급하다.
④ 외상매입금 1,000,000원 중 200,000원은 보통예금에서 지급하고, 잔액은 어음을 발행하여 지급하다.

실무시험

수호상사(코드번호 : 4511)는 전자제품을 판매하는 개인기업으로 당기(제16기)의 회계기간은 2025.1.1.~2025.12.31.이다. 전산세무회계 수험용 프로그램을 이용하여 다음 물음에 답하시오.

― 기본전제 ―

- 문제에서 한국채택국제회계기준을 적용하도록 하는 전제조건이 없는 경우, 일반기업회계기준을 적용하여 회계처리 한다.
- 문제의 풀이와 답안작성은 제시된 문제의 순서대로 진행한다.

1. 다음은 수호상사의 사업자등록증이다. 회사등록 메뉴에 입력된 내용을 검토하여 누락분은 추가입력하고 잘못된 부분은 정정하시오(주소 입력 시 우편번호는 입력하지 않아도 무방함). (6점)

사 업 자 등 록 증
(일반과세자)

등록번호 : 417-26-00528

상   호 : 수호상사
성   명 : 김선호   생 년 월 일 : 1969 년 09 월 13 일
개 업 연 월 일 : 2010 년 09 월 14 일
사업장소재지 : 대전광역시 동구 대전로 987(삼성동)

사 업 의 종 류 : 업태 도소매   종목 전자제품

발 급 사 유 : 신규
공 동 사 업 자 :

사업자 단위 과세 적용사업자 여부 : 여( ) 부(∨)
전자세금계산서 전용 전자우편주소 :

2010년 09 월 14 일
대 전 세 무 서 장

2. 다음은 수호상사의 전기분 손익계산서이다. 입력되어 있는 자료를 검토하여 오류부분은 정정하고 누락된 부분은 추가 입력하시오. (6점)

손 익 계 산 서

회사명 : 수호상사   제15기 2024.1.1. ~ 2024.12.31.   (단위 : 원)

과 목	금 액	과 목	금 액
Ⅰ 매 출 액	257,000,000	Ⅴ 영 업 이 익	18,210,000
상 품 매 출	257,000,000	Ⅵ 영 업 외 수 익	3,200,000
Ⅱ 매 출 원 가	205,000,000	이 자 수 익	200,000
상 품 매 출 원 가	205,000,000	임 대 료	3,000,000
기 초 상 품 재 고 액	20,000,000	Ⅶ 영 업 외 비 용	850,000
당 기 상 품 매 입 액	198,000,000	이 자 비 용	850,000
기 말 상 품 재 고 액	13,000,000	Ⅷ 소득세차감전순이익	20,560,000
Ⅲ 매 출 총 이 익	52,000,000	Ⅸ 소 득 세 등	0
Ⅳ 판 매 비 와 관 리 비	33,790,000	Ⅹ 당 기 순 이 익	20,560,000
급 여	24,000,000		
복 리 후 생 비	1,100,000		
기 업 업 무 추 진 비	4,300,000		
감 가 상 각 비	500,000		
보 험 료	700,000		
차 량 유 지 비	2,300,000		
소 모 품 비	890,000		

3. 다음 자료를 이용하여 입력하시오. (6점)

[1] 다음 자료를 이용하여 기초정보관리의 거래처등록 메뉴에서 거래처(금융기관)를 추가로 등록하시오(단, 주어진 자료 외의 다른 항목은 입력할 필요 없음). (3점)

- 거래처코드 : 98006
- 유형 : 보통예금
- 사업용 계좌 : 여
- 거래처명 : 한경은행
- 계좌번호 : 1203-4562-49735

[2] 수호상사의 외상매출금과 외상매입금의 거래처별 초기이월 채권과 채무잔액은 다음과 같다. 입력된 자료를 검토하여 잘못된 부분은 수정 또는 삭제, 추가 입력하여 주어진 자료에 맞게 정정하시오. (3점)

계정과목	거래처	잔액	계
외상매출금	믿음전자	20,000,000원	35,000,000원
	우진전자	10,000,000원	
	㈜형제	5,000,000원	
외상매입금	중소상사	12,000,000원	28,000,000원
	숭실상회	10,000,000원	
	국보상사	6,000,000원	

4. 일반전표입력 메뉴를 이용하여 다음의 거래 자료를 입력하시오. (24점)

> **입력시 유의사항**
> - 적요의 입력은 생략한다.
> - 부가가치세는 고려하지 않는다.
> - 채권·채무와 관련된 거래는 별도의 요구가 없는 한 반드시 기등록된 거래처코드를 선택하는 방법으로 거래처명을 입력한다.
> - 회계처리 시 계정과목은 별도의 제시가 없는 한 등록된 계정과목 중 가장 적절한 과목으로 한다.

[1] 7월 16일 우와상사에 상품 3,000,000원을 판매하기로 계약하고, 계약금 600,000원을 보통예금 계좌로 입금받았다. (3점)

[2] 8월 4일 당사의 영업부에서 장기간 사용할 목적으로 비품을 구입하고 대금은 BC카드(신용카드)로 결제하였다(단, 미지급금 계정을 사용하여 회계처리할 것). (3점)

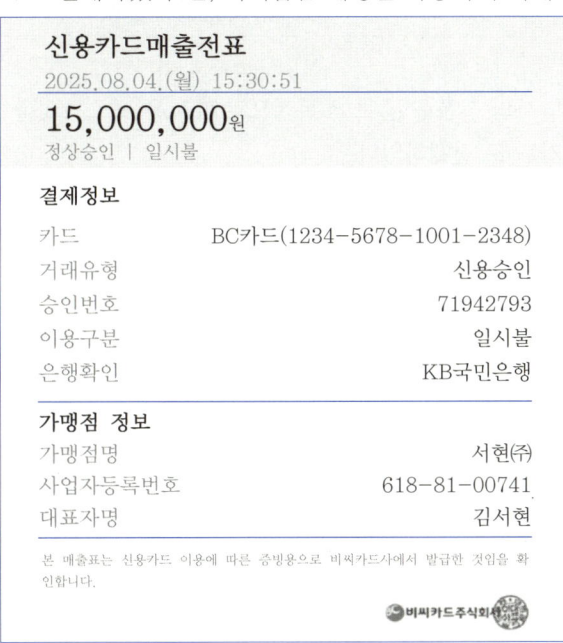

[3] 8월 25일 영업용 차량운반구에 대한 자동차세 120,000원을 현금으로 납부하다. (3점)

[4] 9월 6일 거래처 수분상사의 외상매출금 중 1,800,000원이 예정일보다 빠르게 회수되어 할인금액 2%를 제외한 금액을 당좌예금 계좌로 입금받았다(단, 매출할인 계정을 사용할 것). (3점)

[5] 9월 20일 영업부 직원들을 위한 간식을 현금으로 구매하고 아래의 현금영수증을 수취하였다. (3점)

```
[고객용]
             현금 매출 전표
간식천국                      378-62-00158
이재철                        TEL : 1577-0000
대구광역시 동구 안심로 15
2025/09/20   11:53:48            NO : 18542
노나머거본파이            5         50,000
에너지파워드링크          30        150,000
합계수량/금액            35        200,000
받을금액                            200,000
현      금                         200,000
             현금영수증(지출증빙)
거 래 자 번 호 : 417-26-00528
승  인  번  호 : G141080158
전  화  번  호 : 현금영수증문의☎126-1-1
홈  페  이  지 : https://hometax.go.kr
```

[6] 10월 5일 당사의 상품을 홍보할 목적으로 홍보용 포스트잇을 제작하고 사업용카드(삼성카드)로 결제하였다. (3점)

```
홍보물닷컴
500,000원
카드종류         신용카드
카드번호         8504-1245-4545-0506
거래일자         2025.10.05. 15:29:45
일시불/할부      일시불
승인번호         28516480
     [상품명]              [금액]
     홍보용 포스트잇         500,000원
                 합 계 액    500,000원
                 받은금액    500,000원
가맹점정보
가맹점명         홍보물닷컴
사업자등록번호    305-35-65424
가맹점번호       23721275
대표자명         엄하진
전화번호         051-651-0000
         이용해주셔서 감사합니다.
    교환/환불은 영수증을 지참하여 일주일 이내 가능합니다.
                                    삼성카드
```

[7] 10월 13일 대전시 동구청에 태풍 피해 이재민 돕기 성금으로 현금 500,000원을 기부하였다. (3점)

[8] 11월 1일   영업부 직원의 국민건강보험료 회사부담분 190,000원과 직원부담분 190,000원을 보통예금 계좌에서 이체하여 납부하였다(단, 회사부담분은 복리후생비 계정을 사용할 것). (3점)

5. 일반전표입력 메뉴에 입력된 내용 중 다음의 오류가 발견되었다. 입력된 내용을 검토하고 수정 또는 삭제, 추가 입력하여 올바르게 정정하시오. (6점)

> **입력시 유의사항**
> - 적요의 입력은 생략한다.
> - 부가가치세는 고려하지 않는다.
> - 채권·채무와 관련된 거래는 별도의 요구가 없는 한 반드시 기등록된 거래처코드를 선택하는 방법으로 거래처명을 입력한다.
> - 회계처리 시 계정과목은 별도의 제시가 없는 한 등록된 계정과목 중 가장 적절한 과목으로 한다.

[1] 8월 16일   운반비로 계상한 50,000원은 무선상사로부터 상품 매입 시 당사 부담의 운반비를 지급한 것이다. (3점)

[2] 9월 30일   농협은행에서 차입한 장기차입금을 상환하기 위하여 보통예금 계좌에서 11,000,000원을 지급하고 이를 모두 차입금 원금을 상환한 것으로 회계처리 하였으나 이 중 차입금 원금은 10,000,000원이고, 나머지 1,000,000원은 차입금에 대한 이자로 확인되었다. (3점)

6. 다음의 결산정리사항을 입력하여 결산을 완료하시오. (12점)

> **입력시 유의사항**
> - 적요의 입력은 생략한다.
> - 부가가치세는 고려하지 않는다.
> - 채권·채무와 관련된 거래는 별도의 요구가 없는 한 반드시 기등록된 거래처코드를 선택하는 방법으로 거래처명을 입력한다.
> - 회계처리 시 계정과목은 별도의 제시가 없는 한 등록된 계정과목 중 가장 적절한 과목으로 한다.

[1] 영업부에서 사용하기 위하여 소모품을 구입하고 자산으로 처리한 금액 중 당기 중에 사용한 금액은 70,000원이다. (3점)

[2] 기말 현재 가수금 잔액 200,000원은 강원상사의 외상매출금 회수액으로 판명되었다. (3점)

[3] 결산일까지 현금과부족 100,000원의 원인이 판명되지 않았다. (3점)

[4] 당기분 차량운반구에 대한 감가상각비 600,000원과 비품에 대한 감가상각비 500,000원을 계상하다. (3점)

7. 다음 사항을 조회하여 알맞은 답안을 이론문제 답안작성 메뉴에 입력하시오. (10점)

[1] 6월 말 현재 외상매출금 잔액이 가장 적은 거래처의 상호와 그 외상매출금 잔액은 얼마인가? (3점)

[2] 상반기(1~6월) 중 복리후생비(판) 지출액이 가장 많은 달의 지출액은 얼마인가? (3점)

[3] 6월 말 현재 차량운반구의 장부금액은 얼마인가? (4점)

ROUND 02 집중심화시험

이론시험

다음 문제를 보고 알맞은 것을 골라 답안저장 메뉴화면에 입력하시오.(객관식 문항당 2점)

> **│ 기본전제 │**
> 문제에서 한국채택국제회계기준을 적용하도록 하는 전제조건이 없는 경우, 일반기업회계기준을 적용하여 회계처리 한다.

1. 다음 중 회계상 거래에 속하지 않는 것은?

① 상품 1,000,000원을 매입하기로 계약하고 계약금 200,000원을 현금으로 지급하다.
② 겨울 폭설로 인하여 자재창고의 지붕이 붕괴되어 1,000,000원의 손실이 발생하다.
③ 영업사원 부족으로 급여 1,000,000원을 지급하기로 하고 직원을 채용하다.
④ 결산시 장부잔액과 실제잔액이 1,000,000원의 차이가 있음을 밝혀내다.

2. 다음은 용역의 제공에 대한 수익인식기준이다. 틀린 것은?

① 경제적 효익의 유입 가능성이 매우 높아야 한다.
② 거래전체의 수익금액을 신뢰성 있게 측정할 수 있어야 한다.
③ 진행률을 신뢰성 있게 측정할 수 있어야 한다.
④ 수익을 인식하기 위해서 투입하여야 할 원가를 신뢰성 있게 측정할 필요는 없다.

3. 다음의 자료를 이용하여 영업이익을 계산하면 얼마인가?

- 매 출 액 : 6,000,000원
- 당기상품매입액 : 3,000,000원
- 판매비와관리비 : 1,000,000원
- 기초상품재고액 : 1,000,000원
- 기말상품재고액 : 1,500,000원
- 영 업 외 수 익 : 1,200,000원

① 1,300,000원
② 2,500,000원
③ 3,500,000원
④ 3,700,000원

4. 20x1년 9월 1일 사무실 임차료 6개월분(20x1. 9. 1. ~ 20x2. 2. 28.) 300,000원을 현금으로 지급하고 비용처리 한 경우, 20x1년 12월 31일 결산 시 선급비용에 해당하는 금액은?

   ① 100,000원 ② 150,000원
   ③ 200,000원 ④ 250,000원

5. 결산 결과 당기순이익 10,000원이 산출되었으나 다음과 같은 사항이 누락 되었다. 수정 후 당기순이익은?

   - 보험료 미지급분 : 2,000원
   - 임대료 선수분 : 1,000원

   ① 7,000원 ② 11,000원
   ③ 12,000원 ④ 13,000원

6. 다음 회계처리에 대한 거래추정으로 옳은 것을 모두 고른 것은?

회계처리				거래 추정
가. (차) 비품	xxx	(대) 미지급금	xxx	업무용 복사기의 외상 구입
나. (차) 현금	xxx	(대) 선수금	xxx	상품 매입 계약금 현금 지급
다. (차) 수도광열비	xxx	(대) 보통예금	xxx	수도요금 보통예금 인출 지급

   ① 가, 나 ② 가, 다
   ③ 나, 다 ④ 가, 나, 다

7. 다음 중 대손으로 처리할 수 있는 계정과목은?

   ① 지급어음 ② 미지급금
   ③ 선수금 ④ 외상매출금

8. 다음 자료에 의하여 기말자본을 계산하면 얼마인가?

   - 기초자산 : 1,000,000원
   - 기초부채 : 400,000원
   - 총 수 익 : 5,100,000원
   - 총 비 용 : 3,600,000원

   ① 2,000,000원 ② 2,100,000원
   ③ 2,200,000원 ④ 2,300,000원

9. 다음 중 유형자산에 대한 설명으로 틀린 것은?

① 토지, 건물, 구축물, 기계장치 등은 유형자산에 속한다.
② 유형자산은 1년을 초과하여 사용할 것이 예상되는 자산이다.
③ 유형자산은 자체적으로 사용할 목적으로 보유하는 물리적 형체가 없는 자산이다.
④ 유형자산의 감가상각방법에는 정액법, 정률법, 연수합계법, 생산량비례법 등이 있다.

10. 다음 괄호 안에 순차적으로 들어갈 내용으로 옳은 것은?

> 이달분 급여 900,000원을 현금으로 지급한 거래는 (　　)의 발생과 (　　)의 감소이다.

① 수익, 부채　　　　　　② 수익, 자본
③ 비용, 부채　　　　　　④ 비용, 자산

11. 다음 자료는 둘리전자의 거래내역이다. 기말 재무상태표에 계상된 매출채권은 얼마인가?

> • 기초 매출채권 350,000원
> • 아라전자에 판매용 스마트TV를 400,000원에 외상판매하다.
> • 우리유통에 판매용 냉장고를 500,000원에 판매하고 200,000원은 현금으로 나머지는 어음을 받다.
> • 기말 현재 어음의 만기일은 도래하지 않았고, 아라전자의 외상대금은 회수되다.

① 350,000원　　　　　　② 650,000원
③ 750,000원　　　　　　④ 1,050,000원

12. 다음의 거래에서 발생하지 않는 것은?

> 과거상사는 미래상사에서 비품 3,000,000원을 취득하고 대금 중 2,000,000원은 현금으로 지급하고 잔액은 외상으로 하다.

① 자산의 증가　　　　　　② 자산의 감소
③ 부채의 증가　　　　　　④ 부채의 감소

13. 다음 중 의류 도소매업의 영업손익을 산출하는데, 해당사항이 없는 것은 무엇인가?

① 매출액　　　　　　　　　② 임차료
③ 유형자산처분이익　　　　④ 광고선전비

14. 기말 결산정리사항 중 수익과 비용의 이연에 대해 옳은 것은?

① 임대료 선수분 계상 및 임차료 선급분 계상
② 임대료 선수분 계상 및 임차료 미지급분 계상
③ 임대료 미수분 계상 및 임차료 선급분 계상
④ 임대료 미수분 계상 및 임차료 미지급분 계상

15. 다음 중 손익계산서에 영향을 미치는 거래로만 짝지어진 것은?

> 가. 상품을 매출하고 당점에서 매출운임 50,000원을 현금으로 지급하다.
> 나. 토지를 취득하고 취득세 100,000원을 현금으로 지급하다.
> 다. 본사 건물에 대한 재산세 500,000원을 현금으로 지급하다.
> 라. 상품을 매입하고 당점에서 매입운임 50,000원을 현금으로 지급하다.

① 가, 나　　　　　　　　　② 나, 다
③ 가, 다　　　　　　　　　④ 나, 라

실무시험

파라상사(코드번호 : 4512)는 문구 및 잡화를 판매하는 개인기업으로 당기(제14기)의 회계기간은 2025.1.1.~2025.12.31.이다. 전산세무회계 수험용 프로그램을 이용하여 다음 물음에 답하시오.

│ 기본전제 │

- 문제에서 한국채택국제회계기준을 적용하도록 하는 전제조건이 없는 경우, 일반기업회계기준을 적용하여 회계 처리 한다.
- 문제의 풀이와 답안작성은 제시된 문제의 순서대로 진행한다.

---

1. 다음은 파라상사의 사업자등록증이다. 회사등록 메뉴에 입력된 내용을 검토하여 누락분은 추가입력하고 잘못된 부분은 정정하시오(주소 입력 시 우편번호는 입력하지 않아도 무방함). (6점)

사 업 자 등 록 증
(일반과세자)

등록번호 : 855-12-01853

상　　　　호 : 파라상사
성　　　　명 : 박연원　　　　생 년 월 일 : 1966 년 07 월 22 일
개 업 연 월 일 : 2012 년 02 월 02 일
사업장소재지 : 경기도 안양시 동안구 귀인로 237 (평촌동)

사 업 의 종 류 : 업태 도소매　　　　종목 문구 및 잡화

발 급 사 유 : 신규
공 동 사 업 자 :

사업자 단위 과세 적용사업자 여부 : 여(　) 부(∨)
전자세금계산서 전용 전자우편주소 :

2012년 02 월 02 일
동 안 양 세 무 서 장

2. 다음은 파라상사의 전기분 재무상태표이다. 입력되어 있는 자료를 검토하여 오류부분은 정정하고 누락된 부분은 추가 입력하시오. (6점)

재 무 상 태 표

회사명 : 파라상사   제13기 2024.12.31. 현재   (단위 : 원)

과목	금액		과목	금액
현 금		2,500,000	외 상 매 입 금	50,000,000
당 좌 예 금		43,000,000	지 급 어 음	8,100,000
보 통 예 금		50,000,000	미 지 급 금	29,000,000
외 상 매 출 금	20,000,000		단 기 차 입 금	5,000,000
대 손 충 당 금	900,000	19,100,000	장 기 차 입 금	10,000,000
받 을 어 음	4,900,000		자 본 금	49,757,000
대 손 충 당 금	43,000	4,857,000	(당 기 순 이 익	
미 수 금		600,000	: 8,090,000)	
상 품		7,000,000		
장 기 대 여 금		2,000,000		
차 량 운 반 구	10,000,000			
감가상각누계액	2,000,000	8,000,000		
비 품	7,600,000			
감가상각누계액	2,800,000	4,800,000		
임 차 보 증 금		10,000,000		
자 산 총 계		151,857,000	부채와자본총계	151,857,000

3. 다음 자료를 이용하여 입력하시오. (6점)

[1] 파라상사의 외상매입금과 미지급금에 대한 거래처별 초기이월 잔액은 다음과 같다. 입력된 자료를 검토하여 잘못된 부분은 삭제 또는 수정, 추가 입력하여 주어진 자료에 맞게 정정하시오. (3점)

계정과목	거래처	잔액
외상매입금	고래전자	12,000,000원
	건우상사	11,000,000원
	석류상사	27,000,000원
미지급금	앨리스상사	25,000,000원
	용구상사	4,000,000원

[2] 다음의 내용을 계정과목및적요등록 메뉴를 이용하여 보통예금 계정과목에 현금적요를 등록하시오. (3점)

현금적요 : 적요No.5, 미수금 보통예금 입금

4. 일반전표입력 메뉴를 이용하여 다음의 거래 자료를 입력하시오. (24점)

> **입력시 유의사항**
> - 적요의 입력은 생략한다.
> - 부가가치세는 고려하지 않는다.
> - 채권·채무와 관련된 거래는 별도의 요구가 없는 한 반드시 기등록된 거래처코드를 선택하는 방법으로 거래처명을 입력한다.
> - 회계처리 시 계정과목은 별도의 제시가 없는 한 등록된 계정과목 중 가장 적절한 과목으로 한다.

[1] 7월 13일   전기에 대손 처리하였던 나마상사의 외상매출금 2,000,000원이 회수되어 보통예금 계좌로 입금되었다. (3점)

[2] 8월 1일   남선상사에 대한 외상매입금 2,000,000원을 지급하기 위하여 오름상사로부터 상품판매대금으로 받은 약속어음을 배서양도하였다. (3점)

[3] 8월 31일   창고가 필요하여 다음과 같이 임대차계약을 체결하고 임차보증금을 보통예금 계좌에서 이체하여 지급하였다(단, 보증금의 거래처를 기재할 것). (3점)

부동산 월세 계약서

본 부동산에 대하여 임대인과 임차인 쌍방은 다음과 같이 합의하여 임대차계약을 체결한다.

1. 부동산의 표시

소 재 지	부산광역시 동래구 금강로73번길 6 (온천동)					
건 물	구조	철근콘크리트	용도	창고	면적	50㎡
임 대 부 분	상동 소재지 전부					

2. 계약내용

제 1 조 위 부동산의 임대차계약에 있어 임차인은 보증금 및 차임을 아래와 같이 지불하기로 한다.

보 증 금	일금 이천만원 원정 (₩ 20,000,000원) (보증금은 2025년 8월 31일에 지급하기로 한다.)
차 임	일금 삼십만원 원정 (₩ 300,000원) 은 익월 10일에 지불한다.

제 2 조 임대인은 위 부동산을 임대차 목적대로 사용·수익할 수 있는 상태로 하여 2025년 08월 31일까지 임차인에게 인도하며, 임대차기간은 인도일로부터 2027년 08월 30일까지 24개월로 한다.

...중략...

(갑) 임대인 : 온천상가 대표 김온천 (인)
(을) 임차인 : 파라상사 대표 박연원 (인)

[4] 9월 2일   대표자가 개인적인 용도로 사용할 목적으로 컴퓨터를 구입하고 사업용카드(삼성카드)로 결제하였다. (3점)

```
웅장컴퓨터
1,500,000원
─────────────────────────────────────
카드종류      신용카드
카드번호      1351-1234-5050-9990
거래일자      2025.09.02. 11:11:34
일시불/할부    일시불
승인번호      48556494
─────────────────────────────────────
   [상품명]              [금액]
   컴퓨터               1,500,000원
─────────────────────────────────────
              합 계 액      1,500,000원
              받은금액      1,500,000원
가맹점정보
가맹점명       웅장컴퓨터
사업자등록번호   105-21-32549
가맹점번호     23721275
대표자명       진영기
전화번호       02-351-0000
           이용해주셔서 감사합니다.
    교환/환불은 영수증을 지참하여 일주일 이내 가능합니다.
                                      삼성카드
```

[5] 9월 16일   만안상사에 당사가 보유하고 있던 차량운반구(취득원가 10,000,000원, 처분 시까지의 감가상각누계액 2,000,000원)를 9,000,000원에 매각하고 대금은 만안상사 발행 자기앞수표로 받았다. (3점)

[6] 9월 30일   기업 운영자금을 확보하기 위하여 10,000,000원을 우리은행으로부터 2년 후에 상환하는 조건으로 차입하고, 차입금은 보통예금 계좌로 이체받았다. (3점)

[7] 10월 2일   거래처 포스코상사로부터 상품을 2,000,000원에 외상으로 매입하고, 상품 매입 과정 중에 발생한 운반비 200,000원(당사가 부담)은 현금으로 지급하였다. (3점)

[8] 10월 29일   신규 채용한 영업부 신입사원들이 사용할 컴퓨터 5대를 주문하고, 견적서 금액의 10%를 계약금으로 보통예금 계좌에서 송금하였다. (3점)

견 적 서

공급자	사업자번호	206-13-30738			견적번호 : 효은-01112 아래와 같이 견적서를 발송 2025년 10월 29일
	상호	효은상사	대표자	김효은 (인)	
	소재지	서울시 성동구 행당로 133 (행당동)			
	업태	도소매	종목	컴퓨터	
	담당자	한슬기	전화번호	1599-7700	

품명	규격	수량(개)	단가(원)	금액(원)	비고
삼성 센스 시리즈	S-7	5	2,000,000	10,000,000	
	이하 여백				
합 계 금 액				10,000,000	

유효기간 : 견적 유효기간은 발행 후 15일
납   기 : 발주 후 3일
결제방법 : 현금결제 및 카드결제 가능
송금계좌 : KB국민은행 / 666-12-90238
기   타 : 운반비 별도

---

5. 일반전표입력 메뉴에 입력된 내용 중 다음의 오류가 발견되었다. 입력된 내용을 검토하고 수정 또는 삭제, 추가 입력하여 올바르게 정정하시오. (6점)

> **입력시 유의사항**
> □ 적요의 입력은 생략한다.
> □ 부가가치세는 고려하지 않는다.
> □ 채권·채무와 관련된 거래는 별도의 요구가 없는 한 반드시 기등록된 거래처코드를 선택하는 방법으로 거래처명을 입력한다.
> □ 회계처리 시 계정과목은 별도의 제시가 없는 한 등록된 계정과목 중 가장 적절한 과목으로 한다.

[1] 10월 5일   자본적지출로 회계처리해야 할 영업점 건물 방화문 설치비 13,000,000원을 수익적지출로 회계처리 하였다. (3점)

[2] 10월 13일 사업용 신용카드(삼성카드)로 결제한 복리후생비 400,000원은 영업부의 부서 회식대가 아니라 영업부의 매출거래처 접대목적으로 지출한 것으로 확인되었다.
(3점)

6. 다음의 결산정리사항을 입력하여 결산을 완료하시오. (12점)

> **입력시 유의사항**
> - 적요의 입력은 생략한다.
> - 부가가치세는 고려하지 않는다.
> - 채권·채무와 관련된 거래는 별도의 요구가 없는 한 반드시 기등록된 거래처코드를 선택하는 방법으로 거래처명을 입력한다.
> - 회계처리 시 계정과목은 별도의 제시가 없는 한 등록된 계정과목 중 가장 적절한 과목으로 한다.

[1] 기말 결산일 현재까지 기간 경과분에 대한 미수이자 1,500,000원 발생하였는데 이와 관련하여 어떠한 회계처리도 되어있지 아니한 상태이다.
(3점)

[2] 당기에 납부하고 전액 비용으로 처리한 영업부의 보험료 중 선급액 120,000원에 대한 결산분개를 하시오.
(3점)

[3] 당기 중에 단기운용목적으로 ㈜기유의 발행주식 1,000주(1주당 액면금액 1,000원)를 1주당 1,500원에 취득하였으며, 기말 현재 공정가치는 1주당 1,600원이다. 단, 취득 후 주식의 처분은 없었다.
(3점)

[4] 기말 매출채권(외상매출금, 받을어음) 잔액에 대하여만 1%를 보충법에 따라 대손충당금을 설정하시오.
(3점)

7. 다음 사항을 조회하여 알맞은 답안을 이론문제 답안작성 메뉴에 입력하시오. (10점)

[1] 3월(3월 1일~3월 31일) 중 외상 매출(어음 수취 포함) 건수는 총 몇 건인가? (3점)

[2] 6월 말 현재 거래처 자담상사에 대한 선급금 잔액은 얼마인가? (3점)

[3] 현금과 관련하여 상반기(1~6월) 중 입금액이 가장 많은 달의 그 입금액과 출금액이 가장 많은 달의 그 출금액과의 차액은 얼마인가? (단, 음수로 입력하지 말 것) (4점)

ROUND 03 집중심화시험

이론시험

다음 문제를 보고 알맞은 것을 골라 답안저장 메뉴화면에 입력하시오.(객관식 문항당 2점)

---- 기본전제 ----

문제에서 한국채택국제회계기준을 적용하도록 하는 전제조건이 없는 경우, 일반기업회계기준을 적용하여 회계처리 한다.

1. 기말 결산 시 손익계정으로 대체되는 계정은?
   ① 인출금
   ② 가수금
   ③ 감가상각비
   ④ 대손충당금

2. 다음 중 재고자산의 단가 결정방법 중 선입선출법에 대한 설명으로 적절하지 않은 것은?
   ① 물가상승 시 기말재고자산이 과소평가된다.
   ② 물량흐름과 원가흐름이 대체적으로 일치한다.
   ③ 기말재고자산이 현행원가에 가깝게 표시된다.
   ④ 물가상승 시 이익이 과대계상된다.

3. 다음과 같은 결합관계로 이루어진 거래로 옳은 것은?

(차변) 비용의 발생	(대변) 부채의 증가

   ① 차량유류비 200,000원을 대한카드로 결제하다.
   ② 전기요금 100,000원을 보통예금 통장에서 자동이체하다.
   ③ 단기차입금 1,000,000원과 이자 30,000원을 현금으로 지급하다.
   ④ 상품 운반용 트럭 15,000,000원을 외상으로 구입하다.

4. 비용에 관한 올바른 내용을 〈보기〉에서 모두 고른 것은?

   〈보기〉
   ㄱ. 자본 감소의 원인이 된다.
   ㄴ. 기업이 경영활동으로 지출하는 경제적 가치
   ㄷ. 기업이 일정시점에 소유하고 있는 재화나 권리
   ㄹ. 재화나 용역을 고객에게 제공하고 그 대가로 얻는 금액

   ① ㄱ, ㄴ   ② ㄱ, ㄹ
   ③ ㄴ, ㄷ   ④ ㄷ, ㄹ

5. 기말 결산 시 선수수익을 기장 누락한 경우 미치는 영향은?
   ① 부채의 과대계상   ② 자산의 과소계상
   ③ 수익의 과소계상   ④ 수익의 과대계상

6. 20x1년 1월 1일 구입한 차량을 20x3년 1월 1일에 5,000,000원에 처분한 경우 유형자산처분손익은 얼마인가? 단, 상각방법은 정액법이다.

   • 취득원가 : 10,000,000원   • 내용연수 : 5년   • 잔존가치 : 1,000,000원

   ① 유형자산처분이익 1,000,000원   ② 유형자산처분손실 1,000,000원
   ③ 유형자산처분이익 1,400,000원   ④ 유형자산처분손실 1,400,000원

7. 다음 중 복리후생비에 속하지 않는 것은?
   ① 직원 경조사비 지급   ② 직원 자녀 학자금 지급
   ③ 거래처 식사대 지급   ④ 직원 작업복 지급

8. 다음 자료에 의하면 순매출액은 얼마인가?

   • 총매출액 : 900,000원   • 매출에누리 : 50,000원
   • 매출운임 : 40,000원   • 매 출 환 입 : 30,000원

   ① 780,000원   ② 820,000원
   ③ 860,000원   ④ 930,000원

9. 다음 중 유형자산에 대한 설명으로 옳은 것은?

① 토지, 건물, 차량운반구, 구축물 등은 회계상 유형자산에 속한다.
② 유형자산은 판매 목적으로 구입한 자산이다.
③ 1년 이상 장기에 걸쳐 사용되는 자산으로 물리적인 형태가 없는 자산이다.
④ 유형 자산을 취득할 때 소요된 취득부대비용은 당기의 비용으로 처리한다.

10. 풍년제과점의 5월 중 자료이다. 영업이익을 계산한 금액으로 옳은 것은?

- 빵 판매 대금 : 500,000원
- 빵/케익 구입 대금 : 250,000원
- 은행 차입금의 이자 : 10,000원
- 케익 판매 대금 : 300,000원
- 종업원 급여 : 100,000원
- 매장 임차료 : 20,000원

① 120,000원 ② 420,000원
③ 430,000원 ④ 450,000원

11. 아래 거래에 대한 분개로 올바른 것은?

9/30 : 거래처의 파산으로 외상매출금 90,000원이 회수불능이 되다(단, 전기에 설정된 대손충당금 잔액은 30,000원이 있다).

① (차) 대손상각비   90,000   (대) 외상매출금   90,000
② (차) 대손충당금   30,000   (대) 외상매출금   90,000
    대손상각비   60,000
③ (차) 대손충당금   60,000   (대) 외상매출금   90,000
    대손상각비   30,000
④ (차) 대손충당금환입 90,000   (대) 외상매출금   90,000

12. 회계기간에 대한 설명 중 틀린 것은?

① 회계연도라고도 한다.
② 원칙적으로 1년을 초과할 수 없다.
③ 유동자산과 비유동자산의 구분기준이다.
④ 전기, 당기, 차기로 구분할 수 있다.

13. 다음에서 (가), (나)에 해당하는 계정과목은?

> (가) 사무실에서 사용할 컴퓨터 구입에 따른 외상대금은?
> (나) 컴퓨터 판매회사의 판매용 컴퓨터 구입에 따른 외상대금은?

	(가)	(나)		(가)	(나)
①	외상매입금	미지급금	②	미지급금	외상매입금
③	미지급금	미수금	④	외상매출금	외상매입금

14. 20x1년 8월 1일 보험료 6개월분 1,200,000원을 현금으로 지급하고 보험료 계정으로 회계처리 한 경우 결산 시에 선급비용 계정에 계상되는 금액은 얼마인가? (단, 결산일은 12월 31일 임)

① 0원
② 200,000원
③ 300,000원
④ 400,000원

15. 기계장치 일부를 수리하고 수리비 500,000원을 보유 중이던 자기앞수표로 지급하였다. 이중 300,000원은 자본적 지출이고 나머지는 수익적 지출인 경우의 옳은 분개는?

① (차) 기계장치   200,000   (대) 당좌예금   500,000
   　 수 선 비   300,000
② (차) 기계장치   300,000   (대) 당좌예금   500,000
   　 수 선 비   200,000
③ (차) 기계장치   200,000   (대) 현   금   500,000
   　 수 선 비   300,000
④ (차) 기계장치   300,000   (대) 현   금   500,000
   　 수 선 비   200,000

실무시험

큰산상사(코드번호:4513)는 금속제품을 판매하는 개인기업이다. 당기(제11기) 회계기간은 2025.1.1.~ 2025.12.31.이다. 전산세무회계 수험용 프로그램을 이용하여 다음 물음에 답하시오.

| 기본전제 |

문제에서 한국채택국제회계기준을 적용하도록 하는 전제조건이 없는 경우, 일반기업회계기준을 적용하여 회계처리 한다.

1 다음은 큰산상사의 사업자등록증이다. 회사등록 메뉴에 입력된 내용을 검토하여 누락분은 추가입력하고 잘못된 부분은 정정하시오(주소 입력 시 우편번호는 입력하지 않아도 무방함). (6점)

사업자등록증

(일반과세자)

등록번호 130-47-50505

상　호　명 : 큰산상사
대 표 자 명 : 이시진
개 업 연 월 일 : 2015. 5. 1.
사 업 장 소 재 지 : 경기도 부천시 경인옛로 111 (괴안동)
사업자의 종류 : 업태 도소매　종목 금속제품
교 부 사 유 : 신규

사업자 단위 과세 적용사업자 여부 : 여(　) 부(✔)
전자세금계산서 전용 전자우편주소 :

2015년 5월 1일

남부천세무서장

2 다음은 큰산상사의 전기분 손익계산서이다. 입력되어 있는 자료를 검토하여 오류 부분은 정정하고 누락된 부분은 추가 입력하시오. (6점)

손 익 계 산 서

회사명 : 큰산상사   제10기 2024.1.1.~2024.12.31.   (단위 : 원)

과 목	금 액	과 목	금 액
Ⅰ 매 출 액	300,000,000	Ⅴ 영 업 이 익	44,200,000
상 품 매 출	300,000,000	Ⅵ 영 업 외 수 익	5,800,000
Ⅱ 매 출 원 가	191,200,000	이 자 수 익	2,200,000
상 품 매 출 원 가	191,200,000	임 대 료	3,600,000
기 초 상 품 재 고 액	13,000,000	Ⅶ 영 업 외 비 용	7,500,000
당 기 상 품 매 입 액	180,000,000	이 자 비 용	4,500,000
기 말 상 품 재 고 액	1,800,000	기 부 금	3,000,000
Ⅲ 매 출 총 이 익	108,800,000	Ⅷ 소득세차감전순이익	42,500,000
Ⅳ 판 매 비 와 관 리 비	64,600,000	Ⅸ 소 득 세 등	0
급 여	34,300,000	Ⅹ 당 기 순 이 익	42,500,000
복 리 후 생 비	5,700,000		
여 비 교 통 비	2,440,000		
임 차 료	12,000,000		
차 량 유 지 비	3,500,000		
소 모 품 비	3,400,000		
광 고 선 전 비	3,260,000		

3 다음 자료를 이용하여 입력하시오. (6점)

[1] 큰산상사는 상품매출 시 상품을 퀵 서비스로 운반하는 횟수가 증가하고 있다. 이에 상품이 매출처에 도착한 후에 퀵 서비스 요금을 보통예금 계좌에서 이체하기로 하였다. 다음의 적요를 [824.운반비] 계정과목에 추가 등록하시오. (3점)

> 대체적요   4. 퀵 서비스 요금 보통예금 이체 지급

[2] 다음 자료를 이용하여 기초정보관리의 거래처등록 메뉴에서 신용카드를 추가로 등록하시오(주어진 자료 외의 다른 항목은 입력할 필요 없음). (3점)

> • 코드 : 99871   • 거래처명 : 믿음카드   • 유형 : 매입
> • 카드번호 : 1234-5678-9012-3452   • 카드종류(매입) : 3.사업용카드

4 다음 거래 자료를 일반전표입력 메뉴에 추가 입력하시오. (24점)

> **입력시 유의사항**
> - 적요의 입력은 생략한다.
> - 부가가치세는 고려하지 않는다.
> - 채권·채무와 관련된 거래처명은 반드시 기 등록되어 있는 거래처코드를 선택하는 방법으로 거래처명을 입력한다.
> - 회계처리시 계정과목은 등록되어 있는 계정과목 중 가장 적절한 과목으로 한다.

[1] 7월 2일   푸른상사에서 광고전단지를 제작하고, 제작대금 3,300,000원은 어음(만기일 2025.12.31.)을 발행하여 지급하다. (3점)

[2] 7월 26일 좌동철강으로부터 상품 10,000,000원(1,000개, 1개당 10,000원)을 구입하기로 계약하고, 계약금으로 상품 대금의 10%를 당좌수표를 발행하여 지급하다. (3점)

[3] 8월 23일 가수금 5,000,000원은 4월 1일 입금된 내용을 알 수 없었던 것으로 가수금 처리하였으나 거래처 승리상사로부터 회수한 외상 대금으로 판명되었다(가수금 거래처는 입력하지 않아도 무방함). (3점)

[4] 8월 28일 강서상사에 상품을 판매하고 발급한 거래명세표이다. 대금 중 10,000,000원은 당좌예금에 입금되었고 잔액은 외상으로 하다. (3점)

거래명세표(보관용)

권		호			
2025 년 8 월 28 일					

	강서상사	귀하
	아래와 같이 계산합니다.	

공급자	등록번호	130-47-50505		
	상호	큰산상사	성명	이시진 ㊞
	사업장소재지	경기도 부천시 경인옛로 111(괴안동)		
	업태	도소매	종목	금속제품

합계금액	이천오백만 원정 (₩ 25,000,000)

월일	품 목	규 격	수량	단 가	공 급 대 가
8/28	강철		100	250,000원	25,000,000원
	계				25,000,000원

전잔금	없음	합 계	25,000,000원		
입 금	10,000,000원	잔 금	15,000,000원	인수자	최영업 ㊞
비 고	당좌수표 수령, 잔금은 말일까지 입금 예정				

[5] 9월 10일 영업부의 우편물을 발송하고 등기우편비용(통신비) 5,000원을 현금 지급하였다. (3점)

[6] 9월 28일　나나상점에 상품 10개(1개당 650,000원)를 판매하고, 판매대금 중 1,000,000원은 현금으로 받고, 잔액은 동점 발행 약속어음으로 받다. (3점)

[7] 10월 28일　매출처의 신규 매장 개업식을 위하여 정원꽃집에서 화환을 주문하면서 대금은 현금으로 지급하고 아래와 같은 현금영수증을 수령하다. (3점)

현금영수증(지출증빙용) CASH RECEIPT	
사업자등록번호	201-90-45673
현금영수증가맹점명	정원꽃집
대표자	김정원
주소	인천 동구 송림동 31
전화번호	032-459-8751

품명	생화	승인번호	54897
거래일시	2025.10.28	취소일자	

단위	백만	천	원
금액 AMOUNT		1 5 0	0 0 0
부가세 V.A.T			
봉사료 TIPS			
합계 TOTAL		1 5 0	0 0 0

[8] 10월 31일　영업부 출장용 승용차의 자동차세 260,000원을 현금으로 납부하다. (3점)

5 일반전표입력 메뉴에 입력된 내용 중 다음과 같은 오류가 발견되었다. 입력된 내용을 확인하여 정정 또는 추가 입력하시오. (6점)

[1] 11월 2일　천둥상점에서 받은 약속어음 10,000,000원을 만기일 전에 거래은행인 우리은행에서 할인받아 보통예금 계좌에 입금된 거래를 회계처리하면서, 할인료 250,000원을 수수료비용으로 잘못 입력하였다(매각거래로 처리할 것). (3점)

[2] 12월 4일　단아상사에서 상품 1,650,000원을 구입하면서 대금은 소지하고 있던 달님전자 발행 당좌수표로 지급하였으나 당점의 당좌수표를 발행하여 지급한 것으로 잘못 회계처리하였다. (3점)

6 다음의 결산정리사항을 입력하여 결산을 완료하시오. (12점)

[1] 2025년 7월 1일에 1년치 주차장 임대료 4,800,000원을 일시에 수령하여 전액 선수수익으로 처리하였다(단, 월할 계산하고, 음수로 입력하지 말 것). (3점)

[2] 결산일 현재 인출금 계정을 자본금으로 대체하시오. (3점)

[3] 결산일 현재 본사 영업부에서 사용하지 않고 남은 소모품이 300,000원이 있다(구입 시 전액 비용으로 처리하였다). (3점)

[4] 당기분 영업부 비품에 대한 감가상각비는 560,000원이며, 영업용차량의 감가상각비는 310,000원이다. (3점)

7 다음 사항을 조회하여 답안을 이론문제 답안작성 메뉴에 입력하시오. (10점)

[1] 상반기(1월~6월)의 판매가능한 상품액은 얼마인가? (3점)

[2] 1월~5월 기업업무추진비 지출액 중 현금으로 지출한 금액은 얼마인가? (3점)

[3] 1월부터 6월까지의 판매비와관리비 중 건물관리비 지출액이 가장 많은 월의 금액과 가장 적은 월의 금액의 차액은 얼마인가? (4점)

ROUND 04 집중심화시험
Concentration Deepening Examiation

이론시험

다음 문제를 보고 알맞은 것을 골라 답안저장 메뉴화면에 입력하시오.(객관식 문항당 2점)

---- | 기본전제 | ----

문제에서 한국채택국제회계기준을 적용하도록 하는 전제조건이 없는 경우, 일반기업회계기준을 적용하여 회계처리 한다.

1. 유형자산에 대한 지출내역이다. 자본적 지출로 처리해야 할 금액의 합계는 얼마인가?

- 건물의 냉·난방설비 설치를 위한 지출 20,000,000원
- 회사 전체 복사기의 토너 교체를 위한 지출 1,000,000원
- 건물 외벽에 페인트를 칠하고 2,000,000원을 수선비로 처리
- 5년째 운행 중인 화물차의 엔진과 주요 부품을 교체하고 4,000,000원을 지출하다. (그 결과 내용연수가 4년 연장됨)

① 20,000,000원 ② 22,000,000원
③ 24,000,000원 ④ 25,000,000원

2. 다음은 기말자산과 기말부채의 일부분이다. 기말재무상태표에 표시될 계정과목과 금액이 틀린 것은?

- 외상매출금 : 400,000원 · 자기앞수표 : 300,000원 · 지급어음 : 150,000원
- 외상매입금 : 200,000원 · 받을어음 : 100,000원 · 당좌예금 : 50,000원

① 현금및현금성자산 300,000원 ② 매출채권 500,000원
③ 매입채무 350,000원 ④ 당좌자산 850,000원

3. 대한컴퓨터의 아래 거래를 분개 시 (가), (나)와 관련된 대변 계정과목으로 옳은 것은?

> 컴퓨터 (@700,000원) 10대 구입 (대금은 월말 지급)
> (가) 판매용 컴퓨터 9대   (나) 직원 업무용 컴퓨터 1대

① (가) 미지급금   (나) 미지급금
② (가) 미지급금   (나) 외상매입금
③ (가) 외상매입금 (나) 미지급금
④ (가) 외상매입금 (나) 외상매입금

4. 그림은 8월 중 갑상품에 대한 내용이다. 월말재고액을 선입선출법으로 계산한 금액으로 옳은 것은?

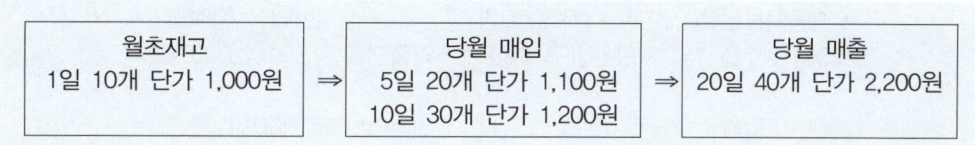

① 21,000원
② 22,000원
③ 23,000원
④ 24,000원

5. 다음 항목들과 관련하여 회계처리하는 경우 분개상 차변에 비용이 발생하는 경우가 아닌 것은?

> 가. 상품을 매입하고 매입대금 500,000원과 매입운임 30,000원을 현금지급하다
> 나. 은행 차입금에 대한 이자 10,000원이 현재 미지급상태이다.
> 다. 거래처 직원의 결혼축하금으로 현금 50,000원을 지급하다.
> 라. 상품운반용 트럭을 구입하면서 취득세 20,000원을 현금으로 지급하다.

① 가, 나
② 가, 다
③ 나, 라
④ 가, 라

6. 다음은 시산표에 대한 설명이다. 틀린 것은?

① 차변과 대변의 합계액이 일치한다면 계정기록의 오류가 전혀 없다는 것을 의미한다.
② 작성시기에 따라 수정전시산표와 수정후시산표로 구분된다.
③ 대차평균의 원리에 근거하여 분개장에서 원장으로의 전기의 정확성을 점검한다.
④ 시산표의 종류에는 잔액시산표, 합계시산표, 합계잔액시산표가 있다.

7. 다음 중 손익계산서 항목이 아닌 것은?

① 개발비 ② 연구비
③ 기업업무추진비 ④ 기부금

8. 주어진 자료에서 당기 말 현재(20x1.12.31.) 손익계산서에 계상될 감가상각비는 얼마인가?

> 1) 20x1년 1월 1일 차량운반구 취득
>   • 내용연수 : 5년 • 잔존가치 : 0원
>   • 취득금액 : 10,000,000원 • 취 득 세 : 200,000원
>   • 자동차보험료(1년분) : 600,000원 • 상각방법 : 정액법
> 2) 20x1년 7월 1일 차량운반구 수선비(수익적지출분) : 100,000원

① 2,000,000원 ② 2,040,000원
③ 2,160,000원 ④ 2,180,000원

9. 다음 중 기말 계정잔액의 표시가 잘못된 것은?

①
선 수 금 | 150,000원

②
가 수 금 | 120,000원

③ 미 수 금 | 300,000원

④ 예 수 금 | 500,000원

10. 아래의 내용에 대한 설명 중 옳은 것은?

> 1년을 기준으로 유동자산과 비유동자산 그리고 유동부채와 비유동부채로 구분된다.

① 투자자산, 유형자산, 무형자산, 기타비유동자산은 비유동자산에 속한다.
② 유동부채와 비유동부채는 유동성배열법의 원칙과 관계없이 작성한다.
③ 건물, 차량운반구, 비품, 기계장치 등은 유동자산에 속한다.
④ 매입채무, 선수금, 사채, 장기차입금 등은 유동부채이다.

11. 다음 중 영업외비용 및 영업외수익에 해당하는 계정과목끼리 올바르게 연결한 것은?

① 선급비용, 미수수익
② 이자비용, 선수수익
③ 미지급비용, 이자수익
④ 이자비용, 이자수익

12. 다음 중 감가상각 대상 자산에 해당하지 않는 것은?

① 비품
② 건물
③ 토지
④ 기계장치

13. 홍도상사는 기말 결산 시 미지급된 상여를 계상하지 않았다. 이 경우 미치는 영향은?

① 자산이 과대평가 된다.
② 부채가 과소평가 된다.
③ 당기순이익이 적어진다.
④ 자본이 감소한다.

14. 다음 자료에서 시언상회의 총비용은 얼마인가?

- 기초자본 : 8,000,000원
- 기말자본 : 16,000,000원
- 추가출자금 : 5,000,000원
- 총수익 : 6,000,000원

① 2,000,000원
② 2,500,000원
③ 3,000,000원
④ 4,000,000원

15. 다음의 자료를 토대로 기말 대손상각비로 계상할 금액은 얼마인가?

- 기초 매출채권에 대한 대손충당금 잔액은 200,000원이다.
- 3월 3일 거래처의 파산으로 매출채권 80,000원이 회수불능되었다.
- 기말 매출채권에 대한 대손충당금은 150,000원이다.
- 대손충당금은 보충법을 적용한다.

① 10,000원
② 20,000원
③ 30,000원
④ 40,000원

실무시험

우성상사(코드번호:4514)는 문구 및 잡화를 판매하는 개인기업이다. 당기(제15기) 회계기간은 2025.1.1.~2025.12.31.이다. 전산세무회계 수험용 프로그램을 이용하여 다음 물음에 답하시오.

― 기본전제 ―

문제에서 한국채택국제회계기준을 적용하도록 하는 전제조건이 없는 경우, 일반기업회계기준을 적용하여 회계처리 한다.

1 다음은 우성상사의 사업자등록증이다. 회사등록 메뉴에 입력된 내용을 검토하여 누락분은 추가입력하고 잘못된 부분은 정정하시오(주소 입력 시 우편번호는 입력하지 않아도 무방함). (6점)

사업자등록증

(일반과세자)

등록번호 210-21-98692

상　　　호　명 : 우성상사
대　표　자　명 : 손우성
개 업 연 월 일 : 2011. 3. 9.
사 업 장 소 재 지 : 충청남도 홍성군 홍북읍 청사로174번길 9
사업자의　종류 : 업태 도소매　　종목 문구 및 잡화
교　부　사　유 : 신규

사업자 단위 과세 적용사업자 여부 : 여( ) 부(✔)
전자세금계산서 전용 전자우편주소 :

2011년 3월 9일

홍성세무서장

2 다음은 우성상사의 전기분 재무상태표이다. 입력되어 있는 자료를 검토하여 오류 부분은 정정하고 누락된 부분은 추가 입력하시오. (6점)

재 무 상 태 표

회사명 : 우성상사 제14기 2024.12.31. 현재 (단위 : 원)

과 목	금	액	과 목	금	액
현 금		43,000,000	외 상 매 입 금		59,000,000
당 좌 예 금		30,000,000	지 급 어 음		100,000,000
보 통 예 금		25,000,000	단 기 차 입 금		80,000,000
외 상 매 출 금	40,000,000		자 본 금		171,800,000
대 손 충 당 금	400,000	39,600,000	(당기순이익 :		
받 을 어 음	80,000,000		10,800,000)		
대 손 충 당 금	800,000	79,200,000			
상 품		100,000,000			
차 량 운 반 구	60,000,000				
감가상각누계액	14,000,000	46,000,000			
비 품	50,000,000				
감가상각누계액	2,000,000	48,000,000			
자 산 총 계		410,800,000	부채와자본총계		410,800,000

3 다음 자료를 이용하여 입력하시오. (6점)

[1] 다음 자료를 이용하여 기초정보관리의 거래처등록 메뉴에서 거래처(신용카드)를 추가로 등록하시오(단, 주어진 자료 외의 다른 항목은 입력할 필요 없음). (3점)

- 거래처코드 : 99811
- 카드번호 : 1000-2000-3000-4000
- 거래처명 : 나라카드
- 카드종류 : 3.사업용카드
- 유형 : 매입

[2] 우성상사의 거래처별 초기이월 채권과 채무의 잔액은 다음과 같다. 입력된 자료를 검토하여 잘못된 부분은 삭제 또는 수정, 추가 입력하여 자료에 맞게 정정하시오(거래처코드를 사용할 것). (3점)

계정과목	거래처	잔액	계
외상매출금	유통상사	10,000,000원	40,000,000원
	브런치상사	20,000,000원	
	하이상사	10,000,000원	
외상매입금	순임상사	20,000,000원	59,000,000원
	㈜다온유통	39,000,000원	

4 다음의 거래 자료를 일반전표입력 메뉴를 이용하여 입력하시오. (24점)

> **입력시 유의사항**
> - 적요의 입력은 생략한다.
> - 부가가치세는 고려하지 않는다.
> - 채권·채무와 관련된 거래처명은 반드시 기 등록되어 있는 거래처코드를 선택하는 방법으로 거래처명을 입력한다.
> - 회계처리시 계정과목은 등록되어 있는 계정과목 중 가장 적절한 과목으로 한다.

[1] 7월 9일 영업부에서 사용할 차량 15,000,000원을 구입하고 당좌수표를 발행하여 지급하다. (3점)

[2] 8월 1일 영업부가 사용하는 본사 사무실의 관리비 300,000원을 보통예금에서 이체하였다. (3점)

[3] 8월 4일 본사의 주민세 사업소분 62,500원을 현금으로 납부하였다. (3점)

[4] 8월 12일 회사대표 손우성씨의 명함을 디자인명함에서 인쇄 제작하였다. 대금은 현금으로 지급하고, 현금영수증을 다음과 같이 수취하였다. (3점)

디자인명함

107-36-25785 박한준
서울특별시 영등포구 여의도동 44-3   TEL : 1566-5580
홈페이지 http://www.dhan.com

현금(지출증빙)

구매 2025/08/12/15:35   거래번호 : 20250812-010

상품명	수량	단가	금액
명함제작 202508121535010	1	20,000	20,000
		합 계	20,000
		받은금액	20,000

[5] 8월 18일 단기운용목적으로 ㈜우리의 발행주식 1,000주(1주당 액면금액 5,000원)을 1주당 6,000원에 취득하였다. 대금은 취득 시 발생한 별도의 수수료 130,000원을 포함하여 보통예금에서 지급하였다. (3점)

[6] 9월 3일   수원문구에 상품을 공급하기로 하고 7월 25일 체결한 계약에 따라 상품을 공급하면서 아래의 거래명세서를 발급하였다. 계약금을 제외한 나머지 대금은 외상으로 하다. (3점)

권		호		거래명세표(거래용)				
2025년 9월 3일			공급자	사업자등록번호	210-21-98692			
수원문구 귀하				상호	우성상사	성명	손우성	㊞
				사업장소재지	충청남도 홍성군 홍북읍 청사로174번길 9			
아래와 같이 계산합니다.				업태	도소매	종목	문구 및 잡화	
합계금액			오백만 원정 (₩		5,000,000		)	
월일	품 목		규 격	수 량	단 가	공 급 대 가		
9월 3일	문구			1,000개	5,000원	5,000,000원		
	계					5,000,000원		
전잔금	없음				합 계	5,000,000원		
입금	500,000원		잔 금	4,500,000원		인수자	정현용	㊞
비 고	입금 500,000원은 계약금으로, 7월 25일 공급대가의 10%를 현금으로 수령한 것임							

[7] 10월 18일   본사 영업부 사무실 건물의 유리창을 교체하고 수리비는 신용카드로 결제하였다. (3점)

```
           카드매출전표
카 드 종 류  : 현대카드
카 드 번 호  : 5856-4512-20**-9965
거 래 일 시  : 2025.10.18. 09:30:51
거 래 유 형  : 신용승인
금      액  : 150,000원
결 제 방 법  : 일시불
승 인 번 호  : 10005539
은 행 확 인  : 국민은행
         가맹점명 : 수리창호
          - 이 하 생 략 -
```

[8] 11월 24일   서울시에서 주관하는 나눔천사 기부릴레이에 참여하여 서대문구청에 현금 1,000,000원을 기부하다. (3점)

5 일반전표입력 메뉴에 입력된 내용 중 다음의 오류가 발견되었다. 입력된 내용을 검토하고 삭제, 수정 또는 추가 입력하여 올바르게 정정하시오. (6점)

> **입력시 유의사항**
> ☐ 적요의 입력은 생략한다.
> ☐ 부가가치세는 고려하지 않는다.
> ☐ 채권·채무와 관련된 거래는 별도의 요구가 없는 한 반드시 기등록된 거래처코드를 선택하는 방법으로 거래처명을 입력한다.
> ☐ 회계처리 시 계정과목은 별도의 제시가 없는 한 등록된 계정과목 중 가장 적절한 과목으로 한다.

[1] 9월 14일   영업부에서 사용하기 위한 업무용차량을 구입하면서 현금으로 지출한 취득세 130,000원을 세금과공과(판)으로 회계처리 하였다. (3점)

[2] 11월 21일   당사가 현금으로 지급한 축의금 100,000원은 매출거래처 직원이 아니라 당사 영업부 직원의 결혼축의금으로 판명되었다. (3점)

6 다음의 결산정리사항을 입력하여 결산을 완료하시오. (12점)

> **입력시 유의사항**
> ☐ 적요의 입력은 생략한다.
> ☐ 부가가치세는 고려하지 않는다.
> ☐ 채권·채무와 관련된 거래는 별도의 요구가 없는 한 반드시 기등록된 거래처코드를 선택하는 방법으로 거래처명을 입력한다.
> ☐ 회계처리 시 계정과목은 별도의 제시가 없는 한 등록된 계정과목 중 가장 적절한 과목으로 한다.

[1] 결산일 현재 송우상사의 단기대여금에 대하여 당기 기간경과분에 대한 이자 미수액 60,000원을 계상하다. (3점)

[2] 결산일 현재 기말 가지급금 계정 잔액 150,000원은 거래처 ㈜홍상사에 대한 외상매입금 지급액으로 확인되었다. (3점)

[3] 마이너스 통장인 행복은행의 보통예금 기말잔액이 -900,000원이다(기말잔액이 음수가 되지 않도록 적절한 계정으로 대체하되, 음수로 입력하지 말 것). (3점)

[4] 당기 기말상품 재고액은 7,000,000원이다. (3점)

7 다음 사항을 조회하여 알맞은 답안을 이론문제 답안작성 메뉴에 입력하시오. (10점)

[1] 2/4분기(4월~6월) 중 현금으로 지급한 수수료비용(판매비및관리비)는 얼마인가? (3점)

[2] 상반기(1월~6월) 중 복리후생비(판매비및관리비)를 가장 많이 지출한 달(月)의 금액과 가장 적게 지출한 달(月)의 금액 차이는 얼마인가? (단, 음수로 입력하지 말 것) (4점)

[3] 6월 말 현재 거래처 인천상사에 대한 선급금 잔액은 얼마인가? (3점)

ROUND 05 집중심화시험

이론시험

다음 문제를 보고 알맞은 것을 골라 이론문제 답안저장 메뉴화면에 입력하시오.(객관식 문항당 2점)

| 기본전제 |

문제에서 한국채택국제회계기준을 적용하도록 하는 전제조건이 없는 경우, 일반기업회계기준을 적용하여 회계처리 한다.

1 다음의 계정별원장 중 잔액의 표시가 옳은 것은?

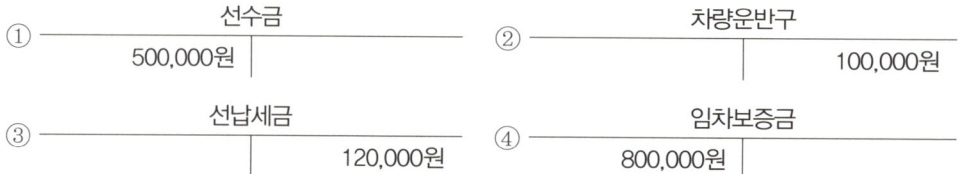

2 다음 중 영업손익에 영향을 미치지 않는 것은?

① 급여
② 기업업무추진비
③ 이자비용
④ 감가상각비

3 다음 재무제표의 종류 중 (A)에 해당하는 것으로 가장 옳은 것은?

(A)는/은 일정 기간 동안 기업의 경영성과에 대한 정보를 제공하는 재무보고서이다. (A)는/은 해당 회계기간의 경영성과를 나타낼 뿐만 아니라 기업의 미래현금흐름과 수익창출능력 등의 예측에 유용한 정보를 제공한다.

① 주석
② 손익계산서
③ 재무상태표
④ 자본변동표

4 다음 중 아래의 빈칸에 들어갈 내용으로 적합한 것은?

> 단기금융상품은 만기가 결산일로부터 (   )이내에 도래하는 금융상품으로서 현금성자산이 아닌 것을 말한다.

① 1개월 ② 3개월
③ 6개월 ④ 1년

5 다음과 같이 주어진 자료에서 당기의 외상매출금 현금회수액은 얼마인가?

- 외상매출금 기초잔액 : 2,000,000원
- 외상매출금 기말잔액 : 3,000,000원
- 당기에 발생한 외상매출액 : 5,000,000원
- 당기에 발생한 외상매출금의 조기회수에 따른 매출할인액 : 40,000원
- 외상매출금은 전액 현금으로 회수한다.

① 1,960,000원 ② 2,960,000원
③ 3,960,000원 ④ 4,960,000원

6 재고자산의 단가결정방법 중 후입선출법에 대한 설명으로 바르지 않은 것은?

① 실제 물량흐름과 원가흐름이 대체로 일치한다.
② 기말재고가 가장 오래 전에 매입한 상품의 단가로 계상된다.
③ 물가상승 시 이익이 과소계상된다.
④ 물가상승 시 기말재고가 과소평가된다.

7 다음 중 유형자산으로 인식되기 위한 조건을 충족한 자본적지출에 해당하지 않는 것은?

① 엘리베이터의 설치 ② 건물의 증축비용
③ 건물 피난시설 설치 ④ 건물 내부의 조명기구 교체

8 다음은 기계장치 처분과 관련된 자료이다. 해당 기계장치의 감가상각누계액은 얼마인가?

- 취득금액 : 680,000원
- 처분금액 : 770,000원
- 유형자산처분이익 : 450,000원

① 300,000원 ② 330,000원
③ 360,000원 ④ 390,000원

9 다음의 설명과 관련한 계정과목으로 옳은 것은?

> 현금의 입금 등이 발생하였으나, 처리할 계정과목이나 금액이 확정되지 않은 경우, 계정과목이나 금액이 확정될 때까지 일시적으로 처리하는 계정과목

① 받을어음 ② 선수금
③ 가지급금 ④ 가수금

10 다음 중 외상매입금 계정이 차변에 기입되는 거래는?

> a. 상품구입 대금을 한 달 후에 지급하기로 한 때
> b. 외상매입대금을 현금으로 지급했을 때
> c. 외상매입대금을 보통예금 계좌에서 지급했을 때
> d. 상품 매출에 대한 외상대금이 보통예금 계좌로 입금된 때

① a, b ② b, c
③ c, d ④ b, d

11 다음 설명에 해당하는 계정과목으로 옳은 것은?

> 주로 기업주가 개인적으로 소비하는 것을 말하며, 개인기업의 자본금 계정에 대한 평가계정으로 자본금 계정을 대신하여 사용되는 임시계정이다. 또한 기말 결산 시 자본금 계정에 대체 한다.

① 인출금 ② 예수금
③ 미지급비용 ④ 선수금

12 다음 지출내역 중 판매비와관리비에 해당하는 것을 모두 고른 것은?

> 가. 종업원 회식비용   ×××원
> 나. 차입금 지급이자   ×××원
> 다. 장애인단체 기부금   ×××원
> 라. 사무실 전화요금   ×××원

① 가, 나 ② 나, 다
③ 가, 라 ④ 나, 라

13 주어진 자료에서 당기손익으로 인식하는 금액은 얼마인가?

> 1. 2025년 1월 1일 기계장치 취득
>   • 취득가액 : 1,000,000원   • 잔존가액 : 0원   • 내용연수 : 5년
> 2. 이자수익 : 100,000원

① 손실 200,000원 ② 손실 100,000원
③ 이익 100,000원 ④ 이익 200,000원

14 다음과 같이 주어진 자료에서 당기 기말손익계산서에 계상되는 보험료는 얼마인가?

> • 당기 보험료 현금지급액 : 40,000원
> • 기말 재무상태표에 계상된 선급보험료 : 10,000원

① 10,000원 ② 30,000원
③ 40,000원 ④ 50,000원

15 다음 중 수익이 증가한 경우 재무제표에 미치는 영향으로 맞는 것은?

① 자산의 증가 또는 부채의 감소에 따라 자본의 증가
② 자산의 증가 또는 부채의 감소에 따라 자본의 감소
③ 자산의 감소 또는 부채의 증가에 따라 자본의 증가
④ 자산의 감소 또는 부채의 증가에 따라 자본의 감소

실무시험

유리상사(코드번호:4515)는 사무기기를 판매하는 개인기업이다. 당기(제16기)의 회계기간은 2025.1.1.~ 2025.12.31.이다. 전산세무회계 수험용 프로그램을 이용하여 다음 물음에 답하시오.

──────── | 기본전제 | ────────
문제에서 한국채택국제회계기준을 적용하도록 하는 전제조건이 없는 경우, 일반기업회계기준을 적용하여 회계처리 한다.

1 다음은 유리상사의 사업자등록증이다. 회사등록 메뉴에 입력된 내용을 검토하여 누락분은 추가입력하고 잘못된 부분은 정정하시오(주소입력 시 우편번호는 입력하지 않아도 무방함). (6점)

사업자등록증

(일반과세자)

등록번호 106-25-12340

상 호 명 : 유리상사
대 표 자 명 : 양안나
개 업 연 월 일 : 2010. 05. 09
사 업 장 소 재 지 : 광주광역시 남구 봉선중앙로123번길 1(주월동)
사업자의 종류 : 업태 도소매   종목 사무기기
교 부 사 유 : 신규

사업자 단위 과세 적용사업자 여부 : 여( ) 부(✔)
전자세금계산서 전용 전자우편주소 :

2010년 5월 9일

광주세무서장

2 다음은 유리상사의 전기분 재무상태표이다. 입력되어 있는 자료를 검토하여 오류 부분은 정정하고 누락된 부분은 추가 입력하시오. (6점)

재 무 상 태 표

회사명 : 유리상사   제15기 2024.12.31. 현재   (단위 : 원)

과 목	금	액	과 목	금액
현 금		50,000,000	외 상 매 입 금	23,200,000
당 좌 예 금		20,000,000	지 급 어 음	18,020,000
보 통 예 금		9,500,000	미 지 급 금	22,000,000
외 상 매 출 금	68,000,000		단 기 차 입 금	24,460,000
대 손 충 당 금	680,000	67,320,000	자 본 금	104,740,000
받 을 어 음	10,000,000			
대 손 충 당 금	100,000	9,900,000		
단 기 대 여 금		2,000,000		
미 수 금		1,000,000		
상 품		6,000,000		
차 량 운 반 구	35,000,000			
감가상각누계액	15,000,000	20,000,000		
비 품	7,000,000			
감가상각누계액	300,000	6,700,000		
자 산 총 계		192,420,000	부채와자본총계	192,420,000

3 다음 자료를 이용하여 입력하시오. (6점)

[1] 유리상사의 외상매출금과 외상매입금에 대한 거래처별 초기이월 잔액은 다음과 같다. 입력된 자료를 검토하여 잘못된 부분은 삭제 또는 수정, 추가 입력하여 주어진 자료에 맞게 정정하시오. (3점)

계정과목	거래처	잔액	합계
외상매출금	참푸른상사	15,000,000원	68,000,000원
	㈜오늘상회	53,000,000원	
외상매입금	해송상회	13,200,000원	23,200,000원
	㈜부일	10,000,000원	

[2] 다음 자료를 이용하여 기초정보관리의 거래처등록 메뉴에서 거래처를 추가로 등록하시오 (단, 주어진 자료 외의 다른 항목은 입력할 필요 없음). (3점)

- 거래처코드 : 01000
- 사업자등록번호 : 214-13-84536
- 거래처유형 : 매입
- 거래처명 : 잘먹고잘살자
- 대표자성명 : 김영석
- 업태/종목 : 서비스/한식

4 다음의 거래 자료를 일반전표입력 메뉴를 이용하여 입력하시오. (24점)

> **입력시 유의사항**
> - 적요의 입력은 생략한다.
> - 부가가치세는 고려하지 않는다.
> - 채권·채무와 관련된 거래처명은 반드시 기 등록되어 있는 거래처코드를 선택하는 방법으로 거래처명을 입력한다.
> - 회계처리시 계정과목은 등록되어 있는 계정과목 중 가장 적절한 과목으로 한다.

[1] 7월 6일   영업부 직원들의 직무역량 강화 교육을 위한 학원 수강료 100,000원을 보통예금 계좌에서 이체하여 지급하다. (3점)

[2] 8월 2일   강남상사로부터 임차하여 영업점으로 사용하던 건물의 임대차 계약이 만료되어 보증금 100,000,000원을 보통예금 계좌로 돌려받았다(단, 보증금의 거래처를 기재할 것). (3점)

[3] 8월 29일 거래처의 신규 매장 개설을 축하하기 위하여 영업부에서 거래처 선물용 화분 300,000원을 구입하고 사업용 카드(비씨카드)로 결제하였다. (3점)

```
                        카드매출전표
상호 : 나이뻐화원          사업자번호 : 130-52-12349
대표자 : 임꺽정            전화번호 : 041-630-0000
─────────────────────────────────────────────
 [상품명]      [단가]      [수량]      [금액]
  화분       300,000원       1       300,000원
─────────────────────────────────────────────
                        합 계 액      300,000원
                        받 은 금 액    300,000원

신용카드전표(고객용)
카드번호 : 1111-2222-3333-4444
카 드 사 : 비씨카드
거래일시 : 2025.08.29. 10:30:51
거래유형 : 신용승인
승인금액 : 300,000원
결제방법 : 일시불
승인번호 : 9461464
           이용해주셔서 감사합니다.
    교환/환불은 영수증을 지참하여 일주일 이내 가능합니다.
```

[4] 9월 6일   희정은행의 정기예금에 가입하고, 보통예금 계좌에서 10,000,000원을 이체하였다. (3점)

[5] 9월 20일   부산상사로부터 상품 1,000,000원을 매입하고 대금 중 600,000원은 당좌수표를 발행하여 지급하고 나머지는 현금으로 지급하다. (3점)

[6] 9월 30일   9월 중 입사한 영업부 신입사원 김하나의 9월분 급여를 다음과 같이 보통예금으로 지급하다. (3점)

유리상사 2025년 9월 급여명세서			
이 름	김하나	지 급 일	2025.09.30.
기 본 급 여	750,000원	소 득 세	0원
직 책 수 당	0원	지 방 소 득 세	0원
상 여 금	0원	고 용 보 험	6,000원
특 별 수 당	0원	국 민 연 금	0원
자 가 운 전 보 조 금	0원	건 강 보 험	0원
교 육 지 원 수 당	0원	기 타 공 제	0원
급 여 계	750,000원	공 제 합 계	6,000원
귀하의 노고에 감사드립니다.		차 인 지 급 액	744,000원

[7] 10월 11일   사업장 건물의 피난시설 설치공사를 실시하고 공사대금 3,000,000원은 보통예금으로 지급하였다(피난시설 설치공사는 건물의 자본적지출로 처리할 것). (3점)

[8] 10월 13일   미림전자의 파산으로 인하여 미림전자에 대한 외상매출금 2,600,000원을 전액 대손 처리하기로 하다(대손 처리 시점의 외상매출금에 대한 대손충당금 잔액은 300,000원이다). (3점)

5 일반전표입력 메뉴에 입력된 내용 중 다음의 오류가 발견되었다. 입력된 내용을 검토하고 수정 또는 삭제, 추가 입력하여 올바르게 정정하시오. (6점)

> **입력시 유의사항**
> - 적요의 입력은 생략한다.
> - 부가가치세는 고려하지 않는다.
> - 채권·채무와 관련된 거래처명은 반드시 기 등록되어 있는 거래처코드를 선택하는 방법으로 거래처명을 입력한다.
> - 회계처리시 계정과목은 등록되어 있는 계정과목 중 가장 적절한 과목으로 한다.

[1] 7월 9일   인천시청에 기부한 현금 200,000원이 세금과공과(판)로 회계처리 되었음을 확인하였다. (3점)

[2] 10월 12일 거래처 영랑문구의 외상매출금 5,000,000원을 보통예금 계좌로 이체받은 것으로 회계처리를 하였으나 실제로는 영랑문구에 대한 단기대여금 5,000,000원이 회수된 것으로 확인되었다. (3점)

6 다음의 결산정리사항을 입력하여 결산을 완료하시오. (12점)

입력시 유의사항
- 적요의 입력은 생략한다.
- 부가가치세는 고려하지 않는다.
- 채권·채무와 관련된 거래처명은 반드시 기 등록되어 있는 거래처코드를 선택하는 방법으로 거래처명을 입력한다.
- 회계처리시 계정과목은 등록되어 있는 계정과목 중 가장 적절한 과목으로 한다.

[1] 결산일 현재까지 현금과부족 계정으로 처리한 현금부족액 100,000원에 대한 원인이 밝혀지지 않았다. (3점)

[2] 기말 현재 가수금 계정의 잔액 500,000원은 차기 매출과 관련하여 거래처 인천상사로부터 수령한 계약금으로 확인되었다(계약금은 선수금으로 처리할 것). (3점)

[3] 농협은행으로부터 연 이자율 6%로 10,000,000원을 12개월간 차입(차입기간: 2025.9.1.~2026.8.31.)하고, 이자는 12개월 후 차입금 상환 시점에 일시 지급하기로 하였다. 결산분개를 하시오(단, 이자는 월할 계산할 것). (3점)

[4] 2023년 1월 1일에 영업부에서 구매하였던 차량운반구의 당기분 감가상각비를 계상하다(취득원가 60,000,000원, 잔존가액 4,000,000원, 내용연수 8년, 정액법). (3점)

7 다음 사항을 조회하여 알맞은 답안을 이론문제 답안작성 메뉴에 입력하시오. (10점)

[1] 6월 30일 현재 가지급금 잔액은 얼마인가? (3점)

[2] 1월부터 6월까지의 기업업무추진비(판)를 가장 많이 지출한 달(月)과 가장 적게 지출한 달(月)의 차이 금액은 얼마인가? (단, 음수로 입력하지 말 것) (4점)

[3] 6월 말 현재 미지급금 잔액이 가장 많은 거래처의 상호와 미지급금 잔액은 얼마인가? (3점)

ROUND 06 집중심화시험

이론시험

다음 문제를 보고 알맞은 것을 골라 이론문제 답안저장 메뉴화면에 입력하시오.(객관식 문항당 2점)

│ 기본전제 │
문제에서 한국채택국제회계기준을 적용하도록 하는 전제조건이 없는 경우, 일반기업회계기준을 적용하여 회계처리 한다.

1 다음의 내용과 관련된 계정과목으로 적절한 것은?

> 기간 경과에 따라 발생하는 이자, 임대료 등의 당기 수익 중 미수액

① 외상매출금 ② 미수금
③ 선수금   ④ 미수수익

2 다음 중 기말재고자산을 과소평가하였을 때 나타나는 현상으로 옳은 것은?

	㉠	㉡
①	과소계상	과대계상
②	과소계상	과소계상
③	과대계상	과대계상
④	과대계상	과소계상

3 회사의 판매용 상품매입과 관련한 다음의 분개에서 ( ) 안에 들어갈 수 없는 계정과목은 무엇인가?

> (차) 상품   100,000원   (대) (   )   100,000원

① 현금   ② 보통예금
③ 미지급금   ④ 외상매입금

4 다음 중 회계상 거래에 해당하지 않는 것은?

① 화재로 인하여 창고에 보관하고 있던 상품 2,000,000원이 소실되었다.
② 영업사원 1명을 월 급여 2,000,000원으로 채용하기로 하였다.
③ 금고에 보관 중인 현금 2,000,000원을 도난당하였다.
④ 상품을 2,000,000원에 구입하고 대금은 월말에 지급하기로 하였다.

5 다음 중 분류가 잘못된 것은?

① 재고자산 : 제품
② 유형자산 : 토지
③ 무형자산 : 특허권
④ 비유동부채 : 단기차입금

6 다음 중 당좌예금 계정을 사용하는 거래는 무엇인가?

① 종업원의 급여를 보통예금 계좌에서 이체하여 지급하였다.
② 외상매출금을 현금으로 받아 즉시 당좌예금 계좌에 입금하였다.
③ 상품을 매출하고 대금은 거래처가 발행한 당좌수표로 받았다.
④ 상품을 매입하고 대금은 약속어음을 발행하여 지급하였다.

7 다음 중 단기매매증권에 대한 설명으로 옳지 않은 것은?

① 주로 단기간 내의 매매차익을 목적으로 하여 취득한 유가증권으로 매수 및 매도가 빈번하게 이루어지는 것을 말한다.
② 재무상태표상 단기투자자산으로 통합하여 표시할 수 있다.
③ 취득원가는 취득 시점의 공정가치로 인식하며, 매입수수료도 취득원가에 포함한다.
④ 결산일 현재 보유하고 있는 단기매매증권은 공정가치로 평가하고, 단기매매증권의 평가손익은 영업외손익으로 보고한다.

8 약속어음 수취 시 회계처리에 관한 아래의 설명에서 (   ) 안에 들어갈 적절한 계정과목은 무엇인가?

> 상품을 매출하고 대금 회수 시 전액을 약속어음으로 수취하면 차변에 (   ) 계정으로 회계처리한다.

① 지급어음
② 외상매출금
③ 미수금
④ 받을어음

9 감가상각방법 중 정액법과 관련한 설명으로 가장 적합한 것은?

① 자산의 예상 조업도 혹은 예상 생산량에 근거하여 감가상각액을 인식하는 방법이다.
② 초기에 감가상각비가 많이 계상되는 가속상각방법이다.
③ (취득원가 − 잔존가액)을 내용연수 동안에 매기 균등하게 배분하여 상각하는 방법이다.
④ 취득원가를 내용연수의 합계로 나눈 다음 내용연수의 역순을 곱하여 계산하는 방법이다.

10 다음 자료를 참고하여 ㈜혜성이 당기 중에 처분한 업무용 승용차량의 취득금액으로 옳은 것은?

• 처분금액	1,000,000원	• 감가상각누계액	1,800,000원
• 유형자산처분이익	100,000원		

① 2,500,000원　　　　　　　　　　② 2,600,000원
③ 2,700,000원　　　　　　　　　　④ 2,800,000원

11 다음의 자료 중 재무상태표의 자산에 포함되는 금액은 모두 얼마인가?

• 미지급금	7,000,000원	• 예수금	3,000,000원
• 선수금	2,000,000원	• 임차보증금	30,000,000원

① 10,000,000원　　　　　　　　　② 15,000,000원
③ 30,000,000원　　　　　　　　　④ 40,000,000원

12 다음 자료에서 기말자산은 얼마인가?

• 기초자산	500,000원	• 기초자본	300,000원	• 기초부채	200,000원
• 총수익	1,500,000원	• 총비용	1,000,000원	• 기말부채	600,000원

① 1,000,000원　　　　　　　　　　② 1,200,000원
③ 1,400,000원　　　　　　　　　　④ 1,600,000원

13 다음 자료의 ( ) 안에 들어갈 적절한 단어는 무엇인가?

( )이란 기업이 일시적으로 맡아서 나중에 지급하는 부채이다. 일반적 상거래 이외에서 발생하는 일시적인 것으로 유동부채에 속한다.

① 예수금 ② 선급비용
③ 선수금 ④ 가수금

14 다음의 자료에서 영업외비용에 해당하는 것을 모두 고른 것은?

| 가. 복리후생비 | 나. 이자비용 | 다. 기업업무추진비 | 라. 기부금 |

① 가, 마 ② 나, 다
③ 나, 라 ④ 다, 마

15 다음은 손익계산서의 일부이다. 매출총이익을 구하시오.

손 익 계 산 서
20x1년 1월 ~ 20x1년 12월

매출액	기초상품재고액	당기총매입액	기말상품재고액	매출총이익
130,000원	24,000원	108,000원	20,000원	?

① 18,000원 ② 20,000원
③ 22,000원 ④ 24,000원

실무시험

충정물산(코드번호:4516)은 전자제품을 판매하는 개인기업이다. 당기(제11기)의 회계기간은 2025.1.1.~2025.12.31.이다. 전산세무회계 수험용 프로그램을 이용하여 다음 물음에 답하시오.

---| 기본전제 |---

- 문제에서 한국채택국제회계기준을 적용하도록 하는 전제조건이 없는 경우, 일반기업회계기준을 적용하여 회계처리 한다.
- 문제의 풀이와 답안작성은 제시된 문제의 순서대로 진행한다.

1 다음은 충정물산의 사업자등록증이다. 회사등록 메뉴에 입력된 내용을 검토하여 누락분은 추가입력하고 잘못된 부분은 정정하시오(주소입력 시 우편번호는 입력하지 않아도 무방함). (6점)

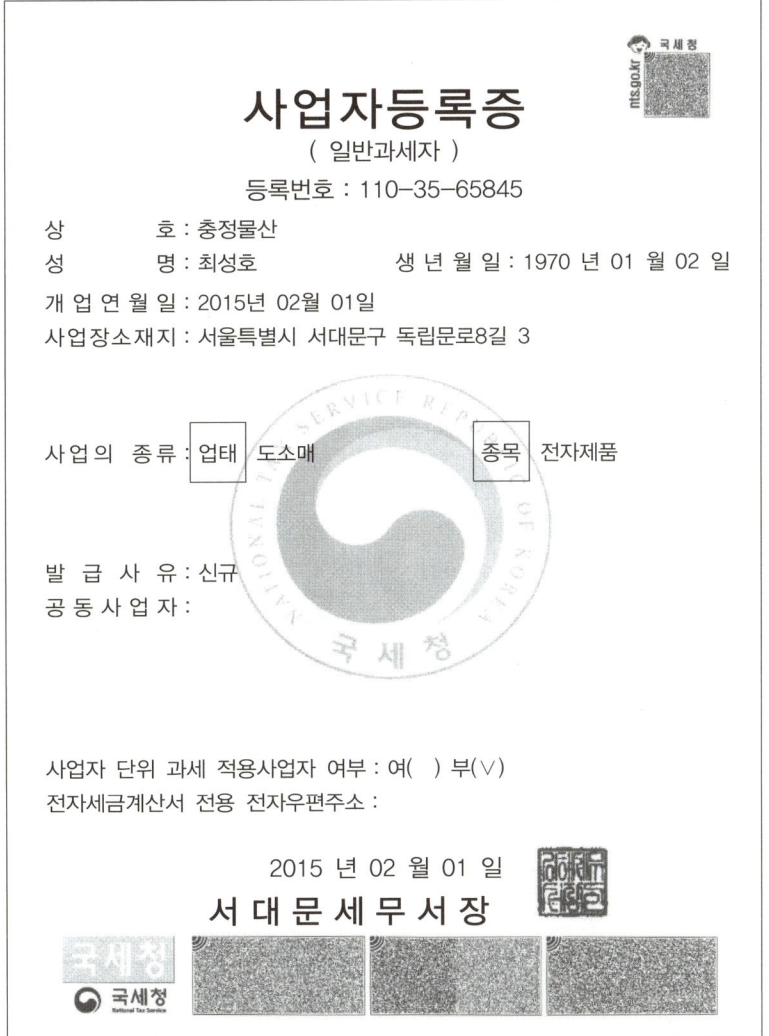

2 다음은 충정물산의 전기분 손익계산서이다. 입력되어 있는 자료를 검토하여 오류 부분은 정정하고 누락된 부분은 추가 입력하시오. (6점)

손 익 계 산 서

회사명 : 충정물산   제10기 2024.1.1. ~ 2024.12.31.   (단위 : 원)

과 목	금 액	과 목	금 액
Ⅰ 매 출 액	137,000,000	Ⅴ 영 업 이 익	12,200,000
상 품 매 출	137,000,000	Ⅵ 영 업 외 수 익	2,000,000
Ⅱ 매 출 원 가	107,000,000	이 자 수 익	500,000
상 품 매 출 원 가	107,000,000	잡 이 익	1,500,000
기 초 상 품 재 고 액	9,000,000	Ⅶ 영 업 외 비 용	50,000
당 기 상 품 매 입 액	115,000,000	잡 손 실	50,000
기 말 상 품 재 고 액	17,000,000	Ⅷ 소득세차감전순이익	
Ⅲ 매 출 총 이 익	30,000,000	Ⅸ 소 득 세 등	0
Ⅳ 판 매 비 와 관 리 비	17,800,000	Ⅹ 당 기 순 이 익	14,150,000
급 여	12,400,000		
복 리 후 생 비	1,400,000		
기 업 업 무 추 진 비	3,320,000		
감 가 상 각 비	170,000		
보 험 료	220,000		
차 량 유 지 비	100,000		
소 모 품 비	190,000		

3 다음 자료를 이용하여 입력하시오. (6점)

[1] 다음은 충정물산의 신규거래처이다. 거래처등록 메뉴에서 거래처를 추가로 등록하시오(주어진 자료 이외의 다른 항목은 입력할 필요 없음). (3점)

- 상호 : 영랑실업
- 대표자명 : 김화랑
- 업태 : 도소매
- 유형 : 매출
- 거래처코드 : 0330
- 사업자등록번호 : 227 - 32 - 25868
- 종목 : 전자제품
- 사업장 소재지 : 강원도 속초시 영랑로5길 3(영랑동)

※ 주소 입력 시 우편번호는 입력하지 않아도 무방함.

[2] 다음 자료를 이용하여 계정과목및적요등록 메뉴에서 판매비및일반관리비 항목의 복리후생비 계정에 적요를 추가로 등록하시오. (3점)

대체적요 3. 직원회식비 신용카드 결제

4 다음의 거래 자료를 일반전표입력 메뉴를 이용하여 입력하시오. (24점)

> **입력시 유의사항**
> - 적요의 입력은 생략한다.
> - 부가가치세는 고려하지 않는다.
> - 채권·채무와 관련된 거래처명은 반드시 기 등록되어 있는 거래처코드를 선택하는 방법으로 거래처명을 입력한다.
> - 회계처리시 계정과목은 등록되어 있는 계정과목 중 가장 적절한 과목으로 한다.

[1] 7월 21일 거래처 영우상회로부터 회수한 외상매출금 중 2,000,000원은 현금으로 수령하고, 나머지 8,000,000원은 보통예금 계좌로 입금되었다. (3점)

[2] 8월 5일 매장을 신축하기 위하여 토지를 20,000,000원에 취득하고 대금은 당좌수표를 발행하여 지급하였다. 토지 취득 시 취득세 400,000원은 현금으로 지급하였다. (3점)

[3] 8월 26일 영업부 직원들의 국민연금보험료 회사부담분 90,000원과 직원부담분 90,000원이 보통예금 계좌에서 지급하였다(단, 회사부담분은 세금과공과 계정을 사용하시오). (3점)

[4] 9월 8일 영업사원의 식사비를 서울식당에서 사업용 카드로 결제하였다. (3점)

카드매출전표	
카 드 종 류 :	우리카드
회 원 번 호 :	2245-1223-****-1534
거 래 일 시 :	2025.9.8. 12:53:54
거 래 유 형 :	신용승인
매 출 액 :	200,000원
합 계 액 :	200,000원
결 제 방 법 :	일시불
승 인 번 호 :	6354887765
은 행 확 인 :	우리은행
가 맹 점 명 :	서울식당
-이 하 생 략-	

[5] 9월 20일   거래처가 사용할 KF94 마스크를 100,000원에 현금 구입하고 현금영수증을 받았다. (3점)

서대문상회

110-36-62151   이중재
서울특별시 서대문구 충정로 44   TEL : 1566-4451
홈페이지 http://www.kacpta.or.kr

현금영수증(지출증빙용)

구매 2025/09/20/14:45   거래번호 : 20250920-0105

상품명	수량	단가	금액
KF94마스크	200	500	100,000원
202509200105	물 품 가 액		100,000원
	합 계		100,000원
	받 은 금 액		100,000원

[6] 10월 5일   선진상사로부터 사무실 비품 2,500,000원을 구입하고, 대금은 외상으로 하였다 (단, 부가가치세는 무시한다). (3점)

거래명세표(보관용)

권   호
2025 년 10 월 5 일
충정물산 귀하
아래와 같이 계산합니다.

공급자
사업자등록번호: 378-62-00158
상호: 선진상사   성명: 나사장
사업장소재지: 부산광역시 동래구 미남로 116번길 98, 1층
업태: 도소매   종목: 전자제품

합계금액: 이백오십만 원정 (₩ 2,500,000)

월일	품 목	규 격	수 량	단 가	공 급 대 가
10월 5일	전자제품 AF-1		1	2,500,000원	2,500,000원
	계				2,500,000원
전잔금	없음		합 계		2,500,000원
입 금		잔 금	2,500,000원	인수자	김길동
비 고					

[7] 11월 30일   ㈜한성과 사무실 임대차 계약을 하고, 즉시 보증금 50,000,000원을 보통예금 계좌에서 이체하여 지급하였다(단, 임대차계약 기간은 보증금 지급 즉시 시작한다). (3점)

[8] 12월 9일   대한은행으로부터 5,000,000원을 4개월간 차입하기로 하고, 선이자 125,000원을 제외한 잔액이 당사 보통예금 계좌에 입금되었다(선이자는 이자비용으로 회계처리하고, 하나의 전표로 입력할 것). (3점)

5 일반전표입력 메뉴에 입력된 내용 중 다음의 오류가 발견되었다. 입력된 내용을 검토하고 수정 또는 삭제, 추가 입력하여 올바르게 정정하시오. (6점)

> **입력시 유의사항**
> - 적요의 입력은 생략한다.
> - 부가가치세는 고려하지 않는다.
> - 채권·채무와 관련된 거래처명은 반드시 기 등록되어 있는 거래처코드를 선택하는 방법으로 거래처명을 입력한다.
> - 회계처리시 계정과목은 등록되어 있는 계정과목 중 가장 적절한 과목으로 한다.

[1] 10월 1일   보통예금 계좌에서 출금된 101,000원을 모두 순천상사에 대한 외상매입금 지급으로 처리하였으나, 이 중 1,000원은 계좌이체 수수료로 확인되었다. (3점)

[2] 11월 26일 거래처 순천상사로부터 보통예금 계좌에 입금된 400,000원을 가수금으로 처리하였으나 순천상사의 외상매출금 400,000원이 회수된 것이다. (3점)

6 다음의 결산정리사항을 입력하여 결산을 완료하시오. (12점)

> **입력시 유의사항**
> - 적요의 입력은 생략한다.
> - 부가가치세는 고려하지 않는다.
> - 채권·채무와 관련된 거래처명은 반드시 기 등록되어 있는 거래처코드를 선택하는 방법으로 거래처명을 입력한다.
> - 회계처리시 계정과목은 등록되어 있는 계정과목 중 가장 적절한 과목으로 한다.

[1] 5월 1일 영업부의 업무용 자동차 보험료(보험기간 : 2025.5.1.~2026.4.30.) 900,000원을 지급하고 전액 보험료로 비용처리 하였다. 기말수정분개를 하시오(단, 월할 계산하고 음수로 입력하지 말 것). (3점)

[2] 가지급금 잔액 44,000원은 영업부 직원의 시외교통비 지급액으로 판명되었다. (3점)

[3] 기말 현재 인출금 계정 잔액 500,000원을 자본금으로 정리하다. (3점)

[4] 영업부에서 사용할 소모품을 구입하고 비용으로 처리한 금액 중 기말 현재 미사용한 금액은 200,000원이다. (3점)

7 다음 사항을 조회하여 알맞은 답안을 이론문제 답안작성 메뉴에 입력하시오. (10점)

[1] 6월 30일 현재 유동부채는 얼마인가? (3점)

[2] 상반기 중 상품매출이 가장 많이 발생한 달(月)과 그 금액은 얼마인가? (4점)

[3] 4월 30일 거래처 오렌지유통의 외상매출금 잔액은 얼마인가? (3점)

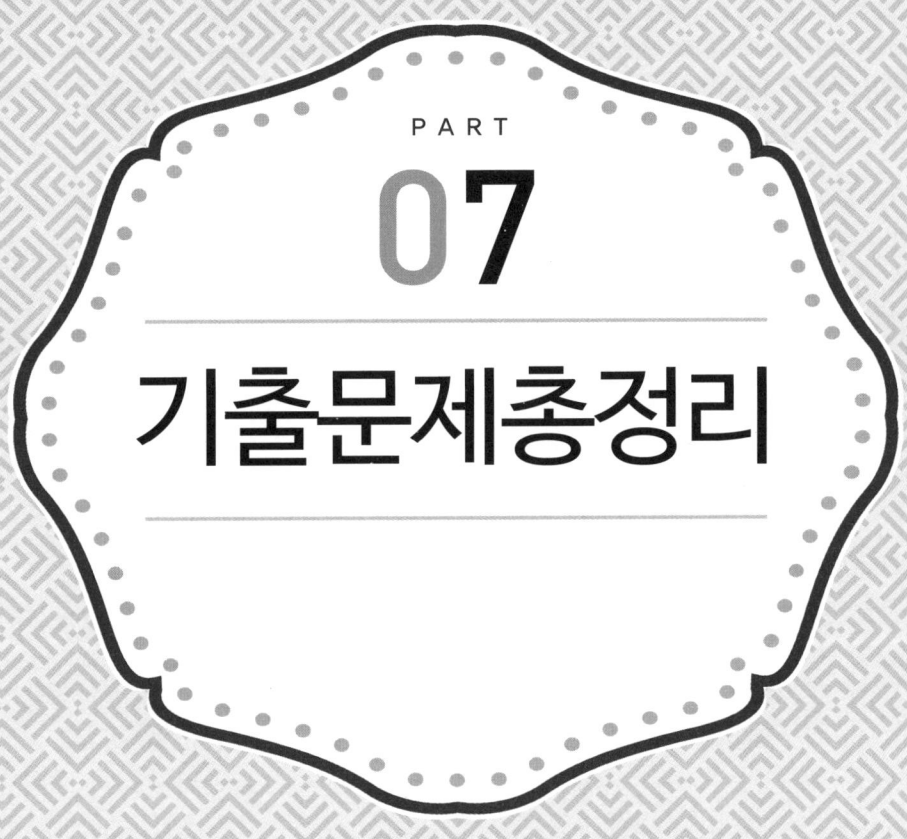

PART 07
기출문제총정리

제112회 기출문제총정리

이론시험

다음 문제를 보고 알맞은 것을 골라 이론문제 답안작성 메뉴에 입력하시오. (객관식 문항당 2점)

| 기본전제 |
문제에서 한국채택국제회계기준을 적용하도록 하는 전제조건이 없는 경우, 일반기업회계기준을 적용한다.

1 다음 중 손익계산서에 대한 설명으로 옳지 않은 것은?

① 재무제표의 종류에 속한다.
② 재산법을 이용하여 당기순손익을 산출한다.
③ 일정한 기간의 경영성과를 나타내는 보고서이다.
④ 손익계산서 등식은 '총비용＝총수익＋당기순손실' 또는 '총비용＋당기순이익＝총수익'이다.

2 다음의 자료를 통해 알 수 있는 외상매입금 당기 지급액은 얼마인가?

- 기초 외상매입금 60,000원
- 외상매입금 중 매입환출 30,000원
- 당기 외상매입액 300,000원
- 기말 외상매입금 120,000원

① 150,000원   ② 180,000원
③ 210,000원   ④ 360,000원

3 다음 중 영업이익에 영향을 미치지 않는 것은?

① 이자비용   ② 매출원가
③ 접대비   ④ 세금과공과

4 다음 중 결산 수정분개의 대상 항목 또는 유형으로 적합하지 않은 것은?

① 유형자산의 처분
② 수익과 비용의 이연과 예상
③ 현금과부족 계정 잔액의 정리
④ 매출채권에 대한 대손충당금 설정

5 다음 중 유형자산이 아닌 것은?

① 공장용 토지
② 영업부서용 차량
③ 상품보관용 창고
④ 본사 건물 임차보증금

6 다음 중 유동성이 가장 높은 자산을 고르시오.

① 재고자산
② 당좌자산
③ 유형자산
④ 기타비유동자산

7 다음 자료를 이용하여 단기매매증권처분손익을 계산하면 얼마인가?

• 매도금액 : 2,000,000원   • 장부금액 : 1,600,000원   • 처분 시 매각 수수료 : 100,000원

① (−)400,000원
② (−)300,000원
③ 300,000원
④ 400,000원

8 다음 중 재고자산에 해당하지 않는 것은?

① 원재료
② 판매 목적으로 보유 중인 부동산매매업자의 건물
③ 상품
④ 상품매입 계약을 체결하고 지급한 선급금

9 다음 중 대손충당금 설정 대상에 해당하는 계정과목으로 옳은 것은?

① 받을어음
② 지급어음
③ 미지급금
④ 선수금

10 다음 손익계정의 자료를 이용하여 매출총이익을 계산한 것으로 옳은 것은?

손익			
매 입	600,000	매 출	800,000

① 5,000원 ② 195,000원
③ 200,000원 ④ 795,000원

11 다음 중 일반기업회계준상 재무제표에 해당하는 것으로만 구성된 것은?

① 재무상태표, 손익계산서 ② 주기, 시산표
③ 손익계산서, 시산표 ④ 재무상태표, 총계정원장

12 다음은 기말 재무상태표상 계정별 잔액이다. 이 회사의 기말자본은 얼마인가?

· 현금	100,000원	· 선수금	300,000원	· 단기차입금	100,000원
· 상품	1,000,000원	· 외상매입금	200,000원		

① 300,000원 ② 500,000원
③ 800,000원 ④ 1,100,000원

13 다음 중 감가상각에 대한 설명으로 틀린 것은?

① 자산이 사용가능한 때부터 감가상각을 시작한다.
② 정액법은 내용연수 동안 매년 일정한 상각액을 인식하는 방법이다.
③ 자본적 지출액은 감가상각비를 계산하는 데 있어 고려 대상이 아니다.
④ 정률법으로 감가상각하는 경우 기말 장부가액은 우하향 그래프의 곡선 형태를 나타낸다.

14 다음 중 아래의 자료와 같은 결합관계가 나타날 수 있는 회계상 거래를 고르시오.

(차) 자산의 증가	(대) 수익의 발생

① 판매용 물품 300,000원을 외상으로 매입하였다.
② 전월에 발생한 외상매출금 100,000원을 현금으로 회수하였다.
③ 직원 가불금 300,000원을 보통예금 계좌에서 인출하여 지급하였다.
④ 당사의 보통예금에 대한 이자 300,000원이 해당 보통예금 계좌로 입금되었다.

15 다음 중 아래 계정별원장의 ( ) 안에 들어갈 계정과목으로 가장 적합한 것은?

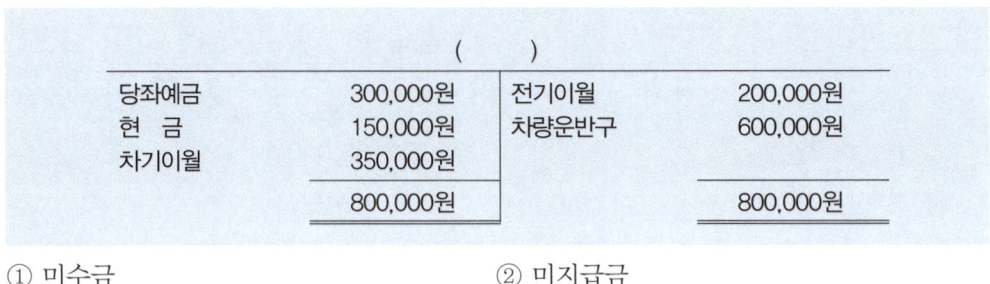

① 미수금　　　　　　　　　② 미지급금
③ 선급금　　　　　　　　　④ 외상매출금

• • • 실무시험

합격물산(코드번호:4521)은 문구 및 잡화를 판매하는 개인기업으로 당기(제14기) 회계기간은 2025.1.1.~ 2025.12.31.이다. 전산세무회계 수험용 프로그램을 이용하여 다음 물음에 답하시오.

| 기본전제 |

- 문제에서 한국채택국제회계기준을 적용하도록 하는 전제조건이 없는 경우, 일반기업회계기준을 적용하여 회계처리 한다.
- 문제의 풀이와 답안작성은 제시된 문제의 순서대로 진행한다.

---

1 다음은 합격물산의 사업자등록증이다. 회사등록 메뉴에 입력된 내용을 검토하여 누락분은 추가입력하고 잘못된 부분은 정정하시오(단, 우편번호 입력은 생략할 것). (6점)

사 업 자 등 록 증
(일반과세자)
등록번호 : 305-52-36547

상 호 : 합격물산
성 명 : 나합격   생년월일 : 1965 년 05 월 05 일
개 업 년 월 일 : 2012 년 03 월 14 일
사업장소재지 : 대전광역시 중구 대전천서로 7(옥계동)

사 업 의 종 류 업태 도소매   종목 문구 및 잡화

교 부 사 유 : 신규
공 동 사 업 자 :

사업자 단위 과세 적용사업자 여부 : 여( ) 부(∨)
전자세금계산서 전용 전자우편주소 :

2012 년 03 월 14 일
대 전 세 무 서 장

2 다음은 합격물산의 전기분 손익계산서이다. 입력되어 있는 자료를 검토하여 오류 부분은 정정하고 누락된 부분은 추가 입력하시오. (6점)

손 익 계 산 서

회사명 : 합격물산   제13기 2024.1.1. ~ 2024.12.31.   (단위 : 원)

과 목	금 액	과 목	금 액
Ⅰ 매 출 액	237,000,000	Ⅴ 영 업 이 익	47,430,000
상 품 매 출	237,000,000	Ⅵ 영 업 외 수 익	670,000
Ⅱ 매 출 원 가	153,000,000	이 자 수 익	600,000
상 품 매 출 원 가	153,000,000	잡 이 익	70,000
기 초 상 품 재 고 액	20,000,000	Ⅶ 영 업 외 비 용	17,000,000
당 기 상 품 매 입 액	150,000,000	기 부 금	5,000,000
기 말 상 품 재 고 액	17,000,000	유형자산처분손실	12,000,000
Ⅲ 매 출 총 이 익	84,000,000	Ⅷ 소득세차감전순이익	31,100,000
Ⅳ 판 매 비 와 관 리 비	36,570,000	Ⅸ 소 득 세 등	0
급 여	20,400,000	Ⅹ 당 기 순 이 익	31,100,000
복 리 후 생 비	3,900,000		
기업업무추진비	4,020,000		
통 신 비	370,000		
감 가 상 각 비	5,500,000		
임 차 료	500,000		
차 량 유 지 비	790,000		
소 모 품 비	1,090,000		

3 다음 자료를 이용하여 입력하시오. (6점)

[1] 합격물산의 거래처별 초기이월 자료는 다음과 같다. 주어진 자료를 검토하여 잘못된 부분은 오류를 정정하고, 누락된 부분은 추가하여 입력하시오. (3점)

계정과목	거래처명	금액
받을어음	아진상사	5,000,000원
외상매입금	대영상사	20,000,000원
예수금	대전세무서	300,000원

[2] 다음 자료를 이용하여 거래처등록 메뉴에서 거래처(신용카드)를 추가로 등록하시오(단, 주어진 자료 외의 다른 항목은 입력할 필요 없음). (3점)

- 거래처코드 : 99603
- 거래처명 : BC카드
- 유형 : 매입
- 카드번호 : 1234-5678-1001-2348
- 카드종류 : 사업용카드

4 일반전표입력 메뉴를 이용하여 다음의 거래 자료를 입력하시오. (24점)

> **입력시 유의사항**
> - 적요의 입력은 생략한다.
> - 부가가치세는 고려하지 않는다.
> - 채권·채무와 관련된 거래는 별도의 요구가 없는 한 반드시 기등록된 거래처코드를 선택하는 방법으로 거래처명을 입력한다.
> - 회계처리 시 계정과목은 별도의 제시가 없는 한 등록된 계정과목 중 가장 적절한 과목으로 한다.

[1] 08월 09일 ㈜모닝으로부터 상품 2,000,000원을 구매하는 계약을 하고, 상품 대금의 10%를 계약금으로 지급하는 약정에 따라 계약금 200,000원을 현금으로 지급하였다. (3점)

[2] 08월 20일 상품 운반용 중고 화물차를 7,000,000원에 구매하면서 전액 삼성카드로 결제하고, 취득세 300,000원은 보통예금 계좌에서 이체하였다. (3점)

[3] 09월 25일 영업사원 김예진의 9월 급여를 보통예금 계좌에서 이체하여 지급하였으며, 급여내역은 다음과 같다(단, 하나의 전표로 처리하되, 공제항목은 구분하지 않고 하나의 계정과목으로 처리할 것). (3점)

2025년 9월 급여내역

이름	김예진	지급일	2025년 9월 25일
기본급여	3,500,000원	소득세	150,000원
직책수당	200,000원	지방소득세	15,000원
상여금		고용보험	33,300원
특별수당		국민연금	166,500원
자가운전보조금		건강보험	131,160원
		장기요양보험료	16,800원
급여계	3,700,000원	공제합계	512,760원
노고에 감사드립니다.		지급총액	3,187,240원

[4] 10월 02일 민족 최대의 명절 추석을 맞이하여 영업부의 거래처와 당사의 영업사원들에게 보낼 선물 세트를 각각 2,000,000원과 1,000,000원에 구입하고 삼성카드로 결제하였다. (3점)

카드매출전표	
카드종류	신용/삼성카드
카드번호	1250-4121-2412-1114
거래일자	2025.10.02. 10:30:51
일시불/할부	일시불
승인번호	69117675
이용내역	
상품명	추석선물세트
단가	20,000원
수량	150개
결제금액	3,000,000원
가맹점정보	
가맹점명	하나로유통
사업자등록번호	130-52-12349
가맹점번호	163732104
대표자명	김현숙
전화번호	031-400-3240
위의 거래내역을 확인합니다.	
Samsung Card	

[5] 11월 17일 다음은 ㈜새로운에 상품을 판매하고 발급한 거래명세표이다. 대금 중 12,000,000원은 당좌예금 계좌로 입금되었고, 잔액은 ㈜새로운이 발행한 약속어음으로 받았다. (3점)

거 래 명 세 표

㈜새로운 귀하				등록번호			
				상 호	합격물산	대 표	나합격
발행일	2025.11.17.	거래번호	001	업 태	도소매업	종 목	문구 및 잡화
				주 소	대전광역시 중구 대전천서로 7(옥계동)		
				전 화	042-677-1234	팩 스	042-677-1235

NO.	품명	규격	수량	단가	금액	비고
1	A상품	5'	100	350,000	35,000,000	
총계					35,000,000	

결제계좌	은행명	계좌번호	예금주	담당자	전화	042-677-1234
	농협은행	123-456-789-10	나합격		이메일	allpass@nate.com

[6] 12월 01일 사업장 건물의 엘리베이터 설치 공사를 하고 공사대금 15,000,000원은 보통예금 계좌에서 지급하였다(단, 엘리베이터 설치 공사는 건물의 자본적 지출로 처리할 것). (3점)

[7] 12월 27일 세무법인으로부터 세무 컨설팅을 받고 수수료 300,000원을 현금으로 지급하였다. (3점)

[8] 12월 29일 현금 시재를 확인한 결과 실제 잔액이 장부상 잔액보다 30,000원 많은 것을 발견하였으나 그 원인이 파악되지 않았다. (3점)

5. 일반전표입력 메뉴에 입력된 내용 중 다음의 오류가 발견되었다. 입력된 내용을 검토하고 수정 또는 삭제, 추가 입력하여 올바르게 정정하시오. (6점)

> **입력시 유의사항**
> - 적요의 입력은 생략한다.
> - 부가가치세는 고려하지 않는다.
> - 채권·채무와 관련된 거래는 별도의 요구가 없는 한 반드시 기등록된 거래처코드를 선택하는 방법으로 거래처명을 입력한다.
> - 회계처리 시 계정과목은 별도의 제시가 없는 한 등록된 계정과목 중 가장 적절한 과목으로 한다.

[1] 07월 10일 거래처 하진상사로부터 보통예금 계좌로 입금된 200,000원에 대하여 외상매출금을 회수한 것으로 처리하였으나 당일에 체결한 매출 계약 건에 대한 계약금이 입금된 것이다. (3점)

[2] 11월 25일 세금과공과 200,000원으로 회계처리한 것은 회사 대표의 개인 소유 주택에 대한 재산세 200,000원을 회사 현금으로 납부한 것이다. (3점)

6 다음의 결산정리사항을 입력하여 결산을 완료하시오. (12점)

> **입력시 유의사항**
> - 적요의 입력은 생략한다.
> - 부가가치세는 고려하지 않는다.
> - 채권·채무와 관련된 거래는 별도의 요구가 없는 한 반드시 기등록된 거래처코드를 선택하는 방법으로 거래처명을 입력한다.
> - 회계처리 시 계정과목은 별도의 제시가 없는 한 등록된 계정과목 중 가장 적절한 과목으로 한다.

[1] 상품보관을 위하여 임차한 창고의 월(月)임차료는 500,000원으로 임대차계약 기간은 2025년 12월 1일부터 2026년 11월 30일까지이며, 매월 임차료는 다음 달 10일에 지급하기로 계약하였다. (3점)

[2] 당기 말 현재 단기대여금에 대한 당기분 이자 미수액은 300,000원이다. (3점)

[3] 결산일 현재 마이너스통장인 보통예금(기업은행) 계좌의 잔액이 (-)800,000원이다. (3점)

[4] 보유 중인 비품에 대한 당기분 감가상각비를 계상하다(취득일 2024년 1월 1일, 취득원가 55,000,000원, 잔존가액 0원, 내용연수 10년, 정액법 상각, 상각률 10%). (3점)

7 다음 사항을 조회하여 알맞은 답안을 이론문제 답안작성 메뉴에 입력하시오. (10점)

[1] 1월부터 5월까지 기간 중 현금의 지출이 가장 많은 달(月)은? (3점)

[2] 상반기(1월~6월) 중 현금으로 지급한 급여(판매비및일반관리비)액은 얼마인가? (3점)

[3] 6월 1일부터 6월 30일까지 외상매출금을 받을어음으로 회수한 금액은 얼마인가? (4점)

제 113 회 기출문제총정리

이론시험

다음 문제를 보고 알맞은 것을 골라 이론문제 답안작성 메뉴에 입력하시오. (객관식 문항당 2점)

| 기본전제 |
문제에서 한국채택국제회계기준을 적용하도록 하는 전제조건이 없는 경우, 일반기업회계기준을 적용한다.

1 다음의 거래 내용을 보고 결합관계를 적절하게 나타낸 것은?

> 전화요금 50,000원이 보통예금 계좌에서 자동이체되다.

	차변	대변
①	자산의 증가	자산의 감소
②	부채의 감소	수익의 발생
③	자본의 감소	부채의 증가
④	비용의 발생	자산의 감소

2 다음 중 총계정원장의 잔액이 항상 대변에 나타나는 계정과목은 무엇인가?

① 임대료수입 ② 보통예금
③ 수수료비용 ④ 외상매출금

3 다음 중 기말상품재고액 30,000원을 50,000원으로 잘못 회계처리한 경우 재무제표에 미치는 영향으로 옳은 것은?

① 재고자산이 과소 계상된다. ② 매출원가가 과소 계상된다.
③ 매출총이익이 과소 계상된다. ④ 당기순이익이 과소 계상된다.

4 다음 중 유동성배열법에 의하여 나열할 경우 재무상태표상 가장 위쪽(상단)에 표시되는 계정과목은 무엇인가?

① 영업권 ② 장기대여금
③ 단기대여금 ④ 영업활동에 사용하는 건물

5 다음 중 감가상각을 해야 하는 자산으로만 짝지은 것은 무엇인가?

① 건물, 토지 ② 차량운반구, 기계장치
③ 단기매매증권, 구축물 ④ 재고자산, 건설중인자산

6 회사의 재산 상태가 다음과 같은 경우 순자산(자본)은 얼마인가?

- 현 금   300,000원
- 선급금   200,000원
- 매입채무 100,000원
- 대여금   100,000원
- 재고자산 800,000원
- 사 채   300,000원

① 1,000,000원 ② 1,100,000원
③ 1,200,000원 ④ 1,600,000원

7 다음 중 일정 시점의 재무상태를 나타내는 재무보고서의 계정과목으로만 연결된 것은?

① 선급비용, 급여 ② 현금, 선급비용
③ 매출원가, 선수금 ④ 매출채권, 이자비용

8 다음 중 현금및현금성자산 계정과목으로 처리할 수 없는 것은?

① 보통예금 ② 우편환증서
③ 자기앞수표 ④ 우표

9 다음 자료에 의한 매출채권의 기말 대손충당금 잔액은 얼마인가?

- 기초 매출채권 : 500,000원
- 당기 매출액 : 2,000,000원 (판매시점에 전액 외상으로 판매함)
- 당기 중 회수한 매출채권 : 1,500,000원
- 기말 매출채권 잔액에 대하여 1%의 대손충당금을 설정하기로 한다.

① 0원 ② 5,000원
③ 10,000원 ④ 15,000원

10 다음 자료에서 부채의 합계액은 얼마인가?

- 직원에게 빌려준 금전 : 150,000원
- 선지급금 : 120,000원
- 선수금 : 70,000원
- 선급비용 : 50,000원
- 선수수익 : 30,000원

① 100,000원 ② 120,000원
③ 150,000원 ④ 180,000원

11 다음 자료는 회계의 순환과정의 일부이다. (가), (나), (다)의 순서로 옳은 것은?

거래 발생 → (가) → 전기 → 수정 전 시산표 작성 → (나) → 수정 후 시산표 작성 → (다) → 결산보고서 작성

	(가)	(나)	(다)
①	분개	각종 장부 마감	결산 정리 분개
②	분개	결산 정리 분개	각종 장부 마감
③	각종 장부 마감	분개	결산 정리 분개
④	결산 정리 분개	각종 장부 마감	분개

12 다음 중 재고자산의 취득원가를 구할 때 차감하는 계정과목이 아닌 것은?

① 매입할인 ② 매입환출
③ 매입에누리 ④ 매입부대비용

13 다음 중 영업외비용에 해당하지 않는 것은?

① 보험료 ② 기부금
③ 이자비용 ④ 유형자산처분손실

14 다음 재고자산의 단가결정방법 중 선입선출법에 대한 설명으로 적절하지 않은 것은?

① 물가상승 시 이익이 과대계상된다.
② 물량흐름과 원가흐름이 대체로 일치한다.
③ 물가상승 시 기말재고자산이 과소평가된다.
④ 기말재고자산이 현행원가에 가깝게 표시된다.

15 다음과 같이 사업에 사용할 토지를 무상으로 취득한 경우, 토지의 취득가액은 얼마인가?

- 무상으로 취득한 토지의 공정가치 : 1,000,000원
- 토지 취득 시 발생한 취득세 : 40,000원

① 0원 ② 40,000원
③ 1,000,000원 ④ 1,040,000원

실무시험

엔시상사(회사코드:4522)는 문구 및 잡화를 판매하는 개인기업으로 당기(제8기) 회계기간은 2025.1.1.~2025.12.31.이다. 전산세무회계 수험용 프로그램을 이용하여 다음 물음에 답하시오.

| 기본전제 |

- 문제에서 한국채택국제회계기준을 적용하도록 하는 전제조건이 없는 경우, 일반기업회계기준을 적용하여 회계처리 한다.
- 문제의 풀이와 답안작성은 제시된 문제의 순서대로 진행한다.

---

1 다음은 엔시상사의 사업자등록증이다. 회사등록 메뉴에 입력된 내용을 검토하여 누락분은 추가입력하고 잘못된 부분은 정정하시오(단, 우편번호 입력은 생략할 것). (6점)

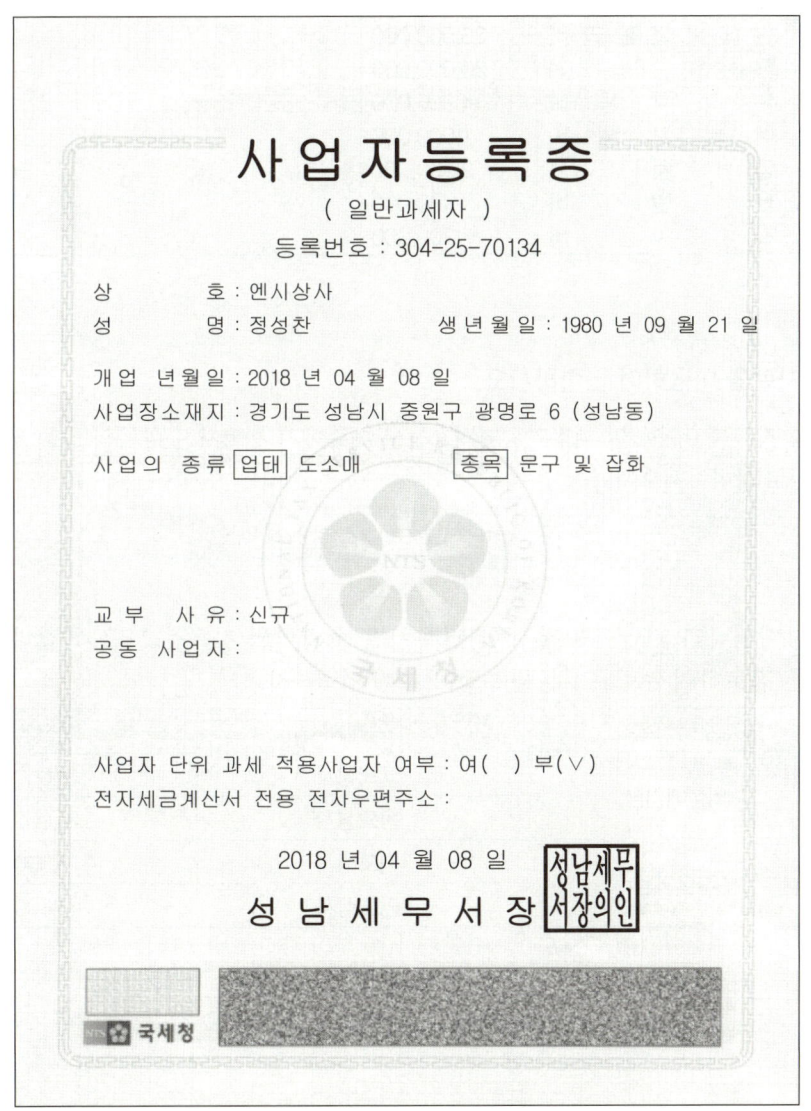

2 다음은 엔시상사의 전기분 손익계산서이다. 입력되어 있는 자료를 검토하여 오류 부분은 정정하고 누락된 부분은 추가 입력하시오. (6점)

손 익 계 산 서

회사명 : 엔시상사   제6기 2024.1.1.~2024.12.31.   (단위 : 원)

과 목	금 액	과 목	금 액
Ⅰ. 매 출 액	100,000,000	Ⅴ. 영 업 이 익	10,890,000
상 품 매 출	100,000,000	Ⅵ. 영 업 외 수 익	610,000
Ⅱ. 매 출 원 가	60,210,000	이 자 수 익	610,000
상 품 매 출 원 가	60,210,000	Ⅶ. 영 업 외 비 용	2,000,000
기 초 상 품 재 고 액	26,000,000	이 자 비 용	2,000,000
당 기 상 품 매 입 액	38,210,000	Ⅷ. 소득세차감전순이익	9,500,000
기 말 상 품 재 고 액	4,000,000	Ⅸ. 소 득 세 등	0
Ⅲ. 매 출 총 이 익	39,790,000	Ⅹ. 당 기 순 이 익	9,500,000
Ⅳ. 판 매 비 와 관 리 비	28,900,000		
급 여	20,000,000		
복 리 후 생 비	4,900,000		
여 비 교 통 비	1,000,000		
임 차 료	2,300,000		
운 반 비	400,000		
소 모 품 비	300,000		

3 다음 자료를 이용하여 입력하시오. (6점)

[1] 다음 자료를 이용하여 계정과목및적요등록 메뉴에서 재고자산 항목의 상품 계정에 적요를 추가로 등록하시오. (3점)

> 현금적요 3. 수출용 상품 매입

[2] 외상매입금과 지급어음에 대한 거래처별 초기이월 자료는 다음과 같다. 주어진 자료를 검토하여 누락된 부분을 수정 및 추가 입력하시오. (3점)

계정과목	거래처	잔액
외상매입금	엘리상사	3,000,000원
	동오상사	10,000,000원
지급어음	디오상사	3,500,000원
	망도상사	3,000,000원

4 일반전표입력 메뉴를 이용하여 다음의 거래 자료를 입력하시오. (24점)

> **입력시 유의사항**
> - 적요의 입력은 생략한다.
> - 부가가치세는 고려하지 않는다.
> - 채권·채무와 관련된 거래는 별도의 요구가 없는 한 반드시 기등록된 거래처코드를 선택하는 방법으로 거래처명을 입력한다.
> - 회계처리 시 계정과목은 별도의 제시가 없는 한 등록된 계정과목 중 가장 적절한 과목으로 한다.

[1] 08월 10일 매출거래처 수민상회에 대한 외상매출금을 현금으로 회수하고, 아래의 입금표를 발행하여 교부하였다. (3점)

입금표
(공급자 보관용)

작성일 : 2025년 08월 10일   지급일 : 2025년 08월 10일

공급자 (수령인)	상호	엔시상사	대표자명	정성찬
	사업자등록번호	304-25-70134		
	사업장소재지	경기도 성남시 중원구 광명로 6		
공급받는자 (지급인)	상호	수민상회	대표자명	이수민
	사업자등록번호	307-02-67153		
	사업장소재지	대구광역시 북구 칠성시장로7길 17-18		

금액	십	억	천	백	십	만	천	백	십	일
				2	4	0	0	0	0	0

(내용)
외상매출금 현금 입금

위 금액을 정히 영수합니다.

[2] 08월 24일 거래처 대표로부터 아래와 같은 모바일 청첩장을 받고, 축의금 200,000원을 현금으로 지급하였다. (3점)

[3] 09월 02일 영업부 직원의 고용보험료 220,000원을 보통예금 계좌에서 납부하였다. 납부한 금액 중 100,000원은 직원부담분이고, 나머지는 회사부담분으로 직원부담분은 직원의 8월 귀속 급여에서 공제한 상태이다(단, 하나의 전표로 처리하고 회사부담분은 복리후생비 계정으로 처리할 것). (3점)

[4] 09월 20일 유형자산인 토지에 대한 재산세 500,000원을 현금으로 납부하였다. (3점)

| 납세자보관용 | 2025년09월(토지분) | 재산세 도시지역분 지방교육세 | 고지서 |

전자납부번호
11500-1-12452-124234

구분	납기 내 금액	납기 후 금액
합계	500,000	515,000
납부기한	2025.09.30.까지	2025.10.31.까지

납세자	엔시상사
주소지	경기도 성남시 중원구 광명로 6
과세대상	경기도 성남시 중원구 성남동 1357

※이 영수증은 과세증명서로 사용 가능

위의 금액을 납부하시기 바랍니다.
2025년 9월 10일

[5] 09월 25일 상품 매입대금으로 가은상사에 발행하여 지급한 약속어음 3,500,000원의 만기가 도래하여 보통예금 계좌에서 이체하여 상환하다. (3점)

[6] 10월 05일 다음과 같이 상품을 판매하고 대금 중 4,000,000원은 자기앞수표로 받고 잔액은 외상으로 하였다. (3점)

5권		10호		거래명세표(보관용)			
2025년 10월 05일			공급자	사업자등록번호	304-25-70134		
				상호	엔시상사	성명	정성찬 ㉑
한능협 귀하				사업장소재지	경기도 성남시 중원구 광명로 6		
아래와 같이 계산합니다.				업태	도소매	종목	문구및잡화
합계금액	일천만			원정 (₩	10,000,000		)
월일	품목	규격	수량	단가		공급대가	
10/05	만년필		4	2,500,000원		10,000,000원	
	계					10,000,000원	
전잔금	없음		합 계			10,000,000원	
입 금	4,000,000원	잔 금	6,000,000원	인수자	강아영		㉑
비 고							

[7] 10월 20일 영업부 사무실의 10월분 수도요금 30,000원과 소모품비 100,000원을 삼성카드로 결제하였다. (3점)

[8] 11월 10일 정기예금 이자 100,000원이 발생하여 원천징수세액을 차감한 금액이 보통예금으로 입금되었으며, 다음과 같이 원천징수영수증을 받았다(단, 원천징수세액은 선납세금 계정을 이용하고 하나의 전표로 입력할 것). (3점)

※관리번호		이자소득 원천징수영수증		∨소득자 보관용 □발행자 보관용 □발행자 보고용			
징수의무자	법인명(상호)			농협은행			
소득자	성명(상호)		사업자등록번호		계좌번호		
	정성찬(엔시상사)		304-25-70134		904-480-511166		
	주소		경기도 성남시 중원구 광명로 6				
지급일	이자율	지급액 (소득금액)	세율	원천징수세액			
				소득세	지방소득세	계	
2025/11/10	1%	100,000원	14%	14,000원	1,400원	15,400원	

위의 원천징수세액(수입금액)을 정히 영수(지급)합니다.
2025년 11월 10일
징수(보고)의무자 농협은행

5 일반전표입력 메뉴에 입력된 내용 중 다음의 오류가 발견되었다. 입력된 내용을 검토하고 수정 또는 삭제, 추가 입력하여 올바르게 정정하시오. (6점)

> **입력시 유의사항**
> - 적요의 입력은 생략한다.
> - 부가가치세는 고려하지 않는다.
> - 채권·채무와 관련된 거래는 별도의 요구가 없는 한 반드시 기등록된 거래처코드를 선택하는 방법으로 거래처명을 입력한다.
> - 회계처리 시 계정과목은 별도의 제시가 없는 한 등록된 계정과목 중 가장 적절한 과목으로 한다.

[1] 08월 06일 보통예금 계좌에서 이체한 6,000,000원은 사업용카드 중 신한카드의 미지급금을 결제한 것으로 회계처리 하였으나 하나카드의 미지급금을 결제한 것으로 확인되었다. (3점)

[2] 10월 25일 구매부 직원의 10월분 급여 지급액에 대한 회계처리 시 공제 항목에 대한 회계처리를 하지 않고 급여액 총액을 보통예금 계좌에서 이체하여 지급한 것으로 잘못 회계처리 하였다(단, 하나의 전표로 처리하되, 공제 항목은 항목별로 구분하지 않는다). (3점)

2025년 10월분 급여명세서

사 원 명 : 박민정
입 사 일 : 2020.10.25.
부   서 : 구매부
직   급 : 대리

지급내역	지급액	공제내역	공제액
기 본 급 여	4,200,000원	국 민 연 금	189,000원
직 책 수 당	0원	건 강 보 험	146,790원
상 여 금	0원	고 용 보 험	37,800원
특 별 수 당	0원	소 득 세	237,660원
자 가 운 전 보 조 금	0원	지 방 소 득 세	23,760원
교 육 지 원 수 당	0원	기 타 공 제	0원
지 급 액 계	4,200,000원	공 제 액 계	635,010원
귀하의 노고에 감사드립니다.		차 인 지 급 액	3,564,990원

6 다음의 결산정리사항을 입력하여 결산을 완료하시오. (12점)

> **입력시 유의사항**
> - 적요의 입력은 생략한다.
> - 부가가치세는 고려하지 않는다.
> - 채권·채무와 관련된 거래는 별도의 요구가 없는 한 반드시 기등록된 거래처코드를 선택하는 방법으로 거래처명을 입력한다.
> - 회계처리 시 계정과목은 별도의 제시가 없는 한 등록된 계정과목 중 가장 적절한 과목으로 한다.

[1] 4월 1일에 영업부 사무실의 12개월분 임차료(임차기간 : 2025.4.1.~2026.3.31.) 24,000,000원을 보통예금 계좌에서 이체하여 지급하고 전액 자산계정인 선급비용으로 회계처리하였다. 기말수정분개를 하시오(단, 월할 계산할 것). (3점)

[2] 기말 외상매출금 중 미국 BRIZ사의 외상매출금 20,000,000원(미화 $20,000)이 포함되어 있다. 결산일 현재 기준환율은 1$당 1,100원이다. (3점)

[3] 기말 현재 현금과부족 중 15,000원은 판매 관련 등록면허세를 현금으로 납부한 것으로 밝혀졌다. (3점)

[4] 결산을 위하여 창고의 재고자산을 실사한 결과, 기말상품재고액은 4,500,000원이다. (3점)

7 다음 사항을 조회하여 알맞은 답안을 이론문제 답안작성 메뉴에 입력하시오. (10점)

[1] 상반기(1월~6월) 중 어룡상사에 대한 외상매입금 지급액은 얼마인가? (3점)

[2] 상반기(1월~6월) 동안 지출한 복리후생비(판) 금액은 모두 얼마인가? (3점)

[3] 6월 말 현재 유동자산과 유동부채의 차액은 얼마인가? (4점)

제114회 기출문제총정리

이론시험

다음 문제를 보고 알맞은 것을 골라 이론문제 답안작성 메뉴에 입력하시오. (객관식 문항당 2점)

───── | 기본전제 | ─────
문제에서 한국채택국제회계기준을 적용하도록 하는 전제조건이 없는 경우, 일반기업회계기준을 적용한다.

1 다음은 계정의 기록 방법에 대한 설명이다. 아래의 (가)와 (나)에 각각 들어갈 내용으로 옳게 짝지어진 것은?

- 부채의 감소는 (가)에 기록한다.
- 수익의 증가는 (나)에 기록한다.

	(가)	(나)		(가)	(나)
①	대변	대변	②	차변	차변
③	차변	대변	④	대변	차변

2 다음은 한국상점(회계기간 : 매년 1월 1일~12월 31일)의 현금 관련 자료이다. 아래의 (가)에 들어갈 계정과목으로 옳은 것은?

- 01월 30일 - 장부상 현금 잔액 400,000원
  - 실제 현금 잔액 500,000원
- 12월 31일 - 결산 시까지 현금과부족 계정 잔액의 원인이 밝혀지지 않음.

<table>
<tr><td colspan="4" align="center">현금과부족</td></tr>
<tr><td>7/1</td><td>이자수익
(가)</td><td>70,000원
30,000원</td><td>1/30 현 금　　100,000원</td></tr>
<tr><td></td><td></td><td>100,000원</td><td>　　　　　　　100,000원</td></tr>
</table>

① 잡손실　　　　　　　　② 잡이익
③ 현금과부족　　　　　　④ 현 금

3 다음 중 거래의 결과로 인식할 비용의 분류가 나머지와 다른 것은?

① 영업부 사원의 당월분 급여 2,000,000원을 현금으로 지급하다.
② 화재로 인하여 창고에 보관하던 상품 500,000원이 소실되다.
③ 영업부 사무실 건물에 대한 월세 200,000원을 현금으로 지급하다.
④ 종업원의 단합을 위해 체육대회행사비 50,000원을 현금으로 지급하다.

4 다음의 자료를 이용하여 계산한 당기 중 외상으로 매출한 금액(에누리하기 전의 금액)은 얼마인가?

- 외상매출금 기초잔액 : 400,000원
- 외상매출금 중 에누리액 : 100,000원
- 외상매출금 당기 회수액 : 600,000원
- 외상매출금 기말잔액 : 300,000원

① 300,000원 ② 400,000원
③ 500,000원 ④ 600,000원

5 다음 중 아래의 자료에서 설명하는 특징을 가진 재고자산의 단가 결정방법으로 옳은 것은?

- 실제 재고자산의 물량 흐름과 괴리가 발생하는 경우가 많다.
- 일반적으로 기말재고액이 과소 계상되는 특징이 있다.

① 개별법 ② 가중평균법
③ 선입선출법 ④ 후입선출법

6 다음은 한국제조가 당기 중 처분한 기계장치 관련 자료이다. 기계장치의 취득가액은 얼마인가?

- 유형자산처분이익 : 7,000,000원
- 처분가액 : 12,000,000원
- 감가상각누계액 : 5,000,000원

① 7,000,000원 ② 8,000,000원
③ 9,000,000원 ④ 10,000,000원

7 다음의 자료를 참고하여 기말자본을 구하시오.

> • 당기총수익 2,000,000원
> • 당기총비용 1,500,000원
> • 기초자산 1,700,000원
> • 기초자본 1,300,000원

① 1,200,000원 ② 1,500,000원
③ 1,800,000원 ④ 2,000,000원

8 다음 중 손익의 이연을 처리하기 위해 사용하는 계정과목을 모두 고른 것은?

> 가. 선급비용   나. 선수수익   다. 대손충당금   라. 잡손실

① 가, 나 ② 가, 다
③ 나, 다 ④ 다, 라

9 다음 중 재고자산의 종류에 해당하지 않는 것은?

① 상품 ② 재공품
③ 반제품 ④ 비품

10 다음 중 아래의 (가)와 (나)에 각각 들어갈 부채 항목의 계정과목으로 옳게 짝지어진 것은?

> • 현금 등 대가를 미리 받았으나 수익이 실현되는 시점이 차기 이후에 속하는 경우 (가)(으)로 처리한다.
> • 일반적인 상거래 외의 거래와 관련하여 발생한 현금 수령액 중 임시로 보관하였다가 곧 제3자에게 다시 지급해야 하는 경우 (나)(으)로 처리한다.

	(가)	(나)
①	선급금	예수금
②	선수수익	예수금
③	선수수익	미수수익
④	선급금	미수수익

11 다음 중 회계상 거래에 해당하는 것은?

① 직원 1명을 신규 채용하고 근로계약서를 작성했다.
② 매장 임차료를 종전 대비 5% 인상하기로 임대인과 구두 협의했다.
③ 제품 100개를 주문한 고객으로부터 제품 50개 추가 주문을 받았다.
④ 사업자금으로 차입한 대출금에 대한 1개월분 대출이자가 발생하였다.

12 다음 중 아래의 회계처리에 대한 설명으로 가장 적절한 것은?

(차) 현 금 10,000 원 (대) 외상매출금 10,000 원

① 상품을 판매하고 현금 10,000원을 수령하였다.
② 지난달에 판매한 상품이 환불되어 현금 10,000원을 환불하였다.
③ 지난달에 판매한 상품에 대한 대금 10,000원을 수령하였다.
④ 상품을 판매하고 대금 10,000원을 다음달에 받기로 하였다.

13 다음 중 일반기업회계기준에서 규정하고 있는 재무제표의 종류로 올바르지 않은 것은?

① 시산표　　　　　　　　② 손익계산서
③ 자본변동표　　　　　　④ 현금흐름표

14 ㈜서울은 직접 판매와 수탁자를 통한 위탁판매도 하고 있다. 기말 현재 재고자산의 현황이 아래와 같을 때, 기말 재고자산 가액은 얼마인가?

- ㈜서울의 창고에 보관 중인 재고자산 가액 : 500,000원
- 수탁자에게 위탁판매를 요청하여 수탁자 창고에 보관 중인 재고자산 가액 : 100,000원
- 수탁자의 당기 위탁판매 실적에 따라 ㈜서울에 청구한 위탁판매수수료 : 30,000원

① 400,000원　　　　　　② 470,000원
③ 570,000원　　　　　　④ 600,000원

15 다음 자료를 이용하여 당기 매출총이익을 구하시오.

- 기초 재고자산 : 200,000원
- 재고자산 당기 매입액 : 1,000,000원
- 기말 재고자산 : 300,000원
- 당기 매출액 : 2,000,000원
- 판매 사원에 대한 당기 급여 총지급액 : 400,000원

① 600,000원 ② 700,000원
③ 1,000,000원 ④ 1,100,000원

실무시험

두일상사(회사코드:4523)는 사무용가구를 판매하는 개인기업으로 당기(제12기) 회계기간은 2025.1.1.~2025.12.31.이다. 전산세무회계 수험용 프로그램을 이용하여 다음 물음에 답하시오.

| 기본전제 |

- 문제에서 한국채택국제회계기준을 적용하도록 하는 전제조건이 없는 경우, 일반기업회계기준을 적용하여 회계처리 한다.
- 문제의 풀이와 답안작성은 제시된 문제의 순서대로 진행한다.

---

1 다음은 두일상사의 사업자등록증이다. 회사등록 메뉴에 입력된 내용을 검토하여 누락분은 추가입력하고 잘못된 부분은 정정하시오(단, 우편번호 입력은 생략할 것). (6점)

2 다음은 두일상사의 전기분 재무상태표이다. 입력되어 있는 자료를 검토하여 오류 부분은 정정하고 누락된 부분은 추가 입력하시오. (6점)

재 무 상 태 표

회사명 : 두일상사　　　　제11기 2024.12.31. 현재　　　　(단위 : 원)

과목	금액		과목	금액
현　　　　　금		60,000,000	외 상 매 입 금	55,400,000
당 좌 예 금		45,000,000	지 급 어 음	90,000,000
보 통 예 금		53,000,000	미 지 급 금	78,500,000
외 상 매 출 금	90,000,000		단 기 차 입 금	45,000,000
대 손 충 당 금	900,000	89,100,000	장 기 차 입 금	116,350,000
받 을 어 음	65,000,000		자 본 금	156,950,000
대 손 충 당 금	650,000	64,350,000	(당기순이익 :	
단 기 대 여 금		50,000,000	46,600,000)	
상　　　　　품		3,000,000		
소 　모　 품		500,000		
토　　　　　지		100,000,000		
차 량 운 반 구	64,500,000			
감가상각누계액	10,750,000	53,750,000		
비　　　　　품	29,500,000			
감가상각누계액	6,000,000	23,500,000		
자 산 총 계		542,200,000	부채와자본총계	542,200,000

3 다음 자료를 이용하여 입력하시오. (6점)

[1] 다음의 자료를 이용하여 기초정보관리의 거래처등록 메뉴를 거래처(금융기관)를 추가로 등록하시오(단, 주어진 자료 외의 다른 항목은 입력할 필요 없음). (3점)

- 코드 : 98100
- 유형 : 정기적금
- 계좌개설은행 : 케이뱅크
- 거래처명 : 케이뱅크 적금
- 계좌번호 : 1234-5678-1234
- 계좌개설일 : 2025년 7월 1일

[2] 외상매출금과 단기차입금의 거래처별 초기이월 채권과 채무의 잔액은 다음과 같다. 입력된 자료를 검토하여 잘못된 부분은 수정 또는 삭제, 추가 입력하여 주어진 자료에 맞게 정정하시오. (3점)

계정과목	거래처명	잔액	계
외상매출금	태양마트	34,000,000원	90,000,000원
	㈜애옹전자	56,000,000원	
단기차입금	은산상사	20,000,000원	45,000,000원
	세연상사	22,000,000원	
	일류상사	3,000,000원	

4 일반전표입력 메뉴를 이용하여 다음의 거래 자료를 입력하시오. (24점)

입력시 유의사항
- 적요의 입력은 생략한다.
- 부가가치세는 고려하지 않는다.
- 채권·채무와 관련된 거래는 별도의 요구가 없는 한 반드시 기등록된 거래처코드를 선택하는 방법으로 거래처명을 입력한다.
- 회계처리 시 계정과목은 별도의 제시가 없는 한 등록된 계정과목 중 가장 적절한 과목으로 한다.

[1] 07월 03일 거래처 대전상사로부터 차입한 단기차입금 8,000,000원의 상환기일이 도래하여 당좌수표를 발행하여 상환하다. (3점)

[2] 07월 10일 관리부 직원들이 시내 출장용으로 사용하는 교통카드를 충전하고, 대금은 현금으로 지급하였다. (3점)

```
            Seoul Metro
              서울메트로
           [교통카드 충전영수증]

역  사  명 : 평촌역
장 비 번 호 : 163
카 드 번 호 : 5089-3466-5253-6694
결 제 방 식 : 현금
충 전 일 시 : 2025.07.10.
------------------------------------
충전전잔액 :            500원
충 전 금 액 :         50,000원
충전후잔액 :         50,500원
------------------------------------
대표자명      이춘덕
사업자번호    108-12-16395
주소          서울특별시 서초구 반포대로 21
```

[3] 08월 05일 능곡가구의 파산으로 인하여 외상매출금 5,000,000원이 회수할 수 없는 것으로 판명되어 대손처리하기로 하였다. 단, 8월 5일 현재 대손충당금 잔액은 900,000원이다. (3점)

[4] 08월 13일 사업용 부지로 사용하기 위한 토지를 매입하면서 발생한 부동산중개수수료를 현금으로 지급하고 아래의 현금영수증을 발급받았다. (3점)

유성부동산

305-42-23567
대전광역시 유성구 노은동로 104

김유성
TEL : 1577-0000

현금영수증(지출증빙용)

구매 2025/08/13　　　　거래번호 : 12341234-123

상품명	수량	단가	금액
중개수수료		1,000,000원	1,000,000원
공　급　대　가			1,000,000원
합　　　　계			1,000,000원
받　은　금　액			1,000,000원

[5] 09월 25일 임대인에게 800,000원(영업부 사무실 임차료 750,000원 및 건물관리비 50,000원)을 보통예금 계좌에서 이체하여 지급하였다(단, 하나의 전표로 입력할 것). (3점)

[6] 10월 24일 정풍상사에 판매하기 위한 상품의 상차작업을 위해 일용직 근로자를 고용하고 일당 100,000원을 현금으로 지급하였다. (3점)

[7] 11월 15일 아린상사에서 상품을 45,000,000원에 매입하기로 계약하고, 계약금은 당좌수표를 발행하여 지급하였다. 계약금은 매입 금액의 10%이다. (3점)

[8] 11월 23일 영업부에서 사용할 차량을 구입하고, 대금은 국민카드(신용카드)로 결제하였다. (3점)

신용카드매출전표
2025.11.23. 17:20:11

20,000,000원
정상승인 | 일시불

결제정보
카드　　　　　국민카드(7890-4321-1000-2949)
거래유형　　　　　　　　　　　　　신용승인
승인번호　　　　　　　　　　　　　75611061
이용구분　　　　　　　　　　　　　　일시불
은행확인　　　　　　　　　　　　KB국민은행

가맹점 정보
가맹점명　　　　　　　　　　　　　오지자동차
사업자등록번호　　　　　　　　203-71-61019
대표자명　　　　　　　　　　　　　　박미래

본 매출표는 신용카드 이용에 따른 증빙용으로 국민카드사에서 발급한 것임을 확인합니다.

5 일반전표입력 메뉴에 입력된 내용 중 다음의 오류가 발견되었다. 입력된 내용을 검토하고 수정 또는 삭제, 추가 입력하여 올바르게 정정하시오. (6점)

입력시 유의사항
- 적요의 입력은 생략한다.
- 부가가치세는 고려하지 않는다.
- 채권·채무와 관련된 거래는 별도의 요구가 없는 한 반드시 기등록된 거래처코드를 선택하는 방법으로 거래처명을 입력한다.
- 회계처리 시 계정과목은 별도의 제시가 없는 한 등록된 계정과목 중 가장 적절한 과목으로 한다.

[1] 08월 16일 보통예금 계좌에서 출금된 1,000,000원은 임차료(판)가 아닌 경의상사에 지급한 임차보증금으로 확인되었다. (3점)

[2] 09월 30일 사업용 토지에 부과된 재산세 300,000원을 보통예금 계좌에서 이체하여 납부하고, 이를 토지의 취득가액으로 회계처리한 것으로 확인되었다. (3점)

6 다음의 결산정리사항을 입력하여 결산을 완료하시오. (12점)

> **입력시 유의사항**
> - 적요의 입력은 생략한다.
> - 부가가치세는 고려하지 않는다.
> - 채권·채무와 관련된 거래는 별도의 요구가 없는 한 반드시 기등록된 거래처코드를 선택하는 방법으로 거래처명을 입력한다.
> - 회계처리 시 계정과목은 별도의 제시가 없는 한 등록된 계정과목 중 가장 적절한 과목으로 한다.

[1] 포스상사로부터 차입한 단기차입금에 대한 기간경과분 당기 발생 이자는 360,000원이다. 필요한 회계처리를 하시오. (3점)

[2] 기말 현재 가지급금 잔액 500,000원은 ㈜디자인가구의 외상매입금 지급액으로 판명되었다. (3점)

[3] 영업부의 당기 소모품 내역이 다음과 같다. 결산일에 필요한 회계처리를 하시오(단, 소모품 구입 시 전액 자산으로 처리하였다). (3점)

소모품 기초잔액	소모품 당기구입액	소모품 기말잔액
500,000원	200,000원	300,000원

[4] 매출채권(외상매출금 및 받을어음) 잔액에 대하여만 2%의 대손충당금을 보충법으로 설정하시오(단, 기타 채권에 대하여는 대손충당금을 설정하지 않는다). (3점)

7 다음 사항을 조회하여 알맞은 답안을 이론문제 답안작성 메뉴에 입력하시오. (10점)

[1] 4월 말 현재 지급어음 잔액은 얼마인가? (3점)

[2] 5월 1일부터 5월 31일까지 기간의 외상매출금 회수액은 모두 얼마인가? (3점)

[3] 상반기(1월~6월) 중 복리후생비(판)의 지출이 가장 적은 월(月)과 그 월(月)의 복리후생비(판) 금액은 얼마인가? (4점)

제115회 기출문제총정리

이론시험

다음 문제를 보고 알맞은 것을 골라 이론문제 답안작성 메뉴에 입력하시오. (객관식 문항당 2점)

| 기본전제 |
문제에서 한국채택국제회계기준을 적용하도록 하는 전제조건이 없는 경우, 일반기업회계기준을 적용한다.

1 다음 자료에 의하여 기말결산 시 재무상태표상에 현금및현금성자산으로 표시될 장부금액은 얼마인가?

- 서울은행에서 발행한 자기앞수표 30,000원
- 당좌개설보증금 50,000원
- 취득 당시 만기가 3개월 이내에 도래하는 금융상품 70,000원

① 50,000원 ② 80,000원
③ 100,000원 ④ 120,000원

2 다음 자료는 회계의 순환과정의 일부이다. (가), (나), (다)에 들어갈 순환과정의 순서로 옳은 것은?

거래 발생 → (가) → 전기 → 수정 전 시산표 작성 → (나) → 수정 후 시산표 작성 → (다) → 결산보고서 작성

	(가)	(나)	(다)
①	분개	각종 장부 마감	결산 정리 분개
②	분개	결산 정리 분개	각종 장부 마감
③	각종 장부 마감	분개	결산 정리 분개
④	결산 정리 분개	각종 장부 마감	분개

3 다음은 개인기업인 서울상점의 손익 계정이다. 이를 통해 알 수 있는 내용이 아닌 것은?

		손익			
12/31	상품매출원가	120,000원	12/31	상품매출	260,000원
	급여	40,000원		이자수익	10,000원
	보험료	30,000원			
	자본금	80,000원			
		270,000원			270,000원

① 당기분 보험료는 30,000원이다.
② 당기분 이자수익은 10,000원이다.
③ 당기의 매출총이익은 140,000원이다.
④ 당기의 기말 자본금은 80,000원이다.

4 다음 중 재무상태표의 계정과목으로만 짝지어진 것은?

① 미지급금, 미지급비용
② 외상매출금, 상품매출
③ 감가상각누계액, 감가상각비
④ 대손충당금, 대손상각비

5 다음 중 결산 시 차기이월로 계정을 마감하는 계정과목에 해당하는 것은?

① 이자수익
② 임차료
③ 통신비
④ 미수금

6 다음 중 일반적으로 유형자산의 취득원가에 포함시킬 수 없는 것은?

① 설치비
② 취득세
③ 취득 시 발생한 운송비
④ 보유 중에 발생한 수선유지비

7 다음 중 판매비와관리비에 해당하는 것을 모두 고른 것은?

가. 이자비용	나. 유형자산처분손실
다. 복리후생비	라. 소모품비

① 가, 나
② 가, 다
③ 나, 다
④ 다, 라

8 다음 중 계정의 잔액 표시가 올바른 것은?

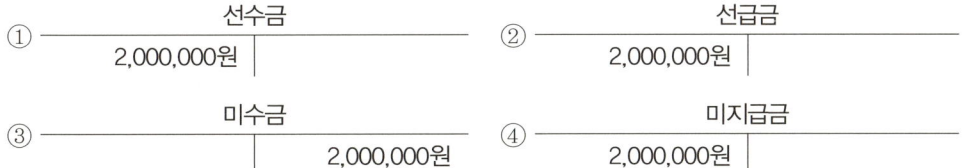

9 다음 중 일반기업회계기준상 재고자산의 평가 방법으로 인정되지 않는 것은?

① 개별법 ② 선입선출법
③ 가중평균법 ④ 연수합계법

10 상품 매출에 대한 계약을 하고 계약금 100,000원을 받아 아래와 같이 회계처리 할 때, 다음 빈칸에 들어갈 계정과목으로 가장 옳은 것은?

(차) 현 금 100,000원 (대) ( ) 100,000원

① 선수금 ② 선급금
③ 상품매출 ④ 외상매출금

11 다음은 재무제표의 종류에 대한 설명이다. 아래의 보기 중 (가), (나)에서 각각 설명하는 재무제표의 종류로 모두 옳은 것은?

- (가) : 일정 시점 현재 기업이 보유하고 있는 자산, 부채, 자본에 대한 정보를 제공하는 재무보고서
- (나) : 일정 기간 동안 기업의 경영성과에 대한 정보를 제공하는 재무보고서

	(가)	(나)
①	재무상태표	손익계산서
②	잔액시산표	손익계산서
③	재무상태표	현금흐름표
④	잔액시산표	현금흐름표

12 다음 중 원칙적으로 감가상각을 하지 않는 유형자산은?

① 기계장치　　　　　　　　　② 차량운반구
③ 건설중인자산　　　　　　　④ 건물

13 다음 자료를 이용하여 상품의 당기 순매입액을 계산하면 얼마인가?

- 당기에 상품 50,000원을 외상으로 매입하였다.
- 매입할인을 8,000원 받았다.

① 42,000원　　　　　　　　　② 47,000원
③ 50,000원　　　　　　　　　④ 52,000원

14 다음의 자료를 이용하여 기말자본을 계산하면 얼마인가?

- 기초자본 300,000원　　• 당기순이익 160,000원　　• 기말자본 (　?　)원

① 140,000원　　　　　　　　② 230,000원
③ 300,000원　　　　　　　　④ 460,000원

15 다음 중 수익과 비용에 대한 설명으로 옳지 않은 것은?

① 급여는 영업비용에 해당한다.
② 소득세는 영업외비용에 해당한다.
③ 유형자산의 감가상각비는 영업비용에 해당한다.
④ 이자수익은 영업외수익에 해당한다.

실무시험

슈리상사(회사코드:4524)는 신발을 판매하는 개인기업으로서 당기(제16기)의 회계기간은 2025.1.1.~2025.12.31.이다. 전산세무회계 수험용 프로그램을 이용하여 다음 물음에 답하시오.

기본전제

- 문제에서 한국채택국제회계기준을 적용하도록 하는 전제조건이 없는 경우, 일반기업회계기준을 적용하여 회계처리 한다.
- 문제의 풀이와 답안작성은 제시된 문제의 순서대로 진행한다.

---

1 다음은 슈리상사의 사업자등록증이다. 회사등록 메뉴에 입력된 내용을 검토하여 누락분은 추가입력하고 잘못된 부분은 정정하시오(단, 우편번호 입력은 생략할 것). (6점)

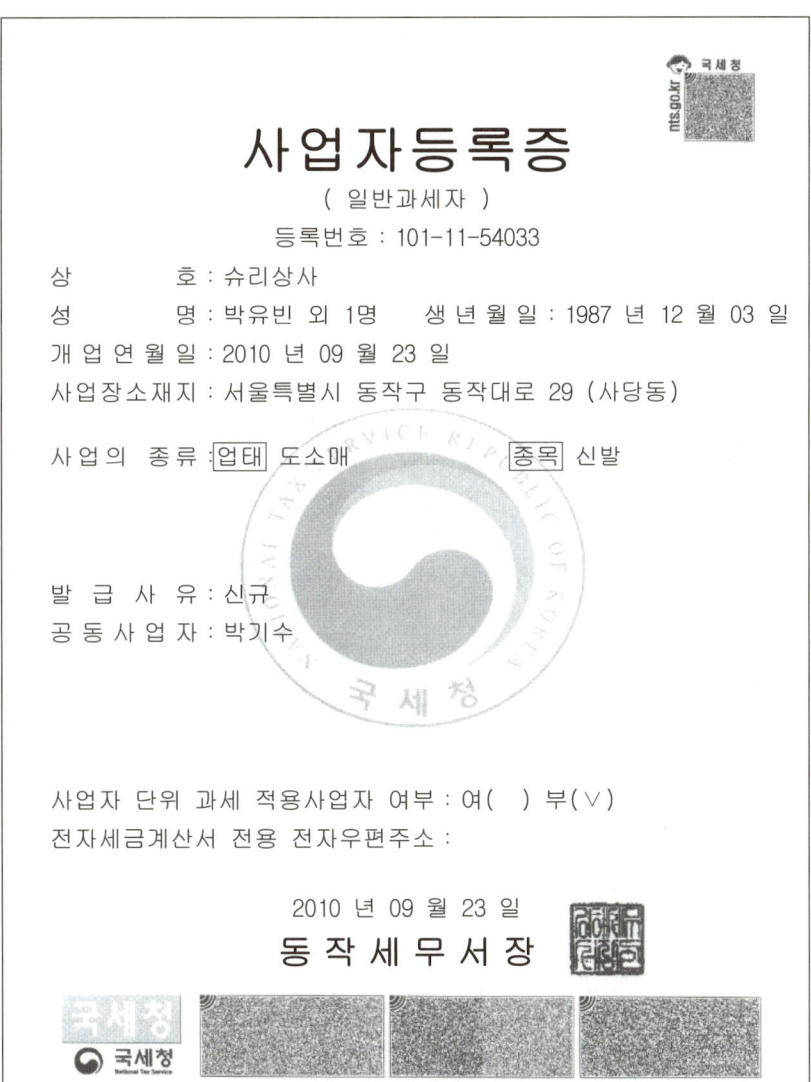

2 다음은 슈리상사의 전기분 손익계산서이다. 입력되어 있는 자료를 검토하여 오류 부분은 정정하고 누락된 부분은 추가 입력하시오. (6점)

손 익 계 산 서

회사명 : 슈리상사　　　　제15기 2024.1.1.~2024.12.31.　　　　(단위 : 원)

과　　　　목	금　　액	과　　　　목	금　　액
매　　　출　　　액	350,000,000	**영　업　이　익**	94,500,000
상　품　매　출	350,000,000	**영　업　외　수　익**	2,300,000
매　　　출　　　원　　　가	150,000,000	이　자　수　익	700,000
상　품　매　출　원　가	150,000,000	잡　　이　　익	1,600,000
기　초　상　품　재　고　액	10,000,000	**영　업　외　비　용**	6,800,000
당　기　상　품　매　입　액	190,000,000	이　자　비　용	6,500,000
기　말　상　품　재　고　액	50,000,000	잡　　손　　실	300,000
매　출　총　이　익	200,000,000	**소득세차감전순이익**	90,000,000
판　매　비　와　관　리　비	105,500,000	**소　득　세　등**	0
급　　　　　여	80,000,000	**당　기　순　이　익**	90,000,000
복　리　후　생　비	6,300,000		
여　비　교　통　비	2,400,000		
임　　　차　　　료	12,000,000		
수　　　선　　　비	1,200,000		
수　　수　　료　　비　　용	2,700,000		
광　　고　　선　　전　　비	900,000		

3 다음 자료를 이용하여 입력하시오. (6점)

[1] 계정과목및적요등록 메뉴에서 판매비와관리비의 상여금 계정에 다음 내용의 적요를 등록하시오. (3점)

현금적요 No.2 : 명절 특별 상여금 지급

[2] 슈리상사의 거래처별 초기이월 채권과 채무잔액은 다음과 같다. 자료에 맞게 추가입력이나 정정 및 삭제하시오. (3점)

계정과목	거래처명	잔액	계
외상매출금	희은상사	6,000,000원	34,800,000원
	폴로전자	15,800,000원	
	예진상회	13,000,000원	
지급어음	슬기상회	6,000,000원	17,000,000원
	효은유통	7,600,000원	
	주언상사	3,400,000원	

4 일반전표입력 메뉴를 이용하여 다음의 거래 자료를 입력하시오. (24점)

> **입력시 유의사항**
> - 적요의 입력은 생략한다.
> - 부가가치세는 고려하지 않는다.
> - 채권·채무와 관련된 거래는 별도의 요구가 없는 한 반드시 기등록된 거래처코드를 선택하는 방법으로 거래처명을 입력한다.
> - 회계처리 시 계정과목은 별도의 제시가 없는 한 등록된 계정과목 중 가장 적절한 과목으로 한다.

[1] 07월 29일 사무실에서 사용하는 노트북을 수리하고 대금은 국민카드로 결제하였다(단, 해당 지출은 수익적 지출에 해당함). (3점)

```
           카드매출전표

카드종류 : 국민카드
카드번호 : 1234-5678-11**-2222
거래일시 : 2025.07.29. 11:11:12
거래유형 : 신용승인
금    액 : 150,000원
결제방법 : 일시불
승인번호 : 12341234
은행확인 : 신한은행

가맹점명 : 규은전자
          - 이하생략 -
```

[2] 08월 18일 농협은행으로부터 차입한 금액에 대한 이자 900,000원을 보통예금 계좌에서 지급하였다. (3점)

[3] 08월 31일 당사에서 보관 중이던 섬미상사 발행 당좌수표로 넥사상사의 외상매입금 3,000,000원을 지급하였다. (3점)

[4] 09월 20일 청소년의 날을 맞아 소년소녀가장을 돕기 위해 현금 500,000원을 방송국에 기부하였다. (3점)

[5] 10월 15일 사무실로 이용 중인 동작빌딩 임대차계약을 아래와 같이 임차보증금만 인상하는 것으로 재계약하고, 인상된 임차보증금을 보통예금 계좌에서 이체하여 지급하였다. 종전 임대차계약의 임차보증금은 170,000,000원이며, 갱신 후 임대차계약서는 아래와 같다. (3점)

부동산 임대차(월세) 계약서

본 부동산에 대하여 임대인과 임차인 쌍방은 다음과 같이 합의하여 임대차(월세)계약을 체결한다.

1. 부동산의 표시

소재지	서울특별시 동작구 동작대로 29 (사당동)				
건물	구조	철근콘크리트	용도	사무실	면적	100㎡
임대부분	상동 소재지 전부				

2. 계약내용

제 1 조 위 부동산의 임대차계약에 있어 임차인은 보증금 및 차임을 아래와 같이 지불하기로 한다.

보증금	일금 일억팔천만 원정 (₩ 180,000,000)
차 임	일금 육십만 원정 (₩ 600,000)은 매월 말일에 지불한다.

제 2 조 임대인은 위 부동산을 임대차 목적대로 사용·수익할 수 있는 상태로 하여 2025년 10월 15일까지 임차인에게 인도하며, 임대차기간은 인도일로부터 24개월로 한다.
...중략...

임대인 : 동작빌딩 대표   이주인   (인)
임차인 : 슈리상사 대표 박유빈 외 1명   (인)

[6] 11월 04일 보유하고 있던 기계장치(취득원가 20,000,000원)를 광운상사에 10,000,000원에 매각하고 그 대금은 보통예금 계좌로 입금받았다(단, 11월 4일까지 해당 기계장치의 감가상각누계액은 10,000,000원이다). (3점)

[7] 12월 01일   영업부 출장용 자동차를 30,000,000원에 구입하면서 동시에 아래와 같이 취득세를 납부하였다. 차량운반구 구매액과 취득세는 모두 보통예금 계좌에서 지출하였다(단, 하나의 전표로 입력할 것). (3점)

대전광역시	차량취득세납부영수증			납부(납입)서		납세자보관용 영수증	
납세자	슈리상사						
주소	서울특별시 동작구 동작대로 29 (사당동)						
납세번호	기관번호 1234567		세목 10101501		납세년월기 202512	과세번호 0124751	
과세내역	차번	222머8888		년식	2025	과 세 표 준 액	
	목적	신규등록(일반등록)	특례		세율특례없음		30,000,000
	차명	에쿠스					
	차종	승용자동차		세율	70/1000		
세목	납 부 세 액		납부할 세액 합계			전용계좌로도 편리하게 납부!!	
취 득 세	2,100,000					우리은행	1620-441829-64-125
가산세	0		2,100,000원			신한은행	5563-04433-245814
지방교육세	0					하나은행	1317-865254-74125
농어촌특별세	0		신고납부기한			국민은행	44205-84-28179245
합계세액	2,100,000		2025. 12. 31. 까지			기업은행	5528-774145-58-247
지방세법 제6조~22조, 제30조의 규정에 의하여 위와 같이 신고하고 납부합니다.						■전용계좌 납부안내(뒷면참조)	
담당자			위의 금액을 영수합니다.				
한대교	납부장소 : 전국은행(한국은행제외) 우체국 농협					2025년 12월 01일	수납인

[8] 12월 10일   거래처 직원의 결혼식에 보내기 위한 축하 화환을 주문하고 대금은 현금으로 지급하면서 아래와 같은 현금영수증을 수령하였다. (3점)

현금영수증		
승인번호	구매자 발행번호	발행방법
G54782245	101-11-54033	지출증빙
신청구분	발행일자	취소일자
사업자번호	2025.12.10.	—
상품명		
축하3단화환		
구분	주문번호	상품주문번호
일반상품	2025121054897	2025121085414

판매자 정보

판매자상호	대표자명
스마일꽃집	김다림
사업자등록번호	판매자전화번호
201-91-41674	032-459-8751
판매자사업장주소	
인천시 계양구 방축로 106	

금액

공급가액		1	0	0	0	0	0
부가세액							
봉사료							
승인금액		1	0	0	0	0	0

5 일반전표입력 메뉴에 입력된 내용 중 다음의 오류가 발견되었다. 입력된 내용을 검토하고 수정 또는 삭제, 추가 입력하여 올바르게 정정하시오. (6점)

> **입력시 유의사항**
> ☐ 적요의 입력은 생략한다.
> ☐ 부가가치세는 고려하지 않는다.
> ☐ 채권·채무와 관련된 거래는 별도의 요구가 없는 한 반드시 기등록된 거래처코드를 선택하는 방법으로 거래처명을 입력한다.
> ☐ 회계처리 시 계정과목은 별도의 제시가 없는 한 등록된 계정과목 중 가장 적절한 과목으로 한다.

[1] 10월 25일 본사 건물의 외벽 방수 공사비 5,000,000원을 수익적 지출로 처리해야 하나, 자본적 지출로 잘못 처리하였다. (3점)

[2] 11월 10일 보통예금 계좌에서 신한은행으로 이체한 1,000,000원은 장기차입금을 상환한 것이 아니라 이자비용을 지급한 것이다. (3점)

6 다음의 결산정리사항을 입력하여 결산을 완료하시오. (12점)

> **입력시 유의사항**
> ☐ 적요의 입력은 생략한다.
> ☐ 부가가치세는 고려하지 않는다.
> ☐ 채권·채무와 관련된 거래는 별도의 요구가 없는 한 반드시 기등록된 거래처코드를 선택하는 방법으로 거래처명을 입력한다.
> ☐ 회계처리 시 계정과목은 별도의 제시가 없는 한 등록된 계정과목 중 가장 적절한 과목으로 한다.

[1] 결산일 현재 임대료(영업외수익) 미수분 300,000원을 결산정리분개 하였다. (3점)

[2] 단기투자목적으로 2개월 전에 ㈜자유로의 주식 100주를 주당 6,000원에 취득하였다. 기말 현재 이 주식의 공정가치는 주당 4,000원이다. (3점)

[3] 2025년 10월 1일에 영업부 출장용 차량의 보험료(보험기간 : 2025.10.01.~2026.09.30.) 600,000원을 현금으로 지급하면서 전액 보험료로 처리하였다. 기말수정분개를 하시오(단, 월할 계산할 것). (3점)

[4] 12월 31일 당기분 차량운반구에 대한 감가상각비 600,000원과 비품에 대한 감가상각비 500,000원을 계상하였다. (3점)

7 다음 사항을 조회하여 알맞은 답안을 이론문제 답안작성 메뉴에 입력하시오. (10점)

[1] 6월 30일 현재 당좌자산의 금액은 얼마인가? (3점)

[2] 상반기(1~6월) 중 광고선전비(판) 지출액이 가장 적은 달의 지출액은 얼마인가? (3점)

[3] 6월 말 현재 거래처 유화산업의 ①외상매출금과 ②받을어음의 잔액을 각각 순서대로 적으시오. (4점)

제116회 기출문제총정리

이론시험

다음 문제를 보고 알맞은 것을 골라 이론문제 답안작성 메뉴에 입력하시오. (객관식 문항당 2점)

| 기본전제 |
문제에서 한국채택국제회계기준을 적용하도록 하는 전제조건이 없는 경우, 일반기업회계기준을 적용한다.

1 다음 중 혼합거래에 해당하는 것으로 옳은 것은?

① 임대차 계약을 맺고, 당월 분 임대료 500,000원을 현금으로 받았다.
② 단기대여금 회수금액 300,000원과 그 이자 3,000원을 현금으로 받았다.
③ 단기차입금에 대한 이자 80,000원을 현금으로 지급하였다.
④ 상품 400,000원을 매입하고 대금 중 100,000원은 현금으로, 나머지 잔액은 외상으로 하였다.

2 다음 중 재고자산의 원가를 결정하는 방법에 해당하는 것은?

① 선입선출법   ② 정률법
③ 생산량비례법   ④ 정액법

3 다음 중 결산 재무상태표에 표시할 수 없는 계정과목은 무엇인가?

① 단기차입금   ② 인출금
③ 임차보증금   ④ 선급비용

4 다음의 자료를 바탕으로 유형자산 처분손익을 계산하면 얼마인가?

- 취득가액 : 10,000,000원
- 처분 시까지의 감가상각누계액 : 8,000,000원
- 처분가액 : 5,000,000원

① 처분이익 2,000,000원 ② 처분이익 3,000,000원
③ 처분손실 3,000,000원 ④ 처분손실 5,000,000원

5 개인기업인 신나라상사의 기초자본금이 200,000원일 때, 다음 자료를 통해 알 수 있는 당기순이익은 얼마인가?

- 기업 경영주의 소득세를 납부 : 50,000원
- 추가 출자금 : 40,000원
- 기말자본금 : 350,000원

① 150,000원 ② 160,000원
③ 210,000원 ④ 290,000원

6 다음 본오물산의 거래내역을 설명하는 계정과목으로 가장 바르게 짝지어진 것은?

(가) 공장 부지로 사용하기 위한 토지의 구입 시 발생한 취득세
(나) 본오물산 직원 급여 지급 시 발생한 소득세 원천징수액

	(가)	(나)
①	세금과공과	예수금
②	토 지	예수금
③	세금과공과	세금과공과
④	토 지	세금과공과

7 다음 중 판매비와관리비에 해당하지 않는 것은?

① 이자비용 ② 차량유지비
③ 통신비   ④ 기업업무추진비

8 다음 중 정상적인 영업 과정에서 판매를 목적으로 보유하는 재고자산에 대한 예시로 옳은 것은?

① 홍보 목적 전단지
② 접대 목적 선물세트
③ 제품과 상품
④ 기부 목적 쌀

9 다음은 자본적 지출과 수익적 지출의 예시이다. 각 빈칸에 들어갈 말로 바르게 짝지어진 것은?

- 태풍에 파손된 유리 창문을 교체한 것은 (㉠)적 지출
- 자동차 엔진오일의 교체는 (㉡)적 지출

① ㉠ 자본, ㉡ 수익
② ㉠ 자본, ㉡ 자본
③ ㉠ 수익, ㉡ 자본
④ ㉠ 수익, ㉡ 수익

10 다음과 같은 결합으로 이루어진 거래로 가장 옳은 것은?

(차) 부채의 감소   (대) 자산의 감소

① 외상매입금 4,000,000원을 보통예금 계좌에서 지급한다.
② 사무실의 전기요금 300,000원을 현금으로 지급한다.
③ 거래처 대표의 자녀 결혼으로 100,000원의 화환을 보낸다.
④ 사무실에서 사용하던 냉장고를 200,000원에 처분한다.

11 다음 중 계정과목의 분류가 다른 것은?

① 예수금
② 미지급비용
③ 선급비용
④ 선수금

12 기간 경과 분 이자수익이 당기에 입금되지 않았다. 기말 결산 시 해당 내용을 회계처리 하지 않았을 때 당기 재무제표에 미치는 영향으로 가장 옳은 것은?

① 자산의 과소계상
② 부채의 과대계상
③ 수익의 과대계상
④ 비용의 과소계상

13 다음의 자료를 이용하여 순매출액을 계산하면 얼마인가?

- 당기 상품 매출액 : 300,000원
- 상품매출과 관련된 부대비용 : 5,000원
- 상품매출 환입액 : 10,000원

① 290,000원 ② 295,000원
③ 305,000원 ④ 319,000원

14 다음의 내용이 설명하는 계정과목으로 올바른 것은?

기간이 경과되어 보험료, 이자, 임차료 등의 비용이 발생하였으나 약정된 지급일이 되지 않아 지급하지 아니한 금액에 사용하는 계정과목이다.

① 가지급금 ② 예수금
③ 미지급비용 ④ 선급금

15 다음의 자료를 바탕으로 현금및현금성자산의 금액을 계산하면 얼마인가?

- 보통예금 : 500,000원
- 당좌예금 : 700,000원
- 1년 만기 정기예금 : 1,000,000원
- 단기매매증권 : 500,000원

① 1,200,000원 ② 1,500,000원
③ 1,700,000원 ④ 2,200,000원

실무시험

하늘상사(회사코드:4525)는 유아용 의류를 판매하는 개인기업으로 당기(제10기)의 회계기간은 2025.1.1.~2025.12.31.이다. 전산세무회계 수험용 프로그램을 이용하여 다음 물음에 답하시오.

> **기본전제**
> - 문제에서 한국채택국제회계기준을 적용하도록 하는 전제조건이 없는 경우, 일반기업회계기준을 적용하여 회계처리 한다.
> - 문제의 풀이와 답안작성은 제시된 문제의 순서대로 진행한다.

1 다음은 하늘상사의 사업자등록증이다. 회사등록 메뉴에 입력된 내용을 검토하여 누락분은 추가 입력하고 잘못된 부분을 정정하시오(단, 주소 입력 시 우편번호는 입력하지 않아도 무방함). (6점)

사업자등록증
(일반과세자)

등록번호 : 628-26-01035

상　　　　호 : 하늘상사
성　　　　명 : 최은우　　　　생 년 월 일 : 1988 년 10 월 17 일
개 업 연 월 일 : 2016 년 03 월 01 일
사업장소재지 : 서울특별시 강남구 논현로 56 (개포동 1228-4)

사 업 의 종 류 : 업태 도소매　　　　종목 유아용 의류

발 급 사 유 : 신규
공 동 사 업 자 :

사업자 단위 과세 적용사업자 여부 : 여( ) 부(∨)
전자세금계산서 전용 전자우편주소 :

2022년 03 월 01 일
삼 성 세 무 서 장

2 다음은 하늘상사의 전기분 손익계산서이다. 입력되어 있는 자료를 검토하여 오류 부분은 정정하고 누락된 부분은 추가 입력하시오. (6점)

손 익 계 산 서

회사명 : 하늘상사   제9기 : 2024.1.1.~2024.12.31.   (단위 : 원)

과 목	금 액	과 목	금 액
Ⅰ 매 출 액	665,000,000	Ⅴ 영 업 이 익	129,500,000
상 품 매 출	665,000,000	Ⅵ 영 업 외 수 익	240,000
Ⅱ 매 출 원 가	475,000,000	이 자 수 익	210,000
상 품 매 출 원 가	475,000,000	잡 이 익	30,000
기 초 상 품 재 고 액	19,000,000	Ⅶ 영 업 외 비 용	3,000,000
당 기 상 품 매 입 액	472,000,000	기 부 금	3,000,000
기 말 상 품 재 고 액	16,000,000	Ⅷ 소득세차감전순이익	126,740,000
Ⅲ 매 출 총 이 익	190,000,000	Ⅸ 소 득 세 등	0
Ⅳ 판 매 비 와 관 리 비	60,500,000	Ⅹ 당 기 순 이 익	126,740,000
급 여	30,000,000		
복 리 후 생 비	2,500,000		
기 업 업 무 추 진 비	8,300,000		
통 신 비	420,000		
감 가 상 각 비	5,200,000		
임 차 료	12,000,000		
차 량 유 지 비	1,250,000		
소 모 품 비	830,000		

3 다음 자료를 이용하여 입력하시오. (6점)

[1] 다음의 신규 거래처를 거래처등록 메뉴에서 추가 입력하시오(단, 우편번호 입력은 생략함). (3점)

코드	거래처명	대표자명	사업자등록번호	유형	사업장소재지	업태	종목
00308	뉴발상사	최은비	113-09-67896	동시	서울 송파구 법원로11길 11	도매및소매업	신발 도매업

[2] 거래처별 초기이월의 올바른 채권과 채무 잔액은 다음과 같다. 거래처별초기이월 메뉴의 자료를 검토하여 오류가 있으면 올바르게 삭제 또는 수정, 추가 입력을 하시오. (3점)

계정과목	거래처명	금액
외상매출금	스마일상사	20,000,000원
미수금	슈프림상사	10,000,000원
단기차입금	다온상사	23,000,000원

4 일반전표입력 메뉴를 이용하여 다음의 거래 자료를 입력하시오. (24점)

> **입력시 유의사항**
> - 적요의 입력은 생략한다.
> - 부가가치세는 고려하지 않는다.
> - 채권·채무와 관련된 거래는 별도의 요구가 없는 한 반드시 기등록된 거래처코드를 선택하는 방법으로 거래처명을 입력한다.
> - 회계처리 시 계정과목은 별도의 제시가 없는 한 등록된 계정과목 중 가장 적절한 과목으로 한다.

[1] 7월 25일   경리부 직원 류선재로부터 아래의 청첩장을 받고 축의금 300,000원을 사규에 따라 현금으로 지급하였다. (3점)

[2] 8월 4일   영동상사로부터 상품 4,000,000원을 매입하고 대금 중 800,000원은 당좌수표로 지급하고, 잔액은 어음을 발행하여 지급하였다. (3점)

[3] 8월 25일   하나상사에 상품 1,500,000원을 판매하는 계약을 하고, 계약금으로 상품 대금의 20%가 보통예금 계좌에 입금되었다. (3점)

[4] 10월 1일   운영자금을 확보하기 위하여 기업은행으로부터 50,000,000원을 5년 후에 상환하는 조건으로 차입하고, 차입금은 보통예금 계좌로 이체받았다. (3점)

[5] 10월 31일 영업부 과장 송해나의 10월분 급여를 보통예금 계좌에서 이체하여 지급하였다 (단, 하나의 전표로 처리하되, 공제 항목은 구분하지 않고 하나의 계정과목으로 처리할 것). (3점)

급 여 명 세 서

귀속연월 :	2025년 10월	지급연월 :	2025년 10월 31일
성명	송 해 나		

세부 내역			
지 급		공 제	
급여 항목	지급액(원)	공제 항목	공제액(원)
기본급	2,717,000	소득세	49,100
		지방소득세	4,910
		국민연금	122,260
		건강보험	96,310
		장기요양보험	12,470
		고용보험	24,450
		공제액 계	309,500
지급액 계	2,717,000	실지급액	2,407,500

계산 방법		
구분	산출식 또는 산출방법	지급금액(원)
기본급	209시간×13,000원/시간	2,717,000

[6] 11월 13일 가나상사에 상품을 판매하고 받은 어음 2,000,000원을 즉시 할인하여 은행으로부터 보통예금 계좌로 입금받았다(단, 매각거래이며, 할인율은 5%로 한다). (3점)

[7] 11월 22일 거래처 한올상사에서 상품 4,000,000원을 외상으로 매입하고 인수 운임 150,000원(당사 부담)은 현금으로 지급하였다(단, 하나의 전표로 입력할 것). (3점)

[8] 12월 15일 다음과 같이 우리컨설팅에서 영업부 서비스교육을 진행하고 교육훈련비 대금 중 500,000원은 보통예금 계좌에서 이체하여 지급하고 잔액은 외상으로 하였다. 단, 원천징수세액은 고려하지 않는다. (3점)

권	호			거래명세표(거래용)			
2025 년 12 월 15 일							
하늘상사		귀하	공급자	사업자등록번호	109-02-*****		
				상호	우리컨설팅	성명	김우리 ㊞
				사업장소재지	서울특별시 양천구 신정중앙로 86		
아래와 같이 계산합니다.				업태	서비스	종목	컨설팅,강의
합계금액				일백만	원정 (₩	1,000,000	)
월일	품목		규격	수량	단가	공급대가	
12월 15일	영업부 서비스 교육			1	1,000,000원	1,000,000원	
	계					1,000,000원	
전잔금	없음			합계		1,000,000원	
입 금	500,000원		잔 금	500,000원			
비 고							

5 일반전표입력 메뉴에 입력된 내용 중 다음의 오류가 발견되었다. 입력된 내용을 검토하고 수정 또는 삭제, 추가 입력하여 올바르게 정정하시오. (6점)

> **입력시 유의사항**
> ▫ 적요의 입력은 생략한다.
> ▫ 부가가치세는 고려하지 않는다.
> ▫ 채권·채무와 관련된 거래는 별도의 요구가 없는 한 반드시 기등록된 거래처코드를 선택하는 방법으로 거래처명을 입력한다.
> ▫ 회계처리 시 계정과목은 별도의 제시가 없는 한 등록된 계정과목 중 가장 적절한 과목으로 한다.

[1] 8월 22일 만중상사로부터 보통예금 4,000,000원이 입금되어 선수금으로 처리한 내용은 전기에 대손 처리하였던 만중상사의 외상매출금 4,000,000원이 회수된 것이다. (3점)

[2] 9월 15일 광고선전비로 계상한 130,000원은 거래처의 창립기념일 축하를 위한 화환 대금이다. (3점)

6 다음의 결산정리사항을 입력하여 결산을 완료하시오. (12점)

> **입력시 유의사항**
> - 적요의 입력은 생략한다.
> - 부가가치세는 고려하지 않는다.
> - 채권·채무와 관련된 거래는 별도의 요구가 없는 한 반드시 기등록된 거래처코드를 선택하는 방법으로 거래처명을 입력한다.
> - 회계처리 시 계정과목은 별도의 제시가 없는 한 등록된 계정과목 중 가장 적절한 과목으로 한다.

[1] 회사의 자금 사정으로 인하여 영업부의 12월분 전기요금 1,000,000원을 다음 달에 납부하기로 하였다. (3점)

[2] 기말 현재 현금과부족 30,000원은 영업부 컴퓨터 수리비를 지급한 것으로 밝혀졌다. (3점)

[3] 12월 1일에 국민은행으로부터 100,000,000원을 연 이자율 12%로 차입하였다(차입기간 : 2025.12.01.~2029.11.30.). 매월 이자는 다음 달 5일에 지급하기로 하고, 원금은 만기 시에 상환한다. 기말수정분개를 하시오(단, 월할 계산할 것). (3점)

[4] 결산을 위해 재고자산을 실사한 결과 기말상품재고액은 15,000,000원이었다. (3점)

7 다음 사항을 조회하여 알맞은 답안을 이론문제 답안작성 메뉴에 입력하시오. (10점)

[1] 상반기(1월~6월) 중 기업업무추진비(판매비와일반관리비)를 가장 많이 지출한 월(月)과 그 금액은 얼마인가? (3점)

[2] 5월까지의 직원급여 총 지급액은 얼마인가? (3점)

[3] 6월 말 현재 외상매출금 잔액이 가장 많은 거래처의 상호와 그 외상매출금 잔액은 얼마인가? (4점)

제117회 기출문제총정리

이론시험

다음 문제를 보고 알맞은 것을 골라 이론문제 답안작성 메뉴에 입력하시오. (객관식 문항당 2점)

| 기본전제 |
문제에서 한국채택국제회계기준을 적용하도록 하는 전제조건이 없는 경우, 일반기업회계기준을 적용한다.

1 다음 중 결산 시 총계정원장의 마감에 대한 설명으로 옳지 않은 것은?

① 결산 예비절차에 속한다.
② 손익계산서 계정은 모두 손익으로 마감한다.
③ 부채계정은 차변에 차기이월로 마감한다.
④ 재무상태표 계정은 모두 차기이월로 마감한다.

2 다음의 내용과 관련하여 재무상태표와 손익계산서에 미치는 영향으로 옳은 것은?

> 건물 내부 조명기구 교체 비용을 수익적 지출로 처리하여야 하나, 자본적 지출로 처리하였다.

① 자산의 과소계상
② 비용의 과대계상
③ 수익의 과대계상
④ 당기순이익의 과대계상

3 다음 중 당좌자산에 대한 설명으로 옳지 않은 것은?

① 유동성이 가장 높은 자산이다.
② 보고기간 종료일로부터 1년 이내에 현금화되는 자산이다.
③ 매출채권 및 선급비용, 미수수익이 포함된다.
④ 우편환증서, 자기앞수표, 송금수표, 당좌차월도 이에 포함된다.

4 다음 중 판매관리비에 해당하지 않는 항목은 무엇인가?

① 급여
② 외환차손
③ 매출채권에 대한 대손상각비
④ 여비교통비

5 다음의 계산식 중 옳지 않은 것은?

① 매출액 – 매출원가 = 매출총이익
② 영업이익 – 영업외비용 – 영업외수익 = 법인세비용차감전순이익
③ 매출총이익 – 판매비와관리비 = 영업이익
④ 법인세비용차감전순이익 – 법인세비용 = 당기순이익

6 다음의 자료를 이용하여 재고자산의 취득원가를 계산하면 얼마인가?

- 재고의 매입원가 : 10,000원
- 재고 수입 시 발생한 통관비용 : 5,000원
- 판매장소 임차료 : 3,000원

① 10,000원
② 13,000원
③ 15,000원
④ 18,000원

7 기초자본금 150,000원, 총수익 130,000원, 총비용 100,000원일 때, 회사의 기말자본금은 얼마인가?

① 50,000원
② 150,000원
③ 180,000원
④ 230,000원

8 다음은 당기 말 부채계정 잔액의 일부이다. 재무상태표상 매입채무는 얼마인가?

- 미지급임차료 : 30,000원
- 단기차입금 : 20,000원
- 외상매입금 : 10,000원
- 선수금 : 40,000원
- 지급어음 : 60,000원
- 가수금 : 40,000원

① 30,000원
② 50,000원
③ 60,000원
④ 70,000원

9 다음 중 재무상태표에서 해당 자산이나 부채의 차감적인 평가항목들로 짝지어진 것을 고르시오.

| • 대손충당금 • 감가상각누계액 • 미지급금 • 퇴직급여충당부채 • 선수금 |

① 대손충당금, 선수금
② 감가상각누계액, 퇴직급여충당부채
③ 미지급금, 선수금
④ 대손충당금, 감가상각누계액

10 다음 중 영업이익에 영향을 미치는 것으로 옳은 것은?

① 잡이익
② 광고선전비
③ 이자비용
④ 기부금

11 다음 중 일정 기간 동안 기업의 경영성과에 대한 정보를 제공하는 재무보고서의 계정과목으로 옳지 않은 것은?

① 임대료수입
② 미지급비용
③ 잡손실
④ 기부금

12 다음의 자료를 이용하여 유형자산의 취득원가를 계산하면 얼마인가?

| • 취득세 : 50,000원 • 재산세 : 30,000원 |
| • 유형자산 매입대금 : 1,500,000원 • 사용 중에 발생된 수익적 지출 : 20,000원 |

① 1,500,000원
② 1,550,000원
③ 1,570,000원
④ 1,580,000원

13 다음의 내용이 설명하는 것으로 옳은 것은?

| 재화의 생산, 용역의 제공, 타인에 대한 임대, 관리에 사용할 목적으로 기업이 보유하고 있으며, 물리적 실체는 없지만 식별할 수 있고 통제하고 있으며, 미래 경제적 효익이 있는 비화폐성자산을 말한다. |

① 유형자산
② 투자자산
③ 무형자산
④ 유동부채

14 다음의 거래를 분개할 경우, 차변에 오는 계정과목으로 옳은 것은?

> 결산일 현재 현금시재액이 장부가액보다 30,000원이 부족함을 발견했다.

① 현금
② 잡손실
③ 잡이익
④ 현금과부족

15 다음의 자료를 참고로 하여 재무상태표를 작성할 경우, 유동성 배열에 따라 두 번째로 나열해야 할 것으로 옳은 것은?

> • 현금　　• 산업재산권　　• 상품　　• 투자부동산　　• 기계장치

① 현금
② 기계장치
③ 상품
④ 투자부동산

실무시험

이현상사(회사코드 : 4526)는 신발을 판매하는 개인기업으로 당기(제9기)의 회계기간은 2025.1.1.~ 2025.12.31.이다. 전산세무회계 수험용 프로그램을 이용하여 다음 물음에 답하시오.

| 기본전제 |

- 문제에서 한국채택국제회계기준을 적용하도록 하는 전제조건이 없는 경우, 일반기업회계기준을 적용하여 회계처리 한다.
- 문제의 풀이와 답안작성은 제시된 문제의 순서대로 진행한다.

---

1 다음은 이현상사의 사업자등록증이다. 회사등록 메뉴에 입력된 내용을 검토하여 누락분은 추가 입력하고 잘못된 부분은 정정하시오(주소 입력 시 우편번호는 입력 하지 않아도 무방함). (6점)

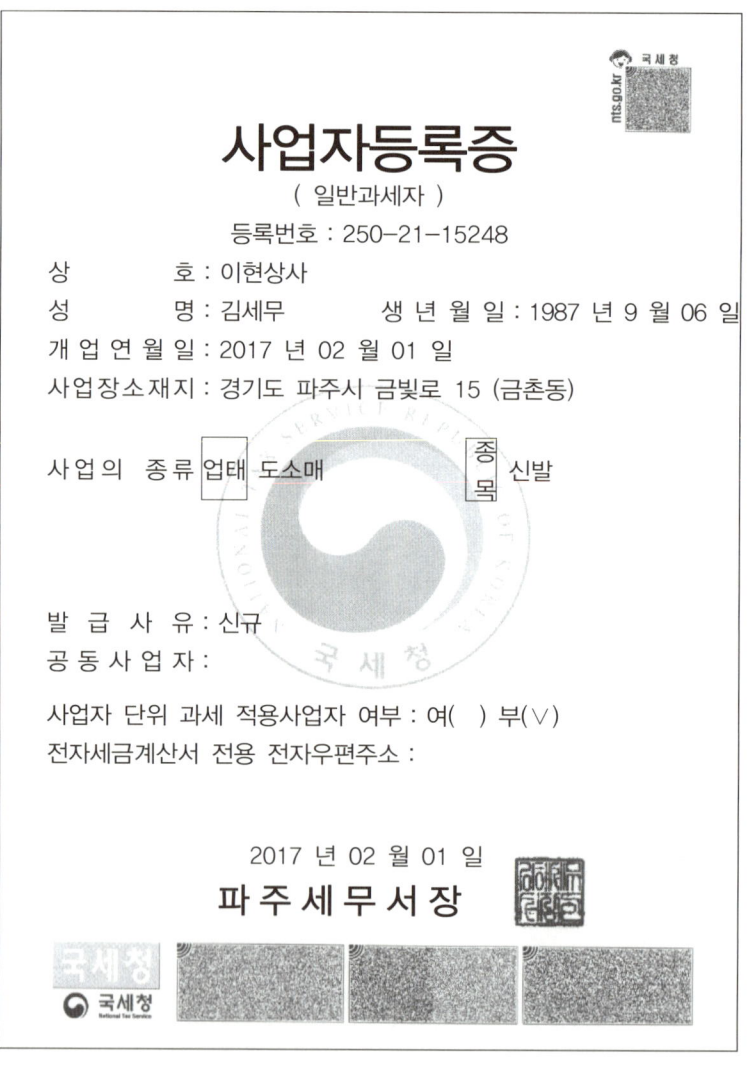

2 다음은 이현상사의 전기분 재무상태표이다. 입력되어 있는 자료를 검토하여 오류 부분은 정정하고 누락된 부분은 추가 입력하시오. (6점)

재 무 상 태 표

회사명 : 이현상사　　　　제8기 2024.12.31. 현재　　　　　　(단위 : 원)

과목	금액		과목	금액
현　　　　　금		10,000,000	외 상 매 입 금	18,000,000
당 좌 예 금		3,000,000	지 급 어 음	60,000,000
보 통 예 금		23,000,000	미 지 급 금	31,700,000
외 상 매 출 금	32,000,000		단 기 차 입 금	48,000,000
대 손 충 당 금	320,000	31,680,000	장 기 차 입 금	40,000,000
받 을 어 음	52,000,000		자 본 금	45,980,000
대 손 충 당 금	520,000	51,480,000	(당기순이익 :	
상　　　　품		50,000,000	10,000,000)	
장 기 대 여 금		20,000,000		
건　　　　물	47,920,000			
감가상각누계액	4,000,000	43,920,000		
차 량 운 반 구	20,000,000			
감가상각누계액	14,000,000	6,000,000		
비　　　　품	7,000,000			
감가상각누계액	2,400,000	4,600,000		243,680,000
자 산 총 계		243,680,000	부채와자본총계	542,200,000

3 다음 자료를 이용하여 입력하시오. (6점)

[1] 계정과목및적요등록 메뉴를 이용하여 판매비와관리비의 기업업무추진비 계정에 다음 내용의 적요를 등록하시오. (3점)

> 대체적요 No.5 : 거래처 현물접대

[2] 거래처별초기이월 메뉴의 계정과목별 잔액은 다음과 같다. 주어진 자료를 검토하여 잘못된 부분은 오류를 정정하고, 누락된 부분은 추가 입력하시오. (3점)

계정과목	거래처	잔액
외상매출금	베베인터내셔널	9,500,000원
	코코무역	15,300,000원
	호호상사	7,200,000원
외상매입금	모닝상사	2,200,000원
	미라클상사	3,000,000원
	나비장식	12,800,000원

4. 일반전표입력 메뉴를 이용하여 다음의 거래 자료를 입력하시오. (24점)

> **입력시 유의사항**
> - 적요의 입력은 생략한다.
> - 부가가치세는 고려하지 않는다.
> - 채권·채무와 관련된 거래는 별도의 요구가 없는 한 반드시 기등록된 거래처코드를 선택하는 방법으로 거래처명을 입력한다.
> - 회계처리 시 계정과목은 별도의 제시가 없는 한 등록된 계정과목 중 가장 적절한 과목으로 한다.

[1] 07월 23일 대표자 개인의 거주용 주택으로 임대차계약을 하고 임차보증금 5,000,000원을 현금으로 지급하였다. (3점)

[2] 08월 16일 상품을 판매하고 거래명세표를 다음과 같이 발급하였다. 대금 중 2,000,000원은 현금으로 받고, 잔액은 외상으로 하였다. (3점)

권		호		거래명세표(거래용)				
2024년 08월 16일			공급자	사업자등록번호	250-21-15248			
백호상사 귀하				상호	이현상사	성명	김세무	㊞
				사업장소재지	경기도 파주시 금빛로 15(금촌동)			
아래와 같이 계산합니다.				업태	도소매	종목	신발	
합계금액			육백만원정 원정 (₩ 6,000,000)					
월일	품 목		규 격	수량	단 가		공 급 대 가	
08월 16일	사무용복합기			5	1,200,000		6,000,000원	
계							6,000,000원	
전잔금	없음			합 계			6,000,000원	
입 금	2,000,000원		잔 금	4,000,000원		인수자	임우혁	㊞
비 고								

[3] 08월 27일 영업부에서 운반비 30,000원을 현금으로 지급하고, 아래의 영수증을 받았다.
(3점)

영수증

OK퀵서비스 217-09-8*****

대표자 김하늘

서울시 중구 충무로3가 ***

출발지	도착지
필동	충현동

합계요금

30,000 원

2 0 2 5 년 8 월 2 7 일

감사합니다

[4] 09월 18일 회사로부터 300,000원을 가지급 받아 출장을 갔던 영업부 직원 이미도가 출장에서 돌아왔다. 회사는 다음과 같이 출장비 명세서를 보고 받고 초과하는 금액은 현금으로 지급하였다(단, 하나의 전표로 입력하고 가지급금의 거래처를 입력할 것).
(3점)

사용내역	금액
숙박비	250,000원
교통비	170,000원
합계	420,000원

[5] 10월 16일 한세상사에 외상매입금을 지급하기 위하여 송금수수료 1,000원이 포함된 5,001,000원을 보통예금 계좌에서 이체하였다(단, 송금수수료는 판매및관리비 계정을 사용함).
(3점)

[6] 11월 11일 시원상사의 파산으로 인하여 외상매출금을 회수할 수 없게 되어 시원상사의 외상매출금 200,000원 전액을 대손처리 하였다. 11월 11일 현재 외상매출금의 대손충당금 잔액은 320,000원이다.
(3점)

[7] 12월 05일 하나은행의 장기차입금 원금 상환 및 이자와 관련된 보통예금 출금액 1,000,000원의 상세 내역은 다음과 같다(단, 하나의 전표로 입력할 것). (3점)

대출거래내역조회

- 조회기간 : 2024.12.05.~2024.12.05.
- 총건수 : 1건

거래일자	거래내용	이자종류	거래금액 (원금＋이자)(원)	원금(원)	이자(원)	대출잔액(원)	이율
2025.12.05.	대출금 상환		1,000,000	800,000	0	19,200,000	0%
2025.12.05.		약정이자	0	0	200,000	0	2.63%

[8] 12월 23일 당사의 영업부에서 장기간 사용할 목적으로 냉장고를 구입하고 대금은 국민카드(신용 카드)로 결제하였다(단, 미지급금 계정을 사용하여 회계처리 할 것). (3점)

```
신용카드매출전표
2025.12.23.(월) 14:30:42

3,000,000원

정상승인 | 일시불
결제정보
카드         국민카드(1002-3025-4252-5239)
거래유형                              신용승인
승인번호                              41254785
이용구분                                일시불
은행확인                             KB국민은행
가맹점 정보
가맹점명                              성수㈜
사업자등록번호                    117-85-52797
대표자명                                이성수
본 매출표는 신용카드 이용에 따른 증빙용으로 국민카드사에서 발급한
것임을 확인합니다.
```

5 일반전표입력 메뉴에 입력된 내용 중 다음의 오류가 발견되었다. 입력된 내용을 검토하고 수정 또는 삭제, 추가 입력하여 올바르게 정정하시오. (6점)

> **입력시 유의사항**
> - 적요의 입력은 생략한다.
> - 부가가치세는 고려하지 않는다.
> - 채권·채무와 관련된 거래는 별도의 요구가 없는 한 반드시 기등록된 거래처코드를 선택하는 방법으로 거래처명을 입력한다.
> - 회계처리 시 계정과목은 별도의 제시가 없는 한 등록된 계정과목 중 가장 적절한 과목으로 한다.

[1] 08월 20일 한세상사에 상품을 50,000,000원에 납품하기로 계약하고 보통예금 계좌로 입금받은 계약금 5,000,000원을 외상매출금의 회수로 회계처리한 것을 확인하였다. (3점)

[2] 11월 05일 부산은행으로부터 받은 대출 20,000,000원의 상환기일은 2026년 11월 5일이다. (3점)

6 다음의 결산정리사항을 입력하여 결산을 완료하시오. (12점)

> **입력시 유의사항**
> - 적요의 입력은 생략한다.
> - 부가가치세는 고려하지 않는다.
> - 채권·채무와 관련된 거래는 별도의 요구가 없는 한 반드시 기등록된 거래처코드를 선택하는 방법으로 거래처명을 입력한다.
> - 회계처리 시 계정과목은 별도의 제시가 없는 한 등록된 계정과목 중 가장 적절한 과목으로 한다.

[1] 영업부 서류 정리를 위한 단기계약직 직원(계약기간 : 2024년 12월 1일~2025년 1월 31일)을 채용하였다. 매월 급여는 1,500,000원이며 다음 달 5일에 지급하기로 하였다(단, 급여 관련 공제는 없는 것으로 하고, 지급해야 하는 금액은 미지급비용 계정을 사용할 것). (3점)

[2] 기말 현재 가지급금 잔액 500,000원은 대구상사의 외상매입금 지급액으로 판명되었다. (3점)

[3] 기말 현재 장기대여금에 대해 미수이자 3,270,000원이 발생하였으나 회계처리가 되어있지 않았다. (3점)

[4] 보유 중인 비품에 대한 당기분 감가상각비를 계상하였다. (3점)

취득원가	잔존가액	취득일	상각방법	내용년수
5,000,000원	500,000원	2023년 1월 1일	정액법	10년

7 다음 사항을 조회하여 알맞은 답안을 이론문제 답안작성 메뉴에 입력하시오. (10점)

[1] 상반기(1월~6월) 동안 지출한 이자비용은 모두 얼마인가? (3점)

[2] 6월 말 현재 거래처 성지상사에 대한 선급금 잔액은 얼마인가? (3점)

[3] 6월 말 현재 전기 말과 비교하여 유동자산의 증감액은 얼마인가? (단, 감소 시 (−)로 기재할 것.) (4점)

1회 실전모의시험 해답

문제 1

회사등록에서 • 종목 수정 : 컴퓨터 부품 → 문구 및 잡화
• 개업연월일 수정 : 2015년 01월 05일 → 2015년 03월 09일
• 관할세무서 수정 : 145.관악 → 134.안산

문제 2

전기분재무상태표에서 • 정기예금 수정 : 2,000,000원 → 20,000,000원
• 차량운반구 감가상각누계액 수정 : 13,000,000원 → 23,000,000원
• 외상매입금 수정 : 17,000,000원 → 45,000,000원

문제 3

[1] 계정과목및적요등록 메뉴 146.상품에서 대체적요 : 적요NO. 5, 상품 어음 매입
[2] 거래처등록 메뉴의 일반거래처 탭에서
• 거래처코드 : 1001, • 거래처명 : 모닝문구, • 유형 : 1.매출, • 사업자등록번호 : 305-24-63212
• 대표자명 : 최민혜, • 업태 : 도소매, • 종목 : 문구 및 잡화
• 주소 : 대전광역시 대덕구 한밭대로 1000(오정동)

문제 4

[1] 7월 15일 일반전표입력
(차) 보통예금   50,000,000   (대) 단기차입금(대전중앙신협)   50,000,000
[2] 7월 16일 일반전표입력
(차) 상 품   6,600,000   (대) 선급금(로뎀문구)   660,000
                                         당좌예금   5,940,000
[3] 7월 28일 일반전표입력
(차) 여비교통비(판)   5,000   (대) 미지급금(신한카드)   5,000
                                         또는 미지급비용
[4] 8월 28일 일반전표입력
(차) 현 금   20,000,000   (대) 상품매출   25,000,000
    받을어음(씨엔제이상사)   5,000,000
[5] 9월 20일 일반전표입력
(차) 매출환입및에누리(402)   3,000,000   (대) 외상매출금(반월상사)   3,000,000

[6] 10월 15일 일반전표입력
　　(차) 외상매입금(조선상사)　　　1,300,000　　(대) 받을어음(발해상사)　　　1,200,000
　　　　　　　　　　　　　　　　　　　　　　　　　　현　금　　　　　　　　　　　100,000
[7] 11월 27일 일반전표입력
　　(차) 미지급금(비전상사)　　　12,500,000　　(대) 당좌예금　　　　　　　10,000,000
　　　　　　　　　　　　　　　　　　　　　　　　　　채무면제이익　　　　　　2,500,000
[8] 12월 30일 일반전표입력
　　(차) 차량운반구　　　　　　　　2,637,810　　(대) 현　금　　　　　　　　2,637,810
　　또는 출금전표 차량운반구　　　2,637,810

문제 5

[1] 9월 15일 일반전표입력
　　수정전 : (차) 현　금　　　　　　100,000　　(대) 외상매출금(월평문구)　　100,000
　　수정후 : (차) 현　금　　　　　　100,000　　(대) 선수금(월평문구)　　　　100,000
[2] 12월 18일 일반전표입력
　　수정전 : (차) 비　품　　　　　1,100,000　　(대) 현　금　　　　　　　　1,100,000
　　수정후 : (차) 비　품　　　　　1,000,000　　(대) 현　금　　　　　　　　1,100,000
　　　　　　　소모품비(판)　　　　　100,000

문제 6

[1] 12월 31일 일반전표입력
　　(차) 미수수익　　　　　　　　　3,000,000　　(대) 임대료(904)　　　　　　3,000,000
　　• 월 임대료 : 6,000,000÷12개월=500,000원
　　• 당기분 임대료 : 500,000×6개월(2025.7.1.~2025.12.31.)=3,000,000원
[2] 12월 31일 일반전표입력
　　(차) 단기매매증권　　　　　　　　500,000　　(대) 단기매매증권평가이익　　　500,000
　　• 평가이익 : (기말 공정가치 30,000 – 취득가액 25,000)×100주=500,000원
[3] 12월 31일 일반전표입력
　　(차) 선급비용　　　　　　　　　　90,000　　(대) 보험료(판)　　　　　　　　90,000
[4] 12월 31일 일반전표입력
　　(차) 대손상각비(판)　　　　　　3,343,300　　(대) 대손충당금(109)　　　　3,021,300
　　　　　　　　　　　　　　　　　　　　　　　　　　대손충당금(111)　　　　　322,000
　　또는
　　(차) 대손상각비(판)　　　　　　3,021,300　　(대) 대손충당금(109)　　　　3,021,300
　　　　　대손상각비(판)　　　　　　322,000　　　　대손충당금(111)　　　　　322,000
　　• 외상매출금 : 352,130,000×1%–500,000=3,021,300원
　　• 받을어음 : 62,200,000×1%–300,000=322,000원
　　또는 결산자료입력 상단의 F8대손상각을 선택 대손율 : 1.00% 입력하고 결산반영 후 F3전표추가
　　또는 결산자료입력 대손상각의 외상매출금 : 3,021,300원, 받을어음 : 322,000원 입력 후 F3전표추가

[1] 2,800,000원
- 총계정원장(조회기간 : 01월 01일~06월 30일) > [월별] 탭 > 계정과목 : 401.상품매출 조회 > 상품매출액이 가장 적은 달(月)의 금액 확인 : 2,800,000원(1월)

[2] 34,000,000원 = 비품 35,000,000원 - 비품 감가상각누계액 1,000,000원
장부가액 = 취득원가 - 감가상각누계액
- 재무상태표(조회기간 : 3월) 비품 계정 및 비품감가상각누계액 계정 금액 확인

[3] 1,638,000원 = 1,770,000원(광진상사) - 132,000원(우림상사)
- 거래처원장(조회기간 : 1월 1일~6월 30일) 계정과목 : 131.선급금 조회

2회 실전모의시험 해답

회사등록 메뉴에서
- 대표자명 정정 : 김지술 → 이학주
- 사업자등록번호 정정 : 135-27-40377 → 130-47-50505
- 개업연월일 정정 : 2007.03.20. → 2011.05.23.

문제 2

전기분손익계산서에서
- 차량유지비 정정 : 50,500,000원 → 3,500,000원
- 이자수익 정정 : 2,500,000원 → 2,200,000원
- 기부금 추가 입력 : 3,000,000원

문제 3

[1] 거래처별초기이월 메뉴
- 외상매출금 : 월평상사 35,000,000원 → 45,000,000원으로 수정입력
- 지급어음 : 도륜상사 100,000,000원 → 150,000,000원으로 수정입력
- 단기차입금 : 선익상사 80,000,000원 추가 입력

[2] 거래처등록메뉴 신용카드 탭에서
- 코드 : 99871, • 거래처명 : 씨엔제이카드, • 유형 : 2.매입,
- 카드번호 : 1234-5678-9012-3452, • 카드종류(매입) : 3.사업용카드

문제 4

[1] 7월 2일 일반전표입력
   (차) 상 품 6,000,000 (대) 지급어음(성심상사) 5,500,000
   　　　　　　　　　　　　　　　　 현 금 500,000

[2] 8월 5일 일반전표입력
   (차) 수수료비용(판) 3,500,000 (대) 현 금 3,500,000
       또는 수수료비용(984)
       또는 출금전표 수수료비용(판)(또는 984.수수료비용) 3,500,000

[3] 8월 19일 일반전표입력
   (차) 단기차입금(탄방상사) 20,000,000 (대) 보통예금 20,600,000
       이자비용 600,000

[4] 8월 20일 일반전표입력
   (차) 상 품 15,000,000 (대) 보통예금 16,000,000
       비 품 1,000,000

[5] 8월 23일 일반전표입력
   (차) 외상매입금(소리상사) 500,000 (대) 가지급금 500,000

[6] 10월 10일 일반전표입력
   (차) 상 품 3,000,000 (대) 선급금(고구려상사) 300,000
       　　　　　　　　　　　　　　　　 외상매입금(고구려상사) 2,700,000

[7] 11월 18일 일반전표입력
   (차) 차량유지비(판) 30,000 (대) 현 금 30,000
       또는 출금전표 차량유지비(판) 30,000

[8] 12월 20일 일반전표입력
   (차) 세금과공과(판) 259,740 (대) 미지급금(현대카드) 259,740
       　　　　　　　　　　　　　　　　 또는 미지급비용

문제 5

[1] 11월 5일 일반전표입력
   • 수정전 : (차) 세금과공과(판) 110,000 (대) 보통예금 110,000
   • 수정후 : (차) 예수금 110,000 (대) 보통예금 110,000

[2] 11월 28일 일반전표입력
   • 수정전 : (차) 상 품 7,535,000 (대) 외상매입금(양촌상사) 7,500,000
       　　　　　　　　　　　　　　　　 미지급금 35,000
   • 수정후 : (차) 상 품 7,500,000 (대) 외상매입금(양촌상사) 7,500,000

[1] 12월 31일 일반전표입력
(차) 급여(판) 1,000,000 (대) 미지급비용 1,000,000
또는 미지급금
[2] 12월 31일 일반전표입력
(차) 소모품비(판) 200,000 (대) 소모품 200,000
[3] 12월 31일 일반전표입력
(차) 이자비용 70,000 (대) 현금과부족 70,000
[4] 12월 31일 일반전표입력
(차) 감가상각비(판) 5,000,000 (대) 감가상각누계액(비품) 5,000,000
• (65,500,000 − 15,500,000) ÷ 10년 = 5,000,000원
또는 결산자료입력 판매비와일반관리비의 감가상각비 : 비품 5,000,000원 입력 후 F3 전표추가

[1] 갈마상사, 76,300,000원
• 거래처원장(조회기간 : 1월 1일~5월 31일) 계정과목 : 251.외상매입금 거래처별 외상매입금 잔액 조회
[2] 2,000,000 − 500,000 = 1,500,000원 증가
• 재무상태표(조회일자 : 6월) 현재 외상매출금 대손충당금과 전기말 외상매출금 대손충당금 비교
[3] 463,769,900 − 347,136,600 = 116,633,300원
• 재무상태표(조회일자 : 6월) 유동자산(합계액 463,769,900원)과 유동부채(합계액 347,136,600원)의 차액 확인

3회 실전모의시험 해답

문제 1

① 사업자등록번호 : 175−78−32465 → 110−09−23958
② 종목 : 컴퓨터부품 → 전자제품
③ 관할세무서 : 역삼 → 삼성

문제 2

① 정기예금 : 2,000,000원을 20,000,000원으로 수정입력
② 차량운반구 감가상각누계액 : 13,000,000원을 23,000,000원으로 수정입력
③ 외상매입금 : 17,000,000원을 45,000,000원으로 수정입력

문제 3

[1] • 외상매출금 : 민주상사 20,000,000원을 21,000,000원으로 수정입력
　　• 외상매출금 : 내림상사 4,600,000원 삭제
　　• 지급어음 : 퓨리상회 9,000,000원 추가입력
[2] 계정과목및적요등록 메뉴에서 824.운반비 계정의 대체적요란 4번에 "택배비 미지급" 입력

문제 4

[1] 7월 4일 일반전표입력
　　(차) 보통예금　　　　　　　　10,000,000　　(대) 상품매출　　　　　　　　20,000,000
　　　　외상매출금(부진실업)　　10,000,000
[2] 7월 13일 일반전표입력
　　(차) 소프트웨어　　　　　　　 3,000,000　　(대) 미지급금(서울시스템㈜)　 3,000,000
[3] 8월 29일 일반전표입력
　　(차) 도서인쇄비(판)　　　　　　 550,000　　(대) 미지급금(M스튜디오)　　　 550,000
[4] 9월 10일 일반전표입력
　　(차) 예수금　　　　　　　　　　440,000　　(대) 현　금　　　　　　　　　　440,000
[5] 9월 22일 일반전표입력
　　(차) 수수료비용(판)　　　　　　 300,000　　(대) 보통예금　　　　　　　　　300,000
[6] 10월 6일 일반전표입력
　　(차) 상　품　　　　　　　　　1,000,000　　(대) 선급금(만선전자)　　　　　　300,000
　　　　　　　　　　　　　　　　　　　　　　　　　외상매입금(만선전자)　　　　 700,000
[7] 10월 10일 일반전표입력
　　(차) 건　물　　　　　　　　 206,000,000　　(대) 보통예금　　　　　　　 200,000,000
　　　　　　　　　　　　　　　　　　　　　　　　　현　금　　　　　　　　　　 6,000,000
[8] 11월 29일 일반전표입력
　　(차) 보통예금　　　　　　　　 9,880,000　　(대) 단기매매증권　　　　　　 9,000,000
　　　　　　　　　　　　　　　　　　　　　　　　　단기매매증권처분이익(906)　　 880,000

문제 5

[1] 9월 2일 일반전표입력
　　수정전 : (차) 세금과공과(판)　　500,000　　(대) 현　금　　　　　　　　　　500,000
　　수정후 : (차) 기부금　　　　　　 500,000　　(대) 현　금　　　　　　　　　　500,000
[2] 11월 2일 일반전표입력
　　수정전 : (차) 비　품　　　　　　 400,000　　(대) 미지급금(강원상점)　　　　400,000
　　수정후 : (차) 비　품　　　　　　 400,000　　(대) 미지급금(은주상점)　　　　400,000

문제 6

[1] 12월 31일 일반전표입력
  (차) 선급비용　　　　　　　5,500,000　　(대) 광고선전비(판)　　　　5,500,000
[2] 12월 31일 일반전표입력
  (차) 가수금　　　　　　　　1,600,000　　(대) 외상매출금(부영상사)　1,600,000
[3] 12월 31일 일반전표입력
  (차) 이자비용　　　　　　　　500,000　　(대) 미지급비용　　　　　　500,000
[4] 12월 31일 일반전표입력
  (차) 대손상각비(판)　　　　　897,200　　(대) 대손충당금(109)　　　632,200
　　　　　　　　　　　　　　　　　　　　　　　　대손충당금(111)　　　265,000
  * 외상매출금의 대손충당금 (113,220,000×0.01)−500,000=632,200원
  * 받을어음의 대손충당금 　(56,500,000×0.01)−300,000=265,000원

문제 7

[1] 총계정원장 조회 : 4,800,000원
[2] 총계정원장에서 1월~6월 상품계정 차변 조회 : 3월, 13,860,000원
[3] 재무상태표 5월 말 조회 : 유동자산−유동부채
  406,123,000−150,160,000=255,963,000원

4회 실전모의시험 해답

문제 1

① 사업장소재지 : 서울특별시 강남구 역삼대로 17길 → 서울특별시 강남구 삼성로 145길 11(청담동)
② 개업연월일 : 2015.03.15. → 2014.03.15.로 수정
③ 과세유형 : 간이과세 → 일반과세로 수정

문제 2

[1] 거래처등록 메뉴의 금융기관 탭에 거래처코드를 99200으로 등록하여 나머지 항목 모두 입력
[2] 1. 외상매출금(108.) 계정의 ㈜충주상사 잔액을 3,130,000원 → 31,300,000원으로 수정
　　2. 미지급금(253.) 계정에 산성상사 잔액을 5,500,000원 → 15,500,000원으로 수정

문제 3

① 외상매출금에 대한 대손충당금 720,000원 추가 입력할 것
② (차량)감가상각누계액 1,500,000원 → (차량)감가상각누계액 15,000,000원으로 수정
③ 지급어음 1,802,000원 → 지급어음 18,020,000원으로 수정

문제 4

[1] 8월 16일 일반전표입력
  (차) 상　품   3,000,000 (대) 당좌예금   2,000,000
                        당좌차월(또는 단기차입금) 1,000,000

[2] 9월 5일 일반전표입력
  (차) 상　품   2,200,000 (대) 보통예금   2,200,000

[3] 9월 12일 일반전표입력
  (차) 비　품   1,000,000 (대) 보통예금   1,000,000

[4] 10월 10일 일반전표입력
  (차) 당좌예금   1,880,000 (대) 받을어음(성진상사) 2,000,000
    수수료비용(판)   120,000

[5] 11월 8일 일반전표입력
  (차) 임차보증금(상록빌딩) 5,000,000 (대) 보통예금   5,000,000

[6] 11월 30일 일반전표입력
  (차) 외상매입금(서연상사) 4,220,000 (대) 당좌예금   4,200,000
                        매입할인(148)   20,000

[7] 12월 6일 일반전표입력
  (차) 인출금   60,000 (대) 현　금   60,000

[8] 12월 10일 일반전표입력
  (차) 기업업무추진비(판)   130,000 (대) 미지급금(비씨카드)   130,000
                        또는 미지급비용(비씨카드)

문제 5

[1] 9월 29일 일반전표입력
  수정전 : (차) 운반비(판)   100,000 (대) 현　금   100,000
  수정후 : (차) 상　품   100,000 (대) 현　금   100,000

[2] 12월 5일 일반전표입력
  수정전 : (차) 가지급금   500,000 (대) 보통예금   500,000
  수정후 : (차) 외상매입금(성진상사) 500,000 (대) 보통예금   500,000
  또는 다음과 같이 추가입력한다.
    (차) 외상매입금(성진상사) 500,000 (대) 가지급금   500,000

[1] 12월 31일 일반전표입력
　　　(차) 급여(판)　　　　　　　　 2,500,000　　　(대) 미지급비용　　　　　　　 2,500,000
　　　　　　　　　　　　　　　　　　　　　　　　　　　 (또는 미지급금)
[2] 12월 31일 일반전표입력
　　　(차) 임차료(판)　　　　　　　 20,000,000　　　(대) 선급비용　　　　　　　 20,000,000
[3] 12월 31일 일반전표입력
　　　(차) 감가상각비(판)　　　　　　3,430,000　　　(대) 감가상각누계액(비품)　　　 930,000
　　　　　　　　　　　　　　　　　　　　　　　　　　　　 감가상각누계액(차량운반구)　2,500,000
　　또는 결산자료입력 메뉴에 판매비와관리비의 감가상각비 중 비품 930,000원, 차량운반구 2,500,000원을 입력한 후 전표추가
[4] 12월 31일 일반전표입력
　　　(차) 무형자산상각비(판)　　　　1,200,000　　　(대) 실용신안권　　　　　　　　500,000
　　　　　　　　　　　　　　　　　　　　　　　　　　　　 소프트웨어　　　　　　　　　700,000
　　또는 결산자료입력 메뉴에서 840.무형자산상각비 항목의 해당하는 자산 칸에 금액을 입력 후 전표추가

[1] 거래처원장 외상매입금 조회 11,100,000원
[2] 월계표에서 1월~6월을 선택하고, 이자비용 계정 중 현금지급액 조회 320,000원
[3] 총계정원장 1월~6월 조회 340,000원(2월 670,000원 − 1월 330,000원)

5회 실전모의시험 해답

① 대표자명 : "김종한" → "이도진"
② 사업자등록번호 : "460−47−88704" → "130−47−50505"
③ (사업장)관할세무서 : "관악" → "부천"

[1] 계정과목및적요등록 메뉴에서 여비교통비의 현금적요 란에 입력
[2] 받을어음(110.) 계정에 금호상사 2,000,000원 추가입력
　　 미지급금(253.) 계정의 푸른가구 1,400,000원을 2,400,000원으로 수정

문제 3

① 받을어음에 대한 대손충당금 미기입 → 대손충당금(111.)에 50,000원 추가 입력
② 차량운반구에 대한 감가상각누계액(209.) 6,000,000원을 12,000,000원으로 수정 입력
③ 단기차입금 11,000,000원을 10,000,000원으로 수정 입력

문제 4

[1] 8월 10일 일반전표입력
  (차) 단기매매증권   1,200,000 (대) 보통예금   1,200,000
[2] 8월 13일 일반전표입력
  (차) 외상매입금(강원기기) 2,500,000 (대) 받을어음(소망사무) 2,500,000
[3] 9월 16일 일반전표입력
  (차) 상 품   15,000,000 (대) 외상매입금(현대카드) 15,000,000
[4] 10월 15일 일반전표입력
  (차) 상 품   10,000,000 (대) 당좌예금   10,000,000
    비 품   3,000,000   미지급금(㈜하나컴퓨터) 3,000,000
[5] 11월 25일 일반전표입력
  (차) 선수금(미림전자) 600,000 (대) 상품매출   5,000,000
    외상매출금(미림전자) 4,400,000
[6] 12월 1일 일반전표입력
  (차) 소모품비   63,000 (대) 현 금   33,000
               미지급금 (농협카드) 30,000
               (또는 미지급비용)
[7] 12월 9일 일반전표입력
  (차) 투자부동산 70,770,000 (대) 현 금   770,000
               미지급금(㈜부동산나라) 70,000,000
[8] 12월 10일 일반전표입력
  (차) 기부금   5,000,000 (대) 현 금   5,000,000

문제 5

[1] 7월 15일 일반전표입력
  수정전 : (차) 상 품   300,000 (대) 현 금   300,000
  수정후 : (차) 운반비(판) 300,000 (대) 현 금   300,000
[2] 8월 25일 일반전표입력
  수정전 : (차) 세금과공과 3,250,000 (대) 당좌예금   3,250,000
  수정후 : (차) 인출금   3,250,000 (대) 보통예금   3,250,000

문제 6

[1] 12월 31일 일반전표입력
  (차) 선급비용   600,000 (대) 보험료   600,000
  선급비용 : 1,200,000×(6개월÷12개월)=600,000원

[2] 12월 31일 일반전표입력
  (차) 단기매매증권   200,000 (대) 단기매매증권평가이익 200,000
  단기매매증권평가이익 : 1000주×(7,000-5,000)=200,000원

[3] 12월 31일 일반전표입력
  (차) 대손상각비(835.)   947,300 (대) 대손충당금(109.)   587,300
                      대손충당금(111.)   360,000
  또는 결산자료입력에서 판매비와관리비 중 대손상각의 외상매출금란에 587,300원, 받을어음란에 360,000원 입력
  하고 전표 추가
  외상매출금 : (68,730,000×1%)-100,000=587,300원
  받을어음 : (41,000,000×1%)-50,000=360,000원

[4] 12월 31일 일반전표입력
  (결차) 상품매출원가   192,850,000 (결대) 상 품   192,850,000
  195,630,000원(합계잔액시산표상 상품계정 금액) - 2,780,000원(기말상품재고액) = 192,850,000원
  또는 결산자료입력에서 기말상품재고액 란에 2,780,000원을 입력 후 전표추가

문제 7

[1] 거래처원장에서 외상매출금 조회 8,000,000원
[2] 계정별원장 → 통신비 3월 31일 차변 월계액 94,000원
[3] 총계정원장 1월~6월 조회 후 비교, 또는 계정별원장에서 기업업무추진비 계정 조회 후 월계를 비교 :
  2월, 672,000원

6회 실전모의시험 해답

문제 1

① 대표자명 : 이한대를 이대한으로 변경
② 종목 : 컴퓨터를 사무기기로 수정
③ 사업장관할세무서 : 용산을 금천으로 수정

문제 2

[1] 거래처등록 메뉴의 신용카드 탭에 거래처코드를 99603으로 등록하여 나머지 항목 모두 입력
[2] ① 받을어음 : 서귀포상사 3,200,000원을 3,100,000원으로 수정
　　　　　　　　협재상사 2,500,000원을 2,400,000원으로 수정
　　② 지급어음 : 한라산상사 4,100,000원을 3,900,000원으로 수정
　　　　　　　　중문상사 5,100,000원을 7,200,000원으로 수정
　　　　　　　　함덕상사 1,100,000원을 추가 입력

문제 3

① 전기분손익계산서의 상품매출 20,000,000원을 35,000,000원으로 수정
② 전기분손익계산서의 여비교통비 120,000원 추가 입력
③ 전기분손익계산서의 광고선전비 850,000원을 160,000원으로 수정

문제 4

[1] 7월 1일 일반전표입력
　　(차) 선급금(국제상사)　　　　　　1,500,000　　(대) 당좌예금　　　　　　　1,500,000
[2] 7월 29일 일반전표입력
　　(차) 당좌예금　　　　　　　　　 20,000,000　　(대) 외상매출금(솔파전자)　30,000,000
　　　　보통예금　　　　　　　　　 10,000,000
[3] 8월 7일 일반전표입력
　　(차) 보통예금　　　　　　　　　 40,000,000　　(대) 토　지　　　　　　　 50,000,000
　　　　미수금(영동상사)　　　　　　20,000,000　　　　 유형자산처분이익　　 10,000,000
[4] 9월 16일 일반전표입력
　　(차) 운반비　　　　　　　　　　　　25,000　　(대) 현　금　　　　　　　　　25,000
[5] 10월 2일 일반전표입력
　　(차) 대손충당금　　　　　　　　　　900,000　　(대) 외상매출금(송정상사)　1,200,000
　　　　대손상각비　　　　　　　　　　300,000
[6] 10월 9일 일반전표입력
　　(차) 건　물　　　　　　　　　　 1,500,000　　(대) 보통예금　　　　　　　1,510,000
　　　　수선비(판)　　　　　　　　　　 10,000
[7] 11월 20일 일반전표입력
　　(차) 예수금　　　　　　　　　　　 220,000　　(대) 보통예금　　　　　　　　440,000
　　　　복리후생비(판)　　　　　　　 220,000
[8] 11월 25일 일반전표입력
　　(차) 보통예금　　　　　　　　　 20,000,000　　(대) 단기차입금(하나은행)　20,000,000

문제 5

[1] 7월 18일 일반전표 입력
　수정전 : (차) 건　물　　　　　　　　　820,000　　(대) 현　금　　　　　　　　　820,000
　수정후 : (차) 보험료(판)　　　　　　　820,000　　(대) 현　금　　　　　　　　　820,000
[2] 9월 20일 일반전표입력
　수정전 : (차) 현　금　　　　　　　　　300,000　　(대) 선수금(금호상사)　　　　300,000
　수정후 : (차) 선급금(금호상사)　　　　300,000　　(대) 현　금　　　　　　　　　300,000

문제 6

[1] 12월 31일 일반전표입력
　(차) 미수수익　　　　　　　　　　　　15,000　　(대) 이자수익　　　　　　　　　15,000
[2] 12월 31일 일반전표입력
　(차) 인출금(자본금)　　　　　　　　　80,000　　(대) 현금과부족　　　　　　　　80,000
[3] 12월 31일 일반전표입력
　(차) 이자비용　　　　　　　　　　1,125,000　　(대) 미지급비용　　　　　　1,125,000
　* 미지급이자 : 30,000,000×5%×9개월/12개월＝1,125,000원
[4] 12월 31일 일반전표입력
　(차) 대손상각비(판)　　　　　　　　197,000　　(대) 대손충당금(111.)　　　　197,000
　　　기타의대손상각비(954.)　　　　　50,000　　　　대손충당금(115.)　　　　　50,000
　*받을어음　34,700,000×1%－150,000＝197,000원
　*단기대여금　5,000,000×1%－0＝50,000원
　또는 결산자료입력 메뉴에서 받을어음 197,000원, 단기대여금 50,000원을 입력한 후 전표추가

문제 7

[1] 재무상태표 기간 5월 조회 194,642,000원
[2] 재무상태표 1월 조회 500,000원
[3] 총계정원장 1월~6월 조회 700,000원(1,030,000원(2월)－330,000원(4월))

7회 실전모의시험 해답

문제 1

기초정보관리의 회사등록메뉴에서
① 사업자등록번호 : 624-14-01166 → 623-14-01167
② 사업장주소 : 부산광역시 해운대구 중동 777 → 부산광역시 해운대구 해운대로 1138, 106호(송정동)
③ 종목 : 신발 의류 잡화 → 문구 및 잡화

문제 2

① 보통예금 : 1,500,000원을 10,000,000원으로 수정입력
② 감가상각누계액(건물) 1,500,000원을 추가입력
③ 지급어음 8,000,000원을 11,000,000원으로 수정입력

문제 3

[1] ① 거래처별초기이월 메뉴에서 단기대여금(114.)의 김형상사를 남서상사로 거래처 수정
    ② 단기차입금(260.)의 영광상사 1,000,000원을 10,000,000원으로 금액 수정
[2] 거래처등록 메뉴에 시티공업㈜와 조이럭정공㈜의 자료를 제시한 대로 입력할 것

문제 4

[1] 7월 2일 일반전표입력
    (차) 당좌예금   100,000   (대) 대손충당금(109)   100,000
[2] 7월 24일 일반전표입력
    (차) 미수금(금성중고자동차) 5,000,000   (대) 차량운반구   7,000,000
        감가상각누계액(209)   2,500,000   유형자산처분이익   500,000
[3] 7월 25일 일반전표입력
    (차) 보통예금   10,000,000   (대) 장기차입금(한국은행) 10,000,000
[4] 8월 5일 일반전표입력
    (차) 급 여(판)   1,800,000   (대) 예수금   252,000
                                                보통예금   1,548,000
[5] 8월 28일 일반전표입력
    (차) 선급금(세진상사)   1,000,000   (대) 보통예금   1,000,000
[6] 9월 8일 일반전표 입력
    (차) 복리후생비(판)   110,000   (대) 미지급금(국민카드)   110,000
                                                또는 미지급금

[7] 9월 12일 일반전표 입력
(차) 여비교통비(판) 210,000 (대) 가지급금 200,000
현 금 10,000
[8] 11월 16일 일반전표입력
(차) 운반비(판) 25,000 (대) 현 금 25,000
또는 (출금) 운반비(판) 25,000

문제 5

[1] 9월 20일 일반전표입력
수정전 : (차) 현 금 5,000,000 (대) 선수금(재송문구) 5,000,000
수정후 : (차) 현 금 5,000,000 (대) 외상매출금(재송문구) 5,000,000
[2] 11월 29일 일반전표입력
수정전 : (차) 수선비(판) 30,000,000 (대) 현 금 30,000,000
수정전 : (차) 건 물 30,000,000 (대) 현 금 30,000,000

문제 6

[1] 12월 31일 일반전표입력
(차) 이자비용 120,000 (대) 미지급비용 120,000
[2] 12월 31일 일반전표입력
(차) 현 금 50,000 (대) 잡이익 50,000
또는 (입금) 잡이익 50,000
[3] 12월 31일 일반전표입력
(차) 대손상각비(판) 657,500 (대) 대손충당금(외상매출금) 398,500
대손충당금(받을어음) 259,000
또는 결산자료입력의 결산반영금액란에 대손상각 외상매출금 398,500원, 대손상각 받을어음 259,000원을 입력 후 전표추가 한다.
- 대손충당금(외상매출금) : 79,850,000 × 1% − 400,000 = 398,500원
- 대손충당금(받을어음) : 33,900,000 × 1% − 80,000 = 259,000원
[4] 12월 31일 일반전표입력
(결차) 상품매출원가 121,663,400 (결대) 상 품 121,663,400
또는, 결산자료입력의 결산반영금액란에 기말상품재고액 4,000,000원을 입력 후 전표추가 한다.
- 상품매출원가 : 시산표 또는 재무상태표의 상품순매입액 − 기말상품재고액
125,663,400 − 4,000,000 = 121,663,400원

문제 7

[1] 1,850,000원(거래처원장 외상매입금 조회)
[2] 156,060,000원(6월 손익계산서 조회)
- 당기 상품매출액(186,060,000원) − 전기 상품매출액(30,000,000원) = 156,060,000원
[3] 해왕성상사, 13,500,000원(거래처원장 1월~4월 → 거래처별 외상매출금 잔액 조회)

8회 실전모의시험 해답

문제 1

회사등록 메뉴에서
- 사업자등록번호 : 266-31-41554 → 256-32-41532
- 종목 : 문구및잡화 → 전자제품
- 사업장 관할세무서 : 남동 → 서인천으로 수정

문제 2

① 오류수정
- 상품매출 : 58,000,000원 → 85,000,000원으로 수정
- 급여 : 2,900,000원 → 9,200,000원으로 수정

② 추가 입력
- 이자비용 : 3,800,000원 추가 입력

문제 3

[1] ① 오류수정
- 받을어음 : 기장전자 6,500,000원 → 9,000,000원으로 수정
- 지급어음 : 좌동케미칼 60,000,000원 → 15,000,000원으로 수정

② 추가 입력
- 단기차입금 : 반송은행 10,000,000원을 추가 입력

[2] 거래처등록 메뉴의 금융기관 탭에서 거래처코드를 98003으로 지정하여 등록하고, 문제의 자료에서 제시한 나머지 항목을 모두 입력할 것

문제 4

[1] 7월 14일 일반전표입력

(차) 당좌예금	740,000	(대) 단기대여금(화성상사)	700,000
		이자수익	40,000

[2] 7월 15일 일반전표입력

(차) 상 품	2,500,000	(대) 현 금	2,500,000
또는 출금전표 상 품	2,500,000		

[3] 7월 28일 일반전표입력
  (차) 자본금(또는 인출금)   50,000 (대) 현 금   50,000
  또는 출금전표 자본금(또는 인출금) 50,000

[4] 8월 2일 일반전표입력
  (차) 외상매출금(재송상사) 500,000 (대) 상품매출   500,000

[5] 8월 25일 일반전표입력
  (차) 외상매입금(마법상점) 3,000,000 (대) 당좌예금 2,940,000
                   매입할인(148) 60,000

[6] 9월 10일 일반전표입력
  (차) 예수금   110,000 (대) 현 금   110,000
  또는 출금전표 예수금 110,000

[7] 10월 1일 일반전표입력
  (차) 사무용품비(판) 120,000 (대) 현 금   30,000
                   미지급금(국민카드)또는 미지급비용 90,000

[8] 10월 14일 일반전표입력
  (차) 여비교통비(판) 270,00 (대) 가지급금(김성실) 200,000
                   당좌예금   70,000

문제 5

[1] 10월 22일 일반전표입력
  수정전 : (차) 외상매출금(이월유통) 1,200,000 (대) 상품매출 1,200,000
  수정후 : (차) 기부금   1,200,000 (대) 상 품   1,200,000
                  (적요8.타계정으로 대체액)

[2] 12월 7일 일반전표입력
  수정전 : (차) 임차료(판) 5,000,000 (대) 보통예금 5,000,000
  수정후 : (차) 임차보증금(㈜세원) 5,000,000 (대) 보통예금 5,000,000

문제 6

[1] 12월 31일 일반전표입력
  (차) 이자비용   400,000 (대) 미지급비용 400,000

[2] 12월 31일 일반전표입력
  (차) 미수수익   15,000 (대) 이자수익 15,000

[3] 12월 31일 일반전표입력
  (차) 대손상각비   1,001,300 (대) 대손충당금(109) 568,300
                   대손충당금(111) 433,000
 • 외상매출금 : 82,830,000×1%−260,000=568,300원
 • 받을어음 : 52,300,000×1%−90,000=433,000원

[4] 12월 31일 일반전표입력
  (차) 감가상각비(판) 1,200,000 (대) 감가상각누계액(비품) 1,200,000
  또는 결산자료입력의 결산반영금액란에 감가상각비 비품 1,200,000원을 입력 후 F3 전표추가 한다.

문제 7

[1] 27,616,000원(총계정원장 또는 계정별원장 1월~6월 → 보통예금 계정 대변 합계액 검색)
[2] 93,400,000원(월계표에서 4월부터 6월까지의 상품매출액 합계액을 조회)
[3] 2,148,000원(총계정원장 조회 1월 1,548,000원+2월 600,000원)

9회 실전모의시험 해답

문제 1

회사등록 메뉴에서 수정
• 사업장주소 : 대전광역시 서구 둔산동 86 → 대전광역시 중구 대전천서로 7(옥계동)
• 사업자등록번호 : 350-22-28322 → 305-52-36547
• 종목 : 의류 → 문구 및 잡화

문제 2

전기분재무상태표 메뉴에서 수정
• 외상매출금 : 4,000,000원 → 40,000,000원
• 감가상각누계액(213.) : 200,000원 → 2,000,000원
• 토지 : 추가 입력 274,791,290원

문제 3

[1] 거래처등록 메뉴 일반거래처 탭에서 입력
　• 유형 수정 : 매출→동시
　• 종목 수정 : 전자제품 → 잡화
　• 주소 수정 : 서울 마포구 마포대로 33(도화동) → 경기도 남양주시 진접읍 장현로 83
[2] 거래처별초기이월 메뉴에서 수정
　• 외상매출금　• 발해상사 10,000,000원 → 13,000,000원
　• 외상매입금　• 신라상사 7,000,000원 → 17,000,000원
　　　　　　　• 가야상사 5,000,000원 → 19,000,000원

문제 4

[1] 7월 9일 일반전표입력
　　(차) 차량운반구　　　　　　　45,000,000　　(대) 당좌예금　　　　　　　　45,000,000
[2] 7월 10일 일반전표입력
　　(차) 선급금(진영상사)　　　　　 100,000　　(대) 보통예금　　　　　　　　 100,000
[3] 7월 25일 일반전표입력
　　(차) 외상매입금(광주상사)　　　 900,000　　(대) 현　금　　　　　　　　　 891,000
　　　　　　　　　　　　　　　　　　　　　　　　　매입할인(148.)　　　　　　　9,000

　또는
　　(차) 외상매입금(광주상사)　　　　 9,000　　(대) 매입할인(148.)　　　　　 9,000
　　출금전표 외상매입금(광주상사) 891,000
[4] 8월 25일 일반전표입력
　　(차) 감가상각누계액(203.)　　　2,500,000　　(대) 건　물　　　　　　　　 30,000,000
　　　　보통예금　　　　　　　　 10,000,000　　　　유형자산처분이익　　　　 1,500,000
　　　　미수금(하나상사)　　　　 19,000,000
[5] 10월 13일 일반전표입력
　　(차) 받을어음(발해상사)　　　 1,200,000　　(대) 상품매출　　　　　　　　 2,300,000
　　　　외상매출금(발해상사)　　 1,100,000
[6] 10월 30일 일반전표입력
　　(차) 복리후생비(판)　　　　　　 100,000　　(대) 현　금　　　　　　　　　　100,000
　또는 출금전표로 입력하여도 된다.
[7] 10월 31일 일반전표입력
　　(차) 기업업무추진비(판)　　　　 200,000　　(대) 보통예금　　　　　　　　　200,000
[8] 11월 10일 일반전표입력
　　(차) 도서인쇄비(판)　　　　　　　30,000　　(대) 미지급금(현대카드)　　　　 30,000
　　　　　　　　　　　　　　　　　　　　　　　　　(또는 미지급비용)

문제 5

[1] 9월 8일 일반전표입력
　　수정전 : (차) 단기차입금(신라상사)　25,000,000　(대) 보통예금　　　　 25,000,000
　　수정후 : (차) 외상매입금(조선상사)　25,000,000　(대) 보통예금　　　　 25,000,000
[2] 11월 21일 일반전표입력
　• 수정 전 : (차) 기업업무추진비(판)　 200,000　(대) 현　금　　　　　　　　 200,000
　• 수정 후 : (차) 인출금　　　　　　　 200,000　(대) 현　금　　　　　　　　 200,000
　　　　　　　　　　　　　　　　　　　　　　　　(또는 자본금)

문제 6

[1] 12월 31일 일반전표입력
　　(차) 외화환산손실　　　　　　 1,500,000　　(대) 외상매입금(미국 ABC사)　 1,500,000
　• 외화환산손실 : (1,250×$10,000) − 11,000,000 = 1,500,000원

[2] 12월 31일 일반전표입력
(차) 현 금 66,000 (대) 잡이익 66,000
[3] 12월 31일 일반전표입력
(차) 이자비용 125,000 (대) 미지급비용 125,000
[4] 12월 31일 일반전표입력
(차) 감가상각비(판) 1,450,000 (대) 감가상각누계액(209) 1,200,000
감가상각누계액(213) 250,000

또는 결산자료입력에서 4.판매비와일반관리＞4).감가상각비 결산반영금액란에 입력 후 F3전표추가
• 차량운반구 1,200,000원, • 비품 250,000원

[1] 우리상사, 35,500,000원
 • 거래처원장(기간 : 1월 1일~6월 30일) 계정과목 : 외상매출금(108.) 조회 후 거래처별 잔액 비교
[2] 316,650＋45,000＝361,650원
 • 총계정원장(기간 : 1월 1일~3월 31일) 소모품비(830.) 조회 : 가장 많은 달은 1월, 가장 적은 달은 2월
[3] 73,400,000－520,000＝72,880,000원
 • 재무상태표(기간 : 6월) 받을어음(110.) 73,400,000원에서 받을어음 대손충당금(111.) 520,000원 차감

10회 실전모의시험 해답

회사등록 메뉴에서 수정
• 사업자등록번호 정정 : 107-35-25785 → 107-36-25785
• 과세유형 수정 : 2.간이과세 → 1.일반과세
• 업태 수정 : 제조 → 도소매

전기분재무상태표 메뉴에서 추가 또는 수정
• 대손충당금(109) 추가 : 100,000원
• 감가상각누계액(213) 수정 : 6,000,000원 → 2,400,000원
• 외상매입금 수정 : 11,000,000원 → 8,000,000원

문제 3

[1] 거래처등록 메뉴 금융기관 탭에서 입력
- 거래처코드 : 98005, • 거래처명 : 신한은행, • 유형 : 1.보통예금, • 계좌번호 : 110-081-834009,
- 계좌개설일 : 2024-01-01, • 사업용 계좌 : 1.여

[2] 거래처별초기이월 메뉴에서 입력 또는 수정
- 받을어음 하우스컴 5,500,000원 추가 입력
- 지급어음 모두피씨 2,500,000원 → 4,000,000원 수정
  하나로컴퓨터 6,500,000원 → 2,500,000원 수정

문제 4

[1] 7월 5일 일반전표입력

(차) 보통예금	9,700,000	(대) 단기차입금(세무은행)	10,000,000
이자비용	300,000		

[2] 7월 7일 일반전표입력

(차) 상 품	3,960,000	(대) 외상매입금(대림전자)	3,960,000

[3] 8월 3일 일반전표입력

(차) 보통예금	15,000,000	(대) 외상매출금(국제전자)	20,000,000
받을어음(국제전자)	5,000,000		

[4] 8월 10일 일반전표입력

(차) 기부금	1,000,000	(대) 현 금	1,000,000

출금전표로 입력하여도 된다.

[5] 9월 1일 일반전표입력

(차) 기업업무추진비(판)	49,000	(대) 현 금	49,000

출금전표로 입력하여도 정답이다.

[6] 9월 10일 일반전표입력

(차) 예수금	150,000	(대) 보통예금	300,000
세금과공과(판)	150,000		

[7] 10월 11일 일반전표입력

(차) 현 금	960,000	(대) 선수금(미래전산)	960,000

입금전표로 입력하여도 된다.

[8] 11월 25일 일반전표입력

(차) 미지급금(비씨카드)	500,000	(대) 보통예금	500,000

문제 5

[1] 7월 29일 일반전표입력
- 수정전 : (차) 수선비(판) 30,000,000 (대) 보통예금 30,000,000
- 수정후 : (차) 건 물 30,000,000 (대) 보통예금 30,000,000

[2] 11월 23일 일반전표입력
- 수정전 : (차) 비 품 1,500,000 (대) 보통예금 1,500,000
- 수정후 : (차) 인출금 1,500,000 (대) 보통예금 1,500,000
  (또는 자본금)

[1] 12월 31일 일반전표입력
　　(차) 소모품　　　　　　　　　　30,000　　(대) 소모품비(판)　　　　　　30,000
[2] 12월 31일 일반전표입력
　　(차) 단기매매증권　　　　　　 100,000　　(대) 단기매매증권평가이익　 100,000
[3] 12월 31일 일반전표입력
　　(차) 선급비용　　　　　　　　 270,000　　(대) 보험료(판)　　　　　　 270,000
　　• 당기분 보험료 : 360,000×3/12＝90,000원
　　• 차기분 보험료 : 360,000×9/12＝270,000원(선급비용)
[4] 12월 31일 일반전표입력
　　(차) 이자비용　　　　　　　　 600,000　　(대) 미지급비용　　　　　　 600,000

[1] 6,500,000원
　　• 총계정원장(기간 : 1월 1일~6월 30일) 기업업무추진비(판) 합계금액 확인
[2] 550,000원(＝5,050,000－4,500,000)
　　• 재무상태표(기간 : 1월) 미수금 금액 확인
[3] 거래처코드 : 00112, 금액 : 36,500,000원
　　• 거래처원장(기간 : 1월 1일~5월 31일) 외상매출금(108.) 거래처별 잔액 및 거래처코드 확인

1회 집중심화시험 해답

이론시험

1. ③
2. ④ 20×1.12.31 : 5,000,000 × 0.4 = 2,000,000원
   20×2.12.31 : (5,000,000 − 2,000,000) × 0.4 = 1,200,000원
3. ② 500,000 − 50,000 + 200,000 = 650,000원
4. ③
5. ① 토지는 감가상각자산에 해당하지 아니한다.
6. ① 자산과 부채가 동시에 증가하여 자본변동을 초래하지 않는다.
   ③ 또는 ④는 비용 또는 수익이 발생하는 거래로 당기순이익 또는 순손실을 통하여 자본의 크기에 변동을 가져올 수 있다.
7. ② 기초재고 + 당기매입 − 기말재고 = 매출원가. 기말재고금액의 증가는 매출원가의 감소를 초래하여 매출총이익이 증가한다.
8. ② 일반기업회계기준에서 매출에누리와 할인 및 환입은 매출에서 차감한다.
9. ①
10. ① 소모품을 자산처리법으로 회계처리 하였으며 재무상태표에 표시될 소모품은 차기이월액 60,000원이다.
11. ② 기중 : (차) 대손충당금   30,000   (대) 외상매출금   30,000
    기말 : (차) 대손상각비   30,000   (대) 대손충당금   30,000
    4,000,000(외상매출금 잔액) × 0.01 = 40,000원
    40,000 − 10,000(대손충당금 잔액) = 30,000원
12. ③ 임의의 금액으로 거래를 추정해보면
    (차) 건 물   2,000   (대) 건설중인자산   1,500
                                                     현   금   500
    자산증가와 자산감소가 동시에 발생하였기 때문에 자산불변이다.
13. ④ 집합손익계정은 결산 시에만 설정되는 임시계정으로 차기로 이월되지 않는다.
14. ② 200,000 − 10,000 − 14,000 = 176,000원
15. ④ (차) 외상매입금(부채의감소)   1,000,000   (대) 보통예금(자산의감소)   200,000
                                                     지급어음(부채의증가)   800,000

실무시험

회사등록 • 종목 : 문구및잡화 → 전자제품, • 개업연월일 : 2010−01−05 → 2010−09−14,
• 사업장관할세무서 : 145.관악 → 305.대전

문제 2

전기분손익계산서
- 급여(801) : 20,000,000원 → 24,000,000원
- 복리후생비(811) : 1,500,000원 → 1,100,000원
- 잡이익(930) 3,000,000원 삭제 → 임대료(904) 3,000,000원 추가입력

문제 3

[1] 거래처등록의 금융기관 탭에서 입력
- 거래처코드 : 98006, • 거래처명 : 한경은행, • 유형 : 1.보통예금
- 계좌번호 : 1203-4562-49735, • 사업용 계좌 : 1.여

[2] 거래처별초기이월
- 외상매출금 • 믿음전자 : 15,000,000원 → 20,000,000원
  - 리트상사 5,000,000원 삭제 → ㈜형제 5,000,000원 추가입력
- 외상매입금 • 중소상사 : 1,000,000원 → 12,000,000원

문제 4

[1] 7월 16일 일반전표입력
    (차) 보통예금   600,000   (대) 선수금(우와상사)   600,000
[2] 8월 4일 일반전표입력
    (차) 비 품   15,000,000   (대) 미지급금(BC카드)   15,000,000
[3] 8월 25일 일반전표입력
    (차) 세금과공과(판)   120,000   (대) 현 금   120,000
    또는 출금전표 세금과공과(판) 120,000
[4] 9월 6일 일반전표입력
    (차) 당좌예금   1,764,000   (대) 외상매출금(수분상사) 1,800,000
        매출할인(403)   36,000
[5] 9월 20일 일반전표입력
    (차) 복리후생비(판)   200,000   (대) 현 금   200,000
    또는 출금전표 복리후생비(판) 200,000
[6] 10월 5일 일반전표입력
    (차) 광고선전비(판)   500,000   (대) 미지급금(삼성카드)   500,000
                                              (또는 미지급비용)
[7] 10월 13일 일반전표입력
    (차) 기부금   500,000   (대) 현 금   500,000
    또는 출금전표 기부금   500,000
[8] 11월 1일 일반전표입력
    (차) 예수금   190,000   (대) 보통예금   380,000
        복리후생비(판)   190,000

[1] 8월 16일 일반전표입력
  • 수정전 : (차) 운반비   50,000   (대) 현 금   50,000
  • 수정후 : (차) 상 품   50,000   (대) 현 금   50,000
        또는 출금전표 상 품   50,000
  ※ 상품 매입 시 발생한 당사 부담 운반비는 상품계정으로 처리한다.
[2] 9월 30일 일반전표입력
  • 수정전 : (차) 장기차입금(농협은행) 11,000,000   (대) 보통예금   11,000,000
  • 수정후 : (차) 장기차입금(농협은행) 10,000,000   (대) 보통예금   11,000,000
             이자비용   1,000,000

[1] 12월 31일 일반전표입력
   (차) 소모품비(판)   70,000   (대) 소모품   70,000

[2] 12월 31일 일반전표입력
   (차) 가수금   200,000   (대) 외상매출금(강원상사)   200,000
[3] 12월 31일 일반전표입력
   (차) 현금과부족   100,000   (대) 잡이익   100,000
[4] 1. 결산자료입력에서 4.판매비와일반관리비>4).감가상각비 • 차량운반구 결산반영금액란 600,000원 입력
    • 비품 결산반영금액란 500,000원 입력한 후 [F3]전표추가
   2. 또는 12월 31일 일반전표입력
     (차) 감가상각비   1,100,000   (대) 감가상각누계액(209)   600,000
                                              감가상각누계액(213)   500,000

문제 7

[1] 드림상사, 4,200,000원
   • 거래처원장(기간 : 1월 1일~6월 30일, 계정과목 : 108.외상매출금) 조회
[2] 2,524,000원
   • 총계정원장(월별 탭, 기간 : 1월 1일~6월 30일, 계정과목 : 811.복리후생비) 조회
[3] 16,000,000원 = 차량운반구 22,000,000원 – 차량운반구 감가상각누계액 6,000,000원
   • 재무상태표(기간 : 6월) 조회

2회 집중심화시험 해답

이론시험

1. ③ 직원을 채용하기로 한 것은 일상생활에서는 거래에 해당되지만, 회계상으로는 거래에 해당하지 않는다.
2. ④ 용역제공에 따른 수익을 인식하기 위해서는 이미 발생한 원가 및 거래의 완료를 위하여 투입하여야 할 원가를 신뢰성 있게 측정할 수 있어야 한다.
3. ② 매출액 6,000,000원에서 매출원가 2,500,000원(기초상품재고액 1,000,000 + 당기상품매입액 3,000,000 - 기말상품재고액 1,500,000)을 차감하면 매출총이익이 3,500,000원이고, 판매비와 관리비 1,000,000원을 차감하면 영업이익은 2,500,000원이다.
4. ① 300,000×2/6=100,000원
5. ① 10,000 - 2,000 - 1,000 = 7,000원
6. ② (차) 현금 XXX (대) 선수금 XXX에서 선수금은 상품 매출 시 계약금으로 먼저 받은 금액이다.
7. ④ 외상매출금, 나머지는 부채로 대손처리 할 수 없다.
8. ② 기초자산 1,000,000 - 기초부채 400,000 = 기초자본 600,000원
   총수익 5,100,000 - 총비용 3,600,000 = 당기순이익 1,500,000원
   기초자본 600,000 + 당기순이익 1,500,000 = 기말자본 2,100,000원
9. ③ 일반기업회계기준[문단10.4] 유형자산은 재화의 생산, 용역의 제공, 타인에 대한 임대 또는 자체적으로 사용할 목적으로 보유하는 물리적 형체가 있는 자산으로서, 1년을 초과하여 사용할 것이 예상되는 자산을 말한다.
10. ④ 급여는 비용항목이며, 지급된 현금은 자산의 감소이다.
11. ② 기말매출채권 : 350,000 + 400,000 + 300,000 - 400,000=650,000원
12. ④ (차) 비품(자산의 증가)　　　　　3,000,000　　(대) 현　　금(자산의 감소)　　2,000,000
    　　　　　　　　　　　　　　　　　　　　　　　　　　미지급금(부채의 증가)　　1,000,000
13. ③ 영업외수익은 이자수익, 배당금수익(주식배당액은 제외한다), 임대료, 단기투자자산처분이익, 단기투자자산평가이익, 외환차익, 외화환산이익, 지분법이익, 장기투자증권손상차손환입, 투자자산처분이익, 유형자산처분이익, 사채상환이익, 전기오류수정이익 등을 포함한다. 〈일반기업회계기준 실 2.48〉
14. ①
15. ③ "나"와 "라"는 취득한 자산의 취득원가에 포함됨

실무시험

회사등록의 기본사항에서 수정
- 대표자명 : 이기호 → 박연원
- 업태 : 제조 → 도소매
- 개업연월일 : 2017.08.02. → 2012.02.02.

문제 2

전기분재무상태표에서 • 미수금 600,000원 추가입력, • 지급어음 810,000원 → 8,100,000원으로 수정,
• 단기차입금 500,000원 → 5,000,000원으로 수정

문제 3

[1] 거래처별초기이월에서
• 외상매입금 • 고래전자 10,000,000원→12,000,000원으로 수정
• 석류상사 27,000,000원 추가입력
• 미지급금 • 앨리스상사 2,500,000원→25,000,000원으로 수정
[2] 계정과목및적요등록에서 입력 : 103.보통예금계정의 현금적요 No.5 미수금 보통예금 입금

문제 4

[1] 7월 13일 일반전표입력
    (차) 보통예금　　　　　　　　　　2,000,000　　(대) 대손충당금(109.)　　　　　2,000,000
[2] 8월 1일 일반전표입력
    (차) 외상매입금(남선상사)　　　　2,000,000　　(대) 받을어음(오름상사)　　　2,000,000
[3] 8월 31일 일반전표입력
    (차) 임차보증금(온천상가)　　　　20,000,000　 (대) 보통예금　　　　　　　　20,000,000
[4] 9월 2일 일반전표입력
    (차) 인출금(또는 자본금)　　　　　1,500,000　　(대) 미지급금(삼성카드)　　　1,500,000
[5] 9월 16일 일반전표입력
    (차) 현　금　　　　　　　　　　9,000,000　　(대) 차량운반구　　　　　　　10,000,000
    　　　감가상각누계액(209)　　　2,000,000　　　　유형자산처분이익　　　　1,000,000
[6] 9월 30일 일반전표입력
    (차) 보통예금　　　　　　　　　10,000,000　 (대) 장기차입금(우리은행)　　10,000,000
[7] 10월 2일 일반전표입력
    (차) 상　품　　　　　　　　　　2,200,000　　(대) 외상매입금(포스코상사)　2,000,000
    　　　　　　　　　　　　　　　　　　　　　　현　금　　　　　　　　　　200,000
[8] 10월 29일 일반전표입력
    (차) 선급금(효은상사)　　　　　　1,000,000　　(대) 보통예금　　　　　　　　1,000,000

문제 5

[1] 10월 5일 일반전표입력
    • 수정전 : (차) 수선비(판)　　　　1,300,000　　(대) 현　금　　　　　　　　　1,300,000
    • 수정후 : (차) 건　물　　　　　　13,000,000　 (대) 현　금　　　　　　　　　13,000,000
    　　　　　　또는 출금전표 건　물　　13,000,000

[2] 10월 13일 일반전표입력
- 수정전 : (차) 복리후생비(판)   400,000   (대) 미지급금(삼성카드)   400,000
- 수정후 : (차) 기업업무추진비(판)   400,000   (대) 미지급금(삼성카드)   400,000

[1] 12월 31일 일반전표입력
　　(차) 미수수익   1,500,000   (대) 이자수익   1,500,000
[2] 12월 31일 일반전표입력
　　(차) 선급비용   120,000   (대) 보험료(판)   120,000
[3] 12월 31일 일반전표입력
　　(차) 단기매매증권   100,000   (대) 단기매매증권평가이익   100,000
- 단기매매증권평가이익 : (1,600 − 1,500)×1,000주 = 100,000원
[4] ① 또는 ② 중 하나를 선택하여 입력
　① 결산자료입력의 F8대손상각 선택 보조창에서 • 외상매출금 323,500원, • 받을어음 240,000원 입력한 후 하단
　　의 결산반영을 선택한 후 F3전표추가
　② 12월 31일 일반전표입력
　　　(차) 대손상각비   563,500   (대) 대손충당금(외상매출금)   323,500
　　　　　　　　　　　　　　　　　　　　　　　　　　 대손충당금(받을어음)   240,000
　　- 외상매출금 : 322,350,000×1% − 2,900,000 = 323,500원
　　- 받을어음 : 28,300,000×1% − 43,000 = 240,000원

[1] 4건
- 계정별원장(기간 : 03월 01일~03월 31일) 108.외상매출금과 110.받을어음 조회 : 차변 건수 합계
[2] 5,200,000원
- 거래처원장(기간 : 01월 01일~06월 30일) 계정과목 : 131.선급금, 거래처 : 1010.자담상사 잔액 확인
[3] 44,000,000 − 20,600,000 = ②3,400,000원
- 총계정원장(기간 : 01월 01일~06월 30일) 계정과목 : 101.현금 조회
- 월별 최대 입금액 및 최대 출금액 확인 : 입금 5월 44,000,000원, 출금 2월 20,600,000원

3회 집중심화시험 해답

이론시험

1. ③ 기말결산 시 비용과 수익은 모두 손익계정에 대체하여 마감한다.
2. ① 후입선출법에 대한 설명이다
3. ① (차) 차량유지비   200,000   (대) 미지급금   200,000
   카드결제의 경우 거래처를 카드사로 하는 부채가 증가함.
4. ① 비용이란 기업이 일정 기간 동안 경영 활동을 통하여 지출하는 경제적 가치총액이며, 자본 감소의 원인이 된다.
5. ④ 기말 결산 시 선수수익을 누락하면 수익이 과대 계상되고, 부채가 과소 계상 됨.
6. ④ 20X1년 감가상각비 (10,000,000 − 1,000,000) ÷ 5년 = 1,800,000원
   20X2년 감가상각비 (10,000,000 − 1,000,000) ÷ 5년 = 1,800,000원
   20X3년 1월 1일 장부금액 6,400,000원 (10,000,000 − 3,600,000)
7. ③ 거래처 식사대는 기업업무추진비(접대비)이다.
8. ② 총매출액에서 매출에누리와 환입액 80,000원을 차감하여 계산함.
9. ① ③번은 무형자산을 설명하고 있다. ④번은 유형자산을 취득할 때 소요된 취득부대비용은 당기의 취득원가에 포함하여야 한다. 그리고 판매목적으로 구입한 자산은 재고자산이다.
10. ③ 매출액 800,000 − 매출원가 및 판매관리비 370,000 = 430,000원
    은행 차입금의 이자는 영업외비용이다.
11. ② 대손충당금과 먼저 상계하고 대손충당금이 부족한 경우에는 대손상각비로 인식한다.
12. ③
13. ②
14. ② 1개월분 보험료 1,200,000 / 6월 = 200,000원
    당기분보험료(8월~12월) 5개월 × 200,000 = 1,000,000원
    선급보험료(다음년도 1월분) = 200,000원
15. ④ 보유중이던 타인발행 자기앞수표는 현금으로 처리하고, 수리비 중 자본적지출에 해당하는 금액만 해당자산에 가산한다.

실무시험

문제 1

회사등록 메뉴에서 수정 • 사업자등록번호 정정 : 460 − 47 − 53502 → 130 − 47 − 50505
• 개업연월일 정정 : 2015년 1월 5일 → 2015년 5월 1일
• 관할세무서 정정 : 145.관악 → 152.남부천

문제 2

전기분손익계산서에서 수정 • 급여 정정 : 50,500,000원 → 34,300,000원
• 차량유지비 정정 : 2,500,000원 → 3,500,000원
• 기부금 추가 입력 : 3,000,000원

문제 3

[1] 계정과목및적요등록 메뉴에서 등록
　　계정과목 824.운반비의 대체적요 4. 퀵 서비스 요금 보통예금 이체 지급
[2] 거래처등록 메뉴의 신용카드 탭에서 입력
- 코드 : 99871　• 거래처명 : 믿음카드　• 유형 : 2.매입
- 카드번호 : 1234-5678-9012-3452　• 카드종류(매입) : 3.사업용카드

문제 4

[1] 7월 2일　일반전표입력
　　(차) 광고선전비(판)　　　　3,300,000　　(대) 미지급금(푸른상사)　　3,300,000
[2] 7월 26일　일반전표입력
　　(차) 선급금(좌동철강)　　　1,000,000　　(대) 당좌예금　　　　　　　1,000,000
[3] 8월 23일　일반전표 입력
　　(차) 가수금　　　　　　　　5,000,000　　(대) 외상매출금(승리상사)　5,000,000
[4] 8월 28일　일반전표 입력
　　(차) 당좌예금　　　　　　　10,000,000　 (대) 상품매출　　　　　　　25,000,000
　　　　외상매출금(강서상사)　15,000,000
[5] 9월 10일　일반전표입력
　　(차) 통신비(판)　　　　　　　　5,000　　(대) 현　금　　　　　　　　　　5,000
　　또는 출금전표 통신비(판)　　　5,000
[6] 9월 28일　일반전표입력
　　(차) 현　금　　　　　　　　1,000,000　　(대) 상품매출　　　　　　　6,500,000
　　　　받을어음(나나상점)　　5,500,000
[7] 10월 28일　일반전표입력
　　(차) 기업업무추진비(판)　　　150,000　　(대) 현　금　　　　　　　　　150,000
　　또는 출금전표 기업업무추진비(판)　150,000
[8] 10월 31일　일반전표입력
　　(차) 세금과공과(판)　　　　　260,000　　(대) 현　금　　　　　　　　　260,000
　　또는 출금전표 세금과공과(판)　260,000

문제 5

[1] 11월 2일　일반전표입력
- 수정전 : (차) 보통예금　　　　9,750,000　　(대) 받을어음(천둥상점)　10,000,000
　　　　　　　수수료비용(판)　　 250,000
- 수정후 : (차) 보통예금　　　　9,750,000　　(대) 받을어음(천둥상점)　10,000,000
　　　　　　　매출채권처분손실　 250,000
[2] 12월 4일　일반전표입력
- 수정전 : (차) 상　품　　　　　1,650,000　　(대) 당좌예금　　　　　　　1,650,000
- 수정후 : (차) 상　품　　　　　1,650,000　　(대) 현　금　　　　　　　　1,650,000

[1] 12월 31일 일반전표입력
   (차) 선수수익   2,400,000   (대) 임대료(904)   2,400,000
   • 월 임대료 : 4,800,000 ÷ 12개월 = 400,000원
   • 당기분 임대료 : 400,000 × 6개월(2024.7.1.~2024.12.31.) = 2,400,000원
[2] 12월 31일 일반전표입력
   (차) 자본금   658,000   (대) 인출금   658,000
   • 합계잔액시산표에서 인출금 잔액(-658,000원) 조회 후 입력
[3] 12월 31일 일반전표입력
   (차) 소모품   300,000   (대) 소모품비(판)   300,000
[4] 12월 31일 일반전표입력
   (차) 감가상각비(판)   870,000   (대) 감가상각누계액(비품)   560,000
                                              감가상각누계액(차량운반구) 310,000
   또는 결산자료입력에서 4)감가상각비 : 비품 560,000원, 차량운반구 310,000원 입력 후 F3 전표추가

[1] 70,248,000원
   • 판매가능한 상품 : 기초상품재고액 + 당기상품매입액
   • 합계잔액시산표(기간 : 6월 30일) 계정과목 상품 차변 합계액
   • 또는 계정별원장(조회기간 : 1월 1일~6월 30일) 계정과목 : 146.상품 차변 합계액
[2] 3,750,000원
   • 일계표(월계표)(조회기간 : 1월 1일~5월 30일) 기업업무추진비 차변 중 현금으로 지출한 금액
[3] 250,000원
   430,000(2월) - 180,000(6월) = 250,000원
   • 총계정원장(조회기간 : 1월 1일~6월 30일) 계정과목 : 837.건물관리비 조회

4회 집중심화시험 해답

이론시험

1. ③ 냉난방 설치비 20,000,000 + 화물차 내용연수 연장 4,000,000 = 24,000,000원
2. ① 현금및현금성자산은 자기앞수표와 당좌예금
3. ③
4. ④ 판매가능수량 60개 - 당월매출수량 40개 = 월말재고수량 20개
      월말재고수량 20개 × 단가 1,200 = 월말재고액 24,000원
5. ④ 매입운임과 취득세는 취득원가에 가산되는 항목임.

6. ① 시산표가 정확하게 작성되었다 할지라도 발견할 수 없는 오류가 있을 수 있음.
7. ① 개발비는 자산(무형자산)계정으로 재무상태표 항목에 속함.
8. ② (10,000,000 + 200,000) / 5년 = 2,040,000원
9. ③ 미수금은 자산이므로 차변에 위치한다.
10. ① 비유동자산에는 유형자산, 무형자산, 투자자산, 기타비유동자산이 있다.
11. ④
12. ③ 토지는 감가상각대상 자산이 아니다.
13. ② 누락된 분개 : (차) 급여   ×××   (대) 미지급비용   ×××
14. ③ 3,000,000원. 기초자본 + 추가출자금 + 총수익 − 총비용 = 기말자본
    8,000,000 + 5,000,000 + 6,000,000 − 총비용 = 16,000,000원
15. ③ 150,000 − (200,000 − 80,000) = 30,000원

실무시험

문제 1

[회사등록] > • 과세유형 수정 : 2.간이과세자 → 1.일반과세자
         • 대표자명 수정 : 손희정 → 손우성
         • 업태 수정 : 서비스 → 도소매

문제 2

[전기분재무상태표] > • 현금 수정 : 3,000,000원 → 43,000,000원
              • 대손충당금(외상매출금) 추가입력 : 400,000원
              • 감가상각누계액(차량운반구) 수정 : 1,200,000원 → 14,000,000원

문제 3

[1] 거래처등록 메뉴의 신용카드 탭에서 입력
    • 코드 : 99811,   • 거래처명 : 나라카드,   • 유형 : 2.매입
    • 카드번호(매입) : 1000 − 2000 − 3000 − 4000,   • 카드종류(매입) : 3.사업용카드
[2] 거래처별 초기이월 메뉴에서 수정
    1. 외상매출금 • 유통상사 9,000,000원 → 10,000,000원으로 수정
              • 브런치상사 21,000,000원 → 20,000,000원으로 수정
    2. 외상매입금 • 순임상사 20,000,000원 추가입력

[1] 7월 9일 일반전표입력
　　(차) 차량운반구　　　　　　　15,000,000　　(대) 당좌예금　　　　　　　15,000,000
[2] 8월 1일 일반전표입력
　　(차) 건물관리비(판)　　　　　　　300,000　　(대) 보통예금　　　　　　　　300,000
[3] 8월 4일 일반전표입력
　　(차) 세금과공과(판)　　　　　　　 62,500　　(대) 현　금　　　　　　　　　 62,500
　　또는 출금전표 세금과공과(판)　　 62,500
[4] 8월 12일 일반전표입력
　　(차) 도서인쇄비(판)　　　　　　　 20,000　　(대) 현　금　　　　　　　　　 20,000
　　또는 출금전표 도서인쇄비(판)　　 20,000
[5] 8월 18일 일반전표입력
　　(차) 단기매매증권　　　　　　　6,000,000　　(대) 보통예금　　　　　　　6,130,000
　　　　수수료비용(영업외비용)　　　130,000
[6] 9월 3일 일반전표입력
　　(차) 선수금(수원문구)　　　　　　500,000　　(대) 상품매출　　　　　　　5,000,000
　　　　외상매출금(수원문구)　　　4,500,000
[7] 10월 18일 일반전표입력
　　(차) 수선비(판)　　　　　　　　　150,000　　(대) 미지급금(현대카드)　　　　150,000
　　　　　　　　　　　　　　　　　　　　　　　　또는 미지급비용(현대카드)
[8] 11월 24일 일반전표입력
　　(차) 기부금　　　　　　　　　　1,000,000　　(대) 현　금　　　　　　　　 1,000,000
　　또는 출금전표 기부금　　　　　1,000,000

문제 5

[1] 9월 14일 일반전표입력
　　수정전 : (차) 세금과공과(판)　　　130,000　　(대) 현　금　　　　　　　　　130,000
　　수정후 : (차) 차량운반구　　　　　130,000　　(대) 현　금　　　　　　　　　130,000
　　　　또는 출금전표 차량운반구　　130,000
[2] 11월 21일 일반전표입력
　　수정전 : (차) 기업업무추진비(판)　100,000　　(대) 현　금　　　　　　　　　100,000
　　수정후 : (차) 복리후생비(판)　　　100,000　　(대) 현　금　　　　　　　　　100,000
　　　　또는 출금전표 복리후생비(판)　100,000

[1] 12월 31일 일반전표입력
　　(차) 미수수익　　　　　　　　　　 60,000　　(대) 이자수익　　　　　　　　 60,000

[2] 12월 31일 일반전표입력
(차) 외상매입금(㈜홍상사)　　　　150,000　　　(대) 가지급금　　　　　　　　150,000
[3] 12월 31일 일반전표입력
(차) 보통예금　　　　　　　　　　900,000　　　(대) 단기차입금(행복은행)　　　900,000
[4] 12월 31일 일반전표입력
(결차) 상품매출원가　　　　　222,920,000　　(결대) 상　품　　　　　　222,920,000
• 상품매출원가 : 합계잔액시산표(또는 계정별원장 또는 총계정원장) 상품 차변 합계액 229,920,000원 – 기말상품 재고액 7,000,000원 = 222,920,000원
또는 결산자료입력　2. 매출원가　⑩ 기말 상품 재고액 7,000,000원 입력후 F3 전표추가

[1] 600,000원
　월계표(조회기간 : 4월~6월) 5.판매비및관리비 : 수수료비용 계정 차변 현금
[2] 1,500,000원(= 2월 1,800,000원 – 5월 300,000원)
　총계정원장(조회기간 : 1월~6월) 계정과목 : 복리후생비(판)
[3] 5,200,000원
　거래처별계정과목별원장(조회기간 : 1월~6월) 계정과목 : 선급금 거래처 : 인천상사

5회 집중심화시험 해답

이론시험

1. ④　임차보증금, 차량운반구, 선납세금은 자산계정으로 잔액이 차변에 남고, 선수금은 부채계정으로 잔액이 대변에 남는다.
2. ③　이자비용은 영업외비용에 속한다.
3. ②　재무제표의 종류는 재무상태표, 손익계산서, 현금흐름표, 자본변동표, 주석이 있으며, 일정 기간 동안의 기업의 경영성과(수익, 비용, 이익)에 대한 정보를 제공하는 보고서는 손익계산서이다.
4. ④　1년
5. ③　2,000,000 + 5,000,000 – 3,000,000 – 40,000 = 3,960,000원
　외상매출금 회수액 = 기초잔액 + 당기외상매출액 – 기말잔액 – 매출할인액
6. ①　선입선출법에 대한 설명이다.
7. ④　건물 내부의 조명기구 교체는 수익적 지출에 해당한다.
8. ③　680,000 + 450,000 – 770,000 = 360,000원
　유형자산처분이익 = 처분가액 – (취득가액 – 감가상각누계액)
　감가상각누계액 = 취득가액 + 유형자산처분이익 – 처분가액
9. ④　가수금은 실제 현금의 입금 등은 있었지만 거래의 내용이 불분명하거나 거래가 완전히 종결되지 않아 계정과목이나 금액이 미확정인 경우에 현금의 수입을 일시적인 채무로 표시하는 계정과목을 말한다.

10. ② • a : (차) 상품   ×××   (대) 외상매입금   ×××
    • b : (차) 외상매입금   ×××   (대) 현금   ×××
    • c : (차) 외상매입금   ×××   (대) 보통예금   ×××
    • d : (차) 보통예금   ×××   (대) 외상매출금   ×××
11. ① 기업주가 기업의 현금, 상품 등을 개인적으로 소비하는 것을 인출이라고 하며, 기업주의 인출이 자주 발생하는 경우 별도로 인출금 계정을 설정하여 처리할 수 있다. 기업주의 인출이 발생한 경우에는 인출금 계정 차변에 기입하였다가 기말 결산 시 인출금 계정 잔액을 자본금 계정에 대체한다.
12. ③ 차입금 지급이자와 기부금은 영업외비용에 해당한다.
13. ② 비용(200,000원)−수익(100,000원)=100,000원(손실)
    비용 : 감가상각비 200,000원(=1,000,000×1/5), 수익 : 이자수익 100,000원
14. ② 30,000원=보험료 40,000원−선급보험료 10,000원
    회계처리
    지급일 : (차) 보험료   40,000   (대) 현 금   40,000
    결산일 : (차) 선급보험료   10,000   (대) 보험료   10,000
15. ① 수익이 증가하면 자산의 증가 또는 부채의 감소에 따라 자본의 증가

실무시험

회사등록 메뉴에서 수정 • 과세유형 수정 : 2.간이과세자 → 1.일반과세자
              • 사업장소재지 수정 : 광주광역시 남구 봉선중앙로 153번길
                → 광주광역시 남구 봉선중앙로123번길 1(주월동)
              • 개업연월일 수정 : 2010.05.19. → 2010.05.09.

전기분재무상태표에서 수정 • 보통예금 수정 : 5,900,000원 → 9,500,000원
                • 미수금 추가입력 : 1,000,000원
                • 단기차입금 수정 : 23,000,000원 → 24,460,000원

문제 3

[1] 거래처별초기이월 메뉴에서 수정
    • 외상매출금 : 참푸른상사 8,500,000원 → 15,000,000원으로 수정
    • 외상매입금 : ㈜부일 6,000,000원 → 10,000,000원으로 수정
[2] 거래처등록 메뉴의 일반거래처 탭에서 입력
    • 코드 : 01000,   • 거래처명 : 잘먹고잘살자,   • 거래처유형 : 2.매입
    • 사업자등록번호 : 214−13−84536,   • 대표자성명 : 김영석,   • 업태 : 서비스,   • 종목 : 한식

문제 4

[1] 7월 6일 일반전표입력
    (차) 교육훈련비(판)   100,000   (대) 보통예금   100,000
[2] 8월 2일 일반전표입력
    (차) 보통예금   100,000,000   (대) 임차보증금(강남상사) 100,000,000
[3] 8월 29일 일반전표입력
    (차) 기업업무추진비(판)   300,000   (대) 미지급금(비씨카드)   300,000
                                                또는 미지급비용(비씨카드)
[4] 9월 6일 일반전표입력
    (차) 정기예금   10,000,000   (대) 보통예금   10,000,000
[5] 9월 20일 일반전표입력
    (차) 상 품   1,000,000   (대) 당좌예금   600,000
                                                 현 금   400,000
[6] 9월 30일 일반전표입력
    (차) 급여(판)   750,000   (대) 예수금   6,000
                                                 보통예금   744,000
[7] 10월 11일 일반전표 입력
    (차) 건 물   3,000,000   (대) 보통예금   3,000,000
[8] 10월 13일 일반전표입력
    (차) 대손충당금(109.외상매출금) 300,000 (대) 외상매출금(미림전자) 2,600,000
         대손상각비   2,300,000

문제 5

[1] 7월 9일 일반전표입력
  • 수정전 : (차) 세금과공과(판)   200,000   (대) 현 금   200,000
  • 수정후 : (차) 기부금   200,000   (대) 현 금   200,000
         또는 출금전표   기부금   200,000
[2] 10월 12일 일반전표입력
  • 수정전 : (차) 보통예금   5,000,000   (대) 외상매출금(영랑문구) 5,000,000
  • 수정후 : (차) 보통예금   5,000,000   (대) 단기대여금(영랑문구) 5,000,000

문제 6

[1] 12월 31일 일반전표입력
    (차) 잡손실   100,000   (대) 현금과부족   100,000
[2] 12월 31일 일반전표입력
    (차) 가수금   500,000   (대) 선수금(인천상사)   500,000
[3] 12월 31일 일반전표입력
    (차) 이자비용   200,000   (대) 미지급비용   200,000
  • 기간경과분 미지급이자 : 10,000,000원×6%×4개월/12개월＝200,000원

[4] 12월 31일 일반전표입력
(차) 감가상각비(판) 7,000,000 (대) 감가상각누계액(차량운반구) 7,000,000
- 감가상각비 : (취득가액 60,000,000원 − 잔존가치 4,000,000원)÷8년 = 7,000,000원
또는 결산자료입력에서 4) 감가상각비 차량운반구 7,000,000원 입력 후 F3 전표추가

문제 7

[1] 계정별원장 또는 총계정원장(조회기간 : 1월 1일~6월 30일) 계정과목 : 134.가지급금 조회 44,000원
[2] 1,400,000원 = 2월 2,000,000원 − 5월 600,000원
총계정원장(조회기간 : 1월 1일~6월 30일) 계정과목 : 813.기업업무추진비(판) 조회
[3] 거래처원장(조회기간 : 1월 1일~6월 30일) 계정과목 : 253.미지급금 조회 타이거상사, 540,000원

6회 집중심화시험 해답

이론시험

1. ④ 외상매출금은 일반적인 상거래에서 발생한 매출채권을, 미수금은 일반적인 상거래 외의 거래(유형자산 처분 등)에서 발생한 채권을 말한다.
2. ④ 기말재고 과소평가 시 매출원가는 과대계상되고, 당기순이익은 과소계상된다.
3. ③ 미지급금은 일반적인 상거래 외의 거래에서 발생하는 부채이다.
4. ② 직원을 채용하기로 한 것은 자산, 부채, 자본, 수익, 비용의 증감 변화를 가져오지 않으므로 회계상의 거래가 아닌 일반적인 거래에 해당한다.
5. ④ 유동부채 : 단기차입금
6. ② 외상매출금을 현금으로 받아 즉시 당좌예입하였다. :   (차) 당좌예금   (대) 외상매출금
① 종업원의 급여를 보통예금에서 이체해 지급하였다. :   (차) 급 여   (대) 보통예금
③ 상품을 매출하고 대금은 거래처가 발행한 당좌수표로 받았다. :   (차) 현 금   (대) 상품매출
④ 상품을 매입하고 대금은 약속어음을 발행하여 지급하였다. :   (차) 상 품   (대) 지급어음
7. ③ 단기매매증권 취득 시 발생한 매입수수료는 영업외비용으로 처리한다.
8. ④ 받을어음
9. ③ 정액법은 자산의 내용연수 동안 매기 동일한 금액으로 감가상각액을 인식하는 방법이다.
10. ③ 2,700,000원(= 1,000,000 + 1,800,000 − 100,000)
- 유형자산처분이익 = 처분가액 − (취득가액 − 감가상각누계액)
- 취득가액 = 처분가액 + 감가상각누계액 − 유형자산처분이익
11. ③ • 임차보증금 30,000,000원이 자산계정이다.
- 미지급금, 예수금, 선수금은 모두 부채계정이다.
12. ③ • 기말자산 = 기말부채 + 기말자본(600,000 + 800,000 = 1,400,000원)
- 당기순이익 : 총수익 − 총비용(1,500,000 − 1,000,000 = 500,000원)
- 기말자본 : 기초자본 + 당기순이익(300,000 + 500,000 = 800,000원)
13. ① 예수금

14. ③   이자비용과 기부금은 영업외비용에 해당한다.
15. ①   • 매출총이익 = 매출액 − 매출원가(130,000 − 112,000 = 18,000원)
        • 매출원가 = 기초상품재고액 + 당기총매입액 − 기말상품재고액
                    24,000 + 108,000 − 20,000 = 112,000원

실무시험

문제 1

- 기초정보관리 > 회사등록 > • 대표자명 수정 : 최기수 → 최성호
                          • 업태 수정 : 제조 → 도소매
                          • 개업연월일 수정 : 2017.02.01. → 2015.02.01.

문제 2

전기분손익계산서에서 • 급여 수정 : 21,400,000원 → 12,400,000원
                   • 소모품비(830) 190,000원 추가입력
                   • 영업외비용 수정 : 기부금(953) 50,000원 → 잡손실(980) 50,000원

문제 3

[1] 거래처등록 메뉴의 일반거래처 탭에서
    • 거래처코드 : 0330,   • 거래처명 : 영랑실업,   • 유형 : 1.매출,   • 사업자등록번호 : 227−32−25868,
    • 대표자성명 : 김화랑,   • 업태 : 도소매,   • 종목 : 전자제품,
    • 주소 : 강원도 속초시 영랑로5길 3(영랑동)
[2] 계정과목및적요등록에서 811.복리후생비 계정의 대체적요 : 적요NO. 3, 직원회식비 신용카드 결제

문제 4

[1] 7월 21일 일반전표입력
    (차) 현   금   2,000,000   (대) 외상매출금(영우상회)   10,000,000
        보통예금   8,000,000
    또는
    (차) 보통예금   8,000,000   (대) 외상매출금(영우상회)   8,000,000
    입금전표 외상매출금(영우상회) 2,000,000
[2] 8월 5일 일반전표입력
    (차) 토   지   20,400,000   (대) 당좌예금   20,000,000
                                                   현   금   400,000

또는			
(차) 토 지	20,000,000	(대) 당좌예금	20,000,000
출금전표 토지	400,000		

[3] 8월 26일 일반전표입력
    (차) 예수금   90,000   (대) 보통예금   180,000
       세금과공과(판)   90,000

[4] 9월 8일 일반전표입력
    (차) 복리후생비(판)   200,000   (대) 미지급금(우리카드)   200,000
                                                         또는 미지급비용

[5] 9월 20일 일반전표입력
    (차) 기업업무추진비(판)   100,000   (대) 현 금   100,000
    또는 출금전표 기업업무추진비(판)   100,000

[6] 10월 5일 일반전표입력
    (차) 비 품   2,500,000   (대) 미지급금(선진상사)   2,500,000

[7] 11월 30일 일반전표입력
    (차) 임차보증금(㈜한성)   50,000,000   (대) 보통예금   50,000,000

[8] 12월 9일 일반전표입력
    (차) 보통예금   4,875,000   (대) 단기차입금(대한은행)   5,000,000
       이자비용   125,000

문제 5

[1] 10월 1일 일반전표 수정
  • 수정전 : (차) 외상매입금(순천상사)   101,000   (대) 보통예금   101,000
  • 수정후 : (차) 외상매입금(순천상사)   100,000   (대) 보통예금   101,000
              수수료비용(판)   1,000

[2] 11월 26일 일반전표 수정
  • 수정전 : (차) 보통예금   400,000   (대) 가수금(순천상사)   400,000
  • 수정후 : (차) 보통예금   400,000   (대) 외상매출금(순천상사)   400,000

문제 6

[1] 12월 31일 일반전표입력
    (차) 선급비용   300,000   (대) 보험료(판)   300,000
  • 선급비용 : 900,000×4개월/12개월=300,000원

[2] 12월 31일 일반전표입력
    (차) 여비교통비(판)   44,000   (대) 가지급금   44,000

[3] 12월 31일 일반전표입력
    (차) 자본금   500,000   (대) 인출금   500,000

[4] 12월 31일 일반전표입력
    (차) 소모품   200,000   (대) 소모품비(판)   200,000

[1] 95,000,000원
- 재무상태표(조회기간 : 6월) 유동부채 금액 확인

[2] 5월, 60,000,000원
- 총계정원장(조회기간 : 1월 1일~6월 30일) 계정과목 : 401.상품매출 조회

[3] 3,200,000원
- 거래처원장(조회기간 : 1월 1일~4월 30일) 계정과목 : 108.외상매출금 거래처 : 오렌지유통 조회

112회 기출문제총정리 해답

이론시험

1. ② 손익계산서의 총비용과 총수익을 비교하여 당기순손익을 구하는 방법은 손익법이며, 재산법은 기초자본과 기말자본을 비교하여 당기순이익을 계산하는 방법이다.
2. ③ 60,000 + 300,000 − 30,000 − 120,000 = 210,000원
   외상매입금 당기 지급액 = 기초 외상매입금 + 당기 외상매입액 − 매입환출 − 기말 외상매입금

   외상매입금

매입환출	30,000원	기초액	60,000원
지급액	210,000원	외상매입액	300,000원
기말액	120,000원		
	360,000원		360,000원

3. ① 이자비용은 영업외비용에 속한다.
4. ① 유형자산의 처분은 결산 수정분개의 대상 항목이 아니다.
5. ④ 본사 건물 임차보증금은 유형자산에 속하지 않는 기타비유동자산이다.
6. ② 당좌자산
   • 유동성이 높은 순서는 당좌자산 > 재고자산 > 유형자산 > 기타비유동자산 순이다.
7. ③ 1,900,000 − 1,600,000 = 300,000원
   • 단기매매증권처분손익 = 처분금액 − 장부금액
   • 처분금액 = 매도금액 − 매각 수수료 2,000,000 − 100,000 = 1,900,000원
8. ④ 선급금은 당좌자산이다.
9. ① 매출채권(외상매출금, 받을어음)에 대해서 대손충당금 설정이 가능하다.
   • 지급어음, 미지급금, 선수금은 모두 부채 항목이다.
10. ③ 200,000원 = 순매출액 800,000원 − 매출원가 600,000원
    • 손익계정의 매입은 매출원가를 의미하며, 매출은 순매출액을 의미한다.
11. ① 재무제표는 재무상태표, 손익계산서, 현금흐름표, 자본변동표로 구성되며, 주석을 포함한다.
12. ② 1,100,000 − 600,000 = 500,000원
    기말자본 = 기말자산 − 기말부채
    • 기말자산 : 현금, 상품
    • 기말부채 : 선수금, 외상매입금, 단기차입금
13. ③ 자본적 지출액은 취득원가에 가산되며 감가상각을 통해 비용으로 처리된다.
14. ④ (차) 보통예금(자산의 증가)   300,000   (대) 이자수익(수익의 발생)   300,000
15. ② 전기이월 잔액이 대변에 표시되는 계정은 부채 또는 자본이다. 보기 항목 중 미지급금만 부채계정이고, 미수금, 선급금, 외상매출금은 모두 자산계정이다.

실무시험

회사등록 수정
- 사업자등록번호 : 350-52-35647 → 305-52-36547
- 사업장주소 : 부산광역시 해운대구 중동 777 → 대전광역시 중구 대전천서로 7(옥계동)
- 종목 : 신발 의류 잡화 → 문구 및 잡화

전기분손익계산서 수정
- 401.상품매출 227,000,000원 → 237,000,000원
- 812.여비교통비 → 0811.복리후생비
- 970.유형자산처분손실 12,000,000원 추가 입력

[1] 거래처별초기이월 수정
- 받을어음 : 아진상사 2,000,000원 → 5,000,000원
- 외상매입금 : 대영상사 15,000,000원 → 20,000,000원
- 예수금 : 대전세무서 300,000원 추가 입력

[2] 거래처등록 신용카드 탭에서 등록
- 거래처코드 : 99603, ·거래처명 : BC카드, ·유형 : 2.매입
- 카드번호 : 1234-5678-1001-2348, ·카드종류 : 3.사업용카드

문제 4

[1] 08월 09일 일반전표입력
(차) 선급금(㈜모닝)	200,000	(대) 현 금	200,000
또는 출금전표 선급금(㈜모닝)	200,000		

[2] 08월 20일 일반전표입력
(차) 차량운반구	7,300,000	(대) 미지급금(삼성카드)	7,000,000
		보통예금	300,000

[3] 09월 25일 일반전표입력
(차) 급여(판)	3,700,000	(대) 예수금	512,760
		보통예금	3,187,240

[4] 10월 02일 일반전표입력
    (차) 접대비(판)　　　　　　　　　2,000,000　　(대) 미지급금(삼성카드)　　　3,000,000
    　　　복리후생비(판)　　　　　　　1,000,000　　　　　(또는 미지급비용)
[5] 11월 17일 일반전표입력
    (차) 당좌예금　　　　　　　　　12,000,000　　(대) 상품매출　　　　　　　35,000,000
    　　　받을어음(㈜새로운)　　　　23,000,000
[6] 12월 01일 일반전표입력
    (차) 건　물　　　　　　　　　　15,000,000　　(대) 보통예금　　　　　　　15,000,000
[7] 12월 27일 일반전표입력
    (차) 수수료비용(판)　　　　　　　300,000　　(대) 현　금　　　　　　　　300,000
    또는 출금전표 수수료비용(판)　　　300,000
[8] 12월 29일 일반전표입력
    (차) 현　금　　　　　　　　　　　 30,000　　(대) 현금과부족　　　　　　　30,000
    또는 입금전표 현금과부족　　　　　30,000

문제 5

[1] 07월 10일 일반전표입력 수정
    • 수정 전 : (차) 보통예금　　　　200,000　　(대) 외상매출금(하진상사)　　200,000
    • 수정 후 : (차) 보통예금　　　　200,000　　(대) 선수금(하진상사)　　　　200,000
[2] 11월 25일 일반전표입력 수정
    • 수정전 : (차) 세금과공과　　　　200,000　　(대) 현　금　　　　　　　　200,000
    • 수정후 : (차) 인출금　　　　　　200,000　　(대) 현　금　　　　　　　　200,000
    　　　　　　　(또는 자본금)
    　　　또는 출금전표 인출금　　　　200,000
    　　　　　　　(또는 자본금)

문제 6

[1] 12월 31일 일반전표입력
    (차) 임차료(판)　　　　　　　　　500,000　　(대) 미지급비용　　　　　　　500,000
[2] 12월 31일 일반전표입력
    (차) 미수수익　　　　　　　　　　300,000　　(대) 이자수익　　　　　　　　300,000
[3] 12월 31일 일반전표입력
    (차) 보통예금　　　　　　　　　　800,000　　(대) 단기차입금(기업은행)　　800,000
[4] ① 결산자료입력에서 입력
    　　　4. 판매비와일반관리비 4) 감가상각비 · 비품 결산반영금액란 5,500,000원 입력 후 F3전표추가
  　② 12월 31일 일반전표입력
    (차) 감가상각비　　　　　　　　5,500,000　　(대) 감가상각누계액(비품)　　5,500,000
    • 2025년 12월 31일 : 55,000,000×0.1＝5,500,000원

[1] 2월
- 현금출납장(기간 : 1월 1일~5월 31일)
  1월 8,364,140원, 2월 36,298,400원, 3월 7,005,730원, 4월 7,248,400원, 5월 14,449,010원

[2] 12,000,000원
- 일(월)계표(조회기간 : 01월~06월) 6.판매비및일반관리비의 급여 차변 현금액

[3] 5,000,000원
- 계정별원장(계정별 탭, 기간 : 6월 1일~6월 30일,계정과목 : 0110.받을어음) 조회

113회 기출문제총정리 해답

이론시험

1. ④   (차) 통신비   50,000(비용의 발생)   (대) 보통예금   50,000(자산의 감소)
2. ①   잔액이 대변에 나타난다는 것은 대변의 금액이 차변의 금액보다 큰 계정을 말한다. 대변에 잔액이 남는 계정은 부채계정, 자본계정, 수익계정이다.
3. ②   기말상품재고액이 과대 계상되면 매출원가는 과소 계상된다.
   - 매출원가 = 기초상품재고액 + 당기상품순매입액 − 기말상품재고액
   - 매출원가가 과소 계상이면 매출총이익(매출액 − 매출원가)은 과대 계상된다.
   - 매출총이익이 과대이면 당기순이익도 과대 계상된다.
4. ③   단기대여금은 유동자산 중 당좌자산에 해당한다.
   - 유동성배열법에 의하여 재무상태표를 작성할 경우, 유동성이 높은 자산부터 나열하므로 비유동자산인 영업권(무형자산), 장기대여금(투자자산), 건물(유형자산)은 유동자산(당좌자산)인 단기대여금보다 아래에 나타난다.
5. ②   유형자산 중 토지와 건설중인자산을 제외한 모든 유형자산은 감가상각을 해야 한다.
6. ①   1,400,000 − 400,000 = 1,000,000원(순자산 = 자산 − 부채)
   - 자산 : 현금, 대여금, 선급금, 재고자산(300,000 + 100,000 + 200,000 + 800,000 = 1,400,000원)
   - 부채 : 매입채무, 사채(100,000 + 300,000 = 400,000원)

재무상태표

현 금	300,000	매입채무	100,000
대여금	100,000	사 채	300,000
선급금	200,000	자본금	1,000,000
재고자산	800,000		
	1,400,000		1,400,000

7. ②   일정 시점의 기업이 보유하고 있는 자산, 부채, 자본에 대한 정보를 제공하는 재무보고서는 재무상태표이다. 보기 중 매출원가, 이자비용, 급여는 일정 기간 동안의 기업 경영 성과에 대한 정보를 제공하는 손익계산서를 구성하는 계정과목이다.
8. ④   우표는 비용에 해당하며, 통신비 계정으로 처리한다.

9. ③ 1,000,000×1% = 10,000원
    - 기말 매출채권 = 기초 매출채권 + 당기 매출액 − 당기 회수액
      500,000 + 2,000,000 − 1,500,000 = 1,000,000원
10. ① 70,000 + 30,000 = 100,000원
    - 선수금과 선수수익이 부채계정에 해당하고 그 외 계정은 자산계정에 해당한다.
11. ② 거래 발생 → 분개 → 전기 → 수정 전 시산표 작성 → 결산 정리 분개 → 수정 후 시산표 작성→ 각종 장부 마감 → 결산보고서 작성
12. ④ 매입부대비용은 재고자산의 취득원가에 가산하는 계정이다.
13. ① 보험료는 판매비와관리비로 영업외비용에 해당하지 않는다.
14. ③ 후입선출법에 대한 설명이다.
15. ④ 1,000,000 + 40,000 = 1,040,000원
    - 무상으로 취득한 자산의 취득가액은 공정가치로 하며, 취득 과정에서 발생한 취득세, 수수료 등은 취득원가에 가산한다.

실무시험

문제 1

회사등록에서 수정 입력
- 대표자명 : 최연제→정성찬 수정
- 종목 : 스포츠 용품→문구 및 잡화 수정
- 개업연월일 : 2018-07-14→2018-04-08 수정

문제 2

전기분손익계산서에서 수정
- 급여 10,000,000원 → 20,000,000원으로 수정
- 임차료 2,100,000원 → 2,300,000원으로 수정
- 통신비 400,000원 → 운반비 400,000원으로 수정

문제 3

[1] 계정과목및적요등록에서 146.상품 계정의 현금적요에 등록
   - 적요No : 3, · 적요 : 수출용 상품 매입
[2] 거래처별 초기이월에서 수정 입력
   - 외상매입금 • 동오상사 10,000,000원 추가 입력
   - 지급어음 • 디오상사 3,000,000원 → 3,500,000원으로 수정
           • 망도상사 3,000,000원 추가 입력

문제 4

[1] 08월 10일 일반전표입력
- (차) 현 금 2,400,000 (대) 외상매출금(수민상회) 2,400,000
- 또는 입금전표 외상매출금(수민상회) 2,400,000

[2] 08월 24일 일반전표입력
- (차) 기업업무추진비(판) 200,000 (대) 현 금 200,000
- 또는 출금전표 기업업무추진비(판) 200,000

[3] 09월 02일 일반전표입력
- (차) 예수금 100,000 (대) 보통예금 220,000
- 복리후생비(판) 120,000

[4] 09월 20일 일반전표입력
- (차) 세금과공과(판) 500,000 (대) 현 금 500,000
- 또는 출금전표 세금과공과(판) 500,000

[5] 09월 25일 일반전표입력
- (차) 지급어음(가은상사) 3,500,000 (대) 보통예금 3,500,000

[6] 10월 05일 일반전표입력
- (차) 현 금 4,000,000 (대) 상품매출 10,000,000
- 외상매출금(한능협) 6,000,000

[7] 10월 20일 일반전표입력
- (차) 수도광열비(판) 30,000 (대) 미지급금(삼성카드) 130,000
- 소모품비(판) 100,000 (또는 미지급비용)

[8] 11월 10일 일반전표입력
- (차) 선납세금 15,400 (대) 이자수익 100,000
- 보통예금 84,600

문제 5

[1] 08월 06일 일반전표입력
- 수정전 : (차) 미지급금(신한카드) 6,000,000 (대) 보통예금 6,000,000
- 수정후 : (차) 미지급금(하나카드) 6,000,000 (대) 보통예금 6,000,000

[2] 10월 25일 일반전표입력
- 수정전 : (차) 급 여 4,200,000 (대) 보통예금 4,200,000
- 수정후 : (차) 급 여 4,200,000 (대) 예수금 635,010
- 보통예금 3,564,990

문제 6

[1] 12월 31일 일반전표입력
- (차) 임차료(판) 18,000,000 (대) 선급비용 18,000,000
- 24,000,000×9/12 = 18,000,000원

[2] 12월 31일 일반전표입력
(차) 외상매출금(미국 BRIZ사)   2,000,000   (대) 외화환산이익   2,000,000
• 외화환산이익 : (1,100원×$20,000) − 20,000,000원 = 2,000,000원
[3] 12월 31일 일반전표입력
(차) 세금과공과(판)   15,000   (대) 현금과부족   15,000
[4] ① 또는 ②의 방법으로 입력한다.
① 결산자료입력(기간 : 01월~12월)
2. 매출원가의 ⑩ 기말 상품 재고액 결산반영금액란에 4,500,000원 입력 후 F3전표추가
② 12월 31일 일반전표입력
(결차) 상품매출원가   129,100,000   (결대) 상 품   129,100,000
• 매출원가 = 기초상품재고액 + 당기상품매입액 − 기말상품재고액
4,000,000 + 129,600,000 − 4,500,000 = 129,100,000원

문제 7

[1] 4,060,000원
• 거래처원장(기간 : 1월 1일~6월 30일,) 조회
계정과목 0251.외상매입금, 거래처 : 00120.어룡상사 차변 합계
[2] 4,984,300원
• 총계정원장(월별, 기간 : 1월 1일~6월 30일, 계정과목 : 0811.복리후생비) 차변 합계
[3] 280,188,000 − 194,000,000 = 86,188,000원
• 재무상태표(기간 : 06월) 조회 유동자산 − 유동부채

114회 기출문제총정리 해답

이론시험

1. ③ 부채의 감소는 차변, 수익의 증가는 대변에 기록한다.
2. ② 잡이익
   • 01월 30일 : (차) 현 금   100,000   (대) 현금과부족   100,000
   • 07월 01일 : (차) 현금과부족   70,000   (대) 이자수익   70,000
   • 12월 31일 : (차) 현금과부족   30,000   (대) 잡이익   30,000
3. ② 화재나 사고로 손실이 발생한 경우 영업외비용 항목인 재해손실 계정으로 처리한다.
   • 급여(①), 임차료(③), 복리후생비(④)는 모두 판매비와관리비 항목에 해당한다.
4. ④ 600,000 + 300,000 + 100,000 − 400,000 = 600,000원
   외상매출액 = 당기 회수액 + 기말잔액 + 에누리액 − 기초잔액

외상매출금			
기초잔액	400,000원	당기회수액	600,000원
외상매출액	600,000원	에누리액	100,000원
		기말잔액	300,000원

5. ④ 후입선출법의 특징을 설명한 자료들이다.
6. ④ 12,000,000 − 7,000,000 + 5,000,000 = 10,000,000원
   취득가액 = 처분가액 − 유형자산처분이익 + 감가상각누계액
   - 유형자산분이익 = 처분가액 − (취득가액 − 감가상각누계액)
     12,000,000 − (10,000,000 − 5,000,000) = 7,000,000원
7. ③ 1,300,000 + 2,000,000 − 1,500,000 = 1,800,000원
   기말자본 = 기초자본 + 당기총수익 − 당기총비용
8. ① 손익을 이연하기 위한 계정과목은 선급비용과 선수수익이 있다.
9. ④ 비품은 유형자산에 해당한다.
10. ② (가) 선수수익, (나) 예수금
11. ④ 이자비용 발생에 해당하며 영업외비용으로 인식한다.
12. ③ 현금이 증가하고 외상매출금이 감소하는 분개로서 매출대금을 판매 즉시 수령하지 않고 외상으로 처리한 후, 현금을 수령한 시점에 발생한 분개이다.
13. ① 시산표는 결산을 확정하기 전에 분개장으로부터 총계정원장의 각 계정으로 정확하게 전기되었는지를 확인하기 위해서 대차평균의 원리를 이용하여 작성하는 집계표이다.
14. ④ 500,000 + 100,000 = 600,000원
    기말재고자산가액 = 창고 보관 재고액 + 위탁 재고자산
    - 수탁자에게 보내고 판매 후 남은 적송품도 회사의 재고자산이며, 위수탁판매 수수료는 판매관리비에 해당한다.
15. ④ 2,000,000 − 900,000 = 1,100,000원
    - 매출총이익 = 매출액 − 매출원가
    - 매출원가 : 200,000 + 1,000,000 − 300,000 = 900,000원
    - 매출총이익 : 2,000,000 − 900,000 = 1,100,000원
    - 판매사원에 대한 급여는 판매관리비로 분류한다.

실무시험

회사등록
- 대표자명 정정 : 안병남 → 이두일
- 개업연월일 수정 : 2016년 10월 05일 → 2014년 01월 24일
- 관할세무서 수정 : 508.안동 → 305.대전

문제 2

전기분재무상태표
- 받을어음 : 69,300,000원 → 65,000,000원으로 수정
- 감가상각누계액(209) : 11,750,000원 → 10,750,000원으로 수정
- 장기차입금 116,350,000원 추가 입력

문제 3

[1] 거래처등록의 금융기관 탭에 입력
- 코드 : 98100, • 거래처명 : 케이뱅크 적금, • 유형 : 3.정기적금, • 계좌번호 : 1234-5678-1234,
- 계좌개설은행 : 089.케이뱅크, • 계좌개설일 : 2025-07-01

[2] 거래처별초기이월에 입력
외상매출금(108.) • 태양마트 : 15,000,000원 → 34,000,000원으로 수정
단기차입금(260.) • 은산상사 : 35,000,000원 → 20,000,000원으로 수정
- 종로상사 5,000,000원 삭제
- 일류상사 3,000,000원 추가

문제 4

[1] 07월 03일 일반전표입력
(차) 단기차입금(대전상사) 8,000,000 (대) 당좌예금 8,000,000
[2] 07월 10일 일반전표입력
(차) 여비교통비(판) 50,000 (대) 현 금 50,000
또는 출금전표 여비교통비(판) 50,000
[3] 08월 05일 일반전표입력
(차) 대손충당금(109) 900,000 (대) 외상매출금(능곡가구) 5,000,000
  대손상각비 4,100,000
[4] 08월 13일 일반전표입력
(차) 토 지 1,000,000 (대) 현 금 1,000,000
또는 출금전표 토지 1,000,000
[5] 09월 25일 일반전표입력
(차) 임차료(판) 750,000 (대) 보통예금 800,000
  건물관리비(판) 50,000
[6] 10월 24일 일반전표입력
(차) 잡급(판) 100,000 (대) 현 금 100,000
또는 출금전표 잡급(판) 100,000
[7] 11월 15일 일반전표입력
(차) 선급금(아린상사) 4,500,000 (대) 당좌예금 4,500,000
[8] 11월 23일 일반전표입력
(차) 차량운반구 20,000,000 (대) 미지급금(국민카드) 20,000,000

문제 5

[1] 08월 16일 일반전표입력
- 수정전 : (차) 임차료(판)　　　　1,000,000　　(대) 보통예금　　　　1,000,000
- 수정후 : (차) 임차보증금(경의상사)　1,000,000　　(대) 보통예금　　　　1,000,000

[2] 09월 30일 일반전표입력
- 수정전 : (차) 토 지　　　　　　　300,000　　(대) 보통예금　　　　　300,000
- 수정후 : (차) 세금과공과(판)　　　300,000　　(대) 보통예금　　　　　300,000

문제 6

[1] 12월 31일 일반전표입력
　　(차) 이자비용　　　　　　　360,000　　(대) 미지급비용　　　　　360,000

[2] 12월 31일 일반전표입력]
　　(차) 외상매입금(㈜디자인가구)　500,000　　(대) 가지급금　　　　　500,000

[3] 12월 31일 일반전표입력
　　(차) 소모품비(판)　　　　　　400,000　　(대) 소모품　　　　　　　400,000

[4] ①, ②, ③ 중 하나를 선택하여 입력한다.
　① 결산자료입력에서 F8대손상각 실행하여 추가설정액에 입력 후 F3전표추가
　　• 108.외상매출금 3,081,400원, · 110.받을어음 1,350,000원 입력 후 결산반영
　② 결산자료입력에서 4.판매비와일반관리비의 5).대손상각에 입력 후 F3전표추가
　　• 외상매출금 3,081,400원 · 받을어음 1,350,000원
　③ 12월 31일 일반전표입력
　　(차) 대손상각비(판)　　　　4,431,400　　(대) 대손충당금(109.)　　3,081,400
　　　　　　　　　　　　　　　　　　　　　　　대손충당금(111.)　　1,350,000
　　• 외상매출금에 대한 대손충당금(109.) : 154,070,000×2%＝3,081,400원
　　• 받을어음에 대한 대손충당금(111.) : 100,000,000×2%－650,000＝1,350,000원

문제 7

[1] 130,000,000원
　　• 재무상태표(기간 : 04월), 계정과목 : 252.지급어음 금액 확인
[2] 60,000,000원
　　• 일계표(기간 : 5월1일~5월31일), 계정과목 : 108.외상매출금 대변 조회
[3] 5월, 300,000원
　　• 총계정원장(기간 : 1월 1일~6월 30일), 계정과목 : 복리후생비(811.) 월별 차변 금액 확인

115회 기출문제총정리 해답

이론시험

1. ③ • 현금및현금성자산
    - 통화(주화, 지폐), 통화대용증권(자기앞수표 등)
    - 요구불예금(당좌예금, 보통예금 등)
    - 취득 당시 만기가 3개월 이내에 도래하는 금융상품
   • 당좌개설보증금은 사용이 제한된 예금으로서 단기투자자산이다.
2. ② 거래 발생 → 분개 → 전기 → 수정 전 시산표 작성 → 결산 정리 분개
   → 수정 후 시산표 작성→ 각종 장부 마감 → 결산보고서 작성
3. ④ • 매출총이익=매출액−상품매출원가 : 260,000−120,000=140,000원
   • 손익 계정의 자본금 80,000원은 당기순이익이다.
4. ① 미지급금, 미지급비용 모두 부채로 재무상태표의 계정과목에 해당한다.
5. ④ 자산, 부채, 자본 항목에 속하는 계정과목은 차기이월로 마감한다.
6. ④ 보유 중에 발생한 수선유지비는 당기 비용인 수선비로 처리한다.
   • 유형자산의 취득원가를 구성하는 항목은 다음과 같다.
     (1) 설치장소 준비를 위한 지출
     (2) 외부 운송 및 취급비
     (3) 설치비
     (4) 설계와 관련하여 전문가에게 지급하는 수수료
     (5) 유형자산의 취득과 관련하여 국·공채 등을 불가피하게 매입하는 경우 당해 채권의 매입금액과 일반기업회계기준에 따라 평가한 현재가치와의 차액
     (6) 자본화대상인 차입원가
     (7) 취득세, 등록세 등 유형자산의 취득과 직접 관련된 제세공과금
     (8) 해당 유형자산의 경제적 사용이 종료된 후에 원상회복을 위하여 그 자산을 제거, 해체하거나 또는 부지를 복원하는 데 소요될 것으로 추정되는 원가가 충당부채의 인식요건을 충족하는 경우 그 지출의 현재가치(이하 '복구원가'라 한다.)
     (9) 유형자산이 정상적으로 작동되는지 여부를 시험하는 과정에서 발생하는 원가. 단, 시험과정에서 생산된 재화(예 : 장비의 시험과정에서 생산된 시제품)의 순매각금액(매각금액에서 매각부대원가를 뺀 금액)은 당해 원가에서 차감한다.
7. ④ • 이자비용과 유형자산처분손실은 영업외비용에 해당한다.
8. ② 자산 항목의 잔액은 차변에 기록하고, 부채 항목의 잔액은 대변에 기록한다. 선급금은 자산 항목이므로 차변에 기록되는 것이 올바르다.
9. ④ • 통상적으로 상호 교환될 수 없는 재고항목이나 특정 프로젝트별로 생산되는 제품 또는 서비스의 원가는 개별법을 사용하여 결정한다.
   • 개별법이 적용되지 않는 재고자산의 단위원가는 선입선출법이나 가중평균법 또는 후입선출법을 사용하여 결정한다.
10. ① 상품 판매에 대한 의무의 이행 없이 계약금을 먼저 받은 것은 부채에 해당한다.
11. ① (가) 재무상태표, (나) 손익계산서에 대한 설명이다.
12. ③ 건설중인자산은 원칙적으로 감가상각을 하지 않는다.
13. ① 순매입액=당기 상품매입액−매입할인 : 50,000−8,000=42,000원
14. ④ 기말자본=기초자본+당기순이익 : 300,000+160,000=460,000원
15. ② 소득세는 영업외비용에 해당하지 않는다.

문제 1

- 회사등록의 기본사항에 수정 입력
- 업태 : 제조 → 도소매, · 종목 : 금속제품 → 신발
- 개업연월일 : 2015년 9월 23일 → 2010년 9월 23일

문제 2

- 전기분손익계산서에 수정 또는 추가 입력
- 매출원가의 당기상품매입액 : 180,000,000원 → 190,000,000원으로 수정
- 판매비와관리비의 수수료비용 : 2,000,000원 → 2,700,000원으로 수정
- 영업외비용의 잡손실 : 300,000원 추가 입력

문제 3

[1] • 계정과목및적요등록에서 803.상여금의 현금적요 등록
     현금적요 No.2 : 명절 특별 상여금 지급
[2] • 거래처별초기이월에서 수정 또는 추가 입력
     108.외상매출금 • 폴로전자 : 4,200,000원 → 15,800,000원으로 수정
                  • 예진상회 : 2,200,000원 → 13,000,000원으로 수정
     252.지급어음   • 주언상사 : 3,400,000원 추가 입력

문제 4

[1] 07월 29일 일반전표입력
     (차) 수선비(판)   150,000   (대) 미지급금(국민카드)   150,000
                                              (또는 미지급비용)
[2] 08월 18일 일반전표입력
     (차) 이자비용   900,000   (대) 보통예금   900,000
[3] 08월 31일 일반전표입력
     (차) 외상매입금(넥사상사)   3,000,000   (대) 현 금   3,000,000
     또는 출금전표 외상매입금(넥사상사) 3,000,000
[4] 09월 20일 일반전표입력
     (차) 기부금   500,000   (대) 현 금   500,000
     또는 출금전표 기부금   500,000
[5] 10월 15일 일반전표입력
     (차) 임차보증금(동작빌딩)   10,000,000   (대) 보통예금   10,000,000
[6] 11월 04일 일반전표입력
     (차) 감가상각누계액(207.)   10,000,000   (대) 기계장치   20,000,000
         보통예금   10,000,000

[7] 12월 01일 일반전표입력
  (차) 차량운반구   32,100,000   (대) 보통예금   32,100,000
[8] 12월 10일 일반전표입력
  (차) 기업업무추진비(판)   100,000   (대) 현 금   100,000
  또는 출금전표 기업업무추진비(판) 100,000

문제 5

[1] 10월 25일 일반전표입력
  • 수정전 : (차) 건물   5,000,000   (대) 현 금   5,000,000
  • 수정후 : (차) 수선비(판)   5,000,000   (대) 현 금   5,000,000
       또는 출금전표 수선비(판) 5,000,000
[2] 11월 10일 일반전표입력
  • 수정전 : (차) 장기차입금(신한은행) 1,000,000 (대) 보통예금   1,000,000
  • 수정후 : (차) 이자비용   1,000,000   (대) 보통예금   1,000,000

문제 6

[1] 12월 31일 일반전표입력
  (차) 미수수익   300,000   (대) 임대료   300,000
[2] 12월 31일 일반전표입력
  (차) 단기매매증권평가손실   200,000   (대) 단기매매증권   200,000
  • 단기매매증권평가손실 : (6,000 − 4,000)×100주 = 200,000원
[3] 12월 31일 일반전표입력
  (차) 선급비용   450,000   (대) 보험료(판)   450,000
  • 선급비용 : 600,000×9개월/12개월 = 450,000원
[4] ① 12월 31일 일반전표입력
  (차) 감가상각비(판)   1,100,000   (대) 감가상각누계액(209) 600,000
                                                 감가상각누계액(213) 500,000
  ② 또는 결산자료입력(기간 : 01월~12월)
    4.판매비와 일반관리비 4). 감가상각비 : 차량운반구 600,000원, 비품 500,000원 입력 후  전표추가

문제 7

[1] 247,210,500원
  • 재무상태표(기간 : 6월) 당좌자산 잔액 확인
  • 상품은 재고자산이므로 포함하지 아니한다.
[2] 1,650,000원
  • 총계정원장(기간 : 1월 1일~6월 30일) 광고선전비(833.) 조회
[3] ① 108.외상매출금 10,500,000원, ② 110.받을어음 500,000원
  • 거래처별계정과목별원장 또는 거래처원장(기간 : 1월 1일~6월 30일) 조회
  • 계정과목 : 108.외상매출금과 110.받을어음 조회 후 거래처 : 유화산업(00111) 잔액 확인

116회 기출문제총정리 해답

이론시험

1. ② 혼합거래는 같은 변에 재무상태표의 계정과 손익계산서의 계정이 동시에 발생한다. 대변에 자산의 감소(교환거래)와 수익의 발생(손익거래)가 동시에 나타나는 거래이므로 혼합거래에 해당한다.
2. ① 정률법, 생산량비례법, 정액법은 감가상각방법이다.
3. ② 결산 재무상태표에서는 미결산항목인 가수금, 가지급금, 현금과부족, 인출금을 다른 계정과목으로 처리한다.
4. ② • 취득가액 − 감가상각누계액 = 장부금액(10,000,000 − 8,000,000 = 2,000,000원)
   • 처분가액 − 장부금액 = 처분이익(5,000,000 − 2,000,000 = 3,000,000원)
5. ② • 기초자본금 + 당기순이익 − 인출금 + 추가 출자금 = 기말자본금
   ∴ 당기순이익 = 기말자본금 − 기초자본금 + 인출금 − 추가 출자금
   350,000 − 200,000 + 50,000 − 40,000 = 160,000원
6. ② 토지 구입 시 발생한 취득세는 토지의 취득원가에 포함시키고, 급여 지급 시 발생한 소득세 원천징수액은 예수금으로 처리한다.
7. ① 이자비용은 영업외비용에 해당한다.
8. ③ • 재고자산이란 정상적인 영업 과정에서 판매를 위하여 보유하는 상품과 제품 등이다.
9. ④ 파손된 유리의 대체, 자동차 엔진오일의 교체는 수익적 지출에 해당한다.
10. ① 분개 : (차) 외상매입금   4,000,000   (대) 보통예금   4,000,000
11. ③ • 선급비용은 당좌자산에 해당한다.
    • 예수금, 미지급비용, 선수금은 유동부채에 해당한다.
12. ① 회계처리를 안 했을 때의 영향은 수익의 과소계상과 자산의 과소계상이다.
13. ① 300,000 − 10,000 = 290,000원
    • 순매출액은 총매출액에서 매출환입 및 에누리, 할인을 차감한 금액이다. 매출할 때 발생한 부대비용은 별도의 계정으로 처리한다.
14. ③ 미지급비용에 대한 설명이다.
15. ① 500,000 + 700,000 = 1,200,000원
    • 보통예금과 당좌예금만 현금및현금성자산에 해당하고, 정기예금은 단기금융상품으로 분류되며, 단기매매증권은 단기투자증권으로 분류된다.

실무시험

문제 1

회사등록의 기본사항에 수정 입력
• 사업자등록번호 : 628-26-01132 → 628-26-01035
• 종목 : 컴퓨터 부품 → 유아용 의류,
• 사업장관할세무서 : 212.강동 → 120.삼성

문제 2

전기분손익계산서 수정
- 상품매출 : 656,000,000원 → 665,000,000원으로 수정
- 기업업무추진비 : 8,100,000원 → 8,300,000원으로 수정
- 임차료 : 12,000,000원 추가 입력

문제 3

[1] 거래처등록의 일반거래처에 입력
- 거래처코드 : 00308, • 거래처명 : 뉴발상사, • 등록번호 : 113-09-67896
- 유형 : 3.동시, • 대표자 : 최은비, • 업태 : 도매및소매업, • 종목 : 신발 도매업
- 사업장주소 : 서울 송파구 법원로11길 11

[2] 거래처별초기이월에서 수정 입력
- 외상매출금 : 온컴상사 → 스마일상사로 거래처명 수정
  ※ 또는 온컴상사를 삭제하고 스마일상사 20,000,000원 추가
- 미수금 : 슈프림상사 : 1,000,000원 → 10,000,000원으로 금액 수정
- 단기차입금 : 다온상사 : 23,000,000원 추가 입력

문제 4

[1] 7월 25일 일반전표입력

(차) 복리후생비(판)	300,000	(대) 현 금	300,000
또는 (출금) 복리후생비(판)	300,000		

[2] 8월 4일 일반전표입력

(차) 상 품	4,000,000	(대) 당좌예금	800,000
		지급어음(영동상사)	3,200,000

[3] 8월 25일 일반전표입력

(차) 보통예금	300,000	(대) 선수금(하나상사)	300,000

[4] 10월 1일 일반전표입력

(차) 보통예금	50,000,000	(대) 장기차입금(기업은행)	50,000,000

[5] 10월 31일 일반전표입력

(차) 급여(판)	2,717,000	(대) 예수금	309,500
		보통예금	2,407,500

[6] 11월 13일 일반전표입력

(차) 보통예금	1,900,000	(대) 받을어음(가나상사)	2,000,000
매출채권처분손실	100,000		

[7] 11월 22일 일반전표입력

(차) 상 품	4,150,000	(대) 외상매입금(한올상사)	4,000,000
		현 금	150,000

[8] 12월 15일 일반전표입력
(차) 교육훈련비(판)　　　　　　　　1,000,000　　　(대) 보통예금　　　　　　　　　500,000
　　　　　　　　　　　　　　　　　　　　　　　　　　　미지급금(우리컨설팅)　　　　500,000
　　　　　　　　　　　　　　　　　　　　　　　　　　　(또는 미지급비용(우리컨설팅))

[1] 8월 22일 일반전표입력
　　• 수정전 : (차) 보통예금　　　　　4,000,000　　　(대) 선수금(만중상사)　　　4,000,000
　　• 수정후 : (차) 보통예금　　　　　4,000,000　　　(대) 대손충당금(109)　　　4,000,000
[2] 9월 15일 일반전표입력
　　• 수정전 : (차) 광고선전비(판)　　　130,000　　　(대) 보통예금　　　　　　　　130,000
　　• 수정후 : (차) 기업업무추진비(판)　130,000　　　(대) 보통예금　　　　　　　　130,000

[1] 12월 31일 일반전표입력
　　(차) 수도광열비(판)　　　　　　　1,000,000　　　(대) 미지급비용　　　　　　1,000,000
　　　　　　　　　　　　　　　　　　　　　　　　　　　또는 미지급금
[2] 12월 31일 일반전표입력
　　(차) 수선비(판)　　　　　　　　　　30,000　　　(대) 현금과부족　　　　　　　　30,000
[3] 12월 31일 일반전표입력
　　(차) 이자비용　　　　　　　　　1,000,000　　　(대) 미지급비용　　　　　　1,000,000
　　• 100,000,000×12%÷1/12＝1,000,000원
[4] ①의 자동결산 또는 ②의 전표입력 중 하나를 선택한다.
　　① 결산자료입력(기간 : 1월~12월)에서 입력
　　　　2.매출원가(상품매출원가)의 ⑩ 기말 상품 재고액에 15,000,000원 입력하고 F3 전표추가
　　② 12월 31일 일반전표입력
　　　　(결차) 상품매출원가　　　　180,950,000　　(결대) 상품　　　　　　　180,950,000
　　　　상품매출원가 : 195,950,000－15,000,,000＝180,950,000원

[1] 2월, 1,520,000원
　　• 총계정원장(기간 : 1월 1일~6월 30일) 계정과목 : 813.기업업무추진비 조회
[2] 27,000,000원
　　• 손익계산서(기간 : 05월) 계정과목 : 801.급여 조회
[3] 다주상사, 46,300,000원
　　• 거래처원장(기간 : 1월 1일~6월 30일) 계정과목 : 108.외상매출금 조회

117회 기출문제총정리 해답

이론시험

1. ① 총계정원장의 마감은 결산 본절차에 속한다.
2. ④ 수선비(비용)로 처리해야 할 내용의 회계처리를 건물(자산)로 처리하였으므로 수익에는 영향이 없다. 비용의 과소계상, 자산의 과대계상, 당기순이익의 과대계상이 재무상태표와 손익계산서에 미치는 영향이다.
3. ④ 당좌차월은 유동부채에 속한다.
4. ② 외환차손은 영업외비용에 해당한다.
5. ② 법인세비용차감전순이익 = 영업이익 + 영업외수익 − 영업외비용
6. ③ • 취득원가 = 매입원가 + 재고 수입 시 발생한 통관 비용
   10,000 + 5,000 = 15,000원
7. ③ • 기말자본금 = 기초자본금 + 당기순이익
   150,000 + 30,000 = 180,000원
8. ④ • 매입채무 = 외상매입금 + 지급어음
   10,000 + 60,000 = 70,000원
9. ④ 대손충당금은 채권의 차감계정, 감가상각누계액은 유형자산의 차감계정으로 기록되며, 미지급금, 선수금, 퇴직급여충당부채는 개별부채로 인식된다.
10. ② • 영업이익 = 매출원가 − 판매비와일반관리비
    • 광고선전비는 판매관리비에 해당하므로 영업이익에 영향을 미치지만 잡이익은 영업외수익, 이자비용, 기부금은 영업외비용이므로 영업이익에 영향이 없다.
11. ② • 미지급비용은 재무상태표를 구성하는 부채 계정과목이다.
    • 일정 기간 동안 기업의 경영성과에 대한 정보를 제공하는 재무보고서는 손익계산서이다.
12. ② • 취득원가 = 취득세 + 유형자산 매입대금
    50,000 + 1,500,000 = 1,550,000원
    • 재산세는 보유기간 중 발생하는 지출로서 즉시 비용 처리하고, 사용 중에 발생된 수익적 지출은 당기 비용 처리한다.
13. ③ 무형자산에 대한 설명이다.
14. ② • 결산일에 현금의 시재액과 장부가액의 차이가 발견된 경우 현금과부족을 사용할 수 없으며 잡손실 또는 잡이익으로 처리한다. 현금과부족으로 처리할 경우 항상 현금시재액을 기준으로 장부가액을 먼저 조정한 후 발생 시점에 따라 반대 변의 계정과목을 결정한다.
    • 분개 : (차) 잡손실   30,000   (대) 현 금   30,000
15. ③ 재무상태표 작성 시 유동성 배열에 따라 현금→상품→투자부동산→기계장치→산업재산권 순으로 나열한다.

실무시험

문제 1

회사등록(기본사항 탭)
- 업태 : 제조 → 도소매
- 종목 : 사무기기 → 신발
- 사업장관할세무서 : 128.고양 → 141.파주

문제 2

전기분손익계산서
- 보통예금 : 2,300,000원 → 23,000,000원으로 수정
- 받을어음에 대한 대손충당금 : 520,000원 추가 입력
- 단기차입금 : 48,000,000원 추가 입력

문제 3

[1] • 계정과목및적요등록에서 813.기업업무추진비(판)의 대체적요 No.5 : 거래처 현물접대 입력
[2] • 거래처별초기이월 • 외상매출금 • 코코무역 10,000,000원 → 15,300,000원으로 금액 수정
　　　　　　　　　　　　　　　　• 호호상사 7,200,000원 추가입력
　　　　　　　　　• 외상매입금 • 나비장식 12,800,000원 추가입력

문제 4

[1] 07월 23일 일반전표입력
　　　(차) 인출금(자본금)　　　　　　5,000,000　　(대) 현　금　　　　　　5,000,000
　　　또는 출금전표 인출금(자본금)　5,000,000
[2] 08월 16일 일반전표입력
　　　(차) 현　금　　　　　　　　　　2,000,000　　(대) 상품매출　　　　　6,000,000
　　　　　외상매출금(백호상사)　　　4,000,000
[3] 08월 27일 일반전표입력
　　　(차) 운반비(판)　　　　　　　　　 30,000　　(대) 현　금　　　　　　　 30,000
　　　또는 출금전표 운반비(판)　　　　 30,000
[4] 09월 18일 일반전표입력
　　　(차) 여비교통비(판)　　　　　　　420,000　　(대) 가지급금(이미도)　　300,000
　　　　　　　　　　　　　　　　　　　　　　　　　　　현　금　　　　　　　120,000
[5] 10월 16일 일반전표입력
　　　(차) 외상매입금(한세상사)　　　5,000,000　　(대) 보통예금　　　　　5,001,000
　　　　　수수료비용(판)　　　　　　　　1,000
[6] 11월 11일 일반전표입력
　　　(차) 대손충당금(109)　　　　　　200,000　　(대) 외상매출금(시원상사)　200,000
[7] 12월 05일 일반전표입력
　　　(차) 장기차입금(하나은행)　　　　800,000　　(대) 보통예금　　　　　1,000,000
　　　　　이자비용　　　　　　　　　　200,000
[8] 12월 23일 일반전표입력
　　　(차) 비　품　　　　　　　　　　3,000,000　　(대) 미지급금(국민카드)　3,000,000

[1] 08월 20일 일반전표입력
- 수정전 : (차) 보통예금　　5,000,000　　(대) 외상매출금(한세상사)　　5,000,000
- 수정후 : (차) 보통예금　　5,000,000　　(대) 선수금(한세상사)　　5,000,000

[2] 11월 05일 일반전표입력
- 수정전 : (차) 보통예금　　20,000,000　　(대) 단기차입금(부산은행)　　20,000,000
- 수정후 : (차) 보통예금　　20,000,000　　(대) 장기차입금(부산은행)　　20,000,000

[1] 12월 31일 일반전표입력
　　(차) 급여(판)　　1,500,000　　(대) 미지급비용　　1,500,000
[2] 12월 31일 일반전표입력
　　(차) 외상매입금(대구상사)　　500,000　　(대) 가지급금　　500,000
[3] 12월 31일 일반전표입력
　　(차) 미수수익　　3,270,000　　(대) 이자수익　　3,270,000
[4] ① 결산자료입력(기간 : 1월~12월)
　　　4.판매비와관리비 4).감가상각비＞비품 결산반영금액란 450,000원 입력 후 전표추가
　　② 12월 31일 일반전표입력
　　　(차) 감가상각비　　450,000　　(대) 감가상각누계액(213)　　450,000
　　・감가상각비 : (5,000,000 - 500,000)/10 = 450,000원
*① 또는 ② 중 한 가지 방법으로 입력하여야 한다.

문제 7

[1] 1,650,000원
- 총계정원장(기간 : 1월 1일~6월 30일) 월별 탭 계정과목 : 951.이자비용 차변 합계
[2] 2,600,000원
- 거래처원장(기간 : 1월 1일~6월 30일) 계정과목 : 131.선급금 거래처 1010.성지상사 잔액 확인
[3] 302,091,000원
- 기말 재무상태표(기간 : 6월 30일) 전기말 유동자산과 비교(471,251,000 - 169,160,000)

이성노

약력
- 인천대학교 경제학과
- 서강대학교 경제대학원 경제학 석사
- 인천대학교 대학원 경제학 박사과정 수료
- 세무사
- 인천시 및 부평구 결산검사위원
  남인천세무서 과세적부심사위원 및 공평과세위원
  재능대학 세무회계과 겸임교수
  한국음식업중앙회 인천지회 교육원 세무강사
  중부지방세무사회 연수이사
  중앙세무법인 대표세무사
  인터넷신문 인천 in 감사
  한국세무사회 세무연수원 교수
  인천지방세무사회 연수교육위원
  세무법인 세방 대표이사

저서
- 조세법개론, 도서출판 명우
- 부가가치세법개론, 경영과회계
- 알기쉬운 회계원리, 경영과회계
- 알기쉬운 원가회계, 경영과회계
- 알기쉬운 재무회계, 경영과회계
- 알기쉬운 세무회계, 경영과회계
- 비젼 재무·원가관리회계, 경영과회계
- 비젼 세무회계, 경영과회계
- 포인트 전산회계2급, 경영과회계
- 포인트 전산세무1급, 경영과회계
- 포인트 전산세무2급, 경영과회계

2025 POINT
전산회계 2급

발 행 | 2021년 2월 26일
2025년 1월 31일 (개정4판1쇄)

저 자 | 이성노
발 행 인 | 최영민
발 행 처 | 피앤피북
주 소 | 경기도 파주시 신촌로 16
전 화 | 031-8071-0088
팩 스 | 031-942-8688
전자우편 | pnpbook@naver.com
출판등록 | 2015년 3월 27일
등록번호 | 제406-2015-31호

정가 : 20,000원

- 경영과회계는 피앤피북의 임프린트 출판사입니다.
- 이 책의 내용, 사진, 그림 등의 전부나 일부를 저작권자나 발행인의 승인 없이 무단복제 및 무단 전사하여 이용할 수 없습니다.
- 파본 및 낙장은 구입하신 서점에서 교환하여 드립니다.

ISBN 979-11-94085-37-9 (13320)